RABAŞ'IN YAZILARI

MAKALELER

İkinci Cilt

LAITMAN
KABBALAH
PUBLISHERS

Rav Baruch Shalom Halevi Ashlag

RABAŞ Yazıları
Cilt İki – Makaleler

Laitman Kabbalah Publishers tarafından yayınlandı

İletişim Bilgileri
E-posta: info@kabbalah.info
Web sitesi: www.kabbalah.info
ABD ve Kanada'da ücretsiz: 1-866-LAITMAN

1057 Steeles Avenue West, Suite 532, Toronto, ON, M2R 3X1, Kanada
info@kabbalahbooks.info

ABD'de basılmıştır

ISBN: 978-1-77228-180-4

Çeviri: Aslı Fırat, Fulya Özturan, Güher, Lale Taner ve Yasemin Koçak Tezel
İçerik Düzenleme: Yasemin Koçak Tezel
Düzenleme ve Düzeltme: Yasemin Koçak Tezel
İç Tasarım: Nurçin Küçükoğlu, Vahit Can Soğancı
Kapak Tasarımı: Baruch Khovov/Inna Smirnova, Vahit Can Soğancı
Genel Yayın Yönetmeni: Chaim Ratz
Baskı ve Post Prodüksiyon: Uri Laitman

İLK BASKI: MAYIS 2024
İlk baskı

İçindekiler

Tav-Şin-Mem-Dalet (1984)

Tav-Şin-Mem-Dalet

(1984)

Toplumun Amacı (1)

Makale No. 1, Bölüm 1, Tav-Şin-Mem-Dalet, 1984

Burada, Baal HaSulam'ın metodunu ve yolunu izlemeyi arzulayanlarla beraber, insan derecesine yükselip, bir hayvan gibi kalmamak için bir grup oluşturmak üzere bir araya geldik, tıpkı atalarımızın şu sözlerinde olduğu gibi (Yevamot, 61a), "Ve Benim koyunlarım, Benim otlağımın koyunları, sizler insansınız." Raşbi der ki, "Sizlere 'insan 'denir ve puta tapanlara 'insan 'denmez."

İnsanın erdemini anlamak için atalarımızın şu sözlerini anlamalıyız, "Her şey duyulduğuna göre sonunda, Yaradan'dan kork ve O'nun emirlerini yerine getir; çünkü bütün, tam insan budur." (Ecclesiastes, 12:13) Ve Gimara sorar, "'Çünkü bütün insan budur 'ne demektir?"

Kabalist Elazar der ki: "Yaradan dedi ki, 'Tüm dünya, sadece bunun için yaratıldı. ' Bu demektir ki, tüm dünya, Yaradan korkusu için yaratılmıştır."

Dünyanın yaratılma nedeni, Yaradan korkusu olduğundan, bu korkunun ne olduğunu anlamalıyız. Atalarımızın tüm sözlerinden, yaratılışın nedeninin, O'nun yarattıklarına fayda sağlamak olduğunu öğreniyoruz. Bu demektir ki, Yaradan, insanlar bu dünyada mutlu olsunlar diye onlara haz vermeyi arzuladı. Ve burada atalarımız "Çünkü bütün insan budur" ayeti hakkında, yaratılışın nedeninin, Yaradan korkusu olduğunu söylediler.

Fakat "Matan Tora" (Tora'nın Verilişi) makalesinde açıklanana göre, yaratılış nedeni bu olmasına rağmen, insanların haz ve memnuniyet duymamasının nedeni, Yaradan ve insanlar arasındaki form eşitsizliğidir. Yaradan verendir, yaratılan alandır. Fakat burada dalların doğdukları köke benzemesi kuralı söz konusudur.

Ve kökümüzde almak olmadığından ve Yaradan hiçbir şekilde eksik olmadığı ve arzusunu yerine getirmek için hiçbir şeye ihtiyacı olmadığından, insan, alıcı olması gerektiğinde hoşnutsuzluk hisseder. İnsanın utanç ekmeğini yemekten utanmasının sebebi budur.

Bunu düzeltmek için, dünyanın yaratılması gerekliydi. Olam (dünya), He'elem (gizlilik) demektir, bu nedenle, haz ve memnuniyet gizlidir. Bu neden böyledir? Cevap şudur; korku için. Diğer bir deyişle, insanın "kendini-sevmek" denen alma kaplarını kullanmaktan korkması için bu böyledir. Bu demektir ki, kişi, haz almaktan kendini korumalıdır, çünkü insan, onları arzular ve bu arzuya, arzu nesnesine üstün gelecek güce sahip olmalıdır.

Bunun yerine kişi, Yaradan'a memnuniyet verecek hazları almalıdır. Bu demektir ki, haz alma, kişi kendi yararı için aldığında, onu Yaradan'a tutunmaktan alıkoyduğundan, yaratılanlar, ihsan etmeyi isteyecek ve Yaradan korkusuna, kendisi için alma korkusuna sahip olacaklar.

Dolayısıyla, kişi, Yaradan'ın Mitzvot'unun (emirler) birini yerine getirdiğinde, bu Mitzva'yı yerine getirerek Yaradan'a ihsan etmeyi ve bu Mitzva'nın ona saf düşünceler getirmesini amaçlamalıdır. Atalarımızın dediği gibi, "Kabalist Hanania Ben Akaşia der ki, 'Yaradan, İsrail'i arındırmak istedi; bu yüzden onlara çokça Tora ve Mitzvot verdi.'"

Ve burada toplanma sebebimiz budur; her birimizin Yaradan'a ihsan etme ruhunu izlediği bir toplum kurmak. Ve Yaradan'a ihsan etmeyi başarmak için, "başkalarını sevmek" denilen insana ihsan etmek ile başlamalıyız.

Ve başkalarını sevmek, kişinin yalnızca kendisini iptal etmesiyle mümkün olur. Bu nedenle, bir taraftan, her insan kendini düşük hissetmeli, diğer taraftan Yaradan'ın bize, her birimizin tek bir hedefinin olduğu, kutsallığın aramızda olmasını hedeflediğimiz bir toplumda bulunma şansı verdiği için gurur duymalıyız.

Ve henüz bu amaca ulaşmamış olsak da bu amacı başarmak için arzumuz var. Ve bu da bizlerce takdir edilmelidir, çünkü yolun başında olsak da bu yüce amaca ulaşmayı umuyoruz.

Toplumun Amacı (2)

Makale No 1, Bölüm 2, Tav-Şin-Mem-Dalet, 1984

İnsan, eylemin kendine yarar sağlayacağını görmediği "kendini sevmek" denen bir algı ile yaratıldığından, en küçük bir hareketi yapmak için bile bir motivasyonu yoktur. Ve kendini iptal etmeden, Yaradan'la bütünleşmesi yani form eşitliğine ulaşması mümkün değildir.

Ve bu doğamıza zıt olduğundan, büyük bir güç oluşturacak bir gruba ihtiyacımız var, böylece insanın yaratılma amacının gerçekleşmesini engelleyen 'kötü eğilim 'olarak adlandırılan alma arzusunu iptal edebiliriz.

Bu nedenle, grup, bu amacı başarmaları gerektiğine oy birliğiyle hemfikir olan bireylerden oluşmalıdır. O zaman, herkes herkese entegre olduğundan, her biri kendine karşı mücadele edebilecek tek bir büyük güç haline gelir. Bu nedenle, her biri amaca ulaşmak için büyük bir arzu oluşturur.

Birbirine entegre olmak için, herkes kendini, diğerlerinin önünde iptal etmelidir. Bu, her birinin dostlarının hatalarını değil, erdemlerini görmesiyle başarılabilir. Fakat dostlarından biraz daha yüksek olduğunu düşünen kişi, artık onlarla birleşemez.

Ayrıca, toplantı sırasında, niyeti kaybetmemek için ciddi kalmak önemlidir, çünkü bir araya gelme amaçları budur. Ve kişi, yüce bir şey olan alçakgönüllülükle yürümek için, ciddi değilmiş gibi görünmeye alışık olmalıdır. Fakat gerçekte, onların kalplerinde bir ateş yanar.

Ancak, toplantı sırasında kişi, toplantının amacını bozan sözleri dinlemekten ve eylemleri izlemekten sakınmalıdır ki böyle yaparak Yaradan'la bütünlüğe ulaşır. Bütünlüğe ilişkin olarak, "Matan Tora" (Yaradan'ın ifşası) makalesine bakınız.

Fakat kişi, dostlarıyla birlikte olmadığı zaman, kalbindeki niyeti göstermemesi ve diğer herkes gibi görünmesi en iyisidir. "Efendin, Tanrı'nla alçakgönüllülükle yürü" sözlerinin anlamı budur. Bununla ilgili daha yüce yorumlar olsa da basit bir açıklama da büyük bir şeydir.

Bu nedenle, birleşen dostlar arasında eşitlik olması iyidir, böylece kişi, diğeri önünde kendini iptal edebilir. Ve ciddiyetsizlik her şeyi mahvettiğinden, toplum içinde ciddiyetsizliğe izin verilmemeli ve dikkatli olunmalıdır. Fakat yukarıda bahsettiğimiz gibi, bu içsel bir mesele olmalıdır.

Ancak orada bu toplumdan olmayan biri varsa, hiçbir ciddiyet gösterilmemeli, henüz gelmiş bu kişiyle eşitlik sağlanmalıdır. Diğer bir deyişle, ciddi konulardan bahsetmekten sakınılmalı, sadece "davetsiz misafir" denen, henüz gelmiş kişiye uygun olan şeylerden bahsedilmelidir.

Dost Sevgisine Dair

Makale No. 2, Tav-Şin-Mem-Dalet, 1984

1) Dost sevgisine duyulan ihtiyaç

2) Özellikle bu dostları seçmemin sebebi nedir ve bu dostlar beni neden seçti?

3) Dostlardan her biri gruba olan sevgisini açığa çıkarmalı mı, yoksa kişinin sevgiyi kalbinde hissetmesi ve dost sevgisini gizlilik içinde uygulayıp, kalbinde ne olduğunu açıkça göstermemesi mi gerekir?

Bilinir ki, alçakgönüllü olmak yüce bir şeydir. Fakat bunun tam tersini, kişinin kalbindeki sevgiyi, dostlarına karşı ifşa etmesi gerektiğini de söyleyebiliriz, zira bu sevgiyi ifşa etmekle, dostlarına karşı, dostlarının kalplerini uyandırır, böylece onlar da her birinin dost sevgisini uyguladıklarını hissederler. Bunun faydası, kişinin bu şekilde, dost sevgisini daha güçlü uygulama gücü kazanmasıdır, zira her birinin sevgisinin gücü, birbirlerine entegre edilmiştir.

Bu demektir ki, eğer grup on üyeden oluşuyorsa, kişi dost sevgisini uygulama gücünün bir ölçüsüne sahip olduğu noktada, dost sevgisine bağlanmanın gerekliliğini anlayan on güçle entegre olur. Ancak, eğer her biri, dost sevgisini uyguladığını gruba göstermezse, o zaman kişi, grubun gücünden yoksun kalır.

Bu böyledir çünkü kişinin dostunu olumlu bir şekilde yargılaması çok zordur. Herkes erdemli olduğunu ve sadece kendisinin dost sevgisine bağlandığını düşünür. Bu durumda, dost sevgisini uygulamak için kişinin çok az bir gücü vardır. Bu nedenle, bu çalışma, özellikle herkese açık olmalı ve gizlenmemelidir.

Fakat kişi, kendine topluluğun amacını her zaman hatırlatmalıdır. Aksi takdirde, beden daima kendi menfaatini önemsediğinden, amacı bulanıklaştırma eğilimi gösterir. Bilmeliyiz ki grup, sadece başkalarını sevmeye ulaşma temeli üzerine kurulmuştur ve bu, Yaradan sevgisi için bir sıçrama tahtasıdır.

Bu, özellikle, hiçbir ödül olmaksızın dostuna verebilmek için, kişinin, bir gruba ihtiyacı olduğunu söylemesiyle mümkün olur. Diğer bir deyişle, ona bedenin alma kaplarını memnun edecek hediyeler versin ve yardım etsinler diye bir gruba ihtiyacı yoktur. Böyle bir topluluk kendini-sevme üzerine kurulmuştur ve sadece kişinin alma kaplarının gelişimini harekete geçirir, oysa şimdi kişi dünyevi şeyler elde etmede, dostunun ona yardım etmesiyle, daha fazla şey kazanma fırsatı olduğunu görür.

Bunun yerine, grubun, diğerlerini sevme temeli üzerine kurulduğunu hatırlamalıyız, böylece her üye, gruptan başkalarını sevme ve kendinden nefret etme koşulunu alır. Ve dostun kendisini iptal etmek ve başkalarını sevmek için gayret ettiğini görmek, herkesin, dostlarının niyetlerine entegre olmasına neden olur.

Dolayısıyla, eğer grup on üyeden oluşuyorsa örneğin, her biri kendini iptal etmeyi, kendinden nefret etmeyi ve başkalarını sevmeyi uygulamak için on güce sahip olacaktır. Aksi takdirde, kişi, başkalarını sevmekle ilgili sadece tek bir güçle kalır, zira kişi, dostları başkalarını sevmeyi gizlilik içinde uyguladıkları için, dostlarının bunu uyguladığını görmez. Dahası, dostları, onun başkalarını sevme yolunda yürüme arzusunun gücünü kaybetmesine sebep olur. Bu durumda, kişi, onların eylemlerinden öğrenir ve kendini-sevmenin hâkimiyetine düşer.

4) Herkes, onları nasıl memnun edeceğini bilmek için, dostunun ihtiyaçlarını, özellikle her dostu için bilmeli midir, yoksa genel olarak dost sevgisini uygulamak yeterli midir?

Dost Sevgisi

Makale No. 3, Tav-Şin-Mem-Dalet, 1984

"Ve tarlada gezinirken bir adam onu buldu. Ve adam ona sordu: 'Ne arıyorsun?' Şöyle dedi: 'Kardeşlerimi arıyorum. Sana yalvarırım, bana sürüyü nerede otlattıklarını söyle.'" (Genesis, 37)

"Tarlada gezinen" adam, dünyayı besleyecek ekine kaynak olan yer anlamına gelir. Ve tarladaki çalışma, toprağı sürmek, tohum ekmek ve ekin biçmektir. Bununla ilgili şöyle denir: "Gözyaşı içinde ekenler, neşe içinde biçecek" ve buna, "Efendi'nin kutsadığı toprak" denir.

Baal HaTurim, tarlada gezinen kişiyi, aklın yolundan sapan kişi olarak açıklar. O, "tarlada gezinen eşek" durumundadır ve ulaşması gereken yere onu götürecek olan gerçek yolu bilmez. Ve ulaşması gereken amaca asla ulaşamayacağını düşündüğü bir koşula gelir.

"Ve adam ona sordu, 'Ne arıyorsun?'", yani, "Sana nasıl yardım edebilirim?" "Ve o şöyle dedi: 'Kardeşlerimi arıyorum.'" Kardeşlerimle yani dost sevgisinin olduğu bir grupla beraber, Yaradan'ın evine giden yolu çıkabileceğim.

Bu yola, "ihsan etme yolu" denir ve bu yol, doğamıza aykırıdır. Bunu gerçekleştirebilmek için, herkesin dostuna yardım edebileceği, dost sevgisinden başka bir yol yoktur.

"Ve adam şöyle dedi: 'Bu yüzden ayrıldılar.'" Ve Raşi, bunu, onlar kendilerini kardeşlikten ayırdılar yani seninle bağ kurmak istemiyorlar olarak yorumlar. Bu, sonuçta, İsrail'in Mısır'a sürgününe neden oldu. Ve Mısır'dan çıkmak için, dost sevgisinde olmak isteyen bir gruba girmeyi görev edinmeliyiz ve bu sayede Mısır'dan çıkmak ve Tora'yı almakla ödüllendirilebiliriz.

Her Biri Dostuna Yardım Etti

Makale No. 4, Tav-Şin-Mem-Dalet, 1984

Kişinin dostuna nasıl yardım edebileceğini anlamalıyız. Bu, özellikle zengin ve fakir, akıllı ve aptal, zayıf ve güçlü olduğu zaman mı söz konusudur? Peki, herkes zengin, akıllı ya da güçlü ise kişi, bir başkasına nasıl yardım edebilir?

Görüyoruz ki, herkeste ortak olan tek bir şey var; ruh hali. Şöyle denir: "Kişinin kalbinde bir endişe varsa, bırakın başkalarına ondan bahsetsin." Çünkü kendini canlı ve neşeli hissetmek için, ona ne zenginlik ne de bilgelik yardımcı olabilir.

Daha ziyade, dostunun düşüşte olduğunu görüp, ona yardım edebilecek olan bir kişidir. Şöyle yazılmıştır: "Kişi kendini hapisten kurtaramaz." Aksine, kişinin ruh halini yükseltecek olan, dostudur.

Bu demektir ki, kişiyi bulunduğu durumdan, canlılık durumuna dostu yükseltir. Sonra kişi, sanki şimdi amacı ona yaklaşmış gibi, tekrar yaşama ve zenginliğe dair güven ve güç kazanmaya başlar.

Sonuç olarak, herkes dikkatli olmalı ve dostunun ruh halini yükseltmek için ona nasıl yardım edebileceğini düşünmelidir, çünkü ruh hali konusunda, herkes dostunda doldurabileceği bir ihtiyaç noktası bulabilir.

"Dostunu Kendin Gibi Sev" Kuralı Bize Ne Verir?

Makale No. 5, Tav-Şin-Mem-Dalet, 1984

"Dostunu kendin gibi sev" kuralı (Klal – hem 'kural 'hem de 'kolektif ' anlamında) bize ne verir? Bu kural sayesinde, Yaradan'ı sevmeye başlayabiliriz. Eğer öyleyse, 612 Mitzvot'u (emirler) yerine getirmek bize ne verir?

Öncelikle, bir kuralın ne olduğunu bilmemiz gerekir. Kolektifin (Klal) birçok bireyden oluştuğu bilinir. Bireyler olmadan, kolektif olmaz. Örneğin, bir izleyici kitlesinden "kutsal izleyiciler" diye bahsettiğimiz zaman, bir araya gelerek birlik oluşturmuş belli sayıda insandan bahsederiz. Daha sonra, onlara bir başkan atanır, vs. ve buna Minian (on / yeterli çoğunluk) ya da "grup" denir. En az on kişi hazır bulunmalıdır ve o zaman Keduşa'nın hizmette olduğunu söylemek mümkün olur.

Zohar bununla ilgili şöyle der: "Her nerede on kişi varsa, orada Şehina (Kutsallık) yaşar." Bu demektir ki on kişinin olduğu yerde, Şehina'nın (Kutsallık) yaşaması için bir yer vardır.

Dolayısıyla, "Dostunu kendin gibi sev" kuralı 612 Mitzvot üzerine inşa edilmiştir. Diğer bir deyişle, 612 Mitzvot'u yerine getirerek, "Dostunu kendin gibi sev" kuralını gerçekleştirmiş oluruz. Öyle anlaşılıyor ki, bireysel öğeler, kolektifi oluşturmamıza imkân verir ve kolektife sahip olduğumuz zaman, Yaradan sevgisine ulaşabiliriz, şöyle yazıldığı gibi, "Ruhum, Yaradan için özlem duyuyor."

Ancak, kişi tüm 612 Mitzvot'u tek başına yerine getiremez. Mesela, ilk doğan çocuğun kurtuluşunu örnek alın. Eğer kişinin ilk çocuğu kız ise, ilk çocuğun kurtuluşuna dair Mitzva'yı yerine getiremez. Ayrıca kadınlar, Tzitzit ve Tefillin gibi zamana bağlı olan Mitzvot'u yerine getirmekten muaftırlar. Fakat "İsrail'in hepsi birbirinden sorumlu" olduğu için, herkesin aracılığıyla, tümü yerine getirilir. Bu, sanki herkes tüm Mitzvot'u birlikte yerine getiriyor gibi olur. Dolayısıyla, 612 Mitzvot ile, "Dostunu kendin gibi sev" kuralını gerçekleştirebiliriz.

Dost Sevgisi

Makale No. 6, Tav-Şin-Mem-Dalet, 1984

"Dostunu kendin gibi sev." Kabalist Akiva şöyle der: "Bu, Tora'nın en büyük kuralıdır (İbranicede kolektif)." Bu demektir ki kişi, bu kuralı yerine getirirse, tüm detaylar ona dâhil olur, yani onun için çalışmak zorunda olmadan, çaba harcamadan ayrıntılara ulaşacağımız varsayılır.

Ancak, Tora'nın bize şunu söylediğini görürüz, "Efendi senden ne istiyor? Benden korkmanı." Bu yüzden, kişiden ilk talep edilen şey, sadece korkudur. Eğer kişi, korku emrini yerine getirirse, tüm Tora ve Mitzvot, hatta 'Dostunu kendin gibi sev 'emri ona dahil olur.

Ancak, Kabalist Akiva'nın sözlerine göre, durum bunun tam tersidir, yani korku, "Dostunu sev" kuralına dahildir. Dahası, atalarımıza göre (Berachot s.6) bunun anlamı, Kabalist Akiva'nın ifade ettiği gibi değildir. Onlar şu ayeti işaret eder: "Hepsi duyulduğuna göre, meselenin sonu şudur: Yaradan'dan kork ve O'nun emirlerini yerine getir; çünkü bütün insan budur." Gimara sorar, "'Bütün insan budur 'ne demektir? Kabalist Elazar der ki: 'Efendi, 'Tüm dünya, sadece bunun için yaratıldı' dedi.'" Ancak, Kabalist Akiva'nın sözlerine göre, öyle görünüyor ki her şey, "Dostunu sev" kuralı içindedir.

Buna rağmen, atalarımızın, en önemli şeyin, inanç olduğunu söylediklerini görüyoruz (Makot 24). Habakkuk'un gelip yalnızca bir tane olduğunu ilan ettiğini söylediler: "Erdemli, inancı ile yaşar."

Maharşa şöyle yorumlar: "İsrail'den herhangi biri için her zaman en kesin olan şey, inançtır." Diğer bir deyişle, kuralın özü, inançtır. Buna göre, çıkan sonuç şudur ki hem korku hem de "Dostunu sev" inanç kuralı içindedir.

Yukarıda bahsedileni anlamak için, şunları dikkatle incelemeliyiz:

İnanç nedir?

Korku nedir?

"Dostunu kendin gibi sev" nedir?

En önemli şey, "O'nun yarattıklarına iyilik yapmak" olarak bilinen yaratılış amacını daima hatırlamaktır. Öyleyse, Yaradan, onlara haz ve memnuniyet vermek istiyorsa, neden yukarıdaki üç konu - inanç, korku ve "Dostunu sev" - var? Bu, onların, yalnızca Yaradan'ın, yaratılanlara vermeyi dilediği haz ve memnuniyeti alabilmeleri için, kaplarını nitelikli hale getirmeleri gerektiği anlamına gelir.

Şimdi, yukarıda bahsedilen üç şeyin, bizi neye hazırladığını anlamalıyız. Güven de dâhil inanç, bize, O'nun yarattıklarına iyilik yapmak olan amacıyla ilgili olan ilk anlayışı verir. Biz de bu hedefe ulaşabileceğimize dair kendimize söz verebileceğimize kesinlikle inanmalıyız. Başka bir deyişle, yaratılış amacı, sadece seçilmiş bir grup için değildir. Aksine, yaratılış amacı, istisnasız tüm yaratılanlar içindir. Mutlaka güçlü ve yetenekli olmaları veya üstesinden gelebilen cesur insanlar olmaları gerekmez. Aksine, o tüm yaratılanlara aittir.

("On Sefirot'un Çalışmasına Giriş", madde 21 de Midraş Rabba, "Kutsama budur" bölümünden alıntı yapar: "Yaradan, İsrail'e şöyle dedi: 'Tüm bilgelik ve Tora'nın tümü kolaydır: Kim Ben'den korkar ve Tora'nın sözlerini uygularsa, tüm bilgelik ve Tora'nın tümü onun kalbindedir.'")

Bu yüzden, amaca ulaşabileceğimize dair güven duymalı ve yarı yolda umutsuzluğa kapılıp mücadeleden kaçmamak için, inancı kullanmalıyız. Daha doğrusu, Yaradan'ın kendimiz gibi bayağı birine bile yardım edebileceğine inanmalıyız. Bu demektir ki, Yaradan, beni, O'na yakınlaştıracak ve ben, O'nunla bütünlük elde edebileceğim.

Yine de inancı edinmek için, korkunun önce gelmesi gerekir, Zohar'a Giriş'te açıklandığı gibi: "Korku, O'na inancın kapısı olduğundan, Tora'nın tüm emirlerini içeren bir emirdir. Kişi, korkusunun uyanışına göre (O'nun rehberliğinde), O'nun rehberliğine inanır."

Burada son bulur: "Korku, kişinin Yaradan'a memnuniyet vermesinin azalması korkusudur." Bu demektir ki, kişinin, Yaradan'la ilgili sahip olması gereken korku, kendisi için değil, muhtemelen Yaradan'a memnuniyet veremeyeceği içindir. Bundan çıkan sonuç şudur ki, inanca giden kapı, korkudur; başka bir yolla inanca ulaşmak, mümkün değildir.

Yaradan'a memnuniyet veremeyeceğiyle ilgili korkuyu edinmek için, kişi, önce ihsan etme arzusu ve özlemi duymalıdır. Sonrasında, korkuyu sürdüremeyeceği korkusu için yer olduğunu söyleyebilir. Ancak, kişi, genellikle, kendisine duyduğu sevginin tam olmayacağından korkar ve Yaradan'a ihsan edemediği için endişelenmez.

Hangi hakikat, kişiyi kendisi için almanın hatalı olduğuna inandırıp, ihsan etmesi için yeni bir nitelik edinmesini sağlayabilir? Bu doğaya karşıdır! Bazen kişiye, dostlarından ve kitaplardan duyduğu kendini sevmeyi bırakması için bir düşünce ve arzu gelir, bu, küçük bir güçtür, bizler için her zaman parlamaz ki böylece sürekli bunu takdir edip, Tora'daki tüm Mitzvot için kuralın bu olduğunu söyleyebilelim.

Bu nedenle, tek bir tavsiye vardır: Birkaç kişi, ihsan etmenin bağımsız olması için dışarıdan yardım almadan, kendini sevmeyi bırakma arzusu ile bir araya gelmelidir. Şimdi, eğer bu insanlar, her biri, gerçekte onu muhafaza edemeseler de en azından potansiyel olarak Yaradan sevgisine sahip oldukları için, birbirlerinin önünde kendileri iptal ederlerse, o zaman, her birinin gruba katılması ve onun önünde kendilerini iptal etmeleriyle, tek bir beden haline gelirler.

Örneğin, eğer o bedende on kişi varsa, o zaman, tek bir kişinin sahip olduğundan on kat daha fazla güce sahip olur. Ancak, bir koşul vardır: Bir araya geldikleri zaman, her biri, kendini sevmeyi iptal etmek amacı için bir araya geldiğini düşünmelidir. Bu demektir ki şimdi kendi alma arzusunu nasıl tatmin edeceğini düşünmeyecek, fakat mümkün olduğunca sadece diğerlerini sevmeyi düşünecektir. "İhsan etme arzusu" olarak adlandırılan bu yeni niteliği edinme arzusu ve ihtiyacını elde etmenin tek yolu, budur.

Ve kişi, dost sevgisinden Yaradan sevgisine ulaşabilir, yani Yaradan'a memnuniyet vermek isteyebilir. Bundan çıkan sonuç şudur ki, sadece bu şekilde kişi, ihsan etmenin önemli ve gerekli olduğuna dair bir anlayış kazanır ve bu ona, dost sevgisi aracılığıyla gelir. Bundan sonra, korkudan bahsedebiliriz, yani kişi, Yaradan'a memnuniyet ihsan edemeyeceğinden korkar ve buna "korku" denir.

Bu nedenle, üzerine kutsallığın inşa edilebileceği asıl temel, "Dostunu sev" kuralıdır. Bununla kişi, Yaradan'a memnuniyet ihsan etme ihtiyacını edinir. Ondan sonra, Yaradan'a memnuniyet verememe anlamında bir korku olabilir. Gerçek korku kapısı geçildiği zaman, kişi, inanca gelebilir, çünkü birçok yerde açıklandığı gibi, inanç, Şehina'nın (Kutsallık) yavaş yavaş akıtılacağı kaptır.

Böylece önümüzde üç kural olduğunu görürüz: İlk kural, Kabalist Akiva'nın "Dostunu kendin gibi sev" kuralıdır. Ondan önce, kişinin durumunu bir parça bile değiştirmesi için yakıt sağlayacak hiçbir şey yoktur, çünkü bu, kendini sevmenin kötü bir şey olduğunu hissetmenin ve insan sevgisine doğru, kendini sevmekten çıkmanın tek yoludur.

Şimdi ikinci kurala geliyoruz. Bu kural, korkudur. Baal HaSulam'ın söylediği gibi, korku olmadan inanca yer yoktur.

Sonunda, inanç olan üçüncü kurala geliriz. Yukarıda bahsedilen tüm üç kural elde edildikten sonra, kişi, O'nun yarattıklarına iyilik yapmak olan yaratılış amacını hissetmeye başlar.

'Dostunu Kendin Gibi Sev' Kuralına Dair Açıklanana Göre

Makale No.7, Tav-Şin-Mem-Dalet, 1984

"Dostunu kendin gibi sev" kuralına dair açıklanana göre, 612 Mitzvot'un (emirler) tüm detayları bu kurala dâhildir. Atalarımızın dediği gibi, "Gerisi onun açıklamasıdır; gidip çalışın." Bu demektir ki 612 Emir'i yerine getirmekle, "Dostunu sev" kuralıyla ve onu takiben de Yaradan sevgisiyle ödüllendirileceğiz.

Dolayısıyla, dost sevgisi bize ne verir? Yazılıdır ki, her biri, bir diğerini sevmekle ilgili küçük bir güce sahip olduğundan, yani diğerlerini sevmeyi, sadece potansiyel olarak gerçekleştirebildiklerinden, birkaç dost bir araya gelerek bunu uyguladıklarında, diğerlerini sevme lehine, kendilerini sevmekten vazgeçmeye karar verdiklerini hatırlarlar. Oysa gerçekte kişi, başka birinin lehine, alma arzusunun hazlarından, bir parça dahi vazgeçemediğini görür.

Ancak, diğerlerini sevmeyi başarmaları gerektiğine hemfikir olan birkaç kişi bir araya gelerek, birbirleri önünde kendilerini iptal ettiğinde, hepsi birbirine karışır. Böylece, her birinin içinde, birleşmenin boyutuna göre, büyük bir güç toplanır. Ve o zaman her biri, diğerlerini sevmeyi tam anlamıyla yerine getirebilir.

Öyleyse, dost sevgisi kuralını yerine getirmekle ilgili söylediğimiz 612 Emir'in detayları, bize ne verir? Realitede görüyoruz ki, maneviyat çalışmayanlar arasında da dost sevgisi var. Onlar da dost sevgisine sahip olmak için, çeşitli ortamlarda bir araya geliyorlar. Peki, o zaman maneviyatı çalışan ile çalışmayan arasındaki fark nedir?

Ayet şöyle der (Mezmurlar 1), "...ne de alaycı kişinin koltuğunda oturdu." "Alaycı kişinin koltuğu" yasağını anlamalıyız. Eğer kişi, iftira eder ya da boş sözler söylerse, o zaman yasak, "alaycı kişinin koltuğu" nedeniyle değildir. Öyleyse "alaycı kişinin koltuğu" bize ne verir?

Aslında, anlamı şudur; birkaç kişi, dost sevgisine ulaşma amacıyla, dostunun maddi durumunu iyileştirmesine yardım etme niyetiyle bir araya geldiği zaman, her biri, daha fazla toplantı yaparak bu gruptan fayda sağlayacağını ve maddi durumunu iyileştireceğini umar.

Ancak, herkes, tüm toplantılardan sonra, bu topluluktan, kendilerine-sevgi için ne aldığını, bununla, alma arzusunun ne kazandığını hesaplar ve görür, zira topluma fayda sağlamak için zaman ve çaba harcamışlardır. Peki, bununla ne kazandılar? Kişi, en azından sarf ettiği çabanın bir kısmıyla, kendi yararı için uğraşmış olsaydı, muhtemelen daha başarılı olmuş olacaktı. Oysa şimdi şöyle söyler, "Topluluğa katıldım, çünkü onun sayesinde, tek başıma kazanabileceğimden daha fazlasını kazanabileceğimi düşündüm. Fakat şimdi görüyorum ki hiçbir şey kazanmadım."

Sonra kişi, bundan pişman olur ve der ki: "Zamanımı gruba harcamak yerine, kendi küçük gücümü kullansaydım daha iyi olurdum. Ancak, şimdi, grup vasıtasıyla daha çok şey kazanmak için, zamanımı, onlara harcamış olduğumdan, sonunda fark ediyorum ki sadece hiçbir şey kazanmamakla kalmadım, bilakis tek başıma kazanabileceğimi de kaybettim."

Birisi, insan, dost sevgisi, ihsan etme ve diğerlerine fayda sağlama amacı için çalışmalı dediğinde, herkes, ona güler ve dalga geçer. Bu, onlara, bir tür şaka gibi gelir ve bu, dünyevi insanların koltuğudur. Bununla ilgili şöyle denir: "fakat günah, herkes için utanç vericidir ve onlar, yaptıkları her şeyi, kendileri için yaparlar." Böyle bir toplum, kişiyi, kutsallıktan ayırır ve onu, alay dünyasına atar. Bu, alaycı kişinin koltuğunun yasağıdır.

Atalarımız böyle toplumlarla ilgili şöyle der: "Günahkârları dağıtın; bu hem onlar için hem de dünya için daha iyidir." Diğer bir deyişle, onların var olmaması daha iyidir. Ancak, erdemli için bunun tam tersidir: "Erdemlileri bir araya getirin; bu hem onlar için hem dünya için daha iyidir."

"Erdemli" ne demektir? "Dostunu kendin gibi sev" kuralını uygulamak isteyenlerdir. Onların tek niyeti, kendilerine-sevgiden çıkmak ve bir diğerini sevme doğasını üstlenmektir. Ve bu, yerine getirilmesi gereken bir Emir olsa ve kişi, kendini, onu yerine getirmeye zorlasa da sevgi, yine de kalbe verilen bir şey olduğundan, kalp, doğası gereği onunla hemfikir olmaz. Peki, o zaman kişi, diğerlerini sevmenin, kalbe dokunmasını sağlamak için ne yapabilir?

Bize, 612 Emir'in verilme nedeni budur; onların, kalpte bir his oluşturma gücü vardır. Ancak, bu, doğaya aykırı olduğundan, kişi, buna ihtiyaç duysa bile, bu, dost sevgisini fiili olarak yerine getirme kabiliyetine sahip olamayacak kadar küçük bir histir. Bu yüzden, kişi, şimdi onu gerçekten nasıl uygulayacağına dair tavsiye aramalıdır.

Kişinin, "Dostunu sev" kuralında gücünü artırabilmesi için tavsiye, dost sevgisidir. Eğer herkes, dostu önünde kendini iptal eder ve onunla karışırsa, diğerlerini sevmeyi isteyen tüm küçük parçaların, birçok parçadan oluşan kolektif bir güç içinde birleştiği tek bir kitle haline gelirler. Ve kişi, bu güce sahip olduğunda, diğerlerini sevmeyi gerçekleştirebilir.

Ve sonra kişi, Yaradan sevgisine erişebilir. Fakat koşul, her birinin, diğeri önünde kendini iptal etmesidir. Ancak, kişi, dostundan ayrıldığı zaman, dostundan alması gereken payı alamaz.

Bu nedenle, herkes dostuna kıyasla bir hiç olduğunu söylemelidir. Bu sayıları yazmaya benzer: Önce "1" sonra "0" yazarsan, ikisi beraber bir sayısından on kez büyük olur. Ve "00" yazdığın zaman, yüz kez büyük olur. Diğer bir deyişle, eğer dostu bir numara ise ve sıfır onu takip ederse, kişinin dostundan on (10) kat daha fazla aldığı düşünülür. Ve eğer dostuna kıyasla çift sıfır olduğunu söylerse, dostundan yüz (100) kat daha fazla alır.

Ancak, eğer bunun tersiyse ve dostunun sıfır, kendisinin bir olduğunu söylerse, o zaman dostundan on kat daha azdır, 0.1'dir. Ve eğer kendisinin bir olduğunu ve ona kıyasla sıfır olan iki dostu olduğunu söylerse, o zaman kişinin onlardan yüz kat daha az olduğu düşünülür, yani kişi 0.01'dir. Bu yüzden, dostlarından aldığı sıfırın sayısına göre kişinin seviyesi azalır.

Ancak, kişi bir kere o gücü edinse, diğerlerini sevmeyi gerçekten yerine getirse ve kendi memnuniyetinin onun için kötü olduğunu hissetse bile, yine de kendine inanmamalıdır. Çalışmanın ortasında, kendini sevmeye düşme korkusu olmalıdır. Diğer bir deyişle, kişi, ihsan etmek için küçük hazlarla çalışmasına ve onlardan vazgeçmeye gönüllü olmasına rağmen, almaya alışık olduğundan daha büyük bir haz verildiğinde, büyük hazların korkusu içinde yaşar.

Buna "korku" denir ve bu, "Şehina'nın (Kutsallık) ilhamı" denen inanç Işığını almanın kapısıdır, Sulam Açıklamasında yazıldığı gibi, "Korkunun ölçüsü, inancın ölçüsüdür."

Bu nedenle, unutmamalıyız ki Yaradan, dost sevgisiyle bağlanmayı emrettiği için, "Dostunu kendin gibi sev" ilkesi yerine getirilmelidir. Ve Kabalist Akiva, yalnızca Yaradan'ın emrettiği bu Emri yorumlar. O, bu Emri, kendi menfaati nedeniyle değil, Yaradan'ın emri nedeniyle, bütün Emirler'i yerine getirebilecek bir kural haline getirmeyi hedefledi.

Diğer bir deyişle, Emirler'in, alma arzumuzu genişletmesi gerekmiyor, yani Emirler'i yerine getirerek, cömertçe ödüllendirilmeyeceğiz. Tam tersine, Emirler'i yerine getirmekle, kendimize olan sevgimizi iptal edebilme, başkalarını sevmeye erişme ve akabinde Yaradan sevgisi ödülüne ulaşacağız.

Şimdi atalarımızın VeSamtem (Onları yerleştir) sözüyle ilgili söylediklerini anlayabiliriz. Bu, Sam ("iksir", aynı zamanda "yerleştirmek") kelimesinden gelir. "Eğer bahşedildiyse, hayat iksiri, bahşedilmediyse, ölüm iksiridir."

Bahşedilmedi demek, kişi, Manevi Çalışma ve Emirleri çalışmasının karşılığında, mal-mülk edinebilsin diye, kendine-sevgisini çoğaltmak için bağlanıyor demektir. Eğer bahşedildiyse, kişinin kendine olan sevgisi iptal edilmiştir ve kişi, başkalarını sevme gücü olan ödülünü almayı hedefler. Bununla, Yaradan sevgisine ulaşır, tek arzusu Yaradan'a memnuniyet vermektir.

Tora ve Mitzvot'u Yerine Getirmede Hangisi Kalbi Arındırır?

Makale No. 8, Tav-Şin-Mem-Dalet, 1984

Soru:' Tora ve Mitzvot'u ödül almak üzere yerine getirmek kalbi arındırır mı? ' Atalarımız der ki: "Kötü eğilimi Ben yarattım; Işığı da şifası için verdim." Bu demektir ki, kalbi arındırır. Fakat kişi, özellikle ödül almamayı amaçladığı zaman mı bu böyledir, yoksa kişi, ödül almak üzere çalıştığı zaman da kalbi arındırır mı?

Cevap: "Zohar Kitabı'na Giriş"te (madde 44) yazılıdır ki, "Kişi, Tora ve Mitzvot'a bağlanmaya, Kral'a hizmet ederken uygun olduğu gibi, sevgi ve korku niyeti olmadan Lo Lişma'da (O'nun adına değil) bile başlasa, kişinin kalpteki noktası büyümeye ve etkinliğini göstermeye başlar. Bu böyledir, çünkü Mitzvot, niyeti gerektirmez ve niyetsiz hareketler bile, kişinin ancak "cansız" denilen birinci seviyesindeki alma arzusunu arındırabilir. Ve kişi, alma arzusunun cansız kısmını arındırdığı ölçüde, yavaş yavaş kalpteki noktanın 613 organını inşa eder, bu Nefeş de Keduşa'dır (cansız seviyenin kutsallığı). Bu yüzden, görüyoruz ki, Tora ve Mitzvot'u yerine getirmek, Lo Lişma'da bile kalbi arındırır.

Soru:' Tora ve Mitzvot'u, ödüllendirilmemek üzere yerine getirme yolu, sadece seçilmiş birkaç kişi için midir? Ya da herhangi biri, Yaradan'la Dvekut (bütünleşme) ile ödüllendirileceği bu yolda, ödüllendirilmemek için yürüyebilir mi?'

Cevap: 'İnsanın kendi için alma arzusu, yaratılış düşüncesinde ortaya çıkmış olsa da ruhlara, bu arzuyu, ihsan etme arzusuna çevirmek için ıslah verildiğinden, kişi, Tora ve Mitzvot'u yerine getirerek, alma arzusunu, ihsan etme arzusuna çevirebilir. Bunun şifası, sadece seçilmiş birkaç kişiye değil, istisnasız herkese verilmiştir.'

Ancak bu bir seçim meselesi olduğundan, bazıları daha hızlı ve bazıları daha yavaş ilerler. "Zohar Kitabı'na Giriş"te (madde 13,14) yazıldığı üzere, sonuçta, herkes, tam mükemmelliğini elde edecektir, yazıldığı üzere, "Sürgüne gönderilmiş kişi, O'ndan dışlanmış olmayacak."

Yine de Tora ve Mitzvot'u yerine getirmeyi öğrenmeye başlarken, kişi, Lo Lişma'da başlar. Bu böyledir, çünkü kişi, alma arzusuyla yaratılmıştır; bu yüzden, ona kişisel kazanç sağlamayan hiçbir şeyi anlamaz ve asla Tora ve Mitzvot'u yerine getirmeye başlamak istemez.

Rambam'ın yazdığı gibi (Hilchot Teshuva, Bölüm 10): "Atalarımız der ki: 'kişi Lo Lişma'da olsa bile, daima Tora'ya bağlanmalıdır, çünkü Lo Lişma'dan, Lişma'ya gelir. ' Bu yüzden, çocuklara, kadınlara ve halka öğretirken, onlara sadece korkudan ve ödül almak üzerinden çalışmak öğretilir. Ve onlar, bilgi sahibi oldukları ve bilgelik edindikleri zaman, bu sır, onlara azar azar ifşa edilir. O'nu edinene ve O'na sevgiyle hizmet edene kadar, buna sakince alışırlar." Dolayısıyla, Rambam'ın sözlerinden görüyoruz ki, herkes Lişma'ya erişir, aralarındaki tek fark, zamanlamadadır.

Soru:' Kişi, Lişma'ya giden bir yolda yürüdüğünü hissettiğinde, diğerleri de doğru yolda yürüsün diye onları etkilemeye çalışmalı mıdır?'

Cevap:' Bu genel bir sorudur. Dindar bir kişinin, laik bir kişiyi test etmesi gibidir. Eğer onu düzelteceğine inanıyorsa, o zaman "Dostunu kesinlikle azarlamalısın" ilkesine göre, onu düzeltmelidir. Benzer şekilde, bu durumda denebilir ki, niyetinin sadece Mitzva olması koşuluyla, dostuna gidebileceği daha iyi bir yol olduğundan bahsedebilirsin. Fakat pek çok kez kişi, bir başkasını, "dostunu azarlamak" için değil, sadece üstünlük sağlamak amacıyla azarlar.

Ve yukarıda bahsedilenden öğreniyoruz ki, insanın, başkalarının da gerçeğin yolunda yürümesi arzusu, dindar ve laikler, Litvanya ve Hasidim grubu ve Hasidim'lerin kendi arasında tartışmalar yaratmıştır. Bu böyledir çünkü herkes, kendisinin doğru yolda olduğunu düşünür ve herkes diğerini doğru yolda yürümek için ikna etmeye çalışır.'

Kişi Her Zaman Evinin Kirişlerini Satmalıdır

Makale No. 9, Tav-Şin-Mem-Dalet, 1984

"Kabalist Yehuda şöyle dedi: "Rav, 'Kişi, her zaman evinin kirişlerini satmalı ve ayakkabılarını giymelidir 'dedi. "Kişinin evinin kirişleriyle ilgili hassasiyetini ve ayakkabıların büyük önemini, evin kirişlerinin satılmaya değer olduğunu noktaya kadar yani ayakkabılarını ayağına geçirme becerisine sahip olması açısından anlamalıyız.

Bunu, çalışma içinde yorumlamalıyız. Kişinin evine ait Korot (kirişler), kişinin evinde tecrübe ettiği her şey anlamına gelen Mikreh (olay) kelimesinden gelir. Kişiyi, mutlu olup olmadığını, iki anlayışla, bilgi, yani zekâ ile ve duygu yani kalbinde hissettiği şey ile algılarız.

Tecrübe ettiğimiz şeyler, günlük yaşamımızda sorular uyandırır. Bu, kişi ile Yaradan ve kişi ile dostu arasında da geçerlidir.

Kişi ve Yaradan arasında demek, Yaradan, tüm ihtiyaçlarını tatmin etmediği için, kişinin şikâyeti var demektir. Diğer bir deyişle, Yaradan, kişinin ihtiyacı olduğunu düşündüğü şeyleri ona vermelidir, çünkü kural şudur; İyi Olan'ın yönetimi iyilik yapmaktır. Ve bazen kişi, bunun tam tersi olduğunu hissettiğinden, şikâyet eder -kendi durumu, ondan daha yüksek seviyede olan diğerlerinin durumundan daima daha kötüdür.

Dolayısıyla kişi, "ajanlar" denen koşuldadır. Bu durumda, yaşamından haz ve mutluluk almadığı ve "Yaşamımın tüm günlerinde beni, sadece iyilik ve güzellik takip edecek" demesi zor olduğu için, Yaradan'a iftira eder. Bu nedenle, o anda kişi "ajanlar" koşulundadır.

Atalarımız bununla ilgili şöyle der (Berachot (kutsamalar), 54), "Kişi, iyi olanı kutsadığı gibi, kötü olanı da kutsamalıdır," çünkü Yahudiliğin temeli, mantık ötesi inanca dayanır. Bu, aklın, kişiyi düşünmeye, söylemeye ve yapmaya zorladığı şeylere güvenmeyip, ancak iyiliksever ve yüce Yaradan'a olan inanca güvenmesi demektir. Ve kişi, Yaradan'ı haklı çıkararak, daha sonra haz ve memnuniyet hissi ile ödüllendirilir.

Baal HaSulam, Yaradan onun tüm dileklerini yerine getirmiyor diye O'ndan şikâyet eden kişi hakkında bir alegori verir. Bu, küçük bir çocukla sokakta yürüyen bir babanın durumuna benzer. Çocuk acı acı ağlamaktadır. Sokaktaki tüm insanlar, babaya bakar ve şöyle düşünür, "Oğlunun ağladığını duyup da hiç ilgi göstermeyen bu adam, ne kadar da acımasız? Çocuğun ağlaması, sokaktaki insanları bile üzerken, babası olan bu adam, hiç üzülmüyor. Oysa bir kural vardır, 'Çocuklarına şefkat gösteren bir baba gibi.'"

Çocuğun ağlaması, insanları, babaya gidip şunu sormaya mecbur bırakır, "Senin merhametin nerede?" Baba cevap verir, "Eğer gözümün bebeği gibi koruduğum oğlum, gözlerinde kaşıntı olduğu için, gözlerini kaşıyabilsin diye benden ona bir iğne vermemi talep ediyorsa, ne yapabilirim? Onun dileğini yerine getirmiyorum diye bana "acımasız" denebilir mi ya da gözünü çıkarıp sonsuza kadar kör kalmasın diye ona iğne vermemem merhamet değil midir?"

Dolayısıyla, Yaradan'ın verdiği her şeyin, bizim iyiliğimiz için olduğuna inanmalıyız, ama yine de gerekli olduğunda, Yaradan'ın bu sorunları bizden alması için dua etmeliyiz. Ancak, bilmeliyiz ki, dua ve duanın yerine getirilmesi, iki farklı konudur. Diğer bir deyişle, eğer yapmamız gerekeni yaparsak, o zaman Yaradan, bizim için, tıpkı yukarıda bahsedilen alegoride olduğu gibi, iyi olanı yapar. Bununla ilgili şöyle denir: "Ve Yaradan, O'na iyi görüneni yapacaktır."

Aynı prensip, kişi ve dostu için de geçerlidir, yani kişi, evinin kirişlerini satmalı ve ayakkabılarını giymelidir. Diğer bir deyişle, kişi, evinin kirişlerini, yani dost sevgisiyle ilgili evinin tecrübe ettiği tüm olayları satmalıdır.

Kişi, ona her şekilde yardım edecek dostlarından hiçbir karşılık görmemesine rağmen, dost sevgisinde özveriyle çalıştığından, dostuyla ilgili soruları ve şikâyetleri olabilir. Çünkü dostları, onun dost sevgisi anlayışına göre davranmamaktadır yani onlar dostlarıyla seçkin kişiler arasında olduğu gibi saygılı bir şekilde konuşmamaktadır.

Ayrıca, dost sevgisiyle ilgili hiçbir hareketin yapılmadığını görür. Tersine, her şey normaldir, tıpkı henüz bir araya gelmeye, herkesin, bir diğerinin iyiliğini düşündüğü ve dost sevgisinin olduğu bir toplum inşa etmeye karar vermemiş, sıradan insanların arasında olduğu gibi.

Dolayısıyla, kişi dost sevgisine bağlanmış olan hiç kimseyi bulamaz. Ve kendisinin doğru yolda yürüyen tek kişi olduğunu hissettiği, herkese küçümseyerek ve hor görerek baktığı için, buna "ajanlar" denir. Yani, dostlarının ona, "Dostunu sev" kuralına göre doğru davranıp davranmadığını görmek için, dostlarını gizlice gözetlemektedir. Ve sürekli olarak dostlarının, gün boyunca başkalarını sevmenin en önemli şey olduğunu öğütlediğini duyduğu için, onların söyledikleriyle yaptıklarının bir olup olmadığını görmek ister.

Ve sonra görür ki, bu sadece sözde bir bağlılıktır, konuşmalarında bile dost sevgisi yoktur ve bu, dost sevgisindeki en küçük şeydir. Diğer bir deyişle, birine soru sorduğunda, onu, bir dostun cevapladığı gibi değil, düşüncesizce, kayıtsızca cevaplayıp, sanki ondan kurtulmak istiyormuş gibi soğuk davranıyordur.

"Eğer dost sevgisinin, kendini-sevme temeli üzerine kurulu olduğunu düşünüyorsan, dostunun sevgisini neden eleştiriyorsun, bu dostluktan ne elde ettiğini bu nedenle mi görmek istiyorsun?" sorusunu bana sorma. Bunlar, benim düşüncelerim değil. Aksine, ben gerçekten başkalarını sevmek istiyorum.

Bu yüzden, bu topluluğu kurmakla ilgileniyordum, böylece herkesin, başkalarını sevmeye bağlandığını görecek ve bu sayede, başkalarını sevmek için sahip olduğum azıcık güç artacak ve tek başıma yapabileceğimden daha güçlü şekilde, başkalarını sevmeye bağlanacak güce sahip olacaktım. Fakat şimdi görüyorum ki, hiçbir şey kazanmadım, çünkü tek bir kişinin bile bunu yapmadığını görüyorum. Bu nedenle, onlarla olmasaydım ve onların eylemlerinden bir şey öğrenmeseydim daha iyi olurdu.

Bunun bir cevabı var; eğer bir toplum, belirli kişilerden oluşuyorsa, bir araya geldikleri zaman, orada mutlaka bu "grubu" kurmayı arzulayan biri olmalıdır. Böylece, bu insanların birbirleri için uygun olduklarını görerek onları seçer. Diğer bir deyişle, her birinin, dost sevgisi kıvılcımı vardır, fakat bu kıvılcım, her birinin içindeki sevginin ışığını tutuşturmaz, bu nedenle kıvılcımların büyük bir ateş olması için birlik olmaya hemfikir olurlar.

Bu nedenle, kişi, onları gizlice gözetlediği zaman, bunun üstesinden gelmeli ve demelidir ki, "Grup, başkalarını sevme yolunda yürümeleri gerektiğine hemfikir olanlardır." Ve herkes dostlarını haklı çıkardığı zaman, tüm kıvılcımlar bir kez daha tutuşacak ve tekrar tek büyük bir alev olacaktır.

İki dostun yaptığı anlaşmayla ilgili Baal HaSulam'a şu sorulduğunda, "Ve İbrahim koyunları ve öküzleri aldı ve onları Abimeleh'e verdi ve ikisi bir anlaşma yaptı." Şöyle sordu, "Eğer ikisi de birbirini seviyorsa, tabii ki birbirlerine iyilik yaparlar. Ve doğal olarak, bir sebeple, aralarındaki sevgi azaldığı zaman, birbirlerine iyilik yapmazlar. Öyleyse aralarında anlaşma yapmaları onlara nasıl yardım eder?"

Şöyle cevapladı, yaptıkları anlaşma, şu an için değildir; şimdi aralarındaki sevgi hissedildiği için, anlaşma yapmalarına gerek yoktur. Tersine, anlaşma, kasıtlı olarak gelecek için yapılmıştır. Diğer bir deyişle, bir süre sonra, muhtemelen şu an hissettikleri gibi bir sevgi hissetmeyecekler, ama yine de ilişkilerini daha önceki gibi devam ettireceklerdir. Anlaşma bu yüzden yapılır.

Ayrıca, toplum kurulduğu zamanki sevgiyi hissetmeseler de yine de herkes, kendi bakış açısının üstesinden gelmeli ve mantık ötesi gitmelidir. Bu sayede, her şey ıslah olur ve her biri dostunu uygun bir şekilde yargılar.

"Kişi her zaman evinin kirişlerini satmalı ve ayakkabılarını giymeli," diyen atalarımızın sözlerini şimdi anlayabiliriz. Min'alim (ayakkabılar), kapamak anlamındaki Ne'ilat Delet (kapıyı kilitlemek) kelimesinden gelir. Kişi, bir kez dostunu gizlice gözetlediğinde, –Rigel (gizlice gözetledi), Raglaim (ayaklar/ bacaklar) kelimesinden gelir- "evinin kirişlerini satmalıdır" yani kendisi ve dostu arasındaki bağa dair evinde olan her şeyi, yani sahip olduğu ajanları, dostlara iftira edenleri satmalıdır.

O zaman, "Her şeyi sat", ajanların ona getirmiş olduğu tüm olayları uzaklaştır ve onun yerine, ayakkabılarını giy anlamına gelir. Bu demektir ki, kişi, ajanları, artık o topraklarda değillermiş gibi kilitleyip saklamalı ve onlara dair sahip olduğu tüm soruları ve talepleri kesmelidir. Ve ancak o zaman her şey, huzur içinde yerli yerine oturur.

Kişinin Reenkarne Olmamak İçin Ulaşması Gereken Derece Nedir?

Makale 10, Tav-Şin-Mem-Dalet, 1984

Soru: 'Kişinin reenkarne olmamak için ulaşması gereken derece nedir?'

Reenkarnasyonun Kapısı kitabında şöyle yazar, "İsrail oğulları tüm NRNHY dereceleri tamamlanana kadar reenkarne olmak zorundadır. Ancak, çoğu insan Asiya'dan gelen Nefeş haricinde NRNHY denilen beş kısma sahip değildir." Bu demektir ki, her insan, sadece kendi parçasını ve ruhunun kökünü ıslah etmelidir, daha fazlasını değil. Bu şekilde ıslah etmesi gerekeni tamamlamış olur.

Bilmeliyiz ki, tüm ruhlar Bilgi Ağacının günahından dolayı, ruhu 600.000 parçaya bölünen Adam Harişon'un ruhundan uzanır. Bu demektir ki, Adam Harişon'un Cennet Bahçesinde sahip olduğu Kutsal Zohar'ın Zihara Ila'a (üst parlaklık) dediği bu tek ışık, sayısız parçaya bölünmüştür.

Panim Masbirot'ta (Gülen Yüz) şöyle yazar, "Bir kez iyi ve kötü karıştığında (günahtan sonra) kutsallığı etkileme gücüne sahip olduklarından, Kabuklar için büyük bir yapı inşa edilmiş olur. Bunu engellemek için yaratılışın yedi gününün ışığı, kabukların ememeyeceği kadar küçük parçalara bölünür.

Örneğin; kralın biri uzakta yaşayan oğlu için altın göndermek istediğinde, halkı hırsız ve dolandırıcı olduğundan, parayı kuruşlara ayırmak ve bu kuruşları pek çok kişiyle göndermek en iyi yoldur. Böylece çalmanın keyfi, kralın güvenini kaybetmenin yanında değersiz kalmış olur.

Pek çok ruhtaki zaman düzeni ve günlerin aydınlığı vasıtasıyla, bilgi ağacının günahı yüzünden Klipot tarafından çalınan tüm kutsal kıvılcımları özümsemek mümkündür.

Pek çok ruh demek, içsel ışıklara bölünme, pek çok gün ise dışsal ışıklara bölünmedir. Ve her kuruş birikerek Adam Harişon'un günahından önceki büyük ışığa ulaşır ve bu ıslahın sonu olur.

Öyle anlaşılıyor ki, her insan Adam Harişon'un ruhunun küçük bir parçasıyla doğar. Kendi kısmını ıslah ettiğinde, reenkarne ihtiyacında olmaz. Dolayısıyla kişi sadece kendi kısmına ait olanı ıslah edebilir. Ari, Yaşam Ağacı kitabında şöyle yazar, "Aynı olan tek bir gün ya da aynı olan bir başka an, bir başkasıyla aynı olan bir insan yoktur ve Helbona (reçine), Levona'nın (tütsü) ıslah edemediğini ıslah eder. Her insan kendi kısmına ait olanı ıslah etmelidir."

Ancak bilmeliyiz ki, doğan her insanın seçim şansı vardır, çünkü kişi erdemli doğmaz, atalarımızın dediği gibi, "Rabbi Hanina der ki, 'Gebelik için görevlendirilmiş meleğe Laila (gece) denir. Bir damla alır, onu Yaradan'ın önüne koyar ve der ki, 'Dünyanın Efendisi, bu damladan ne olacak? Kudretli, akıllı biri mi yoksa aptal biri mi ya da zengin ya da fakir mi? 'Erdemli mi yoksa günahkâr mı diye sormaz.'"

Bu demektir ki, kişi erdemli doğmaz. Daha ziyade bu kişinin seçimine bırakılmıştır. Her insan Tora ve Mitzvot çalışmasına göre kalbini arındırma ve ruhunun köküne göre ıslah etmesi gerekenle ödüllendirilir ve böylece bütünleşmiş olur.

İnsanın İlk Derecesi

Zohar'da şöyle yazar, "Gel ve gör. İnsan doğduğunda ona hayvan yönünden bir ruh ve kutsal Ofanim denilen, yani Asiya dünyasından gelen arınmışlık verilir. Eğer erdemli olursa kutsal hayvanlar, yani Yetzira dünyasından gelen Ruah verilir. Eğer daha çok erdemli olursa Beria dünyasından gelen Neşama verilir. Eğer daha da erdemli olursa ona Atzilut dünyasından Nefeş verilir. Eğer daha da çok erdemli olursa orta sütun yönünden Ruah de Atzilut verilir ve ona "Yaradan'ın oğlu" denir, şöyle yazdığı gibi, "Sizler Efendi'nizin oğullarısınız." Eğer tam erdemlik içinde olursa, ona Bina olan Neşama verilir ki bununla ilgili şöyle denir, tüm Neşama (ruh) Tanrı'yı kutsayacak ve HaVaYaH adı onda bütünleşecek.

Böylece ruhun bütünleşmesi, kişi BYA dünyasından gelen NRN ve Atzilut dünyasından gelen NRN'ye sahip olduğunda gerçekleşir. Bu Adam Harişon'un günahtan önceki bütünlüğüdür. Günahtan sonra o derecesinden düşmüş ve 600.000 ruha bölünmüştür.

Bu sebeple sadece Nefeş-de-Nefeş'e sahip olsa bile insanın maneviyatına Neşama (ruh) denir, çünkü şu kural vardır; idrakten bahsettiğimizde, en yukarıdaki idrakten bahsederiz. Ve insanın en üst idraki Neşama derecesi olduğundan, genel olarak insanın maneviyatını Neşama adıyla adlandırırız.

Ancak, her insan en küçük derecede doğmasına rağmen denir ki, "Her insan Yetzira'dan yüksek bir maneviyat ve Beria'dan Neşama alabildiğinden, çalışmasını arındırarak Musa gibi olabilir." Bununla atalarımızın erdemlinin maneviyatı ya da ruhu gelir ve Yaradan çalışmasında yardımcı olmak için kişide döllenir demesini anlayabiliriz.

Ayrıca Sulam'da şöyle yazar, "Eşek sürücüsü erdemlinin ruhunu dereceden dereceye yükseltmek için Yukarıdan gönderilen bir yardımcıdır. Yaradan erdemliye bu yardımı göndermeseydi, derecelerinden çıkamaz ve yükselemezdi. Dolayısıyla, Yaradan her bir erdemliye yolda yardım etmesi için Yukarıdan yüce bir ruh gönderir—erdemliği ve derecesi ölçüsünde. Ve buna "Erdemlinin ruhunun açığa çıkması" denir."

Öyle anlaşılıyor ki, İbrahim, İshak ve Yakup gibi başka bir nesil yoktur dediğimizde bu demek değildir ki, onlar bu şekilde doğdular ve seçim şansları yoktu. Tersine, onlar gerçeğin yolunda yürümeye çabalayan insanlardır. Bu insanlar daima erdemlinin ruhu döllemesi vasıtasıyla Yukarıdan yardım alır. Bu demektir ki, üst derecelere yükselme gücünü edinirler.

Bu demektir ki, Yukarıdan verilen her şey yardım içindir. Ve dünya, Yukarıdan bereketi uzatan bu erdemliler sayesinde devam eder.

Atalardan Kalan Erdem

Makale No. 11, Tav-Şin-Mem-Dalet, 1984

Atalardan kalan erdemle ilgili bir anlaşmazlık ortaya çıkıyor (Şabat, s. 55): "Shmuel dedi ki, 'Atalardan kalan erdem sona erdi. 'Rabbi Yohanan dedi ki, 'Atalardan kalan erdem bağışlar.'" Midraş'ta (Midraş Raba, Vayikra, 37) "Rav Aha, 'Atalardan kalan erdem sonsuza kadar sürer ve sonsuza dek anılır.'" Tosfot'ta şöyle söylenir: "Rabeinu Tam, atalardan kalan erdemin sona erdiğini ancak ataların anlaşmasının sona ermediğini söyler." Rabbi Yohanan'a göre Shmuel ile Rabbi Yohanan arasında bir anlaşmazlık yoktur. Shmuel, günahkârlar için sona erdiğini ancak erdemli olanlar için sona ermediğini söyler, Rabbi Yohanan ise erdemliye işaret eder.

Yukarıdakilere göre seçimle ilgili sorulan soruyu şu şekilde yorumlayabiliriz: "Atalardan kalan erdem varsa o zaman bir seçim yoktur, zira atalardan kalan erdem, kişinin erdemli olmasını sağlar. Tosfot'un sözlerine göre, atalardan kalan erdemin yalnızca erdemliler için olduğunu söyleyen ARİ adına, kişinin başlangıçta seçim hakkı vardır ve kişi daha sonra atalardan kalan bu erdemin tadını çıkarabilir.

Matan Tora ("Tora'nın Verilişi", madde 19) makalesine göre, atalardan kalan erdemler sayesinde seçim yapma gücüne sahip olduğumuz ve atalardan kalan erdemler olmasaydı bu seçimi yapamayacağımız ortaya çıkıyor. Gerçekte görüyoruz ki, atalardan kalan erdemlere sahip olmamıza rağmen, yine de herkesin seçim yapma gücünün olduğunu anlamıyoruz. Daha doğrusu herkes bunu zorlu buluyor. Bununla birlikte atalardan kalan erdem, seçim yapmamıza yardım ediyor.

Bu demektir ki, seçim iki eşit şeyin olduğu yerde söz konusudur ve ben karar vermeliyim. Ancak bir taraf diğer taraftan daha zorlu olduğunda, benim karar vermek zorunda olduğum söylenemez, zira doğal olarak güçlü tarafa meylederim. Bu yüzden atalardan kalan erdem sayesinde bunlar iki eşit güçtür ve bizler karar verebiliriz. Bu, bizlere seçim yapma gücü verildi anlamına gelir.

Bu meseleleri anlamak için "Tora'nın Verilişi (madde 19)" makalesinde yazılanlara bakmalıyız: "Bu nedenle Yaradan, atalardan kalan erdemin onlara yansıdığı İbrahim, İshak ve Yakup'un çocukları dışında, Tora'yı alacak yeterlilikte bir dil ve bir ulus bulamadı, bilgelerimizin şöyle söylediği gibi, 'Atalar henüz verilmeden önce tüm Tora'yı izlediler. 'Bu demektir ki, onların yüce ruhları sayesinde, hiçbir şekilde izleme olasılıklarının olmadığı (madde 16'da yazıldığı üzere) Tora'nın uygulamalı kısmının merdivenine ihtiyaç duymaksızın, O'nunla Dvekut'larından (bütünleşme) kök alan Tora'nın maneviyatıyla ilgili olarak, Yaradan'ın bütün yollarını edinme kabiliyetine kavuştular. Kuşkusuz kutsal atalarımızın hem fiziksel arılığı hem de zihinsel yüceliği, onların oğullarını ve oğullarının oğullarını büyük ölçüde etkiledi."

Dolayısıyla atalardan kalan erdem sayesinde seçim yapabiliriz. Aksi taktirde bu imkânsız olurdu.

Ancak atalardan kalan erdeme sahip olduğumuzda bile muazzam bir merhamete ihtiyacımız vardır ki böylece seçim yapabilelim yani kendine-sevgiyi bırakıp, başkalarına sevgiyi üstlenelim ve tek özlemimiz sadece Yaradan'a memnuniyet vermek olsun. Hatta Tora ve Mitzvot'un (emirlerin) bütün gücüyle içimizdeki kötülüğü yenip, onu iyiliğe çevirebilelim.

Bununla birlikte neden "Atalardan kalan erdem sona erdi" dediğini anlamalıyız. Soru şudur: "Atalardan kalan erdem sona ermeden hemen önce ne vardı?" Eğer öyleyse kişi atalardan kalma erdeme sahip olduğu için o zaman seçime gerek yoktu. Ancak şunu söylemeliyiz ki, kişinin O'na -Yaradan'ın gerçek hizmetine- yaklaşmasına yardım etmesini talep etmesi, duanın kendisidir. Kişinin atalardan kalan erdem ile O'nun yardım etmesini istemesi, kendi başına bir "seçim" olarak kabul edilir. Seçim, kişinin elinden geleni yapmasıdır, bu hâlihazırda seçim olarak kabul edilir.

Toplumun Önemine Dair

Makale No. 12, 1984

Bilinir ki, kişi her zaman gerçeğin yolunda çalışmaya bağlanmamış insanlar arasındadır. Bu nedenle gerçeğin yolunda yürüyenlere karşı daima direnç gösterir. İnsanların düşünceleri birbirini etkilediğinden, gerçeğin yoluna karşı olanların fikirleri, gerçeğin yolunda yürümeye arzusu olanları etkiler.

Dolayısıyla, kendileri için ayrı bir toplum, yani düşünceleri o toplumdan farklı, diğer insanlarla karışmayan ayrı bir topluluk oluşturmaktan ve o topluluğun çerçevesi içinde olmaktan başka hiçbir çözüm yoktur. Çoğunluğu izlemek doğamızda olduğundan onları izlememek için bu topluluğun önemini sürekli olarak kendi içlerinde uyandırmalıdırlar.

Eğer kendilerini diğer insanlardan izole edip, manevi konular açısından onlarla hiçbir bağlantıları olmaz ve ilişkileri sadece dünyevi konular üzerine olursa, onların görüşlerine karışmamış olurlar.

Fakat kişi dindar insanlar arasında olduğu ve onlarla sohbet etmeye ve tartışmaya başladığında, hemen onların fikirleriyle kaynaşır. Bunlar bilinçaltında zihnine o derece işler ki, bunların kendi görüşleri değil de bağlandığı insanların fikirleri olduğunu anlayamaz.

Dolayısıyla gerçeğin yolu çalışması konusunda kişi kendini diğer insanlardan izole etmelidir. Bu böyledir çünkü gerçeğin yolu dünyanın fikirlerine karşıt olduğundan, sürekli güçlenme gerektirir. Dünya bilmek ve almaktır, oysa maneviyat inanç ve ihsan etmektir. Eğer kişi bundan saparsa, gerçeğin yoluna dair tüm çalışmayı anında unutur ve kendini sevme dünyasına düşer. Gruptaki herkes dünyanın fikirlerine karşı mücadele edecek gücü, sadece "Her biri dostuna yardım etti" formunda olan bu topluluktan alır.

Ayrıca, Zohar'da şunu buluruz: "Kişi, kötü eğilimli insanların yaşadığı bir şehirde oturduğu ve manevi çalışmanın gerektirdiği ıslahı yerine getiremediği ve çalışmasında başarılı olamadığı zaman, yerini değiştirir; kökünü oradan çıkarıp kendini iyi insanların yaşadığı bir yere eker. Bunun nedeni manevi çalışmaya 'ağaç' denmesidir. Yazıldığı üzere, 'O, onların tutunduğu yaşam ağacıdır. 'Ve adam bir ağaçtır. Yazıldığı üzere, 'Çünkü adam, tarlanın ağacıdır. 'Ve manevi çalışmanın ıslahları meyvelere benzetilir. Ve ne der? 'Sen sadece, yiyecek için olmadığını bildiğin ağaçları yok edebilir ve kesebilirsin, 'bu dünyadan yok et ve bir sonraki dünyadan kes."

Bu nedenle, kişi kendini kötü insanların yaşadığı yerden orada maneviyat ve içsel gelişiminde başarılı olamayacağı için çıkarmalıdır. Kendini başka bir yere, Hak'tan yana olanların arasına ekmelidir. Bu şekilde manevi çalışmada ve kalbini arındırmada başarılı olur.

Zohar'ın tarlanın ağacına benzettiği insan, tıpkı bir ağaç gibi kötü komşuları sebebiyle acı çeker. Diğer bir deyişle, etrafımızda bizi etkileyen kötü otları daima kesmeli, kötü çevrelerden ve gerçeğin yolunu tercih etmeyen insanlardan uzak durmalıyız. Onları izlememek için dikkatli olmalıyız.

Kişi, kendini sevmek olan "genel otoritenin" düşüncelerine değil de "ihsan etmek" denen "tek otoritenin" düşüncelerine sahip olduğu zaman, "izolasyon" içindedir. Genel otoriteye "iki otorite" – Yaradan'ın otoritesi ve kişinin kendi otoritesi – denir.

Şimdi atalarımızın şu dediğini anlayabiliriz: "Kabalist Yehuda dedi ki, Kabalist der ki: 'Adam HaRişon kâfirdi, 'tıpkı şöyle yazıldığı gibi, 'Ve Yaradan, adama seslendi ve ona şöyle dedi: 'Neredesin? ''Kalbin nereye gitti?"

Raşi'nin açıklamasında, "kâfir" puta tapmaya olan eğilimi işaret eder. Ve açıklamada, Etz Yosef (Yusuf'un Ağacı)'de yazılıdır ki, "Kalbin nereye gitti?" yazdığı zaman, bu sapkınlıktır. Tıpkı şöyle yazıldığı gibi, "Kendi kalbinin peşinden gitmiyorsun, kişinin kalbi diğer tarafa meyil ettiği zaman, bu sapkınlıktır."

Fakat bunların hepsi kafa karıştırıcıdır: Adam HaRişon'un putperestliğe meylettiği nasıl söylenebilir ki? Ya da Etz Yosef açıklamasına göre O, "kendi kalbinin peşinden gitmiyorsun" formundaydı diye, bu sapkınlık mıdır? Yaradan'ın çalışması hakkında öğrendiğimize göre, çalışma sadece ihsan etmeyi amaçlamakla ilgilidir, eğer kişi almak üzere çalışıyorsa, bu çalışma bize yabancıdır, çünkü sadece ihsan etmek için çalışmamız gerekir, o ise her şeyi almak için aldı.

"Kendi kalbinin peşinden gitme" koşulunda başarısız olmasıyla ilgili söylenenin anlamı budur. Diğer bir deyişle, "Bilgi Ağacı"ndan ihsan etmek için değil, almak için almıştır. Buna, "kalp" denir, kalp sadece kendini memnun etmek üzere almayı arzular. Bilgi Ağacı'nın günahı budur.

*Bu konuyu anlamak için, Panim Masbirot kitabının önsözüne bakınız. Ve bundan grubun faydalarını anlayabiliriz, onlar kişiye sadece ihsan etmek üzere çalışan, farklı bir ortam sunabilir.

Bazen Maneviyata "Ruh" Denir

Makale No. 13, Tav-Şin-Mem-Dalet, 1984

Neden maneviyata bazen "ruh" (İbranicede Neşama) dendiğini anlamalıyız, şöyle yazdığı gibi: "Ruh ve beden." Ve bazen maneviyata "ruh" (İbranicede Nefeş) denir, "Efendin, Tanrı'nı tüm kalbinle ve tüm ruhunla seveceksin," sözlerinde olduğu gibi.

Çoğunlukla, maneviyattan bahsederken, onun en yüksek idrakinden bahsederiz ki bu, Neşama'dır, böylece kişi, onun için yüksek bir derecenin hazır olduğunu bilir ve bu Neşama'dır. Bu, kişinin kalbinde, onu elde etmek için bir arzu uyandırmak ve henüz onu elde edememesinin sebebini düşünmesi içindir. Bu durumda kişi, maneviyata erişmek için ihtiyacı olan tek şeyin, form eşitliği olduğunu anlar.

Beden, kendini sevme doğası ile doğmuştur ki bu Yaradan'la form eşitsizliğidir ve form eşitliğini sadece verme koşuluyla elde ederiz. Bu yüzden, kişi, bedenini arındırmalı ve form eşitliğine gelmelidir, böylece yalnızca ihsan etmek için bir şeyler yapmak isteyecek, bununla, Neşama olarak adlandırılan bu yüksek dereceye ulaşabilecektir. Her zaman beden ve Neşama (ruh) bakımından konuşmamızın nedeni, budur.

Fakat çalışmanın düzeninden söz ettiğimizde, beden seviyesini takiben Nefeş derecesi gelir. Bu yüzden şöyle yazılıdır: "Ve Efendin, Tanrı'nı tüm kalbin ve tüm ruhunla (İbranicede Nefeş) seveceksin," çünkü bedenden bir sonraki seviye, budur.

Bu nedenle, "Tüm kalbinle" der ve akabinde, "Tüm ruhunla" der. Diğer bir deyişle, kişi, sahip olduğu her şeyi, Yaradan'a vermeye gönüllü olmalıdır. Fakat daha sonra, eğer kişi, daha yüksek bir dereceyi yani Ruah'ı (ruh) ve sonra da Neşama'yı edinirse, yine de her şeyi Yaradan'a vermeye gönüllü olmalıdır.

Kişi, sahip olduğu ne varsa hepsini Yaradan'a vermelidir. Bu demektir ki kişi, kendi menfaati için hiçbir şey yapmaz. Aksine, yaptığı her şey, Yaradan adınadır. Bu, kişi, tamamen önemsizken, tüm işleri sadece ihsan etmek içindir diye kabul edilir. Daha doğrusu her şey, Yaradan adınadır.

Artık Zohar'da (Sulam Yorumu, Teruma (katkı) s219, madde 479) yazılanı anlayabilirsiniz, "'Tüm ruhunla.' Şöyle sorar, 'ruhunda 'demeliydi, 'tüm ruhunla ' nedir? Neden 'ile 'der? 'O, Nefeş, Ruah, Neşama'yı kapsamak için gelir, diye cevaplar. 'Tüm ruhun ile 'budur. Burada 'tüm', Nefeş'in tuttuğu şey demektir."

Bundan görüyoruz ki Zohar "tüm" kelimesini şöyle yorumlar; Nefeş ve Ruah'ın, Neşama içine dahil olduğunu söyleyerek Tora bize katkıda bulunur. Ancak, kasıtlı olarak Nefeş ile başlar, çünkü bedenden sonra, Nefeş gelir. Fakat genel olarak maneviyat hakkında konuştuğumuz zaman, maneviyattan Neşama olarak bahsederiz, şöyle yazıldığı gibi "Ve burun deliklerine yaşamın Neşama'sını ("ruh" veya "nefes") üfledi."

NRN (Nefeş-Ruah-Neşama) derecesini edinmek için, ihsan etmenin yolundan gitmeli ve kendini sevme koşulundan çıkmaya çalışmalıyız. Buna, "hakikatin yolu" denir, yani böyle yaparak, bize, iyiliksever niteliğiyle davranan Yaradan'da var olan gerçeğin niteliğini elde edebiliriz.

Buna, "Yaradan'ın mührü gerçektir," denir. Bu demektir ki Yaradan'ın çalışmasının amacı yani dünyaları yaratma çalışması -ki bu yarattığı varlıklara iyilik yapmaktır-şunu amaçlar: İnsan, Yaradan'daki gerçeğin niteliğine ulaşmalıdır. İnsan, Yaradan'ın iyiliksever olarak rehberliğini edindikten sonra, bütünlüğe eriştiğini, bolluğa sahip olup olmadığını bilecektir. Fakat aynı zamanda, başkalarının da bolluğa sahip olduğunu yani herkesin tam bolluğa sahip olduğunu görmelidir.

Bu, "On Sefirot Çalışmasına Giriş" te (madde 150) belirtilmiştir, "Koşulsuz sevgi olan dördüncü sevgi anlayışı, sonsuzdur. 'Bu böyledir, çünkü kişi tüm dünyayı doğru yargıladıktan sonra, sevgi sonsuz ve mutlak olur. Dünyada örtünme ya da gizlenme olmaz, çünkü orası, yüzün tam olarak ifşa olduğu yerdir, şöyle yazıldığı gibi, 'Öğretmenin artık Kendini gizlemeyecek ve gözlerin O'nu görecek, 'zira kişi, Yaradan'ın insanlarla ilişkisinin, O'nun 'İyiye ve kötüye iyilik yapan iyi 'isminden gelen gerçek İlahi formunda olduğunu zaten bilir.

Dolayısıyla kişi, mükemmelliği edindiğinde, gerçek aşamasını edinir. Ancak, bundan önce hazırlık seviyeleri vardır, "On Sefirot Çalışmasına Giriş"te yazıldığı gibi, ilk anlayış, korkudan tövbedir. Bunun hakkında şöyle yazılıdır (madde 63): "Yüzün ifşasının ilk seviyesine ulaşılması, yani ödül ve cezanın hissiyatında ve ediniminde öyle olur ki tüm sırları bilen Yaradan, kişinin tekrar aptallığa dönmeyeceğine tanıklık eder ve buna 'korkudan tövbe 'denir. O zaman, kişinin günahları, hataları haline gelir ve ona 'tam olmayan erdemli veya 'orta düzey 'denir."

Ancak, yukarıda bahsedilene göre, kişinin gerçeğin yolunda yürüdüğüne dair başka bir işaret vardır - eksiklik hali. Diğer bir deyişle, kişi şimdi daha kötü bir durumda olduğunu görür, yani gerçeğin yolunda yürümeye başlamadan önce, kendini, Keduşa'ya (kutsallık) daha yakın hissederken, şimdi bu yolda yürümeye başladığı için kendini daha uzak hissediyordur. Fakat bilinen kurala göre, "Kutsallık artar, azalmaz." Burada şu soru doğar, "Kişi, şimdi gerçeğin yolunda yürürken, neden ilerlemek yerine gerilediğini hisseder? Eğer gerçeğin yolunda yürüyorsa, ilerlemesi gerekirdi. En azından, bir önceki durumundan düşmemeliydi."

Cevap şudur, varlıktan önce yokluk gelmelidir. Bu demektir ki önce "eksiklik" denen bir Kli (kap) olmalıdır, sonra bu eksikliği doldurmak için yer olur. Dolayısıyla, öncelikle, kişi ileri gitmeli ve her seferinde kendini gerçeğe daha da yaklaştırmalıdır. Diğer bir deyişle, her ileri gittiğinde, kendi durumunu, kendini-sevmeye battığını görür. Ve her seferinde kendini sevmenin kötü olduğunu görmelidir, çünkü Yaradan'ın bizim için hazırladığı haz ve mutluluğa ulaşmayı engelleyen şey, kendini sevmektir, bizi Yaradan'dan ayıran da budur.

Buna göre, kişinin ne düşündüğünü -gerçeğin yoluna başladığı için şimdi gerilemektedir- anlayabiliriz, kişi, bunun böyle olmadığını bilmelidir. Aksine, gerçeğe doğru ilerlemektedir. Daha önce, çalışması, ihsan etme ve inanç üzerine dayanmadığında, gerçeği görmekten çok uzaktı. Fakat şimdi, içindeki kötü eğilimi hissetme durumuna gelmelidir, şöyle yazıldığı gibi, "İçinizde hiçbir yabancı Tanrı olmayacak."

Atalarımız der ki: "İnsanın bedenindeki yabancı Tanrı kimdir? Kötü eğilimdir." Diğer bir deyişle, kişinin içindeki alma arzusu, onun tam kötülüğüdür.

Ve sonra kişi, kötülüğün farkındalığını edindiği zaman, onu düzelteceğini söyleyebilir. Bundan, kötülüğüne artık daha fazla tahammül edemeyeceği bir noktaya ulaşmadan önce, düzeltilecek hiçbir şey olmadığı ortaya çıkar. Dolayısıyla, kişi gerçek durumunu görmek için aslında gerçeğin içinde çok yol almıştır.

Ve kişi, içindeki kötülüğü, ona tahammül edemeyecek derecede gördüğü zaman, onun içinden nasıl çıkacağına dair tavsiye aramaya başlar. Fakat İsrail insanı için tek tavsiye, Yaradan'a dönmektir, böylece O, kişinin gözlerini ve kalbini açsın ve onu yüce bollukla doldursun, tıpkı atalarımızın söylediği gibi, "Arınmak için gelene yardım edilir."

Sonra, kişi Yaradan'dan yardım aldığı zaman, tüm eksiklikler, Yaradan'ın ışığı ile doldurulur ve kişi, kutsallığın derecelerinde yükselmeye başlar, çünkü gerçek durumunu görmesiyle, bunun ihtiyacı içinde zaten hazırlanmıştır. Bu nedenle, şimdi bütünlüğünü alması için yer vardır.

Ve sonra kişi, her gün, çalışmasına göre, daima yukarı doğru nasıl yükseldiğini görmeye başlar. Ancak, kalbin unuttuğunu, ıslahı için gerekeni -Dost sevgisi- uyandırmalıyız.

Bu, "kendini sevmek" olarak adlandırılan kalp için, keyifli değildir. Ancak, dostların toplantısı olduğunda, bu soruyu getirmeyi hatırlamalıyız yani herkes, kendisine başkalarını sevme konusunda ne kadar ilerlediğini ve bu konuda kendini teşvik etmek için ne yaptığını sormalıdır.

Kişi Daima Sahip Olduğu Her Şeyi Satıp, Bilge Bir Öğrencinin Kızıyla Evlenmelidir

Makale No.14. Tav-Şin-Mem-Dalet, 1984

"Kişi daima sahip olduğu her şeyi satıp, bilge bir öğrencinin kızıyla evlenmelidir." Bu demektir ki, kişi çabası vasıtasıyla elde ettiklerini satmalıdır. Bu demektir ki, her şeyden vazgeçip karşılığında bilge bir öğrencinin kızını almalıdır.

Eğer bilge bir öğrencinin kızını almazsa, hayatı boyunca Tora ve Mitzvot çalışması için harcadığı çaba tamamlanmamış olur. Yalnızca bilge bir öğrencinin kızıyla evlenirse bütünlükle ödüllendirilir. Bu sebeple atalarımız kişinin her şeyini satması gerektiğini söyler, yani bu kız için her şeyini satmaya değerdir. Bu nedenle "bilge bir öğrencinin kızı" sözünün manasını anlamak zorundayız.

Baal HaSulam der ki, bilge bir öğrenci bir bilgenin öğrencisidir, yani bilgeden öğrenendir. Bilge niteliği ihsan etme niteliği, Yaradan'dır. O'ndan ihsan etmeyi öğrenen kişiye "bilge öğrenci" denir.

Bununla atalarımızın dediğini anlayabiliriz, "Kişi daima sahip olduğu her şeyi satıp, bilge bir öğrencinin kızıyla evlenmelidir." Bu demektir ki, Tora ve Mitzvot için çaba harcamalı ve karşılığında ihsan etme niteliğini edinmelidir.

Bu demektir ki, kişi doğuştan sahip olduğu—kendini-sevme arzusu— yerine kalbinde yeni bir doğa inşa eder. Bu ihsan etme arzusudur. Bu demektir ki, her düşüncesi, kelimesi ve eylemi sadece Yaradan'a ihsan etmek için olacak. İnsanın yapması gereken bu dereceyi ve Kapları (Kelim) edinmektir. Fakat inek buzağının emdiğinden daha fazlasını vermek istediğinden, Kapları dolduran bereket, yalnızca Yaradan'dan gelir. Dolayısıyla hepimiz ihsan etme gücü eksikliği içindeyiz.

Bununla Zohar'da yazılanı yorumlayabiliriz, "Eğer İsrail ödüllendirilirse, o ateşten bir aslan gibi aşağıya iner. Eğer ödüllendirilmezse, o aşağıya kızgın bir köpek gibi iner." Bilinir ki, aslan Merkava'nın sağı olan Hesed'i (merhamet) ima eder, "Eğer ödüllendirilirlerse," demek ihsan etme niteliğini edinmek demektir. Sonra bize göze göz gösterilir—bu da yukarıdan, aslan idraki olarak gelir, yani Hesed niteliği aşağıda olanlara uzanır ve sonra bereket aşağıda olanlar için çoğalır.

"Eğer ödüllendirilmezlerse," yani onlar ihsana değil, kendini-sevmeye bağlandılar demektir ve bu nedenle yukarıdan köpek idraki uzanır. Zohar'da yazdığı gibi, "Kişinin ona bu dünyanın ve sonraki dünyanın zenginliğini veren köpek gibi havlayan iki kızı vardır. Diğer bir deyişle iki kız köpekler gibi bağırır: "Bize bu dünyanın ve sonraki dünyanın zenginliğini ver" ki bu yalnızca kendine almadır. Dolayısıyla, yukarıdan bize gösterilir ki, aşağıdan bereket ihsan edemeyiz ve buna "göze göz" denir.

Öyle anlaşılıyor ki, çalışmamız sadece bereketi almaya uygun Kaplarla ödüllendirilmektir. Dolayısıyla kişi çabasını "ihsan etme kapları" denilen tek şeye odaklamalıdır. Bu Tora ve Mitzvot vasıtasıyla edinmek istediği ödüldür. Bununla amacı olan Yaradan'la Dvekut'u başarabilir.

Zohar'da görürüz ki, "Ulusların merhameti bir günahtır." "Yaptıkları tüm iyi şeyleri kendileri için yaparlar." Bu demektir ki, amaçları, yani yerine getirdikleri bu şefkat eylemi ihsan değildir. Daha ziyade niyetleri kendileri, yani karşılığında ödül almak içindir. Aksi takdirde ihsan eylemleri yapmazlar.

Fakat İsrail halkı, ihsan eylemini yerine getirebilir. Neden İsrail halkının ihsan eylemini yerine getirebildiğini ve dindar olmadan önce ihsan etme eylemini yerine getirebiliyorken neden dindar olduktan sonra ihsan etmenin daha zorlaştığını anlamalıyız.

Yukarıda yazılanı anlamak için insanın "yaratılan varlık" olduğunu hatırlamalıyız, çünkü insanda sadece alma arzusu vardır, bu nedenle ona "yokluktan yaratılan varlık" denir. Dolayısıyla anlaşılıyor ki, insan karşılığında ödül almadan doğuştan ihsan eylemini yerine getirme becerisine sahip değildir.

Ödül, çabası karşılığında aldığı bir şey olmak zorunda değildir. Daha ziyade onu rahatlatan bir şeydir. Bu demektir ki, eğer içinde başkasına karşı biraz acıma uyanırsa ve bilinci onu bir başkasına yardım etme noktasında rahat bırakmazsa bu da bir ödül olarak kabul edilir. Fakat bir başkası için bir şeyler yaptığında kendine şöyle der, "Bundan ne elde edeceğim?"

Oysa İsrail halkı Tora ve Mitzvot vasıtasıyla ikinci bir doğa edinme becerisine sahiptir. Bu demektir ki, doğalarına—alma arzusu—rağmen ihsan etmek için çalışacakları ikinci bir doğa edinirler. Kişi bunu köküne benzeme arzusunu aşılayan Tora ve Mitzvot vasıtasıyla elde eder. Tora ve Mitzvot olmadan kişi sadece kendisi için almak olan doğasından çıkamaz ve ödül olmadan ihsan eylemi gerçekleştiremez.

Bununla dindar olanlarla ilgili söyleneni, dindar olmadan önce ihsan etme arzularının daha güçlü olmasının nedenini anlayabiliriz. Maneviyata bağlandıkça ihsan eylemini yerine getirmenin onlar için daha zor olduğunu hissederler.

"Zohar'a Giriş" kitabına göre kişi doğduğunda alma arzusu sadece maddesellik içindir. Dolayısıyla on üç yaşından önce yoğun alma arzusu edinmiş olmasına rağmen, bu, yine de arzunun büyümesinin sonu değildir. Hepimize ifşa olan ve herkesçe sadece kısa süren bir gölge olarak algılanan bu maddesel dünyada on üç yaşından önce kişinin alma arzusu tüm zenginlik ve bereketi yiyip bitirmek istediğinden, alma arzusunun tam büyümesi sadece maneviyatta söz konusudur.

Fakat kişi manevi alma arzusunu elde ettiğinde, kendi hazzı için bir sonraki ebedi dünyanın zenginliğini ve bereketini de tüketmek ister ki bu onun için sonsuza kadar sürecek bir iyiliktir. Bu nedenle alma arzusu sadece manevi alma arzusuyla tamamlanır.

Öyle görünüyor ki, maneviyattan önce çok büyük olmayan maddesel alma arzuları vardı ve bu nedenle de ihsan etmek için daha fazla güce sahiptiler. Fakat bir kez dindar olduklarında ve alma arzuları maneviyat için büyüdüğünde zorlanmaya başlarlar, çünkü alma arzusu maddesel alma arzusundan daha güçlü hale gelir.

Bu sebeple onlarla ilgili daha günahkâr oldular ya da dindarlar kötüdür denemez, çünkü onlar için ihsan eylemini yerine getirmek artık daha da zorlaşmıştır. Daha ziyade alma arzuları büyümüştür. Örneğin kişi manevi alma arzusunu elde etmeden önce içindeki kötülük yüzde otuzken, manevi alma arzusunu edindiğinde içindeki kötülük diğer yüzde yetmişi de talep eder. Dolayısıyla şimdi bunun üstesinden gelebilmek için daha büyük güce ihtiyacı vardır.

Ancak, gücünün azaldığını söylemeyiz. Tersine elde ettiği kötülüğü yenecek çareyi arar. Çare Tora ve Mitzvot'u içindeki ışığın ıslah etmesi niyetiyle yerine getirmektir.

Dolayısıyla şimdi ilerlemiş ve ıslah etmek için daha çok kötülük elde etmiştir. Fakat her başlangıç zordur, bu nedenle de kötü olduğunu düşünür. Ancak bilmelidir ki, her seferinde ıslah etmesi için ona daha fazlası verilir ta ki her şeyi ıslah etmekle ödüllendirilene kadar.

Yukarıdan Aşağıya Negatif Bir Şey Gelir mi?

Makale No. 15, Tav-Şin-Mem-Dalet, 1984

14. makalede yazılanla ilgili açıklama: "Eğer İsrail ödüllendirilirse, o ateşten bir aslan gibi aşağıya iner. Eğer ödüllendirilmezse, kızgın bir köpek gibi aşağıya iner." Bununla ilgili olarak şöyle sorulur, "Nasıl olur da yukarıdan negatif bir şey gelir?" Biliyoruz ki yukarıdan iyilik iner. Kızgın köpek gibi iner dediğimiz şeyden ne ıslahı gelir? Her şeyden önce bu pozitif bir şey değildir.

Bunu bir alegoriyle anlayabiliriz. Oğlu hasta olan bir adam doktora gider, doktor ilaç verir. Ancak bu oğluna yardımcı olmaz. Dostları ünlü bir profesöre gitmesini önerir. Yüksek ücret istemesine rağmen çok iyi bir doktor olduğundan ona gitmenin buna değeceğini söylerler. Adam oğlunu uzman doktora getirdiğinde, doktor hasta çocuğu muayene eder ve çocuğun kötü bir hastalığı olduğunu söyler.

Adam önceden anlaşmış oldukları muayene ücretini öder ve eve döndüklerinde dostlarına şöyle der, "Bu uzmana gitmemi ve doktorun yüksek ücretini ödemenin buna değeceğini söylediniz. Fakat sonuçta doktor ne yaptı? Uzman olmayan doktorun söylediği şeyi, yani oğlumun kötü bir hastalığı olduğunu söyledi. Oğlumun kötü bir hastalığı olduğunu öğrenmem için bu kadar para ödemem mi gerekiyordu? Peki neden doktora gittim? Oğlumun hasta olduğunu değil, tedavisini öğrenmek için."

Dostları ise ona uzman doktorun teşhisine göre oğlunu şimdi nasıl tedavi edeceğini öğrenmiş olduğunu söyler. Bir hastalığı tedavi etmek için uzman bir doktora gerek yoktur, çünkü zaten her hastalığın bir ilacı vardır. Önemli olan hastalığın ne olduğunu bilmektir. Öyle anlaşılıyor ki, uzman olmayan doktora ödemiş olduğuna kıyasla ödediği bu yüksek ücret, özellikle hastalığı teşhis etmek içindir.

Öyleyse negatif olarak görünen bir bozukluğu teşhis etmek her şeye rağmen pozitiftir. Bu demektir ki hastalığı bilmek gerçekte bir ıslahtır, çünkü şimdi kişi neyi ıslah edeceğini bilir. Hastalığın ne olduğu bilinmeden onu iyileştirmek imkânsız olduğundan, hastalığı bilmek, iyileşmenin en önemli parçasıdır. Dolayısıyla kızgın köpek aşağıya indiğinde, köpeğin imgesi aşağıda olanların kendini-sevme yasası altında olduğunun göstergesidir. Zohar'ın Hav! Hav! olarak adlandırdığı şey, olumlu olarak kabul edilir, çünkü şimdi neyi ıslah edeceğimizi, tek yapmamız gerekenin alma kaplarını ıslah etmek olduğunu biliriz.

Öyleyse yukarıdan aşağıya inen köpek imgesi kötülük için değil, ıslah içindir. Dolayısıyla olumlu bir şey olarak kabul edilir. Yukarıdan gelen her şey kişiye bozukluk olarak görünse de yakından baktığında hepsinin kendi iyiliği için olduğunu görür ve böylece neyi ıslah etmesi gerektiğini bilir.

14. Makalede alma arzusunun maddesel alma arzusunun yarısı olmasıyla ilgili açıklama: Kişi manevi alma arzusu edindiğinde tam bir alma arzusuyla bütünlenmiş olur. Dolayısıyla maddesel alma arzusuna sahip olduğunda kişi o kadar da kötü değildir, öyleyse neden daha da kötüleşmek için manevi alma arzusu gereksinimi içindedir? Bu durumda maddesel alma arzusunda kalmak iyidir diyebiliriz. Daha da kötüleşmek için neden manevi alma arzusunu edinmek için çabalasın ve neden kişi ıslah edemeyeceği tehlikeli bir bölgeye girsin ki? Dolayısıyla, maddesel alma arzusunda kalmak, yani tüm arzusunun sadece maddesel şeyler için olması, kesinlikle daha iyidir.

"Zohar'a Giriş" kitabında şöyle yazar: "İlk bölünme, dört arı olmayan ABYA dünyasının elleri altında bozulmuş alma arzusunu hiç kısıtlama olmadan tam olarak elde etmektir. Eğer bozuk alma arzusuna sahip olmazsak, onu ıslah edemeyiz, çünkü kişi içinde olmayanı ıslah edemez."

Bu nedenle bize manevi alma arzusunun edinimini getirecek şeyleri yapmaktan başka bir seçimimiz yoktur. Fakat bu o kadar da kolay değildir. Kişinin manevi alma arzusunu edinmesi inancının ölçüsüne bağlıdır. Bu demektir ki, kişi önce maneviyata inanmalı ve onun herhangi bir maddesel hazdan daha değerli olduğunu bilmelidir. Fakat bu çok çalışmayı gerektirir ve herkes edinemez.

Nihayetinde kişi bozuk bir alma arzusu edinmiştir. Bu Lo Lişma'dan, Lişma'ya gelinir sözünün anlamıdır. Bu demektir ki, kişi önce Lo Lişma derecesini edinmelidir, sonrasında onu Lişma'da ıslah etmek mümkün olur, çünkü eylemin olmadığı yerde niyet olmaz. Yalnızca eyleme geçildiğinde, eylemin "Yaradan için" denilen yolu izlemesi mümkün olur.

Yukarıda söylenene göre, bu çalışmada kişinin yaratılma sebebi olan bütünlüğü elde etmesi için gereken dört anlayış vardır. 1) Almak için almak, 2) almak için ihsan etmek, 3) ihsan etmek için ihsan etmek, 4) ihsan etmek için almak.

İlk anlayış, ilk derecedir ve yaratılanlar bu anlayışla doğar. Bu demektir ki, insan kendini-sevmeden başka bir şey bilmez. Kimseye iyilik yapma arzusu yoktur ve tamamıyla doğuştan gelen doğasına dalmıştır. Tüm dünya bu aşamadadır ve birinin diğerinden farkı yoktur.

İkinci anlayış almak için ihsan etmektir. Bu derece eylemlerini sadece almak için yapan çoğunluktan farklı olarak ihsan edenlerin derecesidir. Ancak, neden dünyanın geri kalanından farklı, yani doğasına karşı işler yaptığını açıklamak zorundadır. Bu sırada bedenine şöyle der: "Bil ki ihsan eylemi yaptığında daha fazla haz alacaksın." Bu yaptıklarının karşılığını alacağına inanmasını sağlar. Eğer beden buna inanırsa, kendini-sevme eylemini iptal edip ihsan eylemi yerine getirmeyi kabul eder. Buna Lo Lişma denir, atalarımızın dediği gibi "Lo Lişma'dan Lişma'ya gelinir."

Bu, aşamadan aşamaya gitmek için eylem açısından ikisi de aynı olduğundan, Lo Lişma aşamasından Lişma'ya geçmek için bir sıçrama tahtasıdır. Bu demektir ki, Lişma eylemine ekleyecek bir şeyi olduğunu söyleyemez. Dolayısıyla eylem açısından aynı olduklarından burada eyleme göre bir çalışma yoktur. Daha ziyade tüm çalışma niyettedir. Bu demektir ki, kişi eylemi Yaradan'ın emri olduğu için yerine getirdiğini anlamak zorundadır, çünkü Yaradan bize Mitzvot yerine getirme emri vermiştir. Bu sebeple Mitzvot'u yerine getirmek isteriz, çünkü O'na hizmet etmek büyük bir ödüldür ve O, O'na nasıl hizmet edeceğimizi bilmemize izin verir.

Bu sırada kişinin tek niyeti ihsan etmek ise ya da başka bir hesabı, yani kendini sevme düşüncesi yoksa dikkatli bir çalışma süreci başlar.

Tüm eylemlerinin Yaradan'a yönelik olmaktan uzak olduğunu gördüğünde gerçek bir çalışma yapma ihtiyacı vardır. Gerçek anlamda Yaradan için çalıştığını düşünen fakat bunun özümsemesini yapmayan pek çok insan vardır. Yüzde yüz Lişma'da olmamalarına ve Lişma'ya ekleyecek pek çok şeyleri olmasına rağmen, bunun Lişma olduğunu hissederler. Ancak gerçek şudur ki ya doğaları ya da kendilerini nasıl kandırdıklarını onlara gösterecek iyi bir hocaları olmaması nedeniyle maneviyat algısına sahip değildirler.

Dolayısıyla, Lişma'yı başaramazlar, çünkü Lişma'ya "gerçek," Lo Lişma'ya "sahte" denir. Ancak, gerçek ve sahte arasında sahteden gerçeğe atlamak için orta bir nokta olmalıdır. Sahte ve gerçek arasındaki orta nokta gerçekte bir yalandır. Diğer bir deyişle, bir yalan vardır fakat kişi yalanın gerçek olduğunu düşünmektedir. Bu demektir ki, sahtenin yolundan gidiyor fakat bunun gerçek olduğunu düşünüyor. Öyle anlaşılıyor ki, bu ona göre bir yalan değil. Ancak, sahte yolda yürüdüğünü bilirse, sonrasında gerçeğin yolunda yürür, çünkü bunun aslında bir yalan olduğunu anlar. Bu yalan asıl gerçeğe, yani sahtenin gerçeğinden, gerçeğin gerçeğine geçebileceği bir sıçrama tahtasındadır.

Eğer sahtenin anlayışına sahip değilse, sahte yolda yürüdüğünü bilmediği sürece neden yolunu değiştirsin ve başka yola gitsin ki? Yalnızca sahtenin içinde olduğu anlayışına gelirse yolunu değiştirebilir ve gerçeğin yolundan yürüyebilir.

Oysa eğer kişi gerçeğin yolundaysa, yarı yolda olsa bile Lişma yolundadır. Örneğin, Kudüs'e gitmek isteyen biri arabasına atlar ve "Kudüs" yazan yol işaretlerine göre yola çıkar. Ancak, yolun yüzde seksen veya doksanını geçse bile henüz Kudüs'e gelmemiştir. Yalnızca gerçek anlamda Kudüs'e geldiğinde Kudüs'te olduğunu söyleyebilir.

Maneviyatta da bu böyledir. Eğer Kudüs'ün "gerçek," yani Lişma olduğunu söylersek, o zaman kişi yoldayken halen daha sahtenin, yani Lo Lişma'nın içindedir. Tüm yolu gidip, kapıya kadar gelmiş olsa bile yine de dışarıdadır. Öyle görünüyor ki, kişi Lişma'ya girmekle ödüllendirilmeden önce Lişma'yı başardığını bilemez.

Öyleyse kişi Lişma derecesine girmiş olduğunu nasıl bilecek? Gerçeğin derecesinde olduğunu hangi işaretle anlayacak?

Bunun cevabını "Talmud Eser Sefirot" kitabında buluruz: "Bununla atalarımızın dediğini anlayabilirsiniz, 'Tövbe nasıldır? Tüm sırları bilen O, kişinin aptallığa dönmeyeceğine tanıklık edene kadar.'" Bu kafa karıştırıcı gibi görünür çünkü kim Cennete çıkıp da Yaradan'ın tanıklığını duyar ki? Ayrıca kimin huzurunda Yaradan tanıklık edecek ki? Kişinin tüm kalbiyle tövbe ettiğini ve bir daha günah işlemeyeceğini Yaradan'ın bilmesi yeterli değil mi? Burada açıklananlardan konu oldukça basittir. Aslında kişi yukarıdan ödülün rehberliği ile ödüllendirilmeden, yani yüzün ifşasından önce tekrar günah işlemeyeceğinden tamamıyla emin değildir. Yüzün ifşası "tanıklık" denilen Yaradan kısmından gelir. Bu sebeple kişiye açık bir işaret verilir, yani "Tüm sırları bilen O, ona tanıklık edene kadar."

Öyle anlatılıyor ki, kişi ihsanı başardığında Yaradan'ın yüzünün ifşasıyla ödüllendirilir. Tüm sırları bilen O, kişinin Lişma'yı elde ettiğine tanıklık eder. Buna "üçüncü anlayış" denir, ihsan etmek için ihsan, yani gerçeğin derecesini elde etmek. Bu kişiyi Lo Lişma'dan Lişma'ya getiren sıçrama tahtası ile gelir.

Kişi ihsan etmek için ihsan derecesini tamamladığında, ihsan etmek için almak olan dördüncü anlayış gelir. Bu bütünlüğün derecesidir. Bu demektir ki, kişi "Işığı ve hazzı almak istiyorum çünkü biliyorum ki yaratılış amacını yerine getirmek istiyorum," diyeceği bir dereceyi başarmıştır. Dolayısıyla Yaradan'dan, bu O'nun arzusu olduğundan, haz ve mutluluk almak ister.

Artık "ihsan etmek için ihsan etmek" denilen form eşitliği derecesini elde ettiğinden, kendini sevme ile ilgili bir arzusu kalmamıştır. Şimdi Yarattıklarına iyilik yapmak olan O'nun arzusuna uymak ister.

Bilmeliyiz ki, yaratılış amacı ve yaratılışın ıslahı konusu vardır. Yaratılış amacı Yarattıklarına iyilik yapmaktır, yani yaratılanların haz ve mutluluk alması. Dolayısıyla kişi daha fazla haz aldıkça, Yaradan daha fazla memnuniyet içinde olur. Bütünlük derecesinde olan biri daha fazla haz ve mutluluk almak ister. Açıkladığımız gibi, bu yaratılış amacıdır.

Fakat "Dvekut" ve form eşitliği olan ihsan etmek için ihsan etme derecesini elde eden kişi için bu, yaratılış ıslahıdır. Bu demektir ki, haz ve memnuniyet alacağı bir aşamaya gelmelidir ve tüm hazları aldıktan sonra yine ihsan aşamasında kalır. Buna "ihsan etmek için almak" denir.

İhsan Etmeye Dair

Makale No. 16, Tav-Şin-Mem-Dalet, 1984

İhsan etme meselesini açıklamak. Kişi, dünyanın önemli kabul ettiği birisine hizmet ettiğinde, bu kişinin, onu, hizmeti için ödüllendirmesi gerekmez. Aksine, kişi, önemli kişiye hizmet ettiğinde, kendini, önemli kişi tarafından ödüllendirilmiş olarak kabul eder. Bu demektir ki eğer kişi, önemli biri olduğunu bilirse, hizmet etmekten keyif alır ve hizmeti için başka bir ödüle ihtiyaç duymaz. Bunun yerine, hizmetin kendisi ona keyif verir.

Fakat kişi, sıradan bir insana hizmet ediyorsa, hizmet etmekten haz almaz ve hizmeti için ödül bekler. Bu demektir ki, aynı hizmeti önemli birisi için yapmış olsaydı, hiçbir ödüle ihtiyaç duymayacaktı.

Örneğin, önemli bir kişi, küçük bir bavul taşıyarak uçakla gelse, birçok kişi, onun gelişini bekler ve önemli kişi, bavulunu, onu eve götürecek arabaya taşıması için birine verir. Bu hizmet için, diyelim ki ona yüz dolar vermek ister. Kişi, ondan para almayı kesinlikle ret edecektir, çünkü hizmet etmekten alacağı haz, o kişinin vereceği yüz dolardan daha fazladır.

Oysa o sıradan bir kişi olsaydı, ona para karşılığında bile hizmet etmek istemeyecek, bunun yerine, ona şöyle diyecekti, "Burada taşıyıcılar var, onlar senin bavulunu arabaya taşırlar. Bana gelince, sana hizmet etmek, benim için aşağı bir durumdur. Fakat bu, taşıyıcıların işi olduğu için, eğer onlara ödeme yaparsan, sana hizmet etmekten memnun olacaklardır."

Bundan çıkan sonuç şudur ki, kişinin, aynı eylemin içinde, eylemde değil ancak eylemi kimin için-onu önemli biri için yapıp yapmadığında- yaptığında önem ve ayrım vardır. Bu, sadece kişinin kendi gözünde, o kişiye verdiği öneme, yani o kişinin yüceliğine dair hissettiği şeye bağlıdır. Onun önemli bir kişi olduğunu anlaması ya da etrafında olan başka kişilerin, onun önemli bir kişi olduğunu söylemesi fark etmez; bu ona, ödül almaya ihtiyaç duymadan o kişiye hizmet etme gücünü zaten verir.

Yukarıdakilere göre, önemli kişiye hizmet eden kişinin gerçek niyetini anlamalıyız. Niyeti, bunu büyük bir ayrıcalık olarak düşündüğü için hizmet etmekten zevk almak mı, yoksa ona hizmet etmekten büyük zevk aldığı için midir? Önemli kişiye hizmet etmenin zevki, ona hangi kaynaktan gelmektedir? Kişi bunu bilmez. Ancak, bunu doğal görerek -burada büyük bir haz vardır- ona hizmet etmek ister.

Diğer bir deyişle, bu kişi, önemli biri olduğu için mi onun haz almasını amaçlıyor? Yoksa o kişiye haz verdiği için mi ona hizmet etmek istiyor? Yani, eğer ona hizmet etmekten aldığı hazzı, başka şeyler vasıtasıyla alabilecek olsaydı, bu hizmeti bırakır mıydı? Zira, sadece burada iyi bir his bulabildiğini hissettiği için ona hizmet etmek istemektedir, ona hizmet etmesinin nedeni budur.

Soru, hizmetin, önemli kişinin kendini iyi hissedip hissetmemesiyle ilgili olup olmamasıdır, ona hizmet etmekten aldığı haz, sadece bir sonuçtur, fakat amacı, kendisi için değil, sadece önemli kişinin kendini iyi hissetmesi içindir. Yoksa önemli kişiyi dikkate almayıp, tüm hesaplamaları bundan ne kadar zevk alacağı ile mi ilgilidir?

Ve eğer şöyle sorsaydık, "Kişinin hangi niyetle çalıştığı önemli mi?" Cevap şu olurdu; ihsan etme kaplarının ne olduğunu bilmemiz gerekir.

İhsan etme eyleminde bulduğumuz üç anlayış vardır:

1) Kişi ister bedeniyle ister parasıyla olsun, ödüllendirilmek için başkalarına ihsan etmekle ilgilenir. Diğer bir deyişle, hizmetin kendisi ona haz vermek için yeterli değildir. Bunun yerine, karşılığında bir şeyler verilmesini ister. Örneğin, ihsan etmeye dair çalışmasının karşılığında, onurlandırılmak ister. Bu onur için çalışacak gücü vardır. Ama çalışmasının karşılığında, onurlandırılacağından emin olmasaydı, başkaları için yaptıklarını yapmayacaktı.

2) Kişi, başkalarına ihsan etmeye bağlanır ve çalışması için hiçbir ödül, başka bir şey verilmesini istemez. Aksine, ihsan etme eylemlerini gerçekleştirmekle yetinir. Başkalarına iyilik yapmaktan keyif almak, onun doğasındadır ve bu, onun tüm hazzıdır. Elbette, bu, birinci seviyeden daha büyük bir seviyedir, çünkü burada kişinin her şeyi, başkalarına iyilik yapmak amacıyla yaptığını görürüz. Buna, "ihsan etmek üzere ihsan etmek" demeliyiz.

Ancak, biraz daha derine inip, kişinin başkalarına vermedeki gerçek niyetini irdelediğimizde, tüm bu iyi eylemleri, haz almak istediği için mi -yani kendine-sevgi için, zira doğası gereği ihsan etme eylemlerinden haz alır- yoksa başkalarının iyi şeylere sahip olmasından haz almayı amaçladığı için mi yaptığını görürüz.

Diğer bir deyişle, başkalarının iyi bir ruh haline sahip olmasından haz alıp, keyifleri yerinde olsun ve yaşamlarından haz alsınlar diye mi başkalarına iyilik yapmak istiyor? Ve eğer şans eseri, orada başka bir kişi olduğunu görürse ve kendisinin, o şehrin insanları için yapmayı dilediği şeyleri yapmakta, o kişi daha başarılı olursa, ihsan etme eylemlerini yapmaktan aldığı hazzı bırakıp, diğer kişinin bunu yapmasına izin verecek mi?

Aslında, eğer çalışması için hiçbir ödül istemeden ihsan etme eylemine bağlanan bu kişi, diğer kişinin daha yetkin olduğunu bilse bile, o kişinin, bu şeyleri, şehrinin insanları için yapmasına izin verme konusunda ödünde bulunamıyorsa, buna henüz "ihsan etmek üzere ihsan etmek" diyemeyiz, çünkü günün sonunda, o kişinin belirleyici unsuru, kendine-sevgidir.

3) Kişi, hiçbir ödül almamak üzere çalışır. Ve orada daha yetkin bir kişinin olduğunu görse bile, başkalarına vermekten aldığı hazdan feragat eder ve sadece başkasının iyiliğini önemser. Buna, "ihsan etmek üzere ihsan etmek" denir.

Dolayısıyla, burada, kişinin gerçek niyetine dair geniş bir irdeleme yapılmalıdır: kendisi için haz almak ve ona hizmet etmek mi istiyor, yoksa önemli kişiye haz vermeyi mi amaçlıyor.

Yukarıdaki ayrımı anlamak için, kendisi için, onun önemli biri olduğunu resmeden biri sayesinde konuyu daha iyi anlayabiliriz. Kişi, önemli biri olduğu için, iyi ruh halinde olsun diye onu memnun etmek ve ona hizmet etmek ister. Ancak onun için verdiği hizmet sırasında, kendisi iyi ruh halindedir ve kendini mutlu hisseder. O an, yaşamında hissedeceği tüm hazların, şu an hissettiğine kıyasla hiçbir şey olduğunu hisseder, çünkü dünyadaki en önemli kişiye hizmet etmektedir ve o önemli kişinin keyfinin yerinde olmasını istemekten dolayı edindiği memnuniyeti tarif edecek hiçbir söz yoktur.

Şimdi kişi kendini yani önemli kişiye memnuniyet vermeyi istemekteki amacının ne olduğunu irdeleyebilir -kendi iyiliğini mi önemsiyor, yani onu, bu, kendisine iyi ruh hali verecek diye mi memnun etmek istiyor, yoksa sadece iyi ruh halinde olsun ve o kişinin önemi yüzünden ona hizmet etmek için büyük bir arzusu var diye önemli kişinin haz almasını mı amaçlıyor?

Dolayısıyla, kişi hizmetten kaynaklanan büyük hazzı hisseder. Yine de önemli kişiye hizmet ettiğinde, ona daha fazla memnuniyet verecek başka biri olduğunu bilirse, hizmeti sırasında hissettiği hazdan ödün verir. Bunun yerine, tüm kalbiyle, diğer kişinin hizmet etmesini diler, çünkü bu, o kişiyi, kendisinin hizmet etmesinden daha fazla memnun edecektir.

Dolayısıyla, eğer kişi, hizmetini bırakma konusunda hemfikir olursa –hizmetten büyük haz alıyor olsa da önemli kişiye fayda sağlamak ve onu daha fazla memnun etmek için bundan feragat eder, çünkü kendini değil, sadece önemli kişinin menfaatini düşünmektedir– kendi menfaatine dair hiçbir niyetinin olmadığı kabul edilir. Bunun yerine, her şey ihsan etmek içindir ve kişinin kendine dair hiçbir düşüncesi yoktur. O anda, kişi, tam bir farkındalığa sahiptir, çünkü kendisini aldatamaz ve buna, "tam olarak ihsan etmek" denir.

Ancak, bilmeliyiz ki kişi, bunu, kendi başına başaramaz. Aksine, bununla ilgili olarak denir ki (Kiduşin, 30), "İnsanın eğilimi onu her gün mağlup eder ve onu öldürmeye çalışır, şöyle yazdığı gibi: 'Günahkâr, erdemliyi izler ve onu katletmeye çalışır. 'Ve eğer Yaradan ona yardım etmeseydi, kişi onun üstesinden gelemezdi, şöyle yazdığı gibi: 'Efendi, kişiyi, onun eline bırakmayacak.'"

Bu demektir ki, kişi, önce Yaradan'a memnuniyet ihsan etmek amacıyla hareket etme gücüne sahip olup olmadığını görmelidir. Sonra, bunu kendi başına başaramayacağını fark ettiğinde, Tora ve Mitzvot'u, "İçindeki ışık kişiyi ıslah eder" noktasına odaklar ve bu Tora ve Mitzvot'tan istediği tek ödüldür. Diğer bir deyişle, çalışması için ödül, Yaradan'ın ona "ihsan etme gücü" denilen o gücü vermesi olacaktır.

Kişinin çaba sarf etmesine dair bir kural vardır, yani kişi, bir şeyler istediği için dinlenmeyi bırakır, zira çaba olmadan bir şey verilmeyeceğini bildiğinden, çaba göstermek zorundadır. Bu nedenle, Tora ve Mitzvot'u yerine getirmek için çaba sarf eden kişi, mutlaka bir şeyin eksikliğini hissetmelidir ve bu yüzden, bu sayede istediğini edinmek için Tora ve Mitzvot'u yerine getirmek için çaba gösterir.

Buna göre, kişi dikkat etmeli ve Yaradan'a hizmet etme çalışmasına başlamadan önce, ne istediğine dair kafa yormalıdır –çalışması için istediği ödül nedir ya da basitçe söylersek, Tora ve Mitzvot'a bağlanmaya onu zorlayan nedir? Sonra, kişi neye ihtiyacı olduğunu, ne için çalışması gerektiğini belirlediği zaman, gerçekten ne istediğini bilmek zorlaşana kadar kafa yormaya başlar.

Bu nedenle insanlar, çalışmalarının amacı üzerine düşünmeye başladıkları zaman, gerçek amacı belirleyemezler. Bunun yerine derler ki, "Neden irdeleme ile kendimizi yoralım?" Bunun yerine, hiçbir amaç olmadan çalışıp şöyle derler, "Bir sonraki dünya için çalışıyoruz."

Bir sonraki dünya nedir? "Neden onun hakkında düşünmeliyiz? Biz sadece onun iyi olduğuna inanıyoruz ve bununla yetiniyoruz. Bir sonraki dünyanın ödülünü aldığımızda, o zaman onun ne olduğunu bileceğiz. Neden irdelemelere girelim ki?"

Sadece birkaçı Yaradan ile Dvekut (bütünleşmek) konusu olduğunu ve Dvekut'u başarmak için form eşitliğine ulaşmaları gerektiğini söyler, yani "O, merhametli olduğu için, sen de merhametlisin." Ve sonra kişi, form eşitliğini -tüm hareketlerinin ihsan etme için olacağını- elde etmek için çalışmaya başlar, çünkü sadece o zaman, dünyada mevcut olan kısıtlama ve gizlilik ondan kaldırılır ve kişi Keduşa'yı (kutsallık) hissetmeye başlar.

Fakat kişi, çalışmasında, ihsan etme seviyesine erişmeye başladığı zaman, bundan çok uzak olduğunu, ihsan etme amacına yönelik bir düşünce, söz veya iş için hiçbir arzusu olmadığını görür. Ve o zaman, ihsan etme gücünü elde etmek için ne yapacağını bilmez. Ve çaba eklediği her seferinde görür ki tüm bu mesele, ondan uzaktır. Nihayetinde, insani olarak ona erişmesinin asla mümkün olmadığını fark eder.

O anda, sadece Yaradan'ın ona yardım edebileceğini fark eder ve ancak o zaman, ödül almak üzere Tora ve Mitzvot ile uğraşması gerektiğini anlar. Ve çalışması için ödül, Yaradan'ın ona ihsan etme gücünü vermesi olacaktır. Ümit ettiği ödül budur, çünkü Yaradan ile Dvekut'a erişmeyi ister ki bu form eşitliği, yani ihsan etmektir.

Ve kişinin ümit ettiği tek ödül, budur – Tora ve Mitzvot'ta sarf ettiği çaba sayesinde, kendi başına elde edemeyeceği ve başkasının ona vermesine ihtiyaç duyduğu şey ona verilecektir. Bu, dünyevi hayattaki emek gibidir: Kişi, kendi başına para kazanamadığı için çalışır ve karşılığında, ona para ödenir. Benzer şekilde, maneviyatta da kendi başına elde edemediği şeyi, başkasının ona vermesine ihtiyaç duyar, dolayısıyla "ödül" dediğimiz şey, budur.

Dolayısıyla, kişi Yaradan ile Dvekut'a erişmek istediği için ihsan etme niteliğini elde etmeyi dilediği, fakat bu niteliği elde edemeyip, Yaradan'ın ona bunu vermesine ihtiyaç duyduğunda verilmesini istediği şeye "ödül" denir. Kişi, ödül istiyorsa, çaba sarf etmeli kuralı gereği, "ihsan etme gücü" denen bu ödülün ona verilmesi, yani kendini sevmekten kurtulmak ve sadece dost sevgisine bağlanma arzusunu almak için Tora ve Mitzvot'u yerine getirir.

"Kişi, Tora ve Mitzvot'a her zaman Lo Lişma'da (O'nun adına değil) bağlanmalıdır, içindeki ışık ıslah ettiğinden, Lo Lişma'dan Lişma'ya (O'nun adına) gelir," sözlerinin anlamı budur. Dolayısıyla, Lişma'yı edinmek için Tora ve Mitzvot'ta çalışmasıyla, öncelikle çaba harcayarak, Lişma derecesini edinir. Böylece kişi, içindeki ıslah eden ışık ile ödüllendirilir ve bu, yukarıdan ihsan etme gücünün verilmesi olarak kabul edilir.

Ancak, şunu sormalıyız, "Neden önce kendisinin çaba sarf etmesi gerekir ve daha sonra Tora'nın ışığı verilir? Neden Tora'nın ışığı hemen verilmez ki böylece onu anında ıslah etsin? Ayrıca, hiçbir şey için çaba sarf etmek, çalışmak ve zaman kaybetmek neden? Eğer ışık ona, tam çalışmasının hemen başında verilseydi, yani ışığı hemen alsaydı ve hemen Lişma'da çalışmasına başlasaydı, daha iyi olmaz mıydı?

Mesele şu ki Kli (kap) olmadan, ışık yoktur ve Kli, arzu demektir. Diğer bir deyişle, kişinin bir ihtiyacı olduğunda ve bu ihtiyacı tatmin etmeyi arzuladığında, buna "Kli" denir. Ancak o zaman, kişi Kli'ye yani biraz tatmin olmaya dair bir arzuya sahip olduğu zaman, kişiye doyum verildiği ve arzu ettiği şey bu olduğu için, ona verilen doyumla memnun olduğu söylenebilir. Almaya özlem duyduğunda, ödülün, doyum olduğu düşünülür. Daha da ötesi, doyumun öneminin ölçüsü, arzunun ölçüsüne bağlıdır. Ve kişi, ızdırabı ölçüsünde doyumdan keyif alır.

Bu yüzden, kişi, bunun için hiçbir arzuya sahip olmadığında, o kişiye onu ıslah edecek bir ışık vermek mümkün değildir. Çünkü onun ıslah olması demek, kendine-sevgi gücünü kaybedecek ve başkalarını sevme gücünü alacak demektir.

Eğer kişinin, kendini sevme koşulundan çıkmak için, hiçbir arzusu yoksa ve ona, "Biraz çalışma yap ve karşılığında, kendini sevmeye dair hiçbir arzun olmayacak," dense, kişi, bunu ödül olarak görmez. Aksine, çalışması karşılığında, işin sahibi tarafından ödüllendirileceğini düşünür. Fakat karşılık olarak, ona çok kötü bir şey vermektedir öyle ki kendine olan sevgisinin tümünü bir anda kaybedecektir. Kim bununla hemfikir olur ki?

Bu yüzden, kişi, önce Lo Lişma'da çalışmalıdır, böylece onun aracılığıyla, beden kişiye yardımcı olur, çünkü kişi, büyük bir zevk almak için, küçük bir zevkten vazgeçmeye gönüllüdür. Fakat doğası gereği, kişi, kendini sevmeye dayanmayan hazzı hayal etmeyi beceremez. Dolayısıyla, ona Tora ve Mitzvot ile uğraştığı için ödül verileceği söylenir. Bu yalan değildir, çünkü kişi, mutlaka ödüllendirilecektir. Diğer bir deyişle, Tora ve Mitzvot'taki çabası için ödüllendirileceği söylenir ve gerçekten de ödüllendirildiğinden, bu gerçektir, fakat ödül değişecektir.

Örneğin, bir baba çocuğuna şöyle der: "Eğer iyi bir çocuk olursan, sana oyuncak bir araba, plastik bir araba alacağım." Daha sonra, baba yurt dışına gider ve birkaç yıl sonra geri döner. Oğlu çoktan büyümüştür ve babasına gelerek der ki: "Baba, yurt dışına gitmeden önce, bana plastik bir araba sözü vermiştin." Böylece babası gider ve ona gerçek bir araba, büyük mesafeler katedebilen bir araba alır.

Oğlu zekidir ve şimdi plastik bir arabanın değil, gerçek bir arabanın zamanı olduğunu bilir. Bu, babasının aldatması olarak düşünülebilir mi? Tabii ki düşünülemez! Tersine, şimdi çocuk, çocukken, sadece değersiz, küçük bir ödülü anlayabildiğini görür.

Burada da kişi, Lo Lişma denen küçük bir ödülle başlar, yani alacağı gerçek ödüle - Lişma, Yaradan'ın vermek istediği haz ve mutluluğu alabileceği Kli ile ödüllendirilmek ki gerçek hazlar, bunlardır- kıyasla değersiz bir şey ile ödüllendirilmeyi bekler.

Öyle anlaşılıyor ki, kişiye Lo Lişma'da çalışmasını, yani bir ödül almak için çalışmasını söylemek doğrudur, yani ihsan etmek üzere çalışmayı amaçladığında da ödüllendirilecektir. Tek yalan, gerçek ödüle dairdir. Kişi Lo Lişma'da iken, ona farklı bir ödül verileceğini, "kendine-sevgi" olarak adlandırılan Kli'yi alacağını düşünür.

Fakat daha sonra, kişi büyüdüğü zaman, gerçekten ödülü alan Kelim'in (kaplar) ihsan etme Kelim'i olduğunu, tam da bu Kelim aracılığıyla gerçek haz ve mutluluğun alındığını anlamaya başlar. O anda, yeryüzündeki en mutlu insan olduğunu hisseder. Oysa Lo Lişma'dayken almayı arzuladığı ödül, ancak küçük bir çocuk için uygun olacaktı.

Dolayısıyla, kişiye Lo Lişma'daki çalışması için ödül ve haz alması öğretilirken, kişi ödülünün daha büyük bir ödülle değiştirilmiş olmasından dolayı bir şey kaybetmediğinden, bu, bir yalan olarak kabul edilmez. Sadece Lo Lişma'nın yani bu ödülün, onun düşündüğü gibi gerçek isim olmadığını açıklamalıyız. Bunun yerine, ödülün, kişinin düşündüğünden farklı bir ismi vardır. Ancak, ödül, ödül olarak kalır ve ödül değişmez; sadece ödülün ismi, sahte ve hayali bir ödülden gerçek ödüle doğru değişir.

Yukarıda bahsedilenlerden çıkan sonuç şudur; kişinin, Tora ve Mitzvot'taki çalışması karşılığında asıl ihtiyaç duyduğu şey, Yaradan'ın ona ihsan etme kaplarını vermesidir. Kişi, bu kapları kendi başına edinemez, çünkü onlar doğasına zıttır. Ancak, bu yukarıdan bir hediyedir – ödülü, daima Yaradan'a memnuniyet verebileceği zamanı beklemek olacaktır ve beklediği ödül bu olduğu için, buna, "onun ödülü" denir.

Yukarıda bahsedileni anlamak için, "Yaşam Ağacına Genel Giriş" (madde 3) kitabındaki "Karanlığın kökü, Malhut'un Kli'sindeki Masah'dır ve ödülün kökü, Zivug de Hakaa aracılığıyla ortaya çıkan Yansıyan Işık'ta köklenmiştir," sözüne bakmalıyız.

Orada bize, bu dünyada ne görüyorsak onun kökünü sunar, bu dünyada gördüğümüz her şey, köklerden, üst dünyalardan uzanan dallardır. Orada der ki: "Kişinin bu dünyada hissettiği çalışmanın kökü, Malhut'un Kli'sindeki Masah'ın kökünden uzanır."

Bu demektir ki insanların sahip olduğu Kli'ye, "haz alma arzusu" denir. Bunu, Yaradan yaratmıştır, çünkü O'nun arzusu, yarattıklarını mutlu etmektir. Bu yüzden, O, insanlarda haz alma arzusunu yarattı. Buna, üst Sefirot'ta Malhut denir.

Daha sonra, orada Tzimtzum (kısıtlama) olduğunu öğreniriz. Bu demektir ki kişi, alıcı olmak istemez çünkü Yaradan ile form eşitliği ister, bu yüzden, Keduşa'da (kutsallık) ihsan etme amacı olmadığı sürece hiçbir şey alınamaz kuralı vardır.

Masah'ın (perde) ıslahının anlamı budur. Üst ışıklardan bahsettiğimiz için, ışığı almayı istememeye "Masah" denir. Bu, güneş çok parladığında, güneş ışığının evin içine girmesini istemeyen kişinin, pencereye, bir perde ya da bir örtü yerleştirmesi gibidir.

Bu nedenle, üst ışıklardan bahsettiğimiz zaman, her ne kadar Malhut, haz ışığını almak için büyük bir arzu ve özlem duysa da hazzı almayarak ondan vazgeçer, çünkü form eşitliğine gelmek ister. Buna, "çaba" yani arzusuna karşı olan bir şey yapmak, kendini haz almaktan alıkoymak denir.

Dünyamızda da kişi, bazı hazları bırakması gerektiğini bildiğinde, bu, çaba olarak kabul edilir. Örneğin, eğer kişi, dinlenmekten keyif alıyorsa ve herhangi bir nedenle dinlenmekten vazgeçmesi ve başka bir şey yapması gerekiyorsa, buna "çaba" denir.

Bu bize aynı zamanda, dünyevi dalın nasıl ve ne zaman ödül aldığını, üst dünyalarda nerede köklendiğini gösterir. Bize, ödülün kökünün, Yansıyan Işık'tan uzandığını gösterir – üst ışık, Masah ve Aviut (bayağılık) arasında meydan gelen Zivug de Hakaa'dan ortaya çıkan ihsan etme arzusu (On Sefirot Çalışması, bölüm 4, madde 8'e bakınız). Şöyle yazar: "Yansıyan Işığın kıyafetlenmesi, iki gücün sonucu olarak ortaya çıkar."

Maneviyatta, Zivug de Hakaa şu demektir; eğer iki şey birbirine zıt ise, bu Hakaa (çarpma/vurma) olarak kabul edilir. Bu demektir ki bir taraftan kişi, ona büyük bir haz vereceğini düşündüğü o şeyi gerçekten ister, diğer taraftan form eşitliği istediği için bunun üstesinden gelip ve onu almaz.

Aslında, burada iki arzu vardır: 1) Kişinin haz alma arzusu 2) kişinin form eşitliği için duyduğu arzu. Ve bu iki arzudan, "Yansıyan Işığın kıyafetlenmesi" olarak adlandırılan yeni bir şey doğar. Kişi, bu güç ile üst bolluğu daha sonra elde edebilir çünkü bu Yansıyan Işık, bolluğun alınması için uygun olan Kli'dir.

Diğer bir deyişle, kişi, bu Kli ile iki şeye sahiptir: 1) Yarattıklarına iyilik yapmak olan yaratılış düşüncesinden gelen üst bereketin hazzını alır 2) Aynı zamanda, kendini, bereketin alınmasında ikinci anlayış olan form eşitliğinde bulur.

Yukarıda bahsedilenlerden görürüz ki tüm ödül, sadece Yansıyan Işıktır. Bu, aşağıda olanın, yukarıda olandan aldığı ihsan etme gücüdür. Kişi buna, "Yansıyan Işık" der, aşağıda olanın yukarıda olana verdiği şey anlamına gelir. Bu demektir ki başlangıçta Yaradan'dan gelen bolluğa, "Direkt Işık" denir, şöyle yazdığı gibi: "Yaradan insanı doğrudan yarattı." Öğrendiğimiz gibi, yaratılış düşüncesi, O'nun yarattıklarına iyilik yapmaktır yani tüm bunlar, aşağıda olanın bereketi alması içindir ve buna "doğrudan" denir.

Fakat bereketin alıcıları, form eşitliğini arzular, bu nedenle "Yansıyan Işık" denen ıslaha sahibiz. Bu demektir ki bereketin alıcısı, haz almayı arzuladığı için değil, yukarıda olana haz vermeyi arzuladığı için bereketi almaz. Diğer bir deyişle, yukarıda olanın, alıcının haz almasını arzulaması gibi, bereketin alıcısı da verene haz vermeyi amaçlar, yani yukarıda olan, O'nun düşüncesinin yerine getirilişinden haz alsın diye vermeyi amaçlar. Öyle anlaşılıyor ki, ödül, öncelikle Yansıyan Işıktır, yani aşağıda olanın yukarıda olandan aldığı ihsan etme gücüdür.

Fakat yine de neden "ihsan etme gücü" denen Kli tüm ödüldür, dediğimizi anlamalıyız. Sonuçta, "ödül" alınan bir şeyi işaret eder. "Maaş için çalışıyorum," ya da yaratılışın amacı O'nun insanlarına iyilik yapmaktır, deriz yani ödül alacağımızı söyleriz. Oysa burada diyoruz ki, "verme gücüne" ödül denir. Bundan ne anlıyoruz? Ödül, kişiye Kutsallığın ve Tora'nın sırlarının edinimi için verilmelidir. Peki neden verme gücünü, yani ihsan etme gücünü elde etmek ödüldür diyor? Dahası, bize bunun "Yansıyan Işık" denen üst kökten uzandığını söylüyor.

Bilinir ki inek, buzağının emmek istediğinden daha fazlasını vermek ister. Dolayısıyla öyle görünüyor ki, Yaradan, insanlara, onların almak istediğinden daha fazlasını vermeyi arzular. Peki, o zaman kim kısıtlıyor? Tzimtzum'un, insanlar, form eşitliğine sahip olsun diye meydana geldiğini hatırlamalıyız. Bu, utanç ekmeğini engellemek için bir ıslahtır. Utanç ekmeği, bizim kökümüzden uzanır çünkü Yaradan, almakla değil ihsan etmekle ilgilidir. O'nun hiçbir şeye ihtiyacı yoktur ve O'nda almak gibi bir şey yoktur. Dolayısıyla, bizim doğamızda var olan kurala göre – her dal, kendi köküne benzemeyi arzular – aşağıda olan, kökte mevcut olmayan bir hareketi gerçekleştirmek zorunda olduğu zaman, hoşnutsuzluk hisseder.

Bundan şu sonuç çıkar ki, ışık ve haz olan bolluğu almak için, kişinin hiçbir şey yapması gerekmez, çünkü Yaradan, insana, insanın almak istediğinden daha fazlasını vermeyi ister. Ancak, yaratılanların, utanç sebebiyle ona verilen hazlardan keyif alacağı Kli'si yoktur. Öyle görünüyor ki, ihtiyacımız olan tek ödül, "ihsan etme gücü" denen Kli'dir. Dolayısıyla, ihtiyacımız olan şey, ışıklar değil, Kelim'dir (kaplar) ve bu yüzden ödül, öncelikle ihsan etme gücüdür.

Ancak, "ihsan etme arzusu" denen bu Kli'yi elde etmek için bir arzuya, yani bu Kli'ye ihtiyaç duyduğumuzu hissetmeye ihtiyacımız vardır. Bu yüzden Tora ve Mitzvot ile önce Lo Lişma'da uğraşmalıyız ve bizim çalışmamız budur -yaptığımız her şeyin kendi çıkarımız için olduğunu, ihsan etme niyetini taşımadığını görmek.

Ve sonra görürüz ki ihsan etme gücüne ihtiyacımız var ve çalışmamız için bir ödül, Yaradan'ın bize, ihsan etme arzusunu vermesini istiyoruz. Ve bu güce sahip olduğumuz zaman, zaten mevcut olan, Yaradan bize vereceği için, almak için çalışmak zorunda olmadığımız haz ve mutluluğu alabileceğiz. Fakat kişinin dereceden dereceye yükselmesi için, her seferinde ihsan etme gücünü edinmesi gerekir ve o zaman hiçbir şey eksik olmaz.

Dostların Önemine Dair

Makale No. 17, Bölüm 1, Tav-Şin-Mem-Dalet, 1984

Gruptaki dostların önemine ve onları nasıl takdir edeceğimize, yani herkesin dostuna vereceği önemle ilgili olarak, sağduyu der ki eğer kişi, dostunu kendi seviyesinden daha aşağıda görürse, ona, sahip olduğu niteliklerden daha erdemli bir şekilde nasıl davranacağını öğretmek ister. Bu durumda, kişi onun dostu olamaz; dostunu bir dost olarak değil, bir öğrenci olarak kabul edebilir.

Ve eğer kişi, dostunu kendinden daha yüksek bir seviyede ve ondan iyi nitelikler elde edebileceğini görürse, o zaman, dostu, onun öğretmeni olabilir fakat dostu olamaz.

Bu demektir ki, dostunu tam olarak kendisiyle aynı seviyede gördüğü zaman, onu dost olarak kabul edebilir ve onunla bağ kurabilir. Bu böyledir çünkü "dost", her iki taraf da aynı koşulda demektir. Sağduyunun söylediği budur. Diğer bir deyişle, onlar aynı bakış açısına sahiptirler ve bu yüzden bağ kurmaya karar verirler. Sonra, ikisi de başarmayı arzuladıkları amaca doğru beraber hareket eder.

Bu, bir kâr elde etmek için birlikte iş yapan iki kafadar dosta benzer. Bu durumda, eşit güçlere sahip olduklarını düşünürler. Fakat içlerinden biri, diğerinden daha yetkin olduğunu hissederse, diğerini eşit ortak olarak kabul etmek istemez. Bunun yerine, birinin, diğerinin üzerinde sahip olduğu güç ve niteliklere göre orantılı bir ortaklık oluştururlar. Bu durumda, ortaklık yüzde otuz üç veya yüzde yirmi beş ortaklıktır ve bu şekilde eşit oldukları söylenemez.

Fakat dost sevgisinde, dostlar aralarında birlik yaratmak için birleştiklerinde, bu açıkça eşit oldukları anlamına gelir. Buna "birlik" denir. Örneğin, eğer birlikte iş yapıyorlarsa ve diyelim ki kârlar eşit olarak dağıtılmayacaksa, buna "birlik" denir mi? Açıkçası, dost sevgisinde, dost sevgisinin sağladığı tüm kazanç ve mallar, taraflarca, eşit ölçüde kontrol edilmelidir. Birbirlerinden hiçbir şey saklamamalı veya gizlememelidirler ve her şeyi sevgi, dostluk, doğruluk ve barış içinde yapmalıdırlar.

Fakat "Zohar'ın Tamamlanışı İçin Bir Konuşma" makalesinde şöyle yazılıdır: "Yüceliğin ölçüsü, iki koşul altında gelir: 1) her zaman grubu dinlemek ve yücelikleri ölçüsünde onların takdirini almak 2) çevre yüce olmalı, şöyle yazdığı gibi: 'Kralın ihtişamı(yüceliği) insanların çokluğundadır.'"

İlk koşulu kabul etmek için, her öğrenci, tüm dostlar arasında, en küçük olduğunu hissetmelidir, sonrasında herkesten yüceliğin takdirini alabilir. Bu böyledir çünkü daha büyük olan, daha küçük olandan alamaz, sözlerinden de etkilenemez. Sadece aşağıda olan, daha yüce olanın takdirinden etkilenebilir.

Ve ikinci koşul için, her öğrenci, her dostun erdemini, sanki dostu neslin en yücesiymiş gibi övmelidir. O zaman çevre onu, yüce bir çevrenin etkilemesi gerektiği gibi etkiler, çünkü nitelik, nicelikten daha önemlidir.

Öyle anlaşılıyor ki, dost sevgisi konusunda herkes birbirine yardım eder, yani dostunu kendisiyle aynı seviyedeymiş gibi kabul etmesi yeterlidir. Fakat dostlardan öğrenilmesi gerektiğinden, öğretmen ve öğrenci konusu vardır. Bu nedenle, kişi, dostunun kendisinden daha yüce olduğunu düşünmelidir.

Fakat kişi, kendi erdemlerinin ve niteliklerinin dostununkinden daha yüce ve daha iyi olduğunu görebildiğinde, dostunu kendisinden daha yüce olduğunu nasıl düşünebilir? Bunu anlamanın iki yolu vardır:

1) Kişi mantık ötesi inançla gider: bir kez onu dost olarak seçtiğinde, onu mantık ötesi takdir eder.

2) Bu, mantık dâhilinde daha doğaldır. Eğer diğerini dostu olarak kabul etmeye karar verdiyse ve onu sevmeye çalışıyorsa, o zaman aradaki sevgi vasıtasıyla sadece iyi şeyleri görmek doğaldır. Dostunda kötü şeyler olsa bile, onları görmez, şöyle yazıldığı gibi, "sevgi, tüm günahları örter."

Kişi, komşusunun çocuklarında hatalar görürken, kendi çocuklarında görmez. Ve birisi çocuklarındaki bazı hatalardan bahsettiği zaman, hemen dostuna direnç gösterir ve çocuklarının iyi taraflarını bildirmeye başlar.

Ve soru şudur; hangisi gerçek? Ne de olsa, çocuklarının iyi tarafları vardır ve bu yüzden başkaları çocuklarından bahsettiğinde üzülür. Babamdan duyduğuma göre, durum şudur: Aslında, herkesin avantajları ve dezavantajları vardır. Ve hem komşu hem de baba gerçeği söylemektedir. Fakat komşu, onlara babanın çocuklarına davrandığı gibi davranmaz, çünkü çocuklara karşı, babanın duyduğu sevgiyi duymaz.

Bu yüzden, diğerinin çocuklarını düşündüğü zaman, sadece onların hatalarını görür, çünkü bu, ona daha fazla keyif verir. Bu böyledir çünkü çocukları daha iyi olduğu için, daha erdemli olduğunu gösterebilir. Bu nedenle, diğerlerinin sadece hatalarını görür. Gördüğü şey doğrudur, fakat sadece keyif aldığı şeyleri görmektedir.

Aslında baba da çocuklarında iyi şeyler görmesinin haricinde gerçeği görür. Çocuklarının hatalarını görmez, çünkü bu ona keyif vermez. Bu yüzden, çocuklarında gördüğüyle ilgili gerçeği söylemektedir. Ve sadece ona memnuniyet verebilecek şeylere baktığı için, sadece iyi nitelikleri görür.

Bundan şu sonuç çıkar ki, kişi dost sevgisine sahipse, sevginin kuralı, dostunun hatalarını değil, erdemlerini görmeyi istemektir. Dolayısıyla, eğer kişi dostunda bazı hatalar görürse, bu dostunun hatalı olduğundan değildir, ancak gören hatalıdır, yani onun dost sevgisi kusurlu olduğu için, dostunda hatalar görmektedir.

Dolayısıyla, şimdi dostunun ıslahı ile ilgilenmemelidir. Aksine, kendisinin ıslaha ihtiyacı vardır. Yukarıda bahsedilenlerden çıkan sonuç şudur ki, kişi dostunda gördüğü hataların düzeltilmesiyle ilgilenmemeli, kendisinin dost sevgisinde yarattığı kusuru düzeltmelidir. Ve kendisini düzelttiği zaman, dostunun hatalarını değil, sadece erdemlerini görecektir.

Toplantının Gündemi

Makale No. 17, Bölüm 2, Tav-Şin-Mem-Dalet, 1984

Toplantının başlangıcında, bir gündem olmalıdır. Herkes elinden geldiğince grubun öneminden bahsetmeli, grubun ona sağlayacağı faydaları ve kendi başına elde edemeyeceği, grubun ona getirmesini umduğu önemli şeyleri ve bundan dolayı grubu nasıl takdir ettiğini anlatmalıdır.

Atalarımızın yazdığı gibi (Berachot 32): "Kabalist Şamlay dedi ki, 'Kişi, her zaman Yaradan'ı övmeli ve sonra dua etmelidir. 'Buraya nasıl geldik? Musa'dan, şöyle yazdığı gibi: 'Ve o anda Yaradan'a yalvardım. 'Ayrıca yazılıdır ki, 'Ey Efendimiz, Tanrı'mız, Sen başladın, 've 'Sana dua ediyorum, bırak geçeyim ve iyi toprakları göreyim.'"

Ve Yaradan'ı övmekle başlamak zorunda olmamızın nedeni şudur, birisi, diğerinden başka bir şey istediği zaman, iki koşulun olması doğaldır:

O, ondan istediğim şeye sahiptir; zenginlik, güç ve saygınlık gibi.

Onun iyi bir kalbi, yani başkalarına iyilik yapma arzusu vardır.

Böyle bir insandan iyilik isteyebilirsiniz. Bu yüzden dediler ki, "Kişi her zaman Yaradan'ı övmeli ve sonra dua etmelidir." Bu demektir ki kişi, Yaradan'ın yüceliğine, O'nun insanlara vermek üzere her tür hazza sahip olduğuna ve O'nun iyilik yapmayı arzuladığına inandıktan sonra, kişinin o zaman Yaradan'a dua ettiğini söylemek doğru olur, Yaradan ihsan etmeyi arzuladığı için kişiye mutlaka yardım edecektir. Ve sonra Yaradan, kişinin arzuladığı şeyi, ona verebilir. O zaman dua eden de Yaradan'ın bunu vereceğinden emin olur.

Benzer şekilde, dost sevgisinde de toplantının en başında, toplandıklarında, dostları ve her dostun önemini övmeliyiz. Kişi grubun yüceliğini kabullendiği ölçüde, grubu takdir eder.

"Ve sonra dua et" demek, herkes kendini incelemeli ve gruba ne kadar çaba sarf ettiğini görmeli demektir. Daha sonra kişi, grup için bir şey yapma gücünün olmadığını gördüğü zaman, Yaradan'a yardım etmesi ve dost sevgisine bağlanma gücü ve arzusu vermesi için dua etmesi için yer vardır.

Sonrasında, herkes tıpkı "On Sekiz Dua"nın son üç duasında olduğu gibi davranmalıdır. Diğer bir deyişle, Yaradan'ın önünde yalvardıktan sonra, Zohar, "On Sekiz Dua"nın son üç duasında kişinin, Yaradan onun talebini çoktan yerine getirmiş gibi düşünmesi gerektiğini söylüyor.

Dost sevgisinde de bu şekilde davranmalıyız: Kendimizi inceledikten ve dua için bildik tavsiyeyi izledikten sonra, duamız cevaplanmış gibi düşünmeli ve tüm dostlar, tek bir bedenmiş gibi onlarla beraber sevinmeliyiz. Ve bedenin, tüm organlarının keyif almasını dilemesi gibi, biz de tüm dostlarımızın keyif almasını istemeliyiz.

Dolayısıyla, tüm hesaplamalardan sonra, neşe zamanı ve dost sevgisi gelir. O anda, herkes, sanki ona çok para kazandıracak, çok iyi bir anlaşmayı imzalamış gibi mutlu olur. Ve böyle bir zamanda kişinin, dostlarına içki ısmarlaması adettendir.

Benzer şekilde, herkes dostlarının içmesini ve kek yemesini ister. Çünkü şimdi mutludur, dostlarının da kendilerini iyi hissetmelerini arzular. Bu yüzden, toplantının dağılması, sevinç ve coşku içinde olmalıdır.

Bunu, "Tora zamanı" ve "dua zamanı" yolu izler. "Tora zamanı", bütünlük demektir, hiçbir eksikliğin olmadığı zamandır. Buna "sağ" denir, yazıldığı üzere, "O'nun sağ elinde, ateş gibi bir kanun vardı."

Fakat "dua zamanı" için "sol" denir, çünkü eksikliğin yeri, ıslaha ihtiyacı olan yerdir. Buna "Kelim'in (kaplar/ arzular) ıslahı" denir. Fakat "sağ" denen Tora durumunda, ıslah için hiç yer yoktur ve bu yüzden Tora'ya, "hediye" denir.

Sevdiğiniz kişiye hediyeler vermek adettir. Ve eksik olan birisini sevmemek de adettir. Bu yüzden, "Tora zamanında," ıslah düşünceleri için yer yoktur. Dolayısıyla, toplantıdan ayrılırken, "On Sekiz Dua"nın son üç duasındaki gibi olmalıdır. Ve bundan dolayı, herkes bütünlük hissecektir.

Tanrı'nın Sana Bahşettiği Topraklara Geldiğin Zaman

Makale No.18, Tav-Şin-Mem-Dalet, 1984

"Tanrı'nın sana bahşettiği topraklara geldiğinde, onları miras alacak ve içinde yaşayacaksın," ayetiyle ilgili yorumcular şunu sorar, "Tanrı'nın sana verdiği nedir?" Her şeyden önce İsrail halkı bunu savaşla elde etmiştir. Şöyle açıklarlar, kişi kalbinden bilmelidir ki, kendi gücü ve becerisiyle toprakları miras almamıştır. Daha ziyade bu Yaradan'ın armağanıdır, şöyle dedikleri gibi, "Tanrı'nın sana miras olarak verdiği."

Yukarıda yazılanı anlamak için Eretz kelimesinin (toprak) Ratzon (arzu) olduğunu bilmek zorundayız, yani insanın kalbindeki arzuya toprak denir. Dünya ulusları insanın kalbi denilen bu topraklarda yaşar ve İsrail halkı da bunun içindedir. Ancak, burada beraberce yaşayamazlar. İsrail halkı ve dünya ulusları bir arada olamaz. O topraklarda ya dünya uluslarının hükmü ya da İsrail'in hükmü vardır.

İkisinin aynı yerde olamamasının gerçek sebebi O'nun Yarattıklarına iyilik yapma arzusudur. Bu sebeple O, haz ve memnuniyet almak için alma arzusunu yaratmıştır. Bu demektir ki, O, yarattıklarını haz eksikliğinde yaratmıştır, çünkü yaratılanlar arzularına göre haz hisseder.

Bu Yaradan tarafından yaratılan kaptır ve yaratılanlardaki ilk anlayış budur. Eğer yaratılanlar bu arzuya sahip olmasaydı, yaratılan varlıklar olarak adlandırılmayacaklardı. Öyle anlaşılıyor ki, alma arzusunun olmadığı yerde hiçbir anlayıştan bahsedemeyiz. Bizim bahsettiğimiz yaratılış budur, haz almak için Kap.

Fakat atalarımızın "utanç ekmeği" dediği utanç sebebiyle kişi form eşitliği denilen ihsanı amaçlamadıkça almak için alma kısıtlaması vardır. Bu demektir ki, kişi Yaradan'a memnuniyet ihsan etme niyetinde olduğunda hazzı alır. Aksi takdirde almak istemez.

Buna İsrail denir, yani Yaşar-El (Yaradan'a doğru), yani düşündüğü her şey sadece Yaradan'a ulaşmak içindir ve asla kendini düşünmez. Daha ziyade tüm düşüncesi sadece Yaradan içindir.

Buna "İsrail toprakları," denir, yani onun Yaradan'a doğru bir arzusu vardır. Kendini-sevme arzusu değil, başkalarını sevme arzusu vardır. Tüm yapmak istediği Yaradan'a ihsan edecek araçlara sahip olmaktır, bedenine yaptığı tüm bakım yalnızca ihsan etmek için ona güç kazandırmak içindir.

Bu atına su ve yiyecek veren birinin durumuna benzer. Bu demektir ki atını sevdiği için değil, onunla çalışmak zorunda olduğu için ona bakmaktadır. Dolayısıyla, atı hoşnut etme düşüncesi sevgiden değil, basitçe atı kendi faydası için kullanmak istemesinden gelir. Buna "İsrail toprakları" denir, yani tüm düşüncesi sadece Eretz (Ratzon, arzu) için.

Ulusların toprakları için ise bu böyle değildir. Bu "toprağın insanı" denilen kendini-sevme topraklarıdır. Bu demektir ki, onları Yaradan yaratmış olmasına rağmen arzu ve niyetleri Yaradan için değildir. Şöyle yazar, "Yeryüzünün tüm ulusları Tanrı'nın adının seni çağırdığını bilecek ve senden korkacak." Ayrıca şöyle yazılıdır, "İbrahim kalktı ve Heth'in oğulları, halkın önünde eğildi." Bu demektir ki, onlar kendini-sevmeden başka bir şey hissetmez ve bilmezler.

Fakat İsrail halkı böyle değildir. Onlar kendilerini ve yokluktan varlık olarak yaratılan alma arzularını, varlıklarını iptal etmek isterler. Bu sebeple kutsamayla ilgili "Her ulusun içinden bizi seçen," deriz.

Bu iki hüküm bir arada olamaz. Ya ihsan etme arzusu hükmeder ya da alma arzusu, çünkü birbirleriyle çelişirler ve zıt iki şey aynı yerde olamaz.

Burada eğilim savaşı başlar, öyle ki kişi arzuların kılıflandığı, alma arzusunun hükmü altındaki kalbini yatıştırmak için savaşmalı ve hükmü Yaradan'a ihsan etme arzusuna vermelidir. Kişi amacın Yaradan'a yönelik olduğu kutsal çalışmaya başladığında, ikisi arasında savaş başlar. Sonra büyük çabayla kişi üstesinden gelme ile ödüllendirilir ve savaşı kazanır. Bu sırada Yaradan'a ihsan etme yasası kalbine girer ve kişi şöyle der, "Elimin gücü ve becerisi beni bu zenginliğe getirdi" ve sadece çalışması vasıtasıyla "İsrail toprakları" denilen kalbe hükmeder, çünkü arzusu direkt Yaradan'a doğrudur.

Bu bağlamda ayet şöyle der, "Topraklara geldiğinde Tanrı'n sana verir." Bu demektir ki, onu kendi gücünle fethedemezsin, daha ziyade "Tanrı'n sana verir," yani kişi dünya uluslarına verdiği savaş vasıtasıyla kalbini fethetmek için gerekli çabayı gösterir ve onu yenerse, "İsrail toprakları" denilen kalbi miras alır. Yine de bilmelidir ki toprakları kendi fethedemez, fakat "Tanrı'n sana verir" ve "elimin gücü ve becerisi beni bu zenginliğe ulaştırmadı."

Bununla Yaradan'ın İbrahim'e söz verdiğiyle ilgili zorluğu anlayabiliriz, şöyle yazdığı gibi "ve O, Ben seni Ur topraklarından çıkarıp miras alman için bu topraklara getiren Tanrı'yım, dedi."

Dolayısıyla, neden önce toprakları dünya uluslarına verdi ve sonra İsrail halkı savaşıp onları bu topraklardan çıkarmak zorunda kaldı? Tüm dünya şikâyet eder, "Neden asla sizin olmayan bir toprağı fethettiniz ve sadece savaşla elde ettiğiniz bu topraklara bizim topraklarımız dediniz?" Herkes bilir ki, O, bu toprakları dünya uluslarına vermeseydi kesinlikle daha iyi olacaktı, çünkü bu şekilde dünya uluslarının yaşayacağı bir yer olmayacaktı.

Fakat olan şey bu değildir. Daha ziyade önce yedi ulus krallarıyla beraber orada oturmuştur, İsrail halkı onlarla savaşmak ve onları dışarı atmak zorunda kalmıştır. Tüm dünya ulusları İsrail halkına bağırır, "Siz hırsızsınız! Yedi ulusun topraklarını işgal ettiniz!" RASHI şöyle yorumlar, "Bereşit (başlangıçta) ile başlamasının sebebi nedir? O'nun amellerinin gücü nedeniyle, O halkına ulusların mirasını verdi, çünkü puta tapanlar İsrail'e 'Siz hırsızsınız, yedi ulusun topraklarını çaldınız, 'dediklerinde, onlar şöyle dedi, 'Tüm yeryüzü Yaradan'a aittir. O, onu yarattı ve O'nu memnun edene verdi. Önce Arzusu gereği toprağı onlara verdi ve sonra Arzusu gereği onlardan alıp bize verdi.'"

Bu kafa karıştırıcıdır. Buna ne gerek vardı, yani neden O, toprakları bize vermeden önce dünya uluslarına verdi ve yerleştiklerinde dedi ki, "İbrahim'e söz verdiğim için onları bu topraklardan sürün."

Bu meseleyi kök ve dal konusuyla yorumlayabiliriz. Bilinir ki Eretz'e (arzu), varlıkların kökü olan Malhut, "almak için almak" denir. Bu köktür, yani Ayn Sof dünyası denilen ilk alıcı. Sonrasında ıslahlar kendine-alma için değil, Yaradan'a ihsan etmek için yapılır. Bu demektir ki, iptal olmak için alma arzusunu kendisi için ister, yani kullanmamak için ve tüm çalışması sadece Yaradan'a memnuniyet ihsan etmek için olur.

Yukarıda söylenene göre maddesel dünyanın yaratılışının düzeninde de maneviyattaki düzen olmalıdır. Bu demektir ki, önce bu topraklar dünya uluslarına verildi ve sonra üstesinden gelme ve savaşlar vasıtasıyla dünya ulusları bu topraklardan atıldı ve İsrail halkı onu fethetti ve miras aldı.

Bu böyledir, çünkü dünya uluslarının kökü kısıtlamanın olduğu orta noktadır. İlk anlayış dünyada ortaya çıktığında almak için bir alıcı olmak zorundadır, aksi takdirde alma arzusunun üstesinden gelme arzuyla bağlantılı olduğundan, kişi kendini almaktan kısıtlayamaz, sonrasında bu tutkunun üstesinden gelir ve form eşitliği ister.

Dolayısıyla dünya ulusları önce yaratılışın özü olan alma arzusunun doğduğu kökü, bu toprakları almak zorundaydı, sonrasında ıslah gelir. Nitekim dünya ulusları bu toprakları aldığında İsrail halkı gelir ve toprağı tamamen Yaradan için ıslah eder. Buna "İsrail toprakları" denir, şöyle yazdığı gibi, "Tanrı'nın daima talep ettiği topraklar; Yılın başlangıcından sonuna kadar Tanrı'nın gözleri onun üzerinde."

İsrail toprakları için "Tanrı'nın daima talep ettiği topraklar; Yılın başlangıcından sonuna kadar Tanrı'nın gözleri onun üzerinde," yazılmasının nedenini anlamalıyız. Bu demektir ki, Yaradan'ın rehberliği onun üzerinde. Fakat Yaradan'ın rehberliği tüm dünyadadır, şairin dediği gibi, "Efendi'nin gözleri her yerde gezinir." Bu nedenle O'nun rehberliğinin sadece İsrail toprakları için olduğunu söyleyebilir miyiz?

İsrail toprakları ne demek yorumlamalıyız. Bu demektir ki, toprak ulusların otoritesinden çıktı ve İsrail otoritesi altına girdi. Ayetin bilmemizi istediği şey budur, onlar İsrail topraklarında mı yoksa hala ulusların topraklarında mı?

Bunun işareti şöyle yazdığı gibidir, "Tanrı'nın talep ettiği toprak." O'nun talebi nedir? Ayet şöyle yazar, "Yılın başlangıcından sonuna kadar Tanrı'nın gözleri onun üzerinde," çünkü Yaradan'ın rehberliğine "Efendi'nin gözleri," denir. Dolayısıyla eğer kişi O'nun rehberliğini "yılın başlangıcı" denilen zamanın başlangıcından sonuna kadar görürse buna "İsrail toprakları" denir.

Fakat ulusların toprakları demek Yaradan'ın tüm dünyayı seyrettiğini yalnızca Yaradan biliyor demek değil, aynı zamanda dünya ulusları bunu görmüyor demektir. Bu sebeple O, İsrail topraklarında mı yoksa dünya uluslarının topraklarında mı olduğumuzu bilmemiz için bize işaret vermiştir.

Öyle anlaşılıyor ki önce dünya ulusları alma arzusunu işaret eden bu topraklara girmelidir, sonrasında alma arzusuyla savaşırlar ve onu kutsallık otoritesine altına sokarlar, yani yaptıkları her şey Yaradan'ın talebine göre olur.

Bununla "Tanrı'nın sana bahşettiği topraklara girdiğin zaman her şey geride kalacak," sözünü yorumlayabiliriz. Bu demektir ki, kişi eğilimle yaptığı tüm savaşlardan sonra başardığı şeyi kendi gücüyle elde ettiğini düşünmemelidir. Daha ziyade Yaradan bu savaşı kazanmasını sağlamıştır.

Bu "O'nun sana verdiği," sözünün anlamıdır. "O sana verir," sözüyle ilgili iki anlayış söz konusudur: 1) inanç olan Mitzva. Buna "el Tefillin" denir. El Tefillin ile ilgili atalarımız der ki, "diğerleri için değil, senin için bir işaret." Bu sebeple el Tefillin örtülmelidir, bu inanca "Tanrı'n ile ilgili alçakgönüllü ol" denir ve bu mantık ötesidir.

2) Tora, baş Tefillin. Baş Tefillin'le ilgili atalarımız der ki, "Yeryüzünün tüm ulusları Yaradan'ın adının size seslendiğini görecek ve sizden korkacaklar." Bu baş Tefillin'dir, yani "tüm uluslar görecek," çünkü baş Tefillin hepsine ifşa olmalıdır. Bu "Tora" olarak algılanır ve Tora'ya özellikle ifşa olan denir.

Fakat el Tefillin örtülmelidir, bu mantık ötesi demektir. Dolayısıyla, bir başkasına söylenemez çünkü kişinin bir başkasına söylediği şey yalnızca mantıkla ilgilidir, bu nedenle mantık ötesi şeyde söylenecek şey yoktur. Şöyle denir, "diğerleri için değil, senin için bir işaret." Öyle anlaşılıyor ki, bu verme—Yaradan'ın İsrail halkına toprakları vermesi—ondan meyve elde etmek içindir.

Yukarıda açıkladığımız gibi toprak "kalp" demektir ve Yaradan kalbe iki anlayış vermiştir: 1) inanç, 2) Tora. Her ikisi vasıtasıyla kişi bütünlüğü elde eder. Her ikisi de kişinin kendisinden gelse de, her ikisi de Yaradan'dan gelir, bu nedenle kişi "Benim gücüm ve becerimle bu zenginliği elde ettim," dememelidir.

Bununla yorumlayıcıların sorduğunu anlayabiliriz, "Neden ilkdoğanla ilgili yazıldı ve 'Sen yüksek sesle söyleyeceksin, 'denildi, oysa onda bir ile ilgili şöyle yazılıdır, 'Sen söyledin.'" Dolayısıyla onda bir ifşası yumuşak sesle yerine getirilir.

Onda bir Mitzva olarak kabul edilir ve burada el Tefillin, alçakgönüllü olma konusu vardır, bununla ilgili atalarımız şöyle der, "diğerleri için değil, senin için bir işaret." Dolayısıyla Mitzva olan onda bir ile ilgili alçakgönüllülük işareti olarak dışardan duyulmayacak şekilde yumuşak sesle "Sen söyledin," yazılıdır.

Fakat ilkdoğan baş Tefillin'i ima eder, bununla ilgili şöyle yazılıdır "Ve dünya ulusları Yaradan'ın adının seni çağırdığını görecek ve senden korkacaklar." Bu sebeple ilkdoğanla ilgili "Sen cevap verecek ve yüksek sesle söyleyeceksin," denir. Bu demektir ki, Tora herkese ifşa olması için yüksek sesle olmalıdır, yani Yarattıklarına iyilik yapma tüm dünyaya ifşa olmalıdır.

Bugün Ayakta Duruyorsunuz, Hepiniz

Makale No.19, Tav-Şin-Mem-Dalet, 1984

Yorumcular şu sözler hakkında sorar, "Bugün ayakta duruyorsunuz, hepiniz... başlarınız, kabileleriniz, büyükleriniz, yetkilileriniz ve İsrail'in her adamı." Çoğul formda başlar, "Siz" (İbranicede çoğul form) ve tekil formda biter, "İsrail'in her adamı. " 'Işık ve Güneş' kitabının yazarı, çoğul ve tekil form kullanmanın, dost sevgisi konusuna işaret ettiğini açıklar. Aranızda "başlar, kabileler," vb. olmasına rağmen, yine de hiç kimse, kendisinde, İsrail'in hiçbir adamında olandan daha yüce bir erdem görmez. Tersine kimsenin bir diğerinden şikâyet etmemesi bakımından herkes eşittir. Bu sebeple, yukarıdan da buna göre muamele görürler, aşağıya büyük bereket verilmesinin sebebi budur.

Tek bir konu içindeki her şeyi çalışmak, bizim yolumuzdur. Buradan şu sonuç çıkar; kişi, cennet krallığının yükünü, akıl olan öküzün yükü çektiği ve kalp olan eşeğin yükü yüklendiği gibi üstlenmelidir. Diğer bir deyişle, kişinin tüm çalışması, ihsan etmek için olmalıdır.

Buna göre, kişi, ihsan etmek üzere çalışırsa, karşılığında -sahip olduğu şeye, kutsal çalışmaya hizmet etmek dışında hiçbir ilave verilmesini ümit etmeden- hiçbir ödül istemez, ilave çalışma için bile arzusu yoktur. Diğer bir deyişle, doğru yolda yürüdüğüne dair biraz bilgi almak, haklı bir talep olmasına rağmen, bundan bile vazgeçer, çünkü gözleri kapalı gitmeyi ve Yaradan'a inanmayı arzular. Ve elinden geleni yapar ve payına düşenden memnundur.

Ve hatta kendisinin tamamen boş olduğunu görürken, Yaradan çalışmasıyla ilgili daha fazla anlayışa sahip olan insanlar olduğunu hisseder. Diğer bir deyişle, bazen çalışmadan iyi bir tat alırken, bazen "başlarınız" koşulunda olduğunu hisseder. Diğer bir deyişle, zaman zaman aşağı bir seviyeye, Yaradan çalışmasına bağlanmak istediğinde, bedenini zorlamak için, muazzam bir çaba göstermek zorunda olduğu bir seviyeye, asla düşmeyeceği bir dereceye artık ulaştığını düşünür. O anda, yaptığı şey zorlamadır, çünkü çalışma için hiç arzusu yoktur ve beden, sadece dinlenmek ister ve başka hiçbir şeyi umursamaz.

Bunun yerine, o zaman, dünyada, ihsan etmek için çalışmaktan başka hiçbir şeyin olmadığını, kesin olarak anlamaya başladığını hisseder ve çalışmadan kesinlikle iyi bir tat alır. Ve daha önceki durumlarını, şimdi yükselişte olduğunu anlayamaz. Bu nedenle, tüm hesaplamalar sonucunda, bir düşüşten dolayı artık acı çekmesinin asla mümkün olmadığına karar verir.

Fakat bazen, bir gün, bir saat veya birkaç dakika sonra, öyle aşağılık bir duruma düşer ki kendi yükselen halinden, "büyük uçurumun derinliğine" düştüğünü hemen hissedemez. Aksine, bazı zamanlar, bir veya iki saat sonra, birdenbire görür ki en yüksek seviyeden, yani en güçlü adam olduğuna dair daha önce emin olduğu durumdan düşmüştür ve İsrail'in herhangi bir adamı, yani sıradan biri gibi olmuştur. O zaman, kalbinde tavsiye aramaya başlar, "Şimdi ne yapmalıyım?" "Daha önce sahip olduğum Gadlut (büyüklük/yetişkinlik) durumuna kendimi nasıl çıkarabilirim?"

O anda, kişi şunu söylemek için gerçeğin yolunda yürümelidir- "Şu anki durumum, son derece aşağıda olmamın anlamı şudur; kutsal çalışmayı, gerçekten ihsan etmek için yapmak isteyip istemediğimi ya da diğer şeylerden daha ödüllendirici bulduğum Yaradan'ın hizmetkârı olmayı isteyip istemediğimi öğrenmek için, yukarıdan kasıtlı olarak atıldım."

Sonra, eğer kişi şöyle diyebilirse, "Şimdi ihsan etmek için çalışmak istiyorum ve kutsal çalışmayı ödül almak için yapmak istemiyorum. Bunun yerine, kutsal çalışmayı, İsrail'in herhangi bir insanı gibi yapmayı -dua ederek veya günlük miktarda ders alarak- kabul ediyorum. Ve hangi niyetle çalıştığımı veya dua ettiğimi düşünmeye vaktim yok, herhangi özel bir niyet olmadan, sadece hareketleri yerine getireceğim." O anda, kutsal çalışmaya tekrar girecektir, çünkü hiçbir ön koşul olmaksızın Yaradan'ın hizmetkârı olmayı istemektedir.

"Bugün ayakta duruyorsunuz, hepiniz," sözlerinin anlamı budur, yani geçirdiğiniz her şey, tecrübe ettiğiniz tüm koşullar, –Gadlut durumları ya da Gadlut'tan daha düşük, orta derece olarak düşünülen durumlar. Tüm bu detayları alırsınız ve bir seviyeyi, diğer bir seviyeyle karşılaştırmazsınız, çünkü herhangi bir ödül umurunuzda değildir, sadece Yaradan'ın dileğini yerine getirmekle ilgilenirsiniz. O, Mitzvot'u (emirler) yerine getirmemizi ve Tora'yı çalışmamızı emretmiştir ve İsrail'in sıradan bir insanı gibi yaptığımız budur. Diğer bir deyişle, kişinin o an içinde olduğu durum, onun için,

Gadlut durumunda olduğunu düşündüğü zamanki durum kadar önemlidir. O anda, "Efendiniz, Tanrınız sizinle bugünü yapar."

Bu demektir ki o zaman Yaradan, onunla bir anlaşma yapar. Diğer bir deyişle, tam olarak kişi, O'nun çalışmasını koşulsuz kabul ettiği ve hiçbir ödül olmaksızın kutsal çalışmayı yapmayı kabul ettiği zaman, ki bu 'koşulsuz teslimiyet 'olarak adlandırılır, Yaradan'ın onunla anlaşma yaptığı zamandır.

Baal HaSulam, anlaşma yapma konusunu şöyle açıklamıştır: İki kişi, birbirlerini sevdiklerini gördüğü zaman, sevgileri her zaman devam etsin diye aralarında bir anlaşma yaparlar. Şöyle sorar, "Eğer birbirlerini seviyorlarsa ve bu sevginin onları asla bırakmayacağını biliyorlarsa, bu anlaşma neden? Neden bu anlaşmayı yapıyorlar, yani hangi amaç için? Diğer bir deyişle, bu anlaşmayı yapmakla ne kazanırlar? Bu, sadece bir ritüel mi yoksa bir fayda sağlamak için mi?

Şöyle der: anlaşma yapma konusu şudur; şimdi anlarlar ki o an görebildikleri nedenlerden dolayı -her biri, bir diğerini hisseder ve sadece onun iyiliğini önemser- birbirlerini sevmeleri onların yararınadır, bu yüzden bir anlaşma yaparlar. Ve şimdi her ikisinin de dostuyla ilgili şikâyeti yoktur, yoksa anlaşma yapmazlardı, birbirlerine şöyle derler, "Bizim için ilk ve son kez olarak bir anlaşma yapmaya değer." Diğer bir deyişle, eğer birinin diğerine karşı şikâyeti olduğu bir durum olursa, her ikisi de aralarında sevgi ifşa olduğunda yaptıkları anlaşmayı hatırlayacaktır.

Benzer şekilde, o an, daha önce hissettikleri sevgiyi hissetmeseler de yine de eski sevgiyi uyandırıp, içinde bulundukları duruma bakmazlar. Bunun yerine, tekrar birbirleri için bir şeyler yapmaya geri dönerler. Anlaşmanın faydası budur. Dolayısıyla, aralarında olan sevgi, hoşluğunu yitirmiş olduğu zaman bile, anlaşmadan dolayı, daha önce sahip oldukları parıltılı sevgiyi tekrar uyandıracak güçleri olur. Bu şekilde, birbirlerini geleceğe taşırlar.

Bundan şu sonuç çıkar; anlaşma yapmak, gelecek içindir. İmzaladıkları bir kontrat gibidir. Bu nedenle sevgi bağlarının eskisi gibi olmadığını gördükleri zaman, pişmanlık duymazlar. Birbirlerine iyilik yaparken, bu sevgi, onlara büyük keyif veriyordu, fakat şimdi sevgi bozulduğu için güçsüzdürler ve hiçbiri diğeri için bir şey yapamaz.

Fakat eğer dostları için bir şeyler yapmayı isterlerse, daha önce yaptıkları anlaşmayı düşünüp, bununla, sevgiyi tekrar inşa etmeliler. Bu, dostuyla kontrat imzalayan kişiye benzer ve kontrat onları birbirine bağlar, böylece birbirlerinden ayrılamazlar.

Bu nedenle, "Bugün ayakta duruyorsunuz, hepiniz." Diğer bir deyişle, kişi detayları düşünür, "Başlarınız, kabileleriniz, büyükleriniz ve yetkilileriniz, İsrail'e ait her insan." Bu demektir ki sahip olduğu tüm yüksek seviyelerden, şimdi "İsrail'e ait her insan" durumuna düştüğü düşünülür ve iyi olduğunu düşündüğü zamanki gibi durumunu üstlenir. Kişi der ki: "Şimdi üzerime düşeni yapıyorum ve Yaradan'ın bana istediğini vereceği konusunda hemfikirim ve hiçbir eleştirim yok." O anda, kişi, bir anlaşma yapmakla ödüllendirilir. Diğer bir deyişle, bağ ebediyen kalır, çünkü Yaradan onunla sonsuza kadar anlaşma yapmıştır.

Yukarıda bahsedilene göre, şu ayeti yorumlamalıyız, "Gizli şeyler Efendimiz, Tanrı'mıza aittir, fakat ifşa olan şeyler, ebediyen bize ve oğullarımıza aittir ki bu kanunun tüm sözlerini yapabilelim." Bu ayetin bize ne söylemek istediğini anlamalıyız. Neyin gizli olduğunu bilmediğimizi ve sadece Yaradan'ın bunu bildiğini bize söylemek için geldiğini söyleyemeyiz. Bunu söyleyemeyiz, çünkü bu ayet olmadan, bizden neyin gizlendiğini bilemezdik. Dolayısıyla, bu ayet bize ne söyler?

Bilinir ki, gizli olan ve ifşa olan bir şey vardır. Bu demektir ki yaptığımız şeyin aktif kısmı, onu yapıp yapmadığımızı görebildiğimiz zamandır. Ve eğer beden, Mitzva'yı (emir) yerine getirmek istemiyorsa, bir yöntem vardır –kişi, kendini zorlayabilir, yani Mitzva'yı, iradesi dışında yapmaya zorlanır. Bundan çıkan sonuç şudur ki, zorlama, ifşa olan şeylerle ilgilidir.

Gizli olan şey, Mitzva'daki niyettir. Bunu kişi göremez, yani diğer kişinin yaparken, niyetinin ne olduğunu bilemez. Kişinin kendisi, hareketi yapanın da durum aynıdır. Yaparken kendisine yalan söylemedikçe O da bilemez. Kişi, başka hiçbir amacının olmadığını ve kendisini tamamen Yaradan'a adadığını düşünür. Fakat "ifşa olan kısım" denen eylem söz konusu olduğunda, kendisine yalan söyleyen bir kişiden bahsetmek yersizdir, Tefillin (dua muskası) giydiğini düşünür, fakat gerçekte o Tefillin değildir. Benzer şekilde, bir kadın, aslında yakmadığı halde, Şabat mumlarını yaktığını söyleyerek, kendisine yalan söyleyemez.

Fakat kişi, niyet söz konusu olduğunda, kendisine yalan söyler. Kişi, aslında tamamen Lo Lişma'dayken (O'nun adına değil), Lişma'da (O'nun adına) çalıştığını düşünür. Ayrıca, zorlama da olamaz çünkü kişi, kendini istediği şeyi düşünmeye zorlayamaz. Duygu ve bilgiye ait olan şeyler açısından güçsüzdür. Zihnini, anladığından farklı şekilde anlamaya zorlayamaz ya da hissettiğinden farklı şekilde hissedemez.

Şimdi yukarıdaki konuyu anlayabiliriz –bize kalan tek şey, pratik kısımdır. Buna, "İfşa olan şeyler, ebediyen bize ve oğullarımıza aittir ki bu kanunun tüm sözlerini yapabilelim," denir. Eylemi yerine getirmemiz emredilmiştir, yani zorla dahi olsa yapmamız emredilen çalışma budur.

Fakat "gizli kısım" denen niyetle ilgili olarak, hiç kimsenin herhangi bir görüşü veya hükmü yoktur. Dolayısıyla, gizli kısmı yerine getirmek için ne yapmalıyız? Burada kişinin yapabileceği tek şey, test etmek, her şeyi, gerçekten de ihsan etmek için yapıp yapmadığını veya bedenin, ihsan etme amacına direnip direnmediğini görmek için kendini incelemektir. Kişi, tek başına yapabileceği hiçbir şey olmadığını görüp, niyetten uzak kaldığını hisseder, çünkü ne yapmayı planlarsa planlasın, hiçbir yöntem, ihsan etmeyi amaçlayabilmesi için ona yardım etmez.

Yukarıdaki ayet bize, "gizli kısım" denen Lişma konusunun, Yaradan'a ait olduğunu söyler. Diğer bir deyişle, kişinin kendisinin bunu gerçekleştirmesi kesinlikle mümkün değilken, sadece Yaradan ona yardım edebilir. Bu, insanın elinde değildir, çünkü doğasının üstündedir. Bu yüzden ayet şöyle der: "Gizli şeyler Yaradan'a aittir", yani bu O'na aittir, "ihsan etmek" denen gücü, Yaradan sağlamalıdır.

Bu nedenle atalarımız şöyle der (Kiduşin 30): "İnsanın eğilimi, onu her gün yener ve onu öldürmeye çalışır, şöyle yazıldığı gibi, 'Günahkâr, erdemliyi izler ve onu öldürmeye çalışır. 'Ve eğer Yaradan ona yardım etmezse, onu yenemez, şöyle yazıldığı gibi, 'Efendi, kişiyi onun eline bırakmayacak.'"

Onu öldürmeye çalışma meselesi, o, insanın her şeyi, Yaşamların Yaşamından ayrı olmak anlamına gelen almak için yapmasını arzular demektir. Doğal olarak, kişi, bir hayvan olarak kalır. Bu nedenle atalarımız der ki: "Kötü olanlara, yaşarlarken "ölü" denir." Kişinin niyeti, almak olduğu zaman, buna "ölüm" denir. Bu, ayrılık olarak kabul edilir. Dvekut (bütünleşmek) ile ödüllendirilmek, yani ihsan etme gücünün verilmesi – böyle bir şeye sahip olmak– sadece Yaradan'ın kişiye onu vermesiyle mümkün hale gelir; onu elde etmek, insanın gücü dâhilinde değildir.

Bu nedenle atalarımız der ki: "İnsanın eğilimi onu her gün yener ve onu öldürmeye çalışır ve eğer Yaradan, ona yardım etmezse, onu yenemez, tıpkı şöyle yazıldığı gibi, 'Efendi, kişiyi onun eline bırakmayacak.'" Bu açıklamamızdan şu ayeti anlayabiliriz, "Gizli şeyler Yaradan'a, fakat ifşa olan şeyler bize ve oğullarımıza aittir."

Dolayısıyla, bizim yapmamız için sadece eylem vardır, fakat gizli kısım, Yaradan'ın yapması içindir.

Ancak, gizli olana dair, Yaradan'ın bize gizli kısmı vermesi için, yine de yapacağımız bir şey vardır. Bu, her şeyin aşağıdan bir uyanış gerektirdiği kuralını izler. Kli (kap) olmadan ışık olmaz diye bir kural vardır, yani eksiklik olmadan doyum olmaz. Orada bir boşluk olmadıkça, içine hiçbir şey koyamazsınız ve daha sonra ne isterseniz onu koyarsınız. Fakat orada hiçbir oyuk, hiç boş yer yoksa, nasıl içine bir şey konabilir ki?

Dolayısıyla, önce görmeliyiz ki "ihsan etme arzusu" denen ve bizim ışığımız olan ihsan etme kabına sahip değiliz. Daha önceki makalelerde açıkladığımız gibi, bizim esas ödülümüz, "Yansıyan Işık" denen, ihsan etme arzusunu edinmektir, tıpkı şöyle söylendiği gibi, "Ümit ettiğimiz tüm ödül, Yansıyan Işıktır" (Yaşam Ağacına Genel Önsöz).

Dolayısıyla, eğer ihsan etme arzusuna "ışık" deniyorsa, o zaman kişinin, ihsan etme gücüne sahip olmadığını gördüğü zamanki eksikliğe, "Kli" denir. Kişi, eksik olan şeyin bu olduğunu hisseder, yani "ihsan etme gücü" denen bu güce sahip olmamakla ne kaybettiğini görür. Bu yüzden, ondaki eksiklik, içinde, kendi hissiyatına göre oluşur. Buna, "Kli" ve "boşluk" denir, çünkü burada – ihsan etme gücünün eksikliğini hissettiği yerde– bu doyumun girmesi için yer vardır. Buna, "ışığın Kli'ye gelmesi" denir.

Ancak, bilmeliyiz ki bu Kli'yi edinmek, pek çok çalışma gerektirir. "Eksiklikler" denilen Kelim'e (Kli'nin çoğulu) sahibiz, onları doldurmayı arzularız. Onlara, "kendine-sevginin Kelim'i" denir, yani doyum almayı arzularız. Bunlar, çok önemli Kelim'dir çünkü Yaradan'dan gelirler. Yaradan, onları, yokluktan varlık olarak yaratmıştır, çünkü O, yarattıklarına iyilik yapmayı, yani doyum vermeyi arzular. Ancak, eğer dolguyu yerleştirecek bir boşluk yoksa, doyum vermek mümkün olur mu? Bu nedenle, O, bu Kelim'i, onlara sevinç ve haz yerleştirmek için, yokluktan varlık olarak yarattı. Bundan, Yaradan'ın yarattığı Kli'nin özünün bu olduğu ortaya çıkar.

Ancak, bu Kli'ye "alma arzusu" dendiği için, "Yaradan'la Dvekut (bütünleşmek)" denen form eşitliğine sahip olmayı arzular. Bu nedenle bu Kli, üst bolluğu almak üzere bir Kli olmak için yetersiz kalır. Şimdi almak için yeni bir Kli'ye ihtiyaç vardır ki bu, daha önceki Kli içinde kıyafetlenir, bu Kli, sadece ihsan etme arzusunu, alma arzusu içinde kıyafetlendirerek almaya uygun hale gelir.

"Alma arzusu" denen daha önceki Kli, Yaradan'dan gelmiştir. Gerçi her şey Yaradan'dan gelse de aşağıda olanın, alma arzusunun çalışmasında hiçbir rolü yoktur. Benzer şekilde, "ihsan etme arzusu" denen ikinci Kli de sadece Yaradan'dan gelir ve aşağıda olan, tıpkı "alma arzusu" denen ilk Kli'de olduğu gibi, bununla ilgili bir şey yapamaz.

Ancak, fark şudur; ihsan etme kabını, ilk önce aşağıda olanın talep etmesi gerekir. Aşağıda olan, Yaradan'ın ona yeni bir Kli vermesine talip olur. İlk Kli, buna sahip değildir çünkü o, aşağıda olanın hiçbir uyanışı olmadan verilmiştir.

Tav-Şin-Mem-Hey

(1984-1985)

Kendin İçin Bir Öğretmen Yap ve Kendine Bir Dost Satın Al (1)

Makale No. 1, Tav-Şin-Mem-Hey, 1984-85

Mişna'da (Avot, 1), Yehoşua Ben Perahia der ki: "Kendin için bir öğretmen yap, kendine bir dost satın al ve herkesi haklı çıkar." Burada şu üç şeyin olduğunu görüyoruz: 1) Kendin için bir öğretmen yap 2) kendine bir dost satın al; 3) herkesi haklı çıkar.

Bu demektir ki kişinin, kendisi için bir öğretmen yapmasının yanı sıra, kolektife ilişkin olarak yapması gereken bir şey daha vardır. Diğer bir deyişle, dost sevgisine bağlanmak yeterli değildir. Ayrıca, her insana karşı anlayışlı olmalı ve onları haklı çıkarmalıdır.

"Yap", "satın al" ve "haklı" kelimeleri arasındaki ifade farkını anlamalıyız. Yapmak, pratik bir şeydir. Bu demektir ki burada akıl değil, sadece eylem vardır. Diğer bir deyişle, kişi, yapmayı arzuladığı şey ile hemfikir olmasa da tam tersine aklı, onun yapmaya değecek bir iş olmadığını görmesini sağlasa da buna, sırf güç ile hiçbir akıl olmaksızın yapmak denir, zira bu, kişinin mantığına karşıdır.

Buna göre, çalışmaya ilişkin olarak, kişinin cennetin krallığını üstlenmesi gerektiği gerçeğine, "eylem" denir. Bu, öküze, toprağı sürmesi için, boyunduruk koymaya benzer. Öküz, bu işi üstlenmek istemese de her şeye rağmen onu zorlarız.

Benzer şekilde, biz de bu, Yaradan'ın emri olduğu için, cennetin krallığı söz konusu olduğunda, kendimizi, hiçbir açıklama ya da sebep olmaksızın zorlamalıyız. Bu böyledir, çünkü insan, cennetin krallığını, beden, sonuç olarak bir fayda sağlayacağını hissettiği için değil, Yaradan'a memnuniyet vermek için kabul etmelidir.

Fakat beden, bununla nasıl hemfikir olabilir? Çalışmanın mantık ötesi olmasının sebebi budur. "O yüce ve hükmeden" olduğu için, cennet krallığı olmak zorunda olduğundan, bu, 'Kendin için bir öğretmen yap 'olarak adlandırılır.

Zohar'da (Zohar Kitabı'na Giriş) yazıldığı üzere, '"Korku, en önemli şeydir, insanın Üst Olandan korkması önemlidir, çünkü O, yüce ve hükmedendir, tüm dünyaların kökü ve özüdür ve O'nla kıyaslandığında her şey, önemsizdir. 'Dolayısıyla, kişi, Yaradan'dan korkmalıdır, çünkü O, yücedir ve her şeye hükmeder. O, yücedir çünkü O, oradan tüm dünyaların genişlediği köktür ve O'nun yüceliği, eylemleri aracılığıyla görülür. Ve O, her şeye hükmeder çünkü O'nun yarattığı hem üst hem de alt tüm dünyalar, Onunla kıyaslandığında hiçbir şey olarak kabul edilir, çünkü onlar, O'nun özüne hiçbir şey katmaz."

Dolayısıyla, çalışmanın sırası, kişinin, "Kendin için bir öğretmen yap" ile başlaması ve cennetin krallığının yükünü, mantık ötesinde üstlenmesi şeklinde olmalıdır. Bu, bedenin itirazına rağmen, sadece eylem, "yapmak" olarak adlandırılır. Sonrasında, "Kendine bir dost satın al." Satın almak, tıpkı kişinin bir şey satın almak istediği zamanki gibidir; çoktan elde ettiği bir şeyi bırakmalıdır. Bir süre için sahip olduğu şeyi verir ve karşılığında yeni bir obje satın alır.

Yaradan çalışmasında da böyledir. Kişinin, form eşitliği olan Yaradan ile Dvekut (bütünleşmek) elde etmesi için, "O merhametli olduğu için, sen merhametlisin," sözlerinde olduğu gibi, kişi, Yaradan'la bağlanmayı satın almak için, sahip olduğu birçok şeyi bırakmalıdır. "Kendine bir dost satın al" sözlerinin anlamı budur.

Kişi, kendine bir öğretmen, yani cennetin krallığını yapmadan önce, kendine nasıl bir dost satın alabilir, yani öğretmen ile bağ kurabilir? Sonuçta, henüz bir öğretmeni yoktur. Sadece kendisi için bir öğretmen yapmasından sonra, bedenin, bağı satın almayı ve Yaradan'a memnuniyet vermeyi istemeyi talep ettiği bir nokta vardır.

Daha da ötesi, anlamalıyız ki kişi, öğretmenin yüceliği ölçüsünde, "kendine bir dost satın al" koşulunu yerine getirecek güce sahip olur. Bu böyledir, çünkü öğretmenin önemini hissettiği ölçüde, öğretmen ile bağ kurmak üzere ödün vermeye gönüllüdür, çünkü o zaman anlar ki Yaradan'la Dvekut'u (bütünleşmek) elde etmek, bütün çabaya değer.

Bundan şu sonuç çıkar; eğer kişi, bedenini yenemediğini görürse, yeterince güçlü olmadığını ve zayıf bir doğa ile doğduğunu düşünür, oysa öyle değildir. Bunun nedeni, öğretmenin yüceliğini hissetmiyor olmasıdır. Diğer bir deyişle, henüz cennetin krallığının önemine sahip değildir, dolayısıyla henüz çok önemli olmayan bir şeyin üstesinden gelecek gücü yoktur. Fakat önemli bir şey için, herkes sevdiği şeyleri bırakabilir ve ihtiyacı olan şeyi alır.

Örneğin, eğer kişi, çok yorgunsa ve 23:00 civarında uyumaya giderse, sabah 3:00'de uyandırıldığında, tabii ki çalışmak üzere kalkacak enerjisi olmadığını söyleyecektir, çünkü çok yorgundur. Ve eğer kendini biraz güçsüz hissediyorsa veya biraz ateşi varsa, beden, kalkmaya alışık olduğu saatte kalkacak güce kesinlikle sahip olmayacaktır.

Fakat kişi çok yorgunsa, kendini hasta hissediyor ve gece yarısı uyumaya gidiyorsa, sabah saat 1:00'de uyandırılıp ona, "Avluda yangın var; senin odana gelmek üzere, çabuk, kalk ve gösterdiğin çabanın karşılığında hayatını kurtar," dense, kişi yorgun, sersem veya hasta olmasına rağmen, hiçbir bahane göstermeyecek, aksine, çok hasta bile olsa, hayatını kurtarmak için her tür çabayı gösterecektir. Besbelli ki önemli bir şey elde edeceği için, bedenin, istediğini elde etmek için elinden geleni yapma enerjisi vardır.

Dolayısıyla, "Kendin için bir öğretmen yap" koşulu üzerinde çalışırken, kişi, şuna inanır, "Çünkü onlar, bizim yaşamımız ve günlerimizin uzunluğudur." Kişi, bunun, kendi hayatı olduğunu hissettiği ölçüde, beden, alegoride yazıldığı gibi, tüm engellerin üstesinden gelecek yeterli güce sahip olur. Bu nedenle, insan tüm işlerinde, çalışırken veya dua ederken, tüm çalışmasını, öğretmenin yüceliğini ve önemini elde etmeye odaklamalıdır. Sadece bunun üzerine birçok çalışma yapılmalı ve pek çok dua edilmelidir.

Zohar'ın sözlerinde, buna, "Şehina'yı (Kutsallık) tozdan kaldırmak" yani toza indirilen cennetin krallığını kaldırmak denir. Diğer bir deyişle, kişi, önemli bir şeyi yere koymaz, oysa önemsiz olan bir şey yere atılır. Ve "Şehina" denen cennetin krallığı, "en alta indirildiği" için, kişi, her manevi eylemden önce, "Şehina'yı tozdan kaldırmak" için dua etmelidir. Bu, cennetin krallığını önemli kılmak, onun için çaba göstermeye ve önemini yükseltmeye değer olması için dua etmemiz gerektiği anlamına gelir.

Şimdi Roş Haşana (Yeni Yıl) duasında ne dediğimizi anlayabiliriz, "Halkına ihtişam ver." Bu oldukça kafa karıştırıcı görünüyor. Onur için dua etmeye nasıl izin verilir? Atalarımız der ki: "Çok ama çok alçakgönüllü ol." Öyleyse Yaradan'ın bize ihtişamı vermesi için nasıl dua edebiliriz?

Bunu şöyle yorumlamalıyız: Bizler, Tanrı'nın ihtişamına sahip olmadığımız, fakat "Şehina toz içinde" denen "Tanrı'nın şehri en alta indirildi" söz konusu olduğu için, Yaradan'a, Tanrı'nın ihtişamını O'nun halkına versin diye dua ederiz. Ayrıca, "Kendin için bir öğretmen yap" konusunun gerçek önemini bilmiyoruz. Bu nedenle, cennetin krallığını üzerimize aldığımız zaman, Roş Haşana'da, İsrail halkının (Yaşar-El kelimesinden gelen Yaradan'a doğru halk anlamına gelir) O'nun ihtişamını hissetmesi için, Yaradan'dan, Tanrı'nın ihtişamını vermesini isteriz. Ve sonra, Tora (Manevi Çalışma) ve Mitzvot'u (Emirler/ Islahlar/ Sevaplar) tam olarak yerine getirebiliriz.

Bu nedenle, "Halkına Tanrı'nın ihtişamını ver," yani Yaradan, Tanrı'nın ihtişamını İsrail halkına verecektir demeliyiz. Bu, İsrail'in ihtişamını, İsrail halkına verecek demek değil, Yaradan, İsrail halkına Tanrı'nın ihtişamını verecek demektir, çünkü Yaradan'la Dvekut'un önemini ve yüceliğini hissetmek için tek ihtiyacımız olan, budur. Bu öneme sahip olursak, herkes çaba gösterebilecek ve bu dünyada, hayatını kurtarmak için gücü olmadığını söyleyen, tek bir kişi bile kalmayacaktır, oysa, kişi, hayattan zevk aldığı için hayatının çok önemli olduğunu hissederse, bir hayvan olarak kalmak ister.

Eğer insan, hayatın bir anlamı olduğunu hissetmezse, birçok insan, ölmeyi seçer. Bu böyledir, çünkü hiç kimse, bu, yaratılış amacına aykırı olduğundan, yaşamında, ızdırabı deneyimlemek istemez, zira yaratılışın amacı, O'nun, yarattıklarına iyilik yapmak, yani hayattan keyif almalarıdır. Bu yüzden, kişi, o an ya da en azından sonrasında mutlu olamadığını gördüğü zaman, yaşam amacına sahip olmadığı için, intihar eder.

Öyle anlaşılıyor ki tek eksiğimiz, Yaradan'ın yüceliğini hissetmek için, "Kendine bir öğretmen yap"tır. O zaman, herkes, O'na bağlanmak olan amacı edinebilecektir.

Ve ayrıca şu üç şeyi söyleyen Kabalist Yehoşua Ben Perahia'nın sözlerini de yorumlamalıyız: 1) Kendin için bir öğretmen yap 2) Kendine bir dost satın al 3) Dost sevgisi açısından, herkesi haklı çıkar.

Dostluğun, beceriler ve nitelikler açısından aynı seviyede olan iki kişiyle ilgili olduğunu düşünmek, mantıklıdır, zira o zaman iletişim kurmak, onlar için kolay olur ve birleşirler. Ve sonra, ortaklık kuran ve eşit enerji, kaynak yatırımı yapan ve çalışan iki kişi gibi, "Her biri dostuna yardım etti." Daha sonra kâr da aralarında eşit olarak paylaştırılır.

Ancak, eğer biri diğerinden üstünse, yani diğerinden daha fazla para veya daha fazla uzmanlık ya da daha fazla enerji yatırımı yapıyorsa, kârın bölüşümü de eşit olmaz. Buna, "üçte bir ortaklık" veya "dörtte bir ortaklık" denir. Dolayısıyla, gerçek bir ortaklık olarak kabul edilmez, çünkü biri, diğerinden daha yüksek statüdedir.

Öyle görünüyor ki gerçek dostluk, –her biri dostunu satın almak için gerekli ödemeyi yaptığında– tam da her ikisi de eşit statüde olduğu zaman olur ve o zaman her ikisi de eşit olarak ödeme yapar. Bu, her ikisinin de her şeyi eşit olarak verdiği, dünyevi bir iş gibidir, yoksa gerçek bir ortaklık olamaz. Bu yüzden, "Kendine bir dost satın al," çünkü her biri dostunu satın aldığında, sadece ikisi de eşit olduğunda, orada birleşme olabilir.

Fakat diğer taraftan, eğer kişi, dostunun kendisinden daha yüce olduğunu görmezse, birbirinden öğrenmek mümkün değildir. Fakat diğeri daha yüce ise, onun dostu olamaz, fakat öğretmeni olabilir, kendisini de öğrenci olarak görür. O zaman, dostundan bilgi veya erdem öğrenebilir.

Bu nedenle denir ki, "Kendin için bir öğretmen yap ve kendine bir dost satın al"; ikisinin de mevcut olması lazım. Diğer bir deyişle, her biri, diğerini dostu olarak kabul etmelidir ancak o zaman, satın almak için yer olur. Bu demektir ki her biri, diğerine, dinlenmeyi bırakıp, oğlu için çalışan, oğlu için para harcayan bir baba gibi, verdiği ödünlerle ödeme yapmalıdır ve hepsi sevgi yüzündendir.

Ancak, oradaki doğal sevgidir. Yaradan, çocukları yetiştirebilsinler diye doğal sevgi vermiştir, böylece dünyanın devamlılığı olacaktır. Mesela, eğer baba çocuklarını, bu, bir Mitzva (Emir/ Sevap) olduğu için yetiştirseydi, çocukları, o kişinin, kendini, tüm Mitzvot'u (Mitzva'nın çoğulu) yerine getirmeye adaması ölçüsünde, yiyecek, giyecek ve gerekli olan diğer şeyleri alacaktı. Zaman zaman Sevapları yerine getirecek ve zaman zaman sadece en azını yapacak ve çocukları açlıktan ölecekti.

Bu nedenle Yaradan, ebeveynlere, dünyanın devamlılığı sağlansın diye çocukları için doğal bir sevgi verdi. Dost sevgisinde böyle değildir. Burada herkes, kalbinde dost sevgisini yaratmak için, kendi başına büyük bir çaba sarf etmelidir.

"Ve kendine bir dost satın al" için de durum aynıdır. Kişi, en azından entelektüel olarak yardıma ihtiyacı olduğunu ve kutsal çalışmayı yapamayacağını anladığında, bunu, aklıyla anladığı ölçüde, satın almaya ve dostunun uğruna ödünler vermeye başlar.

Bu böyledir, çünkü kişi, anlar ki çalışma, esas olarak Yaradan'a ihsan etmek üzerinedir. Ancak, bu, onun doğasına aykırıdır, çünkü insan, sadece kendi menfaati için alma arzusuyla doğmuştur. Bu nedenle, kendini sevmekten, başkalarını sevmeye gitmenin ilacı bize verilmiştir ve bununla kişi, Yaradan sevgisine ulaşabilir.

Dolayısıyla, kişi, kendi seviyesinde bir dost bulabilir. Fakat sonrasında, dostu, öğretmen yapmak, yani kişinin, dostunun, ondan daha yüksek bir seviyede olduğunu hissetmesi, dostunun öğretmen gibi ve kendisinin öğrenci gibi olması, göremeyeceği bir şeydir. Ancak, kişi, dostunu öğretmen olarak göremezse, ondan nasıl öğrenebilir? Buna, "Yap" denir, yani düşüncesiz bir eylemdir. Diğer bir deyişle, kişi, mantık ötesi kabul etmelidir ki dostu, ondan daha yücedir ve buna, "Yap" yani mantık ötesi hareket et denir.

"Zohar'ın Tamamlanması İçin Bir Konuşma" makalesinde, "İlk koşulu almak için, her öğrenci, kendini, tüm dostları arasında en küçük hissetmelidir. Bu durumda kişi, yüce olanın yüceliğinin takdirini alabilir" diye yazılmıştır. Dolayısıyla, herkesin kendisini öğrenciler arasında en küçük olarak görmesi gerektiğini ifade eder.

Ancak, yine de kişi, kendisini öğrencilerin en küçüğü olarak nasıl görebilir? Burada, sadece mantık ötesi geçerlidir. Buna, "Kendin için bir öğretmen yap" denir, yani diğerleri, ona kıyasla, bir öğretmen, o ise sadece bir öğrenci olarak kabul edilir.

Bu büyük bir çabadır, çünkü kural gereği, kişinin hataları her zaman gizliyken, diğerlerinin eksiklikleri her zaman ortadadır. Yine de kişi, diğerini, erdemli olarak görmelidir ve kişi için, diğerinin söylediği veya yaptığı şeyi kabul etmek, onun hareketlerinden öğrenmek, yapmaya değerdir.

Fakat beden, bununla hemfikir olmaz, çünkü kişi, ne zaman diğerinden öğrenmek zorunda olsa, yani eğer diğerine karşı yüksek takdiri varsa, diğer kişi, ona görev verir ve beden, diğer kişinin görüşlerini ve hareketlerini iptal eder. Çünkü beden dinlenmek ister, bu, onun için daha iyidir ve dostunun görüşlerini ve hareketlerini göz ardı etmek daha uygundur, böylece çaba sarf etmesine gerek kalmaz.

Bu nedenle, buna, "Kendin için bir öğretmen yap" denir. Bu demektir ki dostun, senin öğretmenin olması için, bunu yapman gerekir. Diğer bir deyişle, bu akılla ilgili değildir, çünkü akıl, diğer türlüsünü ileri sürer ve hatta bazen zıt olanı, yani kendisinin öğretmen olabileceğini ve diğerinin de onun öğrencisi olabileceğini ona gösterir. Bu nedenle buna, "Yap" yani akıl yürütmek değil yapmak denir.

3) "Ve herkesi haklı çıkar."

"Kendine bir dost satın al" dedikten sonra, şu soru akla gelir, "Ya geri kalan insanlar?" Örneğin, eğer kişi, topluluğundan birkaç kişiyi seçer ve diğerlerini bırakıp, onlarla bağ kurmazsa, soru şudur, "Onlara nasıl davranmak gerekir?" Nihayetinde, onlar, onun dostu değildir. O, neden onları seçmedi? Muhtemelen, onlarda, onlarla bağ kurmaya zaman ayırmaya değecek erdemler bulamadı, yani onları takdir etmiyor.

Bu nedenle, topluluğundaki diğer insanlara nasıl davranmalıdır? Ve aynı durum, topluluktan olmayan diğer insanlar için de geçerlidir. Onlara nasıl davranmalıdır? Kabalist Yehoşua Ben Perahia bununla ilgili der ki: "Herkesi haklı çıkar," yani kişi, herkesi haklı çıkarmalıdır.

Bu demektir ki kişinin, onlarda iyi nitelikler bulamaması, onların hatası değildir. Tam tersine, kişi, genel halkın erdemlerini görebilme gücüne sahip değildir. Bu nedenle, kişi, kendi ruhunun niteliklerine göre görür. Bu, kişinin edinimine göre doğrudur, fakat gerçeğe göre doğru değildir. Diğer bir deyişle, edinen kişiden bağımsız olarak, kendi içinde gerçek olan bir şey vardır.

Herkes, kendi edinimine göre hareket eder, gerçeği vardır, yani gerçek, onu edinene göre değişir. Yani bu, edinen kişinin değişen aşamalarının konusudur.

Fakat asıl gerçek, özünde değişmez. Bu yüzden herkes, aynı şeyi, farklı şekilde edinir. Dolayısıyla, halkın gözünde, halk, sadece iyi durumda olabilir, fakat kişi, kendi niteliğine bağlı olarak, farklı şekilde görür.

Bu nedenle denir ki, "Ve herkesi haklı çıkar," yani kişi, dostlarının yanı sıra, diğer herkesi de haklı çıkarmalıdır –hepsi özünde değerlidir ve kişinin, onların davranışlarına ilişkin herhangi bir şikâyeti yoktur ama kendi adına, onlardan hiçbir şey öğrenemez, çünkü onlarla eşitliği yoktur.

Dal ve Kökün Anlamı

Makale No. 2, Tav-Şin-Mem-Hey, 1985

Dal ve kökün anlamı. İsrail toprakları, Malhut Sefirası'nın bir dalıdır. Malhut, Kaynağın yarattıklarına ihsan etmek istediği bolluğun alınması için bir Kli olmak üzere, Kaynak tarafından yayılan bir Kli (kap) olarak adlandırılır. Bu Kli'ye Malhut denir.

Düzen, öncelikle almak için alan alma kabıdır ve sonra bu Kli'de, ihsan etmeyi amaçlamadıkça o Kli'de almayı yasaklayan bir ıslah vardır, daha sonra bolluk, bu Kli'ye çekilir. Bu ıslah, bolluk yaratılanlara geldiğinde, onlarda 'utanç ekmeği 'denen bir eksiklik olmasın diye yapılmıştır.

Bunun yerine bolluğun alınması üzerinde utanç olmayacağı için, bolluğu sınırsız bir şekilde alabilirler. Daha doğrusu aldıkları tüm haz ve memnuniyeti yalnızca Yaradan'ın faydasına yöneltirler. O zaman bolluğu sürekli genişletirler çünkü Yaradan'a yeterince verdiklerini ve artık O'na ihsan etmelerine gerek olmadığını söyleyemezler. Bu nedenle bolluğu genişletmeleri için her zaman bir nedenleri olur.

Eğer bolluğu kendileri için yani kendilerine olan sevgiden dolayı alırlarsa, bu böyle değildir. O zaman utançtan dolayı kısıtlanmaları gerekir. O'nun verdiği haz ve memnuniyetin yeterli olduğunu söylemek zorunda kalırlar. Bu yüzden kısıtlama denen bir ıslah vardır ki, böylece ihsan etmek için alamadığımız sürece, Malhut Kli'sine ışığı almayalım.

Malhut'un kökünden aşağıya, yukarıdaki Malhut'un bir dalı olan maddesel dal Eretz (toprak) uzanır. Bu topraklara, "Kutsal Topraklar" denir. Bu nedenle, burada Kutsal Topraklarda özel ıslahlar yani dünyaya bağlı bağışlar ve onda bir gibi Mitzvot (emirler) vardır. Bu, geri kalan topraklar için böyle değildir.

Ayrıca Ürdün'e özel bir kök, Suriye'ye özel bir kök, Babil'e özel bir kök ve geri kalan topraklar için özel bir kök vardır (Talmud Eser Sefirot, Bölüm 16, s. 1930'a bakınız). Bu nedenle kök ve dal bakımından Tapınağın yeri tam olarak İsrail toprakları olan Kutsal Topraklardır. Bu, ancak kutsandıktan sonra böyledir.

Ancak İsrail halkı, bu topraklara gelmeden önce, yedi kutsal Sefirot'a karşılık gelen yedi ulusun yeriydi. Onlar, ihsan etme niyeti olan Masah'ın (perdenin) ıslahının olmadığı Malhut'tan uzanan kutsallığın tersiydiler. Bu yüzden öncelikle dünya ulusları oraya geldi çünkü maneviyattaki düzen şu şekildeydi: 1) Alma arzusunun gelişi 2) Bunu ihsan etmek için yapmanın ıslahı. Bu sebeple Kutsal Topraklar için 1) İlk olarak dünya uluslarının gelmesi gerekiyordu, çünkü onlar her şeyin ihsan etmek üzere olması için Masah'la ıslah edilmeden önce Malhut'a aitlerdi. 2) Sonrasında İsrail gelip onları fethedecekti.

Kutsal Toprakların Malhut'tan uzandığı ve kişinin içindeki alma arzusunun da Malhut'tan uzandığı ortaya çıkıyor. Bu yüzden 1) Topraklarda öncelikle dünya ulusları vardı 2) İsrail halkı sonra geldi.

İnsanın kalbinde de bu böyledir. 1) Önce kötü eğilim gelir 2) Sonra iyi eğilim gelir. Her şey üst köklerden uzanır.

Ancak içsellik ve dışsallık arasında bir ayrım yapmamız gerektiği için, Malhut'tan uzanan insanın kalbi ile Malhut'tan uzanan İsrail toprakları arasında bir fark vardır. Dışsallıkta, köke karşılık gelen dalın bir yeri olmalıdır. Ama içsellikte, buna karşılık gelen dalın bir yerinin olması gerekmez.

Kişinin kalbini hedefleyen, Malhut'un kökünden uzanan İsrail topraklarında, kişinin, 'İsrail Toprakları' denen cennetin krallığı ile ödüllendirilmek için özellikle İsrail topraklarında olmasına gerek yoktur. İçsel olarak kişi, tıpkı uzak topraklarda yaşayan tüm yüce bilgelerimiz gibi, denizaşırı ülkelerde de Şehina'nın (kutsallık) aşılanması ve muhteşem edinimler ile ödüllendirilebilir.

Ayrıca, İsrail topraklarında yaşayan insanlar, en kötü suçlular olabilir. 'Kutsal Topraklar 'denen İsrail toprakları, onları hiçbir şekilde Tora ve Mitzvot'a uymaya zorunlu kılmaz, zira içsellikle ilgili olan şey, onları dışsallıkta hiçbir şekilde zorlamaz çünkü içsellik, kalpteki çalışmadır ve dışsallıkla hiçbir ilgisi yoktur.

Ancak aynı zamanda dışsallık meselesi vardır. Şöyle ki, on adam bulunmadıkça Kaddiş okumanın yasak olduğuna dair bir kural vardır. Bizler bu on adamın tam bir korku içinde olup olmadıklarını kontrol etmeyiz, bunun yerine on sıradan adam bir araya geldiğinde Kaddiş ve "Kutsama" ve Tora okuyabilir, vb. Bununla birlikte eğer dokuz erdemli bilge varsa, onların Kaddiş ve "Kutsama" söylemeleri yasaktır çünkü ifşa olan yasa, içsellik niteliğine göre değil, dışsallığa göredir.

65) Bu nedenle "O halde ifşa edilmiş Tora'da ilkine karşı çıkmak neden yasaktır?" diye sorabiliriz. Bunun nedeni, Mitzvot'un (emirler) uygulamalı kısmı söz konusu olduğunda, bunun tam tersi olmasıdır. Onların içinde ilk olan, son olandan daha tamdır. Çünkü eylem, Sefirot'un ("Dışsallık" denir çünkü Kelim'e ışıklar bakımından "dışsallık" ve ışıklara "içsellik" denir.) kutsal Kelim'inden (kaplar) uzanır. Tora'nın sırları ve Mitzva'nın (emir) Taamim'i (tatlar), Sefirot'taki ışıklardan uzanır. Işıklar ve kaplar arasında ters bir ilişki olduğunu zaten biliyorsunuz.

Görünen o ki, ifşa olan yani pratik kısım bakımından dışsallığa aittir. Bu nedenle pratik kısım bakımından, Tapınağı yabancı ülkelerde inşa etme yasağı gibi sadece İsrail topraklarında yapılabilecek şeyler vardır.

Ancak insanın kalbiyle ilgili olan içsellikte, Malhut'un dalı, özellikle İsrail toprakları olmasına rağmen, bunun bilhassa İsrail topraklarında olması gerekmez. Yine de eğer biri dışarıda bir birleşme yapmak istiyorsa, bu birleşmeyi özellikle içsel topraklarda da yapmak zorundadır.

Görüyoruz ki, Olam, Şanah, Nefeş'in (sırasıyla dünya, yıl, ruh) kısaltması olan ASHAN'ın bir birleşimi vardır yani bu birleşme özellikle şu üç koşula göre olmalıdır: "Olam (dünya), özellikle Kutsalların Kutsalı'nın yeri; Şanah, zamanla ilgili olarak özellikle Yom Kippur'da (Kefaret Günü); Nefeş (ruh), Nefeş'le ilgili olarak başrahip aracılığıyla olmalıdır."

Bu nedenle, içsellik bakımından, kişinin Yaradan'a hizmet etmeye başladığı yani "halkların toprakları" denen kendine-sevgiden çıkmak ve bunun yerine İsrail halkının aşılandığı yani kişinin niyetinin yalnızca Yaradan sevgisi için olduğu çalışmanın olduğu yerden, insanın kalbinden bahsettiğimizde, o zaman gün ve gece meselesi vardır.

"Gün" demek, kişinin ıslahlara ihtiyaç duymaksızın, tıpkı güneş parladığında ve kişinin güneşin parlaması için hiçbir düzeltme yapmasına gerek olmadığında olduğu gibi, yüksek ruh haline sahip olması demektir. Ancak kişi, penceresi olmayan eve girilemeyeceği gibi, güneşin parlaması gereken yerde parlayabilmesine engel koymamaya dikkat etmelidir çünkü bu güneşin parlamasını keser.

Diğer taraftan, "gece", onun için aydınlatsın diye kişinin ıslahlar yapması gereken zamandır. Örneğin maddesellikte gece, evin karanlık olduğu zamandır. Islahlar aracılığıyla yani oraya bir mum ya da lamba yerleştirmekle ışık olur. Kişi, herhangi bir müdahalede bulunulmasa bile, yine de, ıslahlar olarak adlandırılan çaba olmadan, onun için hiçbir şey parlamaz. Bunun yerine her nereye bakarsa baksın, siyah gözlüklerle bakıyor gibidir, her şey karanlıktır.

Bu, kişinin mevcut durumunu, maneviyattan ne kadar uzak olduğunu, kendine-sevgiye daldığını ve kendi başına bu durumdan çıkma şansının olmadığını düşünmesi gereken bir zamandır. O zaman kendi gerçek durumunu, doğası gereği hiçbir şey yapamadığını görmelidir. Daha doğrusu, bilgelerimizin şöyle söylediği gibidir. "Yaradan'ın yardımı olmasaydı, kişi bunun üstesinden gelemezdi."

Ancak geceyi Yaradan'ın yarattığını ve bunu elbette bir amaç için, yarattıklarına iyilik yapmak için yarattığını bilmeliyiz. Bu nedenle, her biri şöyle sorar: "Neden gece olan, karanlığı yarattı?" Sonuçta yaratılış amacına göre, yalnızca gündüzü yaratmalıydı, geceyi değil. Ayet şöyle der: "Ve akşam vardı ve sabah vardı, tek bir gün." Görünen o ki, özellikle her ikisi, gece ve gündüz aracılığıyla gün gelir.

Oysa ki, gecenin insana ifşa ettiği ıslahları gerçekleştirmek için, ıslah olmadan aydınlatmayacak şekilde kasıtlı olarak gece yaratılmıştır. Bu böyledir çünkü Kelim, karanlık hissiyatı üzerine kurulmuştur. Bunlar, Yaradan'ın onlara yardım etmesine ihtiyaç duymaları için gereklidir. Aksi taktirde Yaradan'ın kurtarışına ihtiyaç olmaz. Yani o zaman, "içindeki ışık kişiyi ıslah eder" olarak kabul edilen Tora'ya gerek kalmaz.

Bunun için "Tora ve Mitzvot" denilen ıslahlar gelmiştir. Tora, ifşa edilmiş denen kısımda bize ifşa edilendir; bunlar da atalarımızın kuralları ve hikâyeleri vb.dir. Bütün bunlara Tora denir. Bu kısım, ifşa edilmiş Tora olarak adlandırılır ve Tora bize Mitzvot'u yerine getirmeyi, onları nasıl yapacağımızı öğretir. Aynı zamanda bizlere atalarımızın hikâyelerini anlatır.

Ancak Tora'nın gizli bir kısmı olduğunu yani Tora'nın bizden gizlenmiş olduğunu bilmeliyiz. Bilmeliyiz ki, Tora'nın tamamı Yaradan'ın isimleridir, "Tora'nın sırları" olarak adlandırılan Tanrısallığın ifşasıdır, kişinin özellikle Tora Lişma (O'nun adına) ile ödüllendirildikten sonra edinmeye başlamasıdır.

Rabbi Meir'in sözleriyle (Avot, Bölüm 6): "Rabbi Meir der ki, 'Tora Lişma'ya bağlanan herkes pek çok şeyle ödüllendirilir, ona Tora'nın sırları ifşa edilir ve o sürekli akan bir pınar haline gelir.'" Görünen o ki, Tora'nın ifşa olmuş kısmı, faziletiyle bizleri Lişma'ya getirmek yani her düşünceyi, sözü ve eylemi, ihsan etmek üzere yapmayı hedefleme kabiliyetine sahip olmaktır.

Sonrasında, kişi bir kez Lişma ile ödüllendirildiğinde, gizli Tora'ya ve Mitzvot'un tatlarına bağlanmaya başlar. Kişi bunları yaparak üst bolluğu aşağı doğru genişletir. 613 Mitzvot'un '613 teminat 've ayrıca '613 tavsiye 'olarak adlandırıldığından zaten bahsetmiştik.

"Zohar Kitabı'na Giriş"te şöyle yazılmıştır: "Zohar, Tora'daki Mitzvot'a 'teminat ' adını verir. Bununla birlikte, bunlara '613 tavsiye 'de denir. Aralarındaki fark, her şeyde bir ön ve bir arkanın olmasıdır. Bir şeye hazırlık, 'arka 'olarak adlandırılır ve o şeyin edinimine ö'n 'denir. Mitzvot'un daha sonra 'teminat 'olarak adlandırılan ön kısmıyla ilgili olarak, Rabbi Şimon, yukarıda bahsi geçen on dört teminatı açıklar.

Yukarıdakilerden anlıyoruz ki, gizli kısma "ön" denir ve kişi, Lişma'yı edinmekle ödüllendirildikten sonra, "ön" ile ödüllendirilir.

Gerçeğin ve İnancın Anlamı

Makale No. 3, Tav-Şin-Mem-Hey, 1984-85

Gerçek ve inanç birbiriyle çelişir. Duada da birbiriyle çelişen iki şey söz konusudur. Dua özellikle kişi eksiklik içinde olduğunda edilir. Atalarımız şöyle der, "Dua kalbin derinliklerinden gelmelidir," yani kalbimizin derinliklerinden gelen dua ile eksikliğimizi hissetmemiz gerekir.

Bu demektir ki, kalpte bütünlük değil, sadece eksiklik olmalıdır. Eksiklik büyüdükçe dua daha fazla kabul edilir. Zohar'da şöyle yazılıdır, "Yoksul dua ettiğinde kelimeler Tanrı huzurunda ağzından dökülür. Üç 'dua 'vardır: Musa için dua, Davut için dua ve yoksul için dua. Bu üç duadan hangisi daha önemlidir? Yoksulun duası. Bu dua Musa'nın, Davut'un ve dünyadaki tüm duaların önünde gelir. Sebebi nedir? Yoksul, kalbi kırık olandır. Yazılıdır ki, 'Tanrı kalbi kırık olanın yanındadır. 'Yoksul daima Yaradan'la konuşur, Yaradan onu dinler ve duyar."

Öyle anlaşılıyor ki Zohar'a göre dua özellikle kişi kırıldığında, ruhunu canlandıracak bir şeyi olmadığında edilir. Buna "kalbin derinliklerinden gelen dua," denir. Bu dua, dünyanın tüm dualarından daha önemlidir, çünkü kişinin "Ben dostlarım gibi değilim, dostlarımın sahip olmadığı faziletlerim var," demekten başka bir fazileti yoktur. Görülüyor ki tam bir eksiklik içindedir ve kalbinin derinliklerinden gelen dürüst bir duaya ihtiyacı vardır. Dolayısıyla eksiklik ne kadar büyük olursa, dua o kadar önemli olur.

Dualarımızda övgü ve minnettarlık vardır. Kişi bir başkasına iyilik yaptığında karşı taraf mutlu olur. Onun mutluluğunun ölçüsü, elde ettiği faydaya göredir. Mutluluğunu buna göre ifade eder.

Örneğin, kişi dostunun ev ihtiyaçlarının yarısını karşılamaya yardım ederse, dostunun hissettiği minnettarlık eksik olur. Fakat onun ihtiyaçlarını, en lüks olanları bile tam olarak karşılarsa, yani geride eksiklik kalmazsa, dostu kesinlikle böyle bir insana tüm kalbi ve ruhuyla minnettar olur.

Eğer kişi Yaradan'a minnet duyup, kalbinin derinliklerinden O'na teşekkür etmek isterse, Yaradan'ın onun tüm dileklerini gerçekleştirdiğini, hiçbir şeyin eksikliği içinde olmadığını görür. Aksi takdirde minnettarlığı tamamlanmamış olur.

Dolayısıyla kişi, hiçbir eksiklik içinde olmadığını görmeye çalışmalıdır. Yaradan onun tüm eksikliklerini tamamlar. Sonrasında Yaradan'a şükreder, dualarımızdaki neşe ve övgünün anlamı budur.

Bu sebeple, dua ve yakarış ile neşe ve övgü birbirine zıttır, çünkü kişinin dua ve yakarış sırasında bütünlüğü yoktur, eksiklik içindedir fakat duası tamdır. Oysa neşe ve övgü bunun tersidir; kişi eksiklik içinde olmasa bile gerçek bir minnettarlık duyar.

Bu iki zıtlığın neden, hangi amaçla bizim için düzenlendiğini ve aynı zamanda bu iki zıtlığı sürdürmenin nasıl mümkün olacağını anlamalıyız.

ARI der ki, "Bir kadında iki kapı olmalıdır, böylece onları kapatıp embriyoyu içeride tutabilir, bu şekilde embriyo tamamlanmadan dışarı çıkmamış olur. Aynı zamanda kadının içinde embriyonun formunu belirleyen güç de olmalıdır."

Sebebini şöyle açıklar: "Eğer annenin karnında bir anomali varsa, anne bebeği dışarı atar. Bu demektir ki, eğer embriyo Ibur (döllenme) derecesine ulaşmadan önce anne karnından çıkarsa bu doğum olarak kabul edilmez çünkü Ibur bu şekilde yaşayamaz. Daha ziyade buna "düşük" denir, yani doğmamıştır ve yaşayamaz."

Benzer şekilde Ibur'da iki anlayış vardır:

Ibur'un gerçek formu olan Katnut (küçüklük) derecesi. Ancak, sadece Katnut'a sahip olduğunda, bu eksiklik olarak kabul edilir: Kutsallıkta eksikliğin olduğu yerde Klipot'a (kabuklar) tutunma olur. Klipot düşüğe sebep olur—manevi embriyo Ibur aşaması tamamlanmadan düşer. Bu sebeple orada bütünlüğü, yani Gadlut'u (yetişkinlik) sağlayacak engelleyici bir unsur olmalıdır.

2) Ancak henüz Katnut'u doğru şekilde almaya uygun değilken, yeni doğana Gadlut derecesinin nasıl verildiğini anlamak zorundayız, çünkü halen daha ihsan etme Kaplarına sahip değildir. Bunun cevabı şudur: Atalarımız der ki, "Annenin karnındaki embriyo, annenin yediğini yer." Ayrıca şöyle de denir, "Bir embriyo annesinin karnıdır." Bu demektir ki, embriyo annenin bir parçası olduğundan, Ibur adını hak etmez, annesinin yediğini yer, yani annenin Kabına aldığı her şeyi alır. Embriyonun Gadlut'u almaya uygun Kabı olmadığı halde, bunu üst olanın, yani annenin Kabında

alabilir, çünkü o tamamıyla annesinin önünde iptal olmuştur ve kendi başına bir otoritesi yoktur. Buna Ibur denir, Üst Olanın önünde tamamen iptal olmak.

Sonra Gadlut'u edindiğinde, bütünlük içinde olur. Orada Klipot'a tutunma yoktur ve bu sebeple ona "alıkoyma gücü" denir. Bu embriyonun maneviyatta düşmesini engeller, tıpkı annenin düşmemesi için bebeğe dikkat etmesi gibi.

Yukarıda yazılanlardan çalışmadaki iki anlayıştan bahsedebiliriz:

İnsanın gerçek aşaması, yani yaptığı ve düşündüğü her şey Katnut'tadır. Katnut hissiyatı gerçeğin yolundan yürümek istediği zaman başlar, bu ihsan etme çalışmasıdır. Bu sırada Katnut'unu, ihsan konusundan ne kadar uzak olduğunu ve ihsan etmek için bir şey yapamadığını görür. Buna "gerçek," yani gerçek aşaması denir.

Sonrasında, Katnut nedeniyle Sitra Ahra'ya tutunma söz konusu olur ve kişi çaresizliğe gelir. Çalışma başlangıcı Ibur olarak kabul edilir ve sonra derecesinden düşüşe gelir. Maneviyatta derecesinden düşer ve yeni bir Ibur'a ihtiyaç duyar. Bu demektir ki, sanki Yaradan'a hiç hizmet etmemiş gibi çalışmasına yeniden başlamalıdır.

Bu sebeple embriyonun düşmemesi için orada bir alıkoyma gücü gereklidir, yani kişi bütünlükte olduğunu, çalışmada hiçbir eksiklik içinde olmadığını hissetmelidir. Şimdi Yaradan'la tam Dvekut içinde olduğundan, kimse ona şöyle diyemez, "Yaradan çalışmasında ilerlemediğini gör. Dolayısıyla boşa çaba harcıyorsun, kutsallık için uygun değilsin. Sen de herkes gibi olmalısın. Neden herkesten daha yüksek bir derecede olmak için bu kadar çok uğraşıyorsun? Bu sana sıradan insanların yaptığı çalışmadan çıkmanı, gerçeğe doğru ilerlemeni sağlayan arzu ve düşünceleri getiren güç. Bunun gerçek olduğu bir gerçek, fakat görüyorsun ki gerçeğin yolunda yürümek istesen bile ya beceriksizliğinden ya üstesinden gelme gücü eksikliğinden ya da doğuştan gelen kendini-sevme eğilimin yüzünden bu anlayışa gelmek için uygun değilsin. Dolayısıyla bırak bu çalışmayı. Geri kalan insanlar gibi bayağılıkta kal, kalbini dostundan daha yukarı yükseltme. Tersine bu yoldan ayrılman senin için daha iyi."

Dolayısıyla kişinin bu düşüncelere düşmemesi için engelleyici bir güce ihtiyacı vardır. Bu demektir ki, mantık ötesi gerçeğin yoluna tutunmanın yüce ve önemli olduğuna inanmalı ve Yaradan'ın Işığının içinde olacağı Kap için gerçeğin yoluna girmenin önemini takdir etmelidir. Ancak bu Üst olanın Kabından gelir. Yani Yaradan kişinin ne zaman O'nla Dvekut'u hissedeceğini bilir.

Kendi başına Kap tersini hisseder—her geçen gün daha kötü durumda olduğunu. Fakat şimdi gerçeğin yolunda yürümeye başladığından, ihsan etme niyetini ne kadar koruduğunu, kendi-sevmeden ne kadar vazgeçtiğini ve gerçeğe ne kadar yaklaştığını görür.

Yine de üst olanın Kabına, yani mantık ötesi kendini yükseltip şöyle der, "Yaradan'a ne kadar ihsan ettiğim umurumda değil. Yaradan'ın beni O'na yakınlaştırmasını istiyorum. Yaradan kesinlikle benim O'na yakınlaştığımı hissetmeye başlayacağım zamanı biliyor. Öyle inanıyorum ki, Yaradan benim için en iyisi istiyor ve bu nedenle O, hissettiklerimi hissetmemi sağlıyor. Fakat Yaradan'ın bu yolda bana rehberlik etmesinin sebebi nedir, yani O'nun bana yardımsever bir şekilde davranıyor olduğuna inanmalı mıyım?" Eğer inanırsam, O bana bir işaret verir: sahip olduğum coşku ve bunun için O'na göstereceğim minnettarlığın ve O'na ne kadar şükran duyduğumun ölçüsü. Kesinlikle bunun bizim faydamıza olduğunu söylemeliyiz, özellikle inanç vasıtasıyla "ihsan etmek için alma" denilen amacı başarabiliriz. Aksi takdirde Yaradan bizi inanç yoluna değil, bilginin yoluna yönlendirirdi.

Bununla bize sorulanı anlayabiliriz, "Neden birbirini inkâr eden iki şeye ihtiyacımız var?" Bu demektir ki, gerçeğin yolunda yürürken kendini-sevmeden uzaklaşıp, başkalarını sevmeye doğru ilerlediğimizi ve içinde olduğumuz dünyanın "O'nun kutsanmış adı büyüsün ve kutsansın" aşamasında olduğumuzu hissetmeliyiz.

Maneviyatın önemli olmadığını gördüğümüzde kendimizi büyük eksiklik içinde hissederiz. Ayrıca bundan ne kadar pişman olduğumuzu ve O'ndan uzak olmanın bize ne kadar acı verdiğini de. Buna "gerçek" denir, yani Kabımızda hissettiğimiz aşama.

Bize mantık ötesi inanç yolu verilmiştir, yani hislerimizi ve aklımızı dikkate almayıp, şunu söylemeliyiz, "Onların gören gözleri yok. Onların duyan kulakları yok." Daha ziyade inanmalıyız ki, Yaradan bizim için iyi olanı bilir. O, olduğum aşamamı hissetmemi ister ve ben kendimi nasıl hissettiğimle ilgilenmem, çünkü ihsan etmek için çalışmak isterim.

Dolayısıyla temel şey şudur ki, Yaradan için çalışmam gerek. Çalışmamda bütünlük olmadığını hissetmeme rağmen, yine de üst olanın Kabında, yani üst olanın perspektifinden ben kesinlikle bütünüm. Bu nedenle çalışmamdan—Kral'a en düşük seviyede hizmet etme ayrıcalığından—hoşnudum. En azından Yaradan'ın O'na birkaç derece yakınlaşmama izin vermesi benim için büyük bir ayrıcalık.

Bu bize iki şey verir: 1) Kişi gerçek aşamasını görür—dua ve eksiklik için bir yeri olduğunu. Böylece eksikliğini tamamlamak için Yaradan'a dua eder ve sonra kutsallığın derecelerinden çıkabilir. 2) İnanç yolu—burada Yaradan'a şükreder ve neşe içinde olur.

Bunlar Nuh'un Nesilleri

Makale No. 4, Tav-Şin-Mem-Hey, 1984-85

"Bunlar Nuh'un nesilleridir. Nuh erdemli bir adamdı. Neslinin içinde o bütündür. O Tanrı ile beraber yürür."

RAŞİ şöyle yorumlar, "Bu erdemlinin neslinin iyi ameller yerine getirdiğini sana göstermek içindir. Ayet oğullarının adını vermeliydi, yani Shem, Ham ve Japheth. Neden 'Bunlar Nuh'un nesilleridir. Nuh erdemli bir adamdı' der? Bu erdemlinin nesli iyi ameller yerine getirdiği içindir. Eğer kişi erdemlinin neslindeyse daha da erdemli olur. Diğerleri onu suçlar—eğer İbrahim neslinde olsaydı bir hiç olarak tanımlanacaktı."

"Nuh Tanrı ile beraber yürür." RAŞİ İbrahim için "Önünde yürüdüğüm," der. Nuh yardıma ihtiyaç duyar, fakat İbrahim güçlüdür ve o erdemli ile beraber yürür.

Çalışmada tüm yukarıda söylenenleri açıklamak için bilmeliyiz ki baba ve oğul, sebep ve sonuç demektir. Normalinde kişi eylem yaptığında bu eylemin bir şeye sebep olacağını bilir. Örneğin fabrikaya çalışmaya giden kişi bu eylemi sonucunda maaş almak ister. Öyle anlaşılıyor ki, burada baba, gösterilen çaba, nesil, yani oğul ise elde edilen kazançtır. Benzer şekilde kişi ilim sahibi olduğunda bilge olarak takdir edilmek ister, yani yaptığı her eylem yalnızca nesli içindir.

Dolayısıyla kişi Tora ve Mitzvot'a bağlandığında, nesillerin onun eylemlerinin sonucu olmasını ister.

Zohar'da yazılıdır, "Korku üç şekilde yorumlanır, ikisinin uygun kökü yoktur, biri de korkunun köküdür. Oğullarının ölmeyip yaşaması için Yaradan'dan ya da parasal cezadan korkan biri için kendi faydası kök olduğundan, Yaradan korkusu kök değil, onun sonucudur. Ve bir de cehennemin cezasından korktuğu için Yaradan'dan korkanlar vardır. Bu iki korku—bu dünyadaki ceza ve bir sonraki dünyadaki ceza—korkunun ve onun kökünün esası değildir." "Gerçek korkuda kişi Efendisi'nden korkmalıdır, çünkü O, yüce ve hükmeden, tüm dünyaların kökü ve özü olandır ve ona kıyasla her şey, hiçbir şeydir."

Öyle anlaşılıyor ki, kişi "baba" denilen çabasında "çalışmanın meyvesi" denilen nesilleri (sonuçları, oğulları) görmek ister.

Üç çeşit nesil vardır: 1) Bu dünyada ödül, yani oğulları yaşayacak ve o kazançlı çıkacak, 2) Sonraki dünyada ödül, 3) O, yüce ve hükmeden olduğundan, kişinin peşinde olduğu tüm nesiller, Yaradan'a memnuniyet ihsan etmek içindir.

Burada "iyi amel" denilen nesiller konusu vardır, iyi amel Yaradan'a ihsan etmektir, şöyle yazdığı gibi, "Kalbim iyi bir şeyle dolar. 'Çalışmam Kral için 'derim." Bu demektir ki, kişi tüm eylemlerinin Yaradan için olmasını istiyor ve buna "iyi ameller" denir. Kendisi için ödül istemiyor ve beklediği tek şey kendi adına hiç ödül almadan Yaradan'a memnuniyet vermek. Bu demektir ki, ona sadece Yaradan adına bir şeyler yapabilme armağanı verilmiş. Bu Tora ve Mitzvot'a bağlanma ödülüdür. Bununla ilgili şöyle yazar, "Kötü eğilimi Ben yarattım, şifası için Tora'yı verdim."

Buna göre erdemlinin nesilleri nedir? Sadece iyi amellerden, yani Tora ve Mitzvot çalışmasından doğan sonuç. Sıradan insanlar için ise sonuç ya bu dünyadaki ya da sonraki dünyadaki ödüldür. Fakat erdemlinin sebepten doğan sonucu yalnızca Yaradan'a memnuniyet vermektir.

Bu Raşi'nin söylediği şeydir; "Erdemlinin nesilleri özellikle iyi ameldir." Bu tüm eylemlerin Yaradan'a ihsan etmek için olması demektir.

Bilinir ki, eylemler, anlayış ve bilme vardır. Yani mantık dâhilinde olana anlayış ve bilme denir, yani beden de Tora ve Mitzvot'a bağlanmamız gerektiğiyle hemfikirdir, çünkü kişi bir kez Lişma derecesini elde ettiğinde Tora ve Mitzvot'taki yaşamın ışığı ile ödüllendirilir. Şöyle yazılıdır; "Altından daha arzu edilen, baldan daha tatlı olan." Buna bedenin Yaradan'ın hizmetkârı olmanın değerini anlaması, "anlayış" denir.

Rabbi Meir der ki, "Tora Lişma'ya bağlanan kişi pek çok şeyle ödüllendirilir. Dahası tüm dünya onun için değerlidir ve Tora'nın sırları ona ifşa olur."

Erdemli için ise Lişma'ya bağlanarak edinilen tüm bunlar asıl olarak kabul edilmez. Bu demektir ki, Tora ve Mitzvot çalışmasındaki niyeti bu değildir. Daha ziyade onun için önemli olan iyi amellerdir, yani Yaradan'a memnuniyet vermek. Bu bağlamda mantık ötesi iyi amel derecesi elde etmeyi umar. Onun niyeti anlayış ve bilme nesillerine sahip olmak değildir, daha ziyade sadece iyi ameller yerine getirmektir. Bu Raşi'nin söylediğinin anlamıdır, "Sana erdemlinin nesillerinin iyi ameller olduğunu öğretmek için."

Çalışmada her aşamaya "nesil" denir. Bu, "Bir nesil, çalışmanı bir başkasına övecek," sözünün anlamıdır. Bu demektir ki, kişinin bayağı arzuları ve düşünceleri varsa, her seferinde aklını ve düşüncelerini kim ve ne sorularıyla gagalayan bayağılık tartışmasının üstesinden gelebilmek için büyük çaba harcar. Eğer mantık ötesi inancın gücü olmazsa bunun üstesinden gelemez. Aklının içindekileri mantık dâhilindeki cevaplar ile değil, daha ziyade mantık ötesi inancın gücüyle yenebilir.

Buna "eylem" ve "Eğer bir Mitzva yerine getirirse o mutludur, çünkü kendini ve dünyayı erdemlik ölçüsüne getirir" denir, çünkü akıl ve mantık değil, sadece eylem bayağılık kavgasını bitirebilir.

Buna göre söylemeliyiz ki, Nuh'un nesli bayağının neslidir. O kutsanmalıdır, çünkü sonrasında çok çaba harcamıştır. Fakat aynı zamanda kınanmalıdır da çünkü sonuçta o bayağının neslindendir, yani yabancı düşünceleri vardır ve aklında ve kalbinde bayağılık olması onu Yaradan'ın hizmetkârı olmaktan alıkoymuştur.

İbrahim'in neslinde ise, yani erdemlilerin neslindeyken onun aklında ve kalbinde sadece tek bir arzu vardı—Yaradan'a memnuniyet vermek—ve bayağının düşüncesi ve arzuları asla aklından geçmiyordu. Böyle bir insan erdemlinin neslindendir.

O kutsanır, çünkü eğer Nuh erdemlinin aşamasında olsaydı, yani bayağının neslinde düşüncelerinin üstesinden gelecek güce sahip olsaydı, şimdi hissettiği Tora'nın tatlılığı ve hoşluğuna kıyasla o zaman ne hissederdi? Kesinlikle "bayağı nesil" denilen Nuh'un neslinin zamanı hiçlik olarak kabul edilir, çünkü kişi o zaman erdemlinin neslinde hissettiği haz ve memnuniyeti hissedemez.

Fakat çalışma açısından bayağılık nesli çalışma zamanıdır. Öyle anlaşılıyor ki Nuh'un nesli daha önemlidir, çünkü kişi ne yapması gerektiğini bilir.

"Nuh Tanrı ile beraber yürüdü." Nuh, İbrahim için der ki "Önünde yürüdüğüm." Nuh'un desteğe ihtiyacı vardır, fakat İbrahim güçlüdür ve kendi erdemliğiyle yürür. Bu demektir ki, kişide iki tür güç vardır, "alma kapları" ve "ihsan etme kapları." İhsan etme kapları, Yaradan veren olduğundan, Yaradan'la ilişkilidir. Alma kapları ise alıcı olan yaratılanla ilişkilidir.

Alma kapları ihsan etme kaplarından önce gelir. Kabala dilinde ihsan etme kaplarına Keter, Hohma ve GAR de Bina denir ve onların altında ZAT de Bina, Zeir Anpin ve Malhut denilen alma kapları vardır.

Buna göre ihsan etme kaplarına "Tanrı Nuh ile beraber yürüdü" denir, yani ihsan etme kaplarında yürümek mümkündür. İhsan Kaplarını Üst olan verdiğinden, buna "Nuh'un desteğe ihtiyacı vardı," denir.

Bu demektir ki, üst olan çalışma için kişiyi uyandırır, buna "yukarıdan uyanış" denir. On Sefirot Çalışmasında şöyle yazar, "Ancak, başlangıçta AVI'deki ZON ile MAN yükseltilmez ve sonra o MAN'lardan ZON olur. ZON'dan sonra MAN'ı ikinci kez yükseltirler. Kişi bir kez 'Nuh'un desteğe ihtiyacı vardı' denilen yukarıdan uyanış ile elde ettiği ihsan etme kaplarına sahip olduğunda, bu Nuh derecesidir."

Fakat İbrahim'in desteğe ihtiyacı yoktur. "Önünde yürüdüğüm," yani o ihsan kapları önündeki alma kaplarıyla yürüdü. İhsan etme kapları—Keter, Hohma ve GAR de Bina—yukarıda durur ve onların altında alma kapları durur—ZAT de Bina ve ZON.

İbrahim, ihsan kaplarının önündeki kaplarla beraber yürüdüğünden, alma kaplarını alanla ilişkilendiririz, bu sebeple alma kaplarını kullanmaya "aşağıdan uyanış" denir.

"İbrahim'in desteğe ihtiyacı yoktu, çünkü o alma kaplarıyla beraber yürüdü" sözünün anlamı budur. Bu Kaplarla Yaradan'a hizmet eder. Fakat "Tanrı Nuh ile beraber yürüdü," demek Tanrı'ya atfedilen ihsan etme kapları demektir.

Topraklarından Uzağa Git

Makale No. 5, Tav-Şin-Mem-Hey, 1984-85

"Topraklarından, anayurdundan ve babanın evinden çık, sana göstereceğim topraklara git."

Bu kafa karıştırıcıdır çünkü realitenin düzenine uygun değildir. Bu böyledir çünkü kişi öncelikle babasının evinden, sonra anayurdundan ve daha sonra da topraklarından çıkar. Yorumcuların sorduğu şey de budur.

Çalışmada "toprakların" sözünü, Ratzon (arzu) kelimesinden gelir şeklinde yorumlamalıyız, bilgelerimiz bununla ilgili olarak şöyle der: "Bırak yeryüzü yeşillensin," onu Yapan'ın arzusunu yerine getirmekten memnundu. Buna göre, "Topraklarından uzağa git" demek, yaratılmış olan "haz ve memnuniyet alma arzusu" olarak adlandırılan, kendine-sevgi olarak kabul edilen arzunuzdan çıkın demektir. Bu yüzden kendini-sevmekten çıkması söylendi.

"Anayurdunuzdan" demek, baba ve oğul, sebep ve sonuç demektir. Bu böyledir çünkü sonuç, babanın beynindeki bir damladan gelir. Böylelikle bir önceki makalede açıkladığımız gibi sonuç daha sonra ortaya çıkar. Başka bir deyişle, bir kişi çalışmaya gittiğinde sarf ettiği emek, ödül almak içindir. Öyle görünüyor ki, emek ona ödülü getirir. Ödül olmasaydı kişi hiçbir şekilde çaba sarf etmezdi. Bundan dolayı kişi, Tora ve Mitzvot'u (emirleri) bir oğul sahibi olmak için yerine getirir, buna ö'dül 'denir.

Ödüle gelince, daha önce iki tür ödülün olduğunu zaten söylemiştik: 1. Bu dünyadaki ödül 2. Sonraki dünyadaki ödül.

Zohar'da ("Zohar Kitabı'na Giriş" madde 190) şöyle yazılmıştır: "Ve bu ikisi, Kutsal Zohar, esas değildir der." Bu, Sulam'da (Merdiven (Zohar'a yorum)) açıklanır çünkü bunlar "almak için almak arzusu" denen kendini sevgi temeli üzerine inşa edilmiştir.

Bu nedenle, eğer bir kişi Tora ve Mitzvot'ta kendi alma arzusu için ödül almak üzere çaba sarf ederse, o zaman hem baba yani çaba hem de "ödül" olarak adlandırılan, bu çabadan doğan oğul, hepsi kendini-sevme temelinde olur. Bu demektir ki, "çaba" olarak adlandırılan babanın beynindeki bu damla, çalışmasının başından itibaren yalnızca kendine-sevgi düşüncesindedir. Doğal olarak dünyaya gelen oğul yani kişinin almayı umduğu ödül de kendini-sevme ödülüdür.

Ona şöyle denir: "Topraklarından uzağa git," yani alma arzundan çık, "ve anayurdundan," yani dünyaya gelen oğuldan. "Babanın topraklarından" demek, babanın evinden doğan ödül demektir, bu da kendini sevme ödülünü doğuran çabadır. Kişi, tüm bunlardan ayrılmalıdır.

"Sana göstereceğim topraklara." Bu topraklar, ihsan etme arzusu anlamına gelir. Bu topraklarda yani ihsan etme arzusunda, kişi Yaradan'ın ifşası ile ödüllendirilir.

"Sana göstereceğim" demek, Yaradan Kendisini ifşa edecek demektir. Diğer taraftan, alma arzusunda kısıtlama ve gizlilik vardır, orası karanlıktır ve Yaşamların Yaşamı'ndan ayırır, bu da karanlığa neden olur.

Bu nedenle, Ben senin arzunda ifşa olamam, yalnızca "form eşitliği" olarak adlandırılan ihsan etme arzusunda ifşa olabilirim. O zaman kısıtlama ve gizlilik kalkar ve Yaradan kişiye ifşa olur.

"Ve sizi yüce bir ulus yapacağım." Midraş Raba'da (Bölüm 39), "Rabbi Levi şöyle dedi: 'Babamız İbrahim, Aram Naharaim'de yürüyordu ve onların pervasızca yiyip içtiklerini görüp dedi ki, 'Keşke bu topraklarda bir hissem olmasaydı. 'Sular Tzor'a geldiğinde ve ot yolma zamanında ot yolduklarını, çapa zamanı çapaladıklarını görünce, 'Keşke bu topraklarda bir hissem olsa 'dedi. Yaradan ona dedi ki, 'Senin soyundan gelenlere bu toprakları verdim.'"

Çalışmada onun sözlerini anlamak için, Eretz (toprak) sözünü, Ratzon (arzu) anlamına geldiği şeklinde yorumlamalıyız. Be-Aram'da (Aram'da), Avram'ın harfleri vardır. İbrahim Naharaim'den yürüdüğünde (Naharaim, Nahor (aydınlanmış) sözünden gelir), o zaman gördü ki, orada sadece ışıkları arzulayan insanlar var. Amaç, ödül olduğunda, buna "yemek ve içmek" denir. Bu yüzden dedi ki, "Bu topraklarda hissem olmayacak" yani niyet, yalnızca ödül olduğunda ve bu çalışma takdir edilmediğinde, yalnızca ödül takdir edildiğinde, bu arzularda hissem olmayacak. Bu nedenle, "Bu arzuda benim hissem olmayacak" dedi.

"Sulam Tzor'a geldiğinde," Tzor, Tzar (dar) sözünden gelir yani onlar çalışmada Tzarut (darlık) hissettiler. Gördü ki, onlar tepesi göğe uzanan, yeryüzüne kurulmuş bir merdiven gibi olan Sulam'daydılar (merdiven). "Ot yolma zamanında ot yolduklarını, çapa zamanı çapaladıklarını gördü' yani onların tek düşüncesi, insanın çalışmasıyla ilgiliydi ve niyetleri, çalışmalarının ıslahına odaklanmıştı. Bu demektir ki, bolluğun gelmesi gereken Kelim (kaplar), tam ve uygun olmalıdır. Ve onlar ödül olan meyvelere dikkat etmediler. Bunun yerine çalışmanın düzenine baktılar ve onun, ot yolma zamanında ot yoluyor ve çapa zamanında çapalıyorlardı, dediği şeyin anlamı budur.

O zaman dedi ki, "Keşke bu topraklarda bir hissem olsa," çalışmanın düzgün olmasını amaçlayan arzuda bir hissem olsa. Meyve olan ödül, onların işi değildir. Bununla ilgili "Gizli şeyler, Efendimiz Tanrımızadır." denilmiştir. Başka bir deyişle, ödül, Yaradan'ın işidir ve bizlerin ödüle bakmasına gerek yoktur, ancak içinde olduğumuz her durumda çalışma ile bağlantıda olma ayrıcalığına sahip olduğumuz için memnunuzdur. Bu, kişi için büyük bir ayrıcalıktır. Eylemler, yalnızca ifşa olan şeyler bizedir.

Bununla "ve sizi büyük bir ulus yapacağım" sözlerini yorumlamalıyız. Gadlut (yetişkinlik/büyüklük), tam olarak eylemdir. Çalışanlar arasında, yücelik yalnızca mantık ötesi çalışmaktır. Sadece orada bunun önemini hissederler ama çalışmaları aracılığıyla aldıkları ışıkları dikkate almazlar, zira ışıklar, "gizli şeyler Efendimiz Tanrımızadır" ile ilgilidir. İstediğini yapan Yaradan'ın çalışması budur.

Amaçları bu olmadığı için O'ndan kendilerine vermesini istemediler. Tek bir amaçları vardır: Bütün ödül, Kral'a hizmet etme ayrıcalığına sahip olmaları olduğundan, herhangi bir ödül olmaksızın Yaradan'ı memnun etmek. Önemli yahut önemsiz bir rol olsun, Kral için hangi hizmeti yaptıklarına aldırmazlar, zira tek düşündükleri Kral'ı nasıl memnun edebilecekleridir.

Bu, örneğin, pek çok insanın önemsiz bir rolü üstlenmek istemediği anlamına gelir.

Onların üzerine hemen atlarlar, çünkü burada Kral'ı memnun edebilirler, zira pek çok insan bunu istemez.

Ders şudur ki, herkes bunu aşağılık bir çalışma olarak ve sürgün olarak kabul ettiği için, pek çok insan mantık ötesi çalışma yönünde gitmek istemez. Bu yüzden buna, Kral'ı memnun etme yeteneklerine bakmak isteyenler, özellikle bu rolü ister. Onların bu çalışmasına, "Şehina'yı (Kutsallığı) tozdan kaldırmak" denir. Bu çalışmaya "Sürgündeki Şehina" da denir ve onların istediği tek çalışma budur. Ancak yukarıdan ışıkları ve bolluğu almak için yapılan çalışma, birçok insanın istediği bir şeydir.

Bununla bilgelerimizin şu sözlerini (Şabat 127) yorumlayabiliriz: "'Rav Yehuda dedi ki, "Rav, 'Konukları ağırlamak, Şehina'nın yüzünü ağırlamaktan daha yücedir, şöyle yazıldığı gibi, 'Ve dedi ki, 'Efendimiz, benimle bir iyilik buldunsa lütfen geçme. ' Raşi, lütfen geçme ve O'nu yalnız bırakıp konukları karşılamaya gitti' şeklinde yorumlar." Bu meseleyi Yaradan'ın ona "Ve sizi yüce bir ulus yapacağım" dediğinden öğrendiğini söyleyebiliriz yani asıl mesele ışıklar değil, eylemdir. Bu demektir ki, onların çalışmasının özü, başkalarını sevmek ve kendisini dikkate almamaktır.

Bu nedenle, Şehina'yı karşılamak, bedeni kuşkusuz başkalarını sevme çalışmasından daha memnun etse de burada Yaradan onlara "Ve sizi yüce bir ulus yapacağım" dedikten sonra, bu demektir ki, yüceliği öncelikle eylemlerde elde edeceksiniz. Bu yüzden, burada, kişinin kendisini gösterebileceği bir yer vardır yani Şehina'yı karşılamakla ödüllendirilmek yüce bir kazanç olduğu için, kazanca bakmak istemediğinden emin olacaktır. Yine de kişi eylemi seçer yani çalışması için herhangi bir ödül istemez; esas olan çalışmadır.

Burada kişi incelemek için bir yer bulur çünkü ödülden vazgeçmek ve çalışmanın ödülünü almak, kesinlikle yüce bir şeydir. Normalde, tam tersidir: Kişi, ödül almak için çaba gösterir. Ancak tam tersini yapar, çaba sarf etmek için ödülü verir. Bunu, yüceliğin öncelikle eylem olduğunun söylendiği gibi, Yaradan'ın ona "Sizi yüce bir ulus yapacağım" sözlerinden öğrenmiştir.

Ve Tanrı Ona Mamre'nin Ağacı Altında Göründü

Makale No. 6, Tav-Şin-Mem-Hey, 1984-85

RAŞİ şöyle yorumlar, "Yaradan İbrahim'e sünnetle ilgili tavsiye verdi. Dolayısıyla, O, ona kısmen göründü. Zohar'da şöyle yazar "Ve Tanrı ona Mamre'nin ağacı altında göründü. Şöyle sorulur, 'Neden başka bir yerde değil de orada?' 'Çünkü Mamre ona sünnetiyle ilgili tavsiye verdi. 'Yaradan İbrahim'e kendini sünnet etmesini söylediğinde, İbrahim bunu dostlarıyla konuştu. Aner şöyle dedi, 'Doksan yaşından fazlasın; kendine eziyet edersin. 'Mamre ise, 'Kaldelilerin seni ateşe attığı günü ve dünyanın yaşadığı açlığı hatırla, şöyle yazdığı gibi, 'Kıtlık vardı ve İbrahim Mısır'a gitti. 'Krallar peşinden geldi. Yaradan seni hepsinden kurtardı ve kimse sana zarar veremedi. Kalk ve Tanrı'nın emrettiğini yap, 'dedi. Yaradan Mamre'ye şöyle dedi, 'Mamre, sen ona sünnet tavsiyesi verdin, şimdi Ben ona sadece senin yerinde görüneceğim.'"

Soru, "Nasıl olur da Yaradan ona kendini sünnet et dediğinde, İbrahim gidip Yaradan'ın arzusunu yerine getireyim mi, getirmeyeyim mi diye dostlarına sorar? Böyle bir şey olabilir mi?"

Bunu çalışma açısından yorumlamalıyız. Yaradan ona kendini sünnet et dediğinde, o bunu dostlarıyla, yani bedeniyle konuştu, çünkü eylemi yerine getirecek olan odur. Dolayısıyla, bedenle hemfikir olup olmadığını sorar. Bu böyledir, çünkü dost bedenin içindedir, yani onlar bedene bağlanmış arzulardır, Yaradan'dan aldığı emirleri onlar yerine getireceğinden, onlara sorması gerekir.

Bilmeliyiz ki, bedende üç ruh vardır, Zohar'da yazdığı gibi, "Rabbi Yehuda dedi ki, 'İnsanda üç çeşit rehberlik vardır: 1) Aklın ve zekânın rehberliği—bu kutsal ruhun gücüdür. 2) Her günahkârda olan arzunun rehberliği. 3) "Bedenin ruhu" denilen bedene güç vererek insanları yönlendiren rehberlik. Bunlar İbrahim'in dostları denilen üç formdur. İbrahim onlara fikirlerini sorar; her bir dostunun fikrini bilmek ister."

Aner der ki, "Doksan yaşından fazlasın; kendine eziyet edersin." Gematria'da Aner, Malhut da dâhil olmak üzere kendini-sevme, "taştan kalp" denilen bedendeki 320 kıvılcımı ima eder. Taştan kalp ona der ki, "Daima Işığı ve hazzı almaya çalışmalısın." Dolayısıyla ona Yaradan'ın emrine uymamasını söyler.

Mamre der ki, "Kaldelilerin seni ateşe attığı günü hatırla." Diğer bir deyişle "Yaradan'ın sana mantık ötesi davrandığını görüyorsun, çünkü ateşe atılan birinin yanması mantıklıyken, senin yukarıdan kurtuluşun mantık ötesi. Dolayısıyla sen de O'nun niteliklerine tutundun ve mantık ötesi ilerledin. Bu demektir ki Aner'in haklı olması mantıklı olsa da sen mantık ötesi gitmelisin."

Eşkol bedenin ruhudur ve onu ayakta tutar. Eşkol (Değerlendireceğim) kelimesinden gelir, yani kiminle birlik olacağına karar verme aşamasıdır—Aner mi yoksa Mamre mi? Bu kutsal ruhun gücüdür.

Mamre, ona mantık ötesi gitmesini söyler. Bu "Ve Yaradan ona Mamre'nin ağacı altında göründü," sözünün anlamıdır. Çünkü kişinin mantık ötesi gittiği yerde özellikle Yaradan belirir ve kişi kutsallığın Daat'ıyla(bilgi) ile ödüllendirilir. Bu sebeple ona "aklın ve hikmetin ruhu" olarak adlandırılan mantık ötesi Mamre denir, çünkü kişinin mantık ötesi gittiği yerde akıl ve hikmet ortaya çıkar.

Öyle anlaşılıyor ki Zohar'da, İbrahim dostlarıyla konuştu olarak yazması, İbrahim'im bedenini ima eder. Bedeninin emirleri yerine getirmesi gerekir, dolayısıyla bedenin fikrini sorar. Zohar dostlarıyla konuştu dediğinde, bedende var olan üç ruhu işaret eder.

Midraş'da şöyle yazar, "İbrahim dedi ki, 'Ben sünnet olmadan önce gelen geçen bana gelirdi. Şimdi sünnetliyken bana gelmiyorlar. 'Yaradan ona der ki, 'Sen sünnet olmadan önce, sünnetsiz insanlar sana gelirdi. Şimdi ise Ben ve maiyetim sana görünüyor.'"

İbrahim sorusuna cevap alamadı. O şunu sormuştu, "Onlar neden şimdi gelmiyor?" Cevap nedir? Bunun cevabı yazılı değildir. Tersine başka bir şekilde cevap aldı ama bu onun sorusunun karşılığı değildi.

Bunu çalışma açısından yorumlamalıyız. İbrahim sünnet olmadan önce çalışma düzeninin gelir geçer olduğunu söyledi, yani o diğerlerinin düşüncelerine sahipti. Bu demektir ki, sünnet olmadan önce çalışma için yeri vardı, çünkü onun günah düşünceleri vardı. Sonrasında tövbe için bir yeri oldu ve gerçek anlamda çalıştığını bildi.

Fakat şimdi bunlar için yeri yoktur, çalışmaya özlem duyar. Bu nedenle Yaradan ona şöyle der, "Bundan üzülmemelisin, çünkü sonunda senin çalışman sünnet olmuş insanların çalışması. Bu demektir ki, çalışman henüz ihsanda değil ve alma arzusu denilen deriyi atmakla ödüllendirilmedin. Fakat yaptığın çalışmadan pişmanlık duymamalısın, çünkü bu insanların iyi çalışmasıdır ama sünnet olmadıkları için onlar dışarıdadır. Oysa şimdi sen sünnet olduğundan, form eşitliği vardır dolayısıyla Ben ve maiyetim sana gelebilir."

Sara'nın Yaşamı

Makale No. 7, Tav-Şin-Mem-Hey, 1984-85

Zohar'da şöyle yazar, "Bir kral Tanrı'dan korkan kadındır, senin, 'Tanrı'dan korkan bir kadın kutsanmalıdır, 'dediğin gibi, bu Şehina'dır. '...işlenmiş toprak, 'yabancı ateştir, yani Sitra Ahra. İçinde tüm kutsamanın olduğu toprak vardır, senin 'Tanrı'nın kutsadığı toprağın kokusu, 'dediğin gibi, yani Şehina. Ayrıca kirliliğin, yıkımın, savaşların ve ölümün toprağı da vardır, yani Sitra Ahra."

Bizim iki yolumuz vardır—ya Yaradan'a yaklaşmak, ihsan etmek isteyenlerin ya da yaratılışın özünden, kendini-sevme niteliğinden gelen almak için almak isteyenlerin yolu.

İkincisinde Tzimtzum (kısıtlama) ve gizlilik vardır, O'nun ihtişamını edinmek yalnızca kişi alma arzusundan çıktığında mümkün olduğundan, bu yolda tüm yeryüzünün O'nun ihtişamıyla dolu olduğu görünmez. Kişi alma arzusundan çıkmadan bu ihtişamı bilemez.

Bunu hissedebilmek için bize karanlık ve ölüm denilen alma arzusundan çıkma tavsiyesi verilmiştir. Bu demektir ki, yaşam ışığı hep var olmasına rağmen, insan onu kapatır ve yaşam kaynağından ayrılır.

Bu nedenle bu yere "karanlık ve ölüm" denir, burada her türlü musibet vardır. Buna Sitra Ahra denir, yani Keduşa'nın zıttı. Keduşa'ya "ihsan yolu" denir ve burası form eşitliği yeridir. Burada tüm haz ve bereket ortaya çıkar. Buna "Tanrı'dan korkan kadın," denir. Bizim çalışmamız "cennet krallığının yükünü üstlenmek" denilen Tanrı korkusuna gelmektir.

Bununla atalarımızın "kuzgun kadar siyah" sözünü anlayabiliriz. "Kuzgunu kimde bulursun? Raba der ki, 'Oğullarına ve ev halkına kuzgun kadar zalim davranan, 'yani 'Tora'nın emirlerini dışlayan.'" RAŞİ kuzgunun yavrularına zalim olduğunu söyler, şöyle yazdığı gibi, "ağlayan yavru kuzgunlar."

Orev (Kuzgun) kelimesi, Arev (hoş) kelimesinden gelir. O güvercinin zıttıdır, atalarımızın dediği gibi, "Güvercin gagasında taze bir zeytin dalıyla geldi. Güvercin Yaradan'a dedi ki, 'Dünyanın Efendisi, lokmam kan ve et kadar tatlı değil, zeytin kadar acı fakat yine de o Sen'den gelir.'"

Bilinir ki kişi alma arzusunda çalıştığında, yönü sadece kendini-sevme olduğu için bu çalışmaya "tatlı çalışma" denir. Bu nedenle güvercin "zeytin kadar acı fakat yine de o Sen'den gelir," der. Bu onun yaşam devamlılığıdır. Eğer kişinin çalışması Yaradan için olursa, acılık sebebiyle beden onunla hemfikir olmaz, çünkü bu doğuştan gelen doğasına aykırıdır.

Beden alma arzusuyla doğar. Yalnızca kendini-sevmeyi sürdürene özlem duyar. Bu "et ve kan" sözüyle ilişkili olandır. Beden bundan hoşlanır ve onu tatlı bulur. Bu kuzgun olarak kabul edilir, çünkü et ve kanın kazancı hoştur. Kişi ihsan eyleminde acılık hissettiğinden, yukarıdan verilenden—Yaradan için çalışabilme—kaçar.

Öyle anlaşılıyor ki, kuzguna "kendini-sevme çalışması," denir. Alma arzusunda üst ışığın görünmediği kısıtlama olduğundan, kuzgun çalışması siyahtır. Öyleyse Tora'nın ışığı kimde parlar? Alma arzusundaki çalışmanın siyahlığa sebep olduğunu ve bunun karşılığında ışığı değil, yalnızca karanlığı edineceğini bilen kişide. Atalarımız bununla ilgili "oğullarına ve ev halkına kuzgun kadar zalim davranan," der.

Biliyoruz ki, baba ve oğul sebep ve sonuçtur. Dolayısıyla yukarıdaki sözleri tatlı olsa bile kendini-sevme denilen kan ve ete hizmet ettiğini idrak eden kişi olarak yorumlayabiliriz. Ve böylece çalışmanın sonucunun sadece karanlık olduğunu bilir. Bu nedenle oğullarına karşı zalim olur, yani bundan çıkan sonuca karşı acımasız olur.

Kuzgun aşamasında yürüdüğünü bilirse, yolunu değiştirir ve zeytin kadar acı olsa da Yaradan için çalışmaya hemfikir olup güvercinin yolunu seçer. Bu durumda sonuç, yani oğullar çalışmadan hoşnut olur, çünkü bu ihsan etmedir ve bereket yukarıdan akar.

Bu sebeple İsrail halkı güvercinle kıyaslanır. Yaşar-El olarak kabul edilen İsrail budur. İsrail halkının yaptığı her şey Yaradan niyetiyledir. Dünya ulusları ise Yaradan için çalışmak istemeyen yabancı Tanrı olarak kabul edilir.

Kuzgun yavruları "kuzgun" denilen kendine-sevmenin onlara getirdiğini anladıklarında, Yaradan'a ihsan kaplarını ve mantık ötesi inancı vermesi için yakarır. Bununla ilgili şöyle yazar, "Tanrı O'na seslenene yakındır."

Baal HaSulam Şabat'ın şarkılarında yazılanı şöyle yorumlar, "Sen'i bilene merhametini göster," Bu demektir ki, kişi ihsan yolunda yürümediğini, ölümün gölgesi altına bir yere düşeceğini anladığında, ona düşmekten alıkonma garantisi verilir. Bu sırada şöyle der, "Sen'i bilene merhametini Göster."

Bu sebeple Yaradan'ın onlara merhamet etmesini isterler, aksi takdirde ölüme mahkûm olduklarını bilirler. Sadece Yaradan'ın onlara göstereceği merhametle ihsan kaplarını alırlar. Bu "güvercin" olarak kabul edilir. Fakat kuzgun yani tatlılık, onları zalim kılar.

"O hayvana ekmeğini verir." "İnanç" denilen ekmeği ne zaman verir? Yavru kuzgun ağladığında. Bu demektir ki, "oğullar" denilen sonucun ölmeye mahkûm olduğunu bilirler, çünkü bu yaşamların yaşamından ayrılıktır. Sonra Yaradan'a yardım etmesi için yakarırlar. Bu "Tanrı O'nu gerçek anlamda çağırana yakındır," sözünün anlamıdır.

Kendin İçin Bir Öğretmen Yap ve Kendine Bir Dost Satın Al (2)

Makale No. 8, Tav-Şin-Mem-Hey, 1984-85

Birinci makalede (1985) tartıştığımız şeyleri dikkate alıp, ayrıntılara biraz daha inmeliyiz:

Şu üç koşulun farkını anlamalıyız a) insan ve Yaradan b) insan ve dostu c) insan ve 'Tüm İsrail (Manevi çalışmayı yapan grup, Yaşar el, Yaradan'a doğru olan bir grup) dosttur' denmesine rağmen, dost olmayan diğer kişiler.

Bazen, "kendin için bir öğretmen yap ve kendine bir dost satın al" sözlerinin, ıslahın yolu olduğunu, bazen de ıslahın yolunun, "Ve herkesi haklı çıkar," (Avot, bölüm 1) sözlerinin içinde olduğunu görürüz. "Yap" ve "satın al" arasındaki farkı ve haklı çıkarmanın ne demek olduğunu anlamalıyız.

"Yap" sözünü, mantık dışı bırakmak olarak yorumlamalıyız. Çünkü mantık, bir şeyi yapmanın değerli olup olmadığını anlayamadığında, benim için neyin iyi olduğunu nasıl belirleyebilir? Ya da tam tersi, eğer mantık, onların eşit olduğunu düşünürse, kişinin ne yapması gerektiğini kim belirleyecek? Bu nedenle, eylem karar verir.

Önümüzde iki yol olduğunu bilmeliyiz: ihsan etmek için çalışmak veya almak için çalışmak. İnsanın bedeninde, ona şöyle söyleyen parçalar vardır, "Eğer ihsan etmek için çalışırsan, başarılı olursun ve bu yol, hayattan keyif alacağın yoldur." Bu, iyi eğilimin iddiasıdır, atalarımızın dediği gibi, "Eğer böyle yaparsan, bu dünyada ve gelecek dünyada mutlu olursun."

Ve kötü eğilimin iddiası, bunun tam tersidir: Almak üzere çalışmak daha iyidir. Bu aşamada, akıl ya da duygu değil, sadece "mantık ötesi eylem" denen güç, karar vericidir. Bu yüzden, yapmaya, "mantık ötesi" ve "mantık ötesi olmak" denir ve bu, "akla karşıt olan inanç" denen güçtür.

"Satın al", mantık dâhilindedir. Normalde, insanlar almak istedikleri şeyi görmek isterler, dolayısıyla satıcı, onlara malları gösterir ve satıcının istediği fiyata değer olup olmadığına dair müzakere yaparlar. Eğer o paraya değmeyeceğini düşünürlerse, satın almazlar. Bu yüzden, "satın al" mantık dâhilindedir.

Şimdi "öğretmen" konusunu ve "dost" konusunu açıklayacağız. İnsanlar bir araya geldikleri ve bağ kurmayı diledikleri zaman, bazen dosta, "toplum" denir. Bu, form eşitliği sayesinde, herkesin başkalarını sevmeyi önemsemesiyle gerçekleşebilir. Böylelikle, birleşir ve bir olurlar.

Dolayısıyla, bir toplum, tek bir grup haline gelmek için kurulduğu zaman, görürüz ki böyle bir toplumu yaratmayı düşünen insanlar, genelde, görüşleri ve nitelikleri benzer olan insanları ararlar ki onları aşağı yukarı eşit olarak görebilsinler. Aksi takdirde, onları, kurmak istedikleri gruba kabul etmeyeceklerdir. Ve bundan sonra dost sevgisi çalışması başlar.

Fakat eğer onların, baştan itibaren, topluma girmeden önce bile, toplumun amaçlarıyla hiçbir eşitlikleri yoksa, o birleşmeden herhangi bir şeyin çıkacağı beklenemez. Eğer onlar, topluma girmeden önce, aralarında görünür bir eşitlik varsa, ancak o zaman dost sevgisi çalışmasında çaba göstermeye başlayabilecekleri söylenebilir.

İnsan ve Yaradan Arasında

İnsan ve Yaradan arasında, sıra, "Kendin için bir öğretmen yap" ile başlar ve daha sonra, "Kendine bir dost satın al" gelir. Diğer bir deyişle, kişi, önce mantık ötesi olarak, Yaradan'ın yüce olduğuna inanmalıdır, Zohar'da (Sulam Yorumu, s 185, madde 191) yazıldığı üzere, "Temel prensip olan korku, insanın Efendisinden, O, yüce ve hükmeden olduğu için korkması demektir.'

Kişi, "Yüce" denen Yaradan'ın yüceliğine inandığı ölçüde, "satın alma"ya, yani Yaradan'la Dvekut (bütünleşmek) denen form eşitliğini elde etmek için, kendini-sevmekten ödün vererek satın almaya verecek güce sahip olur. Ve buna Haver (dost), Yaradan ile Hibur (birleşme/bağ) içinde olan kişi denir.

Dünyevi şeyler satın alırken, paradan, onurdan vazgeçmeli veya onu elde etmek için çaba sarf etmeliyiz. Benzer şekilde, kişi, Yaradan ile birleşmeyi satın almak istediğinde, kendini sevmekten vazgeçmelidir, aksi takdirde form eşitliğini elde edemez.

Kişi, form eşitliğini satın almak için ödün vermeye uygun olmadığını gördüğü zaman, bu zayıf karakterle doğduğu ve bu yüzden kendini sevmenin üstesinden gelemediği için böyle değildir. Aksine, hata, "Kendin için bir öğretmen yap" koşulundadır, yani kişi, inanç üzerinde çalışmamaktadır, çünkü Yaradan'ın yüceliğine olan inancının önemine göre ödün verebilecektir.

Daha da ötesi, kişi bilmeli ki eğer inanç seviyesini ölçmek istiyorsa, kendini sevmeye dair verebileceği ödünlerin seviyesinde bunu görebilir. O zaman, mantık ötesi inanç çalışmasındaki seviyesini bilecektir. Bu, insan ve Yaradan arasında geçerlidir.

İnsan ve Dostu Arasında

İnsan ve dostu arasında, "Kendine bir dost satın al" ile başlamalıyız ve daha sonra, "Kendin için bir öğretmen yap" gelir. Bu böyledir, çünkü kişi, bir dost aradığı zaman, önce onun gerçekten birleşmeye değer olup olmadığını incelemelidir. Nihayetinde, görürüz ki dosta ilişkin özel bir dua düzenlenmiştir, duadaki kutsamalardan sonra şöyle söyleriz, "Lütfen... Bizi kötü eğilimi olan kişiden ve kötü dosttan uzak tut."

Bu demektir ki kişi, kendine bir dost almadan önce, onu mümkün olan her şekilde incelemelidir. O anda, mantığını kullanmalıdır. Bu yüzden, "Kendine bir dost yap" denmemiştir, çünkü "yapmak" mantık ötesini işaret eder. Dolayısıyla, kişi, insan ve dostuyla ilgili olarak, mantık dâhilinde gitmelidir ve dostunun uygun olup olmadığını incelemelidir, her gün ettiğimiz dua gibi, "Bizi kötü eğilimi olan kişiden ve kötü dosttan uzak tut."

Ve kişi, onunla birleşmeye değer olduğunu gördüğü zaman, birleşmek için ödeme yapmalıdır, yani kendini-sevmekten ödün vermelidir ve karşılığında, başkalarını sevme gücünü alır. Ve sonra Yaradan sevgisiyle de ödüllendirilmeyi bekleyebilir.

Yaradan sevgisi seviyesini elde etmeyi isteyen insanlar grubuyla birleştikten, onlardan, ihsan etmek için çalışma gücünü almayı ve Yaradan sevgisini elde etmenin gerekliliğine dair, onların sözlerinden etkilenmeyi diledikten sonra, gruptaki her dostu, kendinden daha yüce kabul etmelidir.

Matan Tora kitabında, (Tora'nın Verilmesi, s 143) toplumu, kendisinden daha yüce görmediği sürece, kişinin, toplumdan etkilenemediği ya da onların takdirini kazanamayacağı yazılmıştır. Her birinin kendisini, neden herkesin en küçüğü olarak hissetmesi gerektiğinin sebebi, budur, zira daha büyük olan kişi, kendinden daha küçük olan birinden alamaz, onun sözlerinden pek etkilenmez. Aksine, sadece daha küçük olan, daha büyük olanı takdir ederek etkilenir.

Öyle anlaşılıyor ki ikinci aşamada, herkesin diğerlerinden öğrenmesi gerektiğinde, "kendin için bir öğretmen yap" konusu vardır. Bu böyledir, çünkü dostunun kendinden daha yüce olduğunu söyleyebilmek için, mantık dışı olan "yapma" koşulunu kullanmalıdır, çünkü sadece mantık ötesinde dostunun, kendinden daha yüksek bir seviyede olduğunu söyleyebilir. Dolayısıyla, insan ve dostu arasında sıra, "Kendine bir dost satın al" koşulunu yerine getirmekle başlar ve daha sonra, "Kendin için bir öğretmen yap" koşulu gelir.

İnsan ve Diğer İnsanlar Arasında

Mişna (Avot, bölüm1) bize, "Kendin için bir öğretmen yap, kendine bir dost satın al ve herkesi haklı çıkar" der.

İnsan ve dostu arasındaki düzenin, önce gidip kendine bir dost satın almak olduğunu ve satın almanın mantık dâhilinde olduğunu açıkladık, sonrasında ise "Kendin için bir öğretmen yap" ile meşgul olmalısınız. Ve insan ve Yaradan arasındaki çalışma düzeni, önce "Kendin için bir öğretmen yap" ve sonra, "Kendine bir dost satın al" koşuludur.

Herkesle ilgili, "Haklı çıkar" deyişinin ne anlama geldiğini anlamalıyız. Bu satın almak mı yoksa yapmak mıdır? Yukarıdakilere göre, "Ve herkesi haklı çıkar" sözlerinin anlamını, "satın almak" değil, "yapmak" olarak yorumlamalıyız.

Örneğin, bir toplulukta birçok kişi olduğunu varsayın ve onlar arasındaki küçük bir grup, dost sevgisi ile uğraşan bir grupta birleşmek istediklerine karar versinler. Ve diyelim ki, toplulukta 100 erkek var ve onlar arasından on kişi birleşmeye karar veriyor. O on özel kişinin, neden birleşmeye ve topluluktaki diğerlerini dışlamaya karar verdiklerini incelemeliyiz. Onlar, bu insanların, topluluktaki diğer insanlardan daha erdemli olduklarını düşündükleri için mi yoksa onlar, diğerlerinden daha kötü olduğu ve Tora (Maneviyat) ve korku merdiveninde yükselmek için bir eylemde bulunmaları gerektiği için mi böyledir?

Yukarıda bahsedilene göre, o insanların, dost sevgisiyle uğraşan tek bir grup olarak birleşmeye hemfikir olmalarındaki neden, her birinin düşüncelerini birleştirebilecek bir arzuya sahip olduklarını hissetmeleridir ki böylece başkalarını sevme gücünü edinebilsinler. Meşhur bir atasözü vardır, "Yüzleri farklı olduğu gibi, görüşleri de farklıdır." Bu nedenle, bir grup olmak için aralarında birleşmeyi kabul edenler, başkalarını sevme çalışmasının gerekliliğinin farkında olma hissiyatında, aralarında büyük bir mesafe olmadığını anlamışlardır. Dolayısıyla, her biri diğerleri adına ödün verebilecek ve bunun etrafında birleşebilecektir. Fakat diğer insanlar, başkalarını sevme çalışmasının gerekliliğine dair hiçbir anlayışa sahip değildir, bu yüzden, onlarla birleşemezler.

Dolayısıyla bundan çıkan sonuç şudur ki, dost sevgisi birliğine bağlandıklarında, herkes diğerini, onun sebebini ve niteliklerini inceler, onun uygun olup olmadığını ya da içeriye girmelerine izin verilen bu insanların, topluma katılmaya layık olup olmadıklarını görmek ister. Bu, mantık dâhilinde, ettiğimiz dua gibidir, "Bizi, kötü eğilimi olan kişiden ve kötü dosttan uzak tut."

Sonunda anlaşılır ki kişi, topluluktaki diğer insanlara göre kendisiyle gurur duymaktadır. Buna nasıl izin verilir? Nihayetinde, bu, "Yavne'nin adamı olan Kabalist Levitas, 'Çok ama çok alçakgönüllü ol '(Avot, bölüm4) derdi, "kuralına karşıdır.

Kabalist Yehoşua Ben Perahia bunun hakkında der ki: '"Herkesi haklı çıkar '(Avot, bölüm 1) bu demektir ki diğer insanlar konusunda, kişi "yapmak" denilen mantık ötesi gitmeli, yani mantık yürütmede değil, eylemde bulunmalıdır. Bu böyledir, çünkü kişinin aklı, onların, kendisiyle ilişkilendirdiği insanlar kadar uygun olmadığını gösterir ve herkesin, kendisine söylediği şey de budur. Bu nedenle, herkes diğerlerine kıyasla kendisiyle gurur duyar. Buna verilecek tavsiye şudur: "Ve herkesi haklı çıkar."

Bu demektir ki topluluktaki diğer insanlarla ilgili olarak, kişi, onları haklı çıkarmalı ve onların, kendisinden, gerçekten de daha önemli insanlar olduğunu söylemelidir, aslında atalarımızın "Herkes" dediği halkın yüceliğini ve önemini takdir etmemesi, kişinin kendi hatasıdır. Bu nedenle, mantık dâhilinde, onların yüceliğini görmez, oysa insan ve dostu arasında, "satın almak" olması gerektiğini söyledik. Ancak kişi, mantık ötesi olan "yapmak" koşulunu kullanmalıdır. Ve buna, "Herkesi haklı çıkar," denir.

Ve Çocuklar Onun İçinde Mücadele Etti

Makale No. 9, Tav-Şin-Mem-Hey, 1984-85

"Ve çocuklar onun içinde mücadele etti." Raşi'nin yorumuna göre, "Bilgelerimiz bunu koşmak olarak açıkladılar, o Şem ve Ever'in Tora'sının kapılarından geçeceği zaman, Yakup ortaya çıkmak için koşuyor ve kıpırdanıyordu. O, putperestliğin kapılarından geçtiği zaman ise Esav ortaya çıkmak için kıpırdanıyordu."

Baal HaSulam, çalışma düzeninin bu olduğunu söyledi. Kişi, hakikat yolunda çalışmaya başladığında, çalışmanın başlangıcı, İbur (döllenme) olarak adlandırılır. Tora'nın kapılarından geçtiğinde, kişinin içindeki Yakup uyanır ve Tora'nın yolunda yürümek ister. Putperestliğin kapılarından geçtiğinde, kişinin içindeki Esav ortaya çıkmak için uyanır.

Onun sözlerini yorumlamalıyız. İnsan doğası gereği, "kendine-sevgi" denen, kötü eğilim olan alma kaplarından ve aynı zamanda iyi eğilim olan kalpteki noktadan oluşur. Kişi, ihsan etme çalışmasına başladığında, bu Avra (geçti) kelimesinden gelen İbur olarak kabul edilir. Bu yüzden kişi, düşüşleri ve yükselişleri deneyimler ve istikrarsızdır. Çevreden etkilenir ve üstesinden gelemez.

Bu nedenle, insan, bize yani kendini-sevmeye yabancı olan çalışmayla meşgul olduğu bir çevreye girdiğinde, kişinin içindeki kendine-sevgi uyanır, gizlilikten ifşaya geçer ve bedenin kontrolünü ele alır. O zaman kişi, alıcısını ilgilendiren şeylerin dışında hiçbir şey yapamaz.

Kişi, insanların ihsan etme çalışmayla meşgul olduğu bir çevreye geçtiğinde, içindeki Yakup uyanır ve gizlilikten ifşaya geçer. O zaman ihsan etme çalışması bedeni yönetir. Bu demektir ki, o zaman, kişi geriye dönüp baktığında, içinde olduğu duruma gelmeden önce, kendine-sevgiye nasıl da daldığını gördüğünde, insanın nasıl bu kadar alçalabildiğini, bir yetişkinin evini aşağılık ve değersiz arzu ve düşüncelerin arasında inşa etmesi için uygun olmayan böylesine aşağılık şeylerden nasıl tatmin olabildiğini anlayamaz. Bir zamanlar evinin olduğu yer olan bu arzu ve düşünceler onurunu kırar.

Ancak daha sonra, putperestliğin kapılarından geçtiğinde yani kendine-sevgiyle meşgul olan bir çevreye geldiğinde, içindeki Esav yeniden uyanır ve ortaya çıkmak için kıpırdanır. Bu, çalışanda gün be gün sürekli tekrarlanır. Daha çok çalışan kişi, bu değişen koşullardan her saat başı geçebilir.

"Ve o dedi ki, 'Öyleyse neden ben? 'Ve Efendi'ye danışmaya gitti." Raşi, "Ve danışmaya gitti" sözlerini, Şem'in okuluna, ona ne olacağını anlatması için Efendi'ye danışmak olarak yorumlar. Peki, Efendi'nin cevabı neydi? Ayet der ki, "Efendi ona, 'Rahminde iki ulus var, karnından iki halk ayrılacak, bir halk diğerinden daha güçlü olacak ve yaşlı olan genç olana hizmet edecek.'" Raşi, "bir halk diğerinden daha güçlü olacak" ifadesini, onların eşit yücelikte olmayacağı, biri yükseldiğinde, diğerinin düşeceği şeklinde yorumlar. Ayrıca der ki, "O, harap oldu; Tzor'u ancak Kudüs'ün yıkımı doldurur."

"Efendi ona dedi ki," diye yazıldığı gibi Yaradan'ın, ona verdiği yanıtı anlamak için, yaratılanın Esav olarak adlandırılan alma kapları olduğu bilindiğinden, bu iki gücün var olması gerektiğinin söylendiğini açıklamalıyız. Ama sonrasında Yakup denilen ikinci güç gelir; bu da ihsan etme arzusudur. Her biri tek başına hükmetmek ister ve Esav ve Yakup arasındaki mücadele budur.

Bu nedenle Raşi, "Biri yükseldiğinde öteki düşer; Tzor, yalnızca Kudüs'ün yıkılmasıyla dolduruldu." şeklinde yorumlar. Bu demektir ki, ona açıkça ya alma arzusunun ya da ihsan etme arzusunun yöneteceğini bilmemiz gerektiği söylendi. İkisi bir arada var olamaz. Bu yüzden bayağı ve aşağılık düşünce ve arzular içinde yaşamaya değmeyeceğine kesin olarak karar vermeliyiz.

O zaman kişi, alma arzusunun üstesinden gelemeyeceğini gördüğünde, bu, kendisinin bir hiç olduğunu, değersiz olduğunu gördüğü olarak kabul edilir ancak o zaman alma arzusunun zarar veren olduğunu zaten fark etmiş olmasına rağmen, yine de üstesinden gelemediğini anlar. Bu nedenle, özellikle o zaman, cennetin merhametine ihtiyacı olduğunu, O'nun yardımı olmadan alma arzusunun yönetiminden çıkmanın imkânsız olduğunu görür.

Bilgelerimizin söylediklerinin anlamı budur (Kiduşin 30), "İnsanın eğilimi onu her gün yener. Yaradan'ın yardımı olmasaydı bunun üstesinden gelemezdi." Bu özellikle çalışmaya başlayan ve elinden gelen her şeyi yapan kişiyle ilgilidir. O zaman kişinin yalnızca Yaradan'ın ona yardım edebileceğine inanması gerekmez çünkü artık görür ki, denemediği hiçbir taktik ve hile yoktur ve hiçbiri ona yardım etmemiştir. Yalnızca Yaradan ona yardım etmiştir.

Kişi, sadece o zaman, ona yalnızca Yaradan'ın yardım ettiğini anlayabilir. O halde, onunla diğerleri arasındaki fark nedir? Kendisine yardım ettiği gibi, diğerlerine de yardım edebilir. Bu nedenle, başkaları üzerinden gurur yapmasına gerek yoktur, zira bu kendi gücü değildir. Ancak yalnızca ihsan etmek ve almamak olan kutsal çalışmaya başlamamış olanlar, yalnızca Yaradan'ın onlara yardım ettiğini görmezler. Bunun yerine derler ki, "Bu zenginliği, benim gücüm, benim ellerimin gücü sağladı." Doğal olarak, onların, kendileri gibi çalışmayan diğerleri üzerinden böbürlenecek bir şeyleri vardır.

O zaman, iyi ile kötü arasındaki farkın o kadar da büyük olmadığı ortaya çıkar, zira onun iyiliği de kendine-sevgi temelinde inşa edilmiştir. Ve her ne kadar Tora ve Mitzvot [emirler] ile meşgul olsa da Yakup ve Esav arasındaki mücadele henüz belirgin değildir ve doğal olarak alma arzusundan kendisini kurtarması, ona merhamet etmesi ve ihsan etme arzusunun Kli'sini (kap) vermesi için yukarıdan yardıma ihtiyacı yoktur, zira görür ki, doğası gereği ihsan etmek için çalışamaz.

Bu böyledir, çünkü kişi, Yaradan'la Dvekut'la (bütünleşme) ödüllendirilmek için, Tora ve Mitzvot'ta çalışması gerektiğini düşünmez ve ihsan etme meselesi onu hiçbir şekilde ilgilendirmez. Bu yüzden, biri yükselirken diğerinin düştüğü söylenemez.

Ancak, kişi ihsan etme yolunda yürümek istediğinde, işte o zaman "mücadele" meselesi başlar. Ondan sonra, kişi elinden geleni yapmalıdır, o zaman hakikati, kendisine yardım edemediğini gördüğü bir koşula gelir. Sonrasında başka bir seçeneği olmadığını, cennetin merhametine ihtiyacı olduğunu anlar. O zaman bilgelerimizin, "Arınmaya gelene yardım edilir" sözleri gerçekleşir.

"Ve yaşlı olan, genç olana hizmet edecek" sözlerinin bize ne söylediğini anlamalıyız. Bunu, Yaradan'a yalnızca iyi eğilim ile hizmet edilebilmesi olarak kabul edilen, kişinin iyi eğilimin hükümdar olması ve kötü eğilimin buna karşı koyamayacak kadar güçsüz olması ile ödüllendirilmesinin yeterli olmadığı şeklinde yorumlamalıyız. Bilakis kişi, bilgelerimizin, kötü eğilimin de Yaradan'a hizmet etmek için kullanıldığı, "Ve Efendin Tanrına bütün kalbinle, her iki eğiliminle hizmet edeceksin" dediği gibi, bütünlük derecesini edinmelidir. Bu, ancak önce kötü eğilimin ne olduğunu bilmemiz gerektiği şeklinde yorumlanabilir.

Bilmeliyiz ki, içimizdeki kötülüğün özü, tüm kötülüklerinden, yani bizlere kötü düşünce ve arzuların ondan geldiği alma arzusudur. İhsan etme arzusu, bizlere iyi şeyleri, iyi düşüncelerimizi ve arzularımızı getirir. Bu yüzden, iyi eğilim yani ihsan etme arzusu kişiye hükmettiğinde, yukarıdan üst bolluk yağar yani bununla Hasadim'in (merhamet) bolluğu yukarıdan gelir.

Ancak, bunun yalnızca yaratılışın ıslahı olduğunu bilmeliyiz. Bu demektir ki, form eşitliğine sahip olmak için, her şeyi Yaradan için hedeflemeliyiz ki böylece Yaradan'la Dvekut (bütünleşme) denen form eşitliğine sahip olalım. Bununla birlikte yaratılış amacı, O'nun yarattıklarına iyilik yapmak yani aşağıda olanların Yaradan'dan haz ve memnuniyet almaları, sanki Yaradan'ın aşağıda olanların O'na bir şey vermesine ihtiyacı varmış gibi, O'na memnuniyet ihsan etmeleridir.

Bu nedenle, yaratılanlar, Yaradan'dan bir şey almak istediklerinde, kötü eğilim denen alma kaplarını kullanmalıdırlar. Aksi taktirde hazzı kim alacak? Hazzın alıcısı, sadece o şey için özlem duymaktır. Haz için özlem duymaya "alma arzusu" denir. Dolayısıyla o zaman kişi, kötü eğilimini kullanmalı ancak üzerine "ihsan etmek için" denen ıslahı yerleştirmelidir. O zaman kişi, Yaradan'a kötü eğilimiyle de hizmet eder.

Kötü eğilime, "yaşlı" denir çünkü ilk olarak o doğmuştur. Aynı şekilde, kişi önce kötü eğilimle doğduğunda, iyi eğilim on üç yıl sonra gelir. Bu nedenle, kişi alma arzusu ile ihsan etmek üzere çalıştığında, Yaradan'ı bütün kalbiyle yani her iki eğilimiyle seviyor olarak kabul edilir. "Ve yaşlı olan genç olana hizmet edecek" ayetinin anlamı budur yani "yaşlı" denen alma arzusu, genç olana yani Yaradan'a ihsan etme arzusuna hizmet edecektir.

Bundan, ihsan etme arzusunun hükümdar olacağı sonucu çıkar. İhsan etme arzusu, bazen "Yakup'un kapları" olarak adlandırılan ihsan etme kaplarını kullanır ve o zaman bu Yaradan'a iyi eğilim ile hizmet etmek olarak kabul edilir. Bazen de alma kaplarını kullanır ve o zaman bu, Yaradan'a kötü eğilim ile hizmet etmek olarak kabul edilir. Bütün bunlar, ona Şem'in okulunda söylendiği, "Efendi ona dedi ki," şeklinde yazıldığı gibidir.

Böylece Ben Zoma'nın söylediği şeyi (Avot deRabbi Natan, Bölüm 23) anlayacağız: "Kahramanların kahramanı kimdir? Düşmanını dostuna çevirendir." Masehet Avot'ta (Bölüm 4), "Ben Zoma der ki, 'Kahraman kimdir? Eğilimini yenendir.'"

"Kahraman kimdir? Eğilimini yenendir." dediğinde atıfta bulunduğu "kahraman" ile "Düşmanını dostuna çeviren" dediğinde yaptığı "kahramanların kahramanı" yorumu arasındaki farkı anlamalıyız.

Yukarıdakilere göre, Ben Zoma'nın sözlerini, Raşi'nin "Biri yükseldiğinde diğeri düşer" şeklinde yorumladığı gibi, kahramanın "ve bir halk diğerlerinden daha güçlü olacak" anlamına geldiğini yorumlamalıyız. Buna, içindeki kötülükle kuşatılan ve yalnızca iyi eğilimin hükmettiği "kahraman" denir yani kişi, Yaradan'a yalnızca iyi eğilimiyle hizmet ediyordur.

"Kahramanların kahramanı", "ve yaşlı olan genç olana hizmet edecek" olarak kabul edilir. Bu demektir ki, "yaşlı" yani kişinin içindeki kötülük, "genç olana hizmet edecek" yani ihsan etme arzusuna hizmet edecek. İşte o zaman kişi, Yaradan'a kötü eğilimiyle de hizmet edecek ve "Bütün kalbinle" yani her iki eğiliminle ayetini tutacaktır.

Yakup Ayrıldı

Makale No. 10, Tav-Şin-Mem-Hey, 1984-85

"Yakup ayrıldı." RAŞİ der ki, "Oysa 'Yakup Haran'a gitti," yazmalıydı. Neden ayrılıştan bahseder? Erdemlinin bir yerden ayrılması geride iz bırakır. Erdemli şehirdeyken oranın ihtişamı, parlaklığı ve görkemi olur. Ayrıldığında ihtişam, parlaklık ve görkem de oradan ayrılır."

Çalışmada erdemli nedir ve erdemli geride ne iz bırakır anlamalıyız.

Yaradan'a "erdemli" denir, şöyle yazdığı gibi "Tanrı erdemlidir, Ben ve benim halkım günahkârdır." Bu demektir ki kişi Yaradan'a yakın olduğunda, Yaradan'ın iyiliğini hisseder. Tora ve duadan tat alır ve tüm eylemlerinde Yaradan'ın yakınlığını hisseder, yaptığı her şeyi sevinç ve mutlulukla yapar.

Sonrasında Tora çalışmasından ve iyi amellerden tat alamadığı düşüş aşamasına gelir. Ancak geride bıraktığı sevinç ve iyi tadın izlenimi vardır. Bu izlenim onda bir önceki aşamaya dönme özlemi yaratır. Bu nedenle içinde bulunduğu bayağılık aşamasından çıkıp, "yükseliş aşaması" denilen bir önceki aşamaya geri dönme tavsiyesi aramaya başlar.

Bu şu soruyu akla getirir, "Neden düşüş oldu? Bundan kim kazançlı çıkar?" Belki bu aşama ona günahını ıslah edebilmesi için ceza olarak geldi. Ancak, kişi yükseliş aşamasından onu düşüşe getiren günahın ne olduğunu bilmez. Bu nedenle nasıl ıslah edeceğini de bilmez. Aslında kendinde bu düşüşe sebep olacak bir eksiklik görmez ve bunun Yaradan'dan geldiğini söyleyerek şikâyet eder. Öyleyse "Yaradan onu derecesinden düşürerek ne elde eder?"

Atalarımız şöyle der, "Erdemlinin bir yerden ayrılması geride iz bırakır." Yükseliş sırasında Yaradan'ın orada, yani bedende olduğu kabul edilir. Yaradan kişinin Tora ve Mitzvot'ta heyecan duymasına sebep olur. Ancak kişi Yaradan'ın onun içinde olduğunun önemine varamaz, şöyle yazdığı gibi, "Ben Yaradan, takdir etmeleri ve önem vermeleri için onlarla, onların kirliliğiyle beraber olanım."

Dolayısıyla, yukarıdan yükseliş geldiğinde kişi bunun değerini bilmezse, şükretmeyi öğrenmesi için bir kez daha cennetten indirilir. "Neden kişi yükseliş aşamasına değer vermelidir ki?" diye sorabilirsiniz. Bu Baal HaSulam'dan öğrendiğim gibidir, ışığın dereceleri arasında fark yoktur. Daha ziyade Gadlut ve Katnut konusu, Kapların edinimine bağlıdır. Alınan ışığın ölçüsü, Kapların ışığı edinmesi ölçüsüne göredir. Bu sebeple Baal HaSulam der ki, kişi yukarıdan bir şey aldığında ve bunun değeri hissiyatı içinde olduğunda, aydınlanma içinde büyür ve daha büyük bir ışığa ihtiyacı olmaz. Daha doğrusu aydınlanmaya değer verdikçe ışık büyür ve her sefer daha yüksek bir derecede onun için parlar.

Öyle anlaşılıyor ki, onu derecesinden düşüren günah koşulundan memnun değildir. O derecede sonsuza kadar kalmak istemez. Dolayısıyla düşüş kendi iyiliği, ona kutsallığın derecelerinde yükselme becerisi vermek içindir.

"Erdemlinin bir yerden ayrılması geride iz bırakır. Erdemli şehirdeyken oranın ihtişamı, parlaklığı ve görkemi olur," yani ihtişam ordadır, ama kişi bunun değerini bilmez. Bu nedenle "Oradan ayrıldığında ihtişam, parlaklık ve görkem de ayrılır."

"Erdemlinin bir yerden ayrılması geride iz bırakır," yani erdemli şehirdeyken değer bilmedi, tersine arkasını döndü ve gitti.

Buna "iz bıraktı" denir, yani bütün dereceler orda olmasına rağmen buna dikkat etmedi, oysa ışıkta bir değişiklik olmadığını, her şeyin Kaplara bağlı olduğunu bilmeliydi. Öyle anlaşılıyor ki, ayrılışı günahla ilgili değil, kutsallığın derecelerinde yükselmesini sağlamak içindir.

Sonra içinde bulunduğu aşamanın üstesinden geldiğinde şöyle der, "Hiç şüphe yok ki, iyi ve iyilik yapan Yaradan bana bereketle yaklaşıyor. O, benim O'nun gibi hissetmemi istiyor." Yani kişi İlahi Bereketi meşrulaştırır. Akabinde ihsan ve mantık ötesi çalışmanın önemini görür. Buna "Erdemli şehirdeyken oranın ihtişamı, parlaklığı ve görkemi olur," denir.

"Oradan ayrıldığında," yani kişi İlahi Olan'a değer vermekten uzaklaşmış ve her şeyi mantık dâhilinde görmek istemiştir. İhsan çalışmasında tat hissetmez. Sonra, "Oradan ayrıldığında ihtişam, parlaklık ve görkem de oradan ayrılır." Bir kez daha kendini-sevmeye düşer.

Bu "Erdemlinin bir yerden ayrılması geride iz bırakır," olarak kabul edilir. Kişi şöyle düşünür, "Şimdi çalışmadan iyi tat aldığımdan artık daha fazla mantık ötesi çalışmaya ihtiyacım yok," fakat bu şekilde erdemliğin bedenden ayrılmasına sebep olur. Sonrasında içindeki izlenim nedeniyle mantık ötesi çalışmadan çıkmamak için ne yapması gerektiğini öğrenmiş olur. Baal HaSulam der ki, kişi "artık desteğim var, cennet ve yeryüzü arasında değilim," demeli, derecesinden düşmelidir, çünkü sonrasında mantık ötesi anlayışa gelir.

Bundan anlaşıldığı üzere derecenin ayrılığı kişide iz bırakır, böylece bir dahaki sefere dikkatli olması gerektiğini bilir ve daima İlahi Olan'ı takdir eder.

"Bakın, yeryüzüne ucu cennete uzanan bir merdiven kuruldu; Tanrı'nın melekleri onun üzerinde çıkıyor ve iniyor." Yorumcular der ki, "Oysa önce 'iniyor, 'sonra 'çıkıyor, 'yazmalıydı." Çalışmada bunu anlamak için merdivenin insanı ima ettiğini anlamalıyız: İnsan aşağıda durur, yeryüzünde, fakat başı cennete uzanır ve bu nedenle merdivenin yeryüzünde olmasından şikâyet etmemelidir.

Ancak, öncelikle "yeryüzü" ne demek anlamalıyız. Yeryüzü en aşağı şeydir. Ama yine de muhteşem meyveler, güzellikler yeryüzünden gelir.

Eretz (yeryüzü), alma arzusunu ima eder, tüm yaratılış ve yeryüzünde var olan tüm kötülük bu arzudan gelir, bilindiği gibi savaşlar, katliamların hepsi alma arzusundan kaynaklanır. Bu "yeryüzündeki merdiven" olarak adlandırılır, çünkü kişi dünyaya ilk geldiğinde yeryüzüne yerleştirilir, burası "almak istiyorum" yeridir. Bu bayağılık olarak kabul edilir, çünkü bundan daha aşağıda olan bir şey yoktur. Ancak, "ucu cennete yükselen," söz konusudur, yani özellikle merdiven vasıtasıyla bu mümkündür.

Bilindiği gibi yaratılış özü sadece alma arzusudur. Sonrasında "form eşitliği" denilen ıslahlar gelir, bu demektir ki, "yeryüzü" denilen alıcı ile "veren" denilen cennetle form eşitliğini elde eder. İnsan dünyasal koşullarda olsa bile başı vasıtasıyla "merdivenin sonu" ihsan etme arzusuna, form eşitliğine ulaşabilir.

Yaratılışta önce alıcı ortaya çıkar ve sonra ihsan etme ıslahına gelir. Başlangıç yeryüzündedir, sonra cennete ulaşılır. Bu demektir ki, insanın başlangıçta ihsan kıvılcımlarına sahip olmaması ve dünyasal konularla meşgul olması onu etkilememelidir. Tersine inanmalıdır ki, Yaradan'ın gitmemizi istediği çalışma yolu budur.

Bununla şu yazılanı anlayabiliriz, "Tanrı'nın melekleri yükseliyor ve iniyor." Şöyle sorulur, "Melekler zaten gökyüzünde, öyleyse 'çıkıyorlar 'değil 'iniyorlar 'yazılmalıydı. Anlamalıyız ki meleklere "ulak" denilir, bu Yaradan'ın temsilcisi olan insanı ima eder. Yaradan'ın yolundaki insanlara "Tanrı'nın melekleri," denir. Önce yeryüzüne yerleştirilmiş merdivenle yükselirler, bu "ucu cennette uzanan," olarak kabul edilir.

Sonrasında düşerler, yani merdivenin iki ucu olduğu için çıkış ve inişleri deneyimlerler; 1) "yeryüzüne yerleştirilmiş," yani bayağılık yerine, 2) fakat "ucu cennete uzanan."

Bu demektir ki, "ucu cennete uzanan," yani cenneti takdir ettiği ölçüde var olmanın "yeryüzüne yerleştirilmiş," bayağılığını hissedebilir. Fakat bununla ilgili hiçbir fikri yoksa düşüşte olmak onu ilgilendirmez.

Oysa yükselmesi ölçüsünde düşüşün bayağılığını anlayabilir. Bu nedenle kişi düşüş aşamasında olduğunu cennete ulaşmanın önemini hissettiği zaman idrak ettiğinden, önce "çıkıyorlar" sonra "iniyorlar," yazılmıştır.

Ayrıca yükseliş ve düşüşü şu şekilde de yorumlayabiliriz. Diyelim ki biri ticaretle uğraşıyor ya da bir fabrikada çalışıyor ya da basitçe sokakta yürüyor. Birden uykusundan uyanır ve kendini düşüş aşamasında bulur, bu sırada bilmelidir ki, düşüşte olduğunu idrak etmesi ona yukarıdan gelmiştir. Buna önce "yükseliş" sonra "düşüş" denir, şayet derecede yükselme, yukarıdan uyanış olmasaydı bu hisse gelemeyecekti. Ona yukarıdan seslenilmiştir.

Yukarıda yazılana göre tüm çalışmamız "yeryüzüne ucu cennette uzanan bir merdiven yerleştirildi," budur. İnsan için merdivenin iki anlayışı vardır ve bu iki anlayışla yaşam merdiveninden yükselir.

1) Kişinin perspektifinden, alma arzusu, yani bayağılık aşaması "yeryüzündeki merdiven," dir. Yeryüzü almak, cennetten alan Nukva (dişi) demektir, cennet ise veren, "erkek" tir. "Ucu cennete ulaşan" ihsan etmek demektir. Kişi ihsanı başı olarak kabul ettiği ölçüde alma arzusunu, "yeryüzünü" bilir.

2) Eretz'i (istiyorum) baş olarak kabul ettiğinde ise cenneti bayağılık olarak bilir.

Ayrıca "Tanrı'nın melekleri" demek bu dünyaya Yaradan'ın arzusunu yerine getirmek, ıslah yapmak için geldiğini bilen insan demektir. Bu demektir ki, onlar yeryüzüne yerleştirilmiş yaşam merdivenini görürler.

"Ucu cennete uzanan," ihsan etmek demektir. Onlar ihsanı bekler, çünkü çalışmalarının özü Yaradan'a memnuniyet vermektir ve bu "baş" olarak kabul edilir. İhsan edebilecekleri bir arzu edindiklerinde bunu sevinçle kabul ederler, bekledikleri şey budur.

Yakup ve Laban Arasındaki Mücadele

Makale No. 11, Tav-Şin-Mem-Hey, 1984-85

Yakup ve Laban arasındaki çekişme Yakup ile Esaf arasındaki çekişmeden farklıdır, şöyle yazar, "Laban Yakup'a' şöyle dedi: 'Kızlar benim kızlarım, oğullar benim oğullarım, sürü benim sürüm, gördüğün her şey benim.'" Yakup ve Esaf'la ilgili şöyle yazılıdır, "Esaf dedi ki, 'Ben pek çoğuna sahibim kardeşim; sahip oldukların senin olsun.'"

Esaf "sahip oldukların senin olsun," derken, neden Laban'ın "her şey bana ait," dediğini anlamalıyız.

Baal HaSulam bunu şöyle açıklar: Bilinir ki orada Klipot'un kontrolü vardır. Kontrol, Klipa kişiyi kontrol eder ve onun Keduşa'da bir şey yapmasını engeller demektir.

Örneğin kişi şafaktan önce kalkıp Tora'ya bağlanmak için sinagoga gitmek istediğinde, Klipa gelir ve türlü bahaneler bulup der ki, "Neden kendine eziyet ediyorsun? Yorgunsun; dışarısı soğuk." Kişi cevap verir, "Dediğin doğru fakat sonraki dünyanın ödülünü almak için bu dünyada Tora'ya bağlanmak iyidir." Sonra kötü eğilim ona cevap verir: "Bu dünyadaki çaban karşılığında sonraki dünyayı elde edeceğini düşünüyorsun. Kişi Yaradan için Tora ve Mitzvot'a bağlanırsa bu mümkündür. Fakat biliyorum ki her şeyi Yaradan için yapmıyorsun. Dolayısıyla kime hizmet ediyorsun? Sadece bana." Bu alegoriyle kötü eğilimi anlayabiliriz. Bu Klipa'nın kontrolünün anlamıdır.

Laban'ın ise ileri sürdüğü şudur: "Kızlar benim kızlarım,...gördüğün her şey benim." Bu demektir ki, sen Yaradan için değil benim için çalışıyorsun. Öyleyse hiçlik için neden kendini sıkıntıya sokuyorsun? Böylece kötü eğilim kişiyi kontrol eder ve kişi onun etkisinden kurtulup onun arzusuna karşı çıkamaz. Bu Laban'ın iddiasıdır, çünkü bu şekilde Yakup'u kontrol edecek gücü olduğunu düşünür.

Fakat kişi Laban'ın söyleminin üstesinden geldiğinde şöyle der, "Bu doğru değil, Yaradan için çalışıyorum, fakat senin beni Keduşa'dan uzaklaştırmak için gönderildiğine inanmak zorundayım. Ben basitçe Yaradan'a hizmet etmek istiyorum ve senin benim Tora ve Mitzvot'um üzerinde bir kontrolün yok. Bu sebeple seni yenip, Tora ve Mitzvot'a bağlanıyorum, beni artık tutamazsın."

Bu sırada Klipa başka bir şekilde yaklaşır. Ona der ki, "Bak, senden başka kötü eğilimin üstesinden gelen var mı? İnsanların bayağılığına bak; üstesinden gelebilme güçleri yok, oysa sen Tanrı'ya şükür, onların arasında en kuvvetli olansın. Kesinlikle onlara katılman senin için iyi değil." O zaman kişinin tüm eğilimi Klipa'ya düşer, çünkü kötü eğilim onu kibre sokmuştur.

Kişi bunun üstesinden gelip, Klipa'ya şöyle der, "Doğru değil, diğer insanlardan daha iyi değilim. Yaptığım her şey Yaradan için değil, senin içindi, şimdi ben atalarımızın 'Tora'yı Lo Lişma'da öğrenen kişi hiç doğmasa daha iyidir, 'dedikleri bir aşamadayım. Diğer insanlardan daha kötüyüm." Yakup, Esaf'a der ki "Hediyemi al. Tora ve Mitzvot'a yeni baştan bağlanmak istiyorum, şimdiye kadar Yaradan için asla bir şey yapmamış gibiyim."

Oysa Esaf der ki, "Pek çoğuna sahibim kardeşim; senin olan senin olsun." Pek çok çaba sarf edene kadar ondan almak istemez. Sonra "Ve ondan alır," şöyle yazdığı gibi, "Ona yalvardı ve aldı."

Öyle anlaşılıyor ki burada konu ters yüz olmuştur. "Gördüğün her şey benim," diyen Laban her şeyin Klipa'ya ait olduğunu ima ederken, Yakup her şeyin Klipot'a değil, Keduşa'ya ait olduğunu söyler. Esaf'da der ki, "senin olan senin olsun."

RAŞİ der ki, kişi kendini üç şeye hazırlar: armağan, dua ve savaşa. Bu demektir ki, armağan ve savaş Esaf'a aittir, Yaradan'a ait olan tek şey duadır.

Çalışmada üç şeyin Yaradan'ı referans verdiğini anlamalıyız. Baal HaSulam'ın dediği gibi, "Bak, Ben'imle olan bir yer var." Musa Yaradan'a dedi ki, "Bana İhtişamını göster." Cevap geldi, "Bak, Ben'imle (dua, inanç yeri) olan bir yer."

Baal HaSulam der ki, Yaradan'ın ihtişamıyla ödüllendirilmek isteyen Yaradan'a inanmalı ve O'na dua etmelidir. Sonrasında da kendini Yaradan adına iptal etmelidir. Bu üç eylemden sonra kişi Yaradan'ın ihtişamıyla ödüllendirilir.

Bu şekilde RAŞİ'nin dediği şeyi, kişinin kendini armağan, dua ve savaşa hazırlaması gerektiğini yorumlayabiliriz. "Savaş" eğilim savaşıdır; dua Yaradan onu bütünlüğe ulaşması için yakınlaştıracak demektir. Armağan inançtır, çünkü kişi birine inandığında bu verme olarak kabul edilir, İbrahim'le ilgili yazıldığı gibi "Ve o Tanrı'ya inandı ve O, onu erdemli olarak kabul etti."

Dolayısıyla üç şey—armağan, dua ve savaş—vasıtasıyla Yakup Esaf'ı yenecek demektir. Ayrıca bu üç şey insan ve Yaradan arasındadır. Sadece duanın Yaradan ve insan arasında olduğunu, armağan ve savaşın Esaf'a ait olduğunu söylememeliyiz. Daha ziyade her şey Yaradan'a atfedilir.

Fakat bilmemiz gereken temel şey, ıslah etmemiz gereken Esaf anlayışının ne olduğudur. Bilinir ki, Keduşa'nın zıttı Klipa'dır. Genel olarak ona "Esaf'ın Klipa'sı," denir. Ancak, Klipa'da pek çok derece vardır ve her anlayışın kendi adı vardır. Keduşa'da da pek çok anlayış vardır ve her birinin kendine özel adı vardır.

Keduşa'ya Sefirot, Partzufim ve dünyalar denir. Keduşa "ihsan etmek için," demektir, Tuma'a ise kendini-sevme olan "almak için almak," tır.

Kişi bu dünyayı ve karşılığında sonraki dünyayı edinmek için Tora ve Mitzvot'u idrak ettiğinde, bu iki anlayış Lo Lişma olarak kabul edilir. Sadece Tora'yı "O Yüce ve Hükmedendir," olarak idrak etmeye Lişma denir.

Buna "ihsan etmek ve hiç ödül almamak," denir, bu "arı çalışmadır."

İhsan etmek için çalışmak, çalışmaya değer verildiğinde gerçekleşir. Kişinin motivasyonu vardır. Fakat hizmet ettiği şeye olan önemi arttırmazsa çalışma enerjisi olmaz. Bu böyledir, doğada gördüğümüz gibi küçük olan büyüğün önünde kendini iptal eder. Ancak tüm çalışma O'nun önemini fark etmek içindir.

Öyle anlaşılıyor ki insan çalışmasının özü mantık ötesi çalışıp Yaradan'ı önemsemektir. Genel olarak tüm yaratılanlar Keduşa'yı tozdaki Şehina olarak hissederler. Bu sebeple tüm kitaplarda kişinin Şehina'yı tozdan çıkartması gerektiği yazılıdır. İnsanın çalışması Yaradan'ın önemini ve yüceliğini anlamaya çabalamaktır.

Aslında kişi Yaradan'ın Yüceliği ve Önemi haricinde, sadece gereksinimi olduğunu hissettiği şeyler için çalışır. Oysa burada tek ihtiyacımızın Yaradan'ın Yüceliğini hissetmek olduğunu bilmeliyiz.

Bu bağlamda "Erdemli kaybolur ve bu kimsenin dikkatini çekmez," ayetini yorumlayabiliriz. Yaradan'a "erdemli" denir, şöyle yazdığı gibi, "Tanrı erdemlidir." O, kişinin gözünde önemini yitirir ve kimse O'nun Yüceliğini elde etmek için çalışması gerektiğine dikkat etmez.

Kişi bir şekilde sevinçle dolduğunda sadece maneviyat için çalışmanın değerli olduğunu anlar. Çünkü bu sırada maddesellik gözünde değerini yitirir ve maneviyat yücelir.

Dolayısıyla maneviyatın çalışmaya değer olduğuna karar verir. Öyle anlaşılıyor ki tüm düşüş ve çıkışlar insanı değil, Keduşa'yı ima eder. Bu demektir ki bazen Keduşa'nın değeri yükselir, yani kişi için önemli hale gelir ve bazen de düşer, kişi ona değer vermez.

Küçük olanın büyük olan önünde iptal olmasıyla ilgili olarak şunu görürüz ki, Yaradan İbrahim'in ününü arttırdığında herkes İbrahim'in yüceliğini gördüğü için Firavun İbrahim'in evinde hizmetkâr olması için Sara'ya kendi kızını verir. Hizmetkârların hakları olmadığından, onlar en alt derece olarak kabul edilir. Onlar hayvanlar gibidir. Yine de firavun kızını Sara'nın hizmetine verir ve der ki, "Kızım, senin için Kutsanmış İbrahim'in evinde hizmetkâr olmak, evimde kraliçe olmaktan daha iyidir."

Ödül için kutsal çalışmayı yapan biri ile O'nun Önemi ve Yüceliği için krala hizmet etmek isteyen biri arasındaki fark şudur ki, eğer kişi maddesel ödül elde etmek için maddesellikte çalışıyorsa, çok çaba göstermeden de ödüllendirileceği bir yolu seçer, çünkü insan rahatlığı sever ve rahatlığın hazzından vazgeçmek istemez.

Dolayısıyla, çabalamadan ödül almanın bir yolunu bulursa bunu mutluluk olarak kabul eder. Fakat Kralın Yüceliği için çalışan kişinin hazzı krala hizmetten gelir, bu nedenle onunla ilgili çabalamadan da ödül alacak diyemeyiz, çünkü ödülü krala hizmettir. Bu kişinin çalışmasındaki gerçek amacı görmesi için bir işarettir—ister ödül için olsun ister Yaradan'ın yüceliği için olsun.

Yakup Babasının Yaşadığı Topraklara Geldi

Makale No. 12, Tav-Şin-Mem-Hey, 1984-85

"Yakup, babasının yaşadığı Kenan topraklarına geldi." Zohar'da şöyle yazar, "Rabbi Hiya dedi ki, 'Erdemli için pek çok acı vardır fakat Tanrı onu hepsinden kurtarır. 'Peki, efendisinden korkan erdemli kötü eğilim içinde olmamak için ne kadar acı çekmelidir? Oysa Yaradan onu tüm acılardan kurtarır. Erdemlinin çektiği acılar onu kötü eğilimden uzaklaştırdığından, Yaradan onu sever, dolayısıyla Yaradan o insanı ister ve tüm acılardan kurtarır."

Bu sözler akla şunu getirir:

Bu demektir ki acı çeken erdemlidir, acı çekmeyen erdemli değildir.

Kişi kötü eğilim içinde olmamak istiyorsa acı çekmek zorunda mıdır?

"Tanrı onu hepsinden kurtarır," Bunun anlamı Yaradan diğer insanları Allah korusun kurtarmaz mı demektir? Bu olabilir mi?

Daha kafa karıştırıcı olursak, bir taraftan çektiği acılar onu kötü eğilimden korur derken, diğer taraftan Yaradan onu hepsinden kurtarır, der. Bu durumda kötü eğilim iptal olunca, kişi kendini bir kez daha kötü eğilime yaklaştırmaz mı?

Bu sözleri yorumlamalıyız. Bununla ilgili bir ayet vardır: "Rabbi Şimon dedi ki, 'İnsanın kötü eğilimi ona her gün hükmeder ve onu ölüme getirir, şöyle yazdığı gibi, 'Günahkâr erdemliye bakar ve onu ölüme getirmeyi ister. 'Yaradan'ın yardımı olmasaydı bunun üstesinden gelemezdi, şöyle denildiği gibi, 'Tanrı onu terk etmez.""

Başka bir ayet: "Kötü eğilimin yedi adı vardır. Süleyman ona 'düşman 'der, yazıldığı gibi, 'Eğer düşmanın açsa onu ekmekle besle; eğer susamışsa içmesi için su ver, çünkü sen onun başındaki korsun ve Yaradan seni bütünlüğe getirir.'"

RAŞİ'ye göre, "Eğer eğilimin açsa ve günaha özlem duyuyorsa, onu besle ve onu Tora'yla huzursuz et, şöyle yazdığı gibi, 'Git, ekmeğimden ye.' 'Ona içmesi için Tora'nın suyunu ver.' 'Seni bütünleyecek, 'eğilimin tamamen seninle olacak, seni sevecek ve seni günaha teşvik etmeyecek demektir."

Yukarıda yazılanı anlamak için kötü eğilimin özünü—Yaradan'ın yokluktan yarattığı "yaratılışın özü", alma arzusunu anlamak zorundayız. Bilinir ki, alma arzusu daha önce var olmayan bir şeydir. İnsanın yapması gereken çalışma doğasına zıt olmaktır, yani ihsan etmektir. Fakat bu doğasına aykırı olduğundan başkaları için çalışma arzusu yoktur.

Bazen başkaları için çalışan insanlar görürüz, fakat bu ancak çalışmaları karşılığında ödüllendirileceklerini bildikleri zaman mümkündür. Bu demektir ki, ödül kendini-sevmeyi doyurmalıdır; aksi takdirde kişi alma kaplarından çıkamaz.

Yaradan çalışmasında kişi gerçeğin yolunda yürürken dışsal etkiler almadan alçakgönüllülük içinde olmalıdır. Bu demektir ki, Yaradan'a hizmet ederken diğer insanlar onun çalışmasını bilir ve onun genelin üzerinde olduğunu söyler. Bu ona karşılık olmadan çalışma imkânı sağlar. Yaradan bu gücü onlara verir, çünkü kişi "Lo Lişma'dan Lişma'ya gelir" ve dışarıdan yardım almaz.

Atalarımız şöyle der, "Yaradan için çalışan dünyadan yükseltilir, şöyle denildiği gibi, 'Sadece Tanrı için.' "'Sadece Tanrı için," kişi için asla kendini-sevme değil, Yaradan vardır demektir.

Yaradan sevgisinde kişi hiç ödül almadan sadece Yaradan için çalışmalıdır. Bu demektir ki, karşılığında bir şey almadan tam bir adanmışlığa hazırdır. Bu onun amacıdır, o kendini Yaradan önünde iptal etmek ister, yani alma arzusunu iptal eder. Amacı ruhunu Yaradan'a vermektir.

Biraz da ülkesi için gönüllü olarak savaşa gidenlerden bahsedelim. Eğer biri onlara yaşamlarını feda etmeden ülkelerini nasıl savunacakları söylemiş olsaydı kesinlikle daha mutlu olurlardı. Fakat seçim olmadığında ülke için isteyerek savaşa giderler, böylece ülkeleri için fayda sağlamış olurlar. Bu yüce bir şey olsa da, Yaradan'a adanmışlıkla ilgisi yoktur, çünkü adanmışlık amaçtır ve ortaya çıkan sonuç onların niyeti olmadığı gibi amacı da değildir. Dolayısıyla adanmışlık halk için bir amaç değil araç olduğundan, maneviyattaki adanmışlık maddesel insanlar için değersizdir, çünkü maneviyatta bunun tersidir: adanmışlık amaçtır.

Bununla ihsan etmek için almanın anlamını anlayabiliriz. İnsanın amacı sadece Yaradan'a ihsan etmektir, bu form eşitliğinin anlamıdır, "O, merhametli olduğundan, sen de merhametlisin." Kişi Yaradan'ı memnun etmek için kendini iptal edip Yaradan'a adanmışlık derecesi elde ettiğinde, bunun Yaradan'ın amacı—Yarattıklarına iyilik yapmak— olduğunu görür. Bu sırada yaratılış amacı olan haz ve mutluluğu alır.

Buna "ihsan etmek için almak" denir. Haz ve mutluluk alabilmek için her şeyini feda etmek ister. Eğer amacı ihsan etmekse ve Yaradan'dan kendi faydasına bir şey alma arzusu yoksa o zaman ihsan etmek için alan durumuna gelir.

Adanmışlıkla ilgili Baal HaSulam'dan duyduğuma göre kişi Rabbi Akiva'nın ki gibi bir adanmışlık göstermelidir. Rabbi Akiva öğrencilerine der ki, "Hayatım boyunca O, ruhunu almış olsa bile 'O'nu sev 'ayetinin özlemini çektim. Hep şunu sordum, 'Bunu ne zaman yerine getirebileceğim?'"

Kişi yaratılış amacı olduğu için haz ve mutluluğu almak istediğini söylediğinde, kesinlikle sadece Yaradan'a ihsan etmek için almayı kastetmektedir.

Dört soru akla gelir:

Zohar'ın sözlerine göre acı çeken erdemlidir, öyleyse acı çekmeyen erdemli olamaz. Bu olabilir mi? Konu şudur ki, acı, kötü eğilimi ima eder. Bu demektir ki, kötü eğilimin Yaradan'a yaklaşmasını engelleyerek acı verdiğini hisseden kişiye "erdemli" denir. Fakat eğer kişi Yaradan'dan uzaklaştığını ve bunun ona acı getirdiğini hissetmiyorsa, kişi erdemli olarak kabul edilmez, çünkü kötülüğün, yani bunun ona acı verdiğinin farkındalığına gelmemiştir.

2) Kötü eğilimin onu ele geçirmesini istemiyorsa neden acı çekmek zorunda? Bu demektir ki, acı çekmekten başka şansı yok. Acı kötü eğilimi ifade eder. Eğer kötü eğilimin ona acı verdiğini hissetmiyorsa, bunu kötü eğilim olarak kabul etmez. Daha ziyade bunu sadece ona iyilik getiren iyi eğilim olarak görür.

3) Zohar der ki, Yaradan acı çeken insanı ister. Öyleyse Yaradan acı çekmeyeni istemez. Bu olabilir mi? Cevap şudur ki, eğer kişi kötü eğilimin acıya sebep olduğunu hissederse ve Yaradan'a yardım etmesi için yakarırsa, Yaradan bu kişiyi sever. Eğer kişi kötü eğilimin ona acı verdiğini hissetmezse, Yaradan onu istemez, çünkü onun Kabı yoktur, yani Yaradan için arzusu yoktur.

4) Eğer Yaradan onu acılardan kurtarırsa, tekrar kötü eğilime bağlanır mı?

Cevap: Yaradan'dan gelen kurtuluş maddesellikteki kurtuluştan farklıdır. Ahoraim, yüzün gizliliği sırasındaki kötü eğilim nedeniyle kişi kendini O'nun önünde iptal etmek istediğinde bedenin iptal olmadığını görür. Bunun üstesinden gelmek ve mantık ötesi gitmek, giderek zorlaşır çünkü bedeni cennettin krallığının yükünü istemeyerek acı çeker ve bu onu maneviyattan uzaklaştırır.

Öyle anlaşılıyor ki, Yaradan'ın dünyayı bereketle donattığına inanmalıyız, kişinin bedenindeki kötülük onu bu bereketten uzaklaştırır. Kişi Tora öğrenmeye geldiğinde ve Mitzva yerine getirmeye başladığında bunu kesinlikle tatsız bulur, çünkü bedenindeki kötü eğilim mantık ötesi Yaradan'a inanmasına izin vermez. Ne zaman manevi bir şeye yaklaşsa her şeyi kuru hisseder.

Kişi çalışmaya başladığında Tora'nın, yaşamın Tora'sı olduğu anlatılır, şöyle yazdığı gibi, "Yaşamın ve günlerin için" ve "Altından daha değerli, baldan daha tatlı."

Bunun farkına vardığında kötü eğilimin her şeyin suçlusu olduğunu görür, onu bu hale düşüren kötülüğü hisseder ve sonra "Erdemli için pek çok acı vardır."

Sonrasında "Tanrı onu hepsinden kurtarır." Yaradan'a yardım etmesi için yakarır, çünkü düşünebildiği her şeyi yerine getirmiş fakat hiçbir şey yardımcı olmamıştır, şöyle düşünür, "Yapabildiğini yap." Kötü eğilim ona teslim olduğu ölçüde kurtuluş gelir.

On Sefirot'ta yazılıdır, "Yaradan kişinin çabasını ve Yaradan'a olan inancını gördüğünde, ona yardım eder. Sonra kişi İlahiliği edinir, yani yüzün ifşasını. Sonra tam bir tövbeyle ödüllendirilir, yani bir kez daha tüm kalbi, ruhu ve gücüyle Yaradan'a tutunur."

Şöyle yazılıdır, "Tövbe neye benzer? Sırları bilen O, kişinin aptallığa dönmeyeceğine tanıklık eder." "Tövbe neye benzer," demek "Kişi tam bir tövbeyle ödüllendirildiğinden ne zaman emin olur?" demektir. Bunun için ona açık bir işaret verilir: "Sırları bilen O, kişinin aptallığa dönmeyeceğine tanıklık eder." Bu demektir ki, yüzün ifşasıyla ödüllendirilmiştir ve kurtuluşun kendisi onun aptallığa dönmeyeceğine tanıklık eder.

Bu dördüncü soruyu cevaplar. Kutsal Zohar der ki, erdemlinin çektiği acı onun kötü eğilime dahil olmaması içindir. Öyle anlaşılıyor ki Yaradan onu korur ve kişi acı verenin O olmadığını görür. Kötü eğilime kapılmamak için acı çektiğini anlar.

Yukarıda açıklanana göre, Yaradan'ın kurtarışı yüzün ifşasıdır. Erdemlinin çektiği acı, Yaradan'a yakarabilmesi içindir, yazdığı gibi, "Eğer Achoraim (arka) yoksa Panim'in (yüz) ifşası da yoktur." Yaradan'ın yüzünün ifşası olduğunda ise her şey olması gerektiği gibi olur.

Kurtuluşumun Kudretli Kayası

Makale No. 13, Tav-Şin-Mem-Hey, 1984-85

Hanuka şarkısında şöyle deriz, "Kurtuluşumun kudretli kayası, Seni övmek sevinçtir; Dua Evimi düzelt, oraya şükran sunusu getireceğiz." Şarkı, övgü sözleriyle başlar, "Seni övmek bir sevinçtir" ve sonra duanın sözleriyle başlar, "Dua Evimi düzelt."

Sonrasında, şükran ve övgü sözlerine döner, "Ve biz oraya şükran sunusu getireceğiz."

Dolayısıyla, burada, dua düzenine benzer üç şey vardır:

On sekizin (dualar dizisi) ilk üçü, övgü ve şükrandır.

Ortadaki üç, yakarıştır.

Son üçü, bir kez daha övgü ve şükrandır.

Böylece, mevcut olan ile başlarız, şöyle dediği gibi, "Seni övmek sevinçtir," yani Sen'den aldığımız iyilik için teşekkür ederiz ve Seni överiz. Atalarımızın dediği gibi, "Kişi, her zaman Yaradan'ı övmeli ve sonra dua etmelidir."

Bunun nedeni, Yaradan'ın merhametli ve iyiliksever olduğuna ve O'nun insanlarına iyilik yapmayı arzuladığına inanan kişinin, dua için yere sahip olmasıdır. Bu nedenle, önce Yaradan'ı övmeliyiz, yani kişinin kendisi Yaradan'ı övmelidir. Bu, Yaradan'ın, kişinin O'nu övdüğünü görmesi gerektiği anlamına gelmez, zira Yaradan'ın insanlara ihtiyacı yoktur. Aksine, kişinin kendisi, Yaradan'a olan övgüsünü görmeli ve sonra O'ndan kendisine yardım etmesini istemelidir, çünkü O'nun amacı, yarattıklarına iyilik yapmaktır.

Bu yüzden, "Seni övmek sevinçtir" dedikten sonra, dua gelir ve deriz ki, "Dua Evimi düzelt."

"Dua Evim" nedir? Şöyle yazıldığı gibidir, "Onları bile Benim kutsal dağıma getireceğim ve Benim dua evimde mutlu kılacağım." "Benim kutsal dağım." Har (dağ) kelimesi, Hirhurim (düşünceler/tefekkür) kelimesinden gelir, yani O, onlara Keduşa'nın (kutsallık) düşüncelerini getirecektir ve onların tüm düşüncesi, sadece Keduşa olacaktır.

"Ve onları Benim dua evimde mutlu kılacağım", kişinin kalbidir, böylece orada, Şehina (Kutsallık) için bir yer olacaktır. Şehina'ya, "dua" denir, bilindiği üzere, Malhut'a "dua" denir, şöyle yazdığı gibi: "Tüm dua benim."

"Evimi düzelt" sözlerinden sonra, "Ve biz oraya şükran sunusu getireceğiz," gelir. Öyle anlaşılıyor ki önce övgü, sonra dua ve sonra yine duanın sırasındaki gibi, övgü ve şükranla tamamlanan övgü vardır.

Ancak eğer kişi, övgü ile başlamak istiyorsa, fakat kalbi kapalı ise, hatalarla dolu olduğunu hissediyor ve ağzını açarak şarkı söyleyip övgüde bulunamıyorsa, ne yapabilir? Tavsiye, mantık ötesi gitmek ve her şeyin "gizli Hasadim (merhamet)" olduğunu söylemektir. Diğer bir deyişle, kişi demelidir ki her şey Hesed'dir (merhamet), fakat ondan gizlenmiştir, çünkü kişi, Yaradan'ın, yarattıkları için hazırladığı sevinci ve memnuniyeti görmek için henüz nitelikli değildir.

Ve kişi, Yaradan için övgüyü oluşturduktan, yani her şeyin, iyi ve iyiliksever olduğuna mantık ötesi inandıktan sonra, Yaradan'ın, onun kalbini, "Benim Dua Evim" yapması yani Yaradan'ın merhametinin açığa çıkması için dua etmelidir. Buna, "ifşa olan Hasadim" denir.

Ve sonra, "Biz oraya şükran sunusu getireceğiz," yani kişi, alma kaplarını sunma ayrıcalığını kazandığı için şükranlarını sunmalıdır. Buna, kişi alma arzusunu feda etmekle ödüllendirildiği için, "Biz oraya şükran sunusu getireceğiz" denir. Bunun karşılığında, "Tapınak yeri" denen ihsan etme arzusu gelir.

Fakat kişi için önemli olan şey, öncelikle alma arzusunu feda etme arzusuna sahip olmaktır. Ve alma arzusu, Yaradan'ın tam özü olduğu için, yaratılanlar, onu sever ve kişinin onu iptal etmesi gerektiğini, yoksa manevi herhangi bir şeyle ödüllendirilmesinin mümkün olmadığını anlaması zordur.

Dünyevi koşulda görürüz ki, kişinin bedeninden gelen bir arzusu, bu arzuya ilişkin bir eksikliği ve ayrıca kendinden değil de dışarıdan edindiği bir arzu vardır. Diğer bir deyişle, dışarıda bu arzuya sebep olan kimse olmasaydı, ona ihtiyacı olduğunu asla hissetmeyecekti ama dışarıdaki insanlar, bu arzuyu yarattılar.

Örneğin, kişi tek başına olduğu zaman, etrafında başka hiç kimse olmasa da yemek, içmek, uyumak ve buna benzer şeyleri isteyecektir. Ancak, etrafında insanlar varsa, başkalarının onu zorladığı utanç meselesi vardır. O zaman etrafındaki insanların onu zorladığı şeyleri yer ve içer.

Bu özellikle kıyafet konusunda açıktır. Evde, kişi, kendi için ne rahatsa onu giyer. Fakat diğer insanların arasındayken, başkalarına göre giyinir. Başka seçeneği yoktur, çünkü utanç, onu, onların beğendiklerini takip etmeye zorlar.

Maneviyatta da aynı şeydir. Kişinin içinde, kendisinden gelen bir arzu vardır. Diğer bir deyişle, tek başınayken, etrafında onu etkileyecek ya da bazı arzuları çekeceği biri olmadığında, kişinin kendisine bir uyanış gelir ve Yaradan'ın hizmetkârı olmak için can atar. Fakat kendi arzusu, muhtemelen, onun için yeterince büyük değildir, çünkü onu geliştirmeye ihtiyacı vardır ki böylece manevi amacı edinmek için onunla çalışabilsin. Dolayısıyla, tıpkı fiziksellikte olduğu gibi, bu arzuyu, dışarıdan kişiler aracılığıyla geliştirmek için bir yol vardır. Onlar ki kişiyi, kendi görüşlerini ve ruh halini izlemesi için zorlayacaktır.

Bu ancak, maneviyata da ihtiyacı olduğunu gördüğü insanlarla bağ kurarak gerçekleşir. Bu insanların sahip olduğu arzu vasıtasıyla, kişinin içinde, maneviyat için büyük bir arzu doğar. Diğer bir deyişle, kendi içinde sahip olduğu arzuya ek olarak, maneviyat için, onların, onda doğurduğu arzuyu alır ve o zaman amaca ulaşabileceği büyük bir arzu elde eder.

Bu nedenle, dost sevgisi konusunda, gruptaki herkes, kendi arzusuna sahip olmanın yanı sıra, dostlardan arzu edinir. Bu, sadece dost sevgisi aracılığıyla elde edilebilen, değerli bir kazançtır. Ancak, kişi, kendilerini, çalışmanın temeliyle ilgili, çalışmanın ihsan etmek için mi almak için mi olduğunu sorgulama arzusu olmayan dostların arasında olmamak için çok dikkatli olmalıdır ve onların, gerçeğin yoluna ki bu yol, ihsan etmekten başka bir yol değildir, ulaşmak için bir şeyler yapıp yapmadığını görmelidir.

Sadece böyle bir grupta, dostlara ihsan etme arzusunu aşılamak mümkündür, bu, her birinin, dostlarından bir eksiklik, kendisinde eksik olan ihsan etme gücünü çekeceği anlamına gelir ve her nereye giderse gitsin, hevesle, belki de birinin ona ihsan etme gücünü verebileceği bir yer arar.

Bu nedenle kişi, herkesin ihsan etme gücü için susamış olduğu bir gruba geldiği zaman, herkes bu gücü, diğer herkesten alır. Bu, kişinin içinde sahip olduğu küçük güce ilave olarak, dışarıdan aldığı güç olarak kabul edilir.

Ancak, buna karşın, dışarıdan herhangi bir yardım alması yasaklanmış olan bir güç de vardır, dışarıdan alabileceği bu güç, kişiye çalışma için yakıt sağlasa da kişi, bu gücü almamak için çok dikkatli olmalıdır. Burada kişinin, büyük bir dikkat göstermesi gerekir, çünkü beden, çalışmada, özellikle dışarıdaki insanlardan güç almaya eğilim gösterir. Örneğin, kişi kendisiyle ilgili olarak erdemli ya da bilge bir öğrenci ya da cennet korkusu olan ya da gerçeği arayan bir adam dendiğini duyduğu zaman, bundan güç alır. Kişi bunları duyduğu, çalışması takdir edildiği zaman, bu sözler, ona çalışma için güç verir, çünkü çalışmasından gurur duyar.

Ve o zaman kişi, artık mantık ötesi inanca ve ihsan etme gücüne, yani Yaradan'ın ona yardım etmesine ve bunun, onu motive etmesine ihtiyaç duymaz. Bunun yerine, dışarıda olanlardan yakıt alır. Diğer bir deyişle, onu, Tora ve Mitzvot'a (emirler) bağlanmaya, dışarıdaki kişiler zorlar.

Alçakgönüllü olmaktaki mesele budur –bunun nedenlerinden biri şudur; böylece dışarıdaki kişilere hizmet etmez. Bu nedenle kişi, alçakgönüllülükle yürümelidir, şöyle yazıldığı gibi, "Ve Efendin, Tanrı'nla alçakgönüllülükle yürü."

Dışarıdaki kişiler, onun dışında olan insanlardır. Onlar, kişinin çalışmasına, sonradan, yani ona saygı gösterildiğini duyduktan sonra hizmet ederler. Kişi, Yaradan için değil de dışarıdakiler için çalışmayı öğrenir. Bu böyledir, şimdi kendisi operatör olduğundan, Yaradan'ın onu, O'nun çalışmasına yakınlaştırmasına artık ihtiyaç duymaz, çünkü dışarıdaki insanlar, kişiye, onlar için çalışması için yakıt verirler. Diğer bir deyişle, kişiyi çalışmaya zorlayan, Yaradan değil, onlardır. Onu, kendileri için çalışmaya zorlarlar, böylece ona saygı duyacaklardır.

Öyle görünüyor ki bu, yabancı bir tanrı için çalışmaya benzer. Yani, onlar kişiye, saygı ödülü ve Tora ve Mitzvot'a bağlanmasının karşılığında verecekleri, benzeri ödüller için çalışmasını emrederler. Bu demektir ki, kişinin çalışmasından haberleri yoksa ve kişi, etrafında Maneviyat ile uğraşan biri olduğunu görmezse, onu çalışmaya mecbur bırakacak hiç kimse yoktur. Buna, "dışarıdaki kişilerin pençesi" denir ve bu yüzden kişi, gizli bir şekilde çalışmalıdır.

Ancak, gizli bir şekilde çalışmak yeterli değildir. Şimdi onu, kutsal çalışma için, sadece Yaradan'ın zorladığı doğru olsa da bir şey daha olmalıdır: kişi, ödül almamak üzere çalışmalıdır. Bu, tamamen farklı bir konudur çünkü bu, doğamıza aykırıdır.

"Alma arzusu" denen bir doğa ile yaratıldık. Fakat şimdi, sadece ihsan etme çalışmasında olmalı ve kendimiz için hiçbir şey almamalıyız.

Bunun için, herkesin ihsan etmek için çalışması gerektiğine inandığı bir toplum aramalıyız. Bu, bir kişinin içindeki küçük bir güç olduğu için, bu tür güçleri arayan insanları da aramalıdır. Sonra, birleştiklerinde, her biri, bir diğerinden güç alabilir ve kişinin ihtiyacı olan tek şey, budur. Ve o zaman ihsan etme yolunda yürüyebilmesi için, Yaradan ona yardım gönderecektir.

Ben İlk ve Son Olanım

Makale No. 14, Tav-Şin-Mem-Hey, 1984-85

Ayet der ki, "Ben ilk ve son olanım, Ben'den başka Tanrı yok." Bilinir ki, Yaradan'la Dvekut içinde olma yolundaki çalışma düzeni ihsan çalışmasıdır. Ancak, insanın doğduğundan itibaren yerine getirdiği çalışma düzeni LoLişma'dır, Maimonides'in dediği gibi, "Atalarımız der ki, 'İnsan LoLişma'dan Lişma'ya geldiğinden, LoLişma'dayken bile daima Tora'ya bağlanmalıdır. 'Dolayısıyla küçüklere, kadınlara ve eğitimsiz insanlara korkunun dışında, çalıştıklarında ödüllendirilecekleri öğretilir. Bilgiyi alana ve ilmi edinene kadar onlara bu sır azar azar verilir, böylece O'nu edinene, bilene ve O'na sevgiyle hizmet edene kadar bu konuya aşina olurlar."

Kişi Yaradan'la Dvekut amacı yolunda yürümek istediğinde, öncelikle eksikliğe sahip olmalıdır, yani LoLişma çalışmasındaki tatminsizlik hissiyatına.

Alışmış olduğu Tora ve Mitzvot çalışması LoLişma denilen alma arzusu temeline dayandığından, çalışmada başka bir düzen aramaya başlar. Tüm yaşamı boyunca oturtmuş olduğu temeli değiştirme ihtiyacındadır. Bu LoLişma aşamasını sahte olarak görmesine bağlıdır, bu düşünce onu rahat bırakmaz ve bu aşamadan çıkıp, Lişma aşamasına girene kadar huzur bulmaz.

Peki, henüz doğru yolda olmadığını ve Yaradan'la Dvekut'tan çok uzak olduğunu kim ona hissettirir? Diğer insanlar LoLişma yolundayken neden o farklı olsun ki? Diğerlerine baktığında ondan daha yetenekli ve becerikli insanlar görür. Fakat onlar küçüklüklerinden itibaren onlara verilenle hemfikirdir. Oysa o, LoLişma aşamasını kabul etmez. Şunu sorar: "Eğer bu kadar beceriksiz ve yeteneksizsem; LoLişma aşamasının huzursuzluğunu nereden edindim?"

Buna cevap şudur: "Ben İlk Olanım." Bu demektir ki, Yaradan ona bu eksikliği doğru yolda yürümesi için verdi. Kişi bunu kendi erdemliğiyle edindiğini düşünmemelidir. Daha ziyade Yaradan şöyle der, "Ben İlk Olanım," yani "Gerçeğin yolunda yürümen için ilk dürtüyü sana Ben verdim. Sana gerçeğe ulaşman için eksiklik hissiyatını verdim."

Sonrasında kişi, kendini-sevmeden tövbe edip, tüm çalışmasının ihsan olacağı aşamayı beklemeye başlar. Bu sırada tüm düşüncelerini ve kaynaklarını kontrol altına alır, tıpkı "Kendi gücünle yapabildiğin her şeyi yap," sözündeki gibi.

Sonrasında Yaradan'la Dvekut ile ödüllendirildiğinde, bunun Tora ve Mitzvot vasıtasıyla kendini-sevmenin üstesinden gelmekle gerçekleştiğini, çalışması ve ısrarcılığı karşılığında bu zenginliklerin ona verildiğini bilir.

Ayet bununla ilgili şöyle der: "Ben, Son Olanım." Bu demektir ki, sana eksiklik vermede İlk Olduğum gibi, aynı zamanda son Olanım, yani sana eksikliğin doyumunu da verdim." Eksikliğe Kap (Kli), onun dolmasına "ışık" denir. Kap olmadan ışık olmadığından, önce Kap vardır ve sonra bereket bu Kaba akar. Bu sebeple Yaradan önce "Ben İlkim," denilen Kabı verir ve sonra "Ben Son Olanım," denilen bereketi verir.

Bununla kişinin dünyasal çalışması ve manevi çalışması arasındaki farkı anlayabiliriz. Genelde, çalışmayan bir işçi, karşılığında maaş almaz. Ancak çalışmadığı için de cezalandırılmaz.

Tersine maneviyatı çalışmayan, Tora ve Mitzvot'u yerine getirmeyen cezalandırılır, atalarımızın dediği gibi, "Dünya on ses ile yaratılmıştır. Dünyayı bozan günahkârın ödülü için on ses ve dünyayı devam ettiren erdemlinin iyi ödülü için on ses ile yaratılmıştır."

Daha önceki makalelerde açıkladığımız gibi, "günahkârın ödülü," günahkâr yaşamı boyunca acı çekecek demektir. Bu demektir ki, kişi kendi günahına, yani alma arzusuna baktığında, alma arzusu için yaptıklarının onu tatmin etmediğini, yaşamının hoş olmadığını hisseder ve görür, böylece Kap maneviyat eksikliği alır. Bu böyledir, çünkü yaşamında hissettiği hoşnutsuzluk, onu yaşamdan haz alacağı bir yer aramaya iter.

Dolayısıyla yanlış yolu seçtiğinden dolayı çektiği acı, Yaradan'ın yolunda yürümemenin sonucu değildir. Tersine bu yardımdır—o, bereket ve mutluluğa itilmiş olur.

Bunu takiben cezayı, günahkârın çektiği acıyı hissetmesi gerektiğini görür. Bunun anlamı şudur, "O'nun ıslah ettiğine ne mutlu." Bu demektir ki yanlış yolda yürürken hissetiği acı vasıtasıyla Yaradan ona "Ben İlkim," denilen Kabı veriyor.

Ancak, O, LoLİşma yolunda yürürken kimsenin acı çekmesine izin vermez. Daha ziyade sadece "Tanrı sevdiğini uyarır." Bu, kendini-sevmeye dalmış, günahkârlığın tadını almak olarak kabul edilir ve bu insanı yanlışın yolundan döndürür.

Öyle anlaşılıyor ki, bir işçi çalışmadığında ona ücret ödenmez, ama çalışmadığı için de cezalandırılmaz. Maneviyatta ise eğer çalışmada aylaklık ederse cezalandırılır ki bu cezalandırılma olarak değil, daha ziyade doğru yolda yürümesi için arkadan itilme olarak kabul edilir. Bu ceza değil ıslahtır.

Islahın iki şekli vardır: 1) Tora'nın yolu, 2) Acının yolu, ancak bu ceza değil ıslah olarak kabul edilir ve ıslah ona acıyla gelir.

Sonrasında "ihsan kapları" denilen Kabı edindiğinde, yeni bir arzu edinir, yani Yaradan'ın ona ihsan etme arzusu denilen Kabı vermesini umar. İhsan etme Kabına sahip olduğunda, "Yarattıklarına iyilik yapmak," olan yaratılış düşüncesindeki mutluluğu ve bereketi alır. Bu "Ben Son Olanım," sözünün anlamıdır.

Ancak, bu sadece bireysel İlahilikte böyledir. Yani kişi her şeyin kendisine bağlı olduğunu söylemelidir, çünkü sadece kendini-sevmenin üstesinden gelme becerisine göre yaratılma nedeni olan amaçla ödüllendirilir. Bu insanın ödül ve cezaya inanması olarak kabul edilir. Aynı zamanda çalışmasını yerine getirdiğinde, her şeyin bireysellik altında olduğunu söylemelidir.

Kişi tüm düşüncelerinin ve eylemlerinin Lişma'da olmasının en önemli şey olduğunu bilmelidir, şöyle yazdığı gibi, "Ben'im adımla çağrılan her şeyi Ben yarattım ve İhtişamım için donattım." "Ben'im adımla çağrılan her şeyi Ben yarattım," sözünü yorumlamalıyız. Yaradan Kendi İhtişamı için "Ben'im adımla" denileni yaratmadı mı? "Ben'im adımla" sözünün anlamını anlamalıyız.

"Ben'im adımla" sözü Onunla ilişkilidir, şöyle yazdığı gibi, "İsrail, Sen'in Halkın," yani kişi Yaradan'la ilişkilidir. Bu sırada Yaradan'la form eşitliğinde olmalıdır, şöyle yazdığı gibi, "O merhametli olduğundan, sen de merhametli ol," yani kişinin tüm niyeti sadece Yaradan'a ihsan etmektir, eylemlerini sadece O'nun ihtişamı için yerine getirir ve kendi faydası için bir endişesi yoktur.

"Ben'im adımla adlandırılan her şey," sözünü yorumlayabiliriz. Bu demektir ki, kim Ben'le ilişkilidir? Bunlar, tüm yaratılış sadece O'nun içindir diyen insanlardır. Bu şekilde kişi "İsrail'i sevgiyle seçen," sözünü hissedebilir.

Öyle anlaşılıyor ki, kişi eksiklik içinde olmalıdır—Yaradan'ın yardımına ihtiyacı olduğunu hissetmesi ve "tüm eylemlerim Yaradan için" olması için. Sonra Lişma çalışması başlar ve kişi ödüllendirilir.

Ve Hezekiah Yüzünü Duvara Döndü

Makale No. 15, Tav-Şin-Mem-Hey, 1984-85

Zohar'da yazılıdır, "Rabbi Yehuda dedi ki, 'Hezekiah yüzünü duvara döndü ve Tanrı'ya dua etti.'" Bunlar onun sözleridir: "Kişi yalnızca duvara karşı dua etmeli ve kendisi ile duvar arasında bir şey olmamalıdır, şöyle yazdığı gibi, 'Hezekiah yüzünü duvara döndü.'"

Karşısında dua edeceğimiz "duvar" ne demek anlamalıyız. Zohar şöyle açıklar: "Duvar tüm toprakların Efendisi ve Şehina'dır (Kutsallık)."

Buna göre duvara, yani Şehina'ya doğru dua etmemiz gerekir. Ancak, burada duvara yakınlık ölçüsü bilinmez. Duvarla kişi arasında bir şey olmaması gerektiğini söyler. Bu sebeple kişinin arzusu sadece Yaradan'a ihsan etmek olmalıdır—Şehina'nın aşağıda olanlara ihsan etmesine karşılık, insan da alma güçlerini bırakmalıdır. Bu duvara yaklaşma olarak kabul edilir.

Ancak öncelikle küçük aklımızın elverdiğince ne için dua edeceğimizi, yani hangi eksikliğimizi hesaba katmamız gerektiğini, neyin gereksinimi içinde olduğumuzu bilmek ve bu eksikliği doyurduğumuzda başka hiçbir şeye ihtiyacımız kalmayacağını anlamaya çalışmak, bizim görevimizdir.

Bilinir ki, duanın özü, sürgündeki Şehina içindir. Ancak, bu da açıklama gerektirir. Pek çok yerde yazıldığı gibi dua Şehina'yı tozdan yükseltmektir. Kişinin üzerine alması gereken budur—yani ödül karşılığı olmadan krala hizmet etmenin dışında kişinin başka bir amacının olmaması. Bununla insan Yaradan'la Dvekut ile ödüllendirilir. Böylece Yarattıklarına iyilik yapmak olan yaratılış amacına uygun hale gelir.

Ancak "Yaradan'a memnuniyet vermek," yaratılanlardan uzak bir anlayıştır, çünkü onlar alma arzusuyla doğmuştur. Bu sebeple ihsan kavramını idrak etmekten uzaktırlar. Bu tozun içinde kalmış bir nesneyi kimsenin fark etmeyip, yerden almamasına benzer. Buna "Tozun içindeki Şehina" denir. Şöyle yazlıdır, "Ne zaman bir şehrin yüksek temeller üzerine kurulurken, Tanrı'nın şehrinin en dibe indirildiğini görsem, O'nu hatırlar ve O'na özlem duyarım."

Yazılıdır ki, "içinde çok az insanın olduğu küçük bir şehir." Eben Ezra bunu şöyle yorumlar, "'Küçük bir şehir, 'insan bedenidir ve 'içinde birkaç iyi adam, 'ruhun hizmetkârları demektir.

Dolayısıyla, "Tanrı'nın şehri," bedenin Tanrı'ya bağlanmak istemesine karşılık, organların buna direnmesi demektir. İhsan çalışması, yani Yaradan için çalışma, mutlak alçak gönüllülükle olmalıdır, bu çalışmada tozun tadı vardır. İblisin laneti şudur, "Tüm mahlûkattan, yeryüzündeki her hayvandan daha fazla lanetlendin; karnının üzerinde yürüyecek ve hayatın boyunca toz yiyeceksin." Bu demektir ki, onun yiyeceği her şey toz tadında olacaktır.

Burada da benzer durum vardır: Kişi Yaradan çalışmasına başladığında, kendini sevmenin bu çalışmada kendisine yardım etmediğini görmezse, çalışmasının değeri düşer ve tattığı her şey toz gibi olur. Buna "Tanrı'nın şehri en dibe indi," denir. Bu demektir ki, eğer kişiyle Şehina arasında ayrılık varsa, yani çalışması kendini sevme temeli üzerine kuruluysa, kendini mükemmelliğin en tepesinde olarak görür.

Fakat duvarla kendi arasındaki bu ayrılığı ortadan kaldırmak ve ihsan etmeyi çalışmak istediğinde, alma arzusu için hiçbir şey alamayacağını gördüğünden, en dipte olduğunu anlar.

Şimdi ne için dua etmemiz gerektiğini anlayabiliriz. Dua öncelikle Şehina için olmalıdır. Bu demektir ki, Yaradan'ın gözlerimizi açması ve karanlığı aralaması için dua etmeliyiz.

Yazıldığı gibi, "O yoksulu tozdan yükseltir, düşkünü çöpten çıkarır." Bilinir ki, kutsal Şehina'ya yoksul denir, Zohar'da yazdığı gibi, "o toza yerleştirilmiştir." "O düşkünü çöpten çıkarır," sözü Şehina'ya tutunmak isteyenleri ima eder, fakat onlar aşağıda olduklarını hissedip, bu çamurdan nasıl çıkacaklarını bilemezler. Bu nedenle Yaradan'ın onları çıkarması için dua ederler.

Onların bedenleri çalışmayla hemfikirken, ihsan ile ilgili hiçbir fikirleri olmadığı için alma arzusu temeline dayanan çalışmaları gösteriş doludur, yani diğerleri mutlak bayağılık içindeyken, onlar Yaradan'ın hizmetkârı olmaktan gururlanırlar ve daima diğerlerinin hatalarını görürler.

Oysa ihsanı başarmak ve gerçeğin yolunda yürümek isteyenler mütevazidir, çünkü onlar "Yaradan'ın yardımı olmazsa, onun üstesinden gelemez" idrakindedir. Bu nedenle kendilerinde başkalarına üstünlük taslayacak özel bir nitelik bulamazlar. Bu insanlara "mütevazi" denir, çünkü onlar, ihsana bağlanmak ister.

Şöyle derler, "Tanrı yüce ve ulu." O, kibirliyi yere indirir, mütevaziyi cennetlere yükseltir," önceden aşağıdayken şimdi onlar yüce ve uludur. Şimdi önceki çalışmalarının, kendini-sevmenin kibrinden dolayı utanç hissederler.

Fakat kim onlara bunu hissetme kuvveti verir? Bunu onlara veren Yaradan'dır. Bu sebeple kişi şöyle der, "Kibirliyi yere indirir," böylece ihsan çalışması onun için en yüce erdem haline gelir. Peki, ona bunu kim yapar? Sadece Yaradan. Bu sırada kişi şöyle der "Ve mütevazi olanı cennete yükseltir."

Sürgündeki Şehina, kişi sürgünde olduğunu hissetmelidir demektir. Bu demektir ki, insana içinde yetmiş ülkeyi barındırdığı için "küçük bir dünya" denildiği ve içindeki İsrail sürgünde olduğundan, İsrail halkına Yaşar- El (Yaradan'a doğru) denir, onlar Yaradan'a ihsan etmek isterler.

Buna göre "Sürgündeki İsrail" sözünü yorumlayabiliriz, eğer İsrail sürgündeyse ve Yaradan'a doğru hiçbir şey yapamıyorsa, Şehina onlarladır. Şehina da onlarla beraber sanki o onlara değil de onlar ona hükmediyormuş gibi sürgündedir. Bu Kral Davut'un söylediği şeydir, "Bizim için değil Tanrı'm, bizim için değil, fakat Sen'in adının ihtişamı, merhameti ve gerçeği için. Neden uluslar 'Onların Tanrı'sı nerede? 'diye sorar, bizim Tanrı'mız cennette ve O, ne isterse onu yapar."

Buna göre Yaradan'ın sürgünden çıkmamıza yardım etmesi için yakarırız. Bu "bizim için değil," sözünün anlamıdır. Bu demektir ki düşüncelerimiz, arzularımız ve amellerimiz alma arzusu için olmasın.

Daha ziyade "Sen'in adının ihtişamı için," böylece Şehina sürgünde olmaz, toz olarak görülmez ve "O'nun yüce adı büyüsün ve kutsansın," denilen cennetin ihtişamı ifşa olur. Peki, insandaki dünya ulusları ne der? "Onların Tanrı'sı nerede?" yani daima mantık dâhilinde çalışan uluslar, İsrail inancına karşı çıkarlar.

"Bizim Tanrı'mız cennette," demek "cennet" denilen mantık ötesi gitmek demektir. Neden Yaradan çalışmamızı mantık ötesi yaptı? O'nun başka türlü yapamadığını söyleyemeyiz. Daha ziyade "O, neyi dilerse onu yapar" ve O, mantık ötesi çalışmanın amacı yerine getirmede, haz ve mutluluk almada iyi bir yol olduğunu bilir.

"Sen'in merhametin ve Sen'in gerçeğin için," sözünü yorumlayabiliriz. "Sen'in merhametin," merhamet niteliği, "ihsan etme kaplarıdır."

Sonuç olarak "gerçeğin niteliği" denilen haz ve mutluluğu alabiliriz. On Sefirot çalışmasında yorumlandığı gibi: "O'nun rehberliğinin ifşasına 'gerçek 'denir, çünkü bu O'nun arzusudur. Yarattıklarına iyilik yapmak olan bu gerçeği bizler O'nun rehberliğinde keşfederiz ve bu sebeple ZA'deki ıslaha 'gerçek 'denir."

Onlara Daha Fazla Eziyet Edildikçe

Makale No. 16, Tav-Şin-Mem-Hey, 1984-85

Şöyle yazılmıştır, "Fakat onlara daha fazla eziyet edildikçe, onlar daha fazla çoğaldı ve yayıldı, böylece onlar, İsrail oğullarının korkusu içinde oldular" (Mısır'dan Çıkış, 1:12). "Fakat onlara daha fazla eziyet edildikçe" demek, onlar, eziyet gördükleri ölçüde çoğalacak ve yayılacak demektir. Bu bir koşulmuş, öncelikle çalışmada bir eziyet temeli olmadan önce, çoğalma ve yayılma olamazmış gibi görünüyor.

Fakat yukarıda yazılanı anlamak için, inançlarımızı yani özümüzün ne olduğunu bilmemiz gerekir. Giriş yazılarında açıklandığı gibi, bu, sadece alma arzumuzdur. Ve şüphesiz, alma arzusu, arzusuna doyum aldığında, bu doyum, çalışma olarak kabul edilmez, zira çalışma, kişinin ödüllendirildiği şey demektir.

Diğer bir deyişle, çalışma, insanın kaçınacağı eylemlerdir ve kişi, bir ödül almak istediğinden, başka bir seçeneği olmadığı için bunları yapar. Ödül, kişinin arzuladığı şey olarak kabul edilir ve tek arzusu ve dileği o şey içindir. Gerçek özlem, bu şeyin, kişinin kalbine son derece derinden dokunması, "Eğer onu elde edemezsem, yaşamaktan ziyade öleyim," demesidir. Dolayısıyla, eğer kişi, arzuladığı şeye sahip olamadığı için bir ızdırap duymuyor veya acı çekmiyorsa, bu, bir arzu olarak kabul edilmez. Ve kişinin özlemi, çektiği ızdırabın boyutuna göre ölçülür.

Dolayısıyla eğer kişi, bir doyum almak istiyorsa, öncelikle bir eksikliğe sahip olmalıdır. Bu böyledir çünkü Kli (kap) olmadan ışık yoktur ve eğer bir eksiklik yoksa, hiç kimse kabı herhangi bir şeyle dolduramaz. Örneğin, kişi, iştahı olmadan yemek yiyemez ya da yorgun olmadan dinlenmekten keyif alamaz.

Bu yüzden, kişi, bedenindeki Mısırlılar, ona eziyet ettiği için değil, onlara itaat etmek istemeyene ve onların hoşuna gitmeyen bir yoldan gitmeyi isteyene kadar ızdırap çekmez. İnsandaki alma durumunun köküne, "kendini sevmek" denir ve bu "Mısır" olarak kabul edilir. Birçok millet vardır, bunlara genel olarak, Keduşa'nın (kutsallık) karşıtı olan "yetmiş millet" denir, onlar yedi Sefirot'tur. Her Sefira (Sefirot'un tekili), ondan oluşur, bu yüzden sayısı, yetmiş millettir. Ve ayrıca, her milletin de kendine özgü bir arzusu vardır.

Mısır'ın Klipa'sı (kabuk) genel bir Klipa'dır. Mısır'daki İsrail halkının ıslah etmesi gereken, Keduşa'nın kıvılcımlarının düştüğü yerdir. Bu nedenle, öncelikle onların yönetiminden çıkamadıkları için acı ve ızdırap olmalıdır, şöyle yazdığı gibi: "Ve İsrail'in çocukları, çalışmaktan dolayı iç çekti ve haykırdı, onların haykırışı Tanrı'ya ulaştı. Ve Tanrı, onların iniltisini duydu."

"Çalışmaktan dolayı" sözlerinin iki kere yazılmış olmasına dikkat etmeliyiz. Tüm iç çekişlerin çalışmaktan dolayı olduğunu, yani Yaradan için çalışamadıklarını açıklamalıyız. Aslında, tüm ızdırapları, Mısır'ın Klipa'sı yüzünden, yaptıkları çalışmanın, Yaradan için olmasını sağlayamıyor olmalarından dolayıydı. Bu yüzden, "Çalışmaktan dolayı" iki kere yazılmıştır.

1) Tüm iç çekişler, herhangi bir şeyin eksikliğini duydukları için değildi. Sadece tek bir şeyin eksikliğini duyuyorlardı, yani herhangi bir lüks ya da ödeme istemiyorlardı. Acı ve ızdırap hissettikleri tek eksiklik, Yaradan için hiçbir şey yapamıyor olmalarıydı. Diğer bir deyişle, kendilerine değil, Yaradan'a memnuniyet verme arzusuna sahip olmayı istediler, fakat yapamadılar ve bu, onlara ızdırap verdi. Buna, "maneviyatta bir miktar anlayışa sahip olmayı istemek" denir.

2) İkinci "Çalışmaktan dolayı" sözleri, "Ve onların haykırışı Tanrı'ya ulaştı" koşulunu öğretmek için gelir, Tanrı, onların iniltisini duydu çünkü onların tek talebi çalışmaktı. Bu, diğer "Çalışmaktan dolayı" sözlerine işaret eder. Bundan çıkan sonuç şudur, hissettikleri tüm sürgün, sadece Mısır'ın Klipa'sının yönetimi altında oldukları ve ihsan etmekle ilgili hiçbir şey yapamadıkları içindi.

Zohar'da (Sulam Yorumu, Mısırdan Çıkış, madde 381) şöyle yazılmıştır, "Kabalist Yehuda der ki: 'Gel ve bunun böyle olduğunu gör, Sakhnin'li Kabalist Yehoşua'nın dediği gibi, 'Bakanları İsrail'e hükmettiği sürece, haykırışları duyulmadı. Bakanları düştüğünde, şöyle yazar: 'Mısır'ın kralı öldü, 've hemen ardından, 'Ve İsrail'in çocukları, çalışmaktan dolayı iç çektiler ve haykırdılar ve çalışmaktan dolayı onların haykırışı Yaradan'a ulaştı. 'Fakat o zamana kadar, haykırışları cevaplanmadı."

Bu nedenle, diyebiliriz ki eğer Mısır'ın bakanını tahttan indirme zamanı değilse, seçim için ya da onların pişman olması ve sürgünden kurtarılmaları için hiç yer yoktur. Der ki (Sulam Yorumu, Mısır'dan Çıkış, madde 380) "'O birçok gün içinde.' 'Birçok',

İsrail'in Mısır'da kalışını işaret eder, yani son gelmiştir. Ve onların sürgünü tamamlanmış olması için, ne der? 'Mısır'ın kralı öldü. 'Bu ne demektir? Mısır'ın bakanı, makamından aşağı indirildi ve gururunu yitirdi demektir. Bu yüzden metin onunla ilgili şöyle der: 'Mısır'ın kralı öldü,' çünkü düşüş, onun için ölmek sayılır. Onların bakanı olan Mısır kralı düştüğünde, Yaradan İsrail'i hatırladı ve onların iniltisini duydu."

Zohar, ayetle ilgili olarak "Sıkıntınızda, tüm bunlar üzerinize geldiğinde" (Deuteronomy 4) sorusunu sorar. Bu demektir ki her şey yerli yerine oturmadıkça, mükemmeliyete erişmek mümkün değildir. Öyle anlaşılıyor ki, kişinin yaşaması gereken her şeyin, ızdırap aracılığı ile yaşanması gerektiğine dair bir bahane öne sürersiniz ve bu ne zaman ne de ızdırabın miktarıyla ölçülür ancak hissiyatın ölçüsüyle ölçülür. (Zohar'a bakınız)

Bunu bir alegori aracılığıyla anlayabiliriz. Eğer kişi, bir kilogram değerinde iş yaparsa, karşılığında bin gramlık ızdırap alır, ödül, bunun için de gelir. Atalarımızın dediği gibi, "Ödül, acıyla eşleşir." Bu demektir ki, eksiklik olmadan doyum olmadığından, kişinin ödül almadan önce sarf etmesi gereken çabanın sebebi, Kli olmadan ışığın olmamasıdır. Ve kişinin sarf ettiği çaba, ihtiyacın karşılanması için yeterliliktir, böylece daha sonra içindeki dolguyu alabilecektir.

Diyelim ki bu kişi, miktar ve kalitede ayırt edici olan bin gramlık eksikliği, aralıklı olarak verebilir. Kişi günde on kez çaba gösterebilir, yani Yaradan'dan uzak oluşuna üzülebilir veya Yaradan'dan uzak oluşuna haftada on dakika ya da ayda on dakika üzülebilir.

Bu, Yaradan'dan uzak olduğunu hatırladığı zamanki ızdırabının niteliğine benzer. Bu, acı vermesine rağmen, o kadar da korkunç değildir, ona daha fazla acı veren, daha fazla arzuladığı şeyler vardır. Öyle görünüyor ki, kişi nitelik üzerine de düşünmelidir. Bu nedenle, "Ve sen Efendin, Tanrı'na geri dönecek ve O'nun sesini dinleyeceksin," aşamasına ulaşana kadar, çalışma ve ızdırap sürecinin tamamını baştan sona tecrübe etmesine rağmen, kişinin bir seçimi vardır.

Bu yüzden, insan "nicelik" dediğimiz, zamanın uzamasından kaynaklanan ızdırap sürecini kısaltmak ve Yaradan'dan uzak olma acısının hissiyatı olan niteliğini buna eklemek için bir seçime sahiptir.

Fakat bilmeliyiz ki çalışmanın şeklinde nicelik ve nitelik arasında büyük bir fark vardır. Zamanın miktarı düşünüldüğünde, kişi kendi programını, kendine ayırdığı zamanın süresini, zorlamayla bile olsa ayarlayabilir. Bu demektir ki, beden, katılmaya karar verdiği dersin tamamında oturmak istemese de kişi birkaç dakika veya saatlerce oturmalı ve Yaradan'dan uzak olduğu için pişman olmalıdır. Eğer kişi güçlü bir arzuya sahipse ve zayıf bir karakteri yoksa oturabilir ve kendisi için ayarladığı programı yerine getirebilir, çünkü bu bir eylemdir ve kişi, eylemlerle zorla iş yapabilir.

Fakat nitelik açısından, bu çok zordur çünkü kişi, kendini, hissettiğinden farklı hissetmeye zorlayamaz. Yaradan'dan uzak olduğu için hissettiği acı ve ızdırabı inceleme noktasına geldiğinde, bazen bunu umursamadığı bir duruma gelir. O anda, ne yapacağını bilemez çünkü hissettiği şeyi değiştiremez ve kafası karışır.

Bu, sürgünü uzatmaya neden olur çünkü nitelik şöyle dursun, gereken niceliği vermek bile bizim için zor olur. Ve kişi, eksikliğin niteliğini irdelemeye başladığı zaman, hiç acı hissetmediğini, görünürde bilinçsiz ve hissiz olduğunu görür. Ve Yaradan'dan uzak olmak, yaşamın olmaması demek olsa da yaşama sahip olmamak kişiye acı vermez. O zaman kişinin, Yaradan'a, ona biraz yaşam vermesi için dua etmekten başka bir seçeneği yoktur, böylece tehlikeli derecede hasta olduğunu ve ruhunu iyileştirmesi gerektiğini hisseder.

Ve bazen kişi, öyle bir düşüş durumuna gelir ki bunun için dua edecek güce bile sahip olmaz. Aksine, tamamen kayıtsız bir haldedir. Buna, "cansız koşulunda olmak" denir, yani kişi tamamen hareketsizdir.

Bu durumda, kişiye sadece grubu yardım edebilir. Diğer bir deyişle, eğer kişi, dostlar arasına gelip, onları hiçbir şekilde eleştirmezse ve onların da aynı engellere ve düşüncelere sahip olup olmadıklarını, bunların üstesinden gelip gelmediklerini ya da iç gözlemle ilgilenmedikleri ve bu yüzden Tora ve Mitzvot'a bağlanabilip bağlanamadıklarını test etmezse, nasıl olur da onlar gibi olabilir ki?

O anda, gruptan hiçbir yardım alamaz çünkü onlarla hiçbir Dvekut'u (bütünleşme) yoktur, çünkü onlar kendisinin dostu olmak için çok küçüktür. Bu nedenle, doğal olarak onlardan hiçbir şekilde etkilenmez.

Ancak eğer kişi başı yukarıda olmadan, kendisinin akıllı, dostlarının akılsız olduğunu düşünmeyerek ama aksine, gururunu bir kenara bırakıp "Yoksulluk fakiri izler," kuralına uyarak dostlarının arasına gelmezse, kişi sadece düşüş durumunda olmakla ve maneviyata hiç ihtiyaç hissetmemekle kalmaz, aynı zamanda gururun düşüncelerini de edinir, yani o, tüm gruptan daha akıllı olduğunu düşünür.

Şimdi ilk soruya geri dönelim "Ve onların sürgünü tamamlandığı için," sözleriyle ilgili olarak, Zohar, "Mısır'ın kralı öldü," der, çünkü o, tahtan indirilmeyi ölüm olarak görür. Ve onların bakanı olan Mısır'ın kralı düştüğü için, Yaradan İsrail'i hatırladı ve onların duasını duydu. Zamanı gelmeden önce hiçbir dua yardım etmeyecektir kuralı gereği, yapılabilecek hiçbir şey yoktur, çünkü Yaradan, onların duasını duymayacaktır.

Yukarıdaki sözlerle, konuları olduğu gibi anlayabiliriz. Bu, atalarımızın, "Ben Yaradan, onu zamanında hızlandıracağım," cümlesiyle ilgili bahsettikleri durumun aynısıdır. Eğer ödüllendirildilerse, "Onu hızlandıracağım." Eğer ödüllendirilmedilerse, "Zamanında." Diğer bir deyişle, zamanı geldiğinde, Yaradan tarafından bir uyanış gelir ve onun sayesinde İsrail, tövbe eder. "Zohar Kitabı'na Giriş"te (madde 16) yazıldığı gibi, seçimin zaman açısından olduğu ortaya çıkar.

Bütün yukarıda bahsedilenlerden çıkan sonuç, kişinin kurtuluş zamanını düşünmemesi gerektiğidir -ondan önce duaları kabul edilmez, yazılıdır- çünkü bu, zamanın niceliği ve ızdırabın niteliğine bağlıdır, ızdırabın tamamlanacağı belli bir zaman vardır. Ancak, zamanı kısaltabiliriz. Acının ortaya çıkacağı tüm nicelik ve nitelik, tüm acının kısa bir süre için gelmesi yoluyla kısaltılabilir fakat orada tüm acılar, orada ortaya çıkacaktır.

Bugünü Bil ve Kalbine Kulak Ver

Makale No. 17, Tav-Şin-Mem-Hey, 1984-85

Zohar'da şöyle yazar, "Rabbi Elazar der ki, 'Bugünü bil ve kalbine, Efendin Tanrı'ya kulak ver. 'Oysa şöyle demeliydi, 'Efendi'nin Tanrı olduğunu bil 've sonra da 'kalbine cevap ver,' çünkü Efendi'sinin Tanrı olduğunu bilmek, kişinin kalbinin sesine kulak vermesine neden olur. 'Fakat Musa dedi ki, 'Eğer bunda ısrar eder ve Efendi'nin Tanrı olduğunu bilirsen, o zaman 'kalbine kulak ver. 'Dolayısıyla kalbe kulak vermenin haricinde, 'Efendi'n, Tanrı'dır, 'olduğunu bilemeyiz. Bu yüzden 'Efendi'n Tanrı'dır, ' demek için metin önce 'kalbine kulak ver, 'der.'"

Bunu çalışma açısından yorumlamalıyız. Çalışmada dünya uluslarının önce "duyacağız," sonra "yapacağız," düşüncesi yerine, İsrail'in önce "yapacağız" sonra "duyacağız" düşüncesi mantıklı görünmez. Atalarımız der ki, "İsrail duymadan önce yapacağız dediğinde, bir ses onlara şöyle der, 'Yönetici meleklerin kullandığı bu sırrı kim oğullarıma söyledi?'" Öyle anlaşılıyor ki, "Yapacağız ve duyacağız," diyerek onlar, insanlara değil, yönetici meleklere benzer hale gelirler.

Bunun sebebini anlamalıyız: Meleğe "elçi" denir. İki tür melek vardır:

Eylemin kendisine önem vermeyen ve gönderenin ne söylediğine dikkat etmeyen melekler. Örneğin, bir başkasına vermesi için kendisine paket verilen biri, paketin içeriği ile ya da gönderen ve alan arasındaki ilişkiyle ilgilenmez. Fakat gönderenin talimatlarını isteyerek yerine getirir. Şüphesiz elçi bu eylemi için ödül alır ve buna "ödül almak için hocasına hizmet xxx" denir.

Fakat eğer gönderen önemli bir insansa, kişinin ödülü hocasına hizmet etme ayrıcalığıdır, başka bir ödüle ihtiyaç duymaz. Bu durumda elçi gönderen ile alıcı arasındaki ilişkiyi bilme ihtiyacında değildir. Ayrıca gönderilen şeyin ne olduğuyla, paketin içeriğiyle de ilgilenmez.

Bu "yapacağız" sözünün anlamıdır, tıpkı hiçbir şeyle ilgilenmeyen bir elçi gibi, kişi, krala hizmet ederek, ona haz vermek ister ve edindiği tek haz, krala hizmet etme ayrıcalığıdır. Bu, melek, yani elçi olmanın anlamıdır.

"Duyacağız," bilmek demektir. Böyle olduğunda kişi melek olarak kabul edilmez. Daha ziyade armağan alandır.

Yukarıdakine göre, "kalbine kulak ver" sözünü mantık ötesi "yapacağız" olarak anlayabiliriz. Sonrasında "O, Tanrı'dır" ile ödüllendiriliriz.

Eylem, kişinin bedenin sorusuna verecek cevabı olmadığındaki eylemi demektir. Kişi görür ki, bedenin sorduğu şey, cevabın olmadığı doğru bir sorudur. Düşünüp taşınma alanı yoktur, çünkü beden doğru soruyu sormaktadır. Bunun tek cevabı vardır: "mantık ötesi." Yani beden Yaradan için yapmak istediği her şeye karşı çıksa da şöyle demelidir, "Bir Mitzva, bir Mitzva'ya sebep olur."

Onun daima yerine getirdiği sünnet Mitzva'sı vardır. Eğer tek bir Mitzva ile mutlu olursa, çalışmayı uyandırabilir ve gayretle çalışabilir.

Ancak, bilmelidir ki her yükseliş yeni bir şeydir. Bu demektir ki, kişi yükseldiğinde bir önceki aşamasına dönmez. Daha ziyade yükseliş daima yeni bir anlayıştır, ARİ'nin dediği gibi "Gün güne, bir an başka bir ana benzemez ve kişi dostunun ıslah ettiğini ıslah edemez."

Bununla atalarımızın dediğini yorumlayabiliriz; "Davut hamama girip kendini çıplak gördüğünde dedi ki, 'Mitzvot olmadan, ayakta çıplak duran bana, yazıklar olsun. 'Sonra etin sünneti Mitzva'sını hatırladığında aklı yatışır. Dışarı çıktığında sekizinci gün verilen sünnetle ilgili bir ilahi okur."

Hamamı kişinin arınmaya gelmesi olarak yorumlamalıyız. Arınmışlık aşamasına "hamam" denir. Bu sırada kişi kendine, ne kadar Tora ve Mitzvot'u olduğuna, ne kadarını Yaradan için yerine getirdiğine baktığında kendini çıplak görür. Bu geçmişle ilgilidir. Sonrasında şimdiye bakar ve şimdi de ihsan etmek için hiçbir şey yapmak istemediğini görür. Bu "Mitzvot'u olmadan, ayakta çıplak duran bana, yazıklar olsun," sözünün anlamıdır.

Sünnet emri nedeniyle yabancı düşüncesi olmadığından, "Etin sünneti Mitzva'sını hatırladığında aklı yatışır." Şimdi sünnet vasıtasıyla çalışma düzenini inşa etmeye başlar.

"Dışarı çıktığında bununla ilgili bir ilahi okur." Bu demektir ki, aşamasından çıktığı anda, yani hamamdan çıkmak olarak nitelendirilen yükseliş sırasında yerine getirdiği ilk Mitzva mantık ötesi olduğundan, bununla ilgili bir ilahi okur ve tüm çalışmasını mantık ötesi temeline oturtur.

"Kendini çıplak dururken gördü," Mitzvot yerine getirme arzusu yok demektir. Beden Keduşa ile ilgili her şeye karşı çıktığından, Keduşa ile bağı yoktur. Fakat bedenin karşı çıkamadığı "Etin sünneti Mitzva'sını hatırlar." Kendilerini sünnet edenler bile, sünnet sırasında seçim şansları olmasına rağmen bu sırada yükselişteydirler, çünkü düşüş sırasında sünnetle ilgili artık bir seçimleri olmaz.

Peki, bedenlerini sünnet etmek zorunda olmayan kadınlar, neyle bedenin üstesinden gelecek? Bu "İsrail birbirinden sorumludur," denilen Arvut ile mümkündür. Bu Mitzva tam anlamıyla ete, yani bedene kazınmıştır. "Aklı yatışır," düşüş aşamasında bile o, Yaradan'ın emirlerine bağlıdır demektir.

Bu kişiye Keduşa inşa etme imkânı ve bedenine şunu söylemeyi sağlar, "Tüm Tora ve Mitzvot'tan kopmana rağmen beni çaresizliğe getiremezsin, neden hala Yaradan'ın seni yakınlaştırmasının mümkün olacağını hayal ediyorsun? Herkesten daha kötü olduğunu görüyorsun, bedenin Tora ve Mitzvot'a bağlanmaya hemfikir değilken, O'na yaklaşma ve gerçeğin, ihsan etmenin yolunda yürüme cüretini nerden buluyorsun?"

Buna cevap şudur, kişinin Yaradan'a bağlanabileceği bir şey olduğunu görebilmesi için Yaradan kasten bedende bir Mitzva, yani iptal edemeyeceği sünnet Mitzva'sı bırakır. Bu, "Kovulmuş olan O'nun tarafından kovulmaz," sözünün anlamıdır. Daha ziyade herkes Yaradan'a yaklaşır. Bu sebeple aklı yatışır, çünkü tüm mantığını etin sünneti üzerine inşa eder. Bu sekizinci gün verilen sünnettir, çünkü Hassadim, yani mantık ötesini anlatan Bina'ya "sekizinci" denir.

Kötüleyenlerle İlgili

Makale No. 18, Tav-Şin-Mem-Hey, 1984-85

Zohar'da yazılıdır: "Rabbi Yehuda der ki, 'Neşeyi bilenlere ne mutlu.' İnsanların Yaradan'ın yolunu nasıl izlediklerini, Tora'nın Mitzvot'unu nasıl yerine getirdiklerine bakın, onlar bununla sonraki dünyayla ödüllendirilir, aşağıda ve yukarıda tüm kötülüklerden korunurlar. Bu böyledir, çünkü aşağı dünyada kötüler olduğu kadar, yukarıda da insanlara kara çalmaya hazır olanlar vardır."

Kötüleyenler nedir anlamalıyız. Onlar birisine bir şey vermek istediğimizde kişiye gelir ve almak üzere olduğu şeyi almaması gerektiğini söyleyerek aklını çeler. Bu, şu soruyu doğurur, "Kimin önünde kişinin aklını çelerler?"

Kötüleyenler insana gelir. Eğer kişi Yaradan'a ihsan etme yolunda ilerlemek istiyorsa, gelip ona derler ki, "İhsan yolu sana göre değil; bu yol sadece özel yeteneğe ve beceriye sahip seçilmiş birkaç kişi için. Senin bu niteliklerin yok. Dolayısıyla insanların arasında olman senin için daha iyi, yani halkın yolunu izle ve imkânsızı isteme."

Bu bağlamda Rabbi Yehuda der ki, "Neşeyi bilenlere ne mutlu" RASHI, bunu kişinin yaratıcısını nasıl memnun edeceğini bilmesi olarak yorumlar. İnsan O'nu nasıl mutlu eder? Rabbi Yehuda Yaradan'ın yolundan gitmeleri ve Tora'nın Mitzvot'unu yerine getirmeleri gerektiğini söyler." Ayet der ki, "Ne Ben'im düşüncelerim senin düşüncelerin ne de Ben'im yolum senin yolun."

Bu demektir ki, kişi Yaradan'ın yolunda sadece mantık ötesi yürüyebilir. Oysa mantık dâhilindeyken bedeni ihsan etme yolunun ona göre olmadığını anlamasına sebep olur.

Bununla şu ayeti anlayabilirsiniz: "Rüşvet almayacaksın, çünkü rüşvet gözünü körleştirir ve erdemlinin sözlerini çarpıtır." Dolayısıyla kişi çalışma düzenini düzenlemek istediğinde ihsan etme çalışması olan bu yolu, üzerine alamayacağına iki nedenle karar verir.

Çabası karşılığında ödül almış kimseyi göremediğinden, çalışmanın ödülünden yüzde yüz emin değildir. Bu demektir ki, çalışmanın koşullarına katlanarak çalışan insanlara baktığında onların büyük çaba harcadıklarını ama çalışmaları karşılığında ödül alamadıklarını görür. Neden ödül alamadıklarını kendine sorduğunda cevabı hazırdır: Çalışmanın tüm koşullarını yerine getiren kesinlikle ödül alır. Çaba harcarlar fakat onlardan istenen kadar değil. Bu sebeple O'nun onları reddettiğine inandıkları bir aşamaya gelirler, çünkü kendilerinin haklı olduğuna ve ihsan çalışmasının onlara göre olmadığına inanırlar.

2) Bu sırada ikinci bir soru akla gelir; "Kişinin diğerlerinden daha başarılı olacağını ve Yaradan'la Dvekut'a ulaşmak için kendini yüzde yüz adayacağını kim biliyor?"

Bu iki sebepten sonra, mantık ötesine, ihsan temeline dayanan bu yolu yüzde yüz üzerine almayı istememesinde haklı olduğuna karar verir. Bundan emindir ve kimsenin onun bu isteksizliğini eleştirmeyeceğini bilir.

Şu soru doğar: "İhsan yolundaki insanlar bu soruların üstesinden nasıl gelir?" Kişiye "Git, ödül almama niyetiyle çalış," denildiğinde, bu sorular onu rahat bırakmaz. Hangi güç "kötü sular," denilen bu soruları ortaya çıkarır?"

Tek yol, mantık ötesi gitmek ve "Gördüğüm şey—haklı olduğum ve herkesin gittiği yoldan gitmem gerektiği—gerçek değil. Yalnızca gözleri açık olanlar gerçeği görebilir," demektir. Kişi bu soruları sormaya başladığında sadece kendisine fayda sağlamayı düşündüğünden, alma arzusuna doğru meyil eder. Dolayısıyla gerçeği göremez. Ayet bize bununla ilgili "Meyil etme, bu seni kör eder," der.

Dolayısıyla, haklı olduğunu söyleyemeyiz, çünkü alma arzusuna meyil etmiştir ve bu nedenle gerçeği göremez. Tersine şöyle demelidir, "Senin haklı sorularını duymuş olmama rağmen, sana cevap veremiyorum. Fakat ihsan etme arzusuyla ödüllendirildiğim an gözlerimi açacağım. Sonra sorularla bana geldiğinde sana doğru cevaplar verebileceğim.

"Fakat şimdi mantık ötesi gitmekten başka sansım yok, çünkü tüm mantık kendini-sevme tarafından gelir. Tüm hesaplarımın doğru olduğunu düşünmeme rağmen, kimin haklı olduğunu bilmiyorum."

Bu tüm kitaplarda bahsedilen "arınmanın" anlamıdır. Kişi yapmak üzere olduğu her Mitzva'dan önce arınmalıdır. Arınmayla ilgili Baal HaSulam der ki, kişi her şeyin gerçeğin tarafında olmasına dikkat etmelidir ve burada hataya yer yoktur. Ayrıca der ki, arı olmada insanlar arasında farklılık vardır—kıyafetlerinde kir olmadığından emin olmak isteyen ve kirin belli olduğu fakat bununla ilgili endişeleri olmadığı için arınmayı arzu etmeyen insanlar.

Maneviyatta da böyledir: Bir insan bir insana benzemez. Kişi yanlışı tahammül edememesi ölçüsünde gerçeğin yoluna yaklaşır.

Baal HaSulam ayrıca ruhun kirinin zarar-verici olduğunu bilmemiz gerektiğini söyler. Ruh ebedi olduğundan kişi yanlışa düşmemek için dikkatli olmalı ve kendi gerçeğini arı tutmalıdır.

Bununla atalarımızın dediğini anlayabiliriz, "Rabbi Hiya der ki, 'Rabbi Yohanan dedi ki, 'Kıyafetinde leke bulunan her bilge öğrenci ölmelidir, şöyle denildiği gibi, 'Ben'den nefret eden herkes ölümü sever. 'Bunu 'Ben'den nefret et, 'olarak değil, 'Nefrete sebep olan 'olarak söylemeliyiz. RASHI bununla ilgili der ki, onlar insanların gözünde kendilerini küçültür, insanlar der ki, 'Saygısız ve günahkâr oldukları için yazıklar olsun Tora öğrencilerine.' Öyle anlaşılıyor ki Tora'yı mundar hale getirirler.""'

Bunu anlamak zordur. Eğer kıyafetlerinde leke varsa, ölmeyi hak ederler mi? Ayeti delil gösterir, "Ben'den nefret eden herkes ölümü sever." Şunu anlamalıyız: Eğer Ben'den nefret ederse, bu onun ölümü sevdiğinin delili midir?

Yukarıda yazılana göre arınmışlık temiz olmakla ilgilidir, böylece gerçeğin yolunda yürümek istediğinde orada yanlışlık olmaz. Gerçeğe Lişma denir, Maimonides'in dediği gibi, "Sevgiden çalışan, Tora ve Mitzvot'u yerine getiren ve ilmin yolunu izleyen kişi bunu gerçek olduğu için yerine getirir ve iyilik bunun sonucunda gelir."

Dolayısıyla bu demektir ki, kıyafetlerinde leke bulmak, kendini-sevmeden arınmak ve sadece Yaradan için olmak zorundadırlar. Bunu şöyle yorumlayabiliriz, "Ben'den nefret eden herkes ölümü sever." Bize sorulur, "Neden ayet 'Ben'den nefret eden herkes, 'der, yani Ben'den nefret etme sebebi ölümü sevmesi midir?

Bunun cevabı basittir: Kendini yaşamın yaşamına adayan kişinin yaşamı olduğundan, ölümün anlamı açıktır. O'ndan ayrılan yaşamdan ayrılır.

Bu nedenle "Ben'den nefret eden herkes," denir, yani Yaradan'ı sevmeyen, Yaradan için çalışmayan fakat kendini-sevmeye kendini kaptıran kişi. Kendini-sevme yaşamın yaşamından ayrılığa sebep olur. Bu sebeple ölümü seven, yani kendini seven Yaradan'dan nefret eder.

Bunu anlamak zordur. Kıyafetinde leke varsa, halkın gözünde kötü müdür? Ayrıca, atalarımızın "Kıyafetinde leke olan her bilge öğrenci ölmelidir," dediği gibi Tora insanların ölecek kadar Tora'dan nefret etmesine mi sebep olur?

Çalışmada "kendilerini halkın gözünde kirlettiler" sözünün anlamı, kişinin organları, arzuları ve düşünceleri demektir. İnsanın bedenine "kendi içinde bir dünya," denir. Bedenin organları der ki, "Yazıklar olsun Tora'yı çalışanlara." Fakat yazılıdır ki, "Bunlar yaşamımız ve günlerimiz olduğu için" ve onlar "Altından daha arzu edilir, baldan daha tatlıdır," fakat bunu Tora öğrencilerinde göremeyiz.

Bunu görmememizin sebebi kıyafetlerinde leke olmasıdır, yani onlar çalışma sırasında kendini-sevmeye dalmıştır. Öyle anlaşılıyor ki bu leke Tora'daki iyiliğin ve yaşamın, bu kıyafetlerde kıyafetlenmemesine sebep olur. Bu sırada "bedendeki insanlar" çaresizliğe düşer ve bu onların Tora'dan nefretine yol açar. Buna sebep olan kimdir? Bunun sebebi arınmaya dikkat etmemiş olmalarıdır.

Bununla eğer kıyafetlerinde leke varsa neden ölmeleri gerektiğini anlayabiliriz. Bu bize lekenin onları yaşamın yaşamından ayırdığını gösterir. Temiz olmaya dikkat etmemiş, LoLişma denilen kirliliğe düşmüşlerdir. Oysa her şey Yaradan için olmalıdır.

Firavun'a Doğru Gel-1

Makale No. 19, Tav-Şin-Mem-Hey, 1984-85

"Firavun'a doğru gel". Bu kafa karıştırıcıdır. "Firavun'a doğru git" demesi gerekmez miydi? Zohar şöyle açıklar (Bo, madde 36): Ama O, Musa'nın, odaların içindeki odalara, yüksek bir deniz canavarına girmesine izin verdi. ...Yaradan, Musa'nın korktuğunu görünce... Yaradan dedi ki, 'Bak, Ben sana karşıyım, Mısır Kralı Firavun, nehirlerinin ortasında uzanan büyük canavar'. Yaradan, başka birine değil, ona karşı savaşı sürdürmek zorunda kaldı, 'Ben, Efendiniz' dediği gibi ve şöyle açıkladılar, 'Benim, bir temsilci değil'. 'Gel' demek, ikimiz birlikte demektir.

Bunu, Yaradan çalışmasında yorumlamak için öncelikle, Tora ve Mitzvot'a (emirler) bağlanmak için, talebimizin ne olduğunu bilmeliyiz. Yani bunun karşılığında ne istediğimizi bilmeliyiz. Ödül, açık ve net olmalıdır; eğer bunun ödülümüze, hedefimize ulaşmaya engel olduğunu anlarsak, bedensel hazlardan vazgeçmeye değdiğini görürüz, yani hedef, bedensel zevklerden vazgeçmek için bir ödül anlamına gelir.

Bundan dolayı, Tora ve Mitzvot'u izlemek için istediğimiz asıl ödülün, Yaradan'la form eşitliği olan Dvekut (tutunma) olduğunu bilmeliyiz, 've O'na bağlı olmak için' ifadesinde olduğu gibi. Bilgelerimizin şöyle söylediği gibi (Baba Batva, 16), 'Yaradan kötü eğilimi yarattı, Tora'yı bunun için şifa olarak yarattı'. 'O'nun Tanrısallığının bu dünyadaki yarattıklarına ifşası' denen, 'yarattıklarına iyilik yapmak' olan yaratılış amacını alabildiğimiz Kli (kap) budur, makalede, Matan Tora'da (Tora'nın verilişi) yazdığı gibi.

Bilinir ki çalışmanın kalbi, Kli'nin yapımındadır. Ancak Kli'ye akan bolluk olan dolum, arzusu yarattıklarına iyilik yapmak olan üst güçten gelir. Elbette O'nun bakış açısına göre, O'nun bize vermesini hiçbir şey engelleyemez ve hissettiğimiz bütün eksiklikler, bolluğu almak için Kelim'e (kaplar) sahip olmadığımız içindir, zira Kelim'imiz kırılmadan gelir. Bu böyledir, çünkü Nekudim dünyasında meydana gelen kapların kırılmasından dolayı, almak için almak olan Klipot (kabuklar) ortaya çıkmıştır, çünkü maneviyatta kırılma, maddesellikte bir kabın kırılmasına benzer. Fiziksel bir kap, eğer kırıksa ve içine sıvı bir şey koyarsanız, sıvı dökülür. Benzer şekilde maneviyatta da kendi için alma arzusunun bir düşüncesi, Kli'ye girerse, bolluk, dışsal olanlara yani Keduşa'nın (kutsallık) dışına akar.

Keduşa 'Yaradan için' demektir. 'Yaradan için' koşulunun dışındaki herhangi bir şey, Sitra Ahra (diğer taraf), yani Keduşa'nın diğer tarafı olarak adlandırılır. Bu yüzden Keduşa'nın anlamının ihsan etmek ve Tuma'a'nın (kirlilik) almak anlamına geldiğini söylüyoruz.

Bu sebeple, kırılmadan sonra doğan bizler, yalnızca almayı arzularız. Bundan dolayı, bolluk verilmez, çünkü bu kesinlikle Sitra Ahra tarafına gidecektir.

Yaradan'ın bizim için hazırladığı haz ve memnuniyeti almaktan uzak olmamızın tek sebebi budur. Çünkü bize verebileceği hiçbir şey, bizimle kalmayacak, yok olacaktır, bilgelerimizin dediği gibi, 'Aptal olan kimdir? Ona verileni kaybeden kişidir'. Bunun anlamı, kaybetme sebebimizin kökü, bizim aptal olmamızdır.

Ama neden bir aptal kaybetmeli ve bir bilge ona verileni tutmalıdır? Bir aptalı, kendini sevmek olan kendi doğası ile kalan ve alma arzusundan çıkabilmek için taktikler üzerinde çalışmayan bir kişi olarak değerlendirmeliyiz. Kişinin, kendi doğasından çıkabilmesi için, pek çok yol ve taktik olmasına rağmen, başka bir kıyafet olmaksızın, doğduğu gün kadar çıplak kalır. Kıyafet, 'ihsan etme arzusu' olarak bilinir, çünkü ancak ihsan etme kıyafetiyle, alması gereken haz ve memnuniyeti giyinebilir.

Kişi, bazen ihsan etme çalışmasına başlar ve bedene çalışmanın bütün amacının bu olduğunu – ihsan etme kaplarını edinmek olduğunu – açıklar. Ancak, bedenle yaptığı tüm bu tartışmalardan sonra beden kişiye şöyle der, "Yaradan'ın yarattığı doğayı değiştiremezsin'. Ve yaratılış, 'yokluktan varoluş' olarak kabul edildiğinden, yalnızca alma arzusu formundadır. Öyleyse ne cüretle Yaradan'ın yarattığı doğayı değiştirebileceğini söylersin?".

Bununla ilgili olarak, 'Firavun'a doğru gel' yani birlikte gideceğiz denmiştir. Seninle geleceğim, böylece doğanı değiştireceğim ve bütün isteğim, doğanı, alma arzusundan ihsan etme arzusuna değiştirmek için, benden yardım istemen, bilgelerimizin dediği gibi (Sukka, 52), 'Kişinin eğilimi onu her gün yener ve Yaradan'ın yardımı olmadan, kişi bunun üstesinden gelemez'.

Ancak, Yaradan'ın kişinin O'ndan talep etmesine neden ihtiyaç duyduğunu anlamalıyız. Bu ondan yardım talep edilmesinin onurunu arzu eden ve böylece de yardım ettiğini bilen, et ve kan ile anlaşılabilir. Ama Yaradan'la ilgili olarak böyle bir şey nasıl söylenebilir? Ancak 'Kli olmadan ışık yoktur' kuralının anlamı, eğer arzusu yoksa birine dolum vermenin imkânsız olmasıdır. Bir şey için arzu olmadığı sürece, verirseniz, kişi bundan tat almaz. Bundan dolayı, kişi takdir edemez ve onun çalınmasını engelleyemez.

Şöyle ki, meselenin önemini anlayan ve O'ndan alacak insanlar vardır. Bu yüzden kişi, Yaradan'ın yardımını istemelidir, böylece yukarıdan bir aydınlatma verilirse, Keduşa'nın değerini anladıkları için, dışarıdakilerin ondan çalmasını nasıl engelleyeceğini bilecektir.

Bu sebeple, kişi Yaradan'dan kendisine yardım etmesini istediğinde -ki gerçek talep, kişi tam olarak kendisine yardım etmekten aciz olduğunu gördüğünde başlar- o zaman, kesin olarak Yaradan'ın kendisine yardım etmesini istemekten başka bir seçeneği olmadığını bilir. Aksi takdirde, Keduşa'dan ayrı kalacak ve kendini-sevme durumundan çıkış yolu bulamayacaktır. Bundan dolayı, Yaradan kişiye yardım ettiğinde, kişi bunun dışsal olanların ondan almaması için, dikkatle korunması gereken değerli bir varlık olduğunu zaten bilir.

Benzer şekilde ARİ şöyle der (On Sefirot Çalışması, Bölüm 7), "Kötü eğilim ve Sitra Ahra'nın, erdemliyi günah işlemeye zorlaması ve Keduşa'ya tutunmasının nedeni budur. Çünkü bunlardan başka yaşam güçleri yoktur. İyilik ve Keduşa arttığında, onların yaşamları da çoğalır. Dolayısıyla şu andan itibaren, kötü eğilimin, insanı günah işlemesi için neden kovaladığını merak etmeyin".

Böylece, kişi, ona verileni kaybetmekten kaçınmak için, öncelikle büyük bir çaba sarf etmelidir, çünkü bu emeği, gelen şeyleri muhafaza etmesini ve kaybetmemesini sağlar. Ama bu çaba süresince kişi, çalışmanın sonlanmaktan halen uzak olduğunu gördüğünde, bazen mücadeleden kaçar ve umutsuzluğa düşer. O zaman, kişi, Yaradan'ın kendisine yardım edeceğine ve dolumu almak için eksikliği hazırlamada gereken miktarda ve nitelikte çaba saf etmediği için yardımın gelmediği gerçeğine inanmak için, büyük bir güce, güçlenmeye ihtiyaç duyar. Şöyle söylenmiştir; ('On Sefirot Çalışmasına Giriş', madde 18), "Ve kişi Tora'yı uygular ve kendisinden kötü eğilimi uzaklaştırmada başarısız olursa, Tora'nın pratik uygulamasında ve gerekli çabayı göstermekte ihmalkâr davranmış demektir. Şöyle yazıldığı gibi, 'Çaba göstermedim ama buldum, inanmayın 'ya da kişi belki de gerekli miktarda çaba sarf etmiş ama nitelikte ihmalkâr davranmıştır".

Bundan dolayı, 'Firavun'a doğru gel' ifadesine dikkat etmeli ve olası en kötü koşullarda inançlı olmalı ve mücadeleden kaçmamalıyız. Aksine Yaradan'ın daima yardım edeceğine ve ister küçük, isterse büyük bir yardım olsun daima vereceğine güvenmeliyiz.

Gerçekte, insanların geri kalanından daha kötü olduğu için, Yaradan'ın kendisine çok fazla yardım etmesine ihtiyacı olduğunu anlayan kişi, duasının cevaplanması için daha uygundur, şöyle yazıldığı gibi, 'Yaradan, kalbi kırık olana yakındır ve ezilmiş ruhu kurtarır'.

Bu yüzden kişi, Yaradan'ın onu daha yakına getirmesi için uygun olmadığını söylememelidir, bunun nedeni, kişinin çalışmasında aylaklık etmesidir. Bunun yerine kişi daima üstesinden gelmeli ve umutsuz düşüncelerin zihnine girmesine izin vermemelidir, bilgelerimizin söylediği gibi (Berachot, 10), 'Keskin bir kılıç boynuna yerleştirilmiş olsa bile, kişi merhameti inkâr etmemelidir', şöyle söylendiği gibi (Eyüp, 13), 'Beni katletse bile, O'ndan ümidimi kesmeyeceğim'.

'Boynuna yerleştirilen keskin kılıç' ifadesini yorumlamalıyız; bunun anlamı şudur, kişinin boynuna asılmış olan 'kendini-sevme' denen kötülüğü, onu Keduşa'dan ayırmış ve bunun hükmünden çıkmanın imkânsızlığını, ona gösterilmiş olsa bile gördüğü bu resmin gerçek olmadığını söylemelidir.

Ancak, 'Merhameti inkâr etmemelidir', çünkü o zaman kişi, Yaradan'ın ona merhamet yani ihsan etme niteliği vereceğine inanmalıdır. Şöyle ki, kişinin kendi başına, kendi için almanın otoritesinden çıkamayacağı bir gerçektir. Ancak Yaradan'ın bakış açısından, Yaradan kişiye yardım ettiğinde, elbette onu dışarı çıkarabilir. Bu, şu yazılanların anlamıdır, 'Ben, Tanrınız olmak için sizi Mısır topraklarından çıkaran Efendiniz, Tanrınızım'.

Cennet Krallığının yükünü üstlenmeyi kabullendiğimiz, Şema okumasında söylediğimiz şudur: Yalnızca Yaradan'ın kişiyi 'ayrılık 'denen almanın hükmünden çıkarıp ve Keduşa'ya kabul edeceğini bilmek zorundayız. O zaman, 'Tanrınız olmak için' koşulu gerçekleşir, çünkü o zaman kişi 'dünya halkından' değil de 'İsrail halkından' olarak kabul edilir.

Bilgelerimiz bununla ilgili şöyle der (Pesahim, 118): "Rabbi Yehoşua Ben Levi dedi ki, 'Yaradan, Adam HaRişon'a, 'Dikenler ve devedikenleri sizin için büyüyecek" dediğinde gözleri doldu. O'na şöyle dedi, 'Dünyanın hâkimi, ben ve eşeğim aynı yalaktan mı yiyeceğiz?' Ona, 'Ekmeğini, alnının teriyle yiyeceksin' dedi ve onun zihni derhal rahatladı".

Ancak, Yaradan'ın eylemiyle ilgili, neden eşeğiyle aynı yalaktan yemeyi hak ettiğini sorgulayan Adam HaRişon'un itirazını anlamalıyız. Bu sadece bir yakınmadır. Kanıtı ise, Yaradan'ın ona ekmek yemesini tavsiye etmesidir. Bu yalnızca bir yakınma değildi, Yaradan onun itirazını kabul etmeyecekti. Bu itirazı, 'Ben ve eşeğim aynı yalaktan mı yiyeceğiz?' demesini anlamak zordur. Onun çıkarı nedir? Nihayetinde, bilgelerimiz şöyle der (Sanhedrin, 38), "Adam, Şabat arifesinde doğdu, böylece kibirli hale geldi ve ona 'yaratılış çalışmasında, sizden önce gelen sivrisinek' dendi".

Buna göre bir sivrisinek, ondan önce geliyorsa, o zaman eşekle aynı yalaktan yemekle ilgili şikâyeti nedir? Ancak günahtan sonra kendini sevmeye düşmesini yorumlamalıyız. Bunu, kendini-sevmekten başka bir şeyden anlamayan bir eşekle benzer olması izler. Bu, şu ifadelerin anlamıdır, "Gözleri doldu ve 'Ben ve eşeğim aynı yalaktan mı yiyeceğiz? ' yani kendini-sevmekle aynı anlayışdan mı, dedi".

Bu yüzden ona şu tavsiye edildi, 'Alnının teriyle ekmeğini yiyeceksin'. Ekmek, insan yiyeceği olarak kabul edilir. Yani, insan yiyeceği olan, 'Alnının teriyle ekmeğini yiyeceksin' koşulundaki emek sayesinde, 'yeryüzünün insanları' olmaktan çıkar ve o zaman ona, Yaşar- El (Yaradan'a doğru), 'İsrail halkı' denir.

Ancak Mısır, -sürgündeki İsrail, çünkü Mısır, 'eşeğe benzeyen bir ulus' olarak adlandırılır- hedefin yalnızca kendini-sevmek anlamına gelmesidir. Bu sebeple, o zaman İsrail'in kurtuluşu, Yaradan'ın onları Mısır'dan çıkarmasıydı. Bu, Cennet Krallığı'nın yükünü kabul etme niyetinde olmanın anlamıdır, 'Ben, sizi, Tanrınız olmak için Mısır topraklarından çıkaran Efendiniz, Tanrınızım', çünkü tam olarak Tanrı'nın gücü, bizi Mısır'dan çıkarabilir ve 'sizin Tanrınız olmak için' koşulu ile ödüllendirilebiliriz.

Kalbini Katılaştıran

Makale No. 20, Tav-Şin-Mem-Hey, 1984-85

Zohar'da yazılıdır: "Rabbi Yitzak der ki, 'Yaradan'ın önünde Firavun kadar kalbini katılaştıran başka birini bulamadık. 'Rabbi Yosi der ki, 'Fakat Sihon ve Og da kalplerini katılaştırdı. 'Cevap verir, 'Öyle değil. Onlar kalplerini Yaradan'a değil, İsrail'e karşı katılaştırdı, tıpkı Firavun'un O'na karşı kalbini katılaştırması gibi çünkü O'nun gücünü gördü ve tövbe etmedi.'"

Yaradan'ın önünde kalplerini katılaştıran ve katılaştırmayanlar ya da İsrail'e karşı kalplerini katılaştıran ve katılaştırmayanların arasındaki farkı anlamalıyız. Her şeyden önce İsrail'e karşı duyulan nefret, atalarımızın "Sina Dağı nedir? Sina (nefret) puta tapanlara inendir," dediği gibi, onların Yaradan'ın halkı olmasından dolayıdır.

İsrail'den nefret konusuna dönersek; Firavun, İsrail halkından nefret etti ve onları köleleştirmek istedi. Musa Yaradan'ın elçisi olarak geldi, fakat Firavun onu dinlemedi ve dedi ki, "Sesine boyun eğeceğim Tanrı da kim?" Sihon ve Og da İsrail'den nefret etti, fakat onların İsrail'den nefret etme sebebi neydi? Sihon ve Og, İsrail halkı önemsiz olduğu için mi onlardan nefret etti? Ya da Yaradan'a karşı kalplerini katılaştırmaları Yaradan'ın önemsiz olması mıydı?

Zohar'ın sözlerini yorumlamalıyız. Bilmek zorundayız ki, insanın karşısında iki engel vardır, insan kendisi için alma arzusuyla dünyaya geldiğinden, bu iki engel onun bariyeri geçmesine ve Yaradan sevgisini elde etmesine izin vermez. Bu demektir ki, kişi kendine-almaktan sadece duygusal tatmin aldığında feragat eder.

Örneğin, kişi önemli bir insan için çalışabilir. Diyelim ki bir üstat havaalanına bavulla gelir ve müritlerinden birine bavulunu taşıması karşılığında yüz dolar verir. Elbette müridi üstadından para almak istemez ve parayı geri verir. Eğer üstat ona "Neden almak istemiyorsun? Parayı az mı buldun? Bir hamalla on dolar vermiş olsaydım mutlu olurdu; neden almak istemiyorsun?" derse, müridi şöyle cevap verir, "Bir üstada hizmet etme ayrıcalığı dünyadaki tüm zenginliklerden daha değerlidir."

Görüyoruz ki, kişi önemli bir insan için ödül olmadan da hizmet edebilir. Eğer Tora ve Mitzvot'a bağlanırsa, Yaradan adına kendini-sevmeden feragat eder. Peki, engeller bu durumda ne yapar? Tek bir şey yapar: Kişinin Yaradan'ın yüceliğini ve önemini anlamasına izin vermez. Öyle anlaşılıyor ki, Sitra Ahra gücü Yaradan'ın karşısındadır. Yaradan der ki, "Senin gücünü, yani yumuşak-kalpli insanların aksine, ihtirasına gem vuramayacağını biliyorum. Sen güçlünün en güçlüsüsün. Gerçeğin yolunda yürümemenin sebebi, amacın senin için önemli olmamasıdır."

Zohar'ın Rabbi Yitzhak adına söylediği şey budur: "Yaradan'ın önünde Firavun kadar kalbini katılaştıran başka birini bulamadık." Bu demektir ki, Yaradan'ı takdir etmez ve der ki, "Sesine boyun eğeceğim Tanrı da kim?" Bu ilk engeldir.

İkinci engel şudur; kişi mantık ötesi gidip, Sitra Ahra'nın söylediklerini dikkate almadığında kendini İsrail'e karşı geldiği bir durumda bulur. Bu demektir ki, Yaradan'ın yolunda yürüyen kişiye Yaşar-El denir, yani tüm eylemleri Yaradan'a doğrudur ve başka bir niyeti yoktur.

O zaman ilk engel ne yapar? Kişinin içindeki İsrail'in değerini düşürür ve der ki, "İçindeki İsrail hem güç hem beceri olarak zayıf. Zayıf bir karakterin var, gitmek istediğin bu yol iyi eğitim, beceri ve cesaret gerektirir. Böyle biri bu yolda yürüyebilir ama sen yürüyemezsin."

Öyleyse ne ile ona engel olur? Firavun da olduğu gibi amacın öneminden bahsetmez. Daha ziyade ona amacın önemini söyler ama "Böyle zorlu bir yolda yürüyebilmek için yeterli öneme sahip değilsin, bu yüzden halkın yolundan yürü, sıra dışı olmana gerek yok," der.

Benzer şekilde Zohar'da casuslarla ilgili şunu buluruz "'Ve onlar topraklardan geri döndüler.' 'Döndüler, 'kötü tarafa, gerçeğin yolundan döndüler demektir, şöyle derler, 'Bundan ne elde edeceğiz? Bugüne kadar dünyada iyilik görmedik. Tora için çabaladık ama elimiz bomboş. O dünyada kim ödüllendirilecek? Kim onun içinde olacak? Çabalamasaydık daha iyiydi. Bize tavsiye ettiğin gibi, süt ve bal akan o dünyayı bilmek için öğrendik ve çalıştık ama kim onunla ödüllendirilecek? Bu dünya ile ödüllendirilenler güçlü, dünyanın geri kalanıyla ilgileri yok, onlar zengin.'"

Öyle anlaşılıyor ki, casusların söylemi İsrail'i önemsiz kılmaktır. Böylece kalbini Yaradan'a karşı katılaştıran Firavun'un söylemi ile İsrail'e karşı kalplerini katılaştıran Sihon ve Og'un arasındaki farkı anlayabiliriz. Firavun der ki, "Sesine boyun eğeceğim

Tanrı da kim?" yani tüm gücüyle Yaradan'ın önemini küçültür. Ancak Sihon ve Og, İsrail'e karşı kalplerini katılaştırır, yani İsrail'in önemini küçültürler.

Bunların üstesinden gelmenin tek yolu, bu söylemlere dikkat etmeyip mantık ötesi ilerlemek, Yaradan'a ve O'nun herkese yardım edeceğine inanmaktır.

Bunu Zohar'da buluruz; "Rabbi Yehuda der ki, 'Rabbi Yitzsak dedi ki, 'Firavun herkesten daha akıllıdır... İsrail'in kurtuluşa ulaşacağını görmez... Firavun, Sitra Ahra'dan başka insana hükmeden başka bir inanç bağı olduğunu bilmez. Bu sebeple kalbini katılaştırır."

Daima Tora ve Çalışma Arasında Ayırım Yapmalıyız

Makale No. 21, Tav-Şin-Mem-Hey, 1984-85

Daima Tora ve çalışma arasında ayrım yapmalıyız. "Tora" özgündür. O zaman bir insandan söz edemeyiz, sanki orada hiç adam yokmuş gibidir. Bunun yerine, Yaradan'ın isimleri olarak kabul edilen Tora'dan kendi başına söz ederiz ve onun önemine yani kimin hakkında konuştuğumuza dikkat ederiz.

Bu demektir ki, Kral'dan, O'nun kurduğu düzenden ve rehberliğinden, O'nun kutsal isimlerinin ruhlara nasıl ihsan ettiğinden ve onların nasıl aldığından ve onlara ifşa olduğu gibi var olabileceğinden söz ettiğimizi daima hatırlamalıyız; şöyle yazıldığı gibi, "Efendi'nin dağına kim tırmanır ve O'nun kutsal mekânına kim yükselir?"

Kişi, dikkatini verdiğinde ve kiminle yani Yaradan'la konuştuğunu ancak Yaradan'la konuştuğunu anlaması için bir bağa sahip olduğu anlayışına sahip olmadığını hissettiğinde, tüm Tora'nın yalnızca Yaradan'ın isimleri olduğuna inanmalıdır. Bununla birlikte, O, ya kişinin insanla Tanrı arasında veya insanla insan arasında yerine getirmesi gereken Mitzvot'lardaki kural ve işleyişte ya da hikâye ve masallarda veya Kabala dilinde ve kutsal isimlerde kıyafetlenmiştir. O zaman, hatırlamalıyız ki, bu kıyafetlerin içinde kıyafetlenen içsellik, yalnızca Tanrısallık'tır. Buna, "bütün Tora Yaradan'ın isimleridir" denir.

Bu nedenle, Tora'yı öğrenirken, görgü kuralları ile öğrenmeliyiz. Bu demektir ki, kimden bahsettiğimizi hatırlamalıyız ve bu şekilde Tora'nın ışığını çekebilir ve "Onlar bizim yaşamlarımız ve günlerimizin uzunluğu" olduğunu hissedebiliriz. Doğal olarak, kişi, yukarıdaki niyetle öğrendiğinde mutlu olabilir çünkü Yaşamların Yaşamına bağlanmıştır, bu da "Onlar bizim yaşamımız ve günlerimizin uzunluğudur" olarak adlandırılır. Bu böyledir çünkü kişi, dünyaların yaratılmasının sebebi olan "O'nun yarattıklarına iyilik yapmak" olan anlayışı hissetmeye başlar.

Bu iyiliği Tora'dan öğrenmeliyiz ve bu, sadece Tora'yı methetmek ve insanı hiç düşünmemek olarak kabul edilir. Bu yüzden, kişi, Tora'yı öğrenirken, "Kişi düşündüğü yerdedir" kuralına göre bütünlük içindedir. Kişi, günün geri kalanı için canlılığı bu süreçten almalıdır çünkü buna "Tora için ayrı bir zaman ve dua için ayrı bir zaman" denir, zira bunlar birbiriyle çelişir.

Çalışma zamanı, tümüyle farklı bir şeydir. "Efendi'nin Tora'sı" olarak adlandırılan Tora, özellikle Yaradan'la ilgili iken, çalışma özellikle insanla ilgilidir. Ancak çalışma özellikle insanla ilgilidir çünkü insan, "İnsan çaba sarf etmek için doğar" şeklinde yazıldığı üzere, çalışmak zorundadır.

İnsan yaratılış olduğundan ve yaratılış yokluktan var oluş olan eksiklik olduğundan, "alma arzusu" denilen bu varlığın da tatmin edilmesi gerekir, zira yaratılışın amacı budur. Ve bu arzu üzerinde, form eşitliği amacıyla bir Tzimtzum (kısıtlama) olduğu için, bu arzu üzerindeki Tzimtzum'un ıslah edilmesi ve kaldırması gerekir ki böylece "O'nun iyilik yapma arzusu" denen amaca ulaşabilsin.

Tzimtzum'u kaldırmak için, bizlere, Tora ve Mitzvot'un (emirlerin) şifası verilmiştir. Buna, "Kötü eğilimi Ben yarattım; Tora'yı da şifa olarak yarattım" denir. Ve burada, çalışma konusunda, kişinin Tzimtzum'un kaldırılması amacına doğru ilerlediğini fark etmeliyiz yani zaten ihsan etme kıvılcımları varsa, kişi düşünce ve arzularını arındırma formunda Tora ve Mitzvot'un şifasından hâlihazırda bir şeyler almış ve çalışma konusunda öz-eleştiri koşulundadır demektir.

Ama kişi, Tora'da kendisini hiç eleştirmemelidir. Aksine Tora'yı olduğu gibi öğrenmelidir. Yapmamız gereken tek şey, Tora'yı nasıl takdir edeceğimiz konusunda tavsiye aramak olmalıdır, ancak Tora'nın kendisi "Yaradan'ın isimleri" olarak adlandırılan realitedir. Dolayısıyla Tora'dan bazı yasaları ve ahlâk kurallarını veya sadece hikâyeleri yahut çalışma tarzını öğrendiğimizde, bütün bunlar yine de Tora olarak kabul edilmez. Bunu yalnızca Tora'dan öğreniriz, ancak Tora'nın kendisinin yaratılanla ilgisi yoktur, sadece Yaradan'la ilgilidir, zira o Yaradan'ın isimleridir.

Bu demektir ki, Tora'ya "Tanrısallığın ifşası" denir ve bu "Tora'nın içselliği" olarak adlandırılır. İfşa olan şeye, yasalara ve ahlâk kurallarına, çalışma tarzına ve hikâyelere, bunların hepsine "Tora'nın kıyafetleri" denir. Bu nedenle bunlar "Tora'nın dışsallığı" olarak adlandırılırlar. Ancak Yaradan'ın isimleri "Tora'nın içselliği" olarak adlandırılır.

Yukarıdakilere göre şunu sormalıyız: "Tora kendi başına Tanrısallık olan Yaradan'la ilgiliyse, o zaman yalnızca yoruma benzer. Kişi eğer kendisiyle ilgili hiçbir şey anlamıyorsa Tora'dan öğrenmekten ne sonuç çıkarabilir?" Bilgelerimiz bununla ilgili şöyle demiştir: "Eyleme götüren öğrenme yücedir." çünkü insanın kesinlikle sadece eyleme ihtiyacı vardır; şöyle yazıldığı gibi, "Tanrı'nın yapmak için yarattığı."

Bu nedenle, "En önemli şey öğrenmek değil, eylemdir." Buna şu yanıt gelir: "Eyleme götüren öğrenme yücedir." (Kiduşin, s. 40 ve Baba Kama 207). Başka bir deyişle, içsellik olan Tora'nın ışığı insan için parlar ki böylece kişi iyi işler yapacak güce sahip olsun. Bu, kişiye bunu yapabilmesi için güç veren Tora'nın gücüyle yapılır; şöyle yazıldığı gibi, "Tanrı'nın yapmak için yarattığı."

Bilgelerimizin "Tora için ayrı bir zaman ve dua için ayrı bir zaman" demelerinin sebebi budur çünkü bunlar birbiriyle çelişir. Bu böyledir çünkü kişi, Tora'yı öğrenirken kendisini değil, yalnızca Tora'nın önemini düşünmelidir. Ancak dua sırasında kişi her şeyden önce eksikliklerini ifşa etmelidir ki böylece onların giderilmesini isteyebilsin, zira bulmaya çalışılmıyorsa, eksiklik yoktur.

Eksiklikler, sadece maddesellikte ifşa olur, zira eksiklik, alma arzusundan gelir ve alma arzusu ifşa olur. Keduşa'nın (kutsallığın) tüm yapısının ihsan etme arzusu temelinde inşa edildiği ve ihsan etme arzusunu yaratılana atfettiğimiz maneviyatta böyle değildir.

"Alma arzusu" denilen Malhut'un, "ihsan etme" olarak adlandırılan form eşitliğini arzu ettiği açıklandı. Bu nedenle, bu mesele kapların kırılmasından ve ayrıca bilgi ağacının günahından sonra ortaya çıkan yaratılanlara uzandığında, o zaman, kişinin "ihsan etme arzusu" denilen bu Kli'den (kaptan) yoksun olduğunu hissettiği bu eksiklik, artık mevcut değildir.

Bunun yerine kişi, ihsan etme arzusunun eksikliğini hissedene dek çaba göstermelidir. Kişi, bu eksikliği hissettiği ölçüde Yaradan'ın ona yardım etmesi, bu Kli'yi vermesi için dua edebilir, bütün endişesi yalnızca "ihsan etme arzusu" olarak adlandırılan bu güçten yoksun olması olur. Bu Kli'den uzak olduğu ölçüde kişi pişmanlık duymalı ve Yaradan'ın merhametini, kendisini kurtarmasını ve bu arzuyu ona vermesini talep etmelidir.

Dahası, ihsan etme arzusundan yoksun olduğunu hissetmek anlamına gelen bu eksikliği kendisine vermesini Yaradan'dan istemesi gerektiğini ve onu maneviyata ulaşmaktan alıkoyan tek şeyin bu olduğunu söyleyebiliriz, zira bu eksiklik kendiliğinden gelmez.

Dolayısıyla Yaradan insana hem Kli'yi hem de ışığı vermelidir. Bununla, "Sen beni arkadan ve önden kuşattın" ayetini yorumlayabiliriz. "Arkadan" demek Kli demektir; "önden" ise dolum olan ön demektir. Öyle görünüyor ki, ışığın ve Kli'nin tamamı O'ndan gelir.

Bilgelerimizin şu dediklerinin (Kiduşin 30) anlamı budur: "Bilgelerimiz, 'Vesantem (ve koyacaksın), Sam Tam (tüm iksir) demektir; Tora, bir yaşam iksiri gibidir. 'dediler." Yaradan'ın İsrail'e dediği şey de budur: "Oğullarım, kötü eğilimi Ben yarattım; Tora'yı da şifa olarak yarattım. Eğer Tora'yla meşgul olursanız, onun ellerine verilmeyeceksiniz." Mesele şu ki, Tora'nın içselliği olan ışık, kişiyi ıslah eder. Ancak "On Sefirot'un Çalışmasına Giriş" madde 17'de açıklandığı üzere, çalışma sırasında Tora'nın ışığını çekmeye niyet etmeliyiz.

Tüm Tora Tek Kutsal Ad'dır

Makale No. 22, Tav-Şin-Mem-Hey, 1984-85

Zohar'da şöyle yazar; "Rabbi Yitzhak dedi ki, 'Tüm Tora Yaradan'ın kutsal adıdır ve dünya Tora'da yaratılmıştır.'" İkinci cümlede şöyle yazar; "İnsan Tora'da yaratılmıştır, şöyle yazdığı gibi 'Ve Tanrı dedi ki, 'İnsanı yapalım...' Çoğul formda yazılmıştır. Yaradan, ona (Malhut) dedi ki, 'Sen ve Ben insanı yaratacağız. 'Rabbi Hiya dedi ki, 'Yazılı Tora ZA ve sözlü Tora Malhut insanı yarattı.""

Burada üç şey görürüz: 1) Tüm Tora tek bir kutsal addır; 2) Dünya Tora ile yaratılmıştır; 3) İnsan Tora ile yaratılmıştır.

Tora ve İsrail'e Reşit (başlangıç) denir, dünyaların yaratılışı Yarattıklarına, yani ruhlara iyilik yapmak olduğundan, ruhlar bu şekilde haz ve mutluluk alır. Öyle anlaşılıyor ki, Yaradan'ın perspektifinden bu ihsandır, yaratılanlar ise alma ihtiyacındadır.

Daha önce öğrendiğimiz gibi, yaratılan varlıklar form eşitliğini elde etmek için "ihsan etme arzusu," Kap elde etmek zorundadır.

Fakat doğamız gereği ihsan etme arzusuna sahip olmadığımızdan, bu gücü bize verecek bir şeye ihtiyacımız var. Yaratılanlar bu gücü Tora vasıtasıyla alır, çünkü "içindeki ışık ıslah eder." Öyle anlaşılıyor ki, Reşit İsrail olduğundan, haz ve mutluluğu alabilmek için Tora'ya ihtiyacımız var. Dolayısıyla Tora'ya da Reşit denir, çünkü biri diğeri olmadan işlemez.

Zohar'da yazılıdır, "Tora, İsrail ve Yaradan Bir'dir." Buna göre İsrail, Tora çabası nedeniyle Yaradan'la, yani "Yaradan'ın adlarıyla," ödüllendirilir.

Tora'da iki şeyi ayırt etmeliyiz: 1) İnsanı ıslah etmek için gelen Tora ışığı. Bu Kapların ıslahıdır. 2) "Tanrısallığının bu dünyada Yaratılanlara ifşası," denilen "kutsal adların," Tora'nın ışığını edinmek.

Tora'yı çalışırken bu iki konuyu iyi anlamalıyız: 1) İhsan kaplarını yaratacak ışığın yayılması. Tora ışığı olmadan bu Kapları edinmek imkânsızdır. Dolayısıyla kişi ne bekler? Tora'yı çalıştığı için ödüllendirilmek. Kişinin tek arzusu "ihsan kapları" denilen o Kabı edinmektir.

Ancak bundan sonra içine işlemiş olan alma arzusunun iptal olamayacağı anlayışına gelir. Bu durumda "cennetin merhametine" ihtiyacı olduğunu anlamaya başlar, çünkü sadece Yaradan ihsan kaplarıyla ödüllendirilmesine yardım eder ve bu Tora ışığından gelir.

Bu sebeple Tora çalışmasının amacına, yani Tora çalışmamızdan ne talep etmemiz gerektiğine önem vermeliyiz. Yapmamız gereken yaratılanlar üzerinde işleyen gizlilik ve kısıtlamanın kalkması için önce "form eşitliği" denilen Kapları istemektir. Bunu edindiği ölçüde kişi kutsallığı hissetmeye başlar ve Yaradan çalışmasının gerçek tadına varır. Böylece haz alır, çünkü Keduşa neşeye sebep olur ve ihsan ışığı orada parlar.

Bu nedenle insan atalarımızın "tüm çalışman Yaradan için olmalı," dediği gibi, daima ihsan yolunda yürümesi gerektiğini anlamalıdır, çalışma vasıtasıyla ihsan kaplarıyla ödüllendirilir, atalarımızın dediği gibi, "İçindeki ışık ıslah eder."

Ve bir kez bu kaplarla ödüllendirildiğinde, "Yaradan'ın adları," olan "Tora'nın edinimi" denilen dereceye ulaşır, Zohar'da yazdığı gibi, "Tora, Yaradan ve İsrail Bir'dir."

Bununla Zohar'da yazılanı anlayabiliriz: "İnsan Tora'da yaratılmıştır." Tora ve insan arasındaki bağı anlamalıyız.

Önce atalarımızın sözlerine bakalım; "Rabbi Yohai dedi ki, 'Sen insansın; sana 'insan 'denir, fakat puta tapanlara 'insan 'denmez."

Puta tapanlara "insan" denemeyeceği "insan" derecesinin ne olduğunu anlamalıyız. Atalarımız der ki, '"Sonunda her şey duyulacak, Tanrı'dan korkun, 'ne demektir? Rabbi Elazar der ki, 'Yaradan dedi ki, 'Tüm dünya sadece bunun için yaratıldı.'"

Öyle anlaşılıyor ki, insan onu cennet korkusundan ayıran kötü eğilimle yaratıldığından, cennet korkusuyla ödüllendirileceği tavsiyesi nedir? Buna cevap şudur, Tora vasıtasıyla kötü eğilimi yenebilir, atalarımızın dediği gibi, "Kötü eğilimi Ben yarattım, şifası için Tora'yı yarattım. "İnsan" anlayışının ortaya çıkma sebebi Tora olduğundan, şimdi "İnsan Tora vasıtasıyla yaratılmıştır," sözünü anlayabiliriz.

"Dünya Tora'da yaratılmıştır." Bunu anlamak zordur. Manevi bir şey olan Tora ile "Yaradan'ın adları" denilen Tora arasındaki bağ nedir? Maddesel dünya ondan nasıl yayılır? Yukarıdakine göre "dünya yaratıldı" sözünü tüm dünya olarak anlayabiliriz, yani içinde ruhların olduğu bir dünya çünkü yaratılış amacı haz ve mutluluk almaları için Yarattıklarına, ruhlara iyilik yapmaktır. Dünya varlıkları alma arzunu temsil ettiğinden, kök ve dal arasında form eşitliğini elde etmek için orada bir kısıtlama (Tzimtzum) vardır, yani gizlilik, yani haz ve mutluluk olan üst ışığın ifşa olmaması.

Öyleyse ihsanı amaçlamayan dünya nasıl var olacak? Işığı ıslah eden Tora vasıtasıyla ihsan kaplarını alacak ve bu kaplara bereket ve haz alarak var olacaklar.

Bu "Dünya Tora ile yaratılmıştır," sözünün anlamıdır. "Yarattıklarına iyilik yapmak" olan yaratılış amacı, Tora vasıtasıyla gerçekleşir. Yukarıda söylenenlerden anlaşıldığına göre daima "Yarattıklarına iyilik yapmak" olan amacı dikkate almalıyız. Eğer kötü eğilim kişiye gelir ve ona Firavun'un sorularını sorarsa, buna cevap vermemeli ve şöyle demelidir, "Şimdi bu sorularla ihsan çalışmasına başlayabilirim." Ama bizi derecemizden düşürmek için gelen kötü eğilim sorularıyla değil. Bütünlük derecelerine yükselebilmemiz için bize çalışma alanı verilmiştir. Bu demektir ki, kötü eğilimin üstesinden gelebilmeye "Yaradan çalışmasında yürümek," denir. Kötü eğilimin üstesinden geldiğimiz her an bereketin alımı için gereken Kap için birikim yaparız.

Üstesinden gelme, alma kabına ihsan kabını eklemek demektir. Bu Aviut (kalınlık/alma arzusu) üzerine koymamız gereken Masah'dır (perde). Öyle anlaşılıyor ki eğer kişinin alma arzusu yoksa Masah'ı yerleştirebileceği bir yeri yoktur. Dolayısıyla kötü eğilim yabancı düşünceler getirdiğinde, bu düşünceleri mantık ötesi yükseltmemiz gerekir.

Bu insan ruhunun arzularla ilgili her şeyi yapabileceğinin göstergesidir. Çalışmadan reddedileceğini söylememelidir. Daha ziyade düşüncelerin ve arzuların onları Keduşa'ya kabul ettirebilmek için yukarıdan verildiğini söylemelidir. Dolayısıyla yukarıdan yaklaştırılmış, ona çalışma gönderilmiştir.

Bununla ilgili şöyle denir: Tanrı'nın yolları düzdür; erdemli orda yürür, günahkâr düşer." Bu demektir ki, kişi ödüllendirilirse bununla yükseliş alır. Eğer ödüllendirilmezse, düşüş alır. Düşüşlerin düzeni aşamalıdır. Normalde kişi unutma eğilimindedir, yani çalışma yapması, Yaradan'la Dvekut için yakarması gerektiğini unutur. Tersine tüm enerjisi maddi şeylere verir, yani maddesel şeylerde daha çok tat bulur.

Oysa Yaradan çalışmasına bağlıyken giderek maddesel şeylerden uzaklaşır. Maddiyatı önem verilmesi gereken bir şey olarak görmez. Fakat çalışmadan uzaklaştığında önemsiz gibi gördüğü her maddesel şey ona o kadar önemli gelir ki bu onu yolun ortasında durdurur ve ilerlemesini engeller.

Bazen düşüş sırasında manevi çalışma denilen bir şeyin olduğunu hatırlar. Bunu hatırladığında üzülür, öyle ki bu üzüntü uyumayı istemesine neden olur. Bu demektir ki içinde bulunduğu durumdan kendini ayırmak ve uyku vasıtasıyla durumunu unutmak ister. Bazen hepten vazgeçer, yani der ki "Hiç ilerleyemiyorum." Tersine çabaladıkça geriye doğru—maneviyatta ilerleyebilmek için yaptığı çabaya göre ilerleme kaydedemediğini— gittiğini görür.

Genellikle insanlar der ki, "Arzularımın üstesinden gelebilecek kadar güçlü bir karakterim yok." Bazen de şöyle derler, "Maneviyatta bir şeyle ödüllendirilmiş kimseyi göremiyorum." Bedenle yaptığı tüm bu tartışmadan sonra, bedeni yüzde yüz haklı olduğunu düşünmesini, diğer insanlar gibi akışa kapılıp çalışmadan kaçmasına neden olur. Artık farklı biri olamayacağından emindir.

Yaradan ne yapar? Kişi her şeyi unuttuğunda birden Yaradan'dan uyanış alır ve maneviyat özlemi bir kez daha kalbini çalar. Bir kez daha çalışmaya başlar ve Yaradan'a yakınlaşmakla ilgili güven duyar. Fakat sonra tekrar açık zihinle verdiği tüm sözleri unutur, kalbi "ihsan çalışması" denilen çalışmaya gittiği için pişman olur. Hesaplarının doğru olduğuna yüz yüz emindir, fakat şimdi yukarıdan uyanış hepsini unutmasına sebep olmuştur.

Bunun sebebi çalışma düzenidir; Yaradan'ın yardımını istemediği sürece tüm aklına rağmen yukarıdan ona hiçliği gösterilir. Eğer bu olursa, içinde bulunduğu aşamadan, "Mısır'dan çıkış" denilen kendini-sevme düzeninden çıkmasının imkânsız olduğundan emin olur.

Kişi hiçbir şey yapamayacağından yüzde yüz emin olduğunda, yukarıdan yakınlaşma gelmez. Daha ziyade daha önce olan şey kendini tekrarlar, yani düşünceler ve arzular bir kez daha gelir ve onlar bir kez daha yüzeye çıkar ve kişi düşer. Sonra "çağrı" denilen yukarıdan uyanış bir kez daha gelir, çağrıldığında bir kez daha Yaradan'a yakınlaşma isteği içinde uyanır. Ama verilen bu fırsatı değerlendiremezse bir kez daha düşer.

Dolayısıyla bedenin bize karanlık renkleri göstermesinden korkmamalıyız. Daha ziyade daima mantık ötesi güçlenmeli ve bize Keduşa'dan ayrılığı anlatan bedenin tavsiyesini dinlememeliyiz. Gerçek duayla bunun üstesinden gelmeli ve Mısır köleliğinden kurtulacağımıza inanmalıyız.

Gece Yatağımda

Makale No. 23, Tav-Şin-Mem-Hey, 1984-85

"Rabbi Elazar der ki, 'Gece yatağımda ruhumun sevdiğini ararım. 'Neden 'Yatağımda. 'Oysa şöyle demeliydi, 'Yatağımın içinde. 'Bu ne demek? 'Cevap verir, 'İsrail meclisi Yaradan'ın huzurunda konuşur, tozun içinde diğer uluslarla beraber oturduğundan, O'na sürgünü sorar. Başka topraklarda olduklarından, derler ki, 'Yatağımı arıyorum, çünkü sürgündeyim, 'sürgüne 'gece 'denir. Bu nedenle, 'Ruhumun sevdiğini ararım.'"

Bilinir ki, İsrail meclisi tüm ruhları içinde barındıran Malhut'tur. Kutsal Zohar'da yazdığı gibi, insan küçük bir dünyadır ve içinde yetmiş ülkeyi barındırır. Bu yedi Sefirot'a denk gelir ki her bir Sefira ondur, dolayısıyla yetmiş anlayış vardır. Onlar Keduşa'nın zıttıdır, çünkü Keduşa'nın yedi Sefirot'u ve insanın ihtiva ettiği yetmiş ulus vardır. Bu demekti ki, her ulus ona ait olan özel bir arzuya sahiptir. İnsan yetmiş ulusta var olan tüm arzuları içinde barındırır.

İnsanın içinde ayrıca öz denilen İsrail vardır. Buna "kalpteki nokta," denir, yani karanlık nokta. Bu demektir ki, içindeki İsrail parlamaz ve bu Ahoraim (arka) olarak kabul edilir. Bunun sebebi onun yetmiş ulusun hükmü altında sürgünde olmasıdır.

Bu yetmiş ulus, İsrail Yaşar-El (Yaradan'a doğru), yani Yaradan için çalışmak istediğinde ona hükmeder ve kişinin sadece kendisi için çalışması gerektiğini söyler. İhsanla ilgili şöyle sorar, "Bu çalışma nedir?" Kişi bunun üstesinden gelmek istediğinde Firavun'un sorusu gelir, "Sesine itaat edeceğim Yaradan da kim?"

Eğer bu sorular ilk anda etki etmezse, sormaya devam eder, şöyle yazdığı gibi, "Düşmanlarım bütün bir gün bana der ki, 'Tanrı'n nerede?'" Bu İsrail'i toza batırır, şöyle yazdığı gibi, "Ruhumuz toza battı; Göbeğimize kadar toprağa battık." Ruhumuzun toza batması belimize kadar toprağa gömülü olmamız demektir.

"Göbek" alma kaplarıdır. Bu kalpteki noktanın, Kabımızın yalnızca kendini-sevme ile dolmasının, toz içinde kalmasının anlamıdır.

Fakat eğer cennet krallığı onurlandırılırsa, Yaradan'a hizmet etme şansını elde ederiz. En küçük bir hizmet bile bir fırsattır. Böyle bir onur için kendini-sevmeden gelen tüm hazlardan vazgeçmeye hazır oluruz. Bu "Kral'ımız, Baba'mız, Sen'in krallığının ihtişamını bize göster," duamızın anlamıdır. Bu demektir ki, cennet krallığı alçaltıldığı, Şehina tozda olduğu için kişi Yaradan'a yakarır, cennetin krallığının ihtişamını ve önemini ona göstermesini ister, çünkü sonrasında kendini sevmeden çıkma ile ödüllendirilmek ve Yaradan'ın sevgisiyle dolmak onun için büyük onur olur.

Bu Zohar'ın yorumladığı şeydir "Bu nedenle 'Ruhumun sevdiğini ararım." Bilinir ki, insan üç ruhu barındırır: 1) Keduşa ruhu; 2) Klipat Noga ruhu; 3) üç kirli Klipot ruhu. Keduşa ruhu sadece bir nokta olarak parlar. Dolayısıyla daha önce Baal HaSulam makalelerinde açıklandığı gibi, Klipat Noga ruhu Keduşa ruhuna bağlanmalıdır. Fakat burada asıl yönetici Klipat Noga olduğundan—Keduşa ruhunun kutsalığı nedeniyle ıslah edilme gerekliliği yoktur, üç kirli Klipot da ıslah edilemez— tüm çalışma Klipat Noga ruhunda meydana gelir.

Kişi Mitzvot yerine getirdiğinde, Klipat Noga Keduşa'ya bağlanır. Günah işlediğinde Klipat Noga ruhu üç kirli Klipot'a bağlanır. Ancak Keduşa ruhu Ahoraim'dedir yani parlamaz ve bayağılık içindedir. Bu nedenle Klipat Noga Keduşa'ya bağlanmasın diye iyi ameller yerine getirmek istemeyiz.

Dolayısıyla, "Yatağımda ruhumun sevdiğini ararım," kişiyi oradan çıkarmak içindir, Keduşa ruhu İsrail meclisine aittir ve bu kirli topraklardan ruhumun sevdiği beni çıkarsın yakarışıdır. Bu demektir ki, Keduşa ruhu bayağılık içinde olduğundan, Noga ruhu üç kirli Klipot'un istediği şeyi yapar. Bu sırada Keduşa ruhu acı çeker ve "gece" denilen sürgünden çıkmayı diler.

Zohar'da yazılıdır, "Rabbi Aha der ki, 'Öğrendik ki Yaradan damlanın dişi mi erkek mi olacağına karar verir, oysa sen 'İlk tohumu eken dişi, erkek doğurur, 'diyorsun. Öyleyse Yaradan'ın hükmüne gerek yoktur. 'Rabbi Yosi der ki, 'Gerçekte Yaradan bir damla erkek ve bir damla dişi arasında karar verir. Ve O, bunu ayırt ettiğinden, hükmeden O'dur.'"

Bu açıklama belirsizdir. Çünkü "O, bunu ayırt ettiğinden, buna karar veren O'dur." Neden Yaradan buna hükmetme ihtiyacındadır? Besbelli ya erkek ya dişi olacak. Sulam'da açıklanır: "İnsanın üç ortağı vardır: Yaradan, babası ve annesi. Babası ondaki beyazlığı, annesi kırmızılığı, Yaradan ruhu verir. Eğer damla erkekse, Yaradan ona erkek ruhu verir. Eğer dişi ise Yaradan ona dişi ruhu verir. Öyle anlaşılıyor ki, anne tohumu ektiğinde, Yaradan ona erkek ruhu göndermedikçe damla erkek olmaz. Buna 'Yaradan'ın hükmü' denir. O, buna karar vermeseydi ve erkek ruhu göndermeseydi damla erkek olmazdı. Bu nedenle iki anlayış birbiriyle çelişir."

Yukarıda yazılanı anlamak için insandaki üç ortağı yorumlamalıyız. "Babası ve annesi" çocuğun doğma sebebidir. "Babası" erkek ve "bütünlüktür." Baba beyazlığı verir, çünkü beyazlığa kirliliğin olmadığı "bütünlük" denir. Annesine Nekeva (dişi) ve "kadın" denir ve ona "eksiklik," "kırmızılık" denir. Bu tıpkı kırmızı ışık olduğunda, "engellerden" geçemez, ilerleyemezsin dememiz gibidir. İnsan hiçbir şey yapamadığından, ruhu veren Yaradan'dır, yaşam özü Yaradan'a aittir.

Çalışma düzeni şudur ki, kişi çalışma gününü gündüz ve gece olarak ayırmalıdır. "Gündüz" bütünlük, "gece" eksiklik demektir. Bir oğulun doğması ve uzun ömürlü olması için onun bir baba ve anneden doğması gerekir, böylece babası beyazlığı, yani bütünlüğü annesi kırmızılığı, yani eksikliği verir. Bütünlük ve eksiklik olmalıdır, çünkü kişinin bir şey elde etmek için çabaya ihtiyacı vardır. Örneğin, kişi buğday ihtiyacında olduğunda buğday eker. Bu demektir ki, çalışması buğday sonucunu doğurur. Eğer patates isterse patates eker. Bu demektir ki kişi, istediği şeye göre çaba harcar.

Yaradan çalışması da böyledir. Eğer "erkek" denilen ihsan kaplarını ıslah etmek isterse, yani ilksel düşüncesi ihsan kaplarını ıslah etmekse o zaman "dişi" doğurur, "dişi ışıklara" Katnut (küçüklük) denildiğinden, Kelim ve ışıklar arasında zıt ilişki vardır.

"Eğer dişi ilk tohumu verirse," yani alma kaplarını ıslah etmek isterse, "oğul doğurur," yani Gadlut'un (yetişkinlik) ışığı olan eril ışığı. Yaradan damlaya, yani insanın çalışmasına, ne tip bir "ekim" yapacağına, yani hazırlığına karar verir. Bu demektir ki, eğer ihsan etmek için alma kaplarını isterse o zaman Yaradan ona Gadlut'un Neşama'sı denilen erkek ruhunu verir. Eğer kişi "erkek" olarak kabul edilirse, yani ihsan kaplarının sadece ihsan için olmasını isterse Yaradan'dan "dişi" denilen Katnut ışığını alır.

Çalışmada Üç Zaman

Makale No. 24, Tav-Şin-Mem-Hey, 1984-85

Kişi çalışmasını üçe ayırmalıdır: 1) geçmiş, 2) şimdi, 3) gelecek.

"Geçmiş" Yaradan çalışmasına başladığı zamandır. Kişi geçmişe bakmalı, cennet krallığının yükünü üzerine alma arzusunun nedenini incelemelidir. Tora'dan daha değerli bir şey olmadığı sonucuna ulaştığında ve Tora'dan başka düşünecek bir şeyi olmadığında, yani "Ve sen gündüz ve gece O'nla olacaksın," noktasında, bu nedenin Yaradan çalışmasına başlaması için uygun olup olmadığını incelemelidir.

Kendini sıkıntıda hisseder, dünyada yaşamaya değer bir şey bulmaz ve Yaradan'la Dvekut'tan başka bir şey istemez. Ama kişi Yaradan'la Dvekut ile ödüllendirilmek için kendini sevmeden çıkmalıdır. Bundan çıkabilmek için atalarımızın sözlerine tutunur: "Kötü eğilimi Ben yarattım; şifası için Tora'yı yarattım."

Gece gündüz Tora'yı çalışmasının sebebi budur, aksi takdirde kendini-sevmeden çıkamaz. Öyle anlaşılıyor ki, Tora'ya bağlanma nedeni Yaradan'la Dvekut'tur. Dolayısıyla buna karşı çıkan pek çok şey olduğundan, neden daima yenilenmelidir. Her sefer beden yeni sorularla gelir ve nedeni sorgular. Bazen bunun zor, ona göre olmadığını söyleyerek, umutsuzluk kıvılcımları gönderir, bazen de aklına ve kalbine yabancı düşünceler getirir.

Dolayısıyla geçmişe bakmalı, yani içsel uyanışa sebep olan nedeni daima incelemelidir. Muhtemelen onun Yaradan çalışmasına başlamasına başka sebepler de neden olur, yani asıl neden Yaradan ile Dvekut'u başarma değil, başka bir şeydir. "Lo Lişma'dan Lişma'ya gelindiğinden," neden ne olursa olsun Yaradan'la Dvekut'u başarmak ister.

Bunun tersi de mümkündür, yani önce Yaradan'la Dvekut'u başarma nedeni, sonra diğer nedenlerle Tora ve Mitzvot yükünü üzerine alabilir. Öyle anlaşılıyor ki, daima bizi yolda yürümeye teşvik eden nedeni incelemeliyiz. Bu geçmişten öğrenmek olarak kabul edilir, yani neden amaçtır.

Ancak "önemli" olarak kabul edilen amaçta farklılık vardır. Önem, kişinin neyi önemli kabul ettiğine bağlıdır. İnsanlar genellikle kendilerini yücelten amacı takdir eder, yani yalnızca kendini sevme amacına tutunurlar. Eğer amaç ihsan etmekse, kişinin bunu önemli görmesi gerçekte doğal değildir.

Bu sebeple eğer neden gerçek değilse, kişi amaç yolunda ilerleyemez, yani Dvekut'u başaramaz. Bunun sebebi şudur, kendini yüceltmenin olmadığını gördüğünde derhal yoldan kaçar ve Tora ve Mitzvot çalışmasının kendi yararına olmadığını düşünür.

Çalışma sırasında kendini yüceltme hissetmediğinde, yani tüm çalışmasının temelinin LoLişma olduğunu ve bunun ona ödül kazandırmayacağını hissettiğinden, ihmalkârlık yapmaya başlar. Ancak Lo Lişma'dan Lişma'ya geliriz, bu nedenle düzen kendi yararı için değil, Yaradan için çalışmaktır, bu nedenle çalışmadan kaçar.

Dolayısıyla kişi daima amacı incelemelidir. Amacın Yaradan'a ihsan etmek olduğunu daima hatırlamalıdır. Sonra ona ihsan hissi gösterildiğinde, kafası karışmaz ve bunun doğasına karşı olduğu için zor olduğunu bilir.

Böylece şimdide, ihsan etmek için çalışmanın zor olduğunu gördüğünde kalbinin derinliklerinden dua etmek için bir yeri olur, çünkü ona güç vermesi için dua etmekten başka bir şey yapamadığını görür. Bu sebeple daima geçmişi, yani bizi kutsallık çalışmasına getiren nedeni dikkate almalıyız.

"Şimdi" kişinin çalışması sırasında hissettiği anlayıştır. Kişi kutsallık çalışmasını birkaç yönde yapmalıdır. Atalarımızın dediği gibi, "O der ki, 'Dünya üç anlayışın üzerinde durur—Tora, çalışma ve iyi ameller."

"Dünya," "insan" demektir, çünkü her insan kendi içinde küçük bir dünyadır. İnsan sadece kendisi için almak olan kötü eğilimle yaratıldığından, var olması, Yaradan'ı hissetmesi ve O'nu edinmesi için yukarıda bahsedilen üç anlayışa ihtiyacı vardır.

Alma arzusu üzerinde Tzimtzum, yani üst bereketin gizliliği vardır, kişi form eşitliği elde etmedikçe haz ve mutluluk hissedemez. Bu sebeple Tora'ya ihtiyacımız var.

Çalışma gereklidir çünkü çalışma duadır. Dua kalpteki çalışmadır. Bu demektir ki, insanın kalbinin kökü alma arzusu olduğundan ve bunun zıttına ihtiyaç duyduğundan, bunu tersine çevirmek için çok çalışması gerekir.

Dolayısıyla doğasından çıkmak için Yaradan'a dua etmelidir. Buna "mucize" denir ve sadece Yaradan mucize yaratabilir. Bu demektir ki, insanın kendini sevmeden çıkması mucizevi bir şeydir.

RASHI "iyi amelleri" şöyle yorumlar, "insanın parasını yoksullara ödünç vermesi. Bu bağıştan daha yücedir, çünkü böylelikle yoksul utanç duymaz. İyi ameller yaşayan, ölü, zengin yoksul herkese aittir." Fakat bağış için "İyi amel bağıştan daha yücedir," denir. Şöyle denir "Dünyanın merhametle var olduğunu sana öğretmek için 'Bir merhamet dünyası inşa edilmelidir.'"

Merhamet kendini sevmeden Yaradan sevgisine gelmektir, Rabbi Akiva'nın dediği gibi, "Dostunu kendin gibi sev, Tora'nın en büyük yasasıdır." Yukarıda yazılan üç anlayışın kişide şimdide işlediğini "şimdide" görmek zorundayız. Daima geçmişi şimdiye dâhil etmeliyiz, yani bütün bu çabayı yerine getirmenin amacını.

"Gelecek": Ohr Pnimi (içsel ışık) şimdide parlayan, Ohr Makif (saran ışık) gelecekte alması gereken ışık olduğundan, kişi geleceği görmek, bütünlüğü başarana kadar ne edinilebilineceğini bilmek zorundadır.

Örneğin, kişinin şimdide bir şeye para yatırması sonrasında daha çok para kazanmak içindir. Tüccar mal satın alır. Mallarını pazara getirdiğinde herkes, onun malları satıp mutlu olacağını düşünür. Oysa o malları satmak istemez ve bir depoya kaldırır, mutludur. İnsanlar tüccarı anlamakta zorluk çeker. Sorarlar, "Neden mutlusun? Tek bir şey satmadın ve para kazanmadın."

Tüccar şöyle cevap verir, "Fiyatları düştüğünden bu malları çok ucuza aldım, diğer tüccarlar gönülsüzdü. Onları satın aldım çünkü hesaplarıma göre bundan iki yıl sonra onlara çok talep olacak. Böylece zengin olacağım. Geleceğimi hesaba kattığım için şimdide mutluyum."

Dolayısıyla görürüz ki şimdide bir şeyi olmamasına rağmen, gelecek şimdide parlayabilir ve gelecek için mutlu olabilir. Kabala dilinde buna Ohr Makif'ten, yani gelecekte parlayacak ışıktan haz almak demektir.

Bu demektir ki, kişi amacı gerçekleştirecek geçerli bir yol bulduğunda ve amacın güveni onun için parladığında, Ohr Makif şimdi de Kabında parlıyormuş gibi haz alır.

Baal HaSulam der ki, "Erdemli gelecek için ilahi okur," yani erdemli gelecek için çalışır ve sonunda bütünlükle ödüllendirileceğini bilir.

Bu konu Zohar'da da yazılıdır: "Rabbi Elazar dedi ki, 'İsrail aşağıdan yukarıya ve yukarıdan aşağıya ilahi okumak ve inanç düğümünü atmakla görevlendirilmiştir, şöyle yazdığı gibi, 'İsrail bu şarkıyı söyleyecek.' Şöyle demez, 'söyledi, 'fakat 'Söyleyecek, ' yani gelecekte.'" Öyle anlaşılıyor ki, insan Ohr Makif'ten aydınlanma almalı ve bunu şimdiye getirmelidir.

Bu sebeple üç zaman—geçmiş, şimdi ve gelecek—şimdide mevcuttur. Ancak, kötü eğilim daima bunun tersine gider, yani beraberce parlamamaları için üç zamanı ayırır. Dolayısıyla, kötü eğilime karşı gitmeli ve "Söylediği şey bizim iyiliğimiz için değil, çünkü çalışmada bize rehberlik etmek onun işi değil."

Şöyle yazar, kötü eğilim insana "Neden dua ve Tora için bu kadar çabalıyorsun? Amacın Yaradan için değil. Diğer insanların niyeti Yaradan olduğundan, onların Tora ve dua için çabalamalarını anlayabiliyorum ama bu sana göre değil." der. Şöyle cevap vermeliyiz: "Tersine Yaradan için çalışıyorum ve seni dinlemek istemiyorum."

Sonrasında gelir ve der ki, "Sen erdemlisin ve niyetin sadece Yaradan için. Sen diğer insanlar gibi değilsin." Kişi ona şöyle demelidir: "Tüm çalışmam Yaradan için, söylediğin hiçbir şey benim yararıma değil," çünkü o kişiyi kibre düşürüp, başarısız olmasını ister, atalarımız der ki, "Kibirli olan için Yaradan der ki, 'O ve Ben aynı yerde olamayız." Dolayısıyla kişi hangi yöne gideceğine karar veremez—bayağılık yolu ya da yücelik yolu. Tüm yol neden temeline dayalıdır.

Her Şeyde, Işık ve Kli Arasındaki Farkı Görmeliyiz

Makale No. 25, Tav-Şin-Mem-Hey, 1984-85

Her şeyde, ışık ve Kli (kap), yani verici olan Yaradan'la, alıcı olan yaratılan arasındaki farkı görmeliyiz.

Ve Kli olmadan ışık olmadığından, eğer onu edinecek kimse yoksa, bu durumda kimden söz ediliyor olabilir ki? Bu nedenle bizler, yalnızca Kli'de kıyafetlenmiş olan ışıktan, yani vericinin bedene verdiği bolluktan, bedenin, ona dökülen bu bolluktan aldığı izlenimin ölçüsünden bahsedebiliriz. Kişinin bedenine aldığı maddi ve manevi olan her şeyin, O'ndan geldiğine inanmalıyız, zira dünyada, ona ihsan edecek başka hiçbir gücün olmadığı bilinir.

Bundan dolayı kişi, Yaradan çalışmasına girmeye başladığında, bu, adamın çalışmaya girişinin başlangıcı olduğundan, Yaradan'a şükretmeli ve O'nu övmelidir. Çalışmada sıra, bilgelerimizin şu sözlerinde olduğu gibidir, "Kişi, daima Yaradan'a övgüler oluşturmalı ve daha sonra dua etmelidir". Bunu nereden biliyoruz? Musa'dan biliyoruz, şöyle yazıldığı gibi; "Ve o zaman, Yaradan'a yalvardım", ve şöyle yazıldığı gibi; "Tanrım, Sen başladın", ve sonradan şöyle yazılmıştır, "Sen gitmeme izin ver, Sana dua ederim ve iyi toprakları görürüm" (Berahot 32a).

Bu sebeple kişi, Yaradan'a şükretmeye başladığında, öncelikle bizim dua boyunca "ve dünya var olsun diyen, kutsanmıştır" dediğimiz gibi, Yaradan dünyayı yarattığı için şükretmelidir. Ve o zaman, yani kişinin, dünyayı yarattığı için Yaradan'a şükretmesi ölçüsünde, çalışması da başlar. Diğer bir deyişle, minnettarlığın ölçüsü, memnuniyetin ölçüsüdür.

Burada, doğru ve yanlışın farkındalığı başlar ve bireyin çalışması ile genel halkın çalışması arasındaki, yani zanaatı Tora olan ve olmayan arasındaki fark, burada yatar.

Bunun anlamı, Baal HaSulam'ın açıkladığı gibidir, O'nun Tora'sı kişinin zanaatıdır, yani Tora vasıtasıyla kişi, inançla ödüllendirilmek ister. Ya da genel halka ait insanlar gibi, yani Tora'yı bir sonraki dünya ile ödüllenmek için, yani almak için çalışanlar gibidir; bireye ait olan gibi, yani ihsan etmek için değildir.

Kişi Yaradan'ı övmeye başladığında, doğru ve yanlışın bir incelemesi vardır. Şöyle ki, genellikle kişi bir başkasına, kendisine yardım ettiği için, teşekkür etme gereksinimi duyduğunda, minnettarlığının ölçüsü, kendisine edilen yardım hissinin ölçüsüne bağlıdır. Bu yüzden, kişi, Yaradan'a, kendisine verdiği şeyler için şükretmeye başladığında beden, Yaradan'ın kendisine sağladığı faydayı, kendisine sağlanan faydadan etkilendiği ölçüde düşünmeye başlar ve duyduğu şükranın ölçüsü de budur.

Bundan dolayı kişi, 'Bırakın dünya var olsun, diyen kutsanmıştır 'dediğinde, bu onun bu dünyadan ne kadar keyif aldığına da bağlıdır. O zaman beden, kişiye, maddesellikte ve maneviyatta eksik olduğunu göstermeye başlar ve Yaradan'ı övmesine izin vermez. İşte o zaman, kişinin yapması gereken pek çok çalışma vardır, çünkü bu durumda kişinin mantık ötesi gitmesi ve Yaradan'ın kendisine sadece iyilik yaptığına inanması gerekir ve ayrıca burada, doğru ve yanlışın dikkatle incelenmesi de vardır.

Yaradan'ın genel adı, "İyidir ve İyilik yapar," olduğundan, Yaradan'ın iyi ve iyilik yapan olduğuna mantık ötesi inanmak için, pek çok çalışma vardır. Dolayısıyla kişi, Yaradan'ı övmeye başladığında, ne için dua edeceğini bilir, böylece mantık ötesi gidebilir. Önceden, Yaradan'a karşı, böylesine büyük bir mantık ötesi inanç eksikliği yoktu. Ancak şimdi, inanç eksikliğini hisseder ve içindeki ışık onu ıslah etsin diye, Tora'yı öğrenmeye ihtiyaç duyar.

Dolayısıyla, Yaradan'a övgü oluşturma arzusu, kişide bir eksikliğe neden olur. Kişi, Kli olarak adlandırılan eksikliğe sahip olduğunda, bütünlükten uzak olma izlenimi ölçüsünde, çalışma için bir yere ve duaya ve Tora için de bir ihtiyaca sahip olur.

Ancak, başka bir eksiklik daha vardır. Kişi, bazen kendi alçaklığını görür, vazgeçer ve mücadeleden kaçar. O zaman, kişinin aldığı bütün haz, yalnızca kendi durumunu unutmak, yani maneviyat hakkında düşünmemek ya da uyumak, yani uyumaktan büyük bir haz almaktır. Bu, kişi uykudan özel bir haz aldığı için değil, ama uyuduğunda çalışmayı hatırlamadığı için böyledir. Onun hazzı budur, zira çalışmayı ne zaman hatırlasa, bedeni, hemen ona umutsuzluğu ve alçaklığı getirir.

Bu nedenle, kişi umutsuzluk, yani çalışmaya devam edemediğini gördüğü için geldiği ızdırap koşuluna düşmemek için daima dikkatli olmalıdır. Bu nedenle Baal HaSulam şöyle demiştir; bedeni ona iç gözlem yapmasını söylediği zaman değil, ama bunun için kendisinin ayırdığı özel bir zaman dışında kendini eleştirmemeye dikkat etmelidir. Daha doğrusu kişi, bedene şöyle demelidir; "Bana verilmiş olan çizgiye göre gidip gitmediğimi ya da doğru çizgiden sapıp sapmadığımı sorgulamak için özel bir zamanım var. Şimdi Tora'ya ve duaya bağlıyım ve Yaradan'ın, sağ yoldan gitmek isteyen ve yaratılışın amaçlarına ulaşmak isteyen bütün hizmetkârlarına yardım ettiği gibi, bana da yardım edeceğine eminim".

Önceki makalemde ve 11. makalede (Tav-Şin-Mem-Hey), bedenin bize söylediğinin tam tersini söylememiz gerektiğini yazmıştım. Ve bu sayede Zohar'ın sorusunu ve buna verdiği cevabı (Behukotai, madde 18) anlayacağız: "Ve onlara yap". Şöyle sorar; '"Ve onlara yap 'nedir?". Zaten 'yürü' ve 'tut 'dediğinden, neden 'yap 'da diyor? Şöyle cevaplar; "Tora'nın Mitzvot'unu yerine getiren ve O'nun yolunu takip eden kişi, O'nu yukarıda yapmış gibidir". Yaradan, "Beni, O, yapmış gibi" dedi ve O'nu kurdu. Bundan dolayı, "Ve onları 'bir yasa ve bir yönetmelik 'gibi yap", şimdiye kadar onun sözleridir.

Bu cevap, çok kafa karıştırıcı görünüyor. Tora ve Mitzvot'u tutarak, O'nu yukarıda yaptığımız nasıl söylenebilir? Nihayetinde, yaratılanlar Tora ve Mitzvot'u izlemeden önce bile "Bütün yeryüzü O'nun ihtişamıyla doludur". Öyleyse, "Beni yapmışsın gibi" ne anlama gelir?

Yukarıda bahsedildiği gibi, Kli olmadan ışıktan bahsedemeyiz, çünkü kime göre bunun ışık olduğu fark edilecek? Bir Kli olduğunda, Kli, ışığı edinir. Bu nedenle, "yaratılışın amacı, yarattıklarına iyilik yapmaktır" dediğimizde bu, yaratılanların yalnızca haz ve memnuniyet aldıkları zamanla ilgilidir. Bu, Kli'ye sahip olmak olarak kabul edilir ve Kli, onların, Yaradan'dan yalnızca haz ve memnuniyet almalarıyla O'nu edinir. Ancak yaratılanlar, O'ndan haz ve memnuniyet almazlarsa, şu soru ortaya çıkar; "Yaradan'ın adı kime, 'İyi ve iyilik yapan 'olarak görünür?".

Bu nedenle, tüm adların genel adı, 'İyidir, iyilik yapar 'olan Yaradan'ın adının, ifşası için ve yaratılanların Yaradan'dan keyif ve zevk almaları için, O'nun yararına koşulunun yani tamamlanması için yani Tzimtzum ve gizlilik olduğu için, bu hediyeden utanç duymamak için, kendimizi ihsan etme kabı ile yani form eşitliği ile vasıflandırmadan önce, bu iyiliği hissedemeyiz ve ona erişemeyiz. Bu durumda, 'İyi ve İyilik yapan 'adının ifşa olmaması, yaratılanların Yaradan'ı hissedememesine sebep olmaktadır ve dünyada, Yaradan'a inanmayan günahkârlar olmasının sebebi budur.

O'nun adının, dünyada herkesin önünde ifşa olması için, Kelim'in bütün ihtiyacı, form eşitliğidir. Ve form eşitliğinin Kelim'i (kaplar) olan, ihsan etme kaplarını elde etme kabiliyetini, yalnızca Tora ve Mitzvot'u izlemekle edinebiliriz. Yani, Tora ve Mitzvot'u izlerken, Tora ve Mitzvot'u İsrail'in ihtişamını yükseltmek için izlemeyi hedeflemeliyiz.

İsrail, eylemlerin, kişinin kendi menfaati için değil, doğrudan Yaradan'a doğru olduğu, Yaşar-El'in (Yaradan'a doğru) harfleri anlamına gelir. Buna, 'form eşitliği ' denir. Zohar'ın sözlerine göre bu; "Şehina'yı, tozdan (Kutsallık) kaldırmak" olarak adlandırılır, zira maneviyat, bizim gözümüzde onurlandırılmadığı için, bedenimize Yaradan'a hizmet etmenin büyük bir ayrıcalık olduğunu söyleyebiliriz ve o zaman beden, Keduşa'nın (kutsallık) önünde teslim olur ve iptal olur. Bu, Kutsal Zohar'da bahsedilen "Benim yasalarımla yürü, Benim emirlerimi izle" sözlerinin anlamıdır, bununla; "Ve onları yap", yani "Beni yukarıda yapıyormuşsun gibi" koşulu gerçekleşir. Başka bir deyişle, böylece Yaradan'ın adının "İyidir ve iyilik yapar" olarak ifşasını sağlarsınız, yani form eşitliği ile ödüllenmiş olduğu için herkes bu iyiliği hisseder.

Bana İhtişamını Göster

Makale No. 26, Tav-Şin-Mem-Hey, 1984-85

"Ve şöyle dedi, 'Bana Senin ihtişamını göster...' O zaman elimi uzaklaştıracağım ve benim sırtımı göreceksin ama yüzüm görünmeyecek" (Mısır'dan çıkış, 33). Musa ile ilgili bu sorunun bize ne ifade ettiğini ve Yaradan'ın çalışmamızla ilgili cevabını anlamalıyız.

Kişi, Yaradan'ın işine başladığında, Yaradan'ın ihtişamını görmek ister. Şöyle ki, Yaradan, ona parladığında, Tora ve Mitzvot'tan tat aldığında ve maneviyata özlem duyduğunda kişi kutsal çalışmaya bağlanabilir. O zaman, kişi, Yaradan'ın yolunda yürüdüğünü bilir ve genel halkın hepsinin dünyevi olduğunu, kendisinin sıradan insanların üstünde olduğunu ve yalnızca kendisinin maneviyatın ne olduğunu bildiğini ve anladığını hisseder.

Bilgelerimizin şöyle dediği bilinir (Avot, Bölüm 4, madde 4): "Rabbi Levitas, Yavne'nin Adamı, 'Çok ama çok alçakgönüllü olun, 'der". Bu nedenle, kişinin kendisinde pek çok eksikliği bulmak için çalışması gerekir ki böylece alçakgönüllü olduğunu söyleyebilsin. Ve bilgelerimizin söylediğini yapmak bir Mitzva olduğundan, kişi bunu mantık ötesi kabul eder ve 'Elbette halen tamam değil, eksiğim, 'der.

Ayrıca, Tora ve Mitzvot'un özlemi, kişiye parlamadığında ve Yaradan'la Dvekut için özlem duymadığına dair bir eksiklik hissetmediğinde, Ahorayim zamanıdır. Ahorayim safhasında, kişi gerçek durumunu, kendisini hala geriye kalan diğer insanlardan daha yüksekte görüp görmediğini anlayabilir. O zaman, kişi, kendisi yükselişteyken, manevi düşüş durumunda olan diğer insanlara bakarken, mantık ötesi olarak, tevazu Mitzva'sını kendi üzerine almak için, alçakgönüllülükle çalışmalıdır. Buradan, kişinin, yalnızca Ahorayim safhasında gerçeği görebildiği ama Panim (yüz) boyunca kendisini aldatabileceği ortaya çıkar.

Ancak Ahorayim derecesinde, pek çok farkındalık da vardır. Eğer bir kişi, gerçeğin çalışmasına, yani ihsan etmek için çalışması gereken yola, halen girmiş bulunuyorsa, ancak o zaman kişi gerçek Ahorayim durumunu hissetmeye başlar. O zaman, bu duruma düşmeden önce, Panim koşulunda bile olsa, düştüğünü gördüğünde, kişi ara sıra Ahorayim imajı alır. Ama şimdi Tora ve Mitzvot ya da dua vb. için arzusu olmadığını görür, şimdi, kendisini Yaradan çalışmasından 'nem 'almayan, boş bir Kli olarak hisseder. Ek olarak, kişi kendisini kutsal çalışmayı hiç yapmamış ve hatta Yaradan çalışmasının ne olduğunu bilmiyormuş gibi görür.

Kişi bazen, çalışmaya başlamak zorunda olduğunu ve hiçbir amacı olmaksızın hayatta kalmanın anlamsız olduğunu söylemeye başlarsa, karanlığa girer, sanki kendine yeni bir şey söylüyormuş gibi, manevi meselelerle ilgili daha önce hiçbir şey duymamış gibi gelir. İşte o zaman kişi şöyle bir hisse kapılabilir; sanki daha önce bu çalışmayla hiç uğraşmamış olan yeni başlayan biri durumundadır, ancak hala, çalışmada ilerlemiş olanların arasında olduğunu düşündüğü zamana ait bazı hatıraları varmış ve sanki birdenbire her şeyi unutmuş da bir rüyayı hatırlıyor gibidir.

Buna göre, kişi kendi gerçek durumunu, yalnızca Ahorayim zamanında görür. Bu, 'Benim sırtımı göreceksin ama benim yüzüm görünmeyecek, 'ifadesinin anlamıdır. O zaman, kişinin çalışmak için, yani Yaradan'dan, kendisine yaklaştırmasını ve yüzünün aydınlığını göstermesini istemek için bir yeri vardır. İşte o zaman, kişi tövbeye gelir: 'Gizemleri bilen O, kişinin tekrar aptallığa dönmeyeceğine tanıklık edene kadar'.

On Sefirot Çalışmasına Giriş'te (madde 53-54) şöyle yazılmıştır: "Şunu bilmeliyiz ki, Tora ve Mitzvot'un yolunu seçerek, bunları yerine getirme çalışmasındaki tüm mesele, öncelikle, daha önce söz edilen, İlah-i Takdir'in gizliliğinin iki farkındalığı ile ilgilidir. Ben HaHa, o dönemle ilgili şöyle der: 'Ödül, cezaya göredir'. O'nun rehberliği ifşa olmadığından, sadece yüzün gizliliği, yani sırtı dışında, O'nu görmek mümkün değildir. Ancak, kişinin çabanın ölçüsü tamamlandığı ve Yaradan'a olan inancı, seçimini güçlendirmek için, kişinin yapması gereken her şeyi yaptığını gördüğü zaman Yaradan, ona yardım eder. O zaman kişi, açık İlah-i Takdir'i, yani yüzün ifşasını edinir".

Yukarıdakilere göre, hakikat yolundaki çalışmanın başlangıcı, Ahorayim'dedir. Kişinin kendisini, Yaradan'ın ışığının olabileceği Kelimi (kaplar) için hazırlasın diye bu böyledir. Ayrıca Kelim, arzulardır. Bu, Ahorayim safhasını geçmeden önce, kişinin Yaradan'ın kendisine yardım etmesine ihtiyacı olduğunu bilmediği, kendi başına bütünlüğünü edinebileceğini düşündüğü ve Yaradan'dan özel bir yardıma ihtiyaç duymadığı anlamına gelir.

Daha doğrusu, İsrail'de alışılagelmiş olduğu gibi, kişi, yapanın insan olduğunu mantığıyla görmesine rağmen, yine de dileğine ulaşmasına Yaradan'ın yardım ettiğine inanır. Ama ihsan etme çalışmasında kişi, zihnin ona ihsan etme derecesine ulaşamayacağını söylediğini görür, ama yine de oturur ve Yaradan'ın kendisine yardım etmesini bekler. Akabinde, sadece bu, Yaradan'a ihtiyaç duymak olarak kabul edilir. Buna, Kli ve 'arzu 'denir.

Hakikatin yolu, Lişma (O'nun adına) olarak adlandırılır, yani kişi her şeyi Yaradan'ı memnun etmek, ihsan etmek için yapar. O zaman, kişi, çalışmasının kendini-sevmek olan, bedenin kaplarını tatmin etmek olduğunu anladığını gösterdiğinde, beden direnmeye başlar. Kişi, bedenine karşı gelemeyeceğini o zaman görmeye başlar ve Yaradan'ın yardımına ihtiyaç duyar. Bu, kişinin şimdiden bir Kli'ye yani bir arzuya ve Yaradan'ın onu doldurması için bir gereksinime sahip olması olarak kabul edilir ve o zaman bilgelerimizin "Arınmaya gelene yardım edilir" (Zohar, Nuh, madde 63) koşulu, kişinin içinde oluşur. Bunlar, onun sözleridir: "Eğer kişi arınmak için gelirse, ona kutsal bir ruh ile yardım edilir. Kişi saflaştırılır ve kutsallaştırılır ve 'kutsal 'olarak adlandırılır." Bundan dolayı, Kli'ye sahip olmadan önce, kişiye ışık verilemeyeceğini görüyoruz. Ama bir kez, kişinin kalbine, Yaradan'ın yardımına ihtiyacı olduğu yerleşirse, kişi yardım alır. Tam olarak arınmaya geldiğinde ama bundan aciz olduğunu gördüğünde, ileri gidebilmesi ve onları Yaradan'a ihsan etmek için kullanabilsin diye alma kaplarının üstesinden gelmesine yardım etmek için ona yukarıdan kutsal bir ruh verilir, bu ona uygun olan bir ışıktır.

Şimdi, "barış, barış, uzağa ve yakına," diye yazılanı yorumlayabiliriz. 'Barış', tam bir ayrıma işaret eder ve bu ayrım, bilgelerimizin şu sözlerle ifade ettiği gibidir; "Kişi, daima iyi eğilimin üzerindeki kötü eğilime öfke duymalıdır". RAŞİ, bunu, kişinin kötü eğilime karşı savaş açması gerektiği şeklinde yorumlar. Kişi yalnızca Yaradan'a yakın hissettiği ve çoktan Panim'le ödüllendirilmiş olduğunu düşündüğünde, tam ve bütündür. Ancak kişi Yaradan'dan uzaklaştırıldığını hissettiği zaman, tamlığın yolunda yürümediğini düşünür.

Bu, "Barış, barış" yani Yaradan'ın söylediği barış dediğimiz zamandır, şöyle yazıldığı gibi (Mezmurlar 85), "Efendi'nin söylediklerini duyacağım, çünkü kendi ulusuna, inançlı olanlara barışla seslenecek ve onların budalalığa dönmesine izin vermeyecek". Bu ayetle ilgili olarak, kişi Yaradan'dan uzak olduğunu hissettiği zaman bile, Yaradan'ın 'barış' dediğine inanmalıyız. Bu böyledir, çünkü şimdi kişinin başka bir zamandakinden daha uzak olduğunu görmesini sağlayan kimdir? Normal olarak kişi, Tora ve Mitzvot'u arttırdığı ve gerçeğin yolunda yürümeyi daha fazla istediği zaman, uzak olduğunu hissetmeye başlar. İşte o zaman, daha da uzak olduğunu görür.

Dolayısıyla, "Bir Mitzva, bir Mitzva'ya sebep olur" kuralına göre, kişi daha yakın hissetmeliydi. Ancak, Yaradan hakikati göstermek suretiyle kişiyi daha yakına getirir, böylece kişi Yaradan'ın yardımını dikkate alır. Yani, O'nun yardımı olmaksızın savaşı kazanamayacağını Yaradan ona gösterir. Dolayısıyla, Ahorayim olarak kabul edilen uzaklaşma (kişi uzaklaştırılmış hissettiğinde) zamanı, Yaradan'a yaklaşma zamanıdır.

Tövbe

Makale No. 27, Tav-Şin-Mem-Hey, 1984-85

Zohar'da şöyle yazılmıştır (Nasso, madde 28): 'Bu emir, Teşuva'nın (tövbe) emridir ve Bina'dır. Bina nedir? Bina, Ben Yod-Hey'in (Yod-Hey'in oğlu) harfleridir. Bu oğul, ona tutunan ve Yod-Hey'in Mohin'ini ondan alan Vav'dır. Tövbe eden herhangi biri, Malhut olan Hey harfini, HaVaYaH'ın tamamlandığı, Ben Yod-Hey olan Vav harfine dönüştürmüş gibidir'.

Zohar'da (Nasso, madde 29) şöyle yazar, 'Hey harfi, kesinlikle kelimelerin bir itirafıdır. Bu, 'Kelimelerini seninle birlikte al ve Efendi'ye götür. O'na de ki '... dudaklarımızın meyvesini sunabiliriz" ifadesinin anlamıdır. Kişi günah işlediğinde, kesinlikle Hey'in, Vav'dan ayrılmasına sebep olur. Tapınağın yıkılmasının, İsrail'in oradan uzaklaştırılmasının ve ulusların arasında sürgünde kalmasının sebebi, budur. Bu sebeple, tövbe eden kişi, Hey'in, Vav harfine dönmesine neden olur.

Zohar'da (Nasso, madde 31) şöyle yazar: 'Bu cevaba, 'yaşam 'denir'. Malhut ve Hey-de-HaVaYaH olan bu cevap, 'yaşam 'olarak adlandırılır, şöyle yazıldığı gibi, 'çünkü ondan, yaşamın çocukları akar', Malhut'un çocukları olan İsrail'in ruhuna, 'yaşam ' denir. O, kişinin ağzına zahmetsizce giren ve çıkan Hevel'dir (ağız dumanı). Bu, ayrıca Hibaraam'ın (yaratıldılar) Hey'inin anlamıdır, zira Hey harfi, ağız tarafından, diğer bütün harflerden daha kolay telaffuz edilir. Onun hakkında şöyle söylendi, 'Çünkü adam, Efendi'nin ağzından çıkanla yaşar', çünkü Malhut'a, 'Efendi'nin ağzından çıkan ' denir. Ayrıca, o, adamın başındadır, 'Başımın üstünde Efendi durur 'ifadesinde olduğu gibi. Onunla ilgili şu dendi, 'Ve gördüğü, Efendi'nin görüntüsüdür', zira Malhut'a, 'Efendi'nin görüntüsü' denir ve de 'Bir adam, yalnızca görüntüde yürür".

Zohar'da (Nasso, madde 32) şöyle yazılmıştır, 'Ve O, bir adamın başının üstünde olduğundan, başı çıplak olarak dört Amot (yaklaşık dört feet) yürümemelidir, çünkü O, adamın başından uzaklaşırsa, yaşam, adamı derhal terk eder'.

Yine Zohar'da (Nasso, madde 34) şöyle yazar: "Bu, kesinlikle onların ileri sürdüğü Hey'in bu şekliyle ilgilidir, 'Hazinemde iyi bir hediye var, adı Şabat'tır. Şabat, O, Bina'ya yükseldiğinde Malhut'tur. Şabat olan bu Malhut, İsrail'in üzerinde olduğunda, onlar ne emeğe ne de köleliğe sahiptir ve içinde çalışıp didinen ruh durur ve dinlenir'.

Kutsal Zohar'ın Malhut'a verdiği bütün bu isimleri anlamamız gerekir.

Malhut'a Hey denmesinin ve emek ve çaba göstermeksizin Hevel olmasının anlamı nedir? Nihayetinde, şöyle bir kural vardır, 'Çaba göstermedim ve buldum, inanmayın'.

Malhut'a, 'yaşam 'denmesinin anlamı nedir? Birkaç yerde, Kutsal Zohar, Malhut'u, oradan ölümün uzandığı, 'yargı niteliği 'olarak adlandırır.

Malhut'a 'Efendi'nin ağzı' denmesiyle kastedilen nedir?

Onun adamın başında olması ne anlama gelir?

'Ve gördüğü, Efendi'nin görüntüsüdür' şeklinde yazıldığı gibi, neden Malhut'u 'Efendi'nin görüntüsü' diye adlandırır?

Bir adam, yalnızca görüntüde yürür' şeklinde yazıldığı gibi, Malhut'a, 'Tzelem ' (görüntü) denmesi ne anlama gelir?

Yukarıdakileri açıklamak için, öncelikle yaratılışın amacını yani yaratılanların, Yaradan'la sahip olması gereken bağı anlamalıyız. Çabamızın tamamı şu eksen çerçevesindedir; ıslaha gelmediğimiz sürece cezalarla ızdırap çekeriz. Aynı zamanda yaratılanlar Yaradan'a bağladığı zaman edineceğimiz tüm ödülde de budur.

Yaratılışın amacının, O'nun yarattıklarına iyilik yapmak olduğu bilinir. Ancak, form eşitliği meselesi vardır; maneviyatta, form eşitsizliğine, 'daha uzak 've form eşitliğine, 'daha yakın 'denir. Utanç ekmeğini önlemek için, O'nun yarattıklarına iyilik yapma arzusu sınırsız da olsa, yine de form eşitliği koşulu verildi, yani Yaradan'a memnuniyet vermek için olmadıkça, haz ve memnuniyet almamak.

Buradan bize emek meselesi, yani bir Masah (perde) yapma gerekliliği uzanır, böylece ihsan etmekten haz ve memnuniyet alabiliriz. Bu gösterdiğimiz çabanın köküdür, şöyle yazıldığı gibi, 'Panim Meirot Umasbirot Kitabına Genel Önsöz, (madde 3): `Bilin ki, Masah'taki engelleyici güç nedeniyle, Malhut'un Kli'sindeki Masah karanlığın köküdür, üst ışığın Behina Dalet'e yayılmasını durdurur. Bu, ödül almak için sarf edilen çabanın da kökküdür, zira çaba göstermek, işçi sadece dinlendiğinde rahat hissettiği için, gönülsüz olarak yapılan bir eylemdir. Ama mülk sahibi maaşını ödediğinden, mülk sahibinin iradesinin önünde, kişi, kendi iradesini iptal eder'.

Bu nedenle bütün yapmamız gereken, çalışmaktır. Bu üzerimize düşen tek şeydir, şöyle yazıldığı gibi, 'Tanrı'nın yapması için yarattığı'. 'Yaratılan', arzusu, yarattıklarına iyilik yapmak olan Yaradan'a dayandırdığımızdır. 'Yaratılan 'ifadesinden bize, ayrılık ve form eşitsizliği meselesi uzanır. Ancak 'yapmak 'ile, yani ihsan etme derecesine ulaşmak için yaptığımız çalışma ile, form eşitliği yoluyla bir kez daha Yaradan'a yaklaşırız.

Bu, yaratılanlar ve Yaradan arasında ortaklık anlama gelir, Zohar'da ('Zohar Kitabına Önsöz', madde 67) yazıldığı gibi: 'Ve Zion'a, 'Siz Benim halkımsınız 'demek için. 'Siz Benim halkımsınız (Ami) olarak telaffuz etmeyin, Benimle ortak anlamına gelen, 'Benimlesiniz (İmi) olarak telaffuz edin. Şöyle ki, "karanlık" olarak adlandırılan alma arzusunu yani eksikliği, Yaradan verdi, şöyle yazıldığı gibi, 'Ve karanlığı yarattı'. Bu, O'nun iyilik yapma arzusundan gelir. Yaratılanlar Masah'ı edinmelidir, bununla form eşitliğine geliriz, çünkü sadece o zaman, O'nun yarattıklarına yaptığı iyilikten gelen bolluğu almaya uygun olan Kelim'e (kaplar) sahip oluruz. Buna göre, 'yarattı' yukarıdan ve 'yapmak 'aşağıdakinden gelir.

Çalışmada iki mesele olduğunu görüyoruz: 1) Çalışma ve ödül bu iki meseledir. Çalışma, ödülün olduğu yerde değildir, yani çalışma zamanı ve ödül zamanı ayrıdır. 2) Çalışma ve ödül aynı yerde ve aynı zamandadır.

Çaba göstermek, kişinin bir hareket yapması gerektiği anlamına gelir ve hareket de üç şekilde gerçekleşir: 1) Bedenin çabası 2) Zihnin çabası 3) En zor olanı içsel çaba. Bu, kişi, zihni ve aklı ile çelişen şeyler yaparken, zihniyle çalışmak zorunda olduğunda yapılır. Yani, kişi, zihnini iptal etmelidir. Bunun anlamı, zihnin, kişinin bunu ya da şunu yapmasını zorunlu kılmasına rağmen kişi bu hareketi yapar ve zihnini, zihnine göre %100 doğru olduğunu anladığı şeyi, iptal eder. Yani yine de bunu iptal eder. Bu gerçek çalışmadır.

Çaba gösterme meselesine geri dönelim, örneğin, kişi bu hareket için, ödül almak üzere bir hareket yapsın, yoksa kişi dinlenmeye devam ederdi, zira yaratılışın doğası gereği, insan dinlenmeyi arzular. Bunun sebebi, On Sefirot Çalışmasında (Kısım 1, Histaklut Pnimit (İçsel Yansıma), madde 19) açıklanmıştır: 'Çünkü kökümüz hareketsiz ve huzurludur; O'nda hiçbir hareket yoktur'.

Bundan dolayı, görüyoruz ki, kişi, ödül için sahip ihtiyacın büyüklüğü, önemi ve gerekliliği ölçüsünde çaba gösterebilir. Ancak kişi, çaba olmaksızın, ödül kazanmak için bir taktik bulacak olsaydı, çabadan derhal vazgeçerdi, çünkü ona göre çaba, ancak ödülü elde etmek için bir araçtır. Nitekim ödülü, çalışma sayesinde değil de başka yollardan elde edebilirse, o zaman kişi, çalışması için hiçbir ödül almadığından, şöyle düşünürdü, 'Hiçbir şey elde etmeyeceksem neden çalışmalıyım?', zira bu çalışma için, çalışmadan da, ona verilecek olanı alabilir. Bunu takiben, eğer kişiye ödeme yapılmazsa, dediğimiz gibi, ödemesiz çalışmasına imkân yoktur ve bundan dolayı, kişi, çalışmaktan vazgeçer.

Bu, iş ve ödül iki ayrı yerde ve iki seferde olarak kabul edilir, zira çalışma, diyelim ki bir fabrikadadır ve ödeme ofistedir, aldığı maaş çekidir. 'İki seferde', iş için ayrı bir zaman ve ödül almak için ayrı bir zaman anlamına gelir. Çünkü iş, her saat ve her dakika, ödül ise yalnızca günün sonunda, kişi işi bitirdiğinde alınır, şöyle yazıldığı gibi (Deuteonomy, 24:14), 'İşe aldığınızı ezmeyeceksiniz... Her gün, güneş batmadan önce ona ücretini vereceksiniz.'

Ama bazen çalışma ve ödeme aynı yerde ve aynı zamandadır. Çalışmanın kendisinin ödül olduğu yerde, bu böyledir ve kişi çalışması, yani bedenin yaptığı her hareket için, başka bir ödül verilmesini beklemez. Yukarıda söz edildiği gibi, beden ödül olmadan hiçbir şekilde harekete geçmez.

Ama burada, kişinin çalışması ödül olduğunda, ödülü, tam da çalıştığı yerde alır. Ve ayrıca, kişi çalışırken ödül alır. Şöyle ki, günün sonunda olduğu gibi, ödülün başka bir zaman verilmesi için, beklemeye gerek duymaz, aksine her bir hareketi, hemen orada ve o zaman ödüllendirilir.

Örneğin, büyük bir ADMOR (yüksek rütbeli rabbi), İsrail'e gelir. Diyelim ki Lubavitç'in ADMOR'u gelir ve bütün takipçileri onu karşılamaya gelir. Ve elinde, takipçilerinden birine taksiye koyması için verdiği küçük bir paket vardır. Daha sonra ADMOR, 100 dolar alır, paketini taksiye taşımasının karşılığında takipçisine verir. Takipçisi, bu parayı almayı kesinlikle reddedecektir. Ve ADMOR ona şöyle sormalıdır, 'Neden bu parayı almıyorsun? Çok mu az? Takipçim olmayan, bir ADMOR'un ne olduğunu ve benim önemli bir kişi olduğumu bilmeyen sıradan bir hamala, 10 dolar verseydim bana teşekkür ederdi. Sana, sıradan bir hamala verdiğimin 10 katını veriyorum ve sen almıyorsun?'.

Bununla ilgili ne söylemeliyiz? Takipçisi ondan, taşıma için özellikle para almak istemedi, çünkü ADMOR'un büyüklüğünü ve önemini biliyor ve ADMOR, onu kendisine hizmet etmesi için seçti. Bu, çok değerli, büyük bir ödüldü. Takipçilerinden biri ADMOR'un yapmasına izin verdiği hizmeti ondan alabilseydi, kesinlikle şöyle derdi: 'Dünyadaki bütün para, ADMOR'un bana verdiği bu hizmetle karşılaştırıldığında değersizdir, herkesin içinden o beni seçti'.

Burada görüyoruz ki emek ve ödül aynı yerde ve aynı zamandadır, zira çalışma boyunca yani yükü taşıdığı sırada ödüllendirilmedir, zira ödül olmaksızın çalışmak imkânsızdır. Başka bir yerden ödül almaz yani çalışma, taşıdığı pakettir ve ödülü başka bir yerde değildir, yani para ya da başka bir zamanda, işi bitirdiğinde aldığı ödül değildir.

Daha doğrusu burada iş ve ödeme aynı yerdedir. İş, paketi taşımaktır ve ödül de ADMOR'un paketini taşımaktır. Kişi, ödül olarak kabul edilen başka bir şeye ihtiyaç duymaz. Tam tersine, ADMOR'un paketini taşıma işinin kendisi onun ödülüdür.

Bu, ayrıca 'aynı zamanda 'olarak kabul edilir, yani kişi çalışırken aynı zamanda ödüllendirilir ve burada kişinin ödülünü işini bitirdikten sonra alacağı söylenemez. Tam tersine, ödemesini hemen o anda alır. İşin zamanı ve ödemenin zamanı burada ayrılamaz çünkü kişinin bütün ödülü, ADMOR'a verdiği hizmettir. Kişi, bu hizmetten, dünyadaki herhangi bir servetten alacağından daha fazla zevk alır.

Dolayısıyla burada yeni bir şey vardır; kişinin çalışmasının her anında ödül alması diye bir şey olamaz. Aksine ödül daima çalışmadan sonra gelir, şöyle yazıldığı gibi, 'bunları bugün yapmak ve bunların ödülünü yarın almak 'vardır. Ama burada bu farklıdır, yani çalışma ve ödül bir hale gelir.

Dolayısıyla çalışma, ödül almak için çaba göstermek olarak kabul edilmez. Çalışma ve ödül, yalnızca iki yer ve iki zamanda olduğu zaman, çalışma, çaba göstermek olarak kabul edilir. Yani çalışma, sadece ödül almak için bir araç olduğunda. Bu nedenle, kişi aracı bir tarafa atıp, amacı hemen edinebilseydi, araca ihtiyacı neden olsun? Bu sebeple, tüm amaç ödül olduğundan, kişinin ilgisi yalnızca ödülde olur ve daima nasıl daha az çalışıp daha çok kazanacağını araştırır.

Ancak, çalışma ve ödül eşzamanlı ise, çalışma, kişinin bu çalışmaya vermekten kurtulmak isteyeceğini emek olarak kabul edilir diyemeyiz. Zira çalışma ve ödeme, kişi önemli bir kişiye hizmet etmekten zevk aldığı için, aynı yerde ve aynı zamandadır.

Buna göre, Tora ve Mitzvot'ta çaba göstermek, kişi yalnızca Tora ve Mitzvot'un yükünü, tıpkı ADMOR'un önemini bilmeksizin ADMOR'un paketini taşıyan hamal gibi taşıdığı zaman olur. O zaman kişi, daima pazarlık eder ve ADMOR'un onun emeği için ödediğinden daha fazla ödül ister, Lubavitç'in ADMOR'u ile ilgili alegoride bahsettiğimiz gibi. Şöyle ki, ADMOR'un ona verdiği paketi alan takipçi, ADMOR'un önemini ve büyüklüğünü anladığından ADMOR'dan hiçbir ödül istemez. Tam tersine, ödülün büyüklüğü, kişinin ADMOR'un büyüklüğünü ve önemini takdir etmesi ile ölçülür; kişi ek ödülü böyle alır.

Doğamız gereği, önemli bir insana hizmet ettiğimizde, büyük bir memnuniyet duysak da önemde bir fark vardır. Kişi, şehirdeki en önemli insana hizmet ederse, bunun ona verdiği memnuniyet, bu, ülkedeki en önemli insana hizmet ettiğini bildiği zamanki gibi değildir. Ve dünyadaki en önemli kişiye hizmet ettiğini bilirse, memnuniyeti çok daha büyük olacak, o zaman kişinin sevinci, sınırsızca büyüyecektir.

Dolayısıyla Tora ve Mitzvot'ta, Yaradan'ın önemi ve büyüklüğü bizde eksik olduğundan çaba sarf ederiz. Kutsal Zohar'ın sözlerinde, buna, bütün düşüncemiz yalnızca 'Şehina'yı (Kutsallık) tozdan kaldırmak 'olmalıdır denir. Yani, bizim için maneviyat, tamamen yüzün gizliliğindedir ve çalışmamızın önemini hissetmeyiz. Şöyle ki, kim için çalıştığımızın ve kime hizmet ettiğimizin önemini hissetmeyiz. Bu nedenle, bu çalışmanın üstesinden geldiğimizde, zorlayarak çalışırız. Buna, 'çaba göstermek ' denir, zira ödül, çalışmanın yerinde değildir.

Başka bir deyişle, kişi, zorlayarak çalışmayla, ödülü, bir süre sonra ve başka bir yerde almayı umar. Ödül, çalışma zamanından uzak olduğundan, kişinin şimdi çalıştığını ve ödülü daha sonra alacağını düşünmek için zamanı olur. Bu nedenle, çalışmanın olduğu bir zaman vardır ve buna, 'çaba göstermek 'denir.

Bu, kişi çalışmanın önemini yani kime hizmet ettiğini hissettiği zaman böyle değildir. İşte o zaman ödül, çalışmanın yerindedir. Böyle bir çalışma, çalışma ve ödül aynı zamanda ve aynı yerde olduğu için, çaba göstermek olarak kabul edilmez ve bu çaba değildir.

Eğer çalışma ve ödül aynı yerde ise bu durumda çalışmanın kendisinin ödül olduğunu anlayabiliriz. Bundan dolayı kişi, çalışmayı bırakmak istemez, çünkü doğal olarak amaçtan vazgeçmez, yalnızca araçtan vazgeçer. Bu sebeple ödül ve çalışma aynı yerde ve aynı zamanda olduğunda kişi, çalışmayı bırakamaz. Zira eğer çalışmayı bırakırsa, çalışma ve ödül, aynı yerde olduğundan ödülden de vazgeçmiş olur.

Ancak bir kişi, yukarıda bahsi geçen alegorideki hamal gibi çalışırsa, orada çaba vardır, çünkü çalışma ve ödül iki ayrı yerdedir. O zaman kişi, ödül için yalnızca bir araç olan çaba göstermekten vazgeçmek ve ödülü almak ister. Örneğin, bir sonraki dünyayı edinmek için çalışan bir kişi, sonraki dünya ona çaba göstermeksizin verilirse, çalışmayı bırakmaya isteklidir, zira kişinin araca değil, yalnızca amaca ihtiyacı vardır.

Hediye ile ilgili olarak aynı şekilde düşünebiliriz. Eğer önemli biri, başka birine bir hediye verirse, alıcı hediye ile ilgili olarak iki şeyin farkına varır: 1) hediyeyi veren onu seviyordur yoksa ona hediye vermezdi 2) hediyenin kendisi

Burada da aynı muhakemeyi, yani hedefin ve aracın ne olduğuyla ilgili sorgulamayı yapmalıyız. Ayrıca verenin önemini belirlemeliyiz; eğer veren, önemli bir kişiyse o zaman sevgi, hedeftir ve burada hediye sayesinde sevginin göründüğü yerde, hediye yalnızca araçtır. Dolayısıyla burada da kişi sevgiden değil, hediyeden vazgeçmeye isteklidir. Ama veren sıradan biriyse, o zaman hediye, hedef ve sevgi, araçtır ve kişi, ona hediyeler verdiği sürece, sevgiden vazgeçebilir. Bunun sonucunda ister versin ister alsın, orada kişinin önemi aynı hesaptadır.

Şimdiye kadar, ödül ve çalışma hakkında konuştuk. Ancak başka bir mesele, yani ceza meselesi vardır. Şöyle ki, eğer kişi Tora ve Mitzvot'u tutmazsa, bunun için cezalandırılır. Ama burada da cezanın, kişinin yasaları çiğnediği yer ya da başka bir yer ve başka bir zamanda olup olmadığını sorgulamalıyız.

Mesela, devletin kurallarına göre işleyen ödül ve cezayı ele alalım. Devletin yasalarına uymayan kişi cezalandırılır. Kişinin cezası, aynı yerde ve aynı zamanda değildir. Başka birinin mallarını çalmış ve yakalanmış bir kişi, bir ceza, diyelim ki hapis ya da para cezası alır. Ama bütün bunlar, aynı yerde ya da aynı zamanda olmaz. Ancak bu kişinin hırsız olduğu bilinmezse hiçbir zaman cezalandırılmaz.

Aynı şey, Tora'nın kurallarını çiğneyen günahkârlara uygulanır. Ama Tora'nın kurallarını çiğneyen ile devletin yasalarını çiğneyen arasında büyük bir fark vardır. İfşa olan kısımda yani Tora ve Mitzvot'taki çalışmada, herkes öbürünün ne yaptığını görebilir. Burada da günah ve ceza da aynı yerde ve aynı zamanda değildir. Eğer bir kişi günah işlerse ve bunu gören tanıklar varsa günahı için kişi cezalandırılır. Örneğin, eğer kişi, domuz eti yemişse ve insanlar bunu görmüşse, daha sonra mahkeme bu günah için, kişinin kırbaçlanmayı hak ettiğine hükmeder. Buna göre, günah ve ceza iki ayrı yerde ve iki ayrı zamandadır, devletin yasaları çiğnendiği zaman olduğu gibi.

Ancak adamın çalışmasında, 'gizli kısım 'denen Tora'nın içselliğine yaklaşırken, orada mesele gizlenmiştir ve hiç kimse adamın içsel çalışmasını göremez, zira hiç kimse kişinin kalbinde ne olduğunu bilemez. Mesela bir adam gelir ve 'İnsanların Tora öğrendiği bir okula, büyük bir bağış yapmak istiyorum. Ancak, orada, okulda büyük bir bağış yaptığımı yazan taştan büyük bir isim plaketi olmasını ve gazetelerde reklamının yapılmasını istiyorum, ki böylece nereye gidersem gideyim bana saygı duyulsun, 'der.

Bu adamın, hayırsever olduğunu söyleyebiliriz, ama niyetinin, özellikle Tora öğrenenleri desteklemek olduğunu söyleyemeyiz, zira 'kendini-sevmek 'olarak adlandırılan saygınlık arayışı da Tora öğrenenlerin desteklenmesine karışmıştır. Ancak kişinin gerçek niyeti bizden gizlidir, çünkü belki gerçekten de tek istediği, sadece Tora öğrenenleri desteklemektir. Ve parasını alanların ona saygı duymasını engellemek için, kişi hayır kurumuna ödeme yapmak isteyerek, saygı istiyormuş, sanki para arzusunu, onur arzusu ile değiştirmek istiyormuş gibi yapar. Doğal olarak saygı görmez.

Adam ile adam arasında, ifşa olan ve gizli kalan kısmı ayırt etmeliyiz. Ama adam ile Tanrı arasında, orada kesinlikle büyük bir fark vardır. Bilgelerimiz şöyle der, 'Kişi Lo Lişma'da (O'nun adına değil) olsa bile, daima Tora ve Mitzvot'a bağlanmalıdır, zira Lo Lişma'dan Lişma'ya (O'nun adına) gelir '(Pesahim, 50b). Bu nedenle, Mitzvot eyleminde ve Tora çalışmasında ifşa olmuş kısım yani eylem ile gizlenmiş kısım, yani niyet arasında, büyük bir fark vardır, zira hiç kimse niyeti göremez, çünkü kişinin adamla ve Tanrı ile yaptığı eylemde, orada ortada niyetini eleştirebilecek birisi yoktur. Normal olarak, herkes kendisiyle meşguldür ve dostlarının hesaplamalarını düşünecek zamanları yoktur. Dolayısıyla kişi, yalnızca niyeti düşünür.

Şöyle ki, kişi Lo Lişma'ya bağlandığında yani ödül beklediğinde, çalışma ve ödül aynı yerde ve aynı zamanda değildir. Burada da cezalar hakkında konuştuğumuzda, günah ve ceza aynı yerde ve aynı zamanda değildir, zira kişi cezayı, günah işledikten sonra alır ve cezanın acısını daha sonra çeker; bu dünyadaki ceza ya da bir sonraki dünyadaki ceza olarak. Bu sadece, Lo Lişma kısmına uygulanır.

Ancak, niyet üzerinde çalışanlarda -eylemlerini yalnızca ihsan etmeye yönlendirebilmeleri için- ödül ve ceza, aynı yerde ve aynı zamandadır, zira eylemini Yaradan'a memnuniyet ihsan etmeye hedeflemekten aciz oluşu, kişinin cezasıdır ve başka bir ceza verilmesine gerek yoktur, çünkü hiçbir şey ona, halen Yaradan'dan uzak olduğunu görmesinden daha çok azap veremez.

Bunun kanıtı, kişinin saygı duymak istediği Yaradan'ın sevgisine sahip olmamasıdır. Bütün bunların sebebi, kişinin Ahorayim (sırt) ve Yaradan'ın gizliliği safhasında olmasındandır. Ona ızdırap veren budur ve bu, kişinin cezasıdır. Ama kişinin ödülü de buradadır, eğer Yaradan sevgisine sahipse ve O'nu memnun etmek istiyorsa. Ancak bütün bunlar, özellikle yalnızca Yaradan için çalışmaya gelmeyi isteyen ve Lo Lişma'da olmayanları ilgilendirir. Onlarla ilgili olarak, ceza ve ödül, aynı yerde ve aynı zamandadır denebilir.

Ama normalde ceza, bunlar, iki ayrı yerde oldukları zamandır. Bu böyledir, çünkü genel olarak Tora ve Mitzvot'u izlemek, ifşa olmuş kısımda, yani yalnızca eylemdedir. Buna, 'ifşa olmuş' denir, çünkü eylem açısından, kişinin yaptığı ve söylediği herkese ifşa olur. İfşa olmuş kısımda, ödülün ve cezanın iki ayrı yerde olduğunu yukarıda açıkladık.

Yukarıdakilerin hepsiyle birlikte, sorduğumuz altı soruyu, Kutsal Zohar'ın sözleri ile açıklığa kavuşturacağız. Malhut'a 'HaVaYaH'taki son Hey', yani Behina Dalet-de-Ohr-Yaşar (Direkt Işık'taki 4. muhakeme) dendiği biliniyor. Malhut'un niteliği, almak için almaktır. Tora ve Mitzvot aracılığıyla yapmamız gereken bütün ıslahlar, Malhut'u düzeltmek içindir ki böylece içindeki alma niteliği, Yaradan'la Dvekut (tutunma) olarak adlandırılan ihsan etmek niteliği haline gelsin. Ancak eğer niyeti, ihsan etmek değilse, Yaradan'dan uzaklaşmış olur.

Ayrıca, üst dünyalar hakkında öğrendiğimiz her şeyin ruhlarla ilgili olduğu bilinir, bilgelerimizin şu sözlerinde olduğu gibi (Vayikra, 36:4), 'Rabbi Birkiya dedi ki, 'Cennet ve yeryüzü yalnızca İsrail'in erdemiyle yaratılmıştır, şöyle yazıldığı gibi, 'Başlangıçta Tanrı yarattı', ve İsrail dışında bir başlangıç yoktur, şöyle söylendiği gibi (Jeremiah, 2), 'İsrail, Efendisi için kutsaldır, O'nun ilk hasatıdır'''.

Bu nedenle, üst dünyalarda öğrendiğimiz her şey, yalnızca ruhların üst bolluğu almaları içindir, bilindiği gibi yaratılışın amacı, yarattıklarına iyilik yapmaktır. Malhut'u yöneten form eşitsizliğinin ıslahı gerekir, zira form eşitsizliği maneviyatta ayrılığa neden olur ve bu Kli'ye Malhut denir, bu tüm ruhların Kli'sidir ve insan bundan yaratılmıştır. Kişi bunu ıslah etmelidir ki böylece bütün alma kapları, ihsan etmek için çalışabilsin.

Zohar Kitabı'na Giriş'te (madde 10-11) yazılanlara bakalım: 'Ve ruhların Kli'sinin üzerinde uzanan bu ayrılığı düzeltebilmek için, O, bütün dünyaları yarattı ve onları iki sisteme ayırdı, şu ayette olduğu gibi: 'Tanrı onları birbirinin zıddı olarak yarattı'. Bunlar, dört saf ABYA dünyaları ve bunlara zıt olan dört saf olmayan ABYA dünyalarıdır. Ve O ... onlardan kendileri için alma arzusunu kaldırdı ve saf olmayan ABYA dünyalarının sistemine yerleştirdi. ... Ve bu dünyalar, bu maddesel dünyaya kadar kademeli olarak indi, beden ve ruhun olduğu, bozulmanın bir zamanı ve ıslahın bir zamanı olduğu yere. Çünkü kendisi alma arzusu olan beden, Yaratılış Düşüncesindeki kendi kökünden uzanır ve saf olmayan dünyalara geçer, şöyle yazıldığı gibi, 'insan vahşi bir eşeğin sıpası olarak doğar'. Kişi ilk 13 yılında bozulma zamanı olan sistemin otoritesi altındadır. 13 yaşından sonra, Mitzvot'a bağlanarak, kişi, kendisini Yapan'a memnuniyet ihsan etmek için bağlandığında, içine damgalanmış olan kendi için alma arzusunu arındırmaya başlar ve yavaşça ihsan etmeye çevirir. Bununla, Yaratılış Düşüncesindeki kutsal ruhu, kendi kökünden genişletir. Bu, saf dünyaların içinden geçer ve bedende kıyafetlenir. ...Ve böylece kişi, Ein Sof (sonsuzluk) dünyasındaki Yaratılış Düşüncesinden kutsallık derecelerini, bunlar kişinin içinde kendi için alma arzusunun, tamamen kendisini Yaradan'a memnuniyet ihsan etmek için alma formuna dönüşmesine yardım edene dek biriktirir.

Zohar Kitabı'na Giriş'te sunduğu gibi, üst dünyalarla ilgili söylediğimiz her şey, yalnızca ruhlarla ilgilidir. Bundan dolayı, Malhut'un, HaVaYaH isminden uzaklaştığını söylediğimizde, bu, HaVaYaH ismiyle bağlantı kurması için, onu düzeltmesi gereken ruhlarla ilgilidir, çünkü ruhlarla ilgili olarak daha uzağa çekilmiştir.

Ancak kişi, Cennet Krallığı'nın yükünü, mantık ötesi olarak üstlendiği ve ihsan etmeye geldiği zaman, bu insanın kökünün, yani Malhut'un da ihsan etmesine neden olur ve bu form eşitliğidir. O zaman, verenden uzak olan Malhut, form eşitsizliğinde diye kabul edilir, insanın şimdi "form eşitliği" denen ihsan etmekle uğraşması, Malhut'un kendisini HaVaYaH ismine yani verene yaklaştırması olarak kabul edilir. 'Hey'in Vav'a geri dönmesi 'ifadesinin anlamıdır, orada Yod-Hey-Vav'a 'üst dokuz ' denir, bunlar vericilerdir. Ve Vav harfi Malhut'a vermek olarak kabul edilir, zira şimdi Malhut, Vav gibi veriyor diye kabul edilir. Kutsal Zohar'ın Malhut'u, Hey ismiyle adlandırmasının sebebi, budur. Bu sorduğumuz ilk sorunun cevabıdır.

Bir taraftan da kökünde, Malhut, yaratılan varlıkların köküdür. Almak için almak kökünden dolayı, Malhut olarak adlandırılır. Bu açıdan, ondan ölüm uzanır, zira almak, yaşamların yaşamından ayrılığa sebep olur. Bu sebeple, ölüm buradan uzanır. Malhut'a ö'lüm ağacı' (Zohar, Behaalotcha, madde 96) denmesinin sebebi budur, şöyle yazıldığı gibi, 'Rabbi Yehuda dedi ki, 'Rabbi Hiya, 'Bu metin, yoksula sadaka veren herhangi birinin, Malhut'a yani ölüm ağacına yaşam eklemek için, ZA'yı yani yaşam ağacını uyandırdığını doğrular. O zaman, Malhut'ta, yukarıda yaşam sevinç vardır 'dedi'''.

Bundan dolayı görüyoruz ki, bir taraftan, kökü bakımından Malhut'a ö'lüm ağacı' denir, ama ruhlar ihsan etmeye bağlandığında, form eşitliğindedir ve o zaman onun üzerindeki Tzimtzum (kısıtlama) ve gizlilik kaldırılır. Özellikle buradan yani Malhut'tan, dünyaya yaşam uzanır ve bu taraftan da Malhut'a, 'yaşam 'denir.

Bu vesileyle ikinci soruyu, Malhut'a neden 'yaşam 'dendiğini açıklamış olduk, zira Malhut ö'lüm ağacı' olarak bilinir. Cevap, ıslah olduktan sonra, 'Aşağıdaki çalışma, yukarıdaki çalışmayı uyandırır 'ifadesinde olduğu gibidir, bunun anlamı şudur; aşağıdakinin çalışması üstteki kökü uyandırır, Yaradan ile Şehina'sının birleşmesine sebep olur ve bu birleşmeden, dünyaya yaşam gelir.

Üçüncü soru, Malhut'un Yaradan'ın ağzı olmasının anlamının ne olduğudur. Maddesellikte, ağzın kişinin aklındakini açığa çıkardığını görüyoruz. HaVaYaH'a 'merhamet niteliği 'denir. Bu, Yaradan'ın, yaratılanlara haz ve memnuniyet vermesi anlamına gelir. Malhut, 'yaşam 'olarak adlandırıldığında, aşağıda olan, ihsan etmeye bağlandığı zaman, üst yaşam, Malhut'tan gelir. Yaratılış amacına, Ohr Haya olan 'Hohma ışığı' denir. Malhut, bunu açığa çıkardığında, bu, 'Efendi'nin ağzı' olarak adlandırılır, yarattıklarına iyilik yapmak olan yaratılış düşüncesi ifşa olur.

Bununla sorduğumuz dördüncü soruyu yorumlamaya geliriz: O, adamın başında olduğu için, adam, başı çıplak olarak, dört Amot (yaklaşık dört feet) yürümemelidir, ifadesi ne anlama gelir? Malhut'a 'inanç' dendiği ve inancın daima, mantık ötesi olduğu bilinir. Adamın aklı, adamın 'başı' olarak adlandırılır. Buna göre, kişinin üstlenmesi gereken Cennet'in Krallığı (Malhut), mantık ötesi ve aklın üstünde olmalıdır. Malhut'un, adamın başının üzerinde kabul edilmesinin sebebi budur.

Bu yüzden çıplak kafayla dört Amot yürümek yasaktır, zira O, adamın kafasından ayrılırsa, yaşam derhal ondan ayrılır. Çıplak kafalı, inanç olarak kabul edilen Malhut, kişinin aklında ve mantığında değil demektir. Söylediğimiz gibi, inanç, kişinin kafasının üstünde olarak kabul edilir. Ve kişinin inancı olmadığı için, Malhut'tan gelen yaşam ışığı, kesinlikle ondan ayrılır, zira Malhut'a, sadece kaplarını, ihsan etme kaplarına düzeltmesiyle 'yaşam 'denir. Ancak alma kaplarında Malhut'a Ö'lüm ağacı' denir. Yaşamın, kişiden ayrılmasının sebebi budur.

Beşinci soru, neden Malhut'a 'Efendi'nin görüntüsü' denir? Çünkü 'görüntü' sözcüğünün anlamı söylediğimiz gibi, 'Meselenin genel bir resmine sahip olmak istiyorum 'demektir. Bundan dolayı, maneviyatın genel resmini bilmek istediğimizde bize, 'Ve Efendi'nin görüntüsü, onun gördüğüdür 'denir. Yani, maneviyatın genel resmini görmek, kişinin Yaradan'a inanmakla ödüllendirilmesinin ölçüsüne bağlıdır. İnanç, akılda ve kalpte ifade bulur ve kişinin ödüllendirildiği inanca göre, kişi, bunun görüntüsünü edinir. Bu nedenle, Malhut'a 'inanç' dendiği için, Malhut'a 'Efendi'nin görüntüsü, 'denir; yani kişinin edindiği maneviyatın görüntüsü inancına göredir.

Ayrıca, altıncı soruyu, yukarıdaki şekilde yanıtlayabiliriz: Neden Malhut'a Tzelem (görüntü) denir; yazıldığı gibi, 'İnsan yalnız görüntüde yürür. 'Tzelem, ayrıca 'inanç' demektir, zira 'güneş', mantık (bilgi) olarak adlandırılır ve Tzel (gölge), güneşi saklayan bir şeydir. Bu, 'kıyafet 'denen inançtır. Kişi, eğer bu kıyafete sahipse, üst ışık, onun içinde kıyafetlenir, Zohar'da yazdığı gibi (Vayechi, madde 201), 'Tzelem ayrılırsa, Mohin ayrılır ve Mohin Tzelem'e göre kıyafetlenir'.

Ajanlar

Makale No. 28, Tav-Şin-Mem-Hey, 1984-85

Kutsal Zohar (Slah, madde 56-58), manevi topraklara ait yerleri turlamaları için Musa'nın gönderdiği ajanlar konusunu yorumlar: Neden Yaradan'ın onlara 'Oraya Negev'e, git', Tora'da ara ve böylece dünyayı bileceksin 'dediği yazıyor? 'Bu toprakların neye benzediğini gör', bundan, seni getirdiğim dünyayı göreceksin anlamına gelir. 'Ve onun içinde yaşayan insanlar', Cennet Bahçesi'ndeki erdemlilerdir.

"'Güçlü olan, zayıftır', yani onun içinde, eğer onlar, bütün bunlarla ödüllendirildilerse bunun, kötü eğilimlerinin üstesinden, güçleriyle ve onu kırarak mı yoksa zayıflıklarıyla, çaba harcamadan mı geleceklerini göreceksin. Ya da gece ve gündüz ona bağlanarak Tora'da güçlendirildikleri için mi yoksa onu bırakmış olsalar bile yine de mi, bütün bunlarla ödüllendirilirler. 'İster az olsunlar ister çok', çoğunluk, çalışmama bağlanırsa ve kendilerini Tora'da güçlendirirse, bütün bunlarla ödüllendirilir ya da ödüllendirilmezler anlamına gelir.

'Ve toprak neye benziyor, verimli mi verimsiz mi? 'Tora'da bu toprakların neye benzediğini, yani orada, içinde yaşayanlar için, üst bereket bol mu yoksa bir şeyler eksik mi bileceksin.

'Ve Negev'e çıktılar ve Hebron'a geldiler'. Negev'e çıkmak, insanların onun içinde, Tora'da yükseldikleri anlamına gelir. 'Negev'de', boş bir kalple anlamına gelir, boşuna, kuru kuruya çalışan, orada ödül olmadığını düşünen biri gibi. Kişi, bu dünyanın servetinin onun için kayıp olduğunu görür ve her şeyin kayıp olduğunu düşünür. 'Negev'de', suyun kurumuş olduğu anlamına gelir. 'Ve Hebron'a geldiler', kişinin Tora'yla bağ kurmuş olduğu anlamına gelir. Hebron, Tora'nın yetmiş yüzü olan, yedi yılda inşa edilmişti.

'Ve Eşkol nehrine geldiler', inanç tarafından gelen efsanenin ve yorumlamanın sözcükleridir. 'Ve oradan bir dal kestiler', yani oradan bölüm başlıklarını, ana başlıkları öğrendiler. İnançlı olanlar, sözcüklerle mutludur ve sözcükler onların içinde kutsanmıştır. Varlıklarının tek olan köküne ve tek olan çekirdeğine bakarlar, onların içinde ayrılık yoktur. İnançlı olmayanlar ve Tora Lişma (O'nun adına) öğrenmeyenler ki bunlar Malhut'tur inançtan yani ZA'dan ayrılırlar, zira tek bir çekirdek ve tek bir kökten olduklarına inanmazlar. 'Ve bunu ikisinin arasındaki direğe taşıdılar, 'ifadesinin anlamı budur, yani, onlar yazılı Tora ve sözel Tora arasında ayrıldılar.

'Narlar ve incirler ile', yani bu sözcükleri tamamen Sitra Ahra (öteki taraf) yoluyla puta tapanların, ayrılığın tarafına koydular. Rimonim (narlar), Minim (putperestler) sözcüğünden gelir ve Te'enim (incirler), 'Ve Efendi onun tarafında değil ' sözcüklerinden gelir, yani İlah-i Takdire inanmadıkları zaman, her şeyin tesadüfi olduğunu söylerler ve Yaradan'ı bu dünyadan ayırırlar.

'Ve bu toprakları turlamaktan döndüler', yani kötü tarafa döndüler, 'Bundan ne kazandık? Bugüne kadar dünyada iyilik görmedik; Tora'da çaba gösterdik ve evimiz boş. Ulusların en aşağılık olanlarının arasında yaşıyoruz. O dünya ile kim ödüllendirilebilir? Onun içine kim girebilir? Bu kadar çaba harcamasaydık daha iyiydi ' diyerek, gerçeğin yolundan döndüler.

'Ona anlattılar ve söylediler', bize salık verdiğiniz gibi o dünyanın bir kısmını bilmek için, çaba sarf ettik ve öğrendik. 'Ve de süt ve bal akıyor', Tora'dan öğrendiğimiz gibi, üst dünya iyidir ama onu kim hak edebilir? 'Ancak, güçlü olan ... insanlar', o dünya ile ödüllendirilen insanlar güçlüdür, onlar bu dünyayı, bağlandıkları ve sahip oldukları büyük bir servet gibi tamamen terk ederler. Böyle bir şeyi kim yapabilir ve bununla ödüllendirilir? Elbette o topraklarda yaşayan insanlar güçlüdür. Bununla ödüllendirilmeyi isteyen kişi, servette güçlü olmalıdır, makalede olduğu gibi, 'Zengin adam, tahminen cevaplar'.

'Ve şehirler büyüktür ve takviye edilmiştir', yani evler, bollukla doludur; hiçbir şeyleri eksik değildir. Ve yine de 'orada, dev gibilerin soyundan gelenleri görüyoruz', yani bu, bir aslan gibi güçlü bir beden gerektirir, zira Tora, adamın gücünü tüketir, bununla kim ödüllendirilebilir ki?

'Amalek de Negev'in topraklarında yaşar'. Kişi, bütün bunlara rağmen, üstesinden gelmekle ödüllendirildiğini söylemelidir, 'Amalek, Negev'in topraklarında yaşar', yani kötü eğilim, daima kişiye iftira atarak suçlayan bedende yaşar.

'Bu sözlerle, 'İsrail'in çocuklarının kalplerinin cesaretini kırdılar', zira ona kötü bir isim verdiler. 'İnançlı olanlar ne dedi? 'Efendi bizden memnunsa... onu bize verecektir'. Yani, kişi kalbinin arzusuyla Yaradan'a doğru çaba gösterdiğinde, bununla ödüllendirilir, çünkü Yaradan'ın kişiden tek istediği, kalptir.

'Ama Efendi'ye karşı gelmeyin, isyan etmeyin'. Tora'ya karşı isyan etmemeliyiz, çünkü Tora, servete ya da gümüş ve altın kaplara gerek duymaz. 'Ve siz, bu toprakların insanlarından korkmayın', çünkü eğer kırık bir beden, Tora'ya bağlanmışsa, orada herkes şifa bulacaktır ve insanın bütün iftiracıları, onun yardımcısı olacaktır'. Şimdiye kadar onun sözleri budur.

Kutsal Zohar'ın, ajanlar meselesinde, insanın, kutsal çalışmaya girişiyle ilgili olarak yorumlamasına göre, buna genel olarak, 'kişinin Cennet Krallığı'nın yükünü, kendi üstüne alması' denir. Sina Dağı'nın eteğinde, 'Yapacağız ve duyacağız 'dediklerinde olduğu gibi, bununla kişi Tora'yı edinmekle ödüllendirilir. Tora'yla ödüllendirilmek isteyen herkes 'yapacağız 'olarak adlandırılan bir dönemden geçmelidir ve daha sonra kişi, 'duyacağız 'ile ödüllendirilebilir.

Genel olarak iki yola ayrılan 'yapacağız 'koşulunda, pek çok derece vardır:

1) Pratikte, eylemler söz konusu olduğunda, kişinin ekleyebileceği bir şey kalmayana dek, gece ve gündüz öğrenmesi ve Mitzvot'un tüm detaylarında titiz olması, Tora ve Mitzvot'u (emirler) tutması, ifşa olmuş kısım olarak kabul edilir. Kişinin niyeti, her şeyi Yaradan için yapmak, Kral'ın emirlerini yerine getirmektir ve karşılığında, ödülünü bu dünyada ve sonraki dünyada alacaktır. Bu açıdan kişi, erdemli kabul edilir.

2) Gizli kısım, niyet olan Tora'nın gizli kısmına aittir. Eylemdeyken kişinin niyet ettiği şey, insanlardan gizlidir. Ama çoğunlukla, bu, kişinin kendisinden de gizlidir, çünkü çalışma, mantık ötesi olmalıdır. Bu nedenle, mantık, kişinin çalışmasını eleştiremez; eğer kişi, Yaradan'la Dvekut'a (tutunma) doğru yükseliş yolundaysa, yani kişi 'ihsan etmek için', ö'dül almamak için 'olarak adlandırılan yolda ise. Bundan dolayı, niyet gizlidir, çünkü kişi ödülsüz çalışır, yani ödül, kişiden gizlidir.

Bu, ödül için çalışan, ödül aldığı için iyi çalıştığını bilir anlamına gelir. Ama Yaradan'a memnuniyet ihsan etmek için çalışan, Yaradan'ın çalışmasından hoşnut olup olmadığını göremez. Daha doğrusu, kişi, Yaradan'ın memnun olduğuna inanmalıdır. Akabinde ödüle de, 'ihsan etmek için 'denir ve bu da mantık ötesidir.

'Gizli kısım 'denmesinin başka nedenleri vardır. Bu çalışma, genel halka ait olmayıp, bireylere aittir, Maimonides'in söylediği gibi, 'Bilgeler şunu dedi, 'Kişi, Lo Lişma'da (O'nun adına değil) olsa bile, daima Tora'ya bağlanmalıdır, zira Lo Lişma'dan Lişma'ya (O'nun adına) gelir. Bundan dolayı, çocuklara, kadınlara ve eğitimsiz insanlara öğretirken, korku yüzünden ve ödül kazanmak için çalışmaları öğretilir. Onlar, bilgi kazanana ve daha fazla bilgelik edinene kadar bu sır onlara, azar azar öğretilmeli ve O'nu edinene, bilene ve O'na sevgiden hizmet edene değin, buna hoş bir şekilde alıştırılmalıdır'.

Ajanlar meselesi, öncelikle ihsan etmek, Dvekut yolunda yürümek isteyen bir kişinin içinde başlar. İşte o zaman, ajanlar sadece kendi bakış açılarına uygun iddialarla gelirler. Akıl yürütme yoluyla, kişinin, onların haklı olduklarını anlamasını sağlarlar.

Kutsal Zohar'ın, "Her insan, küçük bir dünyadır', yetmiş ulustan ve de İsrail'den ibarettir 'dediği biliniyor. Bu, yedi Sefirot, yedi nitelik var ve onlara zıt olarak Sitra Ahra'da yedi nitelik var demektir. Her biri, 10'ardan meydana gelir, bu nedenle onlar, 70'tir. Ayrıca, her ulusun kendi tutkusu vardır ve kendi tutkularını herkese dayatmak ister. Ve kişinin içindeki İsrail halkının da kendi tutkusu vardır, Yaradan'a bağlanmak.

Kişinin kendisiyle savaşamayacağı kuralı vardır. Daha doğrusu, bu, kişinin kendi bakış açısına karşı gelebilmesi, özel bir güç gerektirir. Ancak, kişi, kendi bakış açısının doğru olduğunu anlarsa, diğerine karşı savaşmak için gücü ve enerjisi olur ve asla diğerinin bakış açısının önünde eğilmek istemez.

Buna göre, yetmiş ulus onun içindeyse, kişi kendisiyle nasıl savaşabilir? Şöyle ki, bir kez belirli bir ulus, kendi tutkusuyla, yetmiş ulusa galip gelir ve o zaman kişi, bu tutkuyla yönetilir. Daha sonra kişi, kendisi hakkında düşündüğünde görür ki, bu onun tutkusudur. Kendisini yönetmek isteyenin yetmiş ulustan biri olduğunu söylemez, ama bunun kendisi olduğunu ve kendisine karşı savaşmanın çok zor olduğunu düşünür.

Bundan dolayı, kişi, kendi bedeninde yetmiş ulusa ve de İsrail halkına sahip olduğunu tasavvur etmelidir. Kendisinin hangi topluma ait olduğuna karar vermelidir. Şöyle bir kural vardır: 'Her insan, kendi anayurdunu sever ve anayurdu için savaşır'. Bundan dolayı kişi, İsrail halkına mı, yoksa yetmiş ulustan birine mi ait olduğunu tespit etmelidir. Eğer İsrail halkına ait olduğuna karar verirse, o zaman savaşmaya geldiklerini gördüğünde, bu yetmiş ulusla savaşabilir.

İşte o zaman kişi, yetmiş ulusun, İsrail halkını yok etmek istediğini görür, Pasah Haggadah'da yazıldığı gibi, 'O, babalarımıza ve bize karşı duruyordu, sadece bize karşı durup bizi yok etmek için değil. Tam tersine her nesilde, bizi yok etmek için, bize karşı olanlar vardır ve Yaradan bizi, onların elinden kurtarır'. Eğer İsrail halkına ait olduğunu bilirse, yetmiş ulusa karşı savaşma gücüne sahiptir, zira doğasında, kişinin anayurdu için savaşmak için güç vardır, zira kendisinin 'İsrailli 'olduğunu ve onların kendisini yok etmek istediğini bilir. Akabinde sanki birbiriyle savaşan iki beden vardır ve o zaman kişinin savaşmak için gücü vardır.

Bu nedenle, burada, Yaradan çalışmasından bahsettiğimizde, 'İsrail halkı', Yaşar-El (Yaradan'a doğru) olarak adlandırılır. Yaradan'a bağlanmak ister, Malhut'u, yani Cennet Krallığı'nın yükünü kendi üstüne almak ister. Malhut'a, El (Tanrı) denir, Kutsal Zohar'da yazıldığı gibi: 'Bu yüzden şöyle yazılmıştır, 'Her gün gazap dolu bir Tanrı', yani Malhut, onun içindeki yetmiş ulus ona karşı direnir ve içindeki İsrail ile savaşır. Her tür taktikle, onlar kişinin bedenindeki İsrail'i iptal etmek ve yok etmek isterler.'

Niyeti ile çalışırken, kişi özellikle ihsan etme şeklinde gitmek istediğinde, burada ajanların itirazları başlar, kutsal Zohar onların itirazlarını Tora'da yazılı ayete göre yorumlar; bu İsrail'in kendi içindeki çekişme ve anlaşmazlıktır ve onu yeryüzünden silip yok etmek ister.

Şöyle ki, ona karşı savaşan tüm bu itirazlarla, kişi erişeceğini zannettiği şeye erişeceğini düşünmemelidir, zira bu yetmiş ulusun temeli alma arzusudur. Ve İsrail, O'nun önünde hiçbir ödül olmaksızın kendini iptal eder. Bundan dolayı, kişi, onların bakış açısına karşı gelmek istediği zaman başarmayı planladığı hedefe ulaşma şansının olmadığını, onun mantıken anlamasını sağlamak için ajanların itirazları başlar.

Ancak, bazen ajanlar, kişinin, onların iddia ettiği her şeyden daha ağır ve zor olan bir şeyi anlamasını sağlarlar. Kişiye derler ki, 'Yaradan'ın, senin gibi aşağılık birine yardım etmeyeceğini bil'. Bu, her şeyden daha zordur, çünkü çoğunlukla kişi zorluk ve ıstırapta olduğunda dua edebilir. Ama ajanlar kişiye, Yaradan sana yardım etmeyeceğinden boşa çaba sarf ediyorsun 'diyerek geldiğinde, kişinin duasını yadsırlar, o zaman kişi ne yapabilir? Yardım için kime dönebilir?

Kutsal Zohar'da şöyle yazılmıştır: 'Rabbi Yosi der ki, 'Onlar her şeye iftira etmeyi kendi üstlerine aldılar. 'Her şey 'nedir? Yeryüzü ve Yaradan'dır'. Rabbi Yitzhak şöyle dedi, 'Yeryüzü için bu doğrudur. Yaradan için, bunu nasıl bilebiliriz ki? 'O'na şöyle dedi: 'Kelimelerle ima edilir, 'Ancak, insanlar ... güçlüdür'. Şöyle ki, onları kim yenebilir ki? 'İnsanlar güçlüdür', bu doğrudur, yani Yaradan bile onları yenemez ve onlar Yaradan'a iftira ederler".

Kişi, kendi mantığıyla ajanların sözleriyle tartışamaz ya da onların yönetimi altındayken ve onlara verecek cevap bulana dek bekleyemez. Daha doğrusu, kişi, dışsal aklıyla, onların kuşkularını asla cevaplayamayacağını bilmelidir. Ama içsel akılla ödüllendirildiğinde kişi, kesinlikle onlara açıklama yapacak sözlere sahip olacaktır. Bu arada kişi, kendi aklının üzerine çıkmalıdır yani, akıl çok önemli olmasına rağmen, yine de inancın zekâdan daha önemli olduğunu söylemelidir. Bundan dolayı kişi akla göre değil, mantık ötesi inancın yoluna göre gitmelidir, bilgelerimizin bize söylediğine inanarak mantık ötesi inançla cennetin krallığının yükünü üstlenmelidir. İşte o zaman, ajanların iddialarına yer olmaz, çünkü onlar sadece dışsal aklın mantığıyla konuşurlar.

İsrail'in Tora'yı almak için hazırlanırken söyledikleri 'Yapacağız 've sonra 'Duyacağız 'sözlerinin anlamı şudur. 'Yapmak', dışsal akıl olmaksızın anlamına gelir. Daha doğrusu kişi, komutana göre hesap yapar, çünkü komutan, muhtemelen onun için neyin iyi olup ve neyin iyi olmadığını yani o kişi için neyin iyi olup neyin iyi olmadığını bilir. Ama büyük bir soru ortada kalır, 'Burada Yaradan çalışmasında, doğduğumuz akılla değil, ama bu akla karşı gitmemiz gerektiği halde, neden Yaradan bize her şeyde kullandığımız dışsal bir akıl verdi?'

Bu, Yaradan'ın bizim yardım istememizi istemesinden gelir. O'nun verdiği yardım, Tora'nın ışığıdır ve eğer Yaradan'ın yardımı olmaksızın gidebilseydik, Tora'nın ışığına ihtiyaç duymazdık, bilgelerimizin söylediği gibi, 'Kötü eğilimi yarattım; Tora'yı da şifa olarak yarattım'. Bu nedenle, Tora'nın ışığının uzatılmasına kişinin ihtiyaç duyması için, bu çalışma niyetin gizliliği içinde bize verilmiştir, böylece insan, içsel bir akla ihtiyaç duyacaktır.

Dışsal aklın bakış açısına göre, Yaradan, bu çalışmaya yardım etmemek için böyle yapar. Aksine, bu, kişinin ihsan etmek için çalışmasını engeller. Bu, Kutsal Zohar'da (Nuh, madde 63) yazılan şu sözlerin anlamıdır: 'Kişi arınmaya gelirse, ona kutsal bir ruhla yardım edilir. Kişi, arınır ve kutsanır ve ona 'kutsal 'denir'.

Bununla kişi, kendi ruhunun köküne ait olan NRNHY ile ödüllendirilmeye gereksinim duyma durumuna gelir. Bu nedenle, Daat'ın, gizliliğin ıslahı vardır, yani kişinin dışsal aklı, ihsan etme çalışmasına karşı gelecektir. Buna 'dışsal aklın mantığı içinde 'denir ve kişinin ihsan etmek için çalışmasına değmeyeceğini hesaplar.

Kişi, üstesinden geldiği ve mücadeleden kaçmadığı ve mantık ötesi gitmek yani alma arzusunun yönetimi altında olmamak için, Yaradan'ın kendisine yardım etmesi için dua ettiğinde ve işte o zaman, Yaradan kişiye yardım ettiğinde kişi 'içsel mantık, ' denen içsel bir akıl edinir. O zaman bu mantık aracılığıyla, beden Yaradan'a ihsan etmek için çalışmaya hemfikir olur. Kötü eğilime ilişkin olarak, şöyle yazılmıştır: 'İnsanın yolu, Yaradan'ı memnun ettiğinde, düşmanlarının bile onunla barışık olmasını sağlar'.

Akabinde, mantık içindeyken, yani aklı ona bu çalışmayı yapmaya değeceğini söylediğinde, kişi, çaba gösterebilir. Bundan dolayı, kişinin dışsal aklı söz konusu olduğunda, mantığı, yani alma niyeti onu zorlar. Buna, 'mantık içinde 'denir. Kişi, içsel akılla yani içsel mantıkla ödüllendirildiğinde, bu akıl, kişiyi, Yaradan'ı memnun etmek için çalışmanın değerli olduğuna zorunlu kılar.

Yaradan, O'nu Çağıranlara Yakındır

Makale No. 29, Tav-Şin-Mem-Hey, 1984-85

Zohar, Hukat'ta (madde 78) şöyle yazar: 'Bundan şunu öğreniriz; eylemle ya da bir sözle yukarıdaki şeyleri uyandırmak isteyen birisinin, eğer bu eylemi ya da bu sözü uygun bir şekilde değilse, hiçbir şey uyandırmaz. Dünyadaki bütün insanlar, yukarıdakini uyandırma meselesi için ibadethanelere giderler ama çok azı bunu nasıl uyandıracağını bilir. Yaradan, O'nu nasıl çağıracağını bilen ve meseleyi uygun bir şekilde uyandıran herkesin yakınındadır. Ancak O'nu nasıl çağıracaklarını bilmezlerse, Yaradan yakın değildir, şöyle yazıldığı gibi, 'Yaradan, O'nu arayan herkese, O'nu içtenlikle çağıran herkese yakındır'. 'İçtenlik' nedir? 'İçtenlik', doğru bir meseleyi nasıl uygun şekilde uyandıracağını biliyor demektir. Her şeyde bu böyledir'.

Bu, O'nu nasıl çağıracağını bilmeyen ibadethaneye gitmemelidir demektir, çünkü kişi, O'nu nasıl çağıracağını bilmiyorsa, bu duasının kabul edilmeyeceği anlamına gelir. Burada bir mazeret var, bu yüzden O'nu nasıl çağıracağını bilmediği için ibadethaneye gitmemenin yeterli olmayacağı açıklandı. Bundan dolayı, kişi, O'nu nasıl çağıracağını ve O'na nasıl yakın olacağını bilmek için, ne yapılacağını bilmelidir.

Zohar gelir ve bize, bununla ilgili bilmemiz gerekeni açıklar; işte o zaman, bunu öğrenmek için çaba sarf etmeliyiz. Zohar, bilmenin tek gerçek olduğunu, O'nu içtenlikle çağıran kişinin, Yaradan'a yakın olduğunu söyler. Buna göre, bilmek, kişinin, O'nu içtenlikle çağırması demekse, burada yeni olan nedir, Yaradan ile dediği zaman, bu Yaradan'ı çağırmak için özel bir bilgiye sahip olmalı mı demektir? ' Yaradan, O'nu arayanlara yakındır' ayeti, bunun istisnasız olduğu, yani O'nun, istisnasız, herkese yakın olduğu anlamına gelir. Ondan sonra ayet, önemli bir şart olarak ortaya sürülen bir koşulla sona erer. Bu koşul nedir? Kişi, O'nu içtenlikle çağırmalıdır! Bu, insandan beklenen, temel koşuldur.

İnsandan beklenen, 'içtenlik' denen bu temel koşula ilişkin olarak; birisi, diğer birisini çağırdığında, bu diğer kişi, onun kendisini sahtelikle çağırdığını bilirse, genelde, onun çağrısını görmezden gelmek durumundadır, çünkü sahtelikle çağırdığını bilir, bu yüzden, duymamış gibi yapar, zira bu sahte bir çağrıdır.

Öyleyse, insana gereken temel koşul nedir? Kuşkusuz, Yaradan söz konusu olduğunda, insana uygulanmayan özel şartlar olmalıdır ve bu koşul, O'nu içtenlikle çağırma zorunluluğumuz ise olabilecek en küçük şarttır. Gerçekten de hakikat koşulunda özel bir niyet vardır ve bu niyete 'içtenlikle 'denir.

Gerçeğin ne demek olduğunu anlamak için, bilgelerimizin şu sözlerini izlemeliyiz: 'Gurur duyan herhangi biri için, 'Yaradan der ki, 'O ve Ben, aynı yerde yaşayamayız'. Kişi, kümese girer ve bir horozun diğerlerine gösteriş yaptığını görürse, bundan etkilenir mi? Baal HaSulam, Yaradan'ın hakikati sevdiğini ve sahteliğe tahammül edemediğini söylemiştir, yazıldığı gibi, 'Yalan söyleyen, gözümün önünde duramaz'.

Gerçekten de Yaradan, insanı, içindeki kendini-sevmek olan alma arzusuyla yaratmıştır. Bu, dünyada var olan bütün kötü arzuların, yani hırsızlığın, cinayetin ve savaşların kaynağıdır, bütün bunlar, insanın alma arzusundan kök bulur. Buna müteakip, Yaradan, insanı, mutlak alçaklıkta yaratmıştır ve kişi, gururludur, yani kendisinin diğerleri gibi olmadığını söyler. Bunu, kişinin yalan söylemesi izler ve hakikat, yalanlara tahammül edemez.

Yukarıdakilere göre, kişi ibadethaneye Yaradan'dan duasını duymasını istemek için gelir, zira güya Yaradan tarafından duyulmayı hak ediyordur; verilmeyi hak ediyordur, Yaradan tarafından ona diğerlerinden daha çok şey verilmesini hak ediyordur, işte o zaman Yaradan'dan uzaktır, çünkü yalan, hakikatten uzaktır. Kişinin, Yaradan'ı nasıl çağıracağını bilmiyor diye görülmesinin sebebi de budur, zira Yaradan'ı bir yalanla çağırıyor ve buna 'uzak', 'yakın değil' denir, manevi yasaya göre, 'Yakınlığın anlamı, form eşitliğidir ve uzaklığın anlamı form eşitsizliğidir'.

Gerçek ve yalan arasındakinden daha büyük bir form eşitsizliği yoktur, bu, kişi, Yaradan'ı nasıl çağıracağını bilmiyor olarak kabul edilir. Yaradan, ona yakın değildir, çünkü dua boyunca isterken, yalan içindedir, zira başkalarındaki bütün kusurları gördüğünden, kendini diğerlerinden daha erdemli hissediyordur. Bu sebeple, Yaradan'ın ona yardım etmesini ister.

Ama aslında, bilgelerimizin söylediği gibidir (Kiduşin s 70), Kusur bulan, kusurludur ve bu dünyadan övgüyle söz etmez. Ve Şmuel şöyle dedi, 'hatalar, kişinin kendi içindeki hatalardır'. Çünkü her daim diğerlerine bakan insanlar vardır. Eğer diğerleri, kişinin anladığı gibi öğreniyor ya da anladığı gibi dua ediyorsa o zaman diğerleri, iyidir. Kişi iyi değilse, işte o zaman diğerlerinde kusur bulur.

Bu, Baal HaSulam'ın söylediğine benzer, kıskançlar arasında bir alışkanlık vardır; eğer, birisi, (emirleri izlemede) ondan daha titiz ise, bu kişiye bağnaz yani çok aşırı denir. Bu kişiden bahsetmenin bir anlamı yoktur ve onunla ilgili düşünmek bile israftır. Ama eğer birisi, ondan daha az dindar ise, diğer kişinin çok gevşek olduğunu ve başkalarını da kirletmesin diye toplumdan uzaklaştırılma noktasına kadar ona baskı yapılması gerektiği söylenir.

Yaradan'a, erdemli olduğu için, kendisini daha yakına getirmesi için dua etmeye gelen kişi, Yaradan'dan uzaktır, yani Yaradan'la form eşitsizliğindedir, zira Yaradan'ın niteliği gerçek ve insanın niteliği ise tümüyle yalandır. Bundan dolayı, Yaradan kişiden uzak olarak kabul edilir ve bu yüzden onu duymaz.

Şöyle sormalıyız: Eğer, 'bütün yeryüzü O'nun ihtişamıyla dolu' ise, Yaradan'ın kişiden uzak olmasının anlamı nedir? Bu, bir diğerinden uzakta duran birisi gibidir ve onun sesini duymaz. Bu yüzden, maneviyatta, uzaklığın ve yakınlığın ölçüsünün, form eşitliğine ya da eşitsizliğine bağlı olduğu bilinir.

Ancak kişi, Yaradan'a dua etmek için gelir ve O'na şöyle derse, 'Bana diğerlerinden daha fazla yardım etmelisin, zira diğerlerinin, Senin yardımına o kadar da ihtiyacı yok, çünkü onlar benden daha nitelikliler ve benim gibi kendini-sevmeye batmış değiller ve benden daha iyi öz-disiplinleri var. Ve geriye kalan insanlardan daha fazla benim, Senin yardımına ihtiyacım olduğunu görüyorum, zira alçaklığımı, Sana, herkesten daha fazla uzak olduğumu hissediyorum ve şu yazılanları hissetmeye başladım: 'Senden başka kurtuluşumuz ve bizi Kral'a götürecek kimse yok".

Dolayısıyla kişinin iddiası gerçektir ve Yaradan, bu tür iddiaları, gerçek olduklarından, hoş görür. Bununla ilgili şöyle söylenmiştir, 'Ben, onların kirliliklerinin tam ortasında, onlarla yaşayan Efendinizim'. Yani, kirliliğin kaynağı olan kendini-sevmeye batmalarına rağmen, kişinin, gerçek olan bir iddiası olduğundan, Yaradan ona yakındır, çünkü gerçek, form eşitliği demektir ve form eşitliği, 'yakın 'olarak adlandırılır.

Bu vesileyle Kutsal Zohar'ın, şu sorgulamasını anlayabiliriz; Yaradan'ı nasıl çağıracağını bilmeyen kişinin, ibadethaneye gitmesi için bir sebebi yoktur, zira Yaradan sesini duymayacaktır, zira O'na nasıl sesleneceğini bilmiyorsa, Yaradan'dan uzaktır. Ve kafa karıştıran diğer şey, bunun şu ayetle çelişmesidir, 'Efendi yüksektir ve alçak görecektir '(Mezmurlar 138). Ve 'alçak' ne demektir? Hiçbir şey bilmeyen ve hatta O'nu nasıl çağıracağını dahi bilmeyendir ve bu kişi bile görecektir.

Yukarıdakilerle, kişinin, gerçek manevi safhasından başka bir şey -kendisine yardım edecek herhangi bir bilgeliğe ya da ahlaki kurala ihtiyacı olmadığını ve dünyada olabilecek en kötü koşulda olabileceğini anlıyoruz. Ve Yaradan ona yardım etmezse kişi, kaybolur. Bilmesi gereken tek şey, şudur; hiçbir şey bilmemektedir ve herkesten daha aşağı durumdadır. Eğer kişi, bunu hissetmez ve kendisinden daha kötü insanların olduğunu düşünürse, işte o zaman, zaten yalanın içindedir ve Yaradan'dan uzaktır.

Bununla sorduğumuz ikinci soruyu anlayacağız: 'Yaradan'ı nasıl çağıracağını bilmek için kişi ne yapabilir? Bilmek için kişi, neyi öğrenmelidir? Bu safhada, kişiye özel bir şey öğrenmesi gerekmediği, basitçe gerçeğin yolunda yürümeye çalışması söylenmiştir ve o zaman dua edecek şeyi olacak, yani lüks için değil, gereklilik için dua edecektir. Yazıldığı gibi (Mezmurlar, 33), 'Bak, Efendi'nin gözleri, ruhlarını ölümden kurtarmak ve kıtlıkta, sıkıntıda onları hayatta tutmak için, O'ndan korkanların, O'nun merhametini umanların üzerindedir 'ya da basitçe, kişinin manevi yaşama ihtiyacı var.

Bu vesileyle şu ayeti yorumlayacağız, 'Efendi, O'nu çağıran herkesin yanındadır', bu istisnasızdır. Ve saptadığı koşul, 'içtenlikle O'nu çağıran herkes', özel bir koşul olarak kabul edilmez. Çocuklar arasında bile, biri diğerini çağırırsa ve diğeri çağıranın yalan söylediğini bilirse, onu umursamayacaktır. Ama burada, Yaradan söz konusu olduğunda, doğru meselesinin neyle ilgili olduğunu bilmeliyiz. Kişinin kendisi için gerçek ve yalan durumun ne olduğunu bilmesi zordur, zira kişi gerçeği göremez. Bu nedenle, kişinin ona rehberlik edecek ve neye sahip olduğunu, neyin eksik olduğunu ve hatta gerçeğe ulaşmasını engelleyen fazlalıkları ona söyleyecek bir rehbere ihtiyacı vardır.

Bu, 'O mevcutken, Efendi'yi ara; O, yakınken, O'nu çağır' ayetinin anlamıdır. Şüphe yok ki, O yakınken, O'nu buluruz. Ancak 'yakın 'denilen yer neresidir? Yukarıda söylendiği gibi, 'Gerçekte, içtenlikle O'nu çağırmak'. Eğer kişi, O'nu kendi gerçek seviyesinde çağırırsa, O'nu bulur.

Üç Dua -1

Makale No. 30, Tav-Şin-Mem-Hey, 1984-85

Zohar, Balak'ta (madde 187) şöyle yazılmıştır: Şu üçüne 'dua 'denir: 'Musa için dua, Davud için dua ve yoksul için dua'. Bu üçünden hangisi daha önemlidir? Yoksul için olan dua, daha önemlidir. Bu dua, Musa'nın duasından ve Davud'un duasından önce gelir. Sebebi nedir? Çünkü yoksulun kalbi kırıktır, şöyle yazıldığı gibi, 'Yaradan, kalbi kırık olanın yakınındadır'. Yoksul, her zaman, Yaradan'la kavgalıdır ve Yaradan, onun sözünü dinler ve duyar, 'zayıf olduğu zaman (ayrıca sardığı zaman), yoksul için bir dua.' 'Sarıldığı zaman 'demiş olmalıydı; 'sardığı zaman 'nedir? Bu, kişinin bir gecikme yarattığı, kendi duası girene dek, dünyadaki bütün duaları geciktirdiği anlamına gelir. Bu üzüntülerle yalnız Yaradan birleşir, yazıldığı üzere, "Bu şikayetler yalnız Yaradan'la birleştirilir; yazıldığı gibi 've onun sözleri, Yaradan'ın önünde dökülür. 'Cennet'in bütün sakinleri birbirlerine şunu sorar: 'Yaradan ne yapıyor? Ne için çaba gösteriyor? Şöyle dediler: 'Yaradan, Kelim'iyle, yani kalbi kırık olanla, tutkulu bir şekilde birleşiyor. Bu dua, gecikmeye, dünyadaki bütün duaların ertelenmesine sebep olur'.

Bu üç dua ile ilgili olarak, Musa'nın, Davud'un ve yoksulun duaları arasındaki farkı anlamalıyız. Yaradan'dan şikâyetleri olan ve bütün duaları erteleyen, yoksulun duasının önemi nedir? Bunun, dünyadaki bütün duaları ertelemesinin, ne anlama geldiğini de anlamalıyız. Yaradan, bütün duaları bir kerede cevaplayamaz mıydı? Yaradan'ın, onların, sanki birer birer sırada durmaları gerekliymiş gibi, zaman vermesine gerek var mıydı?

Bütün bu dualar, tek bir kişi için geçerli olduğundan, bunu çalışmada yorumlamalıyız. Bunlar, çalışma sırasının birbirini takip eden safhalardır. Kişinin, ondan memnun olması için, Yaradan'dan istemesi gereken üç eksiklik olduğunu görüyoruz: 1) 'Musa 'denilen Tora 2) Cennet'in Krallığı 3) Kelim'i ile ilgili olarak kalbi kırık olan bir yoksul.

Neden, 'Yaradan, kalbi kırık olanın yanındadır 'dediğini anlamalıyız ki bu duruma 'yakın 'denir. 'Yakın 'ifadesinin, form eşitliği anlamına geldiğini öğrendik. Ancak, kişinin kalbi kırıksa, Yaradan'la form eşitliğinden nasıl bahsedebiliriz? Öğrendiğimiz 'Yaradan, O'nu içtenlikle çağıran herkesin yanındadır 'koşulunu da anlamalıyız. Şöyle ki, 'yakın 'nedir? 'Hakikat', 'yakın 'demektir ve kalbi kırık olana 'yakın 'denmez. Yoksulun, Yaradan sanki onun haklı olduğunu söylüyormuş gibi, Yaradan'a karşı şikâyetlerinin olmasını da anlamalıyız, çünkü görüyoruz ki, şikayetleri yüzünden, Yaradan, onu diğerlerinden daha fazla dinliyor, Kutsal Zohar'ın yukarıdaki sözlerinde olduğu gibi.

Ancak Zohar'da ('Zohar Kitabı'na Giriş', madde 174) şöyle yazar: 'Rabbi Şimon şöyle başladı: 'Bayramlardan sevinç duyan ve payını Yaradan'a vermeyen kişi". Zohar'da (madde 175) Yaradan'ın payının ne olduğunu açıklar: 'Yaradan'ın payı, yoksulu, sevindirebildiği kadar sevindirmektir, çünkü Yaradan, bayramlarda, kırık Kelim'ini görmeye gelir'.

Dünyanın yaratılışından önce, kapların kırılmasıyla ilgili olarak, Yaradan'ın payının neden yoksul için olduğunu, şöyle yorumlar (Zohar'a Merdiven yorumu). Onun sözleriyle: 'Keduşa'nın (kutsallık) Kelim'inin kırılması ve ayrı BYA dünyalarına düşmeleriyle, Keduşa'nın kıvılcımları Klipot'a (kabuklar) düştü. Onlardan, her tür haz ve heves, Klipot'un alanına girer, çünkü kıvılcımlar, onları, insanın alma kaplarına ve hazzına aktarır. Böylece, hırsızlık, soygun ve cinayet gibi bütün günahlara, onlar sebep olurlar.

Buna göre, yoksulun şikâyet ederek yakınmasının ne anlama geldiğini yorumlamalıyız. Der ki, 'Beni, kırık kaplarla yaratması, bütün kötü arzuların ve kötü düşüncelerin içimde olması, neden benim suçum olsun ki? Bütün bunlar bana, yalnızca kapların kırılmasından uzanıyor, bu, onların üst bolluktan, ihsan etme niyeti ile değil de almak için alma niyeti ile alma kaplarına uzatmak istediği, ilk yerdir. Bu yüzden, içime, kendini-sevmeyi yerleştirdi ve bu sebeple manevi olan her şeyden uzağım ve ihsan etme niyetine sahip kaplar üzerine kurulmuş olan Keduşa'da, sadece bu sebeple, yer almıyorum. Dolayısıyla, Keduşa'ya erişimimin olmamasındaki bütün acımın ve kalbimdeki asıl düşman olan kendini-sevmenin sonucu olarak sahip olduğum, form eşitsizliği yüzünden, senden uzak olduğumu görmemin, bütün kötü safhalarımın sorumlusu, O'dur. Bütün bunlar, beni bu şekilde yarattığı için oldu!'

Bu yüzden, şikayetlerle gelir ve şöyle der: 'Doğamı ki beni Sen yarattın, değiştiremem, ama tıpkı beni, kendini-sevmek ile yarattığın gibi, ikinci bir doğa, yani ihsan etme arzusunu verebilirsin. Çünkü içime damgaladığın doğama karşı savaşamam. Üstelik üstesinden gelme gücümün olmamasının, senin suçun olduğuna dair, kanıtım var. Bilgelerimiz şöyle der (Kidushin 30): 'Rabbi Şimon Ben Levi dedi ki, 'İnsanın eğilimi, onu, her gün yener ve öldürmeye çalışır, şöyle söylendiği gibi, 'Günahkâr, erdemliyi gözler ve onu öldürmeye çalışır'. Yaradan'ın yardımı olmasaydı, kişi bunun üstesinden gelemezdi, şöyle söylendiği gibi, 'Tanrı, kişiyi onun ellerine bırakmayacak".

Dolayısıyla, yoksul şikâyetlerinde haklıdır. Şöyle ki, bilgelerimizin söylediği gibi, Yaradan, ona yardım etmezse kişinin, bunun üstesinden gelme gücü yoktur. Bu yüzden, Yaradan'ın bunu kasıtlı olarak böyle yaptığını söyleyen bilgelerimizin sözlerinde ima edildiği gibi, kişi, Yaradan'a başka kimsenin değil yalnızca O'nun yardım edebileceği şikâyeti ile gelir, böylece duaya ihtiyaç olur, zira 'Yaradan erdemlinin duasını bekler', yani erdemli olmayı istedikleri için dua edenleri. Bunun sebebi, Baal HaSulam'ın önceki makalelerinde, denemelerinde açıklandı.

Bu sebeple, onu böyle bir alçaklıkta yarattığı için, Yaradan'a şikâyetlerinde haklıdır, yani Yaradan'ın kendisi onu böyle yaratmıştır ki böylece o Yaradan'dan başka kimseden yardım beklemesin. Yoksulun duasına 'kalbi kırık 'denmesinin sebebi budur, yani bu, kapların kırılmasından gelir. Bunu, kalbi kırık olanın şikâyetinin, gerçek bir şikâyet olması izler ve gerçek, 'yakın 'olarak adlandırılır, çünkü gerçek, Yaradan'la form eşitliğindedir. İşte bu yüzden bu dua, ilk olarak cevaplandırılır, zira çalışmanın sırası, buradan başlar.

Bu şekilde, sorduğumuz soruyu anlayacağız, burada 'yakın 'sözcüğünün, kalbi kırık anlamına geldiğini ve orada, 'yanında 'ifadesinin, gerçek, olduğunu öğrendik, şöyle yazıldığı gibi, 'Yaradan, O'nu içtenlikle çağıran herkesin yanındadır'. Cevap, kalbi kırık olanın şikâyetinin gerçek bir şikâyet olmasıdır. Dolayısıyla, ikisi aynıdır, yani Yaradan'a dua etmek için geldiğimizde, gerçeğin sözüyle, Onunla konuşmamız gerektiğini bilmemiz gerekir.

Önceki makalede (29, Tav-Şin-Mem-Hey) açıkladığımız şey de budur. Yaradan'a dua etmek için geldiğinde, kişinin, Yaradan'dan kendisine yardım etmesini istemesi gerekir: 'Gerçekten de bu dünyadaki en kötü durumdayım hem Tora'da, hem de çalışmada, benden daha düşük seviyede insanlar olabilir, ancak onlar benim kendi durumumu gördüğüm gibi, gerçeği hissetmiyorlar. Bu yüzden, benim sahip olduğum eksikliğe henüz sahip değiller ve bu sebeple yardımına o kadar da ihtiyaçları yok. Ama ben, verdiğim tüm çabam ve tüm bu zamandan sonra, gerçek durumumu, maneviyattan tamamen kopuk olduğumu görüyorum. Ve yine, şimdi görüyorum ki 'geçmiş günler, bunlardan daha iyiydi 've ileri gitmeye çalıştıkça, geriye doğru gittiğimi hissediyorum'. Buna, 'gerçek itiraz, 'denir ve kişinin, Yaradan'la form eşitliğine gelmesi ancak gerçek bir itiraz yapmasıyla mümkündür.

Bununla, şu soruları anlayacağız: 'Neden yoksulun duası, bütün duaları geciktirir? Yaradan, bütün duaları tek bir seferde cevaplayamaz mı? 'Aynı bedendeki bu üç duanın hepsini öğrenmeliyiz. Bunun anlamı şudur; sıradaki edinebileceği derece dışında, kişinin istediği her şeyin cevaplanması mümkün değildir. Şöyle ki, eğer kişi bunu alırsa bu, onun için en iyisi olacaktır. Ama eğer istediği şeyden alırsa bu ona zarar verecekse bu arzusu kesinlikle yerine getirilmez, çünkü Yaradan, kişiye zarar vermek değil, fayda sağlamak ister.

Bundan dolayı, aşağıda olan, yukarıdan, gerçekten ihtiyacı olanı almalıdır. Bu yüzden kişi, yoksulluğu için dua etmelidir, Yaradan onu alma arzusu ile yarattığı için şikâyette bulunmalıdır, zira kişi içindeki tüm kötülüğe ve tüm sıkıntılara bunun neden olduğunu hisseder. Daha sonra, Cennet Krallığı'nın verilmesini isteyebilir, çünkü halen ona ihsan etme kapları verilmiştir ve 'Cennet Krallığı' olarak adlandırılan inancı edinmiştir.

Şöyle ki, kişi, 'inanç' denilen Cennet Krallığı'nın yükünü, ihsan etme kaplarına sahip olmadan önce edinemez. Sulam'da (Zohar Kitabı'na Giriş) söylediği gibi: 'Şu yasadır, Yaratılanlar açıkça O'ndan zarar göremez, çünkü yaratılanların, O'nu, sanki zarar veriyormuş gibi algılaması, O'nun ihtişamını lekeler, bu mükemmel bir Operatör için uygun değildir. Bu nedenle, kişi, kötü hissettiği zaman, o ölçüde Yaradan'ın kendi üzerindeki rehberliğini inkâr eder ve Operatör kişiden gizlenir.

Bu sebeple, kişinin, öncelikle, ihsan etme arzusu olarak adlandırılan, ikinci bir doğaya sahip olmak için, yukarıdan güç alması gerekir. Daha sonra, kişi, Davud denilen, bir diğer dereceyi, yani Cennet Krallığı'nı isteyebilir. Akabinde, yoksulun duası, diğer bütün duaları erteler, yani yoksul, dileğine kavuşmadan önce, kişi daha yüksek bir dereceyi edinemez. Bu yüzden şöyle yazılmıştır: 'Zayıf olduğunda yoksul için bir dua'.

Daha sonra, kişi, bütün dünyayı rehberliğiyle yöneten Operatörü hissetmek için, inanca sahip olmak istediğinde, Davud için dua, ikinci dua, Cennet Krallığı'nda olma duası gelir. Bu böyledir, çünkü şimdi kişi, Sulam'da yazıldığı gibi, Yaradan'ı zaten iyilik yapan olarak algılayabilir, zira ihsan etme kaplarına artık sahiptir. Böylece kişi, Yaradan'ın nasıl iyilik yaptığını görebilir.

Bu yüzden, almak için almaya değil ama ihsan etmeye her an hazır olmak için niteliklerini ıslah etmeden önce, kişinin inancı, yani Cennet Krallığını edinmesi imkânsızdır. Yoksa kişinin inancı edinmesine, yukarıdan izin verilmez. Bu, yoksulun duasının, bütün duaları ertelemesi olarak kabul edilir. Şöyledir, kişi kendi eksikliğini, kendini-sevmeye batmış olduğunu görmeden ve buradan çıkmak istemeden önce başka şeyler talep etmenin anlamı yoktur.

Daha sonra, Tora olarak kabul edilen Musa için dua zamanı gelir. Bu böyledir, çünkü kişinin, inancı edinmeden önce, Tora ile ödüllendirilmesi imkânsızdır, zira 'Putperestlere Tora'yı öğretmek yasaklanmıştır.' Şöyle denildiği gibi: 'Bu, İsrail'in çocuklarına, Musa'nın koyduğu yasadır'. Ve Zohar'da şöyle yazılmıştır: 'Tora'yı putperestlere öğretmek yasaklanmıştır 've 'Kendini sünnet eden ama Tora'nın emirlerini yerine getirmeyen kişi, sünnet olmamış gibidir, şöyle yazıldığı gibi (Yitro): 'Eğer benim için taştan bir sunak yaparsan, onu kesilmiş taşlardan yapmayacaksın, çünkü eğer onda kılıcını kullanırsan, ona saygısızlık edersin'. Kılıcını onda kullanmana, yani kendini sünnet etmene rağmen, ona saygısızlık edersin, bu da sünnete saygısızlık ettiğin anlamına gelir'.

Bu, sünnetli olan ve Yahudi ana babaya sahip olan birinin bile, halen Tora'ya göre, 'İsrail 'olarak kabul edilmediği anlamına gelir, yani, kişi, Tora'nın emirlerini yerine getirmiyorsa bile gene de Tora öğrenmesine izin verilmiştir. Zohar'ın yukarıdaki sözleriyle kastedilen de budur.

Zohar'da (Pinhas, madde 68) şöyle yazılmıştır: 'Ve şarap insanın kalbini mutlu eder'. Bu, Tora'nın şarabıdır, çünkü şarap ile Sod (sır) aynı sayıdır. Şarap, gizlenmiş ve mühürlenmiş olmalı, böylece, putpereste akmaz, dökülmez ve Tora da öyle; gizlenmiş ve mühürlenmiştir ve onun tüm sırları, yalnızca O'ndan korkanlara akar, dökülür'.

Böylece, Tora olan, Musa için dua, korku denen, Cennet Krallığı'ndan sonra gelen derecedir. Tora'nın özellikle, O'ndan korkanlara verilmiş olmasının anlamı, budur. Bu, bilgelerimizin 'Tefillin eli, Tefillin başından önce gelir 'sözlerinin de anlamıdır, zira şöyle yazılmıştır: 'Onları, ellerinizdeki bir işaret gibi bağlayacaksınız ve onlar gözleriniz arasındaki alın bağı gibi olacaklar'.

Kutsal Zohar, Tefillin elini, Malhut ve Tefillin başını, ZA olarak yorumlar. Tefillin eli, örtülmelidir, çünkü şöyle yazılmıştır: 'Ve o, sizin için ellerinizdeki bir işaret gibi olacak', ve şöyle açıkladılar 'Sizin için bir işarettir, diğerleri için bir işaret değildir'. Baal HaSulam, Malhut'a 'inanç' dendiğini söylemişti. Bu sebeple gizlenmiş olmalı, bu demektir ki, Malhut, mantık ötesi inanç olduğu için, buna, 'gizleme 'denir. Bu nedenle, kişi, 'Cennet Krallığı' olarak adlandırılan inancı edinir edinmez, ZA olarak adlandırılan, zaten Tora'nın ifşa olduğu yerde, Tefillin başı anlamına gelen Tora ile ödüllendirilebilir. Bilgelerimiz bu yüzden, ayet hakkında şöyle demiştir: 'Ve yeryüzünün tüm insanları, senin Efendi'nin adıyla çağrıldığını görecekler ve senden korkacaklar', bu, görmenin olduğu yerdir, Tefillin başıdır.

Kişi Kendini Kötü Olarak Görmez

Makale 31, Tav-Şin-Mem-Hey, 1984-85

"Kişinin kendisini kötü olarak görmemesi" ile ilgili olarak Zohar'da (Balak, madde 193) şöyle yazılmıştır: "Kral Davut kendisini dört yolda gördü. Kendisini yoksul olarak gördü, kendisini Hassidim (inanç sahipleri / sadık takipçiler) olarak gördü. Kendisini Hassidim olarak gördü, yazıldığı üzere; "İnanç sahibi olduğum için ruhumu koru," zira kişi kendini günahkâr gibi görmemelidir. Ve siz: 'Peki, öyleyse o zaman günahlarını itiraf etmez, 'diyeceksiniz ama öyle değildir. Aksine, eğer günahlarını itiraf ederse, o zaman Hassid olur, çünkü tövbe etmeye gelmiş ve kendini bugüne kadar pisliğin içinde olan kötü taraftan çıkarmıştır. Ama şimdi yukarının sağına tutunmuştur ki bu Hesed'dir ve onu ağırlamak için uzanmıştır. Hesed'e sarıldığı için ona Hassid (inanç sahibi / sadık takipçi) denir. Dünyaya geldiği günden beri, tüm günahlarını, hatta ondan gizlenmiş olanlarını bile ayrıntılarıyla anlatana kadar Yaradan'ın onu kabul etmeyeceğini söylemeyin. Çünkü öyle değildir. Aksine, yalnızca hatırladığı günahları ayrıntıları ile anlatması gereklidir. İtiraf sırasında pişmanlık duymak için aklını onlara verirse, diğer günahlar onları takip eder." Buraya kadar onun (Zohar'ın) sözleriydi.

Aşağıdakileri anlamalıyız:

1) Kişi kendisi hakkında kendisinin Hassid olduğunu nasıl söyleyebilir? Bu zaten bir önemlilik derecesidir, öyleyse kendisi nasıl övüyor?

2) Kişinin kendisini kötü olarak görmemesi gerektiğini söyleniyor. Öte yandan, kişinin günahlarını ayrıntılarıyla anlatması gerektiği söyleniyor; ancak, dünyaya geldiği günden beri bütün günahlarını ayrıntılarıyla belirtmek zorunda olmadığı ama yalnız hatırladığı günahları ayrıntılarıyla anlatması gerektiğini söyleniyor. Böylece, işlemiş olduğu günahları ayrıntılarıyla anlattığında, zaten halen kötüdür. Öyleyse

neden kendisini kötü olarak görmemesi gerektiğini söyleniyor? Kişinin kötü davranışlarda bulunduğunu söylemekle, ama kişi hakkında onun kötü olduğunu söylememek arasında bir fark var mı? Kötü işler yaptığını söylüyorsa, kişi zaten kendisinin kötü olduğunu söylemiş olur. Bilgeliklerimizin sözlerinden anladığımız gibi (Sanhedrin 9b): "Rav Yosef, der ki: "Onu zorlamak için birisi geldi; bu ve bir başkası onu öldürmek için bir oldu. O kendi iradesi ile günahkârdır." Tora der ki: "Günahkârı tanık yapma." Raba der ki: "Kişi kendisine yakındır ve kendini kötü görmez."

Dolayısıyla demektir ki eğer günah işlemiş olduğunu söylerse, ona güvenilemez çünkü günahkârdır. Ancak burada, günahlarını itiraf ederken, deriz ki, yalnızca bu söyledikleri için ona "kötü" denir, çünkü "Kişi kendini kötü olarak görmez." Bu durumda, şu soru olarak kalır; itiraf sırasında kişi günahlarını nasıl detaylandırabilir ki?

Şu sözü neden söylediklerini anlamalıyız: "Kişi kendisini kötü olarak görmez." Bunun sebebi, "kişinin kendine yakın" olmasıdır. Bu nedenle, "sevgi, tüm suçları kapatır" ve sevdiğimiz kişilerde herhangi bir hatayı göremeyiz zira hata kötü bir şeydir ve kişi kendine zarar veremeyeceği için kendi-sevgisi nedeniyle kendi tarafını tutar. Bu nedenle, "kişi kendini kötü" olarak görmez ve kendisi hakkında kötü bir şeye tanıklık etmek için güvenilir değildir, tıpkı tanıklıkları geçersiz olan yakınları gibi.

Şunu bilmeliyiz ki kişi, Yaradan'dan affını istediğinde ve tövbe edebilmek için Yaradan'ın yardımını istediğinde, "Tövbe etmeyi istiyor, onu kim durdurur ki?" sorusu ortaya çıkar. Tövbe etmeyi seçebilir peki ama neden Yaradan'dan kendisine tövbe etmesi için yardım etmesini ihtiyaç duyuyor? On sekizinci duada, "Bizi senin yasalarına geri getir ey Rab, bizi Kral'ımıza, senin hizmetine yakınlaştır ve Senin huzurunda tam bir tövbeye getir bizi," diye dua ederiz. Bunun anlamı şudur ki O'nun yardımı olmadan, kişi tövbe edemez. Bunun neden böyle olduğunu, kişinin kendi başına tövbe edemeyeceğini anlamalıyız.

Önceki makalelerde, Yaradan'ın bizi alma arzusu doğası içinde yarattığından ve bu arzunun başlangıçta almak için ortaya çıkar ancak sonradan öğreniriz ki, almak için almak değil ihsan etmek için almak üzere bir düzeltilme vardır. Bu, "Tzimtzum'un (kısıtlama) düzeltilmesi," olarak adlandırılır. Bu, alttakinin ihsan etmeyi hedeflemeye uygun hale gelmeden önce ışığı alamayacağı anlamına gelir. Kişi kendi-sevgisinden çıkmadan önce, bu düzeltilmeden aşağıya yaratılanlara uzanan şeyi, Yaradan'ın ışığını hissedemez. Bu nedenle öncelikle kendi-sevgisinden çıkmak zorundayız yoksa üzerimizde Tzimtzum olacaktır.

Bununla birlikte, bir kişi Yaradan'ın yarattığı doğasından çıkamaz; çünkü bu doğayı Yaradan yaratmıştır. Bu nedenle kişinin, Yaradan'dan kendisine ikinci bir doğayı, yani ihsan etme arzusunu vermesini istemekten başka çaresi yoktur. Bu nedenle, insana verilen tercih sadece Yaradan'dan ona yardım etmesini istemek ve ona ikinci doğayı vermesi için dua etmektir. Bu nedenle, kişi tövbe etmek istediğinde, Yaradan'ından kendi-sevgisinden başkalarını sevmeye çıkmasına yardım etmesini istemek zorundadır. Bu yüzden Yaradan'dan diliyoruz ve "Bizi geri getir ey Rab" diyerek dua ediyoruz.

Peki, kişi ne zaman gerçekten Yaradan'dan tövbe ile onu geri getirmesini ister? Bu, ancak tövbe etmesi gerektiğini hissettiğinde olabilir. Kötü olduğuna karar vermeden önce, ıslah edilmesi için duaya yer yoktur. Nihayetinde Yaradan'ın merhametine ihtiyaç duyacak kadar kötü değildir. Bunun anlamı, kabul edilmesi gereken dua tam olarak kişinin ihtiyaç duyduğu merhamet kadardır on sekizinci duada dile getirdiğimiz gibi, "Senin halkının, İsrail'in her ağzından çıkan duayı duyarsın. (Dolayısıyla bu ima edilir ama ne zaman)?"

Buna göre, Yaradan her ağızın duasını ne zaman duyar? Kişi merhamete ihtiyacı olduğunu hissettiğinde. Bu, özellikle kişi büyük sıkıntı içinde olduğunda ve hiç kimse ona yardım edemediğinde olur. İşte o zaman, merhamet dilemek için Yaradan'a geldiği söylenebilir. Ancak daha önce, lüks şeyler istemek için Yaradan'a geldiğinde, bu içinde bulunduğu durumun o kadar kötü olmadığı anlamına gelir. Durumlarını onunkinden daha kötü olarak gördüğü insanlar vardır. O zaman, Yaradan'a ettiği dua, değil cennetin merhametine olan ihtiyacından değildir, daha iyi bir durumda olmak, başkalarına üstün olmak istediği içindir. Bu, Yaradan'dan kendisine lüks bir hayat vermesini istemekle, diğerlerinden daha mutlu olmak istediği anlamına gelir.

Bu nedenle, kişi Yaradan'dan duasını kabul etmesini istediğinde öncelikle kendisine hayatın verilmesine başkalarından daha çok ihtiyacı olduğunu görmesi gerekir; yani herkesin bu dünyada yaşadığını, ama kendisinin bir hayatı olmadığını görür; çünkü kendini günahkâr görür yani kendi-sevgisine başkalarından daha çok batmış durumdadır. O zaman, lüks bir hayat yaşamak istediği için değil, Keduşa'nın (kutsallık) yaşamına sahip olmadığı için cennetin merhametine ihtiyacı olduğunu görüyor.

Böylece, o zaman gerçekten merhamet diler, ruhunu canlandırmak için bir şey. Yaradan'a yakarır: "Ey Tanrım, sen açlara ekmek verirsin, mahkûmlara özgürlük veririsin." Bu şudur, görür ki, yalnızca "ekmek" denen inanca ihtiyacı vardır ve gene görür ki "kendi-sevgisi" denen hapishanededir ve oradan çıkamamaktadır. Yalnızca Yaradan kendisine yardımcı olabilir. Bu gerçek dua için duaya gelmek olarak kabul edilir.

Duanın eksiklikle ilgili olduğunu anlamalıyız. Eksiklik, sahip olmadığı anlamına gelmez. Aksine, eksiklik bir ihtiyaçtır. Bu nedenle, büyük bir eksiklik onun istediği şey için büyük bir ihtiyaç duyduğu anlamına gelir. Eğer büyük bir ihtiyacına sahip değilse, bu onun büyük bir eksikliği olmadığı anlamına gelir ve bu nedenle duası da o kadar büyük değildir, çünkü istediği şeye muhtaç değildir. Bu nedenle talebi de o kadar büyük değildir.

Yukarıda söylenenlere göre, kişi kendisinde kötü bir şey göremez. Bu nedenle de "Kişi eğer hasta olduğunu ve hasta olmanın kötü bir şey olduğunu kesinlikle bilirse, hastalığını iyileştirmek için doktora gider. Eğer doktor bedeninde herhangi bir bozukluk görmediğini söylerse, ona güvenmez. Uzmana gidecek ve uzman kendisine bedeniyle ilgili bozuk bir şey bulduğunu ve ameliyattan geçmesi gerektiğini söyleyecektir. Bu kişi uzmanın içindeki kötülüğü bulmasından kesinlikle mutluluk duyacaktır ve hastalığını bulduğu ve vücudunu nasıl tedavi edeceğini öğrendiği için uzmana büyük bir bedel öder ve böylece yaşayabilecek ve hayattan keyif alabilecektir.

Görüyoruz ki, hastalıkta olduğu gibi kötüyü bulursak bu iyi bir şeydir. O zaman kişinin kendisinde kötü görmediği söylenemez, çünkü o zaman kötülükleri düzeltmek ister ve o zaman kötülükler iyi bir şey olarak kabul edilir. Böylece ancak o zaman, kişi kendi içindeki kötülüğü bulabilir.

Buna göre, Zohar'ın bir yandan "Kişinin kendisini kötü olarak görmez," demesini ve ardından da günahlarını ayrıntılarıyla belirtmesi gerekir demesini nasıl anlayabiliriz? Sonuçta, kişi işlediği günahları ayrıntılandığında, bu günahı işlediğini söyleyerek kendisini kötü olarak görür. Bunu farklı şekilde cevaplayabiliriz: Yaradan'a rica etmeye geldiğinde, Yaradan onu yakınlaştırır zira o kötülüğe yani kendi-sevgisine batmıştır. Eğer duasının kabul edilmesini istiyorsa Yaradan'a kalbinin derininden dua etmesi gerektiğini bilir, geri kalan tüm insanlardan daha fazla merhamete ihtiyacı vardır, çünkü kendini onlardan daha kötü hisseder.

O zaman, kendisinde geri kalan tüm insanlardan daha fazla kötülük görmesi gerekir. Aksi halde, onlardan daha kötü olduğu yalan söylemek olarak kabul edilir ve "Rab, doğruyu O'na dürüstlük içinde çağıran herkese yakındır," diye yazılmıştır. Dolayısıyla, eğer kötülüğü kendinde bulursa, kendisi hakkında görür; Yaradan'ın ona yardım etmesi için büyük bir ihtiyaç duymaktadır ve bu iyi bir şey olarak kabul edilir. Dolayısıyla, günahlarını ayrıntılandığında, "kendisini kötü olarak görüyor" olarak kabul edilmez. Aksine, şimdi, Yaradan'ın kendisini O'na yakınlaştırması için dürüst bir dua edebilir.

Bunu takiben, kendisinde kötülük bularak Yaradan'a çok ihtiyacı olur ve bir ihtiyaca "eksiklik" denir. Ayrıca dua ettiği dualar tüm kalbinin derininden edilmiş olmalıdır, zira "derinden" sözünün anlamı; ettiği dua yüzeysel değildir, eksiliği yüzünden dua ediyor demektir. Daha doğrusu bu yetersizlik, kulak verdiği noktaya erişir ve bu demek olur ki tüm organlar onun eksikliğini hisseder ve ancak o zaman buna "dua" denir.

Böylece sormuş olduğumuz şu soruyu anlayacağız, Hassid zaten bir paye olduğundan Hassid olduğunu kendisi hakkında nasıl söyler, zira herkese Hassid denmiyor, peki öyleyse kendisi hakkında Hassid olduğunu nasıl söyleyebilir? Baal HaSulam'dan duyduğuma göre, o dedi ki "akıllıya bilgelik verecek." Lakin "aptallara bilgelik verecek" demeliydi. Bunun hakkında şöyle dedi: "'Bilge 'gelecekteki adıdır. Bilge olmak isteyen kişi zaten akıllı sayılır."

Bu nedenle, "Ben Hassid'im (inanç sahibiyim)" dediğinde kişi, "başkasını sevmek" denen inanç sahibi olma koşulunu istemektedir. İlk olarak fakir için bir dua söyledi, yani kendi-sevgisi için ve "Ben Hassid olmak istiyorum." dedi. Bu nedenle kutsal Zohar burada sona erdirir ve "O zaman kişi Hassid'dir, zira tövbeye edip af olmaya ve şimdiye kadar pisliğinin içinde olduğu kötü taraftan kendisin çıkarmaya gelmiştir. Ama şimdi üstteki sağa sarılır bu Hesed'dir, ve hoş geldin diye ona uzanır. Hesed'e sarıldığı için ona Hassid denir. Yani, şimdi Hesed'e sarılmaya geldi ve böylece o -gelecekteki adı olan- Hassid diye çağrılır.

Bununla kutsal Zohar'ın ne dediğini de anlarız; "Dünyaya geldiği günden bu yana bütün günahlarını ayrıntılarıyla anlatana kadar Yaradan'ın onu kabul etmediğini söyleme." Bu böyle değildir. "Eğer itirafı sırasında aklını onlardan pişmanlık duymaya verirse, diğer günahlar bunları takip eder." Şunu söylemeliyiz ki eğer kişi gene için ve tüm günahların çıktığı kök için yani alma arzusunun ıslahı için dua ederse doğal olarak tüm günahlar bunu yani kendi-sevgisini takip eder.

Alıcıların Ödülüne Dair

Makale No. 32, Tav-Şin-Mem-Hey, 1984-85

İnsanın ödül olmaksızın çalışamadığı biliniyor. Bu, kişiye ödül verilmediyse, harekete geçmeyeceği anlamına gelir. Bu, yaratılanların tamamen hareketsiz olan kökünden kaynaklanmaktadır, On Sefirot'un Çalışması'nda (bölüm 1, madde 19) yazıldığı gibi: 'Dinlenmeyi severiz ve hareket etmekten şiddetle nefret ederiz, eğer dinlenmezsek tek bir hareket bile yapmayacağımız bir noktaya kadar. Bunun sebebi kökümüzün hareketsiz ve huzurlu olmasıdır; O'nun içinde hiçbir hareket yoktur. Bu sebeple, bu bizim doğamıza da aykırıdır ve bizde nefret uyandırır'.

Buna göre, çalışmamıza değecek ödülün ne olduğunu bilmeliyiz. Bunu açıklamak için bildiklerimize, yaratılışın amacına ve yaratılışın ıslahına bakmalıyız.

Yaratılışın amacı, Yaradan'ın bakış açındandır. Şöyle ki, Yaradan'ın yaratılanları yarattığını söyleriz, çünkü O'nun arzusu, yarattıklarına iyilik yapmaktır. Bu bize, şu meşhur soruları getirir: 'Yaratılanlar neden haz ve memnuniyet almıyorlar? Eğer O, tüm yaratılanlara, almak isteyen bir doğa yerleştirdiyse, kim O'na karşı gelebilir ve haz ve memnuniyet istemediğini söyleyebilir ki?'

Öğrendik ki, yalnızca alma arzusuna, 'yaratılış' denir ve 'yaratılış', 'yokluktan varoluş' olarak adlandırılan, yeni bir şey demektir. Bu nedenle, yaratılanları, O, bu doğada yaratmıştır; bu, herkes almak istiyor ve O, vermek istiyor demektir. Öyleyse bunu erteleyen kimdir?

Bunun cevabı, ARİ'nin şu sözlerinde (Yaşam Ağacı kitabının başında) sunulmuştur: 'İşlerinin mükemmelliğini aydınlığa çıkarmak için, kendini kısıtladı'. Orada açıklıyor, 'içsel yansıma 'da, veren ile alan arasında bir fark olduğu için, bu form eşitsizliğine, yani alanlarda hoşnutsuzluğa sebep olur anlamına gelir. Bunu düzeltmek için orada, bir ıslah vardı, bolluk yalnızca ihsan etmeye yönelmenin olduğu yerde parlar, çünkü buna, 'form eşitliği 've 'Yaradan'la Dvekut (birleşme) denir'.

O zaman kişi, haz ve memnuniyeti aldığı zaman, hoşnutsuzluk hissetmez ve bolluk alıcıya gelebilir, çünkü alan, bolluğun alınması üzerinde, hiçbir eksiklik hissetmeyecektir. Şöyle ki, kişi, bir alıcı olduğu için, eksiklik hissetmeyecektir, zira amacı, kendisi için haz almayı istemesi değil, Yaradan'a memnuniyet ihsan etmektir.

Dolayısıyla, haz ve memnuniyet almak için ne yapmamız gerektiğine bakacak olursak, bunun yalnızca, 'ihsan etme kapları' denen, Kelim'i (kaplar) edinmekle mümkün olacağını görürüz. Buna, 'yaratılışın ıslahı' denir. Bu sebeple, Tora ve Mitzvot'taki çabamız karşılığında, Yaradan'dan hangi ödülü talep edeceğimizi bilmeliyiz ki bu, O'nun bize ihsan etme kaplarını vermesidir.

Panim Masbirot kitaba girişte, ödülün kökünün Masah (perde) ve Ohr Hozer (yansıyan ışık) olduğu yazılmıştır. Bundan dolayı, çalışmamızın karşılığında, haz ve memnuniyeti değil de haz ve memnuniyeti almak için tek ihtiyacımız olan, ihsan etme kaplarını talep etmemiz gerekir. Kişi, ihsan etme kaplarını edinmeden önce, kendi yaşamında acı çeker, çünkü haz ve memnuniyeti almak için uygun olan Kelim'e sahip değildir.

Çalışmamızın düzenindeki eylemlerimizde, şu üç şeyin farkına varmamız gerektiğini görüyoruz: 1) yasaklanan şeyler 2) izin verilen şeyler 3) Mitzvot.

Yasaklanan şeylerde Yaradan için diye niyet etmek imkânsızdır, zira yasak bir şeyi Lişma (O'nun adına) için bile yapamam. Bunları yapmanın sözünü bile edemeyiz. Bilgelerimiz buna 'günahla gelen bir Mitzva 'derler. Yalnızca izin verilen şeylerle ilgili olarak, kişinin bunları, Yaradan için hedeflemesi gerektiği söylenebilir ya da hedeflenemez ve o zaman Mitzva olmaz. Ancak, kişi, ihsan etmeyi hedeflediği zaman, bu eylem, bir Mitzva olarak kabul edilir.

Mitzva eylemleri söz konusu olduğunda, mesela Matza (Pesah ekmeği) yemek, Sukkah'da yemek vb, gibi, kişi bunlarla ihsan etmeyi hedeflemediği zaman bile, bu, yine de bir Mitzva olarak kabul edilir, zira Lo Lişma (O'nun adına değil), aynı zamanda bir Mitzva'dır. Ancak kişi bununla ihsan etmeyi hedeflediği zaman, Mitzva, kişinin, Mitzva'daki ışıkla ödüllendirilmesine sebep olur.

Kişi, hedefleyemediği, ancak, Mitzva'yı Lo Lişma'da yaptığı zaman, bilgelerimiz şöyle demiştir: 'Kişi, Tora ve Mitzvot'a daima Lo Lişma'da bağlanmalıdır, Lo Lişma'dan Lişma'ya gelecektir'. Akabinde, kişi hedeflemediği zaman bile, Yaradan'ın Mitzvot'unu yerine getiriyordur. Ama kişi, izin verilen şeyleri yaptığında, buna, 'isteğe bağlı' denir ve bu, Mitzvot'un hesabına eklenemez.

Ancak, kişi, yasaklanan şeyleri yaptığı zaman, günahı, hesabına yazılır. İşte o zaman, kişi, Tora'nın yolunda geriler ve Yaradan'dan daha da uzaklaşır. Mitzvot Lo

Lişma'yı yerine getirdiği zaman, kişi, Yaradan'a da yaklaşır, ama bu, uzun süren bir yoldur yani kişi bununla Yaradan'a tutunana dek, uzun bir yoldan Yaradan'a yakınlaşır.

Ama kişi, Mitzvot Lişma'yı gerçekleştirdiğinde, bununla, Tora ve Mitzvot'un tadıyla ödüllendirilinceye dek, Yaradan'a, her seferinde daha fazla bağlanır.

Ayrıca kişinin, Mitzva'dan hoşlanıp hoşlanmadığını bu vesileyle anlayabiliriz. Şöyle ki, kişi, Matza'dan küçük bir parça yediğinde eğer haz almıyorsa, Mitzva'yı yerine getiremez, çünkü Matza'dan küçük bir parça alan kişi, haz eşiğinin altında kaldığından, hakkını vermez. Tam tersine kişinin haz alması gerekir, aksi takdirde kutsayamaz.

Ayrıca, Şabat'tan haz almak da bir Mitzva'dır. Eğer kişi Şabat yemeğini yemekten haz almıyorsa, hakkını da vermiyordur. Bu nedenle kural şudur; Şabat arifesinde, öğlen okuması yakınken, karanlık oluncaya kadar kişi yememelidir ki böylece yemekten keyif alabilsin. Bilgelerimiz bununla ilgili şöyle demiştir (Pesahim, s 99): 'Kişi, Şabat arifesinde ve öğleden sonraki duadan itibaren iyi günde yememelidir, böylece Şabat'a aç olarak gelecektir', bunlar, Rabbi Yehuda'nın sözleridir'.

Yine de, kişi, ihsan etmeyi hedefleyemiyorsa bile, halen Matza yemenin Mitzva'sını yerine getiriyordur. Ayrıca, izin verilen şeylerde, kişi ihsan etmeyi hedefleyemese de zaruri olduğunda izin verilen şeyleri yiyerek bile, daha fazla maddeleştirmemiş kabul edilir, yani bunlar olmaksızın kişi yaşayamaz. Bu şeyleri, kişinin, her durumda, yani bunlarla ihsan etmeyi hedefleyemediğinde bile almasına izin verilmiştir.

Ancak izin verilen şeylerde, gerekli olmayanlar söz konusu olduğunda, kişi bunları kullandığı zaman, bunları yiyerek günah işlemese bile, daha fazla maddeleştirir. Öte yandan, Lo Lişma'da yapıldıkları zaman, zaruri şeylerin, Mitzvot'un bir derece aşağısında durduğunu söyleyebiliriz.

Bu nedenle, aşağıdan yukarı doğru şunların farkına varmalıyız: 1) yasaklanan şeyler 2) ihsan etmek amacıyla yapılmayan izin verilen şeyler 3) izin verilen ve zaruri olan şeyler 4) ihsan etmek amacıyla yapılmayan Mitzvot 5) ihsan etmek amacıyla yapılan izin verilen şeyler (Ancak hedefi olmayan bir Mitzva ve ihsan etmek için izin verilen şeyler, dikkatle incelenmeyi gerektirir, orada hata yapmak için yer olduğundan, bunlar çok önemlidirler. Bu yüzden incelemek istemiyorum) 6) ihsan etmek amacıyla yerine getirilen Mitzvot.

Dolayısıyla, ödül, yalnızca ihsan etme kaplarını edinmektir. Kişi bu kapları edindiği zaman, her şeye sahip olur.

İsrail'in Suçluları

Makale No. 33, Tav-Şin-Mem-Hey, 1984-85

Riş Lakiş şöyle dedi: 'İsrail'in suçluları, Cehennem'in ışığı onları yönetmez, altın sunaktan çok daha azını, vb. İsrail'in suçluları, bir nar gibi Miztvot'la (emirler/iyi işler) doludur, şöyle yazıldığı gibi, 'Tapınağınız, bir dilim nar gibidir'. Rakateh (tapınağınız) olarak değil, Reikanin (boş) olarak telaffuz edin ki içinizde, Mitzvot'la bir nar gibi, daha çoğuyla dolun '(Hagigah'ın sonu).

İsrail'in suçluları ile ilgili olarak, onların neye göre 'İsrail'in suçluları' olarak adlandırıldıklarını anlamalıyız: 1) Tora'yla ilgili 2) İsrail'in suçluları olarak kabul edilen, İsrail'in hepsiyle ilgili 3) Kişinin kendisiyle ilgili. Şöyle ki, kişi, kendisinin İsrail'in suçlusu olduğunu görür ve böyle hisseder. Yüzeysel olarak bakıldığında, kişinin, bir nar gibi Mitzvot'la dolu olduğu halde nasıl İsrail'in suçlusu olarak kabul edileceğini görmek zordur.

Eğer bunu, kişinin kendisiyle ilgili olarak yorumlarsak, şöyle söyleyebilir ve yorumlayabiliriz: 'Bir nar gibi Mitzvot'la dolu olmalarına rağmen', kişi, kendisinin İsrail'in suçlusu olduğunu görür. Rimon (nar) sözcüğünü, Rama'ut (aldatma) sözcüğüne göre yorumlamalıyız. Şöyle ki, kişi, kendisini aldattığını, yani Mitzvot'la dolu olmasına rağmen, nitelikte daha fazla ekleyecek bir şeyi olmadığını görür ve çabalarına göre, şimdiye dek çoktan, İsrail, yani her şeyin Yaradan için olduğu, Yaşar-El (Yaradan'a doğru) olması gerekirdi. Yine de kendini inceledikten sonra, kendisini aldattığını, Tora ve Mitzvot'a bağlanmasının asıl sebebinin, kendine-sevgisi olduğunu ve Yaşar-El olarak adlandırılan onu yapana, memnuniyet ihsan etmek için olmadığını, yani tüm çalışmasının Yaradan'a doğru gitmediğini görür.

Kişi, tüm çalışmasının, yalnızca almak için olduğunu gördüğünden, İsrail açısından, kendisinin bir suçlu olduğunu görür. Şöyle ki, kişi, çalışmasının, 'Yaradan'a ihsan etmek için 'olarak adlandırılan yukarısı için olmasını istemez'. Tam tersine, bütün çalışması, alıcı olarak kabul edilen aşağıdakini koruma temelindedir, çünkü alan, düşük öneme, veren, yüksek öneme sahip olarak kabul edilir.

Bu, kökten uzanır. Yaradan veren olduğundan, 'yukarı' olarak kabul edilir. Yaradan'dan alan yaratılış ise, düşük öneme sahip olarak kabul edilir. Bu nedenle, eğer çalışması almak içinse, kişi, Tora ve Mitzvot'taki çalışmasının, aşağıda yani almada kalmasını istiyor sayılır.

Buna, 'İsrail açısından günah işlemek 'denir, çünkü Yaradan'a ihsan etmek için çalışmak istediği yerde, kişi, Yaradan'a hizmet etmek yerine tam tersini, Yaradan'ın, insana hizmet etmesini ister. Ve maddesel dünyada olduğu hiçbir şeyin bedava verilmediği ve ödülün emeğe göre olduğu söylendiği için kişi emek vermek ister. Kişi, emeği için, Yaradan'ın ödeme yapması şartıyla, Yaradan için çalışır. Aksi takdirde, ödül olmaksızın herhangi bir hareketi yapmak için, kişinin gücü yoktur.

Ancak, amacın niteliği hakkında kendisini kandırdığı ve kutsal çalışmayı yapamadığı gerçeğini görmeye nasıl gelebilir? Bilgelerimiz, bu konuda, kişinin ışığa sahip olmadan önce, gerçeği göremeyeceğini söylediler. Şöyle ki, kişi pek çok Mitzvot yaptığını görür, yani iyi işlerle dolu olduğunu ve 'İsrail 'haline gelmesine -yani kendini-sevmeye ihtiyaç duymaksızın yalnız ihsan etmesine yardım edecek- daha fazla iyi iş yapacak bir yer görmez. Kişi, yukarıdan yardım almadan kendisinin buna asla ulaşamayacağını ve insanın bunu yapabilmesinin imkânsız olduğunu görür.

Bu nedenle, yerine getirdiği Mitzvot, kişinin gerçeği görmesine sebep olur, şimdiye kadar, kişinin niyetini, ihsan etmeye değiştirme gücünü, kendi başına edinebileceğini düşünerek kendini kandırıyordu. Şimdi ise, durumun böyle olmadığını anlamaya başlamıştır.

Şimdi, 'aranızdaki boş olanlar bile, bir nar gibi Mitzvot'la doludur 'ifadesini yorumlayabiliriz. Bu, Mitzvot'la dolu olsalar da kendilerini boş hissederler anlamına gelir, çünkü onlar bir nar gibi olduklarını görürler, 'sevgililerime seslendim; onlar beni aldattılar '(Lamentations, 1) sözlerinden, aldatmak, onların, Tora ve Mitzvot'ta çalışmalarının, Yaradan için değil de, yalnızca kendi menfaatleri için olduğu anlamına gelir.

Ama bunu fark etmesine ne sebep oldu? Kesinlikle Mitzvot'la dolu olması. Bu, kişinin 'İsrail 'olabileceğini düşünerek kendini kandırmaması gerektiğini görmesine sebep olur. Bunun yerine şimdi, 'İsrail'in suçlusu 'olduğunu görür.

Buradan, Mitzvot'la dolu olmadığı sürece, kişinin maneviyattaki derecesinin gerçek bilgisine ulaşmasının, imkânsız olduğu ortaya çıkar. İşte o zaman kişi durumunu, şimdiye kadar kendini kandırdığını ve şimdi 'İsrail'in suçluları' derecesinde olduğunu görür. Ancak Mitzvot olmadan, ışıksız olarak kabul edilir ve o zaman kişi, gerçeği, 'İsrail 'olabilmesi için Yaradan'ın yardımına ihtiyacı olduğunu göremez.

Ancak, kişinin Mitzvot ile dolu olduğunu söylendiğinde, kişinin nar gibi olmasının, bir şartla mümkün olduğunu bilmeliyiz: Bu özellikle, kişi, gerçeği arayan bir kişi olduğu zaman söylenir. O zaman, gerçeği arayan kişinin, Mitzvot'la dolu olmadan önce gerçeği göremeyeceği söylenir.

Bu nedenle, bu, iki şeyi gerektirir: 1) Bir yandan, gerçeğin yolunda olup olmadığıyla ilgili hiçbir eleştiri yapmadan, Tora ve Mitzvot'a olabildiğince bağlanması gerekir. Yalnızca sonrasında kişi eleştirebilir ama Tora ve Mitzvot'u yerine getirirken değil, çünkü o zaman kişinin kendisini bütünlükte hissetmesi gerekir, bilgelerimizin söylediği gibi, 'Kişi, Tora ve Mitzvot'a daima Lo Lişma'da (O'nun adına değil) bağlanmalıdır, çünkü Lo Lişma'dan Lişma'ya (O'nun adına) gelir'. Dolayısıyla şimdilik, kişinin nasıl bağlandığı önemli değildir, çünkü bağlanmanın her şeklinde, kişi bilgelerimizin sözlerini tutar. 2) Sonrasında kişi, eylemlerinin Yaradan için olup olmadığını, buna, başka bir şeyin karışıp karışmadığını görmek için kendisini eleştirmelidir. Bu ikisinden kişi, yukarıda açıkladıklarımıza göre, 'bir nar gibi 'olmaya gelebilir.

Böylece bilgelerimizin şu sözlerini (Avoda Zara) anlayacağız: Bilgelerimiz dedi ki, 'Rabbi Eilezer Ben Parta ve Rabbi Hanina Ben Tardion yakalandığı zaman, ' ...Eyvahlar olsun bana, çünkü bir şey için yakalandım ve kurtarılmadım. Sen, Tora'ya ve iyi işlere bağlandın ve ben yalnızca Tora'ya bağlandım'. Rav Huna'nın söylediği gibi, 'Yalnızca Tora'ya bağlananlar, Tanrı'ları olmayanlar gibidirler, şöyle yazıldığı gibi 've İsrail için birçok gün, gerçek bir Tanrı olmadan, öğreten bir öğretmen ve Tora olmadan. 'Gerçek bir Tanrı olmadan 'ne demektir? 'Rav Huna şöyle dedi: 'Yalnızca Tora'ya bağlanan kişinin, Tanrı'sı yok gibidir".

Kişi, iyi işlere bağlanmazsa neden Tanrı'sı olmayan biri olarak kabul edildiğini anlamalıyız. Kafa karıştıran diğer şey ise: Neden özellikle iyi işlerin Mitzva'sıdır? Üstelik izlenmesi gereken başka Mitzvot vardır, öyleyse neden iyi işler gerçek bir Tanrı'sı olmaması gibidir? Sözde iyi işler yaparak, kişinin öğrendiği Tora'nın, gerçek bir Tanrı olmadan öğrenilip öğrenilmediğini söylemek mümkün olur.

Öğrendiklerimize göre, bütün çalışmamız, 'O merhametli olduğu için sen merhametlisin 'olarak kabul edilen form eşitliğine ulaşmak içindir. Bu sebeple, Tora çalışması süresince kişi Tora'sını yani öğrendiği Tora'yı eleştirmemelidir; kişi daha sonra, ayrıca bir Mitzva olan Lo Lişma'yı bile öğrenebilir, bilgelerimizin şu sözlerinde olduğu gibi: 'Kişi daima Tora ve Mitzvot'a bağlanmalıdır, Lo Lişma'da (O'nun adına değil) olsa bile, zira Lo Lişma'dan, Lişma'ya (O'nun adına) gelecektir'.

Kişi kendisini, kendi durumunu, kendini-sevmekten nasıl uzaklaştığını ve 'O'nun niteliklerine bağlı olmak 'demek olan başkalarını sevmeye ne kadar yaklaştığını, form eşitliğine göre test ettiği zaman, bu böyledir. Bilinmesi gereken asıl şeyin, kendisini Hesed (merhamet) niteliği aracığıyla, buna ne kadar bağlandığını, bunun için ne kadar çaba harcadığını ve form eşitliğine ulaşmak için nasıl da çeşitli taktikler ve püf noktaları üzerinde düşündüğünü test etmek konusunda kişinin hassasiyet göstermesinin sebebi budur, yoksa hakikat yoluna ulaşamayacaktır.

İşte o zaman, kişinin 'gerçek bir Tanrı'sı yoktur, çünkü 'gerçek 'ifadesinin anlamı, 'Dikna'nın 13 ıslahının 7. ıslahına 've gerçek 'denir' şeklinde açıklandığı gibidir (On Sefirot Çalışması, bölüm 13). Orada, 'İçsel Yansıma'da şöyle yorumlar: 'O zaman yarattıklarına iyilik yapma niyetiyle dünyayı yaratan Yaradan'ın niteliği aşikâr olur, zira o zaman, herkes, haz ve memnuniyet hissettiğinde, yaratılış amacının ışığı olan Ohr Hohma (Bilgelik ışığı) görünür. İşte o zaman herkes, açık bir farkındalıkla bunun, yani amacın gerçek olduğunu söyler.

Akabinde, kişi, ihsan etme kaplarını edinmekle ki üst bolluğu yalnızca bu kaplar çeker, başkalarını sevmeye getirebilecek güç olan iyi işlere bağlanmazsa ve kişinin ihsan etme kapları yoksa Yaradan'ın yarattıklarına haz vermek için yarattığı, haz ve memnuniyeti elde edemez. Dolayısıyla bu durumda kişinin, 'gerçek bir Tanrı olmadan ' koşulunda olduğu kabul edilir. Şöyle ki, yarattıklarına iyilik yapmak olan, O'nun rehberliğinin gerçekliği, Tanrı korusun, doğru değil, yalandır. Buna, 'gerçek bir Tanrı olmaksızın 'denir.

Bu, tam olarak, iyi işlere bağlanmakla edinilebilir. Ancak, Tora olmadan, kişinin kendi durumunu yani nerede olduğunu bilmesi mümkün değildir, zira, ışık olmadan bir şeyi görmek imkânsızdır. Daha doğrusu, kişinin İsrail'in suçlusu olduğunu görmek için, Mitzvot'la, yani hem Tora'yı öğrenme Mitzvot'uyla, hem de geriye kalan Miztvot'la dolu olması gerekir. Testi, çalışma sırasında değil de Tora ve Mitzvot'a bağlandıktan bir süre sonra yapmalıdır.

Ve Yaradan'a Yalvardım

Makale No. 34, Tav-Şin-Mem-Hey, 1984-85

"Ve Yaradan'a Yalvardım". RASHİ, bunu her yerde yorumladı, ki Hanan, Hanun (merhametli) kökünden, kökü aynı olan, Matnat Hinam (bedava, hediye) anlamına gelen Ethanan'dan (yalvardı) gelir. Erdemliler bunu kendi iyi işleri olarak kabul etseler de onlar sadece, Yaradan'dan bedava, bir hediye istemektedirler.

Midraş Rabbah'ta şöyle yazılmıştır: 'Ve Yaradan'a yalvardım'. Hepsinden öte, Musa yalnızca yalvarma, yakarma dili ile dua etti. Rabbi Yohanan dedi ki: 'Bundan, kişinin, onu Yapan söz konusu olduğunda, hiçbir şeye sahip olmadığını öğrendiniz, çünkü Musa, peygamberlerin en büyüğü, yalnızca yalvarmanın diliyle geldi'. Rabbi Levi şöyle dedi, 'Musa neden yalnızca yakarma sözcükleriyle geldi? 'Alegori der ki, 'Sözlerinin yerinin yakalanmamasına dikkat et'. Nasıl yani? Yaradan, Musa'ya dedi ki: 'Merhametli olacağıma, merhametli olacağım'. Ona şöyle dedi: 'Elimde olanla merhametli olacağım; onunla merhamet niteliğiyle çalışacağım. Ve elimde olmayanı affedeceğim; onunla bedava bir hediye vererek çalışacağım"'.

Yukarıda söylenenleri anlamalıyız: 1) Elimde olan biriyle ilgili olarak, nasıl 'merhametli olacağım 'denebilir? 'Elimde olan kişi 'sözcükleri, bilgelerimizin 'elinde, beni hesaba kat 'sözcüklerinden gelir, yani kişi, bir borç ödemelidir. Öyleyse Yaradan'ın, Yaradan'ın borçlu olduğu kişi demesinin ve Yaradan'ın ona, 'merhametli olacağım 'demesinin anlamı nedir? 'Ödeyeceğim 'demiş olmalıydı, şöyle yazıldığı gibi, 'Beni kim önde tutuyor, Ben ona ödeme yapacağım?' Öyleyse, bir borç ödemesi için, nasıl merhametli olmalıdır denebilir ki? 2) Böyle iki çelişkili görüşün nasıl mümkün olabildiğini anlamalıyız: Bir görüş şöyledir; kişi Yaradan'dan borcunu almayı hak eder ve 'Elimde olan kişi, 'der, diğer görüş ise elinde hiçbir şey olmadığını söyler. İddiaları, nasıl olur da birbirinden böylesine uzaktır? Onların, böylesine karşıt görüşlere gelmelerinin anlamı nedir?

Yukarıdakileri anlamak için, Tora ve Mitzvot'u (emirler) yerine getiren iki farklı türü anlamalıyız. Eylemde aralarında hiç fark olmamasına yani eylemler açısından fark anlaşılamamasına rağmen, yukarıdaki iki tür arasında, niyette muazzam bir fark vardır.

İlk türün Tora ve Mitzvot'u yerine getirmekle ulaşmak istedikleri amaç, emekleri için ödül almaktır, zira doğamızda ödül olmaksızın çalışmanın imkânsız olduğu yasası vardır. Bu sebeple, onları Tora ve Mitzvot'u tutmaya zorlayan, hissettikleri eksiklikleri için doyum alamama korkusudur. Bunun eksikliği içindedirler ve bunu karşılamak için güçlü bir arzu ve büyük bir özlemleri vardır.

Bundan dolayı, istediklerini elde etmek için, ellerinden gelen her şeyi yaparlar. Bu sebeple, bu korku, onları, Tora ve Mitzvot'u yerine getirmeleri için zorlar. Bu, Yaradan'ın emri yüzünden, korkuyu izlememek ama kendi menfaati için izlemek olarak kabul edilir, Sulam'da ('Zohar Kitabı'na Giriş' madde 191) sunulduğu gibi: 'Dolayısıyla, insanın kendi menfaati köktür ve korku, onun kendi menfaatinden türemiş bir daldır'.

Şu ortaya çıkar; bu tür, böylece Yaradan onlara ödeme yapsın diye Tora ve Mitzvot'a bağlanır. Böylece, Yaradan onlara borçludur, zira meyve vermesi için bu bağlanmaya büyük çaba harcarlar. Bu sebeple, Yaradan'a şu taleple gelirler: 'Çabamız için bize ödeme yap'. Bununla, yukarıdaki nasihatin (Midraş) sözlerini yorumlayabiliriz, Rabbi Levi, Yaradan'ın şunları dediğini söyledi: 'Elimdekine sahip olan ile', bu, borcun ödenmesini hak eden kişi demektir, yani başından beri kişinin niyeti, Tora ve Mitzvot'taki emeği için, Yaradan'ın ona ödeme yapmasıydı.

Böylece, kişinin bir şikâyetle geldiği ortaya çıkar, bilgelerimizin söylediği gibi, 'Elinde, beni hesaba kat'. Bu vesileyle yukarıdaki nasihatin sözlerini açıklayabiliriz. Ancak, yine de Yaradan'ın bu şikâyetle ilgili olarak, neden 'Merhametli olacağım ' dediğini açıklığa kavuşturmalıyız. Kişi, borcun ödenmesini hak ediyorsa, oradaki merhamet nedir? Burada nasıl 'Onunla merhamet niteliğiyle çalışacağım 'denebilir ki?

İkinci tür, niyeti tamamen farklı olanlardır, zira onlar Yaradan'a, hiçbir ödül olmadan, onları Yapan'a, memnuniyet ihsan etmek için hizmet etmek isterler. İnsanın kendisi için alma arzusuyla yaratıldığı kuralına göre, kişi ödül olmadan nasıl çalışabilir? Bir önceki makalede söylediğim gibi, sonradan alacakları bir ödül için çalışanlar ve çalışmanın kendisini bir ödül ve ödeme olarak kabul ettiği için çalışanlar vardır ve onlar için, çalışmalarına izin verilmesinden daha büyük ödül yoktur.

Bu durum, önemli bir kişiye hizmet etmeye benzer. Önemli birine hizmet etmekten daha büyük bir ödül olmaması, doğamızdan kaynaklanır. Bu demektir ki, kişi sahip olduğu her şeyi, Kral'a hizmet etme ayrıcalığına sahip olmak için verebilir. Dolayısıyla çalışmanın kendisi ödüldür ve kişi başka hiçbir ödeme beklemez. Tam tersine, Kral'a daima, durmaksızın hizmet etme ayrıcalığına sahip olmayı bekler ve bu, onun tüm hayatıdır, hayatının bütün amacı budur ve bu, doğasına damgalanmıştır.

Ancak, Yaradan'ın, neden böyle bir doğa yarattığını anlamalıyız, şöyle ki aşağıdaki, üsttekinin önemini bildiğinde O'na hizmet etmek ister. Baal HaSulam bununla ilgili, Yaradan, yarattıklarına haz vermek için dünyaları yarattığından, yarattıklarının içinde haz ve memnuniyeti almak için arzu ve özlem yarattı, demiştir. Aksi takdirde, haz alma arzusu olmazsa, bir eksiklik olmadan doyum olmayacağından, yaratılanlar haz ve memnuniyeti alamazlar.

Ancak, bununla birlikte, utanç ekmeği meselesi geldi – doğmuş olan form eşitsizliği nedeniyle Dvekut (yapışma) yoktur. Bu sebeple, Tzimtzum'un (kısıtlama) ıslahı yani Yaradan'a memnuniyet getirmeksizin almama vardı. Bu yüzden kişi, O'ndan alır, aksi takdirde hazdan feragat eder.

Ancak bu, şu soruyu getirir: 'Eğer kişi, alma arzusuyla doğduysa ve bu onun doğasıysa, ihsan etme arzusunu nereden alabilir?'. Bu doğasına aykırıdır. Bu yüzden, Yaradan, ikinci bir doğa yaratmıştır; daha küçük olan, büyük olanın önünde kendini iptal eder ve büyük olana hizmet etmekten haz ve memnuniyet alır. O halde, büyük olana ihsan etmek için bir arzusu olduğu zaman, kişi şöyle düşünür: 'Yaradan'a ne verebilirim ki böylece Yaradan keyif alsın?', zira memnuniyetle O'na vermek ister ki O, keyif alsın. İşte o zaman, kişi görür ki, üsttekinin eksikliği olduğunu söyleyebileceği, üsttekine verebileceği, tek bir şey vardır; aşağıda olanın haz ve memnuniyet alması. Bu, Yaradan'a haz verir, çünkü bu, yarattıklarına iyilik yapmak olan yaratılışın amacıdır.

Dolayısıyla, ihsan etme arzusuna sahip olmak için insanın sahip olması gereken tek eksiklik, Yaradan'ın büyüklüğüdür, çünkü kişi, Yaradan'ın büyüklüğünü edinir edinmez, daha küçük olanın, aşağıda olanın büyük olanın önünde kendisini iptal etme doğası yüzünden, O'na derhal ihsan etmek ister.

Bu yüzden, bize Şehina'nın (Kutsallık) sürgünü üzerine, yas tutma meselesi verilmiştir. Bunun anlamı şudur, tüm maneviyat meseleleri aşağı düşürülmüştür ve buna 'Şehina tozun içinde, 'denir, burada onun önemi üzerine basılan ve bir anlamı olmayan toz kadardır. Her Mitzva'da (emir) sunulanın anlamı şudur; Şehina'yı tozdan kaldırmaya niyet etmek zorundayız. Şöyle ki, her eylemle kişi, buna niyet etmelidir, bununla, Şehina'nın ihtişamı büyüyecektir. Bu, şöyle söylediğimiz gibidir (Roş Haşana'nın 18. ek duasında): 'Babamız, Kralımız, Krallığının ihtişamını bize göster', yani Cennet'in Krallığı bize toz olarak değil, tersine tüm ihtişamı ile ifşa olsun.

Akabinde, bu tür insanların Yaradan'dan talep ettiği şey, Krallığının ihtişamını onlara ifşa etmesidir ve Yaradan'dan hiçbir ödül istemedikleri için, Yaradan'da hiçbir şeyleri yoktur. Tam tersine, istedikleri tek şey, Kral'a hizmet etmek ve O'nu memnun etmektir. Yaradan'dan onlara Cennet Krallığı'nın ihtişamını göstermesini isterler.

Nitekim, Yaradan'ı elinde, Yaradan'a bir şey verdiklerini söyleyebilecekleri bir şeyleri yoktur, bu ihtiyaçlarını karşılamak için O'ndan talepte bulunurlar. Zira ihsan etmek için bir şey yapabilmeleri yalnız Yaradan'ın onlara önemini biraz olsun ifşa etmesi yüzündendir, biraz olsun Yaradan'ın yüceliği, önemini hissedebildikleri zaman Yaradan onlara ifşa olmuş olur. Bunu takiben, Yaradan'ın eline verdikleri hiçbir şeyleri olmayan bu insanlara Yaradan her ne verirse bu yalnız "O'nu affedeceğim" ve "Onunla bedava bir hediye ile çalışacağım," demesi yüzündendir.

Ancak, ödül almak için çalışan der ki, Yaradan'ın elinde bir şeyleri vardır. Şöyle ki Yaradan'a emeklerini verdiler ve Yaradan'dan emeklerinin karşılığını talep ederler. Ve Yaradan, hiçbir varlığın ödülünü inkâr etmediğinden, çalışmalarına göre onlara ödeme yapar.

Ancak, 'Merhamet edeceğim', 'Onunla merhamet niteliği (Rahamim) ile çalışacağım 'sözlerini anlamalıyız, zira Yaradan, bu yolda yürüyenlere karşı merhamet hissettiğini söyler. Ve yine, Yaradan hiçbir varlığın ödülünü inkâr etmez, bu yüzden taleplerine göre onlara ödeme yapar.

Bununla sorduğumuz şu soruyu anlayacağız: 'Yukarıdaki iki görüş arasında, nasıl bu kadar büyük bir fark olabilir? 'Mesele şu ki, Yaradan'ın bakış açısından yaratılışın amacının, yarattıklarına iyilik yapmak olduğunu öğrendik. Ancak yaratılanlar kendileri bunu iki ayrı anlayışa dönüştürürler, zira Yaradan'ın önemini anlamayanlar için, ödül kazanmak için olmadıkça, çalışmaya başlamalarının bir yolu yoktur, bilgelerimizin dediği gibi: 'Kişi, Tora ve Mitzvot'a her zaman, Lo Lişma'da olsa bile bağlanmalıdır (Pesahim 50)'. Onlar, Yaradan'a bir şeyler verdiklerini hissederler.

Ama ihsan etmek için çalışmak isteyenler, Yaradan'a hiçbir şey veremeyeceklerini görürler. Bu, hiçbir şeye sahip olmamak olarak kabul edilir. Buna göre; Yaradan'dan istedikleri, onlara biraz olsun büyüklüğünü göstermesidir. Bunu af dileme amacı için isterler ve o zaman Yaradan onlara, 'Af edeceğim', 'Onunla bedava bir hediye ile çalışacağım 'der.

Kişi, Yaradan Korkusunun Ne Olduğunu Bildiğinde

Makale No. 35, Tav-Şin-Mem-Hey, 1984-85

Vaethanan bölümünde (madde 68), Kutsal Zohar'da şöyle yazar: 'Daha sonra, kişi, özellikle Yaradan korkusunun ne olduğunu bildiği, Yaradan sevgisinin temeli ve özü olan, Malhut'un kendisinin niteliğini edindiği zaman ki bu, sevgiden korkudur, bu korku, onun Tora'nın bütün Mitzvot'unu (emirler) yerine getirmesini sağlar, böylelikle kişi, olması gerektiği gibi, Yaradan'ın sadık bir hizmetkârı olur'.

'Sevgiden korku demek olan Malhut'un kendisinin niteliğini edindiği zaman ' dediğinde, bunun ne anlama geldiğini anlamalıyız. Bunun anlamı şudur; kişi, sevgi olarak kabul edilen Malhut'un kendisi ile ödüllendirildiğinden, bu sevgi, kişide korkuya neden oldur. Peki, ama sevgi, neden onda korkuya neden olur? Ve ayrıca şunu da anlamalıyız, kişi sevgiyle ödüllendirildikten sonraki korku nedir?

Bunu, Baal HaSulam'ın, şu ayetle ilgili yaptığı yorumdan duyduğuma göre yorumlamalıyız: 'Ve İbrahim'in sürüsünün çobanı ile Lut'un sürüsünün çobanı arasında bir kavga, anlaşmazlık vardı'. (Yaratılış, 13:7) İbrahim'e, 'inancın babası' denir, onun çalışması hiçbir destek, yani yaşamında inşa edeceği binanın tamamını destekleyecek bir şey olmaksızın, tümüyle mantık ötesi inanç temeline dayanır. O, bunu yaşamın amacı olarak gördüğünde, bütün kalbiyle devam etti ve tam olarak mantık ötesi inanç aracılığıyla Yaradan'a yaklaşabildi.

Kişi, Yaradan'la Dvekut'la, mantık içinde ödüllendirilmek için, Yaradan'ın, yaratılanlara nasıl davrandığına dair, nereye dönse İlah-i Takdir'de çelişkiler gördüğünden, aklının, onu tam tersine zorunlu kıldığını görür. Daha sonra, Yaradan'ın, ondan, tam da mantık ötesi olarak hizmet etmesini istediğini anlar. Mantık dâhilindeki yol, insanı, Yaradan'la Dvekut'a getirmek için daha uygun olsaydı, Yaradan kuşkusuz daha farklı davranırdı, 'zira Sana ne yapacağını kim söyleyecek?'.

Dolayısıyla, kişi, mantık ötesi gitmekten başka bir yolu olmadığına ve Yaradan'ın bu yol, tam da insanın yararına olduğundan, bunu, kasıtlı olarak böyle yaptığına inanır. Bu nedenle, Yaradan'a, özellikle mantık ötesi hizmet etmek istediğine karar verir. Bunun anlamı şudur; şayet kişi, O'nun rehberliğini, mantık içinde edinebilseydi, buna karşı çıkardı, çünkü çalışmasını, mantık ötesi olarak kabul etmişti zira böylece yalnız Yaradan'a memnuniyet ihsan etmeyi hedeflemesi kesin olurdu. Ama kişi, O'nun rehberliğinin kendi içinde, mantık dâhilinde kıyafetlendiğini ve her şey ona ifşa olduğu için, artık mantık ötesi gitme seçeneğine sahip olmadığını gördüğünde ne yapabilir ki?

Baal HaSulam şöyle açıklar, kişi biraz olsun ışığın ifşa olduğunu ve bolluğun ortaya çıktığını görürse, şimdi artık mantık ötesi girmek zorunda olmadığı için, bunun hakkında mutlu olduğunu söylemeyecektir. Zira bu çalışma bedenin razı gelmemesi üzerinedir ve eğer beden dayanacağı bir desteği varsa daha çok keyif alır. Öyleyse, kişinin tüm çabası, hangi temel üzerine inşa edilir? İnsanın inşa ettiği bütün yapılar, akıl üzerine kuruludur, yani aklı, onu yapması gerekenler konusunda zorlar. Bu nedenle, aklı, kişinin yaptığı her şeyin iyi olduğunu söyleyemediğinde, kişinin bu şekilde yürümesi kesinlikle zordur.

Bu sebeple, bir şeye mantık dâhilinde ulaşma şansına sahip olduğu yerde, kişi, derhal mantık ötesi temelini bir yana atar ve akıl üzerine inşa edilmiş yeni bir temel üzerinde çalışmaya başlar. O zaman kişi, işinde güvenebildiği bir desteğe sahip olur ve artık Yaradan'ın yardımına ihtiyaç duymaz. Çünkü mantık ötesi gitmek zordur, mantık ötesi gitme gücüne sahip olmak için, kişi, daima Yaradan'ın yardımına ihtiyaç duyar.

Ancak o zaman akıl ona şöyle der: 'Şimdi aklın ve mantığın desteğine sahipsin, tek başına Yaradan'ın yardımı olmaksızın ilerleyebilir ve elde edilecek olanı edinebilirsin'. O zaman kişinin söylediği tavsiye şu olur: 'Şimdi görüyorum ki, gerçek yol, özellikle mantık ötesi gitmektir, çünkü tam olarak mantık ötesinde, Yaradan'ı memnun eden bir yolla giderek, Yaradan'a yaklaşmakla ödüllendirildim'. Bunun kanıtı ise, şimdi, kişinin hem Tora'da ve hem de duada, Yaradan çalışmasının tadını hissetmesidir.

Bunu takiben, kişi, Yaradan'a yakınlaştırılmakla ödüllendirilmeyi ve Yaradan sevgisini hissetmeyi, yani Yaradan çalışması için destek görmeyi, çalışmasına temel almaz; zira o zaman aklı onu Tora ve Mitzvot'u yerine getirmeye zorunlu kılacaktır ve mantık ötesi inançla gitmesi gerekmeyecektir. Daha doğrusu, kişi inanca zarar vermemeye, yani mantığın yolunu kabul edip ve inancı atmamaya özen gösterir.

İnanca, 'Malhut 'denir. Bu nedenle, kişinin inancını aşağı indirmiş ve lekelemiş olduğu düşünülür, çünkü şimdilik, başlangıçta, kişinin hiçbir seçeneğinin olmadığı ve bu nedenle, inanca kabul ettiği aşikârdır, aksi takdirde onu kabul etmezdi. Ve kurtulabileceğini görür görmez derhal onu aşağı indirir ve atar ve onun yerine, bilmeyi kabul eder. Bununla ilgili olarak şöyle denmiştir: 'Ben'i onurlandıranı onurlandıracağım ve Ben'i küçümseyeni gözden düşüreceğim'. Ayrıca şöyle yazılmıştır: 'Yaradan'ın yolu dosdoğrudur; erdemli orada yürür ve günahkâr oradan düşer'.

Buna göre, sorduğumuz soruyu anlayabiliriz, kişi zaten Malhut ile ödüllendirildiği için, bu, sevgiden korku olarak kabul edilir. Şöyle sorduk: 'Kişi, zaten sevgiye sahipse, halen korkudan nasıl bahsedebiliriz ve sevgi ile ödüllendirildi ise, korkudan nasıl bahsedebiliriz?'

İbrahim'in sürüsünün çobanı ile ilgili açıklama yapan Baal HaSulam'ın yaptığı yoruma göre, bunu kolaylıkla anlayabiliriz. İbrahim'in sürüsünün çobanının, İbrahim'in inancını, güttüğü anlamına geldiğini söyler. Mikneh (sığırlar), Kinyan (mal varlığı) kelimesinden gelir, yani ödüllendirildiği mal varlığı, inancını güdüyordu. Şöyle ki, 'Yaradan'a yaklaşmakla ödüllendirildiğim için, şimdi inancın yolunun, gerçek yol olduğunu görüyorum. Bu sebeple, bundan böyle, yalnızca mantık ötesi inanç yoluyla gitmeyi üstleniyorum 'dedi.

Lut'un sürüsünün çobanı için bu böyle değildi. O, kendi Lut farkındalığı içinde, talep ettiği malları aldı. Kutsal Zohar, Lut'u, 'lanetin toprağı' ismiyle adlandırır, yani 'Efendi'nin kutsadığı bölge 'olarak adlandırılan bir kutsama yeri değildir. Tam tersine mantık içinde demek olan lanetin yeridir yani aklı neyi zorunlu kılıyorsa, kişi onu yapar. Her ne kadar, kişi, Yaradan yolunda yürümeye başladığında, mantık ötesi inançla başlasa da daima mantık ötesi çalışmadan kurtulabileceği zamanı bekler.

Beden, her zaman Tora ve Mitzvot'taki çalışmasını dayandıracağı bir temel talep eder, çünkü çalışma akıl üzerine inşa edildiğinde ve akıl kişinin bu çalışmanın değerli olduğunu anlamasını sağladığında, beden ısrarla büyük bir çaba gösterir, çünkü akıl onu buna zorunlu kılar.

Mesela, bir kişi gece yarısı uyumaya gitmiştir, çok yorgundur, ateşi vardır ve titrediği için yataktan çıkması yasaklanmıştır. Ama yakındaki bir odada yangın çıkmıştır ve ona çabucak yataktan çıkması söylenir, çünkü çok yakında evden çıkamayacak ve yanacaktır. İşte o zaman, akıl, hiçbir şüpheye yer vermeden ona emreder, kişi durumunu değerlendirirse, birkaç sebepten dolayı yataktan çıkması uygun değildir ama o zaman yanabilir. Kuşkusuz, hiç şikâyet etmeden kişi yataktan fırlar, çünkü göstermesi gereken çabanın yararını gösteren aklı, onu buna zorunlu kılar. Bu nedenle kişi, kesinlikle her tür çabayı gösterir.

Bunu şu takip eder; aklın çabayı zorunlu kıldığı yerde, kişi çabayı değil yalnızca bunun yararını, yani bu çaba vasıtasıyla edinebileceği şeyi dikkate alır. Ancak kişi, mantık ötesi çalıştığında, daima bedenin baskısı altındadır, beden ona şöyle sorar:

'Doğru yolda olduğundan emin olmanı sağlayan şey nedir? Hedefe ulaşmak için gösterdiğin çaba, gerçekten buna değer mi? Bu başarılabilir bir şey mi? Bulmaya çalıştığın hedefe ulaşabilir misin?'

Bu nedenle, her zaman çıkış ve inişlerden geçer, bir keresinde akıl galip gelir ve bir keresinde de mantık ötesi galip gelir. Her zaman şöyle düşünür: 'Çalışmamı ne zaman mantık içinde kurabileceğim ve sağlam bir temele sahip olacağım zira o zaman her şeyi akıl üzerine inşa edebileceğim? Hiç kuşkusuz, o zaman, sağduyu üzerinde inşa edilmiş her şeyde olduğu gibi, Yaradan çalışmasında da hiç düşüşüm olmayacak'. Ancak kişi, ulaşmayı umduğu şeyin, ona bir kutsama vermeyeceğini ama bir lanet vereceğini bilmez, zira mantık içi, Sitra Ahra'nın (diğer taraf) tutunduğu yerdir ve Yaradan, O'nunla Dvekut'a ulaşmak isteyenleri seçti ve özellikle mantık ötesini, bu, Yaradan'a yaklaşmanın gerçek yoludur.

Bu, Lut'un, lanetlenmiş toprakların, lanetin olduğu ve kutsamanın olmadığı toprakların derecesidir. Buna, 'Lut sürüsünün çobanı' denir, her zaman mal mülkü mantık içinde arayana 'Lut', yani bir lanet denir. Bu, şu ayetin anlamıdır: 'Ve İbrahim'in sürüsünün çobanı ve Lut'un sürüsünün çobanı arasında anlaşmazlık vardı'. Bu, her birinin kendisinin haklı olduğunu söylediği bir kavgaydı.

Lut'un sürüsünün çobanı durumunda olanlar, şöyle diyordu: 'Temelimizi, 'mantık içinde' olarak adlandırılan akıl üzerine inşa edersek, her zaman yükseliş durumunda olacağımız için, çıkış ve inişlerimiz olmayacaktır'. Bu böyledir, çünkü aklın, eylem yapmayı yükümlü kıldığı yerde, onu yarıda kesecek birisi yoktur. Bu nedenle de ancak hiçbir şansımız olmadığı zaman, mantık ötesi gitmeliyiz. Ama mantık içinde gitmeyi seçebildiğimizde, tam tersine şöyle demeliyiz: Yukarısı bundan memnundur, bugünden itibaren çalışmamızda hiç iniş olmayacak. Bu yüzden, bizim yolumuz, kesinlikle daha iyidir.

Ama İbrahim'in sürüsünün çobanları, özellikle mantık ötesi temelinde olan insanlardır. Onlar şöyle dediler: 'Yaradan bizim akıl temelinde çalışmamızı isteseydi, baştan bunu bizden gizlemezdi. Tam tersine bu, en iyi yol olmalı. Bu yüzden, mantık ötesi inançtan kurtulma fırsatlarını aramamıza gerek yok. Tam tersine, biraz olsun akıl edinir ve Yaradan'a yaklaşırsak bunu inançtan uzaklaşmak için bir dayanak yapmayacağız ve şöyle söyleyeceğiz: 'Şimdi görüyorum ki, bu doğru yoldur, çünkü bununla O'na yakınlaşmakla ödüllendirildim'. Bu nedenle, kişi kendisini bunda sağlamlaştırmalı ve bundan böyle inançtan kurtulma fırsatları aramayacağını, tam tersine mantık ötesi inançta daha da fazla güçleneceğini kabullenmelidir.

Bununla Kutsal Zohar'ın sözlerini anlayacağız, kişi bir kez Malhut'un kendisi ile, yani sevgi ile, sevgi yüzünden korku ile ödüllendiğinde şunu sorarız, 'Orada zaten sevgi varsa, korkudan nasıl bahsedebiliriz? 'Ve ayrıca 'Korku nedir?'

Yukarıda söylenenlere göre, ortaya çıkan şudur ki kişi sevgiyle ödüllendirildiğinde, onu çalışmaya mecbur eden bundan daha büyük hiçbir şey yoktur, çünkü bu mantık içindedir ve şimdi aklı ona çalışmasını emreder. Bu doğal olarak böyledir, sevdiğimize hizmet etmek isteriz. Bu yüzden, artık inanç için yer kalmaz, çünkü o zaman, mantık ötesi inançtan nasıl bahsedebiliriz?

Bu nedenle, kişi inancı lekeleyebileceğinden korkar, çünkü şimdi kişi, mantık içi temeline sahip olduğu için, beden çalışmadan daha çok keyif alacaktır. Ve eğer inancı küçük düşürürse, o zaman şu ortaya çıkar, saygı duyduğu için değil ama başlangıçta gerekli olduğu için mantık ötesi inancı vardı ama her zaman bundan kurtulacağı ve inanç yerine bilerek çalışacağı zamana özlem duymuştu.

Böylece, kişi inancı lekelediği için, derhal derecesinden düşer ve hemen Yaradan'dan ayrılır, çünkü bilmek almaktır. Bilinir ki, kendini-sevmek demek olan almayı, iki şekilde anlarız: 1) Akılla 2) Kalple.

Şöyle ki, kişi, sevgi ile ödüllendirildiğinde, sevginin kendisi onda korkuya neden olur. Bilgiye yöneleceğinden korkar. Bu nedenle, kişi, o sırada, alma arzusuna düşmemek için büyük bir özen göstermeye ihtiyaç duyar. O zaman, sevginin kendisinin, korkuya neden olduğunu anlarız. Şimdi, sevginin sebep olduğu korkunun ne olduğunu, yani kişinin, bu sevgi sayesinde, kendini-sevmeye düşmekten korktuğunu anlıyoruz.

Bu vesileyle, Baal HaSulam'ın söylediği, şu büyük kuralı anlayabiliriz; her ne kadar günahın cezayı da içermesi akla uygun gelse de içsellikte bunun anlamı çok farklıdır ve bunu kavramak biraz zordur. O, günahın, ceza olduğunu ve cezanın da zaten bir ıslah olduğunu bilmemiz gerektiğini söylemiştir.

Bununla ilgili şunu sormalıyız: 'Şayet günah ceza ise, günah nedir?'. Yukarıda söylenenler yoluyla bunu şöyle yorumlayabiliriz: Yükseliş zamanında, kişi tam da sevgi ile ödüllendiğinde, sevgiyi temel alma ve tıpkı Lut'un sürüsünün çobanının bakış açısında olduğu gibi, inançtan uzaklaşma arzusu içinde olduğunda, günah işte budur.

İşte o zaman, kişi, bir düşüşten dolayı acı çeker ve bir kez daha, her tür günahın ondan türediği, kendini-sevmenin içine düşer. Bunu, şu takip eder; kişi, tam da yükseliş sırasında, sevgiyi temel ve çabası için destek olarak aldığını ve bununla artık daha fazla düşüşe sahip olmayacağını düşündüğü zaman, başarısız olur, güya aklın emri, sağlıklı bir yoldu ve kişi asla başarısız olmayacaktı, ama asıl günah, budur. Buna, 'Ekleyen herkes çıkartır, 'denir. Bunu takiben, kişinin kendini-sevmeye düşmesi, inancı lekelediği için cezasıdır ve kişinin aldığı bu ceza, bir kez daha doğru yolun derecesinde yükselebilmesi için bir ıslahtır.

Akşam Vardı ve Sabah Vardı

Makale No. 36, Tav-Şin-Mem-Hey,1985

"Ve akşam vardı ve sabah vardı," (Sulam Yorumu, Yaratılış 3, s 96 ve madde 151) ayetiyle ilgili olarak Zohar der ki: "Metinde yazan, 'Ve akşam vardı, ' karanlıktan yani Malhut'tan uzanır, 'Ve sabah vardı,' ışıktan yani ZA'dan uzanır demektir.

Bu yüzden onlar hakkında 'Bir gün, 'diye yazar, akşam ve sabahın bir beden gibi olduğuna ve her ikisinin de günü oluşturduğuna işaret eder. Kabalist Yehuda der ki: 'Sebebi nedir?' Şöyle sorar 'Ve akşam vardı ve sabah vardı, 'ZON'un birleşmesine işaret ettiği için, günün ışığı her ikisinden de gelir, metin bunu ilk günde bildirdikten sonra, neden her günle ilgili "Ve akşam vardı ve sabah vardı, 'der?"

Şöyle cevaplar, 'Gece olmadan gün olmayacağını ve gün olmadan gece olmayacağını ve birbirlerinden asla ayrılmayacaklarını bilmek içindir. Bu yüzden metin tekrarlar ve bize her gün bildirir, gecenin karanlığı olmadan günün aydınlığının asla mümkün olmadığını belirtir. Benzer şekilde, kendisinden sonra gün getirmeyecek gece karanlığı asla olmayacaktır, çünkü onlar birbirlerinden asla ayrılmayacaklar.'" Buraya kadar Zohar'ın sözleridir.

Çalışmada yukarıda yazılanları, ışığın ne anlama geldiğini, karanlığın ne anlama geldiğini ve her ikisi birlikte olmadıkça bir güne sahip olmanın neden imkânsız olduğunu, ışığın ve karanlığın tek bir günü oluşturduğunu yani bir günü inşa etmek için, her ikisinin de gerekli olduğunu anlamalıyız. Bu demektir ki gün, karanlık başladığında başlar çünkü yeni bir günün oluşmasına dair sıralama, karanlıkla başlar.

Aynı zamanda "gün" kelimesinin karanlığa nasıl uygulanabileceğini de anlamalıyız, çünkü karanlık başladığında, günü zaten saymaya başlayabiliriz.

Bilinir ki üst dünyalarda meydana gelmiş olan kısıtlamalardan ve ışığın ayrılışından, ikinci kısıtlamadan ve kırılmadan sonra, BYA'nın yeri, iki anlayışa ayrılana kadar, Klipot (kabuklar) sistemi ortaya çıktı. TES'te (bölüm 16, s 1938, madde 88) açıklandığı gibi, ortasından yukarısı, Keduşa'nın (kutsallık) BYA'sı oldu ve ortasından aşağısı, Klipot'un kalıcı bölümü haline geldi.

Sonuç olarak, bu dünyada, "İnsan, vahşi bir eşeğin sıpası olarak doğmuştur" ve maneviyat için hiçbir arzusu yoktur. Dolayısıyla, kişi, Yaradan'dan uzak olduğunu hissederek, "gece" dediği karanlığı hissettiğini söyleme noktasına, maneviyata olan ihtiyacın hissiyatına nereden gelir? Bilmeliyiz ki kişi, Yaradan'dan uzak olduğunu hissetmeye başladığı anda, bir ölçüde Yaradan'ın varlığına inanmaya da başlar, aksi taktirde var olmayan bir şeyden uzak olduğunu nasıl söyleyebilir? Bunun yerine, Yaradan'dan uzak olduğunu hissettiği ölçüde, uzaktan, onun için parlayan bir aydınlığa sahip olduğunu söylemelidir.

Dolayısıyla karanlık yani karanlığın varlığına dair his başlar başlamaz, ışık hemen bir ölçüye kadar parlamaya başlar. Ve ışığın aydınlığının ölçüsü, sadece eksiklik aracılığıyla fark edilir. Bu demektir ki kişi, bir eksiklik hisseder, Yaradan'ın onun için olumlu bir şekilde parlayan ışığına sahip değildir. Ancak, ışık onun için eksiklik formunda parlar, yani şimdi, "gün" denen Yaradan'ın ışığının eksik olduğunu hissetmeye başlar.

Fakat gün ışığı kendileri için parlamayanlar, 'gün 'olarak adlandırılan Yaradan'ın ışığının yokluğuna dair kişinin eksiklik hissetmesinin gerekli olduğu böylesine bir realitenin varlığından habersizdirler. Tek bir kişiden yani aynı bedenden bahsedelim. Bazen kişi, karanlıkta olduğunu yani Yaradan'dan uzak olduğunu hisseder ve Yaradan'a yakınlaşmak için can atar. Yaradan'dan uzak olduğu için acı çeker.

Soru şudur, "Kişinin maneviyat için endişelenmesine kim neden olur?" Ve bazen kişi, kendisi hem saygınlıktan hem de geçimini desteklemekten yoksun iken, bir başkasının, insanlarla, fiziksellikte ve mal mülkte başarılı olduğunu gördüğü zaman, karanlığı ve ızdırabı hisseder. Kişi, kendisinin gerçekte, diğer kişiden hem yetenek hem de soy açısından daha yetenekli olduğunu görür ve daha fazla saygıyı hak etmektedir. Fakat aslında, diğerinden çok daha düşük bir seviyededir ve bu ona çok acı verir.

O anda, kişinin, maneviyatla hiçbir bağı yoktur ve daha önce bağı olup olmadığını bile hatırlamaz. Okulda birlikte çalıştığı tüm dostlarını, onların yaşamda bütünlüğü elde etme endişesi nedeniyle ızdırap çektiğini, onları, amaca yönelik bir hesaplama yapamayan çocuklar gibi gördüğü zamanları ve gözlerinin gördüğü tek şeyin, istedikleri şey olduğunu düşünür. Bir zamanlar hayattaki en önemli şeyin para olduğunu, başka bir zaman hayattaki en önemli şeyin insanlar arasında saygın bir konuma sahip olmak olduğunu görürler. Ve şimdi kendisi de alaya aldığı bu şeylerin içindedir ve hayattaki tüm ümit ve huzuru, onların belirlemiş olduğu "hayatın amacı" dedikleri ile aynı seviyede kendisi belirleyemedikçe hayatının bir tadı olmadığını hisseder.

Ve gerçek nedir? Yaradan şimdi ona acımıştır ve onu, gün anlayışı ile aydınlatmıştır ve bugün, eksiklik ile başlar. Diğer bir deyişle, gün, kalbinde karanlık formunda parlamaya başladığı zaman, buna "günün yükselişinin başlangıcı" denir ve o zaman kişinin içinde Kelim oluşmaya başlar ki orada ışık olumlu bir şekilde parlayabilecektir. Kişi, Yaradan sevgisini, Tora'nın lezzetini ve Mitzvot'un tadını hissetmeye başladığında, bu Yaradan'ın Işığıdır.

Bundan Zohar'ın yukarıdaki sözlerini anlayabiliriz, bir gün özellikle her ikisinden çıkar, şöyle yazıldığı gibi "Bu yüzden onlar hakkında 'Bir gün 'diye yazar, akşam ve sabahın bir beden gibi olduğuna ve her ikisinin de günü oluşturduğuna işaret eder." Ayrıca, Kabalist Yehuda bu yüzden metin her gün yeniden uyarır dediğinde, ilk önce gelen gecenin karanlığı olmadan ışık olmasının asla mümkün olmadığına işaret eder. Ve ayrıca, kendisinden sonra gün ışığını getirmeyen bir gecenin karanlığı olmayacak, böylece asla birbirlerinden ayrılmayacaklar.

Yukarıda bahsedildiği gibidir, 1) Kli olmadan ışık yoktur kuralını izleyerek ve 2) Kli'yi yapmak, "gün" denen ışığı da gerektirir.

Fakat eğer kişiye negatif formda bir parça gün zaten verildiyse ve bütün yaşamının, sadece Yaradan'la Dvekut ile ödüllendirilmek olduğunu hissediyorsa ve Yaradan'dan uzak olduğu için eziyet çekmeye başladıysa, o halde onun yükseliş durumundan düşmesine kimin neden olduğunu anlamalıyız. Diğer bir deyişle, kişinin tüm yaşamı, sadece manevi yaşamda olmalıdır ve bu, onun tüm umududur ve birdenbire öyle aşağılık bir duruma düşer ki bu durum, yaşamdaki tek umudu hayvansal arzuları doyurmak olan insanlara güldüğü durumdur. Fakat şimdi kendisi onların arasındadır, onların beslendiği şeylerle beslenir.

Daha da ötesi, bir zamanlar yükseliş durumunda olduğunu nasıl unuttuğuna şaşırmalıyız. Şimdi öyle bir hafıza kaybı durumu içindedir ki şimdi arasında olduğu insanları düşüneceği aklına bile gelmezdi, yani hırsı, öylesine alçak bir seviyededir ki her zaman kaçtığı bu atmosferin içine girmeyi göze aldığı için kendisinden utanmaz hale gelir. Diğer bir deyişle, büyük bir istekle soludukları bu havanın, Keduşa'yı (kutsallık) bozduğunu söylerdi, şimdi ise onların arasındadır ve onlarda hiçbir hata olmadığını hisseder.

Cevap, şöyle yazıldığı gibidir (Mezmurlar 1), "Kötü kişinin tavsiyesiyle yürümeyen insana ne mutlu." Kötü kişinin tavsiyesinin ne olduğunu anlamalıyız. Bilinir ki Hagadah'a (Hamursuz Bayramı öyküsü) getirilen kötü kişinin sorusu şudur: "Bu hizmet ile ne demek istiyorsun?" Baal HaSulam, bunun, kişi ihsan etmek için çalışmaya başladığı zaman, kötü kişinin gelip, "Kendin için çalışmayarak ne kazanacaksın?" diye sorması demek olduğunu açıklamıştır.

Ve kişi böyle bir soru aldığı zaman, belki de o kişinin haklı olduğunu düşünmeye başlar. Ve sonra onun ağına düşer. Buna göre, "Kötü kişinin tavsiyesiyle yürümeyen insana ne mutlu," sözlerini şöyle yorumlamalıyız; kötü kişi ona gelip, çalışmadan kendi için hiç kazanç ve yarar elde edemediği için, buna değmeyeceğini tavsiye ettiği zaman, kişi onları dinlemez. Bunun yerine, kendini çalışmada güçlendirir ve der ki: "Şimdi görüyorum ki gerçeğin yolunda gidiyorum ve onlar benim kafamı karıştırmak istiyorlar." Bundan çıkan sonuç şudur, insan üstesinden geldiği zaman mutludur.

Daha sonrasında, metin şöyle der: "Ne de günahkârların yolunda durdu." "Günahkârların yolunu" yorumlamalıyız. Der ki: "Ne de durdu." Daha önceki makalede (35, 1984-85) açıkladığımız gibi, eğer kişi, "Eklemeyeceksin," kuralını çiğnerse, bu günahtır. Diğer bir deyişle, mantık ötesi gitmeliyiz, buna inanç denir. Ve bunun zıttı ise bilmektir - beden, mantık ötesi inanmaktan başka bir seçeneğinin olmadığını anlar.

Bu yüzden, kişi çalışmadan biraz tat aldığı ve bunu destek olarak görüp, zaten bir temeli olduğu için şimdi inanca ihtiyacı olmadığını söylediği zaman, kişi hemen bulunduğu seviyeden düşer. Buna dair dikkatli olduğu ve temelini değiştirmenin mümkün olup olmadığını görmek için bir dakika bile durmadığı zaman, kişinin mutlu olduğu düşünülür çünkü onların yoluna bakmak için günahkârların yolunda durmamıştır.

Ve sonrasında, metin der ki: "Ne de hor görenin koltuğunda oturdu," bu, günlerini boş geçiren, yaşamlarını ciddiye almayan ve her anının değerli olduğunu düşünmeyen insanları işaret eder. 'Hor görenin koltuğunun 'ne anlama geldiğini bilmeliyiz.

Bunlar, her anının keyfini çıkaran, başkalarının doğru olup olmadığını, başkalarının davranışlarını nasıl düzeltmeleri gerektiğini düşünen ve kendileri için üzüntü duymayan ve kendi hayatları için endişe duymayan kişilerdir ve tüm düşüşlere bunlar neden olurlar. RADAK, hor gören kişiyi kötücül şekilde uyanık bir zekâsı olan kişi diye yorumlar. O, insanlarda hata bulur ve başkalarının sırlarını açığa çıkarır. Bu konu, tembel insanlar, boş gezenler içindir. Bu yüzden demiştir ki, "Ne de hor görenin koltuğunda oturdu," ki düşüşlerin nedeni budur.

Kişiye Kim Tanıklık Eder?

Makale No. 37, Tav-Şin-Mem-Hey, 1985

Zohar'daki Şoftim'de (yargıçlar) şöyle yazılmıştır (ve Sulam Yorumu s 8, madde 11'de), "Dostu, o tanıklık etmediği için para kaybetmesin diye mahkemede tanıklık etmek bir Mitzva'dır (emir/ iyi iş). Bu yüzden Mişna'nın yazarları şöyle der, 'Kişiye kim tanıklık eder? Evinin duvarları.'

'Evinin duvarları' ne anlama gelir? Bunlar kalbin duvarlarıdır, şöyle yazıldığı gibi: 'Sonra Hezekiah yüzünü duvara döndü. 'Mişna'nın yazarları, bunun Hezekiah'ın kalbinin duvarlarından dua ettiğini öğrettiğini ileri sürerler. Daha da ötesi, onun ev halkı ona tanıklık eder. Onun ev halkı, 248 organıdır, çünkü bedene 'ev 'denir.

Mişna'nın yazarları şunu ileri sürer: 'Günahkârın kötülükleri kemiklerine kazınmıştır. Benzer şekilde, erdemlinin erdemleri kemiklerine kazınmıştır. 'Davud'un, 'Tüm kemiklerim söyleyecek 'demesinin sebebi budur. Fakat kötülükler neden et, tendonlar ve deriden daha fazla kemiklere kazınmıştır? Çünkü kemikler beyazdır ve siyah yazı sadece beyaz içinden görülebilir. Bu içinden beyaz olan Tora gibidir, yani parşömen ve dışından siyah olan mürekkep gibi. Siyah ve beyaz, karanlık ve ışıktır. Ve daha da ötesi, beden, kemiklerin üzerinde yükselmeye yazgılıdır, bu yüzden günahlar ve erdemler kemiklerine kazınmıştır. Eğer kişi ödüllendirildiyse, beden, kemiklerin üzerine yükselecektir. Eğer kişi ödüllendirilmediyse, beden yükselmeyecek ve ölüler dirilmeyecektir." Buraya kadar Zohar'ın sözleridir.

Zohar'ın, neden kişinin, dostu para kaybetmesin diye mahkemede tanıklık etmesi gerektiğini söylediğini anlamalıyız. Bu, Yaradan'ın çalışmasında yorumlanır. Dolayısıyla, kişinin neyi talep ettiğini ve bunu, kimden talep ettiğini anlamalıyız. Ve bunun güvenilir olmasını sağlamak için, kişi tanıklık etmelidir.

Yaradan çalışmasında, kişi, Yaradan'ın ona istediğini vermesini talep eder. Dolayısıyla kişinin iddiasının doğru olduğunu göstermek için, Yaradan, bir kişinin doğruyu söyleyip söylemediğini bilmez mi? Ancak, kişi tanıklık ederse, o zaman bilir ki argümanı doğrudur. Daha da ötesi, kişiye kendisi için tanıklık etme konusunda nasıl güvenilir? Ve aynı zamanda tanıklığın neden kalbinin duvarlarından olması gerektiğini de anlamalıyız, çünkü "evinin duvarlarının" anlamı için kanıt, Hezekiah'ın şu sözlerinden gelir, "Sonra Hezekiah yüzünü duvara döndü," ki bunu, "kalbinin duvarları" anlamında yorumladık.

Bu yüzden, kişinin tanıklığı aynı zamanda kalbinin duvarlarından olmalıdır. Ancak, bilinir ki tanıklık ağızdan olmalıdır, atalarımızın dediği gibi, "Onların ağızlarından, onların yazılarından değil" oysa burada, kalbinin duvarlarından olmalıdır, ağızdan değil, der.

Aynı zamanda neden şöyle dediğini anlamalıyız, "Mişna'nın yazarları şunu ileri sürdüler: 'Günahkârın kötülükleri kemiklerine kazınmıştır. Ve benzer şekilde, erdemlinin erdemleri kemiklerine kazınmıştır.'"

Fakat günahlar ve erdemler fiziksel kemiklere mi kazınmıştır? Manevi bir konu, günahlar ve Mitzvot, kemiklere nasıl kazınmıştır? Ve şu cevabı anlamak daha da zordur, "Çünkü kemikler beyazdır ve siyah yazı, sadece beyaz içinden görülebilir."

Ayrıca, neden, "Ve daha da ötesi, beden, kemikleri üzerinde yükselmeye yazgılıdır" dediğini anlamalıyız. Neden özellikle, "kemiklerinde" yani dirilip dirilmemesi kemiklerine bağlıdır?

Yukarıda bahsedileni çalışmada anlamak için, şu bilinen kuralı hatırlamalıyız, "Kli (kap) olmadan ışık yoktur," yani eğer dolumun girebileceği bir delik ya da eksiklik yoksa herhangi bir doyum almak mümkün değildir. Örneğin, kişi eğer aç değilse, yemek yiyemez. Daha da ötesi, kişinin yemekten alacağı hazzın miktarı, onun yemek için olan arzusunun miktarıyla ölçülür.

Bundan çıkan sonuç şudur, kişi, herhangi bir eksiklik hissetmediği yerde, alabileceği herhangi bir hazzı deneyimlemeyecektir, çünkü herhangi bir dolum almak için hiç yer yoktur. Bu yüzden, çalışmanın sırasından bahsettiğimizde, kişi çalışmaya girmeye başladığı, yani Yaradan'a memnuniyet vermek amacıyla, kutsallığın çalışmasını yapmayı arzuladığı zaman, yukarıda bahsedilen kurala göre, kişinin bunun için bir ihtiyacı olmalı, Yaradan'a ihsan etme ihtiyacında olduğunu hissetmelidir. Ve diyebiliriz ki kişi, Yaradan'a verme ihtiyacının ölçüsü kadar bir Kli'ye sahiptir. Ve bu Kli'nin dolumu, Yaradan'a verdiği zaman, yani O'na memnuniyet getirmeyi arzuladığı zamandır. Bu demektir ki beden, Yaradan'a ihsan etmeyi çoktan kabul etmiştir.

Ve insan, ihsan etme değil, alma doğasıyla doğduğu için, ihsan etmeye bağlanmayı arzularsa, beden, kesinlikle buna direnç gösterir. Ve eğer kişi ihsan etmeye bağlanmak isterse, yani böyle bir Kli elde etmek için bir arzusu varsa –Kli, arzu ve eksiklik demektir– o zaman beden, hemen gelir ve şöyle sorar, "Neden yaratıldığın doğanı değiştirmek istiyorsun? Eksik olduğunu hissettiğin eksiklik nedir? İhsan etmek üzere çalışman gerektiğini anladığına yüzde yüz emin misin? Çoğunluğun, kutsallık çalışmasını nasıl yaptığına bak; ne yaptıkları konusunda çok dikkatli değiller. Diğer bir deyişle, Tora ve Mitzvot'a bağlanmalarında, öncelikle niyete değil, fakat tüm hassasiyet ve detayıyla eylemin düzgün olmasına bakarlar. Onlar: 'Biz kesinlikle yapabileceğimizi yapıyoruz 'der. Niyete hiç dikkat etmezler çünkü Lişma (O'nun adına) çalışmasının, herkese değil, seçilmiş birkaç kişiye ait olduğunu söylerler."

Öyle anlaşılıyor ki gelip sorularını soran beden, muhtemelen tam yerinde sormaktadır. Ve ona yeterli cevap verilmediği için, kişinin ihsan etme arzusuna dair düşüncelere sahip olmasına izin vermez, çünkü doğrudur, Kli olmadan ışık yoktur. Diğer bir deyişle, "Eğer ihsan etmeye bağlanma ihtiyacını hissetmiyorsan, neden gereksiz yere telaşlanıyorsun?" Dolayısıyla beden önce ona der ki: "Bana şu ihtiyacı, ihsan etme arzusunu ver, sonra konuşuruz." Fakat yukarıda söylenene göre, arzuya ihtiyaç olmalıdır, yani kişi, ihsan edemediği için ızdırap çekmelidir. Bu yüzden, kişiye, Kli'si olmadığı için, ışık yani haz kesinlikle verilmeyecektir.

Dolayısıyla, kişi, Yaradan'a ihsan edemediği için çok büyük bir eksikliğe sahip olmak için çalışmalıdır. Ve bilinir ki eksiklik, kişinin eksiklik yüzünden hissettiği ızdırabın hissiyatıyla belirlenir. Aksi takdirde, kişi, istediği şeye sahip olmamasına rağmen, yine de o bir eksiklik olarak kabul edilmez çünkü gerçek eksiklik, ona sahip olmadığı için hissettiği acıyla ölçülür. Aksi takdirde, bu, boş sözlerden başka bir şey olmaz.

Şimdi atalarımızın dediğini (Taanit, 2a) anlayabiliriz, "'Efendin Tanrı'nı sevmek ve O'na tüm kalbinle hizmet etmek için. 'Kalbin çalışması nedir? Duadır. Duayı neden kelime anlamının ötesine genişlettiklerini anlamalıyız. Genellikle, kişi, başka bir kişinin ona bir şey vermesini istediği zaman, ona sözlü olarak sorar, yazıldığı üzere, 'Çünkü Sen her ağzın duasını duyarsın.' Öyleyse duaya neden 'kalbin çalışması' dendiğini söylediler?"

Yukarıda duanın, "eksiklik" olarak adlandırıldığını ve kişinin, eksikliğinin giderilmesini istediğini söyledik. Yine de bir insanın ağzında hiçbir eksiklik algılanmaz; tam tersine insanın tüm hisleri, kalpte hissedilir. Bu yüzden eğer kişi, kalbinde bir eksiklik hissetmiyorsa, söylediği şey önemli değildir, dolayısıyla diyebiliriz ki kişi, ağzıyla istediği şeye, gerçekten ihtiyaç duymalıdır. Bu böyledir çünkü istediği doyum, kalbe, eksikliğin olduğu yere girmelidir. Bu yüzden atalarımız, duanın kalbin derinliklerinden gelmesi gerektiğini, yani tüm kalbin, kişinin istediği eksikliği hissedeceğini söylediler.

Bilinir ki ışık ve Kli'ye "eksiklik" ve "dolum" (veya "doyum") denir. Dolum olan ışığı Yaradan'a, eksiklik olan Kli'yi yaratılanlara atfederiz. Bu yüzden, kişi, Kli'yi hazırlamalıdır ki böylece Yaradan bolluğu oraya akıtsın yoksa bolluk için hiç yer olmayacaktır. Bu nedenle, kişi, eylemlerini ihsan etmeye doğru hedefleyebilmek için, Yaradan'ın ona yardım etmesini istediği zaman, beden gelir ve ona şöyle sorar, "Neden bu duayı ediyorsun? O olmadan ne kaçırıyorsun?

Bu nedenle, ihsan etme çalışmasının gerekliliğini tartışan kitapları çalışmalı ve incelemeliyiz ta ki bu Kli'ye sahip olmazsak, Keduşa'ya giremeyeceğimizi anlayana ve hissedene kadar. En önemli şey eylemdir ve tüm enerjinin gitmesi gereken yer burasıdır ve Mitzvot eylemi ve Tora'yı tesis etmek bizim için yeterlidir, diyen çoğunluğa bakmamalıyız.

Bunun yerine, kişi, Tora'nın her eylemini ve Mitzvot'u, kendisini ihsan etme amacına getirmek üzere uygulamalıdır. Sonrasında, kişi, ihsan etmekle ne kadar meşgul olması gerektiğine dair tam bir anlayışa sahip olduğu ve bu güce sahip olmadığı için acı ve ızdırap hissettiği zaman, kişinin zaten dua edecek bir şeye sahip olduğu, kalpteki çalışma için bir yeri olduğu düşünülür, çünkü kalp, neye ihtiyacı olduğunu hisseder.

Böyle bir duaya, duanın cevabı gelir. Bu demektir ki kişiye bu güç, ihsan etmeyi amaçlayabilsin diye yukarıdan verilmiştir, çünkü o zaman kişi, ışığa ve Kli'ye sahip olacaktır. Ancak, eğer gösterdiği tüm çabalardan sonra, kişi yine de ihsan edememenin eksikliğini, acı ve ızdırap olarak hissetmiyorsa, ne yapabilir? Çözüm, Yaradan'dan ona "hissetmemekten dolayı eksiklik" denen Kli'yi vermesini istemektir ve ihsan edememekten dolayı hiç acı duymuyorsa, kişi bilinçsizdir.

Bundan çıkan sonuç şudur, kişi, eksikliğe sahip olmadığı, Keduşa'dan (kutsallık) ne kadar uzak olduğunu hissetmediği için acı çeker. Kendisi tamamen dünyaya aittir ve fiziksel ihtiyaçları tatmin etmeyi isteyerek yaşadığı hayatın, gördüğü diğer hayvanların hayatından daha önemli olmadığını anlamaz. Eğer tüm arzularında onlara ne kadar benzer olduğunu görmeye dikkat ederse, tek farkın, insanların kurnaz olması ve başkalarını sömürme kabiliyetine sahip olması olduğunu görecektir. Hayvanlar ise başkalarını sömürecek kadar akıllı değildirler.

Bazen, kişi Tora'yı çalıştığını ve Mitzvot'u yerine getirdiğini görse bile, Mitzvot'u yerine getirirken veya Tora çalışırken, Tora ve Mitzvot'a bağlanarak, Yaradan'la bağı edinmesi gerektiğini hatırlayamaz. Sanki onlar, onun için ayrı şeyler gibidir –Tora ve Mitzvot bir şey ve Yaradan başka bir şeymiş gibidir.

Ve eğer kişi, eksikliğe dair herhangi bir hisse sahip olmadığı, bir hayvan gibi olduğu için pişmanlık duyuyorsa, buna da "kalpteki çalışma", "dua" denir. Bu demektir ki kişi, bu eksiklik için, Yaradan'dan doyum alacağı, Yaradan'ın eksiklik hissiyatını vermesi için bir yere sahiptir, bu Yaradan'ın dolduracağı Kli'dir.

Şimdi, "Neden dua ağızda değil de kalptedir?" sorusunu anlayabiliriz. Çünkü duaya, "eksiklik" denir ve kişinin eksikliği ağızdadır denemez. Aksine, eksiklik kalpteki bir histir.

Şimdi neden, erdemlerin ve günahların kemiklere kazınmış olduğunu ve kişinin kemiklerden dirilip dirilemeyeceğini söylediğini açıklamalıyız. Zohar, beyaz olan kemikleri, siyahın karanlık ve beyazın ışık olduğu, beyaz üzerine siyah olan, Tora ile karşılaştırır.

Kemiklerin beyaz olmasının ne anlama geldiğini açıklamalıyız. Bu yüzden hem erdemler hem de günahlar kemikler üzerine yazılmıştır, çünkü Yaradan'ın çalışmasına ilişkin olarak, Tora ve Mitzvot'a bağlanan kişinin "kemik" olarak adlandırıldığı şeklinde yorumlanmalıdır. Tora ve Mitzvot'un esas bölümü, beyaz kabul edilir, çünkü hiçbir eksikliğin olmadığı şeye "beyaz" denir. Ve kişinin yaptığı eylemlere eklenecek bir şey olmadığından, bunun hakkında şöyle denmiştir, "Ne ekleyeceksin ne de çıkaracaksın," kişinin Tora'ya bağlanmasına "kemikler" denir. Onlar, kişinin erdemleri ve günahları onlara kazındığı için beyazdır.

Ancak, eğer kişi eylemlerini – bir temel inşa etme nedenini, onu Tora ve Mitzvot'a bağlanmaya zorlayan nedeni, eylemleri yaparken ki amacını– eleştirirse ve bu eylemleri gerçekten O'na memnuniyet vermek için yapıp yapmadığını görmeye çalışırsa, o zaman şu gerçeği görebilir: Kişi doğduğu doğanın içindedir, buna "almak için almak" denir ve kişi, bir ödül olmadan, Tora ve Mitzvot'a bağlanmak istemez.

Ve kişinin kendi doğasından çıkamamasının gerçek nedeni, buna ihtiyaç duymamasıdır. Görse, damgalanmış olduğu "kendini sevmek" denen doğasını değiştirmesi ve Yaradan sevgisini elde etmek için başkalarını sevmeyi üstlenmesi gerekecekti. Bu böyledir çünkü kişi, çevresindekilerin sevgisinin eksikliğini hisseder, yani aile onu sevecektir, şehrinin insanları onu sevecektir, vs. Fakat kişi Yaradan'ı sevmekle ne kazanacaktır? Ayrıca, eğer dostlarını severse ne kazanacaktır? Sonuçta, kişi daima, kendini sevmeye ilişkin kazançlarını düşünür. Öyleyse, bu sevgiden nasıl çıkabilir?

Ve eğer kişi, kendine neden Tora ve Mitzvot'u eylemlerde yerine getirdiğini ve hatta tüm hassasiyet ve detaylarına neden özen gösterdiğini sorarsa, o zaman kendisini şöyle cevaplar; eğitim sayesinde inanç kazanmıştır. Eğitimde, kişiyi Tora ve Mitzvot ile Lo

Lişma'da (O'nun adına değil) meşgul olması için yönlendirmeye başlarsınız, Maimonides'in Hilhot Teşuva'nın (Pişmanlığın Kanunları) sonunda söylediği gibi. Bundan çıkan sonuç şudur, kişi, Yaradan'a inanmayı üstlenmiştir, kutsal çalışmaya hizmet edecektir ve karşılığında bu dünyada ve bir sonraki dünyada ödüllendirilecektir.

Bu yüzden kişiye denir ki gerçek çalışma, bize yerine getirmemiz için Tora ve Mitzvot'u veren Yaradan'a inanmaktır ve bu sayede, "Yaradan'la Dvekut" denen form eşitliğini elde ederiz. Bu demektir ki kişi, kendini sevmeyi bırakmalı ve başkalarını sevmeyi üstlenmelidir. Ve kendini sevmeyi bıraktığı ölçüde, tam inanç ile ödüllendirilebilir. Aksi takdirde kişi ayrı kalır, Sulam Açıklamasında ("Zohar Kitabı'na Giriş" s 138) yazıldığı üzere, "Yaratılan varlığın, O'ndan belirgin bir zarar alamayacağı bir yasadır, çünkü yaratılan varlık, O'nu zarar veren olarak algılarsa, bu O'nun ihtişamında bir kusur olur, çünkü mükemmel Operatör için bu uygun değildir. Dolayısıyla, kişi, kendini kötü hissettiği zaman, aynı ölçüde O'nun üzerindeki rehberliğin inkârı vardır ve Operatör ondan gizlidir ve dünyadaki en büyük ceza, budur."

Eğer kişi iç gözlem yaparsa, Tora ve Mitzvot'un Yaradan için olması gerektiği gerçeğini fark eder. Gerçekten ne kadar da uzak olduğunu hisseder ve irdeleme onu acı ve ızdıraba getirir, "Yaradan'ın hizmetkârı" olarak adlandırılmaktan uzakta, sürekli yanlış yolda yürümektedir. Daha ziyade, tüm çalışması kendisi içindir, buna "kendi için çalışmak" denir, tüm hayvanların yolu budur, fakat konuşan için bu uygun değildir.

Öyle görünüyor ki, bu ızdıraplar sayesinde, kişi bir Kli yani bir eksiklik edinir. Ve doğaya karşı gitme gücüne sahip olmadığından, kendini sevmeyi bırakmayı kendi başına beceremediğini gördüğü için, çözüm, Yaradan'dan ona yardım etmesini istemektir, atalarımızın dediği gibi, "Arınmak için gelene yardım edilir." Bundan çıkan sonuç şudur, o zaman kişi, eksikliği doldurmak için bir yere sahiptir, çünkü Kli olmadan ışık yoktur.

Bu, daha önce sorduğumuz soruyu gündeme getiriyor: "Kişi, ihsan etmek için çalışmaya değer olduğunu anlamasına rağmen, ihsan etmeyi hedefleyemediği için acı ve ızdırap hissetmiyorsa, ne yapabilir?" Bu durumda, kişi bilmelidir ki bunun anlamı, Yaradan'a tam inancı yok demek değildir, sadece ihsan etmeyi hedefleyememektedir. Kişi, tam inançtan yoksun olduğunu bilmelidir, çünkü kişinin Yaradan'a inancı tam olduğu zaman, küçük olan büyük önünde kendini iptal eder kuralı söz konusu olur. Dolayısıyla, kişi, Yaradan'ın yüceliğine dair tam inanca sahip olsaydı, Yaradan önünde doğal olarak kendini iptal eder ve hiçbir ödül olmadan O'na hizmet etmeyi arzulardı.

Dolayısıyla burada hiçbir kusur yoktur, çünkü kişi doğasına galip gelemez. Aksine, kişinin inancı olmasına rağmen, burada tam inanç eksikliği vardır. Bunun kanıtı, kişinin Tora ve Mitzvot'u yerine getirmesidir. Ancak, bu, olması gerektiği gibi tam inanç değildir.

Diğer bir deyişle, bütünlük, O'nun yüceliğine inanmak demektir ve eğer kişi, tam inanca sahip olup olmadığını öğrenmek istiyorsa, ihsan etmek üzere çalışmaya ne kadar gönüllü olduğuna ve bedenin Yaradan önünde kendini ne kadar iptal ettiğine bakabilir. Dolayısıyla, kişinin ihsan etmek üzere çalışamaması eksikliktir, fakat burada daha da büyük bir eksiklik vardır -kişinin tam inancı eksiktir – ve asıl eksiklik, budur.

Fakat kişi, tam inancın eksikliğine sahip olduğunu görse bile, bu eksiklik, ona eksikliği olduğu için hâlâ acı ve ızdırap vermiyorsa, ne yapabilir? Gerçek sebep, kişinin çoğunluğa bakması ve onları önemli, mevki ve etki sahibi insanlar olarak görmesidir ve onların tam inanca sahip olup olmadıklarının görünür olmamasıdır. Onlarla konuşurken, onlar, bunun sadece seçilmiş birkaç kişi için olduğunu söylerler. Bu onların çok iyi bilinen görüşüdür. Bu büyük bir ayrımdır, kişi için bir bariyer haline gelir, onun doğru yolda ilerlemesini önler.

Bu yüzden bir çevreye, yani tam inancı elde etmeleri gerektiğine dair bir görüş taşıyan insanlara ihtiyacımız vardır. Kişiyi, kolektifin görüşlerinden kurtarabilecek tek şey, budur. O anda, tam inancı elde etmeye arzu duymak için herkes herkesi güçlendirir ki bu şekilde Yaradan'a memnuniyet verebilsin ve bu onun tek arzusu olsun.

Ancak, bu, tam inanç eksikliğini elde etmenin çözümü değildir. Daha ziyade, kişi hem nicelik hem nitelik açısından, alışık olduğundan daha fazlasıyla eylemlerinde çaba göstermelidir. Ve beden, kesinlikle direnç gösterecek ve şöyle soracaktır, "Bugün, diğer günlerden nasıl farklı oluyor?" Ve kişi şöyle karşılık verir, "Kendimi, Yaradan'ın bir hizmetkârı olarak, tam inanca sahip olsaydım, Yaradan'a nasıl hizmet edeceğimi düşlüyorum. Bu yüzden, sanki tam inanç ile ödüllendirilmişim gibi, O'na aynı tutumda hizmet etmek istiyorum." Bu, kişinin içinde bir eksiklik ve tam inanca sahip olmadığı için bir acı yaratır, çünkü bedenin direnci, tam inanç için bir ihtiyaç duymasına neden olur. Fakat bu kesinlikle, özellikle bedene karşı gittiği, zorlandığında, bedenle, onun arzusuna göre çalışmadığı zaman söylenir.

Dolayısıyla bu iki eylem -alışık olduğundan daha fazla çalışması ve bedenin direnci- kişinin tam inanca ihtiyaç duymasına neden olur. Ancak o zaman kişinin içinde bir Kli oluşur ki böylece sonrasında ışık onun içinde kıyafetlensin, çünkü şimdi kalbinde dua için bir yer yani eksikliğin yeri vardır. Ve sonra, duayı duyan Yaradan, kişiye, ödüllendirilmemek üzere bu ışıkla, Yaradan'a hizmet edebileceği inancın ışığını verir,

Erdemlerin ve günahların fiziksel kemiklere kazınmış olmasının anlamına dair sorduğumuz soruyu şimdi anlayabiliriz. "Kemikler", konunun kalbine ("konunun kemiği" İbranicede bir deyimdir) işaret eder, yani kişinin yerine getirdiği Tora ve Mitzvot'a işaret eder. O bize, onu eylemde yerine getirelim diye verilmiştir ve ona eklenecek hiçbir şey yoktur, yazıldığı üzere, "Ne ekleyecek ne de çıkaracaksın."

Ve bu eylemlerin üzerine, günahlar ve erdemler kazınmıştır, yani kişi, gerçeğin yolunda yürümeyi ve eylemlerinin ihsan etme niyetiyle olup olmadığını eleştirmek istiyor mu istemiyor mu? O gerçeği seven bir insandır ve başkalarının ne yaptığıyla ilgilenmez, fakat Tora ve Mitzvot ile Lişma'da (O'nun adına) mı meşgul olduğunu, yoksa her şeyi kendisi için mi yaptığını öğrenmek ister. O zaman kendini sevmeye battığını ve kendi başına oradan çıkamayacağını görür.

Sonra kişi kendini sevmekten kurtarması, başkalarını sevmekle ve Yaradan sevgisiyle ödüllendirilmesi için Yaradan'a yalvarır. "Efendi, O'nu çağıran herkese, onu gerçekten çağıran herkese yakındır." Bu yüzden kişi, Yaradan'la Dvekut (bütünleşme) ile ödüllendirilmiştir.

Bundan çıkan sonuç şudur, o zaman, erdemler onun kemiklerine kazınmıştır, yani yerine getirdiği Tora ve Mitzvot'a "beyaz" denir, çünkü eylemler açısından, her şey beyazdır, pozitiftir ve onlara ekleyecek hiçbir şey yoktur. Fakat sonrasında, kişi, amacın sıralı olmadığını, ayrı olduğu ve her şeyi ihsan etme amacıyla yaptığı 'form eşitliği ' olarak adlandırılan Dvekut'a sahip olmadığı için üzerlerinde karanlık olduğunu görür. Bunun yerine kendini-sevmek ile yönetilmektedir.

Bu nedenle, kişi, beyaz üzerine yerleşmiş karanlığa sahiptir. Beyaz, Zohar'ın sözlerinde yazıldığı üzere bunlar, beyaz kemiklerdir. Bu demektir ki kişi, uyguladığı Tora ve Mitzvot üzerinde karanlık olduğunu, ışıktan ayrı olduğunu görür, zira kendisi her şeyi almak için yaparken ve kendini-sevmekle ilgili olmayan hiçbir şeyi yapamıyorken, ışık, ihsan etmek ister.

Öyle anlaşılıyor ki kişinin kemikleri, yani pratik Tora ve Mitzvot beyazdır. Bu demektir ki eylemde ekleme gerektiren hiçbir eksiklik yoktur. Fakat bu beyaz üzerine koyduğu eleştiri aracılığıyla, kişi orada karanlık olduğunu görür. Ve karanlıkta olmak acıya ve ızdıraba neden olduğundan bunu onarmak için dikkat gösterir, ona yardım etmesi ve onu kendini sevmekten kurtarması için Yaradan'a dua ederse, böyle yapmakla, daha sonra Yaradan ile birleşmekle ödüllendirilir.

Buna, "Erdemlinin erdemleri kemiklerine kazınmıştır," denir, yani kişinin kendi beyaz kemiklerine dair eleştirisi, ölünün dirilişiyle ödüllendirilmesine neden olmuştur, zira "günahkârlara, yaşamlarında ö'lü' denir," çünkü onlar, Yaşamların Yaşamından ayrılmışlardır. Bu yüzden, Yaradan'a tutunmakla ödüllendirildikleri zaman, onların ölünün dirilişiyle ödüllendirildikleri düşünülür.

Fakat, "Günahkârın kötülükleri kemiklerine kazınmıştır," çünkü kötü kişi, hâlâ kendini sevmeye batmış olandır ve erdemliye, "iyi" denir ve iyi olana "ihsan etmek" denir, yazıldığı üzere, "Kalbim iyi bir şeyle coşar; derim ki, 'Çalışmam Yaradan içindir.'" Diğer bir deyişle, iyi bir şey nedir? Kişinin, "Çalışmam Yaradan içindir," demesidir, yani tüm eylemleri, Yaradan içindir ve kendi iyiliği için değildir.

Bu yüzden, "İyi bir göze sahip olan kişi kutsanacaktır." Bu nedenle, öz kabul edilen pratik Tora ve Mitzvot'a sahip olan insanlara, yerine getirmeleri için Tora ve Mitzvot, Yaradan tarafından verilmiştir, buna "beyazlar" denir, çünkü eylemlerin hiçbir eksikliği yoktur, yazıldığı üzere, "Ne ekleyecek ne de çıkaracaksın." Bu nedenle kişinin kemikleri beyazdır.

Kemikleri beyaz olmasına rağmen, "Onun kötülükleri kemiklerine kazınmıştır" çünkü kişi eylemlerinin ihsan etmek için olup olmadığını eleştirmemiştir. Bunun yerine çoğunluğa ve onların Tora ve Mitzvot'u nasıl yerine getirdiklerine güvenmiştir ve onlar der ki Yaradan için çalışmak, seçilmiş birkaç kişiye aittir ve herkesin, çalışmanın ihsan etme amacıyla olmasına dair endişe duyduğu bu yolu seçmesi gerekmez.

Buna, "toprak sahiplerinin görüşü" denir. Fakat "Tora'nın görüşü" farklıdır. Bilinir ki "toprak sahiplerinin görüşü, Tora'nın görüşüne zıttır," çünkü toprak sahiplerinin görüşü şudur, Tora ve Mitzvot'a bağlanan bir kişi sayesinde, daha büyük bir evin sahibi olduğu için kişinin mal varlığı büyür ve artar. Diğer bir deyişle, kişinin yaptığı her şey, kendini sevmeye gider.

Fakat Tora'nın görüşü, atalarımızın "Kişi bir çadırda öldüğü zaman," ayeti ile ilgili söyledikleri gibidir. Onlar der ki: "Tora, sadece kendini onun üzerine ölüme bırakan kişide mevcuttur." Bu demektir ki kişi kendini ölüme bırakır, yani ölüme bıraktığı kendine duyduğu sevgidir. Bu nedenle, kişinin mülkiyetle ilişkilendirebileceğimiz hiçbir mal varlığı yoktur çünkü kişinin tek amacı almak değil, ihsan etmektir. Dolayısıyla, kişi kendini iptal eder.

Dolayısıyla, "Günahkârın kötülükleri kemiklerine kazınmıştır" demek, kişi Tora'nın yolunda yürümüyor demektir, zira Tora'ya, "beyaz üzerine siyah" denir. Zohar, erdemlerinin kemiklerine kazınmasının sebebi budur, der, "Çünkü kemikler beyazdır ve siyah yazı, sadece beyazın içinden görünür." Tora gibi, yani eğer beyaz varsa, bu, kişi Tora ve Mitzvot'u yerine getiriyor demektir, kişinin Işık gibi olduğu, beyazın üzerinde siyaha sahip olduğu söylenebilir. Sonra, kişi Dvekut'u elde etmeye çalışır ya da beyaz kemiklerle kalır ve onların üzerine hiçbir şey yazmaz.

Bu yüzden kişiye, "günahkâr" denir, çünkü kötülükleri kemiklerine kazınmıştır. Fakat kendilerinde hiç beyaz olmayanlar, pratik Tora ve Mitzvot'a sahip olmayanlar, "günahkârın" anlayışına ait değildir. Daha ziyade, hayvanların anlayışına aittirler, yani onlar sadece hayvandır.

Mutlu Olan Erdemli ve Acı Çeken Erdemli

Makale No. 38, Tav-Şin-Mem-Hey, 1984-85

Kutsal Zohar (Ki Tetze, madde 13), 'mutlu olan erdemli ve mutsuz olan erdemli ' meselesini şöyle yorumlar: 'Erdemli olan ve mutsuz olan," sözünün anlamı şudur; kötülük onunla olduğu için, kişi, iyiliğin ve kötülüğün bilgisinin ağacından gelir. Bu kötülükle, günah işlemeyecek bir erdemli yoktur, çünkü kötülük, onunla beraberdir. Mutlu olan günahkâr, kötü eğilimi, onun iyi eğilimini yenmiş olan kişidir ve bununla ilgili şöyle söylenmiştir: 'O, mutludur', çünkü, iyilik, kötülüğün hükmü altındadır. Ve kötülük, iyiliği yönettiğinden, kişi günahkârdır, çünkü galip gelen, bu ismi alır. İyilik, kötülüğün üstesinden gelirse, kişiye 'mutsuz olan erdemli 'denir, çünkü kötülük, kişinin hükmü altındadır. Kötülük, iyiliğe galip gelirse, kişiye 'mutlu olan bir günahkâr 'denir, buraya kadarı onun sözleridir.

İyilik ve kötülük meselesini, genel olarak anlamak için şunu bilmeliyiz; yaratılanların kökü, Malhut'un Sefira'sından uzanır ve Malhut'un köküne 'almak için almak 'denir ve yaratılanların içindeki bütün kötülüğün kökü budur. Bu böyledir, çünkü bu arzu, bizi kökten ayırır, zira şunu öğrendik ki yaratılış düşüncesi, O'nun yarattıklarına iyilik yapmaktır ve 'haz ve keyif alma arzusu 'denen yoktan var olan bir eksiklik yaratılmıştır.

Ama maneviyatta, Dvekut (birleşme) ve ayrılık, form eşitliği ile ilgili olduğundan ve Yaradan veren ve yaratılanlar alan olduğundan, onların arasında form eşitsizliği vardır ve bu form eşitsizliği, bizi Yaradan'dan ayırır. Bu nedenle, O'nun bize vermek istediği, yaratılışın amacı olan, haz ve keyfi alamayız. Bu nedenle, bu iyiliği almak için, ihsan etmek üzere çalışmaya uygun nitelikte Kelim'e (kaplar) ihtiyacımız vardır ve bundan sonra bu iyiliği alacağız.

Bu yüzden; haz ve keyif almadığımız için, kötülüğümüz içimizdeki kendini-sevmeden ne daha az ne daha çoktur. Bu, haz ve keyif almamıza engel olur, hayatın hayatından bizi ayırdığı gibi, ölümümüze de sebep olur. Bize bu yüzden, ö'lü' denir, bilgelerimizin dediği gibi, 'Günahkârlara yaşamlarında ö'lü" denir.

Kötülüğümüzün, bizimle konuşma şeklini, bizi kontrol altına almak için onun itirazlarını dinlememiz için hangi güçle bize geldiğini dikkate almak için, burada, şu dört ayrımı yapmalıyız: 1) Sevgiden tövbe etmekle kıyaslayabilir ve buna atfedebiliriz. (Her ne kadar sevgiden tövbe etmek büyük bir mesele olsa da burada biz yalnız atfetmek bakımından bundan söz ediyoruz.) 2) Tahminen korkudan tövbe etmekle kıyaslayabiliriz. 3) Kişi, üstesinden gelemez ve tövbe edemez, ancak tövbe edemediği için, halen kırık ve paramparça kalır 4) Kişi, kötülüğün üstesinden gelememesinden ve tövbe etmedeki yetersizliğinden etkilenmez.

Bunları birer birer açıklayacağız. Kişi, her şeyi Yaradan için yapma yolunda gitmek istediğinde, yaptığı her şeyde Yaradan'ın bundan ne fayda sağlayacağını düşündüğü ve kendi menfaatini düşünmediğinde, işte o zaman, bedenin kişiye itirazlarla geldiği biliniyor. O, 'ihsan etme yolu ve kişinin kendi menfaati için değil 'olarak adlandırılan bu yola, iftira etmeye başlar ve 'akıl ve kalp 'olarak kabul edilen Firavun'un ve günahkârın itirazlarını, 'kim ve ne 'için diye savunur.

Kişi onların itirazlarını dinlemeye başladığı zaman hayrete düşer, çünkü şimdiye kadar bedeninden şimdi duyduğu böyle güçlü itirazlar geldiğini asla duymamıştır. Çalışmaya başladığı zaman, her defasında amaca doğru daha çok ilerleyeceğini, yani her defasında Yaradan için çalışmaya değer olduğunu göreceğini düşünüyordu.

Ama kişi, birdenbire Yaradan'a hizmet etmek için, daha büyük bir arzusu olması gerektiğinde, bedenden itirazlar duyduğunu görür, beden şimdi ona şöyle der: 'Neden tüm dünyanın gittiği yoldan gitmezsin ki, orada asıl işler için ve söyleyebileceğin şu 'amaçladığım gibi olsun 'niyeti ile titizlik edebilirsin. 'Ama şimdi 'der beden, 'Görüyorum ki, niyetini özellikle, her şeyin Yaradan için olması ve kendin için olmamasına hedeflemeye dikkat ediyorsun. Farklı olabilecek misin? Bu yolun, en güvenli yol olduğunu söyleyen diğer herkes gibi olmak istemez misin? Ve bunun kanıtı, diğer herkese, onların nasıl davrandıklarına bakmaktır'.

İşte o zaman, üstesinden gelme çalışması başlar. Şöyle ki, kişinin, onların eleştirilerinin üstesinden gelmesi ve taleplerine teslim olmaması gerekir. Kişi görmesini sağladıkları şey için, onlara net cevaplar vermelidir. Bu, arzu ettiği niyetin tüm çalışmasının, kendi menfaati için değil, yalnız ihsan etmek içindir, bu mantığa aykırıdır. Zira mantık şunu emreder; insan zevk ve keyif alma arzusu ile yaratılmıştır ve bunu tatmin etmek için doğal bir talebi vardır; yoksa neden hayattan keyif alması, bedenin taleplerini karşılaması gereksin ki ve böylece kişinin bunu gayet anlamlı bulmasını sağlar ve onun itirazını cevaplamak için hiçbir mazereti kalmaz.

Buna verilecek açık cevap şu olmalıdır; bize akıl ve mantık ötesi gitmemiz gerektiğini öğreten bilgelerimizin sözlerine inanırız. Şöyle ki, gerçek inanç, özellikle mantık ötesidir ve aklın anladığı tamamen doğru değildir, zira Yaradan'la ilgili olarak öğrendik ki, 'Düşüncelerim, senin düşüncelerin değildir, Benim yolum da senin yolun değildir'.

Burada, çalışma düzeninde şu muhakemeler başlar:

Kişinin bedenine, 'Bana söylediğin itirazlarının tamamı mantıklı ve seninle hemfikirim 'demesi, ilk derecesidir. Ancak, bilmelisin ki gerçek yol, bilgelerdeki inançtan aldığım gibi, mantık ötesi yoldur, ama bu yolun gerçekten de böyle olduğunu, mantık ötesi gittiğimi göstermek için bir şansım olmadı. Ama şimdi bana, mantık içinde gitmemiz gerektiğine dair itirazlarınla geliyorsun ve ihsan etme ve inancın yoluna iftira atıyorsun, iftiralarınla bana gelmenden mutluyum, çünkü şimdi düşüncelerimi, Yaradan çalışmasını inşa ettiğim temelin, hakikatin yolu olduğunu gösterebilirim. Şöyle ki, şimdi mantık ötesi gittiğimi söyleyebilirim. Ama sen bana gelmeden önce, yolumu gösterme şansım yoktu.

'Bu nedenle, şikâyetlerini beğeniyorum, çünkü önümde iftira atmakla, bana büyük bir iyilik yaptın. Yani senden duyduğum iftiralar, tövbe etmeme sebep oldu, şimdiden sonra, mantık ötesi inançla üstesinden gelmem gerekli. Cennet Krallığı'nın yükünü, ihsan etmede ve mantık ötesinde üstlenmeme sebep olanın, özellikle senin iftira etmen olduğu ortaya çıkıyor. Bana itirazlarla gelmeseydin inanç emirini kendi üstüme almama gerek kalmazdı. Ama şimdi tövbe etmeliyim'. Bu nedenle, kişi, duyduğu iftiralara üzülmez.

Bunu, sevgiden tövbe etmekle nasıl ilişkilendirdiğimizi karşılaştırabiliriz (gerçekte, sevgiden tövbe ve korkudan tövbe, iki büyük derece olmalarına rağmen), bilgelerimizin 'Sevgiden tövbede, günahlar, kişi için erdemler haline gelir 'demeleri gibi. Burada günahların, kişi için erdemler haline gelmesini de yorumlayabiliriz.

Günahların, erdemler haline nasıl geldiğini anlamalıyız. Günahların anlamı şudur; günahların gelmesine, kişi öfkelidir. Erdemler, kişinin erdemleri edinmekten keyif almasıdır. Öyleyse, günahların, erdemler haline geldiği nasıl söylenebilir? Buradan günah, bedenin kişinin mantık ötesinde üstlendiği inanç hakkında şikâyetlerle gelmesidir. Ayrıca, kutsal inanca iftira atılmasından daha büyük bir günah olabilir mi?

Ancak kişi, sevgiden tövbe ederse, bunun anlamı, şimdi kişinin tövbe etmesi ve açık bir zihinle, mantık ötesi inancı kendi üstüne almasıdır, kişi, özellikle inancın yolu aracılığıyla gitmeye karar vermiştir. Bu nedenle, seçim için bir yeri vardır. Ancak, ona iftira ile gelmeden önce, mantık ötesi inancı üstlenmesine rağmen, önünde iki yol olduğu, böylesine açık değildi. Ancak kişi şimdi gerçek bir seçim yapıyor, özellikle mantık ötesi inanç ile gitmesi gerektiğine karar veriyor.

Dolayısıyla duyduğu iftiradan memnundur ve bu günah olmasına rağmen, inanç hakkında yapılan iftiraları beğenir. Bu, onun seçim yapmak için bir yere sahip olmasına neden olur, gerçekten de mantık ötesi inancın yolundan gitmek istediği kişiye aşikâr olur, böylece günahların onun için erdemler kadar, önemli olduğu ortaya çıkar, çünkü onlar olmadan, kişinin seçim yapmak için bir yeri olamazdı.

Bu yüzden, şimdi ettiği tövbe ile şimdi yapmaya geldiği bu çalıma ile kişi mutludur, bu sevgiden tövbe etmek olarak kabul edilir. Öyle ki, kişi, şimdi yaptığı bu tövbe etme eylemini sever. O zaman günah olan amaçları, kişi tarafından erdemler olarak kabul edilir, bunun anlamı, biri olmadan diğeri ile gidemeyeceğinden, kişinin onları erdemler gibi sevmesidir. Kişi, yaklaşık olarak ışık ve Kli'nin (kap) sahip olduğu ilişkiye sahiptir. Öyle ki, günahların onda sebep olduğu eksiklik, Kli olarak adlandırılır ve kişinin seçim yaptığı tövbe, ışığın ilişkisine benzer. Çalışmanın sırasındaki ilk derece budur.

İkinci derecede, kişi ihsan etme ve inanç yolu yani hakikatin yolu hakkında, bedenin attığı iftiranın üstesinden gelir ve tövbe eder; yani bedeni söyle cevaplar: 'Senden duyduğum her şey, senin söylediklerin, yalnızca aklın dikte ettirdiği şeylerdir, ama ben, duyduğum şeye, Yaradan çalışmasının temelinin, mantık ötesi inanç olduğuna göre gidiyorum. Öyle ki, aklın dikte ettiğine göre gitmiyorum, aklın ötesinde gidiyorum. 'Bu nedenle, bu, gerçek tövbedir.

Buna rağmen, kişi, onların iftiralarını duymamış olsaydı daha mutlu olacağını söyler, çünkü belki de, kişinin seçim yapamama tehlikesi olurdu. Bu yüzden, tövbe, korku olarak kabul edilir. Şöyle ki, kişi, üstesinden gelme çalışmasından korkar, çünkü bu zor bir çalışmadır, zira kişi sınandığında, iyiyi seçmesi çok zordur.

Bunu takiben, günahlar, kişi için hatalara dönüştüğünde, tövbe, korkudan edilen tövbe ile ilişkili hale gelir. Kişi, günahları için tövbe ettiği için, onlar, erdemlere değil, hatalara dönüşür, zira erdem, kişi erdemlerle benzerdir, demektir. Bu nedenle kişi, erdemler için özlem duyduğunda, çalışmasından, seçim yapması için bir şans verilmesinden mutludur. Ancak kişi, iftiradan korktuğu zaman, kendisi, bunların erdem olmadığını, tam tersine bunların, hatalara benzediğini söyler.

Akabinde, kişi, kötülüğü Keduşa'ya (kutsallık) yükseltmesine yani tövbe sayesinde kötülüğü ıslah etmesine rağmen, bu derece, sevgiden tövbe etme derecesinden daha düşüktür, zira kişinin kendisi, onları erdemlere dönüştürmemiştir. Bu yüzden, bu, çalışmada ikinci derece olarak kabul edilir.

Çalışmada farkına varmamız gereken üçüncü derece şöyledir; beden, kişiye, kendi bilinen itirazlarıyla geldiği, akla ve kalbe iftira ettiği ve kişi, bunlara teslim olduğu ve onların üstesinden gelemediği zaman, kişi kendi derecesinden düşmek zorundadır. Şöyle ki, daha önce kişi, Yaradan'ın hizmetkârlarının arasında sayıldığını düşünüyordu, şimdi görür ki, bundan uzaktadır, zira beden, ona bilinen itirazlarıyla gelmeden önce, halen iyi olduğunu, yani kendini-sevmek için hiçbir arzusunun olmadığını ve tamamen ihsan etmek için arzusu olduğunu düşünmüştü.

Şimdi ise, bu şikâyetlerin üstesinden gelemediğini görür. Her ne kadar şimdi sınanmıyor olsa da -çünkü şimdi bunların hepsi, yalnızca olası itirazlardır- yine de onun itirazlarına teslim olduğunu ve mantık ötesi inancı üstüne alamadığını ve 'Yalnızca ihsan etme yolunda yürümek istiyorum 'diyemediğini görür.

O zaman, insan oturur ve kendisine hayret eder, durumu nasıl da tersine dönmüştür diye. Kişiye bu tekrarlayan bir döngüymüş gibi gelir ve kendi alçaklığına daima bakanların yerine, oraya kendisi düşmüştür ve o insanlardan nasıl da iğrendiğini ve onları küçük ve çocuksu bulduğunu ve daima onlardan uzak durduğunu hatırlasa da o yerden çıkamaz. Şimdi oradadır ve kendi başına oradan çıkamaz.

Şimdi, bir rahiple tartışan Rabbi Yonatan ile ilgili anlatılan hikâyeyle benzerlikler görür. Rahip, doğayı değiştirebileceğini söylemiş ve Rabbi Yonatan Yaradan'ın yarattığı doğayı değiştirmenin mümkün olmadığını söylemiştir. Onu, yalnızca Yaradan'ın kendisi değiştirebilir ama insanın kendisi değiştiremez.

Peki rahip ne yapar? Birkaç kedi alır ve onlara garson olmayı öğretir. Onları, garsonların kıyafetleriyle giydirir, krala gider ve ona Rabbi Yonatan ile ilgili meseleyi anlatır. Rahip, bir yemek hazırlar ve kralı ve bakanları yemeğe davet eder. Yemekten önce, rahip ikinci bir doğaya dönüşebilme meselesini ve Rabbi Yonatan'ın, insanın değil de yalnızca Yaradan'ın bunu değiştirebileceğini söylediğini yineler.

Daha sonra rahip emir verir ve der ki, 'Önce yiyelim ve daha sonra tartışmamızı sonuçlandıralım'. Derhal garsonlar yani kediler içeri girer, gerçek garsonlar gibi giyinmişlerdir ve masayı kurarlar. Herkese tabaklarını getirirler ve rahip, kral ve bakanlar, garsonların harikulâde eylemlerine hayran kalırlar. O zaman herkes, yemekten sonraki tartışmanın anlamsız olduğunu görür ve Rabbi Yonatan'ın sakince, insanın doğayı değiştirebileceğine dair açık bir şekilde kanıtlanmış bu eylemden etkilenmemiş bir şekilde oturmasına şaşırır.

Peki, daha sonra Rabbi Yonatan ne yapar? Yemeği bitirdikten sonra, garsonların ayakta durup konuklara hizmet etmek için beklediği zaman, Rabbi Yonatan'ın bir tütün kutusu çıkardığı söylenir. Herkes, onun tütün koklayacağını düşünürken, o, kutuyu açar ve kutudan birkaç fare çıkarır. Garsonlar, kutudan çıkan ve kaçan fareleri gördüğünde, derhal konukları terk ederler ve doğalarına uygun bir şekilde fareleri kovalarlar. O zaman herkes, Rabbi Yonatan'ın haklı olduğunu görür.

Aynı şey bizim için de geçerlidir. Beden gelip, iftiralarına başladığında, kendini-sevmenin tadını hissedilir şekilde gösterdiğinde, kişi, derhal Tora'yı, çalışmayı ve Yaradan'ı terk eder ve bedenin ona hazzını gösterdiği, kendini-sevmeyi edinmeye koşar. Daha sonra kişi, kendini-sevmekten çıkmak için gücü olmadığını görür.

Burada, bu durumda, kişi, doğası yüzünden, şimdi nasıl da kendini-sevmeye batmış olduğunu gördüğünde, çalışmada belli bir dereceye ulaşmış kabul edilir. Bu demektir ki, kişi, 'kötülüğün farkındalığı' olarak adlandırılan hakikatin derecesine ulaşmıştır. Şimdi çalışmasına yeniden başlaması gerektiğini anlar, çünkü şimdiye dek yolda yürüyor ve kendini kandırıyor, herkesin üstünde olduğunu düşünüyordu, ama şimdi, kendi gerçek durumunu görmektedir.

Bu nedenle, şimdi kalbinin derinliklerinden Yaradan'a dua etmenin eksikliğine sahip olduğu bir yer vardır, zira şimdi ihsan etme çalışmasından nasıl da uzak olduğunu, buradan çıkamayacağını ve bunun için, ona yalnızca Yaradan'ın yardım edebileceğini görür. Bu, önceki iki dereceden daha düşük olan üçüncü derecedir.

İlk üçüyle karşılaştırıldığında, dördüncü derece en düşük derecedir. Bazen beden bütün itirazlarıyla gelir ve kişi onu dinler, ama hiçbir şekilde cevap vermez. Ancak itirazlarını ciddiye alır ve hatta ihsan etme eylemlerini yerine getirememesinin doğal olduğunu görürse, hiçbir heyecan duymadan, alışık olduğu gibi kendini-sevmede kalır. Bununla ilgili olarak gayet duyarsızdır, bir dakika önceki yerini ve durumunu unutur, beden sorularıyla ona gelmeden önce, kendisinin, çalışmalarını kendini-sevmek üzerine inşa eden diğer insanlar gibi olmadığını düşünüyordu. Ama şimdi, bunun, herkesin çalıştığı gibi çalışılan bir yol olduğunu hissetmektedir.

Bunu şu izler; ona gelen bütün sorulardan kişi şimdi kendisine, kendisinin yardım etmesinin imkânsız olduğunu görür. Sevgiden tövbe etmeye benzeyen ilk farkındalık olsun veya korkudan tövbe etmek olan ikinci farkındalık olsun ya da halen Yaradan'a dua etmek için eksiklik duyduğu üçüncü farkındalık olsun bunların hepsi ona derecesinde yükselmek için bir fırsat vermek üzere yukarıdan gönderilen haberciler olmalıdır.

Kişi, şimdi bilgelerimizin şu söylediklerine (Sukkah, 52) inandığı ve gördüğü bir safhaya gelir, 'Rabbi Şimon Ben Lakiş şöyle dedi: 'İnsanın eğilimi onu her gün yener ve onu öldürmenin yolunu arar', şöyle söylendiği gibi, 'Günahkâr, erdemliyi gözler ve onu öldürmenin yolunu arar'. Yaradan'ın yardımı olmasaydı, kişi bunun üstesinden gelemezdi, şöyle söylendiği gibi, 'Tanrı onu ellerine bırakmayacak, yargılandığı zaman, onu mahkûm etmeyecektir'.

Kişi, bedenin, gerçekten de onu öldürmenin yollarını aradığını görür, yani itirazlarıyla onu hayatın hayatından ayırmak ister. Şimdi kişi kendi başına bunun üstesinden gelemeyeceğini görür ve Yaradan'ın ona yardım etmesini bekler. Bunu şu izler; ona gelen sorular, boşuna gelmemiştir. Tam tersine bunlar ona kalbinin derinliklerinden dua etmesi için yer verirler. Ancak dördüncü derecede, kişi her şeyi sıradan, kabul ettiğinde, bu sorular ona boşuna, amaçsız gelmiş gibidir.

Ancak, bilmeliyiz ki, ihsan etme ve inancın yolunda yürümeye başlamış olan birisi için, hiçbir şey boşa gitmez. Tam tersine, kişi birkaç gün ya da birkaç saat sonra, iftiraları duyduktan sonraki durumundan çıkar ve yeni bir şeyi görür: İnsan nasıl da yüksek bir dereceden, bulunduğu dereceye kıyasla, tam bir aşağılık derecesine düşmüştür. Ve yine de bunun hissiyatına sahip olmaz. Aksine, hiçbir şey olmamış gibi hisseder ve her şeyi sakince kabul eder, kendi mevcut durumunda kalmaya razı olur. Sakin ve makul bir ruh hali içindedir, önceden maneviyatta ilerleyemezse, yaşamaktan ziyade ölmeyi düşünürdü. Daima titrer ve nasıl ilerleyeceğiyle ilgili tedirgin olurdu ve daima Tora ve Mitzvot'a kuru kuruya bağlanan, hiçbir düşünce ve akıl olmaksızın yalnızca belirlenmiş bir yol aracılığıyla giden, sakin insanlara bakardı.

Ancak şimdi, birinden destek alması gerektiğini ya da bir eksikliği olduğunu hissetmez. Tam tersine, kişinin huzur içinde yaşamak istemesi ve kendindeki hataları araştırmak değil de kendini liyakat ölçeğine göre değerlendirmesi tamamen doğaldır. Öyle ki, kusur olduğunu düşündüğü her şey için, pek çok mazereti vardır. Ama kişi, çoğunlukla acı çekmeden yaşamak ister, çünkü daha önce maneviyatı düşündüğünde, acılarla dolu olduğunu ve her zaman endişe duyduğunu hatırlar. Şimdi ise Yaradan'a şükür, maneviyatla ilgili hiçbir endişesi yoktur ve tüm diğer insanlar gibi yaşamaktadır.

Ama daha sonra, ona yukarıdan bazı uyanışlar geldiğinde, maneviyatla ilgili tekrar endişe duymaya başlar. İşte o zaman yeni bir şeyi, insanın kendi kendisinin patronu olmadığını görür. Daha doğrusu, yukarıda onların kendi seçtikleri gibi fırlattıkları bir sapanın içindedir, tamamen yukarıdakilerin elindedir. Öyle ki, bir seferinde kişiye, kendi menfaatiyle ilgili bütün maddesel meseleleri fırlatıp atması gerektiğine dair düşünceler verilir. Başka bir seferinde ise kişi, maddesel dünyanın içine fırlatılıp atılır, yani maneviyatla ilgili bütün meseleleri unutur.

Bu yüzden dördüncü derece bile bir derecedir, çünkü buradan gerçeği görüp öğrenmesi için, kişiye bir şans verilir ve bu sayede kişi, Yaradan'a bağımlı olduğunu görerek, Yaradan'a tutunmaya gelebilir. İşte o zaman kişi, kendini-sevmekten çıkmasında ve Yaradan sevgisine ulaşmasında, Yaradan'ın kendisine yardım etmesini istemek üzere uyanacaktır.

Ancak bu, uzun bir yoldur. Bunun sırası, Baal HaSulam'ın dediği gibidir, kişi şöyle demelidir; 'Ben kendim için değilsem, kim benim için? 'Seçim, tamamen insana verilmiş olduğu için, kişi, her şeyin insana bağlı olduğunu söylemelidir, yukarıdan bir uyanış gelmesini beklememelidir.

Ama daha sonra, kişi, bütün bunların İlah-i Takdir olduğuna ve O'nun çalışmasına, insanın, hiçbir şey ekleyemeyeceğine inanmalıdır. Tam tersine kişi, yukarıda arzu edilen şekilde yapmalıdır ve kişinin özgür seçimi yoktur. Bu en iyisidir ve en kısa yoldur, böylece kişi zaman kazanır ve acısı azalır, çünkü kişi zamanın uzaması nedeniyle acı çekmez.

Bunu takiben, ihsan etme ve inanç çalışmasında yürümeye başladığında, kişi şu dört anlayışa gelir:

1) Beden, iftira eden itirazlarıyla geldiği zaman, kişi, onları sevgiyle kabul eder. Der ki, 'Şimdi, mantık ötesi inanç emrini yerine getirme şansım var, zira aksi takdirde, yalnızca mantık içinde çalışırdım'. Bu, sevgiden tövbe ile ilgilidir ve kişinin tövbeyi sevdiği anlamına gelir.

2) Beden, iftira eden itirazlarıyla geldiği zaman, bunların üstesinden gelmesine rağmen, kişi, bu çalışmadan hoşlanmaz, zira iftiraları duyduğu zaman, bunun üstesinden gelmek zor bir iştir. Bu, günahlar, kişi için hatalara dönüştüğünde, korkudan tövbe etmeye benzer, 'eğer onlar, kendisine gelmeseydi kişi, daha mutlu olurdu.

3) Beden, eden itirazlarıyla geldiği zaman, onun itirazları altında kişi, teslim olur ve üstesinden gelmek için gücü olmaz. İşte o zaman, kendisini kötü hisseder, çünkü bundan önce, kendisinin, Yaradan'ın hizmetkârları arasında sayıldığını düşünüyordu ama şimdi görür ki, hiçbir şeyi yoktur. Kişi, bundan pişmanlık duyar ama bir çare bulamaz. Bu yüzden, içinde bulunduğu durum ona acı verir.

4) Beden, iftira eden itirazlarıyla geldiği zaman, kişi, bu yükün altında parçalanır, bedenin ona söylediği her şeyi yapar ve her şeyi sakince kabul eder. Kişi, sanki hiçbir şey olmamış gibi, daha önce Yaradan'ın hizmetkârı olduğunu ve kendisini iyi hissettiğini derhal unutur. Bunun yerine, kendi durumundan hoşnuttur çünkü şimdi Yaradan çalışmasıyla ilgili olarak düşünmediğinden, acı çekmez ve bütün yaşamına bu

durumda devam etmek ister. Kişi, bazen bunun hakkında düşünmez bile yani, yaşamının amacıyla ilgili düşünmez, kısacası olduğu gibi mutludur.

Bu dört safha, bilgelerimizin söylediği şu dört derece ile karşılaştırılabilir: 1) mutlu olan erdemli 2) acı çeken erdemli 3) acı çeken günahkâr 4) mutlu olan günahkâr.

Her ne kadar bilgelerimiz, yüksek derecelere atıfta bulunuyorlarsa da buna ilişkin olarak yine de bir karşılaştırma yapabiliriz. Sevgiden tövbe etmeye benzer olan ilk safhaya, 'mutlu olan erdemli 'denir. Bu demektir ki, kişi, günahlar, onun için erdemlere dönüştüğü için, kötü bir şey hissetmez.

Korkudan tövbe etmeye benzer olan ikinci safhaya, 'acı çeken erdemli 'deriz, Zohar'ın yukarıda yorumladığı gibi: 'Kötülük, kişinin hükmü altında olduğunda, acı çeken erdemli'. Öyle ki, kişi onu kontrol eder, çünkü bedeninden duyduğu iftira yüzünden, pişmanlık duymuş, tövbe etmiştir. Ancak günahlar, erdemlere dönüşmediği için, bunu şu izler; kişinin günahları vardır ama onlar hatalar gibidirler, zira kötülük, iyiliğin hükmü altındadır. Bu durumda, kişinin yine de günahları vardır ama iyilik onu kontrol eder.

Bedenden iftira duyduğunda, kişi kötülüğe teslim olduğu zaman, bu üçüncü safhadır. Bu iftira üzerine, tövbe etmeye gücü yoktur ve onu kabul eder. Ancak, üstesinden gelemediği için pişman olur. Biz buna, 'acı çeken günahkâr 'diyebiliriz. Kişi, günahkâr olduğu, yani tövbe etmediği halde, bu durumdan hoşnutsuzluk hisseder yani üstesinden gelmek için gücü olmadığı için acı çekmektedir.

Kişi, iftiraları sakince karşıladığı ve az önce iftira duyduğunu bile hissetmediği bir durumdaysa bu dördüncü safhadır. Biz buna, 'mutlu olan günahkâr 'diyebiliriz. Şöyle ki, kişi günahkâr olmasına rağmen, bu şekilde mutludur ve kendisinde hiçbir kusur, noksanlık hissetmez.

Sesimizi Duy

Makale No. 39, Tav-Şin-Mem-Hey, 1984-85

Slihot'ta (affedilmek için edilen dualar) şöyle deriz: 'Efendimiz, Tanrımız, sesimizi duy, bize merhamet et, bize acı, dualarımızı merhametle ve içinden gelerek kabul et'. Pazartesi ve Perşembe ayinlerinde şöyle deriz: 'Ey Rabbimiz, bize, merhametinle acı ve bizi zalimlerin ellerine bırakma. Neden diğer uluslar, 'Onların Tanrısı nerede? 'diye sormalıdır? Sesimizi duy ve bizi affet ve adımızı yok edecek olan düşmanlarımızın ellerine bizi bırakma. Nihayetinde, Senin adını unutmadık; lütfen bizi unutma'.

Neden bunun 'Nihayetinde, adını unutmadık; lütfen bizi unutma 'ile sona erdiğini anlamalıyız. Yaradan'dan yardım etmesini isteme sebebimizin, bu olduğunu ima eder, çünkü şöyle der, 'Nihayetinde, adını unutmadık'. 'Nihayetinde, adını unutmadık ' ifadesindeki sebep ve gerekçe nedir ki, 'lütfen bizi unutma 'diyoruz?

Yukarıdakileri anlamak için, diğer ulusların bu inançsız soruları nasıl sorduğunu bilmeliyiz. Zira şöyle deriz; 'Neden diğer uluslar 'Onların Tanrısı nerededir? 'diye sormalılar?'. Ayrıca, Yaradan'a, neden 'Bizi zalimlerin ellerine verme 'dediğimizi de anlamalıyız. Zalimler kimlerdir? Ayrıca, öyle görünüyor ki, sürgünde, zalimlerin eline bırakılmasaydık, o kadar da korkunç olmazdı ve biz, diğer ulusların arasındaki sürgünden bizi kurtarması için, dua etmeye gerek duymazdık.

Bunu, bizim yolumuza göre açıklayacağız. Bizler, Tzimtzum (kısıtlama) ve gizlilikten sonra doğduğumuz ve içimizde, yalnızca kendimiz için alma arzusu ifşa olduğu için, bu, yalnızca kendi menfaatimiz için çalışmamız gerektiğini bize anlatır. Kendimizi-sevmekle köleleşerek, Yaradan'dan uzaklaşırız. Bilinir ki, yakın ve uzak, form eşitliği ve form eşitsizliğiyle ilişkilidir.

Bu nedenle, kişi, kendi alma arzusuna battığı zaman, hayatın hayatından ayrılır. Doğal olarak, Tora ve Mitzvot'un tadını hissedemez, çünkü kişi yalnız, Yaradan'ın emrini, kendi menfaati için yerine getirmediğine inandığı zaman, Tora'yı Verene tutunabilir. Yaradan, yaşamın kaynağı olduğundan, kişi, ancak o zaman yaşamın tadını ve Tora denen 'hayatın Tora'sını' hisseder ve 'Bu, sizin hayatınızdır ve ömrünüzün uzunluğudur 'ayeti, gerçek olur.

Ancak, ayrılık süresince, kişi için, her şey, karanlıktır. Bilgelerimiz 'Kişi, Tora ve Mitzvot'a, daima Lo Lişma'da (O'nun adına değil) bağlanmalıdır ve Lo Lişma'dan Lişma'ya (O'nun adına) gelir 'demelerine rağmen, bunun için pek çok şart vardır. Öncelikle kişinin, Lişma'ya ulaşmaya ihtiyaç duyması gerekir. Şöyle düşünür: 'Her zaman Lişma'yı öğrenme nedenimi hatırlamam gerekli olduğuna göre Lo Lişma'yla uğraşarak ne kaybederim ki? Bu, maddesel ya da manevi bir ödül kazanmak için değildir. Tam tersine, Lo Lişma'yı öğrenme nedenim, bu yolla Lişma derecesini edinmektir.

İşte o zaman, 'İhtiyacım olmayan bir şey için neden çalışmama gerek olsun? 'sorusu, kişinin içinde uyanır. Beden gelir ve şöyle der: 'Senin, Lişma olarak adlandırılan, ihsan etmek için çalışma arzunla ben ne kazanacağım? Eğer ben, Lo Lişma'da çaba gösterirsem, Lişma denen önemli şeyi alacak mıyım?'

Gerçekte, tam tersidir. Eğer kişi, bedenine, 'Tora ve Mitzvot'u Lo Lişma'da çalış ve bu Lişma'ya ulaşmana neden olur, 'derse, kişinin amacı buysa, Lişma'yı edinmekse, beden bunu kesinlikle engelleyecek ve kişiye, neden Lo Lişma'da çalışamayacağı ile ilgili pek çok mazeret getirecektir.

Belki de bedenin, Lo Lişma'yı, Lişma'ya götüreceği için öğrenen insanları engellemesi ve Lo Lişma'da bile bağlanmalarına izin vermemesinin sebebi budur, zira beden, 'insanın, Lişma'ya ulaşmasından 'korkar.

Yaradan bize Tora ve Mitvot'u yerine getirmeyi emrettiği ve karışığında sonraki dünya ile ödüllendirileceğimiz için Lişma'yı edinmek amacıyla öğrenen, Tora ve Mitzvot'la uğraşan insanlar için bu böyle değildir. Tora çalışması boyunca, onlar, kendilerini-sevmekten çıkmayı ve Tora ve Mitzvot'u, ihsan etmek için yerine getirebilmeyi hedeflemezler. Bu yüzden, kişi, bedene yani kendini-sevmeye karşı gelmediği için, beden, Tora ve Mitzvot'u yerine getirmesine o kadar itiraz etmez, zira bedenin bakış açısı, her şeyi, kendi hükmü altında, yani kendini-sevmekte tutmaktır.

Ancak, Tora ve Mitzvot'a bağlanmaları boyunca, Lişma ile ödüllendirilmeye niyet edenler için, Lo Lişma'yı bile izlemek zordur, zira beden, kendini-sevmeyi tamamen kaybedebileceğinden ve her şeyi, Yaradan için yapacağından ve kendisi için hiçbir şey kalmayacağından korkar. Dolayısıyla Lo Lişma'da, yani bizzat Lo Lişma'nın niyetinde bile bir fark vardır. Eğer niyet, Lo Lişma'da kalmak ve daha ileri gitmemek yani

Lişma'ya ulaşmamaksa, kişi, Tora öğrenmekte direnebilir, çünkü bedeni, fazla bir direnç göstermez.

Ama Lo Lişma'ya bağlanırken, kişi, bu vesileyle Lişma'ya ulaşmayı hedeflerse, bu, bedenin bakış açısıyla çelişir. Kişinin halen, Lo Lişma'ya bağlandığı gerçekse de hedefi, Lişma'ya ulaşmak olduğundan, bedeni, her harekete direnir ve her küçük şey üzerine engeller oluşturur.

Bunun anlamı şudur; Lişma'ya ulaşma hedefinde gitmeyenler, Lişma'ya ulaşma yolunda yürüyen insanların engellerine baktıklarında, onlara gülerler. Onların anlamadıklarını, her şeyi yüksek bir dağ olarak gördüklerini ve her küçük şeyin, onlar için dev bir engel haline geldiğini ve her hareket için, büyük bir güç toplamaları gerektiğini söylerler. Onları anlamazlar ve onlara şöyle derler: 'Kendinize bir bakın ve yolunuzun ne kadar da başarısız olduğunu görün. Yaradan'a şükürler olsun ki, biz çalışıyoruz, dua ediyoruz ve bedenin, bizi, Tora ve Mitzvot'a bağlanmaktan caydıracak gücü yok. Ama siz, yolunuzla ilgili olarak, siz kendiniz, yaptığınız her küçük şeyin, sanki yüksek bir dağı fethetmek gibi olduğunu söylüyorsunuz'.

Bunu, bilgelerimizin şu söyledikleriyle karşılaştırabiliriz (Sukkah, 52): 'Gelecekte (Mesih'in günlerini kastediyor), Yaradan, kötü eğilimi alacak ve erdemlinin ve günahkârın önünde onu katledecek. Erdemliye, bu, yüksek bir dağ gibi görünecek. Günahkâra ise, bir saç teli gibi görünecek'. Orada, Mesih'in günlerinden söz ediyor olsa bile, bundan örnek verebiliriz, burada, Lişma'ya ulaşmaya niyet edenlerin, erdemliler olarak kabul edildiği açıklanır, zira onların hedefi, erdemli olmaktır yani niyetleri, yalnızca Yaradan içindir. Kötü eğilim, onlara göre, yüksek bir dağdır.

Lişma'ya ulaşma, yani kendini-sevmekten çıkma, hedefi olmayanlar, 'günahkâr ' olarak kabul edilir, çünkü 'almak için almak 'olarak adlandırılan kötülük, onların içinde kalır. Onlar kendileri, kendilerini-sevmekten çıkmak istemediklerini söylerler ve kötü eğilim onlara, bir saç teli olarak görünür.

Bu, Rabbi Bonim hakkında anlatılan şu hikâyeye benzer: 'Ona, Almanya, Danzig şehrinde, Alman Yahudileri dürüstken ve temiz kıyafetler giyerken, Polonyalı Yahudilerin neden yalancı olduklarını ve kirli kıyafetler giydiği sorulmuştu. Rabbi Bonim bunu, Rabbi Pinhas Ben Yair'in söylediği gibi cevaplamıştır (Avoda Zarah, 21): 'Rabbi Pinhas Ben Yair dedi ki, 'Tora, ihtiyata yönlendirir; arınmak, kaçınmaya, uzak durmaya yönlendirir ve günah işleme korkusu, kutsallığa yönlendirir'.

Bu nedenle, Alman Yahudileri arınmaya adapte olmaya başladığında, kötü eğilim gelip, onlara şöyle dedi: 'Sizin arınmakla uğraşmanıza izin vermeyeceğim, çünkü arınmak, nihayetinde Keduşa'ya (kutsallık) ulaşana dek, sizi başka şeylere yönlendirir.

Ondan sonra, benden Keduşa'ya ulaşmanıza izin vermemi istersiniz. Bu olmayacak! ' Ne yapabilirlerdi ki? Arınmaya özlem duydukları için, eğer arınma konusundaki çalışmalarına müdahale edilmezse, daha ileri gitmeyeceklerine dair söz verdiler ve böylece onların Keduşa'ya erişebileceklerinden korkmaya sebep kalmadı. Bu nedenle, Alman Yahudileri temizdir, zira kötü eğilim, onları rahatsız etmez.

Polonyalı Yahudilerin arınmayla uğraştığını gördüğü zaman, kötü eğilim, onlara da geldi, çünkü Keduşa'ya ulaşacaklardı ve buna karşı çıktı. Ona dediler ki, 'Daha ileri gitmeyeceğiz'. Ama ne yaptılar? Onları terk ettiğinde, Keduşa'ya ulaşana dek, ilerlemeye devam ettiler. Kötü eğilim, onların yalancı olduklarını gördüğünde, derhal arınma konusunda onlarla savaştı. Bu nedenle, Polonyalı Yahudiler, yalancı olduklarından, onların arınmada yürümeleri zordur.

Aynı şekilde, Lo Lişma'ya bağlanan ve şöyle diyenleri de anlamalıyız; 'Bilgelerimiz, bize Lo Lişma'dan Lişma'ya geleceğimizin sözünü verdi ve bu nedenle, bunu başarmak için büyük bir çaba göstermemize gerek yok, bu, eninde sonunda gerçekleşecek. Bu nedenle, Tora ve Mitzvot'ta, yaptığımız her şeyin Lişma'ya ulaşmak için olduğunu her zaman hatırlamamız gerektiği görüşüyle bir işimiz olmaz ve bu, bizim ödülümüz ve beklediğimiz şeydir.

Daha doğrusu 'Lo Lişma'ya bağlanacağız ve eninde sonunda bilgelerimizin bize söz verdiği şey gerçekleşecek, 'derler. Bu yüzden kötü eğilim, onları, Lo Lişma'ya bağlanmaktan başka bir yöne çekmeye çalışmaz, zira Lişma'ya ulaşma konusunda hiçbir arzularının olmadığını görür, bu yüzden, onları hiç rahatsız etmez, Rabbi Bonim'le ilgili hikâyede olduğu gibi.

Ancak, Lişma'ya ulaşmaya özlem duyanlarla ilgili olarak, kötü eğilim, onların Lo Lişma'ya bağlandıklarını görür, çünkü Lo Lişma'dan başlamak dışında bir yol yoktur, bilgelerimizin söylediği gibi, 'Kişi, Lo Lişma'dan Lişma'ya gelmedikçe, Lo Lişma'ya bağlanmamalıdır 've 'Lişma'ya ne zaman ulaşacağım? 'diye oturur ve beklerler.

Onların, Lo Lişma'nın şifası yoluyla, Lişma'ya ulaşmak için çaba gösterdiklerini gördüğü zaman, kötü eğilim derhal onlara gelir ve Lişma'ya erişemesinler diye onları dağıtmak için her şeyi yapar. Onların, korku yüzünden Lo Lişma'da küçük şeyler bile yapmalarına izin vermez, zira onlar Lişma'ya ulaşmak için çaba göstermektedirler, Rabbi Bonim'in cevabında olduğu gibi.

Buna göre, Lo Lişma'da iki muhakeme vardır: Kişinin Lo Lişma'daki amacı, Lişma'ya ulaşmaktır. Kişi, çalışmasında, daima Lişma'ya ulaşmaya doğru bir adım atıp atmadığını inceler. Bir cm bile hareket etmediğini gördüğü zaman, pişman olur ve Yaradan çalışmasına henüz başlamamış gibi hisseder, zira Tora ve Mitzvot'taki gösterge, Yaradan'ı ne kadar hedef alabildiğidir. Bu sebeple kişi, küçücük bir şeyi bile, Yaradan için hedefleyemediğini gördüğünde, Yaradan çalışmasında sanki hiçbir şey yapmıyormuş gibi hisseder ve kendisini işe yaramaz bir araç olarak görür.

O zaman kişi, amacını düşünmeye başlar. Günler geçer ve kişi, kendi safhasından çıkamaz; tüm istediği, kendini-sevmektir! Daha da kötüsü, her gün, çalışmasına engel olan şeyleri önemsiz şeyler gibi göreceğine, bunları yüksek dağlar gibi görür; kişi her zaman, önünde üstesinden gelemeyeceği büyük bir engel görür.

Baal HaSulam, kişinin böyle bir durumdaki ilerlemesiyle ilgili olarak, özellikle bu safhaların, 'Ahorayim (sırt) olarak adlandırıldığını söylemiştir. Bu durumda, kişinin görmesine izin verilmez, bu yüzden, kişi bunu, Panim (ön, yüz) olarak kabul etmez. Kişi, ilerlediğini gördüğü zaman, durumun çok da kötü olmadığını gördüğü için, duasının gücü zayıflar, zira kişi, nihayetinde küçük adımlarla da olsa ilerlemektedir. Biraz uzun sürse de hareket etmektedir. Ama kişi, gerilediğini gördüğünde, o zaman kalbinin derinliklerinden, kendi kötü durumu nedeniyle hissettiği acının ölçüsüne göre dua eder.

Ancak bunu, ettiğimiz şu duada söylediğimizi anlayacaksınız, 'Ey Tanrımız, merhametinle bize acı ve bizi zalimlerin ellerine verme'. Zalimlerin kimler olduğunu bilmeliyiz. Bireysel çalışmadan bahsettiğimizde, insanın, kolektif olduğunu bilmeliyiz. Öyle ki, kişi, içinde dünyanın diğer uluslarını da barındırır. Bu, kişinin, kötü arzulara ve diğer dünya uluslarının bakış açılarına sahip olduğu ve içinde var olan diğer dünya uluslarının arasında sürgünde olduğu anlamına gelir. Buna 'zalimlerin eli 'denir.

Biz Yaradan'dan, 'Bizi zalimlerin ellerine verme 'diye rica ederiz. Maddesellikte, zalim bir kişi, acımasızca insanlara sıkıntı veren, başkalarını kırmayı umursamayan kişidir. Benzer şekilde, kişi, Yaradan çalışmasında, Cennet Krallığı'nın yükünü kendi üstüne almak istediğinde, içindeki dünya uluslarının bakış açıları gelir ve onlardan duyduğu iftiralarla ona işkence eder. Kişi, onlarla savaşmalıdır, ama onlar daha güçlüdür ve kişi teslim olur ve onları dinlemek zorunda kalır.

Bu, kişiye acı ve azap verir, şöyle yazıldığı gibi: 'Ve İsrail'in çocukları çalışma yüzünden iç çektiler ve haykırdılar ve bu çalışma yüzünden yakarışları, Tanrı'ya ulaştı ve Tanrı inlemelerini duydu'. Böylece görüyoruz ki insanın, kötü eğilimden ızdırap çekmesi, dua edecek bir yere sahip olmasına neden olur. Bunu şu izler; kişi özellikle kötü eğilimle savaşırken ve ilerleyemeyeceğini düşünürken, özellikle burada ilerlemek için yere sahiptir.

Baal HaSulam, 'kişi Yaradan ile ciddi bir bağa sahip olduğunda bu zamanın önemini takdir edemez, 'der. Akabinde, kişi, zalimin ellerinde olduğunu ve içindeki diğer dünya uluslarının ona merhamet etmediklerini hisseder. Ona karşı zalimdirler, özellikle de ona, yazıldığı gibi ona şu soruları sordukları zaman: 'Neden diğer uluslar, 'Onların Tanrısı nerede? 'diye sormalıdır? 'Bu bir inançsızlığın sorusudur, onda, İsrail'in adını, yok etmek isterler, şöyle yazıldığı gibi, 'Adımızı silecek olan düşmanlarımızın ellerine bizi bırakma'.

Dolayısıyla onların istedikleri temel şey, İsrail'in Yaradan'a olan inancını kökünden sökmektir. Yaradan'a bağlanamasın, hayatın hayatına tutunarak, manevi yaşamın tadını hissedemesin diye bu iddialarla kişiyi Yaradan'dan ayırırlar. Bu yüzden kişi, inançsızlık ruhunu her gün duymasına rağmen, şöyle yazıldığı gibi, 'Neden diğer uluslar, 'Onların Tanrısı nerede? 'diye sormalıdır?', ancak 'Senin ismini unutmadık, ' yani "döneceğim adresi hala hatırlıyorum" der.

Onlar içimizde duran ismin kuru ve tatsız olmasına sebep oldukları için, içimizde, isimde olan değil de yalnızca Yaradan kalmasına rağmen 'Senin ismini unutmadık. 'Bu yüzden şöyle rica ederiz, 'Lütfen bizi unutma', bunun anlamı şudur; Yaradan bize O'na yaklaşmamız için güç verecek ve böylece biz kutsal ismin içerdiği şeyi elde edebileceğiz.

Tav-Şin-Mem-Vav

(1985-86)

Musa Gitti

Makale No. 1, Tav-Şin-Mem-Vav, 1985-86

Zohar'da şöyle yazılmıştır (madde 1-3): 'Musa gitti'. Rabbi Hizkiya, 'Musa'nın sağına, ihtişamlı koluna öncülük ederek, onların önünde suyu ikiye ayırarak, 'diye başladı. Üç kutsal kardeş, onların arasında yürüdü. Onlar kimdir? Musa, Harun ve Meryem'dir. Bizler Harun'un, İsrail'in sağ kolu olduğunu tespit ettik, şöyle yazıldığı gibi: 'Kenanlı, Arad'ın Kral'ı... İsrail'in siteler aracılığıyla geldiğini duyduğu zaman'. 'Siteler aracılığıyla', İsrail'in, bir kolu olmadan yürüyen bir adam gibi olduğu, her yerde kendisini desteklediği anlamına gelir, zira 'siteler', 'yerler 'demektir. O zaman, 'İsrail'e karşı savaştı ve onların bazılarını esir aldı', zira onların sağ kolu yoktu. Gelin ve görün, Tiferet olan Harun, bedenin sağ koluydu, bu nedenle şöyle yazılmıştır: 'Musa'nın sağına, ihtişamının koluna öncülük ederek'.

'Kenanlı... duyduğu zaman', ayeti hakkında verilen alegoriyi anlamalıyız. Raşi bunu şöyle yorumladı; o, Harun'un öldüğünü ve bir kolu olmadan yürüyen bir adam olarak, ihtişamın bulutlarının ayrıldığını duydu. Harun'un sağ kol olması ne demektir? Ayrıca bu alegoriden şunu da anlamalıyız, kolu olmayan birisi yürüdüğü zaman, kendisini her yerde, destekler. Yapmak istediğimiz her şeyin, onu yapmamızı gerektiren bir sebebi olduğunu bilmeliyiz. Sebebin önemine göre, kişi dilediğini elde etmek için çaba gösterebilir.

Bu sebeple, kişi, Yaradan çalışmasında yürümeye başladığında ve inanç ve ihsan etmede çalışmak istediğinde, özellikle neden bu yolda yürümesi gerektiğini bilmek ister. Herkes, eğer çalışma, almaya ve bilmeye dayanırsa, çalışmanın, daha iyi ve daha başarılı olacağını bilir. Şöyle ki, 'kendini-sevmek 'olarak adlandırılan beden, bu çalışmaya, böylesine güçlü bir şekilde direnmez, zira beden, dinlenmeyi arzu etmesine ve hiç de çalışmak istememesine rağmen, eğer bu çalışma, almak ve bilmek temeline dayansaydı, kesinlikle çok daha kolay olur ve daha fazla insan Tora ve Mitzvot'a bağlanırdı.

Baal HaSulam, Yaradan'ın, bedenin direnmesini istediğini, böylelikle insanın, O'nun yardımını almak zorunda olacağını, söylemiştir. Yaradan'ın yardımı olmadan, hedefe ulaşmak mümkün değildir ve bu her seferinde insanın, daha yüksek bir dereceye yükselebilmesi içindir, bilgelerimizin söylediği gibi; 'Arınmaya gelene yardım edilir'. Kutsal Zohar sorar: 'Ne ile yardım edilir? 'Kutsal bir ruhla. Kişi doğduğunda, ona bir ruh verilir. Şayet daha fazlası ile ödüllendirilirse...' Bu nedenle, insana, çalışma verilmiştir ki böylece kutsallığın derecelerinde yükselebilsin.

Ancak çalışma sırasında, yani kişinin Yaradan'ın yardımını istemesi sırasında, dikkatli olmalıyız, çünkü kişi çalışmaya geldiğinde, beden, ona şöyle der: 'Neden bu kadar üzgünsün? Hiçbir şekilde 'kendini-sevmek 'denen doğanla başa çıkamazsın. Ondan dışarı çıkamazsın ve sana yalnızca Yaradan yardım edebilir. O halde kendini neden zorluyorsun, kendini-sevmekten çıkmak için, böylesine büyük bir çaba harcıyorsun? Boşuna çalışıyorsun! Bu çalışmaya neden ihtiyaç duyuyorsun?'

Baal HaSulam bununla ilgili olarak, kişinin yerine getirmek istediği her bir eylemden önce, seçimin sadece ona bağlı olduğunu söylemesi gerektiğini söylemiştir. O zaman kişi, Yaradan'ın kendisine yardım edeceğini söylememelidir. Tam tersine, elinden gelen bütün çabayı sarf etmelidir. Kişi, Yaradan'ın yardımına, sadece çalışmanın tamamlanmasında ihtiyaç duyar ve yukarıda bahsi geçen sebeple çalışmayı bitiremez.

Bununla ilgili olarak bilgelerimiz şöyle söylemişler (Avot, Bölüm 5, risale 21): 'O şöyle derdi, 'Çalışmayı bitirmek sana göre değil'. Bu nedenle, şu denebilir: 'Çalışmaya neden ihtiyacım olsun? Şayet bitiremeyeceksem, çalışmamın ne yararı var ki? 'Bu yüzden, risalede şöyle devam eder, 'ama ne de iş yapmadan boş durmakta özgürsün'.

Dolayısıyla burada, birbirine zıt gibi görünen iki şey görüyoruz. Bir taraftan, kişiye 'zahmet altındaki öküz gibi ve yük altındaki eşek gibi' çalışması söylenir. Bununla kastedilen şudur; kutsal çalışma insana bağlıdır, yani o bitirebilir. Diğer taraftan, yazıldığı gibi, şöyle deriz: 'Yaradan benim için bitirecek'.

Mesele şu ki, her ikisi de gereklidir. Bir taraftan, kişi seçim yapmalıdır yani Yaradan için çalışmaya arzusu olmalıdır. Eğer kişi, çalışmasını bitirebilseydi, mevcut durumunda kalırdı, çünkü bütün eylemlerinin Yaradan için olduğunu gördüğü için, kendisini tam, bütün hissederdi, bu durumda başka ne eksik olurdu ki? Bu yüzden de artık, Tora'nın ışığını çekmeye gerek kalmazdı.

Ancak, Tora'da ilerlemeye ihtiyaç duymak için, zira Tora, Yaradan'ın yarattıklarına ifşa etmeyi arzuladığı Yaradan'ın isimleridir ve 'Kli (kap) olmadan ışık yoktur 'kuralına göre, 'ihtiyaç ve eksiklik 'olarak adlandırılan Kli'si olmadığını zaman, kişi, Tora'nın ışığını nasıl alabilir ki? Bu sebepten, kişi çalışmaya başladığında ve çalışmayı bitiremeyeceğini gördüğünde, Tora'nın ışığı için bir ihtiyaç ve eksiklik edinir.

Bu, bilgelerimizin söylediği gibidir: 'İçindeki ışık, kişiyi ıslah eder'. Böylece kişi, her seferinde daha saf olmak ister ve yukarıdan daha büyük bir yardım alması gerekir. Bu nedenle, her ikisine de ihtiyaç duyarız ve bunların arasında aralarında bir çelişki yoktur, zira her biri, kendi eşsiz, benzersiz rolüne sahiptir.

Bu, maddesellikte gördüğümüze benzer, zira maneviyat için geçerli her hareket, her gidişat maddeselliğe de uzanır. Düzenin şöyle olduğunu görüyoruz; ağır bir yük taşıyan bir kişi sokakta durduğu ve geçenlerden çuvalı sırtına almasına yardım etmelerini istediği zaman, herkes ona zamanının olmadığını söyler ve 'Lütfen başka birinden iste, zira sana yardım edecek bir sürü insan var ve aslında benim yardımıma ihtiyacın yok 'derler. Ama eğer kişi, ağır bir çuvalı sırtında taşıyorsa ve çuval yere düşmek üzereyse, insanlar onun yanından geçiyor ve kişi, düşmesin diye, çuvalı sırtına koymaları için, onlardan yardım istiyorsa, görürüz ki, çuval sırtından düşmek üzere olduğu zaman, ona hiç kimse şöyle demez: 'Zamanım yok, başka birinin yardım etmesini iste'. Tam tersine yanındaki ilk kişi derhal ona yardım eder.

Şu iki durum arasındaki farkı anlamalıyız: Çuval yerde durduğu ve kişi yardım istediği durumda herkes ona yardım etmemek için bir bahane bulur, ama çuval sırtındayken ve yere düşmek üzereyken, yanındaki ilk kişi ona yardım eder. Çalışmanın ortasındaki birisi ile henüz çalışmaya başlamış biri arasında bir fark olduğunu anlamalıyız. Bu kişinin, çalışmasına devam edebilmek için yardım istediğini görebiliriz, yani yük zaten sırtındadır ve düşmek üzeredir, bu nedenle de ona yardım ederiz.

Ancak kişi çalışmaya sadece o an başlamak isterse, ona şöyle deriz: 'Acele etme. Çalışmaya başlama arzusunun bir süre sonra geldiğini farz et; bu o kadar da kötü değil'. Bu sebeple, herkes, onun acil bir yardıma ihtiyaç duymadığını ve boş bir zamanında ona yardım edecek birisini bulana dek bekleyebileceğini görür.

Buradaki ders şudur, eğer kişi Yaradan'ın ona yardım etmesini bekler ve şöyle söylerse: 'Şimdi çalışabilirim ama Yaradan bana arzu ve özlem vermeden önce, bedenimin arzularının üstesinden gelemem ve bu nedenle Yaradan çalışmasına başlayabilmem için, Yaradan'ın bana yardım etmesini oturup bekliyorum.'

Bu, yanından geçen birinin çuvalı sırtına yerleştirmesini bekleyen kişinin durumuna benzer. Aynı şekilde, insan ona güç vermesi ve yardım etmesi ve Cennet Krallığı'nın yükünü sırtına yerleştirmesi için, Yaradan'ın yardımını beklemektedir. Şöyle yazıldığı gibi: 'zahmet altındaki öküz gibi ve yük altındaki eşek gibi. 'Kişi, bu zahmet ve yük için Yaradan'ın ona yardım etmesini ister ve sonra çalışmaya başlayacaktır. O zaman, ona şöyle denir: 'Bir fırsat bekle ve bu arada, Cennet Krallığı'nın yükünü üstlenme çuvalıyla, aşağıda yeryüzünde kal'.

Çalışmaya zaten başlamış olan, kutsal çalışmayı yapmak için, Yaradan'ın ona arzu vermesini bekleyeceğini ve ancak o zaman çalışmaya başlayacağını söylemeyen kişi için, bu böyle değildir. Tam tersine, kişi beklemek istemez, çünkü çalışmaya ve hakikate ulaşmaya duyduğu özlem, Nahşon gibi, tek başına ileri gitme yeteneğine sahip olduğunu görmemesine rağmen, onu ileri iter.

Ancak, kişi bu çalışmaya devam edemeyeceğini görür ve şu anda taşıdığı Cennet Krallığı'nın yükünün düşmeye başlamasından korkar, bu yüzden de, yardım çağırmaya başlar, zira her seferinde üstlendiği yükün düşmeye başladığını görür. Bu, sırtında bir çuval taşıyan ve çuvalın düşmeye başladığını gören kişinin durumuna benzer. Maddesellikte, yardım istediği herkesin, ona anında yardım ettiğini ve hiç kimsenin sonraya ertelemediğini görürüz.

Benzer şekilde, maneviyatta, bu zahmet ve yükün yani kişinin daha önce, 'zahmet altındaki öküz gibi ve yük altındaki eşek gibi 'olmak için üstlendiği çalışmanın, düşmeye başladığını gören kişi, çok yakında düşüşte olacağını görür, bu yüzden Yaradan'a haykırır ve yardım alır. Bilgelerimizin söylediği ve Zohar'da yazıldığı gibi 'Arınmaya gelene yardım edilir.'

Diğer taraftan, önce Yaradan'ın kendisine yardım etmesini beklemekte olan ve daha sonra çalışmak için gücü olacağını söyleyen kişi hakkında, Baal HaSulam şöyle demiştir, 'yazıldığı gibi (Ecclesiastes, 11) 'Rüzgârı gözeten ve bulutlara bakan kişi ekin ekmeyecektir "...yani kişi, Yaradan'ın ona tövbenin ruhunu göndermesi için, durup bekler. Bu adam, hakikate asla ulaşamayacaktır.

Şimdi sorduğumuz konuya dönelim, 'Bir kolu olmadan yürüyen ve kendini her yerde destekleyen bir insanla ve Harun öldüğü zaman kolun ayrılması ve ancak o zaman Kenanlıların İsrail'e karşı savaşı kazanabilmeleri ile ilgili alegori nedir? 'Sağ kolun, ihsan etme kabı olan Hesed (merhamet) olarak kabul edildiğini bilmeliyiz. Şöyle ki, kişi sadece merhamet ve ihsan etmek ister. Bu güçle, Harun, bu gücü İsrail halkına çekti. Bu yüzden, hiç kimse İsrail halkına karşı savaşamadı, çünkü bu bedenin tavrıdır, kişiye gelir ve eğer onu dinlerse ona pek çok zevk vereceğini görmesini sağlar. Ancak beden, kişinin tek arzusunun ihsan etmek olduğunu duyarsa, onunla konuşacak gücü olmadığını görür.

Onlar, Hesed niteliğinde olan ihsan etme gücünü, rahip Harun'dan aldılar ve ona tutundular. Bu nedenle, onun yönetimi altındaydılar. Bundan dolayı Harun öldüğünde, ihsan etme gücü kayboldu ve kendisi için alma savaşı başladı, çünkü beden, şimdi kişiye karşı itirazlarda bulunmak için bir yer bulabildi. Bu yüzden, o bize, bir kolu olmadan yürüyen, destek bulabileceği her yerde kendini desteklemek zorunda kalan adamla ilgili alegoriyi göstermiştir.

Buradaki ders, 'akıl 'olarak adlandırılan mantığın ötesinin gücünden ve 'kalp ' olarak da adlandırılan ihsan etmenin gücünden yoksun kaldıkları için, beden her çabası için destek talep etmektedir. Öyle ki, şöyle sormaktadır: 'Neye dayanarak benden, çalışmada sana güç vermemi talep ediyorsun? 'Hesed'e sahip olmadığı için şöyle söyleyebilir: 'Mantık ötesinde gidiyorum', zira bu, 'ihsan etme 've mantık ötesi 'olarak adlandırılan ve Hesed olarak kabul edilen Harun'un niteliğidir.

Buna, 'yeryüzü, hiçbir şey üzerine asılı değildir 'denir. Baal HaSulam, mantık ötesi inancın anlamını şöyle yorumlamıştır; kişinin hiçbir desteği yoktur ve her şey havada asılıdır. 'Yeryüzü asılıdır', denmiştir, burada 'yeryüzü, 'Cennet Krallığı anlamına gelir. 'Hiçbir şey üzerine', hiçbir destek olmadan demektir.

Bu nedenle, Harun öldüğü zaman, bu gücü çekecek kimseleri yoktu, bu nedenle mantık içinde ilerlediler ve doğal olarak, kendilerini her yerde desteklediler. Öyle ki, beden, Tora ve Mitzvot'ta (emirler) çalışmak istesin, bunu kabul etsin diye destek alabileceklerini gördükleri her yerden destek aldılar. Buna, tek kolu olmadan yürüyen bir insan gibi 'siteler aracılığıyla 'denir. Doğal olarak, Kenanlılar, İsrail'e karşı savaşmak için geldiler, çünkü mantık içinde savaşmak için üstünlüğe sahiptiler. Ama mantık ötesinde bu yolla itirazda bulunamazlar, çünkü kişinin orada hiçbir desteğe ihtiyacı olmaz.

Dolayısıyla tüm çaba, kişi mantık ötesi gitmek istediği ve yukarıdan bu gücü almaya ihtiyaç duyduğunda başlar. Bu, ona Harun'un niteliği aracılığıyla gelir, ama şimdi kişi bu gücü kendisi çekmeli, yani Yaradan'dan kendisine yardım etmesini istemelidir.

O zaman kişi, iki şey arasındaki farkı anlamaya başlar: 1) Bu gücü edinmek için Yaradan'ın ona yardım etmesini bekleyen kişi durup bekler. 2) Yaradan'ın ona yardım etmesini bekleyecek sabrı olmayan, tam tersine çalışmaya başlayan ve daha sonra Yaradan'ın yardımı için yalvaran ve 'Çünkü sular yaşamımı tehdit ediyor, 'diye yakaran kişi. Bu kişi, ona sadece Yaradan'ın ona yardım edebileceğini halen açıkça anlamış olduğu için yardım alır.

Dua etmek, sadece sözde olmamalıdır. Kişi tehlike ile karşılaştığı, kötülüğün hükmü güçlü itirazlarla gelip onu cennet krallığının yükünü üstlenmek isteyerek çalışmasını engellemeye kalktığı zaman, teslim olmamalıdır. Bunlar kişiyi engellemek için her türlü çabayı gösterirler.

Şairin bize, önümüzde duran kötülüğün net bir resmini nasıl da verdiğini görüyoruz. On Pişmanlık Günü'nün dördüncü günü için, Selihot'ta (Selihot (affedilmek için yapılan dualar)) şöyle yazar: 'Ey Tanrım, sana sesleniyorum, Ah çok müthiş ve çok korkunç! Bu sıkıntılı günlerde, lanetlenmiş olan bize karşı yükseldiği ve 'O'nun önünde birer birer boyun eğerek Tanrı'yı kabul etmemelisiniz 'dediği zaman, yüzünü bizden saklama, kutsamadan af dileyen Tanrısal gazaptan korkar. Bunu duyduğum zaman, kalbim titrer; düşmanıma şöyle cevap veririm: 'Atalarımın Tanrı'sının mirasından ayrılmamı ve unutmamı Tanrı yasakladı'.

Şöyledir, kişi, Cennet Krallığı'nın yükünü kendi üstüne almak istediğinde ve bu, 'zahmet altındaki öküz gibi ve yük altındaki eşek gibi' üstlenmek anlamına geldiğinden hem eşek hem de öküz bu çalışmayı üstlenmeye direnir, ama kişiye bunu zorla yaparlar. Çalıştıklarını hissettikleri zaman neden direnirler, ama çalışmadan hoşlandıklarında, yani bu da bir iş olmasına rağmen yedikleri zaman, bu eylem süresince keyif alırlar, bu yüzden bu 'çalışma 'olarak kabul edilmez mi?

Kişinin merhamet arzusu olarak kabul edilen, sağ kolu olmadığında, çalışmadan hoşlandığı zaman, Sitra Ahra'nın (diğer taraf) bu çalışmayla bağlantısı kalmaz, bu yüzden savaşabilir. Ama Harun öldüğünde, yani kişi, Harun'un Hesed niteliği ile ödüllendirilmediği zaman, dışarıdaki ona gelir ve her tür inançsızlık sözünü eder ve o zaman bu iki yönde çalışır.

Kulak Ver, Ey Tanrım

Makale No. 2, Tav-Şin-Mem-Vav, 1985-86

"Kulak ver, Ey Tanrım". Rabbi Yehuda şöyle başladı: 'Sevgilim için açtım. Sevgilimin sesi çınlıyor. Şöyle der: 'Sevgilimin sesi kulaklarımda çınlıyor', bu, İsrail'i birçok tartışmada, birçok kavgada uyaran Musa anlamına gelir, yazıldığı gibi, 'Bunlar, şu sözlerdir', 'Sen, isyankâr oldun 've 'Horev'de meydan okudun', yazıldığı gibi, 'çınlıyor'. (Sulam'da, madde 1-2), 'Musa, İsrail'i uyarsa da bütün sözleri sevgi ileydi, yazıldığı gibi, 'Çünkü siz, Efendiniz, Tanrınız için, kutsal bir ulussunuz 've 'Efendiniz, Tanrınız, sizi, O'nun halkı olmanız için seçti', 'Efendi, sizi sevdiği için', yazıldığı gibi, 'Aç bana kız kardeşim, karım, sevgiyle".

Kutsal Zohar'ın şu sözlerini anlamalıyız.

1) 'Çünkü siz Efendiniz, Tanrınız için, kutsal bir ulussunuz 've 'Efendiniz, Tanrınız, O'nun halkı olmanız için sizi seçti' şeklinde yazıldığı gibi, eğer İsrail halkını böylesine övüyorsa, uyarıdan nasıl bahsedebiliriz? Eğer onlar, kutsal bir halksa, onlarda eksik olan başka ne vardır?

2) Bu, gelecek kuşaklar için bize ne öğretir, zira onlar aynı taşıyıcıdaki iki zıtlıktır? Şöyle, onlar ya kutsal bir ulustur ya da değildir!

3) 'Sevgi, bütün günahları örter 'diye bir kural vardır. Metin şöyle der: 'Efendiniz sizi, ne sayınız diğer uluslardan daha fazla olduğu için arzuladı, ne de seçti, çünkü sizler bütün insanların en azı idiniz... ama Efendi'nin size olan sevgisi yüzünden'. Öyleyse, mademki 'Sevgi, bütün günahları örter', onların içinde günah bulmak nasıl mümkün olur?

Mesele şu ki, üçüncü bir yazı gelip ve karar verene dek, birbirini inkâr eden bu iki yazı meselesi olduğu biliniyor. Maneviyatta 'çizgiler', 'sağ çizgi 'olarak adlandırılan Hesed (merhamet) niteliği anlamına gelir. Hesed'in anlamı, kişinin sadece başkalarının iyiliğini istemesi ve karşılığında hiçbir şey istememesidir. Kişi, Yaradan sevgisi için özlem duyar ve kendisi için endişelenmez. Aksine, bütün arzusu, yalnızca onu yapanı memnun etmektir ve kendisi için aza razıdır. Öyle ki, neye sahip olduğunun önemi yoktur, yani Tora'dan, duadan ya da Mitzvot'tan aldığı tatları, hesaba katmaz; payına düşenle mutludur.

Burada, maneviyatta, kişi iç gözlem yaptığında, İlah-i Takdir'e, her şeyin yukarıdan geldiğine, yani Yaradan'ın ona, Yaradan'a hizmet etmesi ve Tora ve Mitzvot'a bağlanması için, bir düşünce ve arzu verdiğine inandığını söyler; Tora ve Mitzvot'tan hiç tat almamasına rağmen. Yine de bunu umursamaz ve Yaradan'ın emrini yerine getirebilmekten memnun olduğunu söyler. Bu ona, tek başına bir servet yapmış gibi gelir. Ve Yaradan'ın büyüklüğünü elde etmese de her ne yaparsa yapsın, bu onu tatmin eder ve ona verilen düşünce ve arzunun, Yaradan'dan bir armağan olduğuna inanır.

Kişi, bunun başkalarına verilmediğini görür. Aksine, onların tek peşinden koştuğu, maddesel şeyleri, yani insanlar tarafından tercih edilen şeyleri elde etmektir ya da hayvanların da kullandığı şeylerle, bedenlerine haz vermeyi isterler. Ama öte yandan, ona, Yaradan'a hizmet etmek için bir düşünce ve arzu verilmiştir, 'Ben kimim ki, O beni seçti?' Şöyle dediğimiz gibi; 'Halkını, İsrail'i, sevgiyle seçen Sana, şükürler olsun Ey Tanrım.'

Böylece, bizi seçtiği, bize, Tora ve Mitzvot'u yerine getirmek için bir düşünce ve arzu verdiği için, Yaradan'ı kutsarız. Bu nedenle, kişi, Tora ve Mitzvot için, onun sahip olduğu arzuya sahip olmayan diğer insanlara baktığı zaman, O'na hizmet etmesi için, kendisini, diğerlerinin üzerinde seçtiğini söyler. O, kişiye hiçbir akıl ve mantık olmadan, sadece küçük bir hizmet vermiş olmasına rağmen, bu küçücük hizmetin bile, kişinin buna layık olduğundan çok daha fazlasıdır, zira Yaradan'ın yüceliğinin gözlerinden kendine baktığı zaman, bunu hak etmediğini söyler. Bu nedenle, kesinlikle büyük adamlar için uygun olan bir hizmetle ödüllendirilmişçesine mutlu olur.

Sağ çizgi, üstteki Sefirot'tan gelir. Bu anlayışa, Yaradan'la form eşitliğine ilişkin olarak, 'Sefira (Sefirot'un tekili) Hesed denir; O'nun verdiği gibi, altta olan da üsttekine vermek ister. Kişi, alma kaplarında neye sahip olduğunu dikkate almadığında, bu, form eşitliği olarak kabul edilir. Daha doğrusu, onun tek bütünlük ölçüsü, ihsan etme becerisidir.

Kişi, çok fazla ihsan edemese de buna razı olur, zira Veren'le ve kendisinden daha erdemli olduklarını gördüğü diğer insanlarla kıyasladığında, kendi aşağılığını inceleyip sorgular. Yine de ona yukarıdan, diğerlerine verilmeyen bir düşünce ve arzu verilmiştir ve kişi bununla ilgili olarak hiçbir şeyden söz etmez, 'Benim gücüm ve benim elimin gücü'.

Bu nedenle, her zaman halinden memnundur ve çalışmasına ekleyecek hiçbir şeyi yoktur. Daha ziyade, şükredebildiği kadar Yaradan'a şükreder ve O'nu her türlü övgüyle över, O'na teşekkür eder ve över. Ve Yaradan'a vermesi gerektiğini düşündüğü övgüyü ve minneti sunmadığı zaman bile, buna pişman olmaz, çünkü kendisiyle ilgili şöyle der: 'Bu, önemli insanlar için uygun ve benim gibi aşağıda olan biri için uygun değil iken, 'Ben kimim ki Kral'la her zaman konuşayım?" Bu durumda, kişi daima bütünlük içindedir ve ekleyecek hiçbir şeyi yoktur.

Ve kişi, bazen, çalışma meselesini unutur ve aklı, dünyasal meselelere takılır ve maneviyatı, bir süre sonra hatırlar ve görür ki, bu dünyanın maddesel meseleleriyle geçirdiği bütün bu süre boyunca, hala ayrı kalmış olduğu bu zamanla ilgili düşünmemiştir. Bunun yerine, Yaradan, onu, tüm diğer insanların arasından çağırdığı ve ona 'Neredesin? 'dediği için mutludur. Ona maneviyatı düşünmesi gerektiğini hatırlattığı için, Yaradan'a derhal teşekkür eder.

Kişi, bu safhada bile, eksiklikleri ve pişmanlıkları hakkında düşünmez, bütün bu süre boyunca çalışma konusunu tamamen unutmuştur, ama şimdi, en azından, Yaradan çalışmasını düşünebildiği için mutludur. Şimdi de kişi, bütünlük safhasındadır ve çalışmadan dolayı zayıf düştüğü bir koşula gelmeyecek, ancak her zaman bütünlük içinde olacaktır. Buna, 'sağ çizgi', bütünlük, Hesed denir.

Bu kişinin İlahi Takdir'e olan inancının ölçüsüne bağlıdır, yani her şeyi, ışığı da ve aynı zamanda Kli'yi de Yaradan verir, yani hem kişinin arzusunu hem de bunun için olan eksikliği, yani hem Yaradan'la bütünleşememiş olduğu hem de Tora ve Mitzvot'u yerine getirmek için bedeninde bir eksiklik duymasını. Her şeyi Yaradan verir. Işık, kesinlikle Yaradan'ın vermesi gereken bir şeydir, çünkü Tora ve Mitzvot'taki tat, elbette Yaradan'a aittir. Bu, bizim Yom Kipur (Kefaret Günü) gecesinde söylediğimiz gibidir: 'Kişi, çömlekçinin elindeki kil gibidir. O, dilediğinde bol miktarda verir; O, dilediğinde ihtiyatlı, tutumlu bir şekilde verir. Öyleyse bizler, Senin ve merhametin Bekçisinin ellerindeyiz'.

Dolayısıyla kişi, günde bir saat bile olsa, çalışmak için içinde bir arzunun uyandığını gördüğü ve dua ettiği zaman, birkaç dakika için dua ettiğini ve Talit'e (dua şalı) ve Tefilin'e bürünmeyi unutmadığını bilir. Kalbi, dünyadaki her düşünceyi, fikri düşünür ve o zaman birkaç dakikalığına, Talit ve Tefilin'de taçlandığını ve şimdi bir duanın tam ortasında olduğunu hatırlar ve dua boyunca, kiminle konuştuğunu düşünmeye başlar. Sadece konuşmadığını ama Kral'ın önünde durduğunu hisseder ve şuna inanır, 'Sen, her ağzın duasını duyarsın'. Hâlihazırda pek çok kez dua ettiğini ve dualarının cevaplanmadığını görür ve yine de mantık ötesi olarak Yaradan'ın bu duaları duyduğuna ve dualarının kabul edilmemesinin sebebinin, muhtemelen kalbinin derinliklerinden dua etmemesi olduğuna inanır. Bu nedenle, daha kararlı bir şekilde dua etmeyi üstlenir 've Yaradan bana kesinlikle yardım edecek ve duamı kabul edecektir 'der. Sonra derhal, şimdi Talit ve Tefilin ile taçlandığını ona hatırlattığı için, Yaradan'a teşekkür etmeye başlar. Kendini iyi hisseder, zira diğer insanlara bakar, nasıl da halen uyuyorlardır, benimleyken, 'Yaradan, duanın ortasında beni uyandırdı', bu yüzden neşelidir.

Eğer birkaç dakika sonra, kişi, nerede olduğunu bir kez daha unutur ve öküz ve eşek hakkında düşünürse, bir kez daha yukarıdan uyandırılır, her şeyi, -şimdi sinagogda olduğunu- unuttuğu için, şikâyet etmesi mantıklıdır. Ancak, bununla ilgili bir şey duymak istemez. Aksine, hatırlatıldığı için mutludur. Bunu şu izler; kişi, bu şekilde, sadece 'iyilik yapmaya 'bakar, yani şimdi, iyilik yaptığı için mutludur ve o ana kadar, ayrılığın dünyasında dolaştığını fark etmez.

Kişi, bütün bunları, kendi değerinin, diğer insanlardan, hatta onlar sapkınlık, inançsızlık ruhuna sahip olsalar ve hatta Yahudiliğe karşı hiçbir yakınlıkları olmasa bile daha üstün olmadığını büyük ölçüde hissedebilir. Ayrıca, Yahudiliği dikkate almayan, hayatta hiçbir amacı olmayan diğer hayvanlar gibi yaşayan insanlar olduğunu da görür. Daha doğrusu onlar, hayvanlardan daha yüksek bir seviyede olduğunu düşündükleri yaşamlarının tamamen saygıyla ilgili olduğunu kabul ederler ve saygı elde etmek için, bazen, aşırı arzulardan vazgeçmenin daha iyi olduğunu bilirler. Ancak Yahudilik söz konusu olduğunda, hatta ebeveynleri tarafından sünnet ettirilmiş olsalar bile, başka şeyler onları daha çok ilgilendirdiği için, buna ilgi göstermezler.

Kişi, onlara baktığı zaman, Yaradan'ın, sadece eylemde bile olsa Tora ve Mitzvot'a bağlanmak için ona düşünce ve bir arzu vermesiyle ilgili olarak, kendisinin neden diğerlerinden daha ayrıcalıklı olduğunu bilmediğini görür. Öyle ki, Lişma (O'nun adına) derecesini elde etmekten halen çok uzak olduğunu görür ve şöyle der: 'Ne olursa olsun, Lo Lişma (O'nun adına değil) ile ayrıcalıklıyım', bilgelerimizin dediği gibi, 'Lo Lişma'dan, Lişma'ya geliriz'. Böylece, en azından Keduşa'nın (kutsallık) ilk aşamasındayım. Kişi, Yaradan, onu, Lo Lişma olarak adlandırılan Keduşa'nın ilk derecesine getirdiği için ne kadar mutlu olduğunu, Yaradan'a ne kadar teşekkür etmesi ve övmesi gerektiğini düşünür. Özellikle eğer kişi ödüllendirilirse ve ona Tora'nın sırlarına bağlanma düşüncesi verilirse, orada yazan tek bir kelimeyi bile anlamamasına rağmen, bu, yine de büyük bir ayrıcalıktır, şimdi Tora'nın içselliğini öğrenmeye bağlanmıştır.

Başka bir deyişle, onların yalnızca Tanrısallık hakkında konuştuklarına ve kendisinin, düşüncelerine dalmak için bir yeri olduğuna inanır, zira 'öğrendiğim her şey, O'nun kutsal isimlerindendir, bu nedenle çok şanslı olmalıyım. Bu yüzden tek ihtiyacım olan teşekkür etmek ve Yaradan'ı övmektir. Öyle ki, ben, Lo Lişma olarak adlandırılan Keduşa'nın ilk safhasına girmekle ödüllendirilirken, dünyanın tüm canlılığı, saçmalıktan ibarettir'. Bu, 'sağ çizgi', yani hiçbir düzeltme gerektirmeyen bütünlük, tamlık olarak kabul edilir.

Ancak, 'sağ ve sol ve gelin aralarındadır, 'diye yazılmıştır. Şöyle ki, bizim sol çizgiye de ihtiyacımız vardır. Bunu gerçekten de anlamamız lazım. Eğer kişi, bütünlük içinde olduğunu hisseder ve tüm gün ve gece boyunca şükreder ve Yaradan'ı överse başka neye ihtiyacı olur? Ancak, kişi, bunun Lo Lişma olduğunu ve insanın amacının, Yaradan için çalışmak olduğunu bilir ve bu dereceye erişmediğini söyler. O halde, eğer eksiklik hissetmiyorsa, kişi derecesinde nasıl yükselebilir?

Bir kural vardır; eğer kişi, Yaradan'dan bir şeyler istiyorsa, bu, kalbinin derinliklerinden gelmelidir. Bu demektir ki, kişi, bu eksikliği, sözde değil, kalbinde hissetmelidir. Bunun nedeni şudur, kişi, lüks olanı, onsuz da yaşayabileceği şeyi istediğinde, başkalarının sahip olmadığı bir şeylere sahip olmak için haykırıp, feryat ettiği zaman, hiç kimse bu insana merhamet göstermez. Ve verilmesi için haykırıp, feryat etse de nadiren ona acıyan biri olur. Ancak, kişi, dünyada herkesin sahip olduğu ama kendisinde olmayan bir yoksunluk yüzünden, insanların merhamet etmesi için haykırıp feryat ederse, o zaman sesi duyulur ve yardım edebilecek olan herkes, ona yardım etmeye çalışır.

Burada, Yaradan çalışmasında da aynıdır. Kişi, sağ çizgide bütünlüğü bulmaya çalıştığında, bütün çalışmasını, Yaradan için yapmaya çalışması gerektiğini bilmesine rağmen, ayrıca insanın şu yazılanlara uyması gerektiğini de bilir: 'O'nun hazzı, sevinci, Efendi'nin yasasındadır ve O'nun yasasını, gece ve gündüz tefekkür eder. 'Kişi, bunu gözlemez, ama bütün gücüyle, bütünlüğü, sağ çizgide hissedebilmeye çalışır. İşte o zaman, henüz bütünlüğe sahip olmadığını bilmesine rağmen, yine de 'O'nun yasasını, gece ve gündüz tefekkür eder 'koşulunu yerine getirebilmek için, Yaradan'dan ona güç vermesini isteyemez ve Lişma'yı lüks olarak değil de, gereklilik olarak edinmesinde ona yardım etmesi için Yaradan'a haykırır.

Bu böyledir, çünkü kişi, bir şeyler istediğinde ve ona sahip olmadığı için bağırıp haykırdığı ama kasabadaki diğer insanlar da ona sahip olmadığı zaman, yukarıda bahsedilen sebeple, bunun gereklilik olduğunu söyleyemez, aksine bu bir lükstür ve kişi, lüks olan için ağlamaz ya da yalvarmaz. Ama burada, kişi, sağ çizgide yürüdüğünde ve kendi sahip olduğu şeylere, diğer insanların sahip olmadığını gördüğünde, zira dünyanın sadece küçük bir kesimi, maneviyatta onun sahip olduğu şeylere sahiptir, o halde, Lişma'ya bağlanabilmesi için, onu, Yaradan'ın taleplerinin yakınlaştırdığını nasıl söyleyebilir? Bu lükstür ve kişi, lüks olanı kalbinin derininden isteyemez, yani eksiklik kalbin derininden gelmelidir. Kişi kendisi, sahip olduğu şeyin, zaten büyük bir şey olduğunu söyler, öyleyse, lüksle ilgili olarak, Yaradan'ın ona merhamet etmesini, Lişma'ya bağlanması, yani onu yapana memnuniyet ihsan etmesi için, ona güç vermesini nasıl isteyebilir ki?

Buna göre, kişinin, Yaradan'dan, hakikatin yolunda nasıl yürüyeceğiyle ilgili rehberlik istemesi mümkün değildir, zira böyle bir gereksinimi yoktur, çünkü lüks olanla, yani başkalarının sahip olmadığı bir şeyle ilgili olarak, 'paylaşılan sorun, yarıya inen sorundur 'deriz. Bu nedenle, kötülüğün farkındalığına ulaşma şansı yoktur, şu ki Yaradan için, Tora ve Mitzvot'a bağlanamaması olgusu kötüdür. Dolayısıyla kişi, bu yola, 'hakikat yolu 'değil, 'yanlış yol, 'dense de Lo Lişma durumunu kabul eder ve 'Zohar Kitabı'na Giriş' te (madde 175) yazıldığı gibi, kişi, asla yanlış yolda yürüdüğünü hissetmez.

Bu nedenle, kişi sol çizgide de yürümelidir. Ancak, sol çizgiyi incelemek için zamanının sadece çok küçük bir kısmını ayırmalıdır. Çoğu zaman kişi, sağ çizgide olmalıdır, zira sadece Lişma'ya ulaşmaya karşı içsel bir çekimi olanların, sol çizgide de yürümelerine izin verilmiştir. Ancak, çalışanların arasında olmadıklarını hissedenler, arzularının üstesinden gelemeyeceklerini düşünenler, onlar, sol çizgide yürümemelidirler. Bu sebeple, Lişma'ya ulaşmak için, içsel bir çekim hissedenler bile, sol çizgide yürüyebilseler de bunun sadece belirli bir zamanda olmasına ve sol çizgide, kısa bir süreden daha fazla yürümemeye dikkat etmelidirler. Ve herhangi bir zamanda değil, sadece, her birinin sol çizgiyi incelemek için kendisine ayırdığı zamanda.

Kişinin ya kendi günlük programını ya haftalık programını ya da aylık programını belirlediği bir program olmalıdır. Herkesin kendi hissiyatına göre, ancak kişi, kararlaştırdığı programı ortasındayken değiştirmemelidir. Eğer ortasındayken, beden ona gelip ona şunu anlatırsa, "bu senin kendin için düzenlediğinden daha farklı bir program," o zaman kişi bedenine şunu demelidir: 'Benim programım var. Başka bir program yaptığım zaman, yani tüm bir hafta için bir program yaparsam, hafta bittiğinde yeni bir program yaparım, o zaman sen bana gelir ve yapmak istediğimden başka bir programı yapmamı söylersin. Ama programı ortasındayken değiştiremem'.

Ancak, sol çizginin anlamını bilmemiz gerekir, zira sol çizgide, pek çok muhakeme vardır. Tamamen karanlık olan bir sol çizgi vardır. Buna, 'Yargı niteliği olan Malhut, her bir Sefira'da yükselir ve karanlığa dönüşür 'denir. Öyle ki, orada hiçbir ışık parlamaz. Ayrıca, 'Hasadim'siz Hohma 'diye adlandırılan bir sol çizgi vardır. Buna da 'karanlık 'denir, ama buradaki karanlık, sadece ışığa göredir. Kelim'e göre, kişinin Kelim'i, Keduşa'ya zaten girmiştir, yani alma kaplarını, ihsan etmek için kullanmaya niyet edebilir.

Dolayısıyla bu sol çizgi, büyük bir derecedir. Buna, o zaman görünen büyük bolluk nedeniyle, 'karanlık 'denir. Hasadim'in kıyafetlenmesine sahip olmadığı müddetçe, kişinin bu ışığı kullanması yasaktır, çünkü kullanırken, üstesinden gelemeyeceği ve ihsan etmek için alamayacağı bu büyük miktardaki bolluk nedeniyle, almak için almak koşuluna düşebilir. Bu yüzden sol çizgiye ihtiyacımız vardır; sol çizgi, bu yüzden çok önemlidir.

Öncelikle bilmemiz gerekir ki, maneviyatta zaman ya da mekân yoktur. Öyleyse, sağ ve sol çizginin anlamı nedir?

Mesele şu ki, ıslah, gerektirmeyen her şey, 'sağ çizgi 'olarak ve ıslah gerektiren bir şey, 'sol çizgi 'olarak adlandırılır. Bunu, Tefilin'in yerleşmesiyle ilgili bu meselede buluruz. Bilgelerimiz şöyle demişler (Minhot 37): 'Rabbi Yosi Hahorem: 'Sola yerleştirdiğimizi nereden bileceğiz? O, Rav Natan'ın öğrendiği yerde öğrendi: Rav Aşi dedi ki, 'elinden', körelmiş bir Hey ile yazılmıştır. Raşi bunu şöyle yorumladı; körelmiş bir Hey ile yazmak, dişiyi ima eder, bir dişi kadar güçsüz olduğunu söylemesi gibi'.

Bu demektir ki, 'sol', zayıf ve güçsüz olarak kabul edilir ve ona güç verilmelidir. Bu nedenle, ıslah gerektiren bir şeyi örnek verdiğimizde, bunu 'sol 'olarak adlandırırız. Bu yüzden, sol çizgiden sonra, sol çizgiyi düzelten orta çizgiye ihtiyacımız vardır. Ve düzeltmeye ihtiyaç duyduğumuz şeyi, 'sol 'olarak adlandırmamızın sebebi şudur; böylece ıslah etmemiz gerektiğini anlarız.

Solu ıslah eden düzeltmeler, 'orta 'olarak adlandırılır, zira bu çizgi, sağdaki eksiklikleri gösterir, yani sağın kendisi, sol çizgi gelene dek, hiçbir eksiklik göstermez. Öyle ki, onun sol çizgiye bağlanmasıyla, kişi, sağda eksiklikler olduğunu görür. Kişi, bir kez sola girdimi, sağda sahip olduğu bütünlüğü yitirir ve bu nedenle, şimdi eksiklik safhasındadır.

Ancak, sol çizginin gösterdiği eksikliklerle ilgili, yani soldaki eksikliğin sebebinin ne olduğuna dair yapmamız gereken pek çok muhakeme vardır. Öyle ki, sol, eksikliğin, sağda olduğunu söyler. Ama bazen biz, sağ çizgide hiçbir eksiklik görmeyiz, o halde, sol, sağda bir eksiklik olduğunu gösterir göstermez, sağ çizgide de eksiklik olduğunu gösteren kimdir? Bu halde, solun yolu bütünlük olmalıdır. Öyleyse, solda eksiklik olmasının sebebi nedir ki ona "sol" denir? Bununla ilgili pek çok muhakeme vardır; her şey konuya bağlıdır, çünkü herhangi bir durumda, insan farklı bir sebep bulur ve bunu belirlemek mümkün değildir. Daha ziyade her şey, vaka bazında incelenir.

Çalışmanın başlangıcındaki sol, sağdaki eleştiridir: Eğer bize Tora ve Mitvot verilmiş ise, eğer bizde 'kendini-sevmek 'denen yani hiçbir şeyi umursamayan, aksine alma arzusunu tatmin etmek için mümkün olan her şeyi almayı amaç edinmiş olan kötülük var ise, yalanın, gerçek olmayanın içinde kalmak acaba doğru mudur? Buna, 'kötülük 'denir, çünkü bizi Yaradan'la Dvekut'a (birleşme) ulaşmaktan ve kendini-sevmekten çıkmaktan, hayvansal aklın gerektirdiğince alıkoyar. Tam tersine amaç, Yaradan'la Dvekut'la ödüllendirilmektir ve sonrasında kişi, 'yarattıklarına iyilik yapmak arzusu 'olarak adlandırılan yaratılışın düşüncesinde var olan haz ve memnuniyeti alacaktır. Bununla Yaradan'ı memnun edebilir, çünkü bununla Yaradan, yarattıklarının, onların iyiliği için tasarladığı haz ve memnuniyeti hissetmeleri için, amacını, potansiyelden gerçeğe tamamlar.

Her şeyi engelleyen, kendini-sevmek denen, bu alma arzusudur ve buna 'kötü' denir. Bu kötülükten çıkmamız, 'Yaradan'ın hizmetkârı' olarak adlandırılan dereceye ulaşmamız için, bize, Tora ve Mitzvot vermiştir. Bu, kişi kendisi için çalışsın diye değil, tam tersine Lişma derecesine ulaşsın diyedir.

Kişi, sağda, Lo Lişma'nın bütünlüğü ile mutludur, bu da onun yanlış yolda yürüdüğü ve orada kalmak istediği anlamına gelir. Ancak Lo Lişma derecesinde olduğunu bilmesine rağmen, neden Lo Lişma'da kalmak istediği düşünülür?

Bunu şu kural izler; kişi, Yaradan'dan, kalbinin derinliklerinden lüks için ricada bulunamaz, aksine sadece gereklilik için rica edebilir. Sahip olduğu tüm mazeretlerden sonra bile, Lo Lişma'da olmaktan zaten mutlu olduğu için -Lo Lişma'da bile mutlu olmak iyidir-, kişi, bu zorunluluğa ihtiyaç duymak için, artık bir eksiklik hissedemez. Tam tersine, Tora ve Mitzvot Lişma'ya bağlanabilirse, bu, onun için lüks olacaktır. Bu nedenle, sağ çizgide kalması gerekir.

Bu nedenle kişi, sağ çizgide, dikkatle ve eleştirerek yani sağ çizgideki eksiklikleri görerek çalışmalıdır. Bu nedenle, bu eksiklikler hissettiği kadardır; şöyle ki kişinin gördüğü bu eksiklikler ona bir anlam ifade etmez, zira insanın eksikliklerde edindiği izlenim onun kalbine dokunmasına, kalbinin bu eksikliği tamamlanmamış hissetmesinin ölçüsüne ve gerçeğe olan eğilimine ve yalanlara olan gönülsüzlüğünün ölçüsüne bağlıdır. Ve eğer bu eksiklik kalbine dokunursa yani durum ona acı verirse o zaman sağ çizginin, bütünlüğe sahip olduğu, önceki durumu onun için acı çekmeye döner. İşte o zaman, kişi, Yaradan'a, kalbinin derinliklerinden dua edebilir, zira o zaman, Lişma onun için hayatı kadar önemlidir, çünkü onun sayesinde hayatların hayatına tutunur. Ancak, kişi, sağ çizgiye bağlandığı zaman, Lişma, onun gözünde lükstü yani onsuz da yaşayabilirdi, ama hayatını geliştirmek ve başkalarının üzerinde olmak isteyen biri, Lişma derecesini elde etmek için çalışmalıdır.

Kişi Lişma'yı lüks, yani diğerlerinden üstün olmak olarak saymadığı zira diğerlerinin en kötüsü olduğunu hissettiğini görür, çünkü Yaradan'dan ve hakikat niteliğinden ne kadar uzak olduğunu, tüm diğer insanların hepsinden de daha uzak olduğunu görür, her ne kadar diğerlerinin Lişma yolunda gittiğini görmese de bu hiçbir şey değiştirmez. Hiç kimsenin Lişma yolunda gitmediğini görür, zira kalbi ilgilendiren meselelerde, kişi diğerlerinden etkilenmez. 'Paylaşılan sorun, azalır, yarıya iner 'dense de bu özdeyiş, onun durumunu değiştirmez.

Alegori yoluyla; eğer birisinin dişi ağrıyorsa ve ağlayıp, bağırıyorsa, ona şu söylenir: 'Neden bağırıyorsun? Burada, diş kliniğinde, aynen senin gibi diş ağrısı çeken başka insanların olduğunu görmüyor musun? 'Diş ağrısı nedeniyle kişinin ağlamayı kesmediğini görüyoruz. Onun gibi başka insanların olduğu gerçeği, onun için, hiçbir şeyi değiştirmez. Eğer gerçekten acı çekiyorsa, kendi acısını hafifletmek için, başkalarına bakamaz, eğer canı gerçekten yanıyorsa.

Benzer şekilde, bir kişi hakikatten uzak olduğunu gerçekten hissetme durumuna gelirse, herkesin yanlış yoldan gittiği gerçeğiyle rahat etmeyecektir. Tam tersine, gece ve gündüz o koşuldan çıkmaya özlem duyacaktır. O zaman, kişi, Lişma'ya ulaşma ihtiyacını edinir, çünkü artık yalana tahammül edemez.

Ancak, bu Kli (kap), bir kerede yapılmaz, yani kişinin sol çizgiden aldığı arzu, bir kerede yapılmaz, fakat bu arzu kişinin içinde, tam ölçüsüne ulaşana dek aşamalı olarak şekillenir ve bundan önce kişi, henüz Lişma'ya ulaşamaz, zira Kli olmadan ışık yoktur. Bu demektir ki, bunu arzu etmeden ve bu arzu onun içinde yavaşça büyümeden önce, kişi, Lişma ile ödüllendirilmez. Kuruş ardından kuruş, büyük bir hesapta birikir, yani bu, tam bir arzuyu doldurur ve o zaman Lişma, o arzunun içinde kıyafetlenir, çünkü kişi, şimdi tam bir Kli'ye, yani Lişma ile ödüllendirilmek için tam, eksiksiz bir arzuya sahiptir.

Ancak, kişi sol çizgide olduğunda, yani kendisini eleştirdiğinde, kişinin ayrılıkta olduğunu bilmeliyiz. Bu böyledir, çünkü kişi, kendini-sevmeye battığını ve Yaradan için bir şey yapabilmeyi umursamadığını hisseder. Bu durumda, kişi var olamaz, çünkü insan olumsuzla değil, yalnızca olumlu ile yaşayabilir.

Bu nedenle, kişi sağ çizgiye bir kez daha girmelidir, yani Lo Lişma'da Tora ve Mitzvot'u yerine getirmeli ve onun içinde bütünlük olduğunu söylemelidir, yukarıda açıkladığımız gibi. 'Ohr Pnimi (içsel ışık) ve Ohr Makif (saran ışık) arasında bir fark vardır 'temel kuralını bilmemiz gerekir. Ohr Pnimi, ışık, Kelim'in içinde parlıyor demektir. Bunun anlamı şudur; ışık, Kli'nin içinde kıyafetlenir, çünkü ışık ve Kli arasında form eşitliği vardır ve Kli, ışığı hâlihazırda ihsan etmek için alabilir. Ama Ohr Makif, uzaktan aydınlatma anlamına gelir. Bu demektir ki, Kli, ışıktan uzak olsa da zira Kli, almak içindir ve ışık saf ihsan etmedir, yine de ışık, Kelim'i sarar gibi, uzaktan parlar.

Bu nedenle, Lo Lişma'da Tora ve Mitzvot'a bağlandığımız zaman, yine de Ohr Makif formunda aydınlatma alırız. Akabinde, Lo Lişma aracılığıyla, uzaktan aydınlatmasına rağmen, hâlihazırda üst ışıkla bağ kurarız. Ona, bu yüzden, 'olumlu ' denir ve kişi bundan canlılık alabilir ve var olabilir.

Kişi, Lo Lişma'yı takdir ederek, genel olarak Yaradan'ın hizmetini, herhangi bir şekilde Tora ve Mitzvot'a bağlanmaya değer olduğunu takdir eder. Baal HaSulam, aslında kişinin Lo Lişma'da Tora ve Mitzvot'u yerine getirmenin değerini takdir edemeyeceğini söylemiştir, çünkü nihayetinde eylemlere eklenecek hiçbir şey yoktur. Daha ziyade, Yaradan'ın emrini yerine getirir ve bu nedenle, bu, çalışmada, bilgelerimizin 'Lo Lişma'dan Lişma'ya geliriz 'dedikleri ilk basamak olarak kabul edilir. Bu yüzden, insan canlılığı ve bütünlüğü Yaradan'ın ışığını, Saran Işık olarak aldığı zaman, sağ çizgiden, almalıdır.

Daha sonra, kişi eylemlerini; sağ çizgiyle olan uğraşısını ve tekrar sağ çizgiye geçişini, bir kez daha eleştirmelidir. Bununla, iki çizgi onun içinde büyür. Ancak, bu iki çizgi birbiriyle çelişir ve onlara, 'üçüncü yazı gelip aralarında karar verene dek, birbirini inkâr eden iki yazı' denir.

Yine de, 'orta çizgi 'olarak adlandırılan üçüncü çizgiyi Yaradan'ın verdiğini bilmeliyiz, bilgelerimizin dediği gibi, 'İnsanın içinde üç ortak vardır: 'Yaradan, babası ve annesi'. Babası, beyazı eker ve annesi kırmızıyı eker ve de Yaradan, onun içine bir can ve bir ruh yerleştirir'. Yukarıdakilere göre, iki çizgi aşağıdakine aittir ve orta çizgi, Yaradan'a aittir. Bu demektir ki, iki çizgi, kişinin, Yaradan'a kalbinin derinliklerinden, kendini-sevmekten çıkmasına ve Yaradan'la Dvekut'a ulaşmasına yardım etmesi için dua edebilmesine neden olur, zira kişi kalbinin derinliklerinden dua ettiği zaman, duası cevaplanır.

Ancak, bilmeliyiz ki, üç çizginin pek çok çehresi vardır.

İnsan, Tora Sayesinde Erdemlilik ve Barış ile Ödüllendirilir

Makale No. 3, Tav-Şin-Mem-Vav, 1985-86

Zohar'da (Leh Leha, madde 1), Rabbi Aba, İbrahim'in, Yaradan'ın ona, Leh Leha (İleri git) demesiyle, neden çağdaşlarından daha fazla ödüllendirildiğini açıklar. Şöyle yazar, 'Rabbi Aba söze başladı ve şunu dedi, 'Beni dinleyin, siz erdemlilikten uzak olan inatçı-kalpliler'. 'Beni dinleyin, siz inatçı-kalpliler', günahkârların kalplerinin ne kadar da katı olduğu anlamına gelir. Onlar, izleri ve Tora'nın yolunu görürler, ama dönüp bakmazlar. Kalpleri katıdır, zira pişmanlık içinde Efendilerine dönmezler. Onlara bu yüzden, 'Erdemlilikten uzak olan inatçı-kalpliler 'denir, yani Tora'dan ve bu yüzden de erdemlilikten uzaktırlar.

Rabbi Hizkiya şunu dedi: 'Onlar, Yaradan'dan uzaktır. Ve Yaradan'dan uzak oldukları için onlara inatçı-kalpliler denir'. Bu ayet, 'erdemlilikten uzaklar 'anlamına gelir. Neden? Çünkü inatçı-kalpli oldukları için, Yaradan'a yaklaşmak istemezler. Ve bu yüzden erdemlilikten uzaktırlar.

Erdemlilikten uzak oldukları için, barıştan uzaktırlar, yani onlar barışa sahip değildir, şöyle yazıldığı gibi, Efendi günahkârlara, 'Barış yok 'dedi. Sebebi nedir? Çünkü onlar erdemlilikten, bu nedenle de barıştan uzaktırlar.

Rabbi Aba'nın, onların erdemlilikten uzak olmalarının, Tora'dan uzak olmaları anlamına geldiğini ve bu nedenle de erdemlilikten uzak olduklarını neden söylediğini anlamalıyız. Diğer yandan, erdemliliğe Tora dendiğini söyler ve daha sonra Tora'dan uzaklaşmakla, onların erdemlilikten uzaklaştığını söyler. Bununla kastedilen şudur;

Tora erdemliliğe sebep olur, ancak bizler, Tora ve erdemlilik arasında hiçbir bağlantı görmeyiz.

Dünya uluslarının Tora'ya sahip olmadıklarını görürüz, bilgelerimizin söylediği gibi, 'O, sözlerini Yakup'a söyledi 've onlar yine de Tzedaka (erdemlilik/sadaka verme) veriyorlar. Tzedaka vermek, Yaradan'a inanmayı, Tora ve Mitzvot'u yerine getirmeyi ve ancak ondan sonra kişinin Tzedaka verebilmesini icap ettirmez mi? Daha doğrusu onların, Tora'dan uzak oldukları için, Tzedaka'dan uzak olduklarını söyler.

Ayrıca Tora'dan uzak oldukları için, Tzedaka'dan da uzak olduklarını söyledi. Bu, Tora'nın, Tzedaka'yı tutabilmemizin sebebi olduğunu ima eder. Öyle ki, bizim için en önemli şey, Tzedaka'ya ulaşmaktır. Böylesine yüksek bir dereceye nasıl ulaşabiliriz? Tora sayesinde.

Bu nedenle Tzedaka'nın büyüklüğünü ve önemini anlamalıyız ki bu, Tora sayesinde Tzedaka'ya ulaşabileceğimiz için, Tora'nın, Tzedaka'dan daha düşük bir derece olduğu anlamına gelir. Bunu anlamamız gerekir.

Ayrıca Rabbi Hizkiya'nın sözlerini anlamak da zordur, Rabbi Aba'nın sözlerine eklemiş ve şunları söylemiştir: 'İnatçı-kalpli kimdir? Onlar, Yaradan'a yaklaşmak istemeyenlerdir. Ve Yaradan'a yaklaşmak istemedikleri için, Tzedaka'dan uzaktırlar'. Bunu nasıl anlayabiliriz? Bu, onların, Yaradan'a yaklaşmaları sayesinde, Tzedaka denen daha yüksek bir derece ile ödüllendirilecekleri anlamına mı gelir?

Rabbi Hizkiya'nın, neden, 'Tzedaka'dan uzak oldukları için, barıştan da uzaktırlar ' dediğini anlamalıyız. Bu, daha da kafa karıştırıcıdır, çünkü bizim için bir kez Tzedaka'nın önemini, yani Rabbi Aba'nın bakış açısından, Tzedaka'nın, Tora'dan daha önemli olduğunu ve Rabbi Hizkiya'nın bakış açısından, Tzedaka'nın, Yaradan'a yaklaşmaktan daha büyük olduğunu açıklığa kavuşturmuştu. Şimdi ise, geliyor ve onlar, Tzedakah derecesine sahip değillerse, barış derecesine ulaşamazlar diyor.

Bu durumda, barış derecesinin ne olduğunu anlamalıyız. Bununla kastedilen, kişinin, çalışmadan sonra barış derecesine ulaşacağıdır. Öyle ki, ilk derece ister Tora olsun ister Yaradan'a yaklaşmak olsun, ikinci derece Tzedaka ve üçüncü derece barıştır. Bu, netleşmeyi gerektirir.

Tzedaka'ya, 'inanç' dendiğini görürüz, İbrahim hakkında yazıldığı gibi, 'Efendiye inandı ve Yaradan, onu erdemli olarak kabul etti. 'Böylece, inanç, Tzedaka olarak kabul edildiği için, Tzedaka'nın önemini şimdi anlayabiliriz. Bu, kelime anlamındaki gibi değildir. Daha doğrusu, Tzedaka, inanç anlamındadır.

İnanç nedir? Tzedaka olarak mı kabul edilir? Görüyoruz ki, Tzedaka'yı (sadaka verme) yoksula veren kişi, yoksulun, verilen sadaka için bir şekilde ona geri ödeme yapmasını beklemez. Bu, gizli sadaka ile özellikle böyledir; kişi, karşılığında bir şeyler almayı kesinlikle planlamaz. Bu nedenle, Tzedaka'nın anlamı, kişi, hiçbir ödül olmaksızın bir şeyler yapıyor demektir.

Ancak inanç karşılığında hiçbir şey almadan üstlenmemiz gerekir, bunun anlamı şudur, Yaradan'ın yüceliğine inanmak zorundayız, kutsal Zohar'da yazıldığı gibi, 'O, yücedir ve hükmedendir. 'Kişinin, cennet krallığının yükünü üstlenmekle Yaradan'ın onu ödüllendireceğine dair bir düşüncesi yoktur. Tam tersine, tamamen ihsan etmek için çalışır. Üzerimize almamız gereken inancın formunu bize yorumlamak amacıyla inanca, Tzedakah denir.

Ancak ihsan etmek için böylesine bir inanca nasıl ulaşacağımıza dikkatimizi vermeliyiz. Bizim doğamız, yalnızca almaktır, ihsan etmek değildir. Öyleyse, kişi, ihsan etmeye ulaşmak için ne yapabilir? Bunun özellikle Tora sayesinde yapılacağını bize söylüyor, bilgelerimizin söylediği gibi (Kidushin 30), 'Kötü eğilimi yarattım, buna şifa olarak da Tora'yı yarattım'.

'On Sefirot'un Çalışmasına Giriş'te (madde 11) şöyle der, 'Her durumda, Talmud'un bilgelerinin sözlerinde, onların, Tora'nın yolunu bizim için, Mişna'nın bilgelerinden daha çok kolaylaştırdıklarını keşfediyoruz ve görüyoruz. Bu yüzden, 'Kişi, Tora ve Mitzvot'a her zaman Lo Lişma'da bile olsa bağlanmalıdır, Lo Lişma'dan, Lişma'ya gelecektir 'dediler. Şöyle ki, onun içindeki ışık kişiyi ıslah eder. Bu nedenle bize, yukarıda bahsedilen Mişna, Avot'ta sunulan kefaret yerine, yeni bir araç temin ettiler: 'Tora'nın Işığı'nı. Bu, kişiyi ıslah etmek ve onun Tora ve Mitzvot Lişma'ya bağlanmasını sağlamak için yeterli gücü taşır'.

Böylece, Rabbi Aba'nın söylediklerini anlayacağız; 'Tzehaka'dan uzak, 'yani Tora'dan uzaklaşıyorlar ve bu nedenle Tzedaka'dan uzaklar. Şunu sorarız; 'Tzedaka'ya erişmenin sebebi Tora mıdır? Tora olmadan, Tzedaka vermek imkânsız mıdır? 'Mesele şu ki, Tzedaka, inançla ilgilidir. Yaradan'la form eşitliğine sahip olmadan, yani bütün eylemleri yalnızca Yaradan'a memnuniyet ihsan etmek için olmadan önce, kişinin gerçek inancı elde etmesi imkânsızdır.

'Zohar kitabı'na Giriş'te '(madde 138), şunu söyler: 'Yasa şudur; Yaratılanlar, Yaradan'dan ifşa olmuş bir kötülük alamazlar, çünkü yaratılanlar, O'nu, kötülük yapan olarak algılayacakları için, bu, Yaradan'ın ihtişamını lekeler. Bu nedenle kişi, kötü hissettiği zaman, bununla aynı ölçüde Yaradan'ın onun üzerindeki rehberliğini inkâr etmiş olur ve Operatör ondan gizlenmiş olur'.

Bunun sebebi, kişinin ihsan etme kaplarıyla ödüllendirilmeden önce, O'ndan gelen haz ve memnuniyeti almaya uygun olmamasıdır. Bu yüzden, kişi kötü hisseder ve bu nedenle, içindeki almak için almak 'olarak adlandırılan kötülüğü düzeltmeden önce, gerçek inançla ödüllendirilmez.

Akabinde, onu ıslah eden Tora sayesinde, yani ihsan etme kaplarını almakla, kişi, inançla ödüllendirilir, bu, 'Tzedaka 'olarak adlandırılır, 'O, yüce ve hükmeden olduğu için O'na inanç', ve inancının temeli, ödül almak için değildir.

Şimdi, Rabbi Hizkiya'nın, 'inatçı-kalpli 'ifadesinin anlamını açıkladığı sözleriyle ilgili sorduğumuz soruyu anlayacağız. Yaradan'dan uzaklaştıkları için, onların Tzedaka'dan uzaklaştıklarını açıklar. Şöyle sorduk, 'Yaradan'a yaklaşmak, Tzedaka yeteneğine sahip olabilmemizin sebebi olabilir mi? Aralarındaki bağlantı nedir? ' Sulam'da (Zohar'ın yorumu) şöyle yazılmıştır, 'Rabbi Hizkiya, Rabbi Aba'ya karşı çıkmaz. Aksine, daha da çok yorumlar'. Şöyle sorduk; 'Ama Rabbi Hizkiya'nın açıklamasını anlamak daha da zor.'

Yukarıda açıkladıklarımıza göre, Rabbi Hizkiya, Tzedaka'dan uzak oldukları için, onlara, 'inatçı-kalpli 'denmesinin ne anlama geldiğini daha çok açıklıyor, zira Rabbi Aba'nın söylediğine göre, onlar Tora'dan uzaklaştılar, kısacası Tora'yı öğrenmeleri gerektiğini ve bununla 'inanç' olarak adlandırılan Tzedakah ile ödüllendirileceklerini düşündüler. Ancak, Rabbi Aba'nın kast ettiği, Tora sayesinde, 'ihsan etme kapları' olarak adlandırılan form eşitliğine ulaşacaklarıdır, zira ihsan etme kaplarına sahip olmadan önce, gerçek inancı elde edemezler, Sulam'da (Zohar Kitabı'na Giriş) yazıldığı gibi.

İşte bu yüzden Rabbi Hizkiya, daha çok detaylandırıyor ve daha basit bir şekilde, 'inatçı-kalpli 'olanların, Yaradan'dan uzaklaşanlar olduklarını söylüyor. Öyle ki, Yaradan'a yaklaşmak istemiyorlar, çünkü onlar inatçı-kalplidir, bu nedenle de Tzedaka'dan uzaktırlar. Bu yukarıda söylediğimiz gibidir, yani form eşitliği denen, ihsan etme kaplarıyla, Yaradan'a yaklaşmakla ödüllendirilmeden önce, Tzedaka denen inançla ödüllendirilmek imkânsızdır.

Belki de Rabbi Aba'nın, Rabbi Hizkiya ile aynı şekilde yorumlamamasının sebebi, Rabbi Aba'nın bize, iki şeyi, yani sebebi ve tavsiyeyi, aynı anda söylemek istemesidir. Onların inanca sahip olmamalarının sebebi, ihsan etme kaplarına sahip olmamalarıdır. Bunun için tavsiye, Tora'ya bağlanmaktır, böylece Tora'nın ışığıyla, bütün eylemleri, yalnız ihsan etmek için olarak kabul edilen form eşitliğiyle ödüllendirilirler. İşte o zaman, gerçek inanç olan Tzedaka ile ödüllendirileceklerdir.

Ve Rabbi Hizkiya'nın, Tzedaka sayesinde, barışla ödüllendirileceklerine dair yaptığı eklemeyle ilgili olarak, şunu sorduk, 'Şayet inançla ilgili olan Tzedaka, böylesine büyük bir şey ise, o zaman barış nedir? Bu barışın daha önemli olduğuna işaret eder!'

Barışın, çalışmanın tamamlanması olarak yorumlamalıyız. Kişi, ihsan etme kaplarıyla ödüllendirilmeden önce, inanç için bir yere sahip değildir. Kişi, ihsan etme kaplarına sahip olur ve inançla ödüllendirilir ödüllendirilmez, yaratılışın amacını edinir. Bu demektir ki, o zaman Yaradan'ın, yarattıklarına iyilik yapmak için yarattığı haz ve memnuniyeti hisseder. İşte o zaman, barışla ödüllendirilir.

Ancak kişi, inanç olan Tzedakah ile ödüllendirilmeden önce, ihsan etme kapları temelinde, haz ve memnuniyeti edinecek Kelim'e sahip değildir, çünkü hayır, utanç ekmeğinin ıslahından yoksundur, çünkü burada Tzimtzum Alef'in (birinci kısıtlama) ıslahı vardır. Ancak, Yaratılanlar, 'ihsan etme kapları, 'denen ıslaha sahip olduğunda orada, Yaradan'ın (yarattıklarının iyiliği için) ışığının var olabileceği bir yer mevcut olacaktır.

Bundan önce, kişi, Yaradan'la çekişmededir, Sulam'da söylediği gibi ('Zohar Kitabı'na Giriş', madde 175): 'Barış da onun bütün çekişmelerinden şikâyet etti, çünkü Mitzvot'a (emirler), ihsan etmek için bağlanamıyor, ama kendini memnun etmenin karışımıyla bağlanabiliyordu'. Bu yüzden kişi, daima Yaradan'la çekişmededir, zira kendisinin tam bir erdemli olduğunu düşünür ve kusurlarını hiç hissetmez. Öyle ki, Tora ve Miztvot'a tümüyle Lo Lişma'da bağlandığını hissetmez ve tamamlanmış bir erdemlinin ödüllendirilmesi gerektiği kadar ödüllendirilmediği için Yaradan'a öfkelidir.

Bu nedenle, kişi Tzedaka ile ödüllendirilmeden önce, ki bu, ihsan etme kapları temelinde, kişiyi, Yaradan'a yaklaştıran, Yaradan'a olan inançtır, barışa sahip olması imkânsızdır. Buna göre; hedefe ulaşıldığında çalışmanın sonu, barış derecesine ulaşmaktır. Bu barış, bizler, Yaradan'a yaklaşmak olan başlangıç safhalarından geçmeden önce elde edilemez, o halde Tzedaka denen inanç ve nihayetinde, 'barış' olarak adlandırılan hedef edinilir.

Hesed'e (Merhamete) Dair

Makale No. 4, Tav-Şin-Mem-Vav, 1985-86

Hesed'le (merhamet) ilgili olarak, Kutsal Zohar'da (Leh Leha, madde 382) şöyle yazılmıştır: 'Şimdiye kadar, İbrahim'i neden çağırmadı? O ana kadar sünnet olmadığını ve şu an sünnet olduğunu açıkladık. O, sünnet olur olmaz, Şehina olan Hey ile bağlandı ve Şehina onun içindeydi. Bu nedenle, şimdi bir Hey ile İbrahim'i çağırıyor. Şöyle yazılmıştır, 'Bunlar, yaratıldıklarında, cennetin ve yeryüzünün nesilleriydiler'. Onları, bir Hey ile yarattığını öğrendik ve İbrahim'in yani BeHibaraam'ın (yaratıldıkları zaman), Be Avraham'ın (İbrahim'in içinde) harflerine sahip olduğunu öğrendik. Bu demektir ki, dünya, İbrahim için yaratılmıştır.

"Onlar ne diyor? diye sorar'. Yani, BeHibaraam'ı yorumlamada neden ihtilafa düştüler? Şöyle yanıtlar, 'O, Hesed'dir. O, BeHibaraam'ın, Hesed olan İbrahim anlamına geldiğini ve Şehina olan dünyanın, Hesed için yaratıldığını söyler. Bu nedenle, onları bir Hey yani Şehina ile yarattığını söyler.

'Ama biri, diğeriyle çelişmez, çünkü her şey birlikte aşağı iner. Şöyle ki, eğer dünyada Hesed varsa, Şehina da dünyadadır veya tam tersi. Bu nedenle, onun iki anlamı -Hesed ve Şehina- da tek bir şeydir ve dünya, Hesed için ve Şehina için yaratılmıştır. BeHibaraam'ın anlamını, neden, Hesed olan Be Avraham olarak, yani dünyanın Hesed için yaratıldığı şeklinde yorumladığını anlamalıyız'.

Hesed meselesini anlamalıyız. Bu, yalnızca insanla insan arasındaki ilişkiye ait bir şey değil midir? Yaradan, üst dünyaları, -meleklerin ve Seraphim'in dünyasını- herkes dostuna merhametli davransın böylece Ruben Şimon'a merhametli davransın diye mi yarattı? Yaradan, bundan ne kazanacak? Böyle bir şey söylenebilir mi? Buna göre, dünyanın, Hesed için yaratıldığını söylediğinde, Hesed'in (merhamet) ne olduğunu anlamalıyız.

Yaratılışın amacının, yarattıklarına iyilik yapmak olduğu bilinir. Bu nedenle, şunu sormalıyız: "Bunlar, cennetin nesilleridir… yaratıldıklarında 'ayetiyle ilgili neden iki açıklama var; birisi Şehina nedeniyle ve diğeri de Hesed olan İbrahim nedeniyle mi?

'Yaratıldıkları zaman 'ayetiyle şunu söyleyebiliriz, 'yarattıklarına iyilik yapmak ' denen hedefe nasıl erişileceğini tamamen açıklanır. Bunun anlamı şudur, yaratılanlar, haz ve memnuniyeti tamamen edinmelidirler. Şöyle ki, haz ve memnuniyeti aldıklarında, 'utanç ekmeği 'olarak adlandırılan, hoşnutsuzluğu hissetmemeliler.

Bunu düzeltmek için, haz ve memnuniyetin üzerinde, gizlilik olan Tzimtzum (kısıtlama) bulunur. Kutsal ARİ'nin söylediği gibi (On Sefirot Çalışması, bölüm 1, s 1): Bilin ki, bütün oluşacaklar oluşmadan ve yaratılanlar yaratılmadan önce, basit üst ışık, bütün realiteyi doldurmuştu ve boş bir yer yoktu… O'nun iradesine dünyaları yaratmak arzusu geldiği zaman… O'nun işlerinin mükemmelliğini ortaya çıkarmak için… o zaman kendisini kısıtladı'.

Bu nedenle, maneviyatta gördüğümüz gizlilik, yani 'Tüm dünya onun ihtişamı ile doludur, 'sözüne inanmamız gerekliyse de eğer yaratılanlar, bu dünyada, Yaradan'ın ihtişamını hissediyorlarsa, o zaman maneviyatın öneminin yüceliğini gördükten sonra kim aşağılık şeylerle uğraşmak isterdi ki? Sonuçta kişi geçmişte sahip olduğu bir şeyin imajını edinebilir.

Örneğin eğer, kişi sahip olmuş olduğu en önemli dönemin maneviyata tutunmanın değerli olduğunu hissettiği dönem olduğunu hayal ederse, dönüp kendine ve tüm dünyaya bakar ve zamanın nasıl da amaçsızca yalnız boş işlerle uğraşarak geçtiğini görür. O zaman ruh hali yüksek olduğunda, dünya ona, sanki oyuncaklarıyla oynayan küçük çocuklar gibi görünür.

Benzer bir şekilde, bazen küçük bir çocuğun eline bir ip alıp, başka birinin omzuna koyup, ona, 'Sen at ol ve ben de dizginleri çekeyim 'dediğini görürüz. Her ikisi de bu oyundan hoşlanır. Ve eğer çocuklara, 'Sen yük arabası sürücüsü değilsin ve o da bir at değil. Neden sahte şeylerle oynuyorsunuz? 'diye sorarsak, onlar söylediğimiz şeyi anlamayacaklardır.

Kişi, hayatında en önemli duruma sahip olduğu zamanı gözünde canlandırdığında, yetişkinlerin, oynayan çocuklara baktığı gibi, insanların nasıl da sadece maddeselliğe bağlandığını görür. Bu nedenle; ihtiyacımız olan tek şeyin, Tora ve Mitzvot'a (emirler) bağlanmak olduğunu ifşa etmemizdir. Yani, onları açıkça görmemiz için, içlerinde gizli olan, haz ve memnuniyetin ifşa olmasıdır. O zaman, haz ve memnuniyeti kim istemezdi? İnsan gibi yaşamaktan keyif aldığı zaman, kim kendini aşağı bir dereceye indirebilir ki, kim kümese girip de tavuklar gibi çöpü gagalar ve bundan mutlu ve keyifli olabilir ki? Bu durumda, onun besini, hayvanların hoşlandığı şeyler değil, insanların hoşlandığı şeyler olacaktır. Bütün bunlar kişi, insana canlılık veren şey ile hayvana, kümes hayvanlarına canlılık veren şey arasındaki farkı hissettiği zaman söz konusu olur.

Ancak gizlilik sırasında, bu dünyada, herkesin verdiği canlılıktan keyif aldığından başka bir hayat görmediğinde, diğer insanlara baktığı zaman, maddesel meselelerden vaz geçerek, manevi bir hayat aradığında, diğerleri ona budala, akılsız çocuklar gibi görünür. Önemli şeylerle oynamaları için, küçük çocuklara izin verilmiştir ama bunları atarlar ve yerine anlamsız şeyleri alırlar.

Diğerleri, maddesel şeylerden hoşlanırken, kişi, onları atar ve maneviyatı edinmeyi tasarlar. Diğerlerine göre, manevi meseleler anlamsızdır yani değeri olmayan şeylerdir. Ancak bütün bunlar, maneviyattaki gizlilik yüzündendir.

Şimdi, ilk anlamı Hesed ve ikinci anlamı Şehina olan, Hibaraam (onlar yaratıldıklarında) kelimesinin iki yorumunu açıklayacağız. Şunu sorduk: 'Bir sonraki dünyayı ve bu dünyayı Hesed için yaratmaya değer mi? 'Yukarıda açıkladığımız gibi, yarattıklarına iyilik yapmak olan yaratılışın amacına göre, haz ve memnuniyet, ihsan etmek için alabilmelerinden önce ortaya çıkamaz. Bu nedenle, amaca tam olarak ulaşmak imkânsızdır.

İşte bu yüzden, BeHibaraam hakkında söylediğimiz şeyi, yani onlar aracılığıyla yaratılışın amacını yerine getireceklerini ve onlar olmaksızın yaratılışın amacına tam olarak ulaşmanın imkânsız olmasını açıklamamız gerekir. Be Avraham'ın (İbrahim'in içinde), Hesed olarak yorumlanmasının sebebi budur, bu demektir ki, Hesed niteliğine tutunarak, ihsan etme niteliğini elde edebilirler; bundan sonra haz alabileceklerdir ve bu alma, ihsan etme olarak kabul edilecektir.

Bu, bilgelerimizin sözlerini getiren, Sulam'da ('Zohar Kitabı'na Giriş', madde 175) söylediği gibidir: 'Dünyaların yaratılması üzerine, meleklere, 'O, kendi görüntümüzde bir insan yapalım 'dediği zaman, Hesed, 'Bırakın yaratılsın, çünkü o merhametlidir ' dedi. Hakikat, 'Yaratılmasın, çünkü o, yalandan ibarettir 'dedi'.

Orada bilgelerimizin şu sözlerini yorumlar; Hesed dedi ki ', 'Bırakın yaratılsın, 'Bırakın yaratılsın, çünkü o merhametlidir. 'Zira iyilik yapmak Mitzva'sı ister istemez, açıkça bir ihsan etme eylemidir ve bununla giderek, tüm Mitzvot'a ihsan etmek için bağlanana dek ıslah olacaktır. Böylece, sonunda Lişma'ya (O'nun adına) bağlanma hedefine ulaşması garanti altındadır. Bu nedenle Hesed, onun yaratılması gerektiğini savundu'.

Bunu şu izler; BeHibaraam denmesinin anlamı, Hibaraam'ın, sadece bir amaç olarak değil, bir araç olarak gerekli olmasındandır, bilindiği gibi, yaratılışın amacı, yarattıklarına iyilik yapmaktır. Daha doğrusu, yaratılanların, olma amacı, yani haz ve memnuniyeti nasıl alabileceklerine dair verilen öğütlerdir. Çünkü veren ve alan arasında form eşitliği olmak zorundadır ve zıt formda oldukları zaman, onlar haz ve memnuniyeti asla alamayacaklardır.

Bu nedenle, birisi şunu söylemektedir; Hesed yoluyla yani Hesed niteliği ile her birinin bir diğeri ile yaptığı şey ile onlar ihsan etme kapları ile ödüllendirecekler, haz ve memnuniyet alabileceklerdir. Ve diğeri de şunu söylemektedir; O BeHibaram'dır yani Hey BeRaam'dır (onları yaratan), yani Şehina'dır. Bu, onunla ihtilafa düştüğü anlamına gelmez ama O, onları Hey ile yarattı dediğinde, bu demektir ki, Malhut, yani Şehina, burada BeHibaraam'da, küçük bir Hey anlamına gelir.

Kutsal ARİ şöyle yorumlar (Niyetler Kapısı, Madde 43): 'BeHibaraam'ın anlamı şudur, BeHey Beraam (onları bir Hey ile yarattı), zira bütün yaratılanlar hem Atzilut hem de BYA'da, beş Parzufimdi. Bu, ZAT'ın sonunda kendini küçülttükten sonra, Malhut-de-AK'ın küçük Hey'inin anlamıdır.

Orada (Ohr Pashut'ta) bunu şöyle yorumlar; ABYA denen Tikkun (ıslah) dünyası, orada Malhut'un küçültüldüğü, Tzimtzum Bet denen, Rahamim (merhamet) niteliği ile hafifletilmiş olan başka bir Malhut'tan ortaya çıkar. Bu nedenle Malhut, 'küçük Hey ' olarak adlandırılır.

Bunun anlamı şudur; BeHibaraam'daki Hey, 'merhamet ve yargı niteliklerinin birleşmesi 'denen ıslahı edinmiş olan Şehina'ya atıfta bulunmaktadır. Bunun anlamı şudur; 'yargı niteliği 'denen Malhut, yani alma arzusu, yaratılanların köküdür, bu kap, yaratılışın -yarattıklarına iyilik yapmak- olan amacını edinmelidir, haz ve keyif alma kabıdır, bu yaratılanların özüdür, yani O'ndan haz ve keyif alma arzusudur. Ancak, form eşitliği ıslahı nedeniyle, şu kural vardır; alma kapları, ihsan etmeyi amaçlamadıkça, bu alma kapları kullanılmamalıdır. Buna, 'kısıtlama ve yargı' denir.

Dünya, 'ihsan etmek için almak 'olarak adlandırılan bu düzeltme olmaksızın var olamaz ve de dünyanın düzeltilmesi amacıyla yapılmış olan Tzimtzum ve yargı nedeniyle aşağıdakiler için bolluk ortaya çıkmaz. Peki, ama almak olan yaratılışın amacını, ihsan etmeye değiştirmek nasıl mümkün olur?

Bu nedenle, alma kaplarını, ihsan etmek için çalışmak üzere düzeltebilmek için, 'merhamet ve yargı niteliklerinin birleşmesi 'olarak adlandırılan, Tzimtzum Bet olarak bilinen bir düzeltme olmalıdır. Bu demektir ki, Bina, 'ihsan etmek 'denen merhamet niteliği, Malhut'la yani alma niteliğine katılıp karışır. Tora ve Mitzvot'un şifası sayesinde gerçekleşen merhamet ve yargı niteliklerinin bu birleşmesiyle, bizler, doğamıza karşı olmasına rağmen, bolluğu elde edebiliriz.

Bu mesele, 'Kabala Bilgeliğine Önsöz, 58. Maddede 'sunulmuştur: 'Bunlar, bilgelerimizin sözleridir: O, başlangıçta, dünyayı, Din (yargı) niteliğiyle yaratmayı tasarladı. Dünyanın var olmadığını ve Rahamim (merhamet) niteliğinin önce geldiğini gördü ve onu Din niteliği ile birleştirdi' ...'Dünyanın var olmadığını gördü' demek, bu şekilde, Behina Dalet'ten yaratılacak olan insanın, ihsan etme eylemlerini üstlenmesi imkânsız demektir. ... Bu nedenle, Rahamim niteliğine öncelik verdi ve onu Din niteliği ile birleştirdi. Bu birleşme sayesinde, Behina Dalet-Midat-ha-Din, Bina'nın Kli'sinde, ihsan etmenin kıvılcımlarıyla birleştirildi.

Yukarıda söylenenlere göre şöyledir; yarattıklarına iyilik yapmak olan yaratılışın amacına ulaşmak için gereken araca, sadece bu küçük Hey sayesinde sahibiz. Bunun nedeni, Hey'deki yargının, yani yargı niteliğinin, merhamet niteliğine azaltılmasıdır. Bu demektir ki, alma arzusunun bir kısmı azaldı ve Rahamim niteliğine alındı, yukarıda anlatıldığı gibi, köklerde, alma kapları, Rahamim olarak adlandırılan ihsan etme niteliğini içerir.

Bununla, kutsal Zohar'ın neden 'biri, diğeriyle çelişmez, çünkü her şey birlikte aşağıya iner, 'sonucuna ulaştığını anlayacağız. Şöyle ki, eğer dünyada Hesed varsa, Şehina da dünyadadır ya da tam tersine... ve dünya Hesed ve Şehina için yaratıldı'.

Bununla kastedilen şudur; her ikisinin de yani Hesed niteliğinin de Şehina niteliğinin de, Rahamim niteliği ile düzeltildiği, aynı şeyi hedeflediği anlamına gelir ve onlar sayesinde, yaratılanlar, yarattıklarına haz vermek olan yaratılışın amacına ulaşırlar. Bu nedenle, 'Hesed yoksa Şehina da yoktur 'der.

Dolayısıyla, ihsan etmek için alabilecekleri Hesed niteliği, Hesed'in ıslahı olmaksızın, Şehina da olmazdı. Şöyle ki, Malhut'ta yapılan, 'merhamet niteliği ile yargı niteliğinin birleşmesi 'olarak nitelendirilen düzeltme, yardımcı olmazdı. Ancak, bu dünyada Hesed niteliği vardır, bu da Malhut'un, Rahamim niteliğinde olan Hesed ile düzeltildiği anlamına gelir ve bu amaca ulaşmaya yardımcı olur.

Ancak, Malhut'a neden Şehina dendiğini anlamalıyız. Baal HaSulam, kutsal Zohar'ın 'O (erkek), Şohen'dir (sakin, oturan); o (dişi), Şehina'dır 'dediğini söyler. Bunun anlamı şudur; Yaradan'ın ifşa olduğu yer, Şehina olarak adlandırılır. Buna, 'Şehina'nın damıtılması' denir, yani orada Yaradan ifşa olmuştur.

Bu yüzden kişi, daima, 'inanç' olarak da bilinen, Cennet Krallığı ile ödüllendirilmek için dua etmelidir. Yani, kişi, inançla ödüllendirilmek için dua etmelidir. Ama bir soru vardır: Eğer kişi, Yaradan'a inancının eksik olduğunu bilirse, o zaman, kime dua edecek, çünkü sadece Yaradan'a inandığı zaman, istediği şeyi vermesini, Yaradan'dan isteyebileceği söylenebilir, öyle değil mi?

Bunu, 'On Sefirot Çalışmasına Giriş'te (madde 14) yazılanlara göre yorumlayabiliriz: 'Tora'sı, kişinin zanaatıdır. Kişinin inancının ölçüsü, Tora'yı uygulamasında açıkça görülür, çünkü Umanuto'nun (zanaati) harfleri, Emunato'dakilerle (inancı) (İbranice'de) aynıdır. Bu durum, arkadaşına güvenen ve ona borç para veren bir kişinin durumu gibidir. Kişi, arkadaşına bir lira için güvenebilir ve eğer arkadaşı iki lira isterse, ona borç para vermeyi ret edecektir. Kişi, arkadaşına, 100 lira için de güvenebilir, ama daha fazlası için değil. Ayrıca, ona, mal varlığının yarısını verecek kadar da güvenebilir, ama bütün mal varlığını verecek kadar değil. En sonunda, korkudan eser olmaksızın, bütün mal varlığıyla ona güvenebilir. Bu son inanç, 'tam inanç' ve daha önceki formlar, 'eksik inanç' olarak kabul edilir. Daha doğrusu, daha az veya daha çok da olsa, bu kısmi inançtır'.

Böylece, kısmi bir inancın olduğunu görüyoruz. Kısmi inanca sahip olduğunda, kişinin, ona yardım etmesi için, Yaradan'a dua etmesi gerektiği söylenebilir, zira sadece kısmi inanca sahiptir, bu yüzden, Yaradan'dan inancını tamamlamasına yardım etmesini ister. Ve önceki makalede söylendiği ve 'Zohar Kitabı'na Giriş'te (s 138) sunulduğu gibi, form eşitliği ile ödüllendirilmeden önce, tam inançla ödüllendirilmek imkânsız olduğu için, bu nedenle BeHibaraam'la ilgili olarak yukarıda yazılmış olan şu düzeltmeler vardır: 1) Hesed niteliği aracılığıyla form eşitliğine ulaşırlar; bu, İbrahim olarak kabul edilir 2) O, Hey yani Şehina olduğunu söyler. Şöyle ki, Malhut, ihsan etmeye gelecekleri Rahamim niteliğini içine alır ve böylece yarattıklarına iyilik yapmak olan yaratılış amacı gerçekleşir.

Babaya Saygı Göstermeye Dair

Makale No. 5, Tav-Şin-Mem-Vav, 1985-86

Kutsal Zohar'da (Vayera, madde 141) şöyle yazılmıştır: 'Rabbi Şimon başladı ve şunu dedi, 'Oğul, babasını onurlandırır ve hizmetkâr, Efendisini'. 'Bir oğul, babasını onurlandırır', İbrahim'le ilgili olarak İsak'tır. Şöyle sorar, 'Onu, ne zaman onurlandırdı? Onu, sunağa bağladığı zaman... O babasının arzusunu yerine getirmesine direnmedi'. 'Ve bir hizmetkâr, Efendi'sini (onurlandırır), İbrahim'le ilgili olarak Eliezer'dir. Eliezer'i, Haran'a gönderdiği zaman, o orada İbrahim'in istediği her şeyi yaptı, onu onurlandırdı, yazıldığı gibi, 'Ve Yaradan, Efendimi kutsadı'. Aslında, gümüş, altın, mücevher ve develer getiren, saygın ve yakışıklı bir adamdı, İbrahim'in sevdiği birisi ve akrabası olduğunu söylemedi. Aksine, İbrahim'in adını yükseltmek ve onların gözünde onurlandırmak için, 'Ben, İbrahim'in hizmetkârıyım 'dedi'.

(Madde 145'te) Şöyle der, 'Bu yüzden şöyle yazılmıştır, 'Oğul, babasını onurlandırır ve hizmetkâr Efendisini'. Ve siz, İsrail, oğullarım, babanız olduğumu veya benim hizmetkârlarım olduğunuzu söylemeniz, sizin için bir utançtır. 'Eğer ben bir babaysam, onurum nerede? Ve ben, bir Efendi isem, benden korkunuz nerede?"

Şöyle diyen kutsal Zohar'ın sözlerini anlamalıyız, 'Efendi şöyle der; 'Ve siz, İsrail, oğullarım, babanız olduğumu veya benim hizmetkârlarım olduğunuzu söylemeniz, sizin için bir utançtır. 'Bu Yaradan'ın bizim babamız olduğunu birilerine söylememiz gerektiğini ama utandığımız için söyleyemediğimizi ima eder. Bu durumda, O'nun babamız olduğunu kime söyleyeceğimizi bilmeliyiz. Ayrıca, yazıldığı gibi, 'sizin için bir utançtır, 'diye yazılandaki, bu utancın ne olduğunu da bilmeliyiz.

Bu, genel olarak kafa karıştırıcıdır. Nihayetinde her gün, 'Babamız, Kralımız ' diyoruz. Ve On sekiz Dua boyunca, 'Babamız, bizi senin yasalarına döndür, 'diyoruz, o halde, başka kime Yaradan bizim babamızdır diyoruz ve bunu söylemekten utanıyoruz ve bu yüzden Yaradan kızıyor ve 'Eğer Ben, sizin babanızsam, Benim onurum nerede? ' diyor?

Bunu yorumlamalıyız: Yaradan'la ilgili olarak, 'Efendi, bizim babamızdır 'dememiz gerekir. Biz, her zaman, 'Babamız, Kralımız 'diyoruz, ama bunun için Yaradan kızıyor: Bana hiç saygı göstermiyorken, babanız olduğumu söylemekten nasıl oluyor da utanmıyorsunuz? Söylendiği gibi, 'Eğer Ben, baba isem, onurum nerede? 'Yaradan şöyle der; 'Bana 'babamız, 'demeniz sizin için utandırıcıdır ve size göre benim onurum 'Şehina (kutsallık) tozun içinde, 'sözündeki gibi, benim onurum yerlerdedir. Bu durumda bana 'babamız 'demekten nasıl olur da utanmazsınız?'

'Ve eğer, sizin Efendiniz isem, bana olan korkunuz nerede?'. Hepiniz, Yaradan'ın hizmetkârları olduğunuzu söylüyorsunuz, ama sizde korku, yani üzerine almanız gereken cennet korkusu olduğunu görmüyorum. Bir hizmetkârın, kendi otoritesi, hükmü yoktur, bilgelerimizin söylediği gibi, 'Bir köle satın alan, Rav'ını satın almıştır'. Tam tersine, kişi, efendisinin önünde kendini iptal eder ve efendisinden aldığı her şey, yalnızca efendisine hizmet edebilmek içindir, kendisi için değil.

Ancak, ben sizin tam tersine yol aldığınızı görüyorum. Öyle ki, Benim size hizmet etmemi, yani sizin kendinize-sevginizi tatmin etmemi istiyorsunuz ve hepinizin, gelip sorduğunuz şey, otoriterinizi nasıl arttıracağınız. Yani, sizler efendisiniz ve Ben sizin hizmetkârınızım ve bütün gün etrafta, size borçlu olduğum şikâyeti ile dolaşıyorsunuz ve eğer benden zorla alabilseydiniz, bunu kesinlikle yapardınız.

Zorla alamasınlar diye Yaradan ne yaptı? Küçük bir şey yaptı; yaratılanların hizmetkârlar olmaya ve 'onu Yapana memnuniyet ihsan etme için almak 'olarak adlandırılan O'nun için çalışmaya gönülsüz olmaları halinde, 'gizlilik 'olarak adlandırılan dünyadaki karanlığı yarattı, bilgelerimizin dediği gibi, 'O'nun niteliklerine sadık kalın'. Bilinen şudur, kişi alma kapları içinde olduğu sürece, daha çok alır, en kötüsü Yaradan'dan uzaklaşır. Bu nedenle, büyük bir düzeltme yapmıştır, alma kapları kişiye hükmettiğinde, kişi, Keduşa'da (kutsallık) keyif çıkarabileceği hiçbir şey göremez.

Tam tersine, yalnızca 'ayrılığın hazları' olarak adlandırılan, hazları görebilir. Bu, kutsal ARİ'nin dediği gibidir; bütün maddesel hazlar var olabilsin diye, Klipot'a (kabuklar), zayıf bir aydınlatma verilmiştir. Maddeselliğin bu ışığı, haz aldığımızı görebildiğimiz yegâne şeydir. Ancak maneviyatın üzerinde, bütün manevi hazları kaplayan karanlık bir bulut uzanır. Bu nedenle, ev sahibi vermek istemediğimde, onlar hazzı görmedikleri için zorla alamazlar. Bundan dolayı, arzusu, yalnızca kendini-sevmek olanlar için, dünya karanlıkla kaplı olduğundan, onlar haz ve memnuniyetin olduğu gerçek şeylerden kaçarlar.

Bu nedenle, kişi Lişma (O'nun adına) çalışmaya hemen başlayamaz, ancak Lo Lişma'dan başlamalıdır (O'nun adına değil). Lişma'daki, yani gerçek yoldaki çalışmadan, beden kaçmak zorundadır, her türün kendi türüne gittiği gibi. İnsan, almak için alma kaplarıyla yaratıldığı için, alma kaplarında özlem duymadığı bir düşünce, sözcük veya bir eylem gördüğünde, onlardan derhal kaçar çünkü bu, onun niteliği değildir. Onun niteliği, yaratıldığı doğasıdır; almak için almak ve hiçbir şey vermemek.

Yaradan çalışmasına başlayan bir kişi, bu onun niteliği olmadığı için, ihsan etme çalışmasından kaçmamak için çalışmaya, Lo Lişma'dan başlamalıdır. Şöyle ki, kişi, Yaradan'ın bize emrettiği Tora ve Mitzvot'u (emirler) çalışmak için, bunun karşılığında, O'ndan ödül almak için ister. Bu böyledir, çünkü bizler, yalnızca maddesel şeyler için, para kazanmak ve saygı kazanmak için çalışabiliriz ve dinlenmekten hoşlanırız. Para, onur kazanmaktan, bedenin bizden yapmamızı istediği, bize haz veren diğer ihtiraslardan vazgeçeriz ve bunların yerine, Yaradan'ın bize emrettiği Tora ve Mitzvot'u izleriz.

Bedenden, keyif alacağını düşündüğü bir hazdan, bir şeyden vazgeçmesini talep ettiğimiz zaman, onun 'Bundan ne kazanacaksın? 'diye sorduğunu görürüz. Şöyle ki, 'Yapmak istediğin bu yeni çalışma, sana daha büyük hazlar mı verecek? Vermeyeceklerse, o zaman, çalıştığın yeri değiştirmeye neden ihtiyaç duyuyorsun? Sen, bu efendi için çalışırdın ama şimdi, Yaradan için çalışmak istiyorsun, çünkü O'nun senin hizmetine ihtiyacı mı var? Sana daha yüksek bir maaş mı ödeyecek yani daha çok haz mı verecek? Halen yapmakta olduğun çalışmadan daha fazla keyif mi alacaksın?

Ona şöyle demeliyiz: 'Şimdiye kadar, küçük kazanımlarımız yani hayali hazlarımız oldu, ama şimdi, büyük bir kazanç elde edeceksin ve hazzın, gerçek haz olacak, çünkü Yaradan, sana manevi bir ödül vermek istiyor. Ancak, çalışma olmaksızın, bu, utanç ekmeği olur, bu yüzden bize, Tora ve Mitzvot verildi ve zevk alabileceğimiz ihtiyaçlarımızdan vazgeçtiğimiz için, bize kesinlikle ödeme yapacağına, karşılığında manevi bir ödül olan gerçek ödülün olduğuna inanmalıyız.

Ve maneviyatın ne olduğunu henüz bilmiyor olsak da yine de, küçücük bir mum olan maddesel hazlarla karşılaştırıldığında, bunun, büyük bir şey olduğuna inanırız; 'Kapların kırılması ve bilgi ağacının günahı nedeniyle, kıvılcımlar, sürdürülmeleri için, Klipot'a düştüler, böylece onlara ihtiyaç duyulduğu müddetçe iptal edilmeyeceklerdir ' diyen ARİ'nin sözlerinde açıklandığı gibi. Ancak haz ve memnuniyetin çoğu, Keduşa dünyalarında kaldı. Bu nedenle, Tora ve Mitzvot'taki çalışmamız karşılığında, bir sonraki dünya ile ödüllendirileceğimizden, Tora ve Mitzvot'ta çalışmak bizim için değerlidir.

Ancak kişi Yaradan çalışmasına başladığı ve gerçek çalışmayı bilmek istediği zaman, ona şu sorulur, 'Eğer senin efendin Ben isem, benden korkun nerede?' Şöyle ki, hizmetkârlar için uygun olan yol, yalnızca ev sahibi için çalışmaktır, kendisi için çalışmamaktır. Yine de sen, yalnızca bir sonraki dünya ile ödüllendirilmek için çalışıyorsun; çalışman için ödül istiyorsun. Köleler, ödül olmadan çalışırlar ve onların ihtiyaçlarını, hizmetkâr O'nun için çalışabilsin diye efendileri karşılar, ama hizmetkâr, kendine ait olduğunu söylenebileceği hiçbir mal ve mülke sahip değildir. Tam tersine, orada yalnızca tek bir otorite vardır, efendinin otoritesi.

Gerçekten de Tora ve Mitzvot'taki bütün çalışmamız, Yaradan'la Dvekut (birleşme) olan form eşitliğini elde etmek için olmalıdır. Tora ve Mitzvot'a bağlanmak, daha önce düşündüğümüz gibi değildir, yani Yaradan, bizden O'nun Tora'sını ve Mitzvot'unu tutmamızı istemektedir ve bunun için bize daha sonra ödeme yapacaktır şeklinde değildir. Aksine, yerine getirmemiz için bize verilen Tora ve Mitzvot, onlara ihtiyacımız olduğu için verilmiştir. Öyle ki, Tora ve Mitzvot'u yerine getirerek Tora'nın ışığını alırız ve böylece, bu ışık sayesinde, onun içindeki ışık kişiyi ıslah ettiği için, form eşitliğini elde edebiliriz.

O halde, bedenin çalışması karşılığında istememiz gereken ödül nedir? Şöyle ki, Tora ve Mitzvot'u yerine getirmek amacıyla, bedenin ihtiyaçlarından feragat ederiz. Ödül olmadan çalışmak imkânsızdır, zira beden derhal şunu sorar, 'Keyif alabileceğin hazlardan neden vazgeçiyorsun? Ne kazanacaksın?'

Cevap şudur; bizim bütün kazancımız, Yaradan'a hizmet etmekle ödüllendirilmemizdir. Bu çok önemlidir, çünkü gerçektir, yani kişi Kralların Kralı'na tutunmakla ödüllendirilecektir. Ancak tüm hazları, kendisine hizmet etmek, üzerine inşa edilmiştir ve bunları, yaratılanların en üstünü olan insanlara ilişkin değil, hayvanlara ilişkin hazları alma kıyafetlerinde alır ve böylece hayvanların keyif aldığı kıyafetlerden keyif alır. Bu ona yakışmaz.

Tam tersine, insanın hazzı almak istediği bütün kıyafetler, ihsan etme giysileri olmalıdır. Şöyle ki, haz olmadan çalışmak imkânsızdır, ancak kişi hazzını, Kral'a ne kadar ihsan edebildiğiyle ölçer. Şöyle ki, eğer çalışmasından ne kadar haz aldığını bilmek isterse, bu çalışmadan ne keyif aldığını değil, Kral'a hizmet etmekten ne kadar haz aldığını ölçmelidir. Daha doğrusu, bunu, eylemleri aracılığıyla, yani Kral'ın, onun çalışmasından zevk almasını ne kadar çok istediğiyle ölçmelidir. Böylece önem verdiği tek şey, Kral'a hizmet etmektir.

Bunu şu izler; kişi, çalışmasında ilerleyip ilerlemediğini test etmek istiyorsa, bunu iki şekilde yapmalıdır: 1) Yaradan'dan almayı umduğu ödüle bakar. Her gün, daha büyük bir ödül alıyor mu? Bu durumda ölçü, alma kaplarıdır. 2) Yaradan'ı hoşnut etmekten ne kadar keyif aldığına ve onun bütün ödülünün Yaradan'a ihsan etmek olmasına bakar. Mesela, eğer kişi ülkedeki en büyük insana hizmet ediyorsa, bundan keyif alır. Ancak, neslin en büyüğüne hizmet ediyorsa, bundan kesinlikle daha çok keyif alır. Bu nedenle kişi, her gün, gözünde, Yaradan'ın daha büyük ve daha önemli olmasını ister. Gerçek ölçüm, budur.

Güven

Makale No. 6, Tav-Şin-Mem-Vav, 1985-86

Zohar'da (Toldot, madde 122-125) şöyle yazar: 'Rabbi Elazar başladı ve şöyle dedi, 'Sen'den güç alan adama ne mutlu, Yaradan'dan güç bulan ve O'na güvenen adama ne mutlu! 'Güveni, O'na güvenen ve 'Eğer öyleyse, Tanrımız...' diyen, yani Yaradan'ın onları cehennem ateşinden kurtaracağına güvenen Hananiah, Mişa'el ve Azariah'ın yorumladığı gibi yorumlayabiliriz. Ama o, bunun böyle olmadığını söyler. Aksine, gel ve gör, eğer O, kurtarmazsa ve Yaradan, onlar için tek ve bir olmazsa, O'nun adı, herkesin gözünde kutsallaştırılmış olmayacaktır. Ancak onlar, gerektiği şekilde ifade etmediklerini anladıktan sonra, yeniden dile getirdiler: 'Ama O yapmasa bile sana, bilesin, Ey Kralımız'. Onlar şöyle dediler: O kurtarsın ya da kurtarmasın, putlara boyun eğmeyeceğimizi bilmelisin.'

"Ancak kişi, güvenip de 'Yaradan beni kurtaracak 'ya da 'Yaradan bunu veya şunu benim için yapacak 'dememelidir. Tam tersine, olması gerektiği gibi, Tora'nın Mitzvot'unu uyguladığı ve hakikatin yolunda yürümeye çalıştığı zaman, kişi yardım için Yaradan'a güvenmelidir. Kişi, arınmaya geldiğinde ona yardım edilir. Bunun için kişi, Yaradan'ın ona yardım edeceğine güvenmelidir. Kişi, Yaradan'a güvenmeli ve O'ndan başkasına güvenmemelidir. Bununla ilgili olarak 'Onun gücü, Sen'in içindedir, ' diye yazılmıştır.

'Kalplerindeki raylar', kişinin kalbini, içine yabancı düşüncelerin girmemesi için, uygun bir şekilde hazırlaması gerektiği anlamına gelir. Daha doğrusu, kişinin kalbi, içinden, sağa ve sola, ihtiyaç duyulan her tarafa geçmek için inşa edilmiş bir demiryolu gibi olacaktır. 'Ve kalbi içten ve samimi olacak', Yaradan, kişiye iyilik yapsa da yapmasa da kişinin kalbi hazır olacak ve hiçbir koşul altında Yaradan'ı asla sorgulamayacak şekilde düzeltilecektir.

Diğeri şudur: 'Gücünü, Sen'den alan adama ne mutlu! 'Bu, şöyle dediğiniz gibidir, 'Efendi, insanlarına güç verecek', yani Tora verecektir. 'Gücünü, Sen'den alan, 'demek, kişi, Tora'ya Yaradan adına, yani 'İsim 'olarak da adlandırılan Şehina (Kutsallık) için bağlanmalıdır demektir; zira Tora'ya bağlanan ve Lişma'da (O'nun adına) çaba göstermeyen kişi hiç yaratılmasaydı, onun için daha iyi olurdu. 'Kalplerindeki raylar', 'Kırlarda gezinen, adı Efendi olan O'nun için bir şarkı yükselt', yani kırlarda gezineni, öv dediğiniz gibidir.

Ayrıca, 'Kalplerindeki raylar', şu anlama da gelir; kişi Tora'ya, Yaradan'ı övmek, dünyada O'na saygı duyulmasını sağlamak ve O'nu önemli hale getirmek amacı ile bağlanmalıdır. Yani kalbini şöyle yönlendirmelidir ki Tora'ya bağlanması kendisi ve tüm dünya için bolluğun bilgisini çeksin ve böylece Yaradan'ın adı tüm dünyada büyüsün. Şöyle yazıldığı gibi 'Ve yeryüzü Yaradan'ın bilgisiyle dolacak'. O zaman 'Efendi, tüm dünyanın Kral'ı olacaktır, 'koşulu gerçekleşecektir.

Yukarıdakilere göre, Zohar'ın bize yorumunu yaptığı şöyle dediği güven konusunu anlamak zordur; 'Ancak kişi, güvenip de 'Yaradan beni kurtaracak, 'ya da 'Yaradan bunu ya da şunu benim için yapacak 'dememelidir". Zira görüyoruz ki, birisi, arkadaşından ona bir iyilik yapmasını rica ettiğinde, eğer bu kişi arkadaşıysa ve onun iyi kalpli olduğunu biliyorsa, o zaman onun istediğini yapacağına güvenir. Ancak, isteğini yerine getirmese bile, kişinin ona güveneceği nasıl söylenebilir ki? Şöyle yazıldığı gibi, 'Kişi, güvenmemeli ve 'Yaradan, beni kurtaracak 'dememelidir'.

Bir başka kafa karıştırıcı nokta da 'Kişi, O'na güvenmelidir... O'ndan başkasına değil, 'demesidir. Bununla ilgili olarak, 'O'nun Gücü, senin içindedir 'diye yazılmıştır. Bunu anlamalıyız, zira bir taraftan, Yaradan'ın onu kurtaracağını söylememesi gerektiğini, yani Hananiah gibi, kendisini kurtarmadığı zaman bile güvenmesi gerektiğini söylüyor. Bu durumda nasıl şüpheye düşmekten ve başka birisine güvenmekten yani elbette ki başka birisinin ona yardım edip kurtaracağından söz edebiliriz ki?

Bu sanki muhakkak onu kurtarabilecek birisi varmış gibidir ve bu yüzden, kendisini kurtaracağını bilmese bile, kişinin, Yaradan'dan başka birine güvenmesi yasaktır. Onu kurtarabilecek birinin olduğu nasıl söylenebilir? Hananiah, Mişa'el ve Azariah örneğini verir; orada, sanki dünyada onları cehennem ateşinden kurtarabilecek başka biri varmış gibi, başka birine güvenmemeleri gerektiği nasıl söylenebilir? Bu söylenebilir mi?

Zohar'ın sözlerini anlamak için, öncelikle yaratılışın amacını, yani Yaradan'ın bir amacı olduğunu ve Yaradan'ın bunu, yaratılıştan istediğini hatırlamamız gerekir. Ayrıca yaratılanların da bir amacı, yani ulaşmaları gereken bir hedefleri vardır; bu amaçla geldiklerini söyleyebiliriz, yani bu onların yaratılmalarının nedenidir.

Yaradan'ın bakış açısından bilinir ki, bu amaç, O'nun yarattıklarına haz vermek istemesidir. Bu nedenle, onlara haz ve memnuniyet vermek için, yaratılanları yaratmıştır. Ve yaptığı iyiliğin tamamlanmasını istediği için, bir düzeltme yaptı; yaratılanlar, ihsan etmek için almadan önce, 'haz ve memnuniyet 'olarak adlandırılan bolluğu alamadılar. Bu böyledir, çünkü dalların doğası, köklerine benzemektir. Ve yaratılanların kökü, yaratılanlara ihsan etmek olduğundan, almaya bağlandıklarında hoşnutsuzluk hissederler.

Bu nedenle, Tzimtzum (perde) ve Masah (perde) olarak adlandırılan bir düzeltme yapılmıştır; yaratılanlar, sadece bunlar vasıtasıyla ihsan etmek için alabilirler ve ancak daha sonra yaratılış düşüncesindeki haz ve memnuniyetin tadını çıkarabilirler. Yaratılanların amacı, 'form eşitliği 'denen Dvekut'u (bütünleşme) elde etmektir. Şöyle ki, Yaradan'ın yarattıklarına haz vermeyi istediği gibi, yaratılanlar da tek dileklerinin, Yaradan'a ihsan etmek olduğu bir safhaya ulaşmalıdırlar.

Bu nedenle, Dvekut'a ulaşmak için, hakikat yoluna girmek isteyenler, her düşünce, söz ve eylemin, yaptıkları Mitzvot ve bağlandıkları Tora aracılığıyla, Yaradan'a memnuniyet verme gayesine sahip olmasına kendilerini alıştırmalıdırlar. Yaradan'dan, O'nu memnun etmeyi istedikleri için alabileceklerini düşünmemelidirler. Şöyle ki, 'Yaradan bana ne verecek? 'diye, yani Yaradan'ın otoritesinden çekip, kendi otoritelerine alabileceklerini düşünmemelidirler. Bu, onların iki otorite yaratmasına sebep olur; Yaradan'ın otoritesi ve yaratılanların otoritesi ki bu Dvekut'un zıttadır, birbirleriyle birleştiklerinde, iki şey bir haline geldiğinde, bu Dvekut, birlik anlamına gelir.

Diğer taraftan iki otorite, ayrılığı ima eder. Bu alış, onlar kendilerini düşündüklerinde, Yaradan'dan, kendi otoritelerine bir şeyler almayı düşündüklerinde, onları şimdiye kadar olduğundan çok daha ayrı hale getirir.

Bununla, Zohar'ın, 'Günah, her insan için bir utançtır, zira 'Yaptıkları bütün iyilikleri, kendileri için yaparlar 'ayeti hakkında söylediği sözleri anlarız. Bu, şu soruyu gündeme getirir: 'Merhamet eylemleri ile uğraştıklarında, -yani ihsan ettiklerinde, iyilik yaptıklarında- niyetleri, merhamet eylemi değil, tam tersine karşılığında alacakları ödül olduğundan ki buna 'kendileri için 'denir, ödüllendirilmediklerini söylemek neden yeterli değildir? Öyle ki, merhameti, başkasına iyilik yapma gayesiyle değil, tam tersine, başkasına yaptıkları iyiliğin, kendilerine ödül getirmesi gayesiyle yaparlar. Alma arzuları için ödül aldıkları sürece, bu ödülün, para mı yoksa itibar mı olduğunun bir önemi yoktur.

Ancak anlamalıyız ki, 'günah 'derken ima edilen şudur; merhamet etmeselerdi daha iyi olurdu. Bu söylenebilir mi? Ne de olsa merhamet, etmek suç değildir, o halde bu, neden bir günah olarak kabul ediliyor?

Hakikatin yolunda yürümeyi, yani Yaradan'la Dvekut ile ödüllendirilmeyi isteyen, form eşitliğini arzu eden insanlarla ilgili açıkladıklarımıza göre, 'otur ve hiçbir şey yapma 'koşulunda olduklarında, alma kapları için hiçbir talepte bulunmamaktalar. Böylece, onları, Yaradan'dan uzaklaştıracak hiçbir şey de yapmamaktalar.

Ancak bir merhamet eylemi gerçekleştirdiklerinde, Yaradan'dan, alma kaplarına bir miktar ödül vermesini isterler. Böylece, onları Yaradan'dan ayıracak olan bir şeyler isterler. Bu nedenle, merhamet, günah olarak kabul edilir (ancak bu, Tora ve Mitzvot'a atfedilmez, çünkü Tora ve Mitzvot'a ilişkin olarak bilgelerimiz şöyle söylemişlerdir; 'Kişi, daima Tora ve Mitzvot'a, Lo Lişma'ya (O'nun adına değil) bağlanmalıdır, çünkü Lo Lişma'dan Lişma'ya (O'nun adına) geliriz'.

Ancak, haz olmaksızın herhangi bir şeyi yapmak imkânsızdır, kuralına göre, bizler, ihsan etmek için ve kendi otoritemize hiçbir ödül almadan, tam tersine, kendimizi O'na karşı iptal ederek ve yalnızca tek bir otoritenin, yani Yaradan'ın otoritesinin kalması için, kendi otoritemizi iptal ederek nasıl çalışabiliriz? Çalışmak için bize güç verecek olan yakıt nedir ki, böylelikle ihsan etmek için çalışabilelim?

Çalışmak için güç veren yakıt, Yaradan'a hizmet etmekten gelmelidir ve bu, Kral'ın önemine göre olmalıdır, zira Yaradan, doğamıza, önemli bir kişiye hizmet etmekten büyük haz alacağımız bir güç yerleştirmiştir. Bu nedenle insan, hazzı, Kral'ın önemine göre hisseder. Şöyle ki, eğer kişi, büyük bir Kral'a hizmet ettiğini hissederse, hazzı, o ölçüde artar. Bu yüzden, Kral ne kadar önemli olursa, kişi çalışmasından o kadar zevk alır.

Kişinin, Kral'a hizmet etmekten aldığı haz, Kral daha büyük olursa, O'nun önünde kendini iptal etmeyi daha çok isteyecek olmasıdır. Böylece kişinin aldığı tüm haz ve memnuniyet, insanın otoritesine girmez, tam tersine kişi, Kral'ın büyüklüğü ve önemi ölçüsünde, Kral'ın önünde kendini iptal etmek ister. Bu nedenle, burada yalnızca, 'eşsiz ve tek bir otorite 'olarak adlandırılan bir otorite vardır.

Ancak kişi çalışması için, Kral'dan bazı ödüller almayı isterse, o zaman kişi, birbirinden ayrılmış iki otoriteye sahip olur. Dolayısıyla insan, Yaradan'la Dvekut'a ulaşması gerekirken, Yaradan'dan ayrılır; bu da yaratılanların ulaşması gereken hedefin tam tersidir.

Dolayısıyla, çalışmak için kişinin güç bulmasının tek sebebi, Kral'a ihsan edebilmektir. Ancak kişi, Yaradan'ın büyüklüğünü hissettiği safhaya ulaşmadan önce, bedeniyle savaş halindedir, çünkü beden, ödül olmadan çalışmayı kabul etmez. Çünkü büyük bir Kral'a hizmet ettiğini hissetmediği için bundan duyduğu büyük hazdan da yoksundur, bu yüzden çalışamaz. Dahası, inançtan, yani dünyada bir Kral olduğuna inanmaktan yoksundur.

Bilgelerimiz şöyle demiştir (Avot, Bölüm 2): 'Üzerinizde ne olduğunu bilin. Göz görür ve kulak duyar ve çalışmalarınızın tümü kitaba yazılır'. Kişinin, dünyada bir gözetleyici olduğuna dair inancı olduğunda, O'nun büyüklüğünün ve öneminin hesaplaması başlar. Kişinin, dünyada bir gözetleyici olduğuna dair inancı olduğunda, bu inanç, Yaradan'ın büyüklüğünü dikkate almadığı zaman bile, ona, önemin hissiyatını getirir. Böylece yine de kişi, Yaradan'a hizmet etmek için çalışma gücüne sahip olur'.

Ancak kişi, inançtan yoksun olduğu ve yalnızca kısmi inanca sahip olduğu için (Bakınız; 'On Sefirot Çalışmasına Giriş', madde 14), ihsan etmek için çalışmak istediğinde, beden derhal gelir ve yüksek sesle haykırır, 'Sen deli misin?' Ödeme olmadan çalışmak istiyorsun ve Kral'a hizmet etmek istediğini, bunun kendisinin büyük bir ödül olduğunu söylüyorsun. Bu, Kral'ı hisseden ve Kral'ın, onların yaptığı her hareketi incelediği insanlara uygundur. Onlar, çalıştıklarını, çünkü Kral'a hizmet etmenin büyük bir ayrıcalık olduğunu söylerler, ama sen söyleyemezsin!'.

Bu, (kötü) eğilimin savaşmasına neden olur: Zaman zaman kişi, bedenin üstesinden gelir ve diğer zamanlarda beden onu yener. Bedene şöyle der: 'Kral'ın büyüklüğünü hissetmediğim gerçeği, senin suçun, çünkü sen her şeyi, 'almak için almak 'olarak adlandırılan kendi alanına almak istiyorsun, ama bu anlayışın üzerinde bir kısıtlama ve gizlilik vardır, bu nedenle hakikati görmek imkânsızdır. Bu yüzden, bırak, senin arzunun dışına çıkayım ve ihsan etmek için çalışmaya başlayayım ve Kral'ın önemini ve büyüklüğünü kesinlikle göreceksin. O zaman sen kendin, Kral'a hizmet etmenin değerli olduğuna ve dünyada bundan daha önemli hiçbir şey olmadığına dair benimle hemfikir olacaksın'.

Bu nedenle, kişi, yalnızca ihsan etmek için ve hiçbir şey almamak üzere çalışmak istediğinde ve bütün hesaplamaları, bu çalışma aracılığıyla Yaradan'ı memnun etmekle, vermekle ilgili olduğunda, O'nu memnun etmek isteyip ve kendisini hiç hesaba katmadığında, gerçekten de bu yolda olup olmadığını nasıl bilebilir? Belki de kendini kandırıyordur ve niyeti sadece almaktır? Öyle ki, almak için veriyor ve hakikat yolunda yürümüyordur, yani bütün isteği, vermek için veren olmaktır.

Burada kişi, kendisini, yani kendi niyetini sorgulayabilir. Eğilimin ona gelmemesi ve çalışmasına karşı kendi şikâyetleri ile onu kontrol etmek istememesi için, Yaradan'dan, eğilimle savaşında kendisine yardım etmesi için dua ettiğinde, Yaradan ona, bütün kalbi ve bütün ruhuyla yalnızca O'nun için çalışmak için bir arzu verecektir. Ve kuşkusuz, Yaradan'ın bu duayı duyacağına dair güven duymadan, dua edilemez, çünkü eğer, Yaradan'ın duasını duyacağına dair güveni yoksa O'nun duasını duyduğundan emin değilse, kişi dua edemeyecektir.

Bu şu soruyu gündeme getirir: 'Kişi, duasının duyulmadığını, yani karşılığının verilmesi gerektiğini düşündüğü gibi verilmediğini gördüğünde, eğer Yaradan merhametli ve bağışlayıcı olduğu için istediğini verecektiyse, o halde neden duası karşılık görmemiştir? Yaradan duasını duymadı mı? Bu söylenebilir mi?

Ancak, kişi, Yaradan'ın duasını duyduğuna inanmalıdır, On sekiz Dua'da söylediğimiz gibi, 'Çünkü Sen, Sen'in insanlarının, İsrail'in ağzının her duasını merhametle duyarsın'. Ancak, 'Benim düşüncelerim, senin düşüncelerin değildir' şeklinde yazılana inanmalıyız. Yani, insan için, onun bütünlüğü, tamlığı için neyin en iyisi olduğunu ve onun tamlığını neyin engelleyebileceğini ancak Yaradan bilir.

Bu nedenle, şöyle demeliyiz; 'Yaradan her zaman duyar ve insan için en iyi olana göre cevap verir, O'nun bize verdiği işte budur. 'Bu yüzden kişi, bulunduğunu hissettiği safhaların, kendi iyiliği için olduğuna, bunların, Yaradan'ın onun hissetmesini istediği safhalar olduğuna inanmalıdır.

Dolayısıyla sahip olmamız gereken Yaradan'a güven, Yaradan'ın dualarımızı kesinlikle duyduğu ve onlara cevap verdiğidir, ancak bu, bizim anlayışımıza göre değil, Yaradan'ın bize ne verilmesi gerektiğine dair anlayışına göredir. Dolayısıyla güven, öncelikle O'nun herkese yardım ettiğine dair, Yaradan'a güvenmekle ilgilidir, şöyle yazıldığı gibi, 'Onun merhameti, yaptığı bütün işlerdedir. 'Bu nedenle, bu güven, Yaradan'ın, bizim anlayışımıza göre değil, Yaradan'ın anlayışına göre bize yardım edeceğine dair olmalıdır.

Güvenin kişinin ihtiyaç duyduğunu düşündüğü şeye göre, olması gerektiğini düşünen insanlar vardır ve kişi, insanın anlayışına göre, Yaradan'ın ona yardım etmesi gerektiğine inanmıyorsa, bu Yaradan'a inanmak ve güvenmek olarak kabul edilmez. Tam tersine, kişi, tam da insanın istediği gibi bir güvene sahip olmalıdır.

Bununla, şu söylemlerini sorguladığımızda, Zohar'ın sözlerini anlayabiliriz: 'Ancak, kişi güvenmemeli ve 'Yaradan beni kurtaracak 'ya da 'Yaradan bunu veya şunu benim için yapacak 'dememelidir'. Aksine, kişinin, olması gerektiği gibi Yaradan'ın ona yardım edeceğine güvenmesi gerekir'. O, 'Kurtarsa da kurtarmasa da 'diyen Hananiah, Mişa'el ve Azariah'tan kanıt getirir'. Zohar, kişi arınmaya geldiğinde ona yardım edildiğini söyler ve bunda kişi, Yaradan'ın ona yardım edeceğine güvenecek, O'na güvenecek ve O'ndan başkasına güvenmeyecektir.

Bununla ilgili olarak, 'Onun gücü Sen'dedir 'diye yazılmıştır. Şöyle sorduk, 'Kişinin, 'güvenini, başka birine yerleştirmemesi, başka birine güvenmemesi 'ne demektir? Ona yardım edebilecek başka biri var mıdır? Zira başka birine güvenmeme emri vardır. O, Hananiah'la ilgili olarak güvenden bahsediyor ve başka birine güvenmeyi yasaklamak zorunda kaldığında, onları cehennem ateşinden kim kurtarabilir?

Mesele şu ki, kişi, çalışmasının tümünün, 'ihsan etmek için ve kendi menfaati için değil 'koşulunda, Yaradan için olan, hakikatin yolunda yürümek istediğinde, kişi, Yaradan'ın ona neyi vereceğini ve neyi vermeyeceğini, bildiğine inanmalıdır. Kişinin, kendisini kandırmasını engellemesi ve her seferinde Yaradan'a memnuniyet ihsan etme yolunda yürüyüp yürümediğini görmesi için, kendisini görmesi gerekir ve durumu ne olursa olsun kişi, bundan memnun olmalıdır.

Kişi, bunun Yaradan'ın arzusu olduğuna güvenmelidir, böylece hangi safhada olduğunu umursamaz. Aksine çaba göstermeli ve anladığı kadarıyla dua etmeli ve Yaradan'ın kendi iyiliği için ona yardım edeceğine inanmalıdır. Neyin insanın yararına olduğunu ancak Yaradan bilir, insan değil. Burada kişi, Tora ve Mitzvot'a (emirler) bağlanmasını, niyetinin, Yaradan'a ihsan etmeyi istemek ve de kendi menfaati için istemek olup olmadığını, yani gayesinin, almak için ihsan etmek olup olmadığını sorgulayabilir.

Bu nedenle, kişi, çalışmasının düzenini oluşturduğunda ve Yaradan'a duaya geldiğinde, O'nun duasını kabul edeceğine dair Yaradan'a güvenmelidir. İşte o zaman Yaradan'a güvenmelidir yani bu itimadının ölçüsü, Yaradan'ın bakış açısıyla ilgilidir, başkasına güvenmekle ilgili değil.

Ve diğeri kimdir? İnsanın kendisidir. Yani, Yaradan'ın ona yardım edeceğine dair duyduğu güvenin ölçüsü, Yaradan'ın anlayışı gibi olmalıdır, insanın anlayışı gibi değil.

İnsana, 'diğeri 'denir, bilgelerimizin şöyle söylediği gibi (Sukkah, 45b), 'Öğrendik ki, Yaradan için çalışmayı başka bir şeyle birleştiren herkesin kökü, bu dünyadan kazınır; şöyle söylendiği gibi, 'Yalnızca Efendi için'. Bu demektir ki, bu çalışma, 'alma ' olarak adlandırılan kendini memnun etme olmaksızın, yalnızca Yaradan için olmalıdır. Bunun anlamı şudur; kişi Mitzva'yı (emir) Yaradan için amaçlasa da biraz bile olsa kendisi için de istediğinde, bu dünyadan kökü kazınır'.

Kişinin 'bu dünyadan kökü kazınır, 'ne anlama gelir? Çalışmasının tamamını hedeflemekle ödüllenmeyenlerin mi kökü bu dünyadan kazınır? Hangi dünyayı kastettiklerini de anlamalıyız. Öğrendiğimize göre, 'Yaradan'ın dünyası' olarak adlandırılan ebedi dünyayı kastediyorlar. Bu, iyilik yapan iyidir olarak adlandırılan

Yaradan'ın adının, orada ortaya çıktığı anlamına gelir. Orada, O'nun düşüncesi, -yarattıklarına iyilik yapmak- ifşa olur.

O'nun bu dünyayı yaratma amacı budur ve kişinin, bu dünyadan kökü kazınır. Şöyle ki, insanın, 'form eşitliği 'denen, Dvekut'la ödüllendirilmesi için olan, Tzimtzum (kısıtlama) düzeltmesi yoluyla, ona ifşa olacak olan haz ve memnuniyet ile ödüllendirilemez. Bu nedenle, kişi birazcık bile olsa kendisi için istediğinde, Yaradan'la Dvekut'tan o ölçüde uzaklaşır ve bu nedenle de yaratılışın amacında var olan, haz ve memnuniyetle ödüllendirilemez. Bu nedenle de kişinin bu dünyadan kökü kazınır.

Yukarıdakilerin tümünü şu izler; kişi kendisini aldatıp aldatmadığını bilmek ve yalnızca Yaradan'a memnuniyet ihsan etme niyeti ile Yaradan'a hizmet etmek istiyor ise, Zohar, 'yardım etmesi için Yaradan'a dua ettiğinde, kişinin, Yaradan'ın ona kesinlikle yardım edeceğine dair güveni olmalıdır, 'der. Aksi takdirde, kişinin güveni olmazsa, nasıl isteyebilir? Yaradan'ın ona yardım edeceğine inanmıyorsa, dua etmek için yeri yoktur; çünkü onun yardım edebileceğini bilmedikçe, kişi ona yalvarıp rica edemez

Bu nedenle, kişi, Yaradan'a dua ederken, Yaradan'ın ona yardım edeceğinden kesinlikle emin olmalıdır. Ve kişi Yaradan'ın, onun anladığı gibi kendisine yardım etmediğini görürse, Yaradan'dan şüphe eder; Tanrı korusun, duayı duymuyor olabilir. Bu yüzden Zohar şöyle der; kişi dua etmeli ve O'nun kendi anlayışına göre yardım edeceğine kesinlikle itimat etmelidir, zira kişi, bu meselelerle, özellikle kendi menfaati için değil, yalnızca Yaradan rızası için uğraşmak ister.

O halde kişinin Yaradan'a ihsan etmek için nasıl çalıştığı, ne gibi bir fark yaratır ki? Şöyle ki, kişi, hangi safhada olursa olsun çalışıyorsa, bunun, insanın menfaati için olacağını Yaradan'ın gördüğüne inanmalıdır; eğer O, kişiye, Yaradan'a daha fazla haz getirmeyi, insana ait olan bir anlayışa göre yardım ederse, kişinin, Yaradan'a daha fazla neyin memnuniyet vereceğini düşündüğünün bir önemi yoktur.

Aksine kişi Yaradan'a, Yaradan'ın kendi anlayışına göre, kendisine yardım edeceğine güvenmelidir. Zohar'ın dediği budur, 'Kişi, Yaradan'ın ona olması gerektiği gibi yardım edeceğine güvenmelidir'. Bu, Yaradan'ın anladığıdır, kişinin yalnızca bu safhada olması gerektiği anlamına gelir. Ve kişi, içinde olduğu durumla ilgili olarak, Yaradan'dan, kendisine yardım etmesini istemelidir. (Yani, içinde olduğu durumda, bunun ihtiyacı olan şey olduğunu anlar, anladığı şey ise, ne isteyeceğidir, ama Yaradan, uygun gördüğü gibi yapacaktır.)

Kişinin, Yaradan'ın arzusunu kabul ettiği ve arzusuna göre Yaradan'dan yardım isteyeceğini söylemeye direnmediği ne zaman söylenebilir? Bu, tam olarak kişi, anladığını istediği ve Yaradan'ın, anladığı gibi ona yardım edeceğine dair dua ettiği, buna rağmen, kendi arzusunu, Yaradan'ın arzusu önünde iptal ettiği zaman gerçekleşir. O zaman kişinin, olması gerektiği gibi, yani insanın anladığı gibi değil de Yaradan'ın anladığı gibi, ona yardım etmesi için, Yaradan'a güvendiği söylenebilir.

Buna, 'O'nu arzusu önünde kendi arzunu iptal et, 'denir, bilgelerimizin söylediği gibi (Avot, Bölüm 2). Ancak kişinin, ulaşmasında yardımcı olması için Yaradan'a dua ederken, eğer herhangi bir amaca ulaşmak için arzusu yoksa şüphesizdir ki, arzusunu, Yaradan'ın arzusu önünde iptal edeceği ve 'İstediğimi ve ihtiyacım olduğunu anladığım şeyi istiyorum, ama Sen, bana, uygun gördüğün gibi yapacaksın 'diyeceği söylenemez. O zaman kişinin arzusunu, Yaradan'ın arzusu önünde iptal ettiği söylenebilir.

Ama neden kişinin arzusunu iptal etmesi gerekiyor? Ya iptal etme arzusu yoksa? Bu, sanki tam olmak değil gibidir, zira kişinin Yaradan'ın arzusu ile hem fikir olması; sanki Yaradan'ın arzusundan daha farklı bir arzuya sahipmiş, sanki kötü bir şeyi varmış ve bu kötülüğü iptal etmesi gerekirmiş gibi olmasından daha iyi olduğu kesinlikle mantıklıdır. Peki, kötü bir şeyinin hiç olmaması daha iyi değil midir?

Mesele şu ki, manevi Kli'nin (kap), haz ve memnuniyetin bolluğunu almaya uygun olması için, şu iki koşulu yerine getirmesinin gerektiği biliniyor: 1) Haz ve memnuniyeti alma arzusu olan Aviut'a (kalınlık) sahip olmak 2) Haz ve memnuniyeti, kişinin kendi özlemine ve arzusuna göre almak için değil, ama Yaradan'ın arzusuna göre almak için bir Masah'a (perde) sahip olmak. Bu, 'Onu Yapana memnuniyet ihsan etmek için almak 'olarak adlandırılır.

Ancak, kişinin alma kapları, yani haz ve memnuniyeti alma özlemi yoksa yukarıdan gelen bolluğu almaya uygun değildir; çünkü bir ihtiyaç olmadan tatmin olmaz. Bu nedenle, kişi, kendisi için bir eksiklik, yaratmaya çalışmalıdır -Yaradan'ın, onu daha yakına getirmesi ve Yaradan'ın verebileceği bolluğu vermesi ve bunu almaya özlem duymasına dair özlem duymak. Aynı zamanda, kişi kendi arzusunu iptal eder ve Yaradan'ın ona yardım edeceğine ve Yaradan'ın onun iyiliği için olanı anladığı şeyi vereceğine güvenmelidir. Bu nedenle, kişinin o zaman, insanın anlayışına göre, Yaradan'ın ona yardım etmemesine dair şikâyeti olmaz.

Bu, kişinin arzusunu iptal etmesi ve 'Ben görevimi, üzerime düşeni yapıyorum ' demesi olarak kabul edilir; bu demektir ki, benim iyiliğim için olduğunu anladığım şeyi yapıyorum 've Yaradan'ın benim durumumu muhtemelen daha iyi bildiğini anlıyor ve inanıyorum. Sanki Yaradan bana yardım etmiş ve anladığım kadarı ile benim duama cevap verecekmiş gibi, Tora ve Mitzvot'a bağlanıp devam etmeyi kabul ediyorum. Ve isteğime hiçbir cevap vermediğini görmeme rağmen, yine de Yaradan'ın duamı duyduğuna ve benim için iyi olan şeye göre beni cevapladığına inanıyorum. Bu nedenle, her zaman, Yaradan'ın bana, benim anlayışıma göre yardım edeceğine dua etmeliyim ve Yaradan'ın anladığı, benim için iyidir; bana, buna göre yardım eder'.

Bu, şu soruyu getirir: 'Yaradan, ne olursa olsun kendi anlayışına göre yardım ediyorsa, insanın duası ne içindir? 'Yaradan, duaya kişinin ettiği gibi cevap vermez, O kendi anladığı gibi yapması gerekeni yapar. O halde, insanın duasının ne faydası vardır? O kendi anladığı gibi cevap verecekse, bizim kendi anlayışımıza göre ihtiyacımız için ettiğimiz duanın O'na ne faydası var?

Şunu anlamalıyız; biz kendi ihtiyacımız için dua ederiz, kesinlikle neye ihtiyaç duyduğumuzu biliriz ve Yaradan'ın bizim onu anladığımız gibi duamıza cevap vermesini isteriz; şöyle ki eğer dileğimizi yerine getirirse biz mutlu bir insan oluruz, çünkü O, bize ihtiyaç duyduğumuzu vermiştir. Bilmeliyiz şu kural vardır; Kli olmadan ışık olmaz. Şöyle ki ihtiyaç yoksa tatmin de olamaz.

Bunu şu takip eder; kişi neye ihtiyacı olduğunu bilse bile, bu, yine de doldurulması gereken bir eksiklik olarak görülmez, zira insanın ihtiyacı olduğunu düşündüğü şey, onun bir eksikliğe sahip olduğu anlamına gelmez. Eksikliğin anlamı, kişinin gerçekten bir şeyden yoksun olmasıdır. Eksiklik, sahip olmadığımız bir şey demek değildir. Sahip olmadığımız pek çok şey vardır, yine de bunlar tatmin edilmesi gereken eksiklikler olarak kabul edilmezler.

Örneğin, diyelim ki, belli bir ülkede bir vatandaş var ve bu ülkede başkanlık için seçimler var ve birisi başkan olarak seçildi; vatandaş, sıradan bir insan olarak kalırken, başkan olmaması ona hiç acı vermez. Ancak bu ülkede başkan olabileceğini düşünen başka biri vardır. Arkadaşlarının ve ünlü insanların arasında, başkan olmasına yardım etmeleri için büyük bir çaba harcamıştır, ama sonunda başka biri başkan olmuştur ve o da sadece bu arzusuyla kalakalmıştır.

Bu iki insan arasında, aynı yokluğa sahip olmalarına yani başkan olmamalarına rağmen, kesinlikle bir fark vardır. Ancak, başkan olmak için çaba gösteren ve tatminsiz kalan kişi ile diğeri, başkan olmamasına rağmen, başkan olmamaktan dolayı acı çekmeyen kişi arasında, muazzam bir fark vardır. Öyle ki, onu başkan yapmak isteselerdi bile, bunun için Kelim'e (kaplar), yani başkanlıkla nasıl başa çıkacağına dair bilgiye sahip değildir.

Daha doğrusu, doyum için Kli, bir şeyler için duyulan arzudur ve arzu, kişinin istediği şey üzerinden acı çekmesidir. Ve kişinin bir şeyler için arzusu olsa ve halen bunun, arzu olarak kabul edildiğini düşünse bile, bu yine de bu arzuyu, doyumu almak için uygun hale getiren gerçek bir eksiklik değildir.

Bunun sebebi, eksikliğin, kişinin sahip olmadığı bir şey üzerinden acı çekmesi anlamına gelmesi ve doyumun, kişinin istediği şeyi elde etmenin hazzı anlamına gelmesidir. Dolayısıyla, doyumdan, aldığı zevk, eksiklikten duyduğu acıya göredir.

Şimdi, bizim anlayışımıza göre, Yaradan'ın bize yardım etmesi için ettiğimiz duanın ve 'Çünkü Sen her ağzın duasını duyarsın 'sözüne inanmanın ve aynı zamanda Yaradan'ın her ağzın duasını duyacağına inanmanın ne anlama geldiğini anlamaya başlayacağız. Ancak, Yaradan'ın bizim anlayışımıza göre bize yardım etmesi gerektiğine değil, O'nun anlayışına göre bize yardım edeceğine güvenmeliyiz.

Şöyle sorduk, 'Yaradan, O'nun anladığı gibi yapacaksa benim duam ne için?'. Ancak dua, doyum için arzuyu arttırır, çünkü kişi, ne kadar dua ederse, eksiklik onun içinde o kadar büyür. Yani, kişi, dua ettiği şey için, bir eksiklik hissetmeye başlar. Eksikliğinin dolmasını, tamamlanmasını istemeye başladığında, halen istediği şeye gerçekten de ihtiyacı olduğuna dair bir hissiyata sahip değildir. Sadece başkalarının bazı doyumları, istediğini görmüştür ve Yaradan'dan bazı doyumları istememiz gerektiğini dostlarından duymuştur, bu yüzden, Yaradan'a istediğini vermesi için dua etmeye başlamıştır. Ancak, istediği şeye ihtiyaç duyduğunu, gerçekten de hissetmez; bu, henüz kalbine yerleşmemiştir.

Kişi, ettiği pek çok dua yüzünden, istediği şeye gerçekten ihtiyacı olup olmadığını ya da bunun yalnızca bir aksesuar olup olmadığını, yani istediğinin lüks olup olmadığını sorgulamaya başlar. Yani, bir Yahudi olarak yapılması gerekeni yapar, ancak daha iyi bir manevi hayata sahip olmak ve Yaradan'a hizmet eden diğer herkes gibi sıradan biri olmamak anlamında lüksler ister.

Kişinin ettiği duaların bu soruşturması, kişinin, herhangi bir şeyi maneviyatta tutabilmek için, Yaradan'ın yardımına gerçekten de ihtiyacı olduğunu fark etmesini sağlar, zira ettiği dualar, kişiyi, her seferinde neden dua ettiğiyle ilgili kendisini sorgulamaya başladığını fark etmeye getirir. Bilgelerimizin, bizim için belirlediği bu dualara, ne için dua etmemiz gerektiğini söyledikleri şeye, gerçekten de ihtiyacım var mı yoksa başka şeylere, yani bedenimin istemesi gerektiğini anladığı başka şeylere mi ihtiyacım var?

Ortaya çıkan şu olur, duaları çoğaldıkça kişi, yokluğun ona işkence ettiği noktaya kadar, gerçek bir ihtiyaç edinmeye başlar. Bu, kişiye, Yaradan'ın onu daha yakına getirmesi için gerçek bir arzu verir ve bu, Yaradan'ın ona yardım etmesi olarak kabul edilir. Zohar'da yazdığı gibi, 'Doğrusu, kişi, olması gerektiği gibi, güvenini, yardım etmesi için Yaradan'a yerleştirmelidir', yani şuna güvenmelidir ki duaları için Yaradan ona, O'nun kendi anladığı gibi cevap verecektir.

Şimdi Zohar'ın sözlerinin geri kalanını açıklayacağız: 'Diğer şey: 'Ne mutlu gücünü senden içine alan adama', dediğiniz üzere, 'Efendi, O'nun insanlarına güç verecektir, ' yani Tora'yı verecektir. 'Onun gücü, Sen'in içindedir 'demek, kişi, Tora'ya, Yaradan, yani 'İsim 'olarak adlandırılan Şehina (Kutsallık) adına bağlanmalıdır demektir.

Orada, Sulam'da (Zohar'a Merdiven yorumu), ne dediğini anlamalıyız: 'Yaradan adına, yani 'İsim 'olarak adlandırılan Şehina (Kutsallık) adına'. Bizim bütün niyetimizin Yaradan'a memnuniyet ihsan etmek için olması gerektiği biliniyor. O halde, Zohar'ın, kişinin Tora'ya, Yaradan uğruna yani 'İsim 'olarak adlandırılan Şehina adına bağlanması gerekir dediğiyle ilgili söylediklerinin anlamı nedir? Bu, Tora ve Mitzvot'taki bütün bağlılığı, Şehina için yönlendirmeliyiz, hedeflemeliyiz anlamına gelir. 'Şehina için 'ifadesinin ne demek olduğunu anlamamız gerekir. Ve ayrıca, Zohar'da birkaç yerde şunu da buluruz; Tora ve Mitzvot'taki uğraşımızı 'Şehina'yı tozdan kaldırmaya 'hedeflemeliyiz. Dolayısıyla Yaradan ve O'nun Şehina'sı ifadeleri arasındaki farkı anlamalıyız.

Önceki makalelerde Baal HaSulam'ın, Zohar'ın 'O, Şohen (oturan, sakin) ve o Şehina'dır 'dediği, sözleriyle ilgili açıkladıklarını sunduk. Şohen'in ortaya çıktığı yerin, Şehina olarak adlandırıldığını söylemiştir. Bu nedenle onlar, iki şey değil birdirler. Yani, bizler, ışığa ve Kli'ye sahibiz. Başka bir deyişle, bizler, Yaradan'a yalnızca O'nu edinen Kelim (kaplar) aracılığıyla ulaşırız. Bu yüzden, Yaradan'dan söz ettiğimizde, yalnızca, Yaradan'ın bu Kelim yoluyla bize nasıl ifşa olduğundan söz ederiz.

Ancak Kli'siz ışıktan hiçbir şekilde bahsetmeyiz. Yaratılış düşüncesini, Ein Sof (sonsuzluk/sonu olmayan) adıyla, yarattıklarına iyilik yapan, yani iyiliksever olarak adlandırırız. Şöyle ki, iyiliksever, yarattıklarına ihsan eder. Bolluğun ortaya çıktığı Kli'ye, içinde haz ve memnuniyetin ifşa olduğu Şehina olarak adlandırılan Malhut denir.

Dolayısıyla Yaradan, yarattıklarına haz ve memnuniyet ihsan etmek ister, ancak alanların ve verenin arasındaki form zıtlığı nedeniyle, aşağıda olanların, almak için Kelim'i yoktur. Bu nedenle, bu haz ve memnuniyet ortaya çıkmaz. O zaman, dünyada kötü eğilim vardır, çünkü kişi, maneviyatı, yani ihsan etmeyi, kötü olarak ve yalnızca almak için alabileceği şeyi, iyi olarak tasvir eder.

Bu nedenle, aşağıda olanların ihsan etmek için çalışabilecekleri bir yer yoktur, zira kişi, kendisine zarar vermez. Dolayısıyla kişi, ihsan etmek için çalışmak üzere motivasyona sahip olamaz, bundan dolayı haz ve memnuniyet olan üst bolluk, aşağıda olanlara ifşa olamaz.

Bunu şu izler; Yaradan'ın adı, genel adı, 'İyilik Yapan İyi, 'aşağıda olanlardan saklanmış ve gizlenmiştir. Bu ada, Şehina denir, bu, 'İyilik Yapan İyi 'ile ilgili olarak Yaradan'ın ismidir ve bu isim, sürgündedir. Yani kişi, ihsan etmek için biraz olsun çalıştığı zaman, bu çalışmada, derhal sürgünü, böyle bir durumdan kaçmak istediğini hisseder. Bu böyledir, çünkü kendini-sevmeye gömüldüğü sürece, kişinin, ihsan etme çalışmasıyla ilgili hiçbir fikri olmaz ve ihsan etme çizgisinde yürüdüğünü ve hiçbir şey almadığını hissetmeye başladığı zaman, bu onun için karanlık haline gelir ve gönderildiği sürgünden kaçmak isteyen biri gibi, bu durumdan kaçmak ister.

Bu, hükümete karşı suç işleyen ve sürgüne mahkûm edilen bir adamın durumuna benzer. Kişi, daima oradan nasıl kaçacağını düşünür. Benzer şekilde, kişi, alıcının bu çalışmadan hiçbir şey almayacağını hissettiği zaman, çalışmak için arzusu olmaz ve mücadeleden tamamen kaçmak ister. Bu nedenle, o zaman Şehina denen, Yaradan'ın adının sürgünde olduğu kabul edilir, bu, bir kişinin çalışmada sürgünü tattığı anlamına gelir.

Bu nedenle, bizler, Yaradan'a dua eder ve 'Şehina'yı tozdan kaldırmak için 'Tora ve Mitzvot ile uğraşırız, bunun anlamı şudur, böylece Şehina'nın yani Yaradan'ın adının bu yeri, yani 'İyilik Yapan İyi'nin 'ortaya çıkacağı ihsan etme kapları ortaya çıkacaktır. Ancak kişi, bu çalışmada tozun tadını alır ve bu da Şehina'nın sürgünde olması anlamına gelir ki orada kişi sürgünün tadını alır ve bu çalışmadan, yani kutsal çalışmadan, Keduşa'dan (kutsallıktan), Yaradan'a memnuniyet ihsan etmekten, kaçmak ister.

Bu nedenle, her birimiz, sürgünden çıktığımızı hissettiğimiz bireysel kurtuluşumuzu talep etmeliyiz. Yani, kişi ihsan etmek için çalıştığı zaman, İsrail'in topraklarında olduğunu hissetmelidir; yani arzusu, yalnızca, Eretz Ysrael (İsrail Toprakları) olarak adlandırılan Yaşar-El'i (Yaradan'a doğru) arzulamaktır.

Bunun işareti, kişinin, yiyecekler için şükrettiğimizde söylediğimiz şeyleri gönülden söyleyip söyleyemediğidir: 'Arzu edilen, iyi ve geniş toprakları babalarımıza miras bıraktığın için Sana, Efendimiz, Tanrımıza şükredelim'. Yani, genel kurtuluş için dua etmenin yanı sıra, bireysel kurtuluşumuz için de dua etmeliyiz.

Bunu şu izler; kişi, sürgünde olduğu, yani sürgünün tadını hissettiği yerde, ihsan etmenin imajı, kendisi için değil, ama yalnızca Yaradan için olduğunda, sürgünün ve tozun tadını hisseder. Ve kurtuluş zamanında, kişi, sürgünden çıktığında, ihsan etme çalışmasında arzu edilen, iyi ve geniş toprakların tadını hisseder.

Bu nedenle, sürgün toprakları, ıstırabın tadını hissettiğimiz ve daima o topraklardan nasıl kaçacağımızı düşündüğümüz anlamına gelir. Sürgünden çıkmak, kişinin arzu edilen, iyi ve geniş topraklara ulaştığı anlamına gelir. Bu topraklarla ilgili olarak şunu söyleriz: 'Bırak Sana teşekkür edelim, Efendimiz, Tanrımız'. Buna, Eretz Yaşar-El (Yaradan'a doğru olan toprak (arzu)) denir ve ulaşmaya özlem duymamız gereken kurtuluş budur.

Ancak doğal olarak bir soru gündeme gelir, 'İhsan etme çalışmasında neden toz tadı hissediyoruz ve bundan, sürgündeki biri gibi kaçmak istiyoruz? 'Bunun pek çok sebebi olsa da, biz, bir tane daha eklemeliyiz; Kli yoksa ışığın olmayacağı kuralı vardır, yani bir eksiklik olmadan doyum olmaz. Bu nedenle, öncelikle sürgüne gitmeli ve çalışmada azabı, işkenceyi hissetmeliyiz, çünkü 'alma arzusu 'olarak adlandırılan beden, doğasına aykırı olduğu ve acı çektiği için sürgünde hisseder, reddeder ve bu çalışmaya direnir.

Şöyledir; kesin olarak ihsan etme çalışmasına bağlanan ve bedeni buna karşı direnenler, bedenin itirazlarına teslim olmazlar ve bedenin işkencelerinden acı çekerler, yani bedenleri karşı koyar, ancak onlar mücadeleden kaçmazlar, ama her zaman (kötü) eğilimleriyle savaş halindedirler. Zaman zaman kişi galip gelir, bazen de beden galip gelir, bu yüzden kişi, her zaman iniş ve çıkıştadır ve ruhu asla huzur içinde değildir.

O zaman kişi acı çeker, çünkü o, ihsan etme çalışmasına bedenin direndiğini gördüğünde, derhal çalışmadan kaçan diğerleri gibi değildir. Onlar, bedenin direndiğini gördükleri zaman, bedenin yönetimine teslim oldukları, sürgünün tadını alma çalışmasında olmadıkları için acı çekmezler ve bununla ilgili olarak İsrail topraklarına iftira atan ispiyoncular gibi konuşurlar.

Zohar'ın sözlerini getirdiğimiz önceki makalelerde söylediğimiz gibi, doğal olarak, onların kurtuluşu edinecekleri Kelim'i (kaplar) yoktur, 'Tora'nın Verilişi 'adlı makalede açıklandığı gibi, sürgün, varlıktan önce gelen bir yokluk meselesidir, bu da kurtuluştur. Bu nedenle, Gola'da (sürgün), Alufo Şel Olam'ı (dünyanın şampiyonu/Yaradan) işaret eden Alef harfi dışında, Geula'nın (kurtuluş) bütün harflerini bulursunuz, bilgelerimizin söylediği gibi. Bu bize, yokluğun formunun, varlığın eksikliği olduğunu öğretir.

Bu nedenle, yiyecekleri kutsamada şunları söyleriz, 'İzin ver Sana teşekkür edelim', 've bizi Mısır topraklarından çıkardığı için, Efendimiz, Tanrımız ve bizi kölelerin evinden kurtardığın için'. Bu bize, arzu edilen, iyi ve geniş arazilere ulaşmak, yani Mısır topraklarında olmak için, öncelikle Kelim yapma aşamasından geçmemiz gerektiğini öğretir ve bizler, Mısır Kralı Firavun'a hizmet ettiğimizi görürüz ve sürgün işkencesi, bizi, sürgünden çıkarması için Yaradan'a dua etme ihtiyacına getirir, şöyle söylendiği gibi (Mısır'dan Çıkış, 2:23): 'Ve İsrail'in çocukları, bu çalışma yüzünden iç çektiler ve haykırdılar ve haykırışları Tanrı'ya ulaştı'. Dolayısıyla sürgün, bir Kli'dir ve kurtuluş, ışık ve bolluktur.

'Şehina'nın adına, Tora ve Mitzvot'u hedeflediğimiz nasıl söylenebilir? ' dediğimizde, Yaradan'ın adının, -Sulam'da açıkladığı- 'Yaradan'ın adı' olarak adlandırılan, Şehina olduğu ortaya çıkıyor; bunu Baal HaSulam'ın söyledikleriyle açıkladık, Şohen (oturan/sakin) ve Şehina bir ve aynıdır ve Şohen'in ifşa olduğu yer, Şehina olarak adlandırılır.

Bunu bir örnekle anlayabiliriz. Birisini zeki, zengin ya da cömert olarak adlandırdığımızda, bu isimler, kişinin kendisinden farklı bir beden anlamına gelen, farklı meseleler midir? Şöyle ki, birisi 'bilge 'ya da 'zengin 'diye adlandırıldığı zaman bu bilgi, başkalarının onda ne gördüğüne göredir. Dolayısıyla O'nun adı, yalnızca Yaradan'ın bir ifşasıdır.

Çoğunluğun Duasının Önemi

Makale No. 7, Tav-Şin-Mem-Vav, 1985-86

Zohar VaYişlah'ta (Ve Yakup Gönderildi), (Sulam Yorumu, s 13, madde 45) şöyle yazılmıştır, "Gel ve gör. Kabalist Şimon şöyle der: 'Çoğunluğun duası, Yaradan'ın önünde yükselir ve Yaradan, Kendini dua ile taçlandırır çünkü dua birkaç biçimde yükselir: Biri Hasadim (erdem) ister, başka biri Gevurot (güç) ve bir başkası da Rahamim (merhamet) ister. Dua birkaç taraftan oluşur –sağ taraf, sol taraf ve ortası. Ve birkaç taraftan ve biçimden oluştuğu için, dua bir taç haline gelir ve sonsuza kadar yaşayacak olan erdemlinin başına yerleştirilir, o, tüm kurtuluşları Nukva'ya ve ondan da tüm halka veren Yesod'dur. Ve gel ve gör, Yakup, üç çizgiden oluşuyordu; Yaradan, onun duasını bu yüzden istedi, çünkü duası, çoğunluğun duası gibi, üç çizginin mutlak bütünlüğü içindeydi. Bu yüzden şöyle yazılmıştır, 'O zaman Yakup, çok korktu ve endişelendi, 'zira Yaradan onun için böyle yaptı ki böylece Yaradan onun duasını arzuladığı için dua edecekti."

Zohar'ın sözlerinde, çoğunluğun duasını, tek bir kişi olarak yorumladığını, Yakup'un, üç çizgiden oluştuğunu söylediğini görüyoruz. Fakat çoğunluğun duasıyla ilgili yazdığı her yerde, kelimenin tam anlamıyla çoğu dua eder der, atalarımızın dediği gibi (Berachot, s 8a), "Kabalist Yohanan, Kabalist Şimon Bar-Yohai adına şöyle dedi, 'Neden, 'Ve ben, benim duam Senin üzerine iyi niyet zamanıdır, Ey Tanrım 'diye yazılmıştır? Ne zaman iyi niyet zamanıdır? Çoğunluğun duası olduğu zaman"

Bu, kelimenin tam anlamıyla çoğu, birlikte dua eder demektir. Ayrıca Zohar'ın şu sözlerle ne dediğini anlamalıyız, 'Taç, sonsuza kadar yaşayacak olan erdemlinin başına yerleştirilir'. O başına taç olur ne demektir? Taç, kralın tacı demektir, kraliyetin tacı gibi. Ve başındaki taç, duadan yapılmıştır ne demektir? Duanın önemini ve yüceliğini anlamamızı sağlayan nedir? O, bize duanın önemini göstermeyi istediği için, bize, "Bilin ki kral için taç, duadan yapılır" der.

Zohar'da der ki ona Yesod denir ve o, tüm kurtuluşları Nukva'ya ve ondan da tüm halka verir. Tacın neden özellikle Yesod üzerinde yapıldığını anlamalıyız, çünkü Eyn Sof'a dua ettiğimiz biliniyor, öyleyse çoğunluğun duası özellikle Yesod üzerine taç olur ne demektir? Ve ayrıca, neden Yesod'un Nukva'ya ve Nukva'dan da halka verdiğini söyler?

Baal HaSulam çoğun duası konusunu, çoğunluk için dua eden kişi olarak açıkladı; buna "çoğunluğun duası" denir. Bu nedenle çoğunluğun duasına, "iyi niyet zamanı" denir. Kişi, kendi için dua ettiği zaman kirlenir ve duasının kabul edilmeye gerçekten layık olup olmadığını sorgular. Fakat halk için dua ettiği zaman, kendisini sorgulaması ve duasının cevaplanmaya layık olup olmadığını görmesi yersizdir, çünkü kendisi için değil sadece halk için ister.

Bu yüzden çoğunluğun duasına, "iyi niyet zamanı" denir ve kişinin duası cevaplanır. Ve Sulam Yorumundaki birçok yerde açıklananlara göre, çoğunluğun duası, "İsrail meclisi" ya da "Kutsallık" denen Malhut ile ilişkilidir. Ona, "çoğul" denir çünkü o, tüm ruhları içerir. Ve Kutsallık sürgünde olduğu için bazen, "toz içindeki Kutsallık" denen Kutsallığın sürgünü hakkında sorarız, çünkü tüm bu isimler bize, O'nun yarattıklarına iyilik yapmak olan yaratılışın amacının içeriğini işaret eder.

Bilinir ki ilk kısıtlama, Yaradan işlerinin mükemmeliyetini ifşa etsin diye vardı. Bu demektir ki sadece "almak için almak" denen Kli'nin olduğu yerde, üst bereket gizlenecektir. Bereket, sadece ihsan etmeyi amaçlamanın mümkün olduğu yere gelir. Ve doğası gereği insan, sadece almak üzere doğduğu için, kişi "kendini sevmek" denen alıcının alamadığını görür. Bunun yerine, kişi her şeyi Kutsallık, yani Malhut için yapmalıdır, çünkü sadece bu sayede O'nun ihtişamı Malhut'ta belirecektir. Bu böyledir çünkü sadece Yaradan, aşağıda olanlara göründüğü zaman, O'nun ihtişamı görülecektir. Şohen'in (oturan) göründüğü yerin, Şehina ("ikâmet", fakat aynı zamanda "Kutsallık") olarak adlandırıldığı yazılmıştır.

Buna, "O'nun yüce ismi büyüsün ve kutsansın" denir, çünkü "İyilik yapan İyi" diye adlandırılan Yaradan'ın ismi dünyada belirir. Bu böyledir çünkü herkes, "O'nun yarattıklarına iyilik yapmak" diye tanımlanan yaratılışın amacını edinir, çünkü şimdi almak için uygun olan bir Kli vardır ki bu ihsan etme niyetidir, buna Yaradan'la Dvekut (bütünleşmek) denir.

Bundan çıkan sonuç şudur, yaratılan varlıklar, doğaları gereği sadece almak için almak koşulundadırlar ve doğalarını aşmadan ihsan etmek üzere çalışamayacakları için, Malhut'un toz içinde kalmasına neden olurlar, yani onun erdemini göremezler. Bu demektir ki onun Yaradan'dan ne alabileceğini göremezler çünkü kısıtlama nedeniyle her şey gizlidir.

Ancak, biraz iç gözlem yapmaya ihtiyacımız var. Atalarımızın bize söylediklerine inanmalıyız, fiziksel hazlara dair tüm zevkler, maneviyatta mevcut olan zevklerle kıyaslandığında sadece zayıf bir mumdur. Sulam Yorumunda ("Zohar Kitabı'na Giriş," s 173) yazıldığı gibi, "Dünyanın yaratılışı öncesinde kapların kırılmasının anlamı budur. Keduşa (kutsallık) kaplarının kırılmasıyla ve onların ayrılmış olan BYA'ya düşüşüyle, onlarla birlikte kutsal kıvılcımlar da Klipot'a (kabuklar) düştüler, her türün zevki ve sevgisi, onları insanın alması ve hazzı için aktaran Klipot'un etki alanına girdi."

Dolayısıyla, hazların çoğunluğu Keduşa'dadır, hâlbuki biz bunun aksini görürüz, herkes zevk alınabilen şeyleri fiziksellikte görür. Fakat Tora ve Mitzvot (emirler) çalışmasında, kişiye çalışması için bir ödül sözü vermeden, Tora ve Mitzvot ile uğraşmasını söylemek mümkün değildir. Çünkü kişi Mitzvot'u yerine getirmekle uğraşırken, bunu tümüyle tatsız bulur, fakat ona bir ödül sözü verilir ve buna inanırsa, ona ödül verileceği için Tora ve Mitzvot çalışabilir.

Kişi, yemek, içmek, para, onur, vs. gibi fiziksel şeylerle meşgul olduğu zaman, bu böyle değildir. "Neden bu dünyevi konularla uğraşmalıyım?" diye sormaz, çünkü kişi haz aldığı yerde, haz almanın amacını sorgulamaz. Haz alırken düşünebildiği tek şey, hazzın niceliğini ve niteliğini nasıl çoğaltabileceğidir. Tanrı kişinin haz alma konusunda, "Neden haz almam gerekiyor," diye düşüncelere dalmasını kesinlikle yasaklar.

Bazen, kişi hiçbir ödeme yapmadığı şeylerden haz alır. Bu ona haz vermesine rağmen, yine de içinde "Bu hazzın amacı ne?" sorusu ortaya çıkar. Örneğin, hiç para gerektirmeyen haz, dinlenme hazzıdır. Bu hazzı satın almaya gerek yoktur, çünkü kişi bunu bedavaya alır. Yine de kişi birçok kez kendine şunu sorar, "Bu dinlenmenin tadını çıkararak ne kazanacağım?"

Ancak, kişi, hiçbir şey ödemediği bir şeyden, gerçek haz ve keyfi deneyimlediği tecrübe eder.

Fakat kişi, gerçek hazzı ve memnuniyeti tecrübe ettiği zaman, bu hazzın amacı aklına bile gelmez. Ve eğer kişi, o an keyif aldığı bu hazzın amacını düşünmek zorunda kalırsa, bu hissettiği hazzın, gerçek haz olmadığına dair bir işarettir, çünkü halen amacını düşünebilmektedir. Bu, o hazda bir eksiklik olduğunun işaretidir ve kişi, eksikliğin olduğu yerde, o an hissettiğinden farklı bir amacı düşünebilir.

Yukarıda tüm bahsedilenlerden çıkan sonuç şudur, yaşamdaki tadın ve hazzın çoğu, Tora ve Mitzvot'tadır, çünkü üst ışığın biriktiği yer burasıdır. Bunun hakkında Sulam Yorumunda ('Zohar Kitabına Giriş' s 242, 'Merdivenin Görüşü', madde 1) şöyle yazılmıştır, "Kişi, O'nun sözlerinin sesini dinlemekle ödüllendirildiği zaman, 613 Mitzvot, Pikadon (teminat) kelimesinden gelen Pekudin olur. Bu böyledir çünkü 613 Mitzvot vardır ve her Mitzva'da tek bir seviyenin ışığı birikmiştir ki bu, ruh ve bedendeki 613 organ ve tendon içindeki tek bir organa karşılık gelir. Dolayısıyla kişi Mitzva'yı yerine getirirken, kendi ruh ve bedeninde karşılık gelen organa, yani o organa ve tendona ait olan ışık seviyesine uzanır. Bu, Mitzvot'un Panim'i (yüz / ön) olarak kabul edilir."

Öyle anlaşılıyor ki Tora ve Mitzvot'u yerine getirmekle, O'nun yarattıklarına iyilik yapmak olan yaratılışın amacı ifşa olur. Ancak, Sulam Yorumunda, bunun özellikle kişi Tora ve Mitzvot'u, "O'nun sözünün sesini dinlemek" formunda yerine getirmekle ödüllendirildikten sonra geldiğini söyler. Fakat kişi Tora ve Mitzvot'u, "O'nun sözünü yerine getirmek" formunda izlediği zaman, dinlemekle ödüllendirilmeden önce, Mitzvot'a, Eitin (tavsiyeler/nasihatlar) denir ve onlar Ahor (sırt/arka) olarak kabul edilir. Bu demektir ki o Mitzva'ya ait olan üst ışık, henüz onların içinde parlamamaktadır, fakat onlar tavsiyeler olarak kabul edilir ve onlarla Mitzva'ya ait olan Panim ışığına gelinir.

Ve kişinin gerçeğin yolunda gitmesini engelleyen arzu ve düşüncesinin üstesinden gelmesi için ihtiyaç duyduğu tüm çalışma ve güçlenme, kişi sadece Ahoraym'da (sırt), "O'nun sözünü yerine getirmek" formunda olduğu zaman uygulanır. Bu böyledir çünkü o durumda, kişi Tora ve Mitzvot'ta kıyafetlenmiş olan üst ışığı henüz hissetmez. Bu yüzden, her şeyi yapar çünkü Tora ve Mitzvot'a bağlanmakla ödüllendirilmenin büyük bir ayrıcalık olduğuna inanır, bunun önemini hissetmediği fakat her şeyi mantık ötesi inanç ile yaptığı zaman bile, çünkü Yaradan'la Dvekut'u elde etmek insanın amacıdır ve kişi bunu elde etmek için her şeyi yapar. Sonuç olarak, her şeyi yerine getirir ve yapabildiği her yerde büyük çaba gösterir ve tek niyeti bütünlüğe erişmektir.

Ve kişi, bütün çabalarından ve kendisine karşı duran engellerin üstesinden gelmek istediği zamanki galibiyetinden sonra, halen dışarıda durduğunu görür, çünkü Dvekut, form eşitliği demektir ve kişi, Yaradan'la Dvekut'a zıt bir eylem olan kendini sevmekten henüz bir santim bile uzaklaşmamıştır. Bu durumda kişi, kendini aydınlatması için Yaradan'a dua etmeye gider ki böylece Kutsallığı tozdan kaldırabilsin. Bu, cennetin krallığının o durumda tadının toz gibi olduğu anlamına gelir. Cennetin krallığı, kişi sadece onun için çalışmak ve cennetin ihtişamını dünyada göstermek istediği zaman belirir. Ve kişi görür ki herkes onun gibidir; cennetin ihtişamına karşı saygısızdır, çünkü onun önemini takdir edemez. Buna, "çoğunluğun duası" denir, yani kişi kolektif için dua eder.

İki muhakeme yapılmalıdır: 1) Malhut'a "çoğul" denir çünkü o tüm ruhları içerir. 2) Çoğunluğun duası, kişinin kolektif için dua ettiği zaman demektir ki kolektif, Tora ve Mitzvot'un önemiyle, her Mitzva'da üst ışığın parladığı 613 teminat ile ödüllendirilecektir.

Dolayısıyla günün sonunda, "çoğul" ile ilgili iki muhakeme, bir olur. Bu demektir ki kişi genelin ödüllendirilmesi için, "çoğul" diye adlandırılan Malhut'un yüceliğinin ve öneminin görülmesi için dua eder. Bu, herkes ihsan etme kaplarıyla ödüllendirildiğinde meydana gelir. O anda, 613 Mitzvot, "O'nun sözünün sesini dinlemek" ifadesinde olduğu gibi ifşa olacaktır, o zaman 613 Mitzvot'a 613 teminat denir.

Yukarıda belirtilenler, kişinin kolektif için dua ettiği zaman bunun reddedilmeyeceği anlamına gelir. Kolektife, "İsrail'in tümü" ve "Kutsallık" denir. Ve kolektif birkaç muhakemeyi içerdiği için, Zohar şöyle der: kolektifin duasının kabul edilme nedeni, onun içindeki bütünlüktür. Şöyle yazar: "Ve Yaradan o dua ile Kendini taçlandırır çünkü o birkaç şekilde yükselir, zira biri Hasadim ister, başka biri Gevurot ve bir başkası da Rahamim ister."

Bir duanın neden hepsinden oluşması gerektiğini anlamalıyız. Kural şudur, maneviyatta idrak ettiğimiz tüm muhakemeler, aşağıda olanın ıslahı amacıyla açığa çıkması gereken ifşalardır. Dolayısıyla bahsi geçen üç çizgi konusu –mükemmeliyet, üç çizgi orada ifşa oldu demektir– Yaradan'ın aşağıda olanlara, onları kullanabilsinler ve orada hiçbir kusur olmasın diye bolluk vermeyi dilediği anlamına gelir. Bu, kapların kırıldığı Nekudim dünyasının durumuna benzemez çünkü kutsal Ari'nin söylediği gibi, orada çizgilerin ıslahı yoktur.

Diğer bir deyişle, yukarıda olan, aşağıda olana biraz bolluk verdiği zaman, aşağıda olanın aldığı bolluğun, aşağıda olanın faydasına olmasını diler. Fakat bolluğun gitmesi gereken Kli mükemmel değilse, tüm bolluk dışarıda olanlara gidecektir. Kapların kırılmasındaki mesele budur –bolluğun, Keduşa'nın (kutsallık) dışına gitmesi. Bu nedenle, bolluk aşağıda olanlara akıtılmaz ve duanın kabul edilmediği düşünülür.

Ve burada kolektif içindeki çizgilerin ıslahı konusu gelir. Bu demektir ki Malhut olan çoğunluk, kolektifi içerir. Diğer bir deyişle, "üç çizgi" denen bir ıslah vardır ve onun sayesinde bolluk Keduşa içinde kalır ve dışarıda olanlara gitmez. Bu yüzden, ancak böyle bir dua kabul edilebilir, yani ona bolluk verilebilir.

Zohar bununla ilgili olarak şöyle der: "Çünkü Yakup üç çizgiden var olmuştu," çünkü Yakup'a sağ ve sol çizgiyi de içeren "orta çizgi" denir. Bu yüzden Yaradan onun duasını istedi, çünkü o mutlak bütünlük içindedir, çoğunluğun duası gibi üç çizginin tümünü içerir. Diğer bir deyişle, bolluğu aşağıya vermek için Yaradan tarafından hiçbir gecikme olmaz, çünkü O'nun arzusu, yarattıklarına fayda sağlamaktır. Ancak, O, aşağıda olanların alma kaplarının almaya uygun olmasını bekler gibidir.

Dolayısıyla, aşağıda olanların tarafında uygun bir Kli olduğu zaman -yani dua, almak için uygun olan bir Kli olduğunda- bu, bolluğun kaybolmayacağı yani bolluğun dışarıda olanlara, Klipot'a gitmeyeceği koşuluyla olmalıdır. Bu yüzden Malhut'un Kli'sinde bir ıslah vardır, bolluğu aşağıda olanlara aktarmalıdır ve bu ıslaha, "çizgilerin ıslahı" denir.

Şimdi, Zohar'ın, geri kalan sözlerini açıklayacağız. Şöyle yazar: "Ve birkaç taraftan ve biçimden oluştuğu için, dua bir taç haline gelir ve sonsuza kadar yaşayacak olan erdemlinin başına yerleştirilir, o, tüm kurtuluşları Nukva'ya ve ondan da tüm genele veren Yesod'dur."

"Fakat biz Eyn Sof için dua etmiyor muyuz?" diye sorduk. Bu nedenle, çoğunluğun duası özellikle Yesod üzerinde bir taç olur ne demektir? Mesele şu ki, Malhut'a gelen bolluğun veriliş düzenine Yesod denir. Bu, ilk dokuz Sefirot'un hepsinin, özünü Yesod'a verdiği anlamına gelir ve ona "hepsi" denir.

Öyle anlaşılıyor ki bizler daima verenin bakış açısından ve Malhut olarak adllandırlan bolluğun alıcısından bahsediyoruz. Bu yüzden, Yaradan ihsan etmeyi dilediği ve bolluğu almak için aşağıda olanların uygun Kelim'i vermesini beklediği için, dualar yükseldiği zaman –dualar almaya uygun olacak şekilde düzenlendiği zaman– dualara, "bolluğun alınması için bir Kli" denir. Dolayısıyla Kli, verene yükselmiştir ve genel verici Yesod olduğu için, duanın Yesod'a yükseldiği düşünülür.

Buna göre, "Aşağıdaki eylem, yukarıdaki eylemi uyandırır," kuralını takip eder. Bu demektir ki Yaradan'a yakınlaşmayı ve Yaradan'la Dvekut ile ödüllendirilmeyi isteyenler, uyanışlarıyla ilgili olarak Yaradan'dan yardım ister. Atalarımızın dediği gibi, 'Arınmaya gelene yardım edilir '(Zohar, Nuh, s 23 ve Sulam Yorumu, madde 63). Eğer kişi arınmak için gelirse, ona kutsal ruh ile yardım edilir ve kişi arınır, kutsanır ve ona, "kutsal" denir.

Bu yüzden kişinin, eylemlerini geliştirmeyi dilediği zaman, yukarıda Zivug'a neden olduğunu, bu sayede bolluğun aşağıya akıtıldığını görürüz. Buna MAN yükseltmek yani yukarıda bir eksikliğe neden olmak denir. Fakat aşağıda olanların, yukarıda bir eksiklik yarattığını nasıl söyleyebileceğimizi anlamalıyız. Ve aynı zamanda "eksikliğin" ne anlama geldiğini bilmeliyiz. Bilinir ki Kli'ye "eksiklik" denir, yani eğer bir eksiklik varsa, orada doyumu yerleştirmek ve eksikliği doldurmak için yer vardır.

İhsan edişte Yaradan'ın tarafında hiçbir gecikme yoktur, çünkü O'nun dileği, iyilik yapmaktır. Işığın gizli olduğunu görmemizin nedeni, aşağıda olanların bolluğu almak için Kelim'e sahip olmamasıdır. Bu yüzden, aşağıda olan kendini arındırmak için uyandığında, fakat bunu yapacak güçten mahrum olduğunda, Yaradan'dan ona yardım etmesini ister. O zaman bu eksiklik yükselir, böylece yukarıda olanın, ona bolluğu verecek Kli'si olur ve buna MAN yükseltmek denir.

Öyle anlaşılıyor ki eksiklik olan dua –aşağıda olanın, eksikliğini gidermek için aradığı şey– verene yükseldiği zaman, O'nun başına taç olur. Verene Yesod denir ve o, Malhut denen İsrail meclisine ihsan eder. Bu böyledir çünkü taç, Keter (taç) demektir, Kralın tacına yani kralın önemine işaret eder. Bu demektir ki O'nun ışığı ifşa olduğunda, herkes Yaradan'ın öneminin farkına varır.

Ancak, yüzün gizliliği sırasında, Kutsallığa – Kralın göründüğü yer" –sürgün" ve "toz" denir. Bu böyledir çünkü maneviyattan hiç tat alınmaz, ancak Tora ve Mitzvot onlara toz tadı verir. Ve bütün bunlar, aşağıda olanın, bolluğu alacak kaplara sahip olmadığı içindir. Ve bundan dolayı, O'nun ihtişamı uluslar arasında kutsal sayılmamıştır, yani kişi, Yahudi olma farkındalığıyla ödüllendirilmeden önce, diğer uluslara benzer, bilindiği gibi her insan küçük bir dünyadır ve yetmiş ulusun yanı sıra, İsrail'i de içinde barındırır.

Fakat sonra, gizlilik sırasında, üst bolluk, aşağıda olanlara uygun Kelim'e sahip olmadıkları için görünmediği zaman, onlara verilen aydınlanma ne olursa olsun Klipot'a gidecektir. Bundan dolayı, üst bolluk onlardan gizlenmek zorunda kalır. Buna, "Taç başımızdan düştü," denir, yani Yaradan'ın önemi kutsal sayılmadı.

Fakat kişi arınmaya geldiği zaman, Yaradan'ın onu yakınlaştırmasını ve Dvekut'la ödüllendirileceği ihsan etme kabını ona vermesini dilediği zaman, ifşa olacak tüm bolluk ihsan etmek üzere olacaktır. Diğer bir deyişle, kişi daima Keduşa'da, yani Dvekut'ta olabilmesi için yukarıdan güç verilmesini ister.

O zaman kişinin duasından bir taç yapılır, Kralın tacı, çünkü artık Kralın önemi fark edilmiştir. Ve Zohar'ın söylediği şeyin anlamı budur, dua, "bir taç haline gelir ve sonsuza kadar yaşayacak olan erdemlinin başına yerleştirilir, o, tüm kurtuluşları Nukva'ya ve ondan da tüm genele veren Yesod'dur." Bu böyledir çünkü dua sayesinde, üst bolluk aşağıda olanlara verilmiştir, o anda haz ve memnuniyet ifşa olmuştur. Buna, "taç," Kralın tacı, Kralın önemi denir.

Yukarıdan Gelen Yardıma Dair

Makale No. 8, Tav-Şin-Mem-Vav, 1985-86

Bilgelerimiz şöyle dedi (Sukkah, 52); "Rabbi Şimon Ben Lakiş dedi ki 'İnsanın eğilimi, onu her gün yener ve onu öldürmenin yollarını arar, 'Günahkâr, erdemliyi gözler ve onu öldürmenin yollarını arar 'ifadesinde olduğu gibi. Eğer Yaradan yardım etmeseydi, kişi bunun üstesinden gelemezdi, şöyle söylendiği gibi 'Efendimiz kişiyi, onun ellerine bırakmayacak ve yargılandığında mahkûm etmeyecek.""'

Zohar'da (Vayişlah, madde 10) şöyle yazar: "Rabbi Hizkiya, 'Öyleyse neden 'Yakup yalnız kaldı' diye yazılmıştır? Etrafını sardığını ve onunla geldiğini söylediğiniz bütün habercilerin kampları neredeydi? 'Rabbi Yehuda şöyle dedi; 'Çünkü geceleri yalnız kalarak ve tehlikeyi kendi gözleriyle görerek o kendisini tehlikeye attı. Onlar, yalnızca görünmez bir tehlikeden onu korumak için geldikleri için, ondan ayrıldılar. 'Daha sonra, 'Tüm bu merhamete ve Senin hizmetkârlarına gösterdiğin tüm bu hakikate layık değilim 'dedi. Bunlar, onu kuşatan ve daha sonra kendisini tehlikeye attığı için ayrılan, kutsal habercilerin kamplarıdır. Rabbi Yitzhak şöyle dedi; 'Kutsal haberciler ondan bu yüzden ayrıldılar. Onu kuşattılar ve daha sonra ondan ayrıldılar çünkü o kendisini belirgin bir tehlikenin içine attı.'"

Öyleyse şu soru gündeme gelir; "Haberciler ondan ne zaman ayrıldı?" Kendisini tehlikeye attığı zaman. Bu demektir ki, önce kendisini tehlikeye attı ve daha sonra haberciler ayrıldı. Bununla ilgili olarak "Ve Yakup yalnız kaldı" denmiştir. Şöyle ki, onlar gördükleri zaman ayrıldılar. Şöyle demeliyiz; "biri gelirken biri gider."

Habercilerin, neden belirgin bir tehlike karşısında onu korumak için gelmediğini anlamalıyız. Sanki onu gerçek ve bariz bir tehlikeden koruyamadıklarını söylüyor gibiyiz. Eğer öyleyse onu ne zaman koruyabilirler, tehlike ne zaman belirgin değildir? Ve tehlike belirgin değilse kim korunmayı gerektiren bir tehlike olduğunu bilebilir?

Yani bu kime aşikâr olmalıdır, kişiye mi? Yoksa haberciler belirgin bir tehlike olduğunu gördüklerinde, kişi bunu bilmese de ayrılırlar mı?

Bunu çalışmada açıklamak için öncelikle oradaki tehlikenin ne olduğunu bilmeliyiz. Sonrasında "belirgin tehlike"nin ne olduğunu açıklayacağız. Bilinir ki çalışma sağ çizgide başlar, "sağ" demek ıslah gerektirmeyen demektir. Islah gerektiren, "sol" olarak adlandırılır, bilgelerimizin şöyle söylediği gibi "Tefillin'i sola yerleştiririz, 'Ve bu, elinizde bir işaret olacak 'denildiği gibi" Yad-Koh (senin elin). Bilgelerimiz şöyle dedi; "Sol iter ve sağ çeker."

Bu nedenle kişiye çalışma yolunda yürümesi öğretilirken sağ, manevi yaşam için bir tehlike oluşturmadığı için kişi sağdan başlar zira sağ çizgiye Hesed (merhamet) dendiğinden, kişi her zaman ekleyebilir. Bu, kişinin Tora ve Mitzvot'u takdir ettiği ve Tora ve Mitzvot'u yerine getirmesi için Yaradan'ın bir düşünce ve arzu vererek ona karşı merhametli olduğunu söylediği anlamına gelir. Kişi, en basit niyeti yani Mitzvot'u yerine getirmesi sırasında ve Tora'ya bağlanırken bile ne düşündüğünü bilemez ama sadece Musa aracılığıyla bizlere emreden Yaradan'ın emirlerini yerine getirdiğini bilir. Bu, onun Tora ve Mitzvot'u kendi kabiliyetine göre yerine getirmesini sağlamak için yeterlidir ve bu onun için yeterlidir.

Bu yüzden kişi, Tora ya da Mitzvot'a bağlanırken yaptığı her eylemde, ona karşı merhametli olduğu, Tora ve Mitzvot'u yerine getirmesi için ona bir düşünce ve arzu verdiği için, Yaradan'a şükreder ve O'nu över. Bundan dolayı her bir Mitzva'da (Mitzvot'un tekili) her ne kadar olursa olsun, Tora ve Mitzvot'ta kendisini bir anlayışla ödüllendirdiği için, Yaradan'a şükreder ve O'nu över. Beden, öğrenmesine izin verdiği sürece öğrenir ve elinden geldiğince Mitzvot'u yerine getirmek için çaba harcar. Yaradan'ın arzusunu yerine getirebildiği için mutludur ki bu kendisine verildiği gibi diğer insanlara verilmemiştir yani Yaradan onlara, emirlerini yerine getirmeleri için bir anlayış ve arzu vermemiştir.

Bu çizgide yürüyen bir kişinin, henüz sağ çizgide yürüdüğü düşünülmez çünkü görüyoruz ki sadece tek bir çizgi olduğunda ve kişi başka bir çizgi göremediğinde, buna "sağ çizgi" demek imkânsızdır. Sadece başka bir çizgi olduğunda "sağ" var diyebiliriz. Ancak o zaman birinin "sağ", birinin "sol" olduğu söylenebilir.

Bu nedenle Yaradan yolunda kişiye rehberlik ederken, ona şöyle söylenir; "Bil ki, Yaradan senden Tora ve Mitzvot'u tam bir sadelikle yerine getirmen dışında başka bir şey istemiyor. Bu senin için yeterli. Yüce erdemliler gibi yüce niyetlere ihtiyacın yok." Tam tersine, Yaradan insandan, Tora ve Mitzvot'u, insanın anlayışına, her birinin kendi niteliğine yani doğuştan getirdiği yeteneklerine göre izlemesini ister. İnsandan, Tora ve

Mitzvot'a çok kabiliyetli ve cesur olanlar gibi bağlanmasını istemek imkânsızdır; her biri doğuştan getirdiği niteliğe göre bağlanır.

Kutsal ARİ'nin söylediği gibi "Bir başkasına benzeyen bir gün, bir sonrakine benzeyen bir an veya bir başkasına benzeyen insan yoktur ve kasnı otu (bir tütsü çeşidi), buhurun (başka bir tütsü çeşidi) düzeltemeyeceğini düzeltir." Bu demektir ki, herkes kendisini ve doğuştan getirdiği niteliklerini ıslah etmelidir. Kişinin doğuştan sahip olduğu akıl ve gücüyle yapabileceğinden daha fazlasını yapması gerekmez.

Öyle görünüyor ki tek çizgi, kişiye çalışmasında eksiklik bulmasına gerek olmadığı söylendiği zaman söz konusudur. Kişi, Tora ve Mitzvot'u tam bir sadelik içinde yerine getirirse Kral'ın emirlerini yerine getirdiği için, bu yüce bir şeydir. Kişi, hesap yapmalı ve tam bir sadelik içinde yaptığı çalışmayı takdir etmelidir. Diğer bir deyişle kişi eğer dua ediyor, bir ayet ya da Mitzvot'taki bir kutsama olsun, hazdaki bir kutsama olsun bir kutsama dile getiriyorsa kiminle konuştuğunu düşünmelidir. Kişi, elbette kimin önünde durduğunu imgelediği ölçüde kutsama ve dua sırasında farklı hisseder. Sözcüklerin anlamını bilmese de bu çok önemlidir çünkü ne söylediği değil kiminle konuştuğu önemlidir.

Bu nedenle Tzitzit (dua şalı) takmak gibi, Mitzvaları yerine getirirken dünyada Tzitzit giyme fırsatı verilmemiş bazı Yahudilerin olduğunu, ancak kendisine Yaradan'ın emirlerini yerine getirme ayrıcalığı verildiği gerçeğini görmelidir. Bunun için Yaradan'a çok müteşekkir olmalıdır!

Bu nedenle mütevazı aklı ölçüsünde, Yaradan'ın yüceliğine ve Yaradan'ın istediğini yapabilmenin büyük bir ayrıcalık olduğuna olan inancına göre, bu nedenlerle şu kutsamayı söyler; "Ey Tanrım, Sen kutsalsın." Bu demektir ki kişi, Yaradan'ı kutsar ve O'na şükreder çünkü başkalarına vermediğini ona vermiş ve onu ödüllendirmiştir.

Ayrıca, kişi hazları kutsadığında, Yaradan'ın insanların sevinç duyabileceği hazları ona verdiğine inanmakla ödüllendirildiği için de Yaradan'a şükreder. Ama diğer insanlar, insanların sevinç duyabileceği şeyleri onlara Yaradan'ın verdiğine inanmakla ödüllendirilmemiştir. Ve ayrıca, kişi sabah On Sekiz Kutsama boyunca "Beni inançsız kılmadığın için kutsanmışsın Sen Ey Tanrım" diyerek, kendisini İsrail yaptığı için Yaradan'a şükreder.

Dolayısıyla görüyoruz ki Keduşa'da (kutsalık) sahip olduğumuz en küçük şey için bile Yaradan'a şükretmeli ve bunu yüce kabul etmeliyiz. Bunu takdir edemesek de yine de inanmalıyız. Bir keresinde Baal HaSulam'dan, Tora ve Mitzvot Lişma'nın (O'nun adına) önemini anladığımız kadar, aslında Lo Lişma'nın (O'nun adına değil), takdir ettiğimiz Lişma'dan çok daha önemli olduğunu anlamamız gerektiğini duydum.

Bu demektir ki Yaradan'ın, bizlerin O'nun arzusunu yerine getirme arzumuzdan elde ettiği memnuniyeti takdir edemiyoruz. Bu dünyada, aşağıda yapılan her bir eylem üst dünyada, yukarıda bir uyanışa sebep olur, kutsal Zohar'da yazdığı gibi "Aşağıdaki bir eylem, yukarıdaki bir eylemi uyandırır." İnsan, henüz Kral'ın sarayına girmekle ve aşağıda olanların çalışmalarıyla yenilenen ışıkları edinmekle ödüllendirilmediği için, bunun böyle olduğuna inanmalıyız.

Şöyle ki, kişi sinagoga geldiği ve orada Yaradan için Yaradan'a bir ayet okuduğunda, bu eyleme paha biçilemez çünkü bu durumda kişi eylem yapmıştır ve bu eyleme eklenecek başka bir şey yoktur. Bu, eylemde bütünlük olduğunun bir göstergesidir ve bu, Yaradan için, kişi sanki bunu tümüyle tam bir erdemlinin niyetleriyle yerine getiriyormuşçasına önemlidir. Başka bir deyişle ona, eylemlere yalnızca niyetlerini ekleyen erdemliler olduğu ama eylemin kendisine eklenecek başka bir şey olmadığı söylenmişti, yukarıda söylendiği gibi. Eylemle ilgili olarak denir ki "Ekleme ve çıkarma."

Ancak kişiye, niyet çalışmasının onun için olmadığı, yalnızca seçilmiş birkaç kişiye ait olduğu söylenmiştir. Bu nedenle eğer bu onun bütünlüğüyse tüm enerjisini, yetişirken aldığı şeyi korumaya harcar. Bu şekilde, yapması gereken tek şeyin miktarı korumak olduğunu bilir. Niteliğe, niyetleri geliştirmeye yani Tora ve Mitzvot'u yerine getirmesini sağlayan sebeplere gelince, yetiştirilirken ona söylenen şeyi, genel olarak Tora ve Mitzvot'u izleme çalışmasında, bu dünyaya ve bir sonraki dünyaya sahip olacağını bilir. Buna "sağ çizgi" değil "tek çizgi" denir çünkü henüz burada bu çizginin, "sağ" çizgi olduğunu söyleyebileceğimiz sol çizgi yoktur çünkü "sol" olmadan "sağ" olmaz.

Bu şekilde kişinin, Keduşa'nın (kutsallık) manevi yaşamını yitirme tehlikesi yoktur. Aksine hesaplamaları eylemle ölçüldüğünden daima ilerler ve her gün yeni eylemler ekler. Bu nedenle her daim ilerler çünkü her gün yeni eylemler eklediğini görür. Örneğin, yirmi yaşına geldiğinde yedi yıldır Tora ve Mitzvot'u yerine getirdiğini ve otuz yaşına geldiğinde Tora ve Mitzvot'u on yedi yıldır yerine getirdiğini bilir.

Dolayısıyla bu yol, güvenlidir ve burada ilerlediğini görmek ve ölçmek için bir temele sahip olduğundan, manevi yaşamı için bir tehlike yoktur. Bu nedenle bu yol, güvenli yol olarak kabul edilir ve manevi yaşamı için tehlike arz etmez. Çünkü bu yolda, çalışmasında başarılı olmadığını gördüğü için derecesinden düşmeyecek veya ümitsizliğe kapılmayacaktır. Bunun yerine, daima barış içindedir. Çalışmadaki tek üzüntüsü, etrafındaki diğer insanların onun gibi Yaradan'a hizmet edememesinin ona verdiği acıdır. Çalışmadaki tek üzüntüsü yalnızca budur. Ancak kendi içinde mutlu olacağı pek çok şey olduğunu görür, Tanrı'ya şükür ki Tora ve Mitzvot'a sahiptir.

Ancak ona "sol çizgi" denen başka bir yol olduğu söylendiğinde bu, bu yolda kişi, Tora ve Mitzvot'a bağlansa da çalışma süresince kendisini ıslah etmesi gerektiğini görecek demektir ve bu ıslah, eylemde değil niyettedir yani yaptığını hangi niyetle yaptığında, Tora ve Mitzvot'u yerine getirmesini sağlayan sebeptedir; bu halihazırda tehlikeli bir yol olarak kabul edilir.

Bu iki sebeple böyledir: 1) Ona ödül olmadan çalışmanın imkânsız olmasının doğru olduğu söylenmiştir. Küçük ya da büyük herhangi bir çalışma yapan bir insan, çalışma gücünü ona verecek yakıta ihtiyaç duyar. Eğer ona, ödülün Yaradan'a memnuniyet getirmek olduğu yani "Arzusunun yalnızca Yaradan'a ihsan etmek için olacağı" söylenirse beden, ona çalışma gücü vermek için bu sebebi yeterli bulmaz zira insanın özü, almak için almak olduğundan bu, insan doğasına zıttır.

Bu nedenle kişi, tek bir çizgide çalıştığında yani bu dünyadaki çalışmasının temeli, bu dünyada ve bir sonraki dünyada ödül almak olduğu zaman beden, bunun kendisi için olduğunu yani haz almanın ve ödüllendirilmenin çalışmaya değer olduğunu anlayabilir.

Ancak, ona niyetle çalışması ve her eyleminin onu Yapana memnuniyet verme hedefiyle yapılması gerektiği söylendiğinde, çalışmada güçsüz kalır zira o zaman bedeni açıkça şunu sorar: "Bedenin haz aldığı pek çok şeyden, Yaradan haz alsın diye nasıl vazgeçebilir ve çalışabilirim?" Bu yolda kişinin tüm manevi yaşamını, hatta tek çizgide çalışırken edindiklerini bile kaybetme tehlikesi vardır.

2) Tehlikenin ikinci sebebi, her seferinde galip gelse ve ihsan etmek için çalışmak istese bile kişinin niyette üstesinden gelemediğini, daima tam tersini görmesidir – tek bir çizgide çalışırken ilerlediğini görüyordu. Öyle ki, on yıldır çalışıyorsa o zaman Tora ve Mitzvot'ta on yıla sahip olmuş ve Tora ve Mitzvot'a yirmi yıldır bağlıysa yirmi yıla sahip olmuş demekti.

Ama burada, sağ çizgide tam tersi söz konusudur. Kişi üç yıl harcar ve çalışmasını ihsan etmek için hedefleyemezse o zaman daha fazla dağılır ve kırılır zira ihsan etme yolunda üç yıldır çalışıyordur ama gösterecek hiçbir şeye sahip değildir. Bu demektir ki, çalışmaya üç yılını vermesine rağmen hiçbir edinimi yoktur. Beş yılını ve daha fazlasını verseydi de durum yine aynı olacaktı. Bu nedenle çalışmada ne kadar uzun süre çaba gösterirse o kadar kötü olduğunu görür.

Ancak Baal Sulam, gerçekte kişinin bir taraftan kötülüğün farkındalığında gerçeğe doğru ilerlediğini söyleyebileceğimizi söyler. Kişi, çalışmaya başlamadan önce kötülüğün üstesinden gelebileceğini düşünür. Bilgelerimizin söylediği gibi (Sukkah, 52) "Kötü eğilim, günahkâra saç teli gibi, erdemliye ise yüksek bir dağ gibi görünür."

Ama öte yandan, kişinin gerçeği olduğu gibi yani bununla kötülüğünün bir cm bile hareket etmediğini ve bunun kendisini, Lo Lişma'nın (O'nun adına değil) değersiz olduğunu söyleyeceği için, umutsuzluk tehlikesine atabileceğini görmesi gerekir zira çalışmanın özü, Yaradan'a memnuniyet vermek ve kişinin üstesinden gelemeyeceğini görmesini sağlamaktır. Öyle görünüyor ki, sol çizgide yürümekle kişi, Tanrı korusun, manevi yaşamdan tamamıyla uzaklaşabilir çünkü zaten Lo Lişma'yı lekelemiştir. Dolayısıyla her iki şekilde de boştur ve Keduşa'nın yaşamında hiçbir anlayışa sahip değildir.

Bu nedenle insanlara yalnızca tek bir çizgiyle rehberlik edilir. Kendileri uyanırlar ve gerçeği aramaya başlamak için kendi sürücülerine sahip olurlarsa, onlara sonsuza kadar veya çalışmanın başlangıcında rehberlik edilirken sol çizgi yani tüm çalışmalarını Yaradan için yapmak üzere kendilerini ıslah etmeleri gerektiği gösterilmez.

Maimonides'in söylediği gibi (Hilhot Teshuva'sın sonu) "Bilgeler şöyle dedi; 'Kişi, Tora'ya daima Lo Lişma'da bağlanmalıdır zira Lo Lişma'dan Lişma'ya gelir. Bu nedenle çocuklara, kadınlara ve eğitimsiz insanlara öğretirken onlara, korkudan ve ödül kazanmak için çalışmaları gerektiği öğretilir. Onlar, bilgi ve bilgelik edinene dek bu sır onlara azar azar verilir ve bu meseleye kolaylıkla alıştırılırlar, ta ki O'nu edinene ve O'nu sevgiden bilene dek.'"

Bu nedenle hem sol çizgide hem de sağ çizgide yürümeliyiz yani Lişma denen bir gerçeğin olduğunu bilsek bile, tek bir çizgiye sahipken yürüdüğümüz şekliyle bu çizgi yeni bir isim alır ve buna "sağ çizgi" denir. Ancak, bu durumda tek çizgiye "sağ çizgi" diyebilmemiz, bizlere ne ekler? Açıklama şudur; şimdi sağ çizgi üzerinde bir niyet vardır. Öyle ki adını "tek bir çizgi"den "sağ çizgi"ye değiştirmekle bu ada "tek çizgi" dendiğinde, var olmayan özel bir niyet eklenmiştir. Bu yüzden sol çizgi iptal edilerek, sağ çizgide yürümek yasaklanmıştır zira sol olmadan sağ olmaz. Dolayısıyla kişinin tek bir çizgide yürüdüğünde, başka bir yol olduğunu bilmediğini söylemeliyiz. Ama şimdi buna zıt olan sol çizgi vardır, bu çizgiye "sağ çizgi" denir.

Bu demektir ki, kişinin edindiği bütünlük, eksiklik olmadan yürüdüğü için değil sol çizgide çalışmaya başlamadan önceki gibi, ama başka bir nedenle, çalışmasında tam ve mutlu hissettiği içindir. Burada, sağ çizgide olan şey bütünlüktür çünkü kişi, basit bir insan olduğunu ve gerçek bir yol olduğunu yani Yaradan adına bağlanması gerektiğini ama bundan çok uzak olduğunu bildiğini görür. Yani bedeni, Yaradan'ın önünde kendisini iptal etmesine, yaşamdaki tek yönünün ihsan etmek olmasına izin vermiyordur. Yine de Yaradan'ın, kutsallıkla biraz olsun bağa sahip olması için ona güç verdiğini ama başkalarının bu güce sahip olmadığını görür. Dolayısıyla bunun için şükreder ve Yaradan'ı över. Böyle bir koşulda kişi, bütünlük ve tamlık içindedir.

Ancak şimdi kişi, sol çizgide çalışmaya başladığı ve ihsan etme çalışmasının asıl çalışma olduğunu anladığı için, daha azıyla mutlu olması zordur. Çalışması gerekiyorsa bütünlüğe ulaşmak için çalışmalıdır. Ancak bedenin, kutsal çalışmada yalnızca bir temas ile ödüllendirilmek üzere çaba sarf etmek için yakıtı yoktur. Buna, yazıldığı gibi "Keduşa'da bir eksikliğin olduğu yerde, Klipot (kabuklar) için bir tutunma vardır" denir. Bu, Klipot'un, kişinin şunu düşünmesini sağladığı anlamına gelir, "Böylesine küçük bir ödül için yani Keduşa'da böylesine küçük bir anlayış için, bu kadar çok çalışman gerekir mi?"

Öyle görünüyor ki bu Klipot, kişiyi büyük ölçüde uzaklaştırma gücüne sahiptir. Öyle ki kişiye, Keduşa için çaba sarf etmeye değer olduğu söylenmemiştir. "Keduşa yani Kral'a hizmet etmek, kesinlikle yüce bir şeydir ama kendin de görüyorsun ki bunun için gücün yok." Bu nedenle o an, kişinin çalışmadan tamamen düşme tehlikesi uyanır çünkü bu durumda kişi çalışmadaki eksikliklerini gördüğü için, beden çalışmada bir anlayışa sahip olur.

Ama tek bir çizgideki çalışmada kişi bilir ki bu onun bütünlüğüdür çünkü başlangıçta Lişma'nın, büyük doğal yetenekler ve iyi niteliklerle doğan ve bedenlerinin üstesinden gelmek için büyük bir güce sahip olan, yüce insanlara ait olduğuna dair bilgilendirilmişti. Öyle ki onlar kendilerini kontrol edebilir, istediklerini başarabilirler ve onları hiç kimse durduramaz.

Sana gelince, senden istenen sadece senin kabiliyetlerine göredir. Yani yapabileceğini yap ve böylece görevini yerine getir zira Tora, yönetici meleklere değil tüm insanlara kabiliyetlerine göre verilmiştir.

Ancak, kişi sol çizgide yürümeye başladığında, kendisinin de Yaradan'la Dvekut'u (bütünlük) başarması ve ihsan etmek üzere çalışması gerektiğini ve bundan sonra sol çizgi onu engelleyeceği için, sağ çizgideki çalışmasında bütünlüğü hissedemeyeceğini hisseder. Burada mantık ötesi inanç çalışması başlar. Bu, kişinin, Keduşa çalışmasının çok önemli bir çalışma olduğuna inanması gerektiği anlamına gelir. Bu nedenle gerçek bir bütünlükle ya da hak ettiği bir bütünlükle ödüllendirilmeyi önemsemez. Öyle ki, henüz kutsal çalışmayı tam olarak yerine getirme ayrıcalığına sahip olmasa da küçük bir ölçüde yerine getirme ayrıcalığına sahiptir. Ancak bunu, değerini bile ölçemeyeceği büyük bir servet olarak kabul eder.

Dolayısıyla bu çalışmada kişi, bu çizgide yürüdüğünde, Keduşa'yı takdir eder ki böylece önemini sürekli olarak arttırabilsin. Bu böyledir çünkü kişi, aslında hissetmese de onun yüceliğine mantık ötesi inanmalıdır. Kendisine şöyle demelidir; "Tora ve Mitzvot'un önemine mantık ötesi inanmak zorunda olmamın sebebi, benim henüz onun önemini ve yüceliğini hissetmeye layık olmamamdır; kişinin kendine-sevgiye gömüldüğü sürece, onların içinde kıyafetlenen haz ve memnuniyeti hissetmeye uygun olmadığının bilinmesi gibi. Ama aslında layık olduğumda gerçeği olduğu gibi göreceğim."

Öyle anlaşılıyor ki, kişinin mantık ötesi inanmak zorunda olmasının sebebi, Tora ve Mitzvot'ta kıyafetlenen ışıkta bir eksiklik olduğu için değil aşağıda olanın Kli'sinde (kap) buna henüz uygun olmayan bir eksiklik yüzündendir. Ancak, Yaradan ne zaman uygun olacağımı bilir ve kesinlikle Tora ve Mitzvot'un tadını hissetmeme izin verecektir. Dolayısıyla bizler, içindeki iyiliği göremediğimizden değil ışık gizlendiğinden ve onu edinemeyeceğimiz için mantık ötesi inanmalıyız. Eğer öyleyse o halde, Tora ve Mitzvot ile ilgili olarak söylenen "Hayatlarımız olduğu için" ne anlama gelir? Daha ziyade kişi, alma kaplarını ıslah etmediği sürece, mantık ötesi inanmalıdır. Ancak ıslahını tamamladığında, haz ve memnuniyet bağlandığı kutsal olan her şeye yayılacaktır.

Bu nedenle kişi, sağ çizgide yürür ve onun önemine mantık ötesi inanırsa Tora ve Mitzvot'a atfettiği önem ölçüsünde en küçük şeyleri, bir teması bile takdir edebilir yani Lo Lişma'nın Lo Lişma'sı bile ona haz verebilir çünkü bu eylemle, Yaradan'ın emirlerini yerine getiriyor olur.

Ancak sonrasında kişi, sol çizgiye yani çalışmasını, çalışmasının Yaradan'la Dvekut'u edinmenin bir yolu olup olmadığını, bu amaca doğru gidip gitmediğini sorgulamaya yöneltmelidir, bilgelerimizin "Kötü eğilimi yarattım, Tora'yı da şifası için yarattım" sözlerinde olduğu gibi. Bu, kişinin kendisini tehlikeye atması olarak kabul edilir. Kişi, sol çizgideyken çalışması esas olarak dua etmek yani yukarıdan ona yardım etmesi için Yaradan'a haykırmaktır, bilgelerimizin şöyle söylediği gibi "Arınmaya gelene yardım edilir."

Bu şekilde, kutsal Zohar'ın sözlerinde bahsi geçen Yakup'u saran meleklerin, onu korumaya gelen yani yoluna devam edebilsin diye yukarıdan onu desteklemek için gelen meleklerin, ne anlama geldiğini açıklayabiliriz. Yukarıdan yardım, ancak kişi halihazırda çalışmaya başladığı ve yarı yolda durup, yardım için haykırdığında gelir. Ama çalışmaya başlamadan önce ona yardım edilmez.

Bu nedenle Yakup çalışmaya başladığında ve kendisini tehlikeye atıp, Yaradan'ın yardımını istediğinde, onu korumak için melekler gönderildi ki böylece halihazırda girdiği savaşı kazanabilsin. Ama başladığı çalışmayı tamamladığında, meleklerden yardım alıp "küçük güç yetirmeler" denilen, yeni bir çalışmaya başlamak istediğinde ve çalışmanın başlangıcı "gece" denilen, karanlıkta olduğunda bu "belirgin tehlike" olarak adlandırılır zira "sol çizgi" denen, karanlık yer tehlikelidir ve kişi, bu durumda yalnız başlamalıdır. Sonrasında, kişi yapamadığını gördüğünde, Yaradan'dan ona yardım etmesini ister ve ancak o zaman yukarıdan yardım alır.

Hanuka Mumuna Dair

Makale No. 9, Tav-Şin-Mem-Vav, 1985-86

Masehet Şabat'ta (23b) şöyle yazılmıştır: "Raba dedi ki 'Açıkça, 'onun evi için bir mum 'ile 'Hanuka mumu 'arasında, iç barış nedeniyle evi için bir mum önce gelir." Raşi, "onun evinin mumu" ifadesinin Şabat'ı işaret ettiğini ve yoksul olduğu ve iki mum almaya gücünün yetmediğini açıklar. İç barışa gelince, şöyle söylendiği gibidir "Ruhum barıştan mahrum kaldı." Bu, ev halkı karanlıkta otururken üzüntü duyduğunda, Şabat mumlarının aydınlatmasıdır.

Ancak Hanuka mumu, iç barış için değildir çünkü onun ışıklarını kullanmak yasaklanmıştır, Hanuka mumlarını yaktıktan sonra şöyle söylediğimiz gibi "Bu mumlar kutsaldır; onları kullanma iznimiz yok, sadece onları görme iznimiz var."

Şunları anlamalıyız: 1) Şabat mumunun, iç barış nedeniyle Hanuka mumundan önce geldiğini belirtir. Bu açıklama gerektirir. Bu, içlerindeki kutsallık nedeniyle çok önemli olan Hanuka mumlarının Mitzva'sını (emir), bilgelerimizin onların ışığını kullanmanın yasak olduğunu söylediği noktaya kadar iptal etmek için yeterince iyi bir sebep midir? şöyle söylediğimiz gibi "Bu mumlar kutsal; onları kullanmaya değil bakmaya iznimiz var." Bu Mitzva'yı, iç barış nedeniyle iptal mi ediyoruz? 2) Şabat mumu ve Şabat mumlarının aydınlatması olan "Ruhum barıştan mahrum" ayetinden öğrendiğimiz, iç barış arasındaki bağlantıyı anlamamız gerekir.

Yukarıdakileri anlamak için öncelikle yukarıdaki şu üç konuyu açıklamalıyız: 1) Şabat nedir? 2) İç barış nedir? 3) Hanuka nedir?

Bilgelerimiz, Şabat'ın, bir sonraki dünyanın benzeri olduğunu söylediler (Berahot, 57). Ayrıca, Şabat Akşamı Duası'nda "Yedinci günü, cennetin ve yeryüzünün yaratılış amacı olan İsminle kutsadın." diye yazılmıştır. "Amaç", Cennetin ve Yeryüzünün yaratılma amacı demektir.

Ayrıca, bilinir ki yaratılış amacı, O'nun yarattıklarına iyilik yapmak yani yaratılanların haz ve memnuniyet almaları içindir ve buna "yaratılış amacı" denir. Çalışma zamanı, amaçtan önce gelir. Bu, şu soruyu gündeme getirir "Eğer amaç iyilik yapmak ise bu çalışma neden?"

Cevap şudur; bize, utanç ekmeğinden kaçınmak için "yaratılışın ıslahı" çalışması verilmiştir. Bu demektir ki bizler, Yaradan'ın yaratılanlara ihsan etmek istediği gibi yaratılanların da Yaradan'a ihsan etmek istemesiyle Yaradan'la form eşitliğine sahip olacağımız için, bu ıslah vasıtasıyla haz ve memnuniyeti alabileceğiz. Öyle anlaşılıyor ki, ihsan etmek için yapılan çalışma, utanç ekmeğinden kurtarıyor.

Buna göre, bize verilen çalışma, amaca değil yaratılışın ıslahına atıfta bulunur çünkü amaç, çalışmak değil haz almaktır. Bu nedenle ıslaha olan ihtiyacımız, hazla ilgili değildir zira bunu amaç olarak Yaradan vermiştir. Ancak tüm haz ve memnuniyeti almak için -tümün anlamı, bizlerin hazzı hoşnutsuzluk hissetmeden alabilmesidir- bizlere çalışma verilmiştir. Çalışma, bizlerin doğuştan sahip olduğumuz Kelim'i (kaplar) değiştirmemiz ve "ihsan etme kapları" denen Kelim'i edinmemizdir. İhsan etme kaplarına haz ve memnuniyet aldığımızda, bolluğu almanın üzerinde tatsızlığa yer olmaz.

İki durum, bizlere, yaratılış amacını tamamlamaya ulaşmakla ilgili tanımladığımız iki anlayışı açıklar. 1) Tora ve Mitzvot'ta, ihsan etmek için çalıştığımız yaratılışın ıslahının düzeni, ihsan etme kaplarını kullanmak olarak kabul edilir. Bu demektir ki, eylemler ve niyetler olduğu için, bu durumda Tora ve Mitzvot olarak kabul edilen ihsan etme eylemlerini kullanırız. Bu eylemler, "O merhametli olduğu için merhametlisin" formuna bağlanmak olarak kabul edilir.

Bu demektir ki insan, Yaradan'a, Yaradan'ın yarattıklarına ihsan etmek istediği gibi ihsan etmek istiyor. Bu nedenle eğer Yaradan gibi eylem yapar yani O'nun yolunu takip ederse, o zaman kişi, Yaradan'ın, yaratılan varlıklar için verdiği çalışma için ona ödeme yapmasını ister. Ancak, burada da niyetin eyleme benzer olmasını amaçlayan niyet çalışması vardır çünkü eylem bazen vermek olmasına rağmen amaç başkadır. Öyle ki verme sebebi, daha sonra ödül almak içindir. Buna, Lo Lişma (O'nun adına değil) denir.

Bu nedenle kişi, verme eylemini gerçekleştirmek istediğinde yapacağı pek çok çalışma vardır. Kişiyi vermeye bağlanmaya zorlayan şey, onun almak değil vermek için bir nedeni olmasıdır, şöyle ki genel olarak birini sevdiğimiz zaman, sevdiğimiz kişiye vermek için kalbimizde bir arzu uyanır çünkü bu sevdiğimiz kişiye olan sevgimizi ifade eder.

Ayrıca, önemli bir kimse de ona hediye vererek ona sevgimizi göstermek üzere kalbimizi uyandırır. Buna, "Onun ağzı ve kalbi aynı" denir yani eylem ve niyet aynıdır ve kişinin kalbi, verme eyleminden farklı bir niyet taşımaz çünkü sebep, ihsan etme niyetidir. Buna Lişma (O'nun adına) denir.

Yaratılış amacı olan ikinci koşulda, alma kaplarını kullanabileceğimiz açıklanmıştır. Bu demektir ki, haz almaya bağlanabiliriz ama haz almayı isteme sebebimiz, hazlara özlem duymamız ve bu nedenle zevk almak istediğimiz arzularımızı gerçekleştirmek değildir. Aksine, burada tamamen farklı bir sebep vardır -eylemlerimizin tam tersi.

Bizler Yaradan'a ihsan etmeye özlem duyarız ve kendimiz için alma arzumuza almak istemeyiz çünkü bu bizi Yaradan'dan ayırır. Ama biz Yaradan'a ne verebiliriz ki O haz alsın? Tabiri caizse neye ihtiyaç duyduğunu söyleyebiliriz? Söyleyebileceğimiz tek bir şey vardır: O, yarattıklarını, onlara haz vermek için yarattığından, bizler haz ve memnuniyeti almak isteriz çünkü O'nun iyilik yapmak olan arzusunu yerine getirmek isteriz.

Şimdi "Hanuka nedir?" sorusunu açıklayacağız. İlk koşulda açıkladığımız gibi bu, sonrasında bununla yaratılış amacını gerçekleştirebileceğimiz, ihsan etme kaplarını edinmek olan yaratılışın ıslahı çalışmasıdır. Buna, kendimiz için değil yalnızca Yaradan için yapmak istediğimiz "maneviyat" diyebiliriz, bilgelerimizin söylediği gibi "Tamamen Yaradan için bir adak yani yanmış bir adak, tümüyle manevidir."

Hanuka mucizesi, maneviyatla ilgilidir ("Mucizeler" kutsamasında) şöyle söylediğimiz gibi "Yunanlıların günahkâr krallığı, Senin halkının, İsrail'in, Senin yasalarını unutmalarını ve Senin arzunun yasalarından uzaklaşmalarını sağlamak için durduğunda, Sen, pek çok merhametinle onlar için onların kötü durumlarında ayağa kalktın."

Açıkladıklarımıza göre "maneviyat", ihsan etme kaplarını kullanmak anlamına gelir. Yunanlıların hükmü, ihsan etme kaplarıyla bir şeyler yapmayı yasaklamak şeklinde ifade bulur çünkü orada Tora ve Mitzvot çalışması üzerinde de denetim vardır.

Bu dışarıdaydı. Düşüncede çok daha fazlasıydı -onlar düşünceyi yönetiyorlardı ki böylece Yaradan için hiçbir şey hedefleyemesinler. Tam tersine onlar, İsrail halkının bununla Yaradan'dan ayrılacakları kendine-sevgiye gömülmesini istediler. Sitra Ahra'nın (diğer taraf) bütün düşüncesi, yalnızca onları Yaradan'dan uzaklaştırmakla ilgilidir, uzaklık ve ayrılma yalnızca "kendine-sevgi" olarak adlandırılan form eşitsizliğinden gelir.

Baal HaSulam, bilgelerimizin "Hanuka nedir?" sorusuyla ilgili cevabın, Hanu (park etmiş) Koh (buraya/şimdiye kadar), onlar buraya park ettiler anlamına geldiğini açıklamıştır. Bu demektir ki, Kislev'in (Hanuka'nın başladığı tarih) Chaf-Hey'i (Koh/25.), savaşın sonu değil sadece bir ara verme idi. Yeni ve büyük bir saldırı başlatmak isteyen bir ordu gibi ki böylece askerlerin dinlenmeleri ve savaşa devam edebilmeleri için, güçlerini yeniden kazanmaları sağlansın. Düşman bölgesine gitmemek için ve savaşı bitirdikleri ve artık düşmanı yenmek zorunda olmadıklarından, dinlenmek için emir aldıklarını düşünen budalaların olduğunu söyledi.

Öyle anlaşılıyor ki, Hanuka, henüz amacın tamamlanması değil yalnızca yaratılışın ıslahıdır. Bu, ihsan etme kaplarını yani ihsan etme eylemlerini tamamlar ve mucize, yalnızca verme eylemindedir -onlar bunları yapabilir ve Lişma denen ihsan etmeyi amaçlayabilirler.

Mucize, onların, Yunanlıların hâkimiyetinden çıkmaları ve mantık ötesi inançla gidebilmeleriydi. Ama Yunanlıların Klipa'sı (kabuk), İsrail'e hükmediyordu ki böylece bu çalışmanın onlara, nedeni ve amacı getirdiğini bilmedikleri ve özellikle her şeyi mantık ötesi hedeflemedikleri sürece hiçbir şey yapamasınlar.

Açıkladıklarımıza göre Hanuka mumu, İsrail halkının, Yunanlıların hâkimiyetinden kurtulduğu manevi bir mucize anlamına gelse de bu sadece yarısıdır. Öyle ki, yalnızca ihsan etme kapları Hanuka mucizesi ile düzeltildi ve bu, yaratılış amacı değil yaratılışın ıslahı olarak kabul edilir.

Ama bir sonraki dünyanın bir benzeri olan Şabat, cennetin ve yeryüzünün amacı, "yaratılış amacı" yani nihai amacın tamamlanması olarak kabul edilir. Bu demektir ki, ıslahın sonunda ortaya çıkacak olan bir benzerlik Şabat'ta aydınlatıyor.

Bu nedenle Şabat, haz alma zamanıdır yani alma kaplarını kullandığımız ve yalnızca ihsan etmeyi amaçlamaya ihtiyaç duyduğumuz zamandır. Bu, dünyadaki tüm insanların bu dereceye ulaşmak zorunda olması olarak kabul edilir, şöyle yazıldığı gibi "Çünkü uzaklaştırılmış olan hiç kimse, O'ndan uzaklaşmış olmayacak." Aksine, herkes amaca yani ihsan etmek için almaya tam anlamıyla ulaşacak.

Şimdi Şabat ve iç barış hakkında sorduğumuz soruyu açıklayacağız. Bilinir ki "ev", ihsan etmek için almanın kaplarındaki, üst bolluğun alıcısı olan Malhut demektir. Ancak, Malhut'un pek çok adı vardır ve "ev" adı, bütünlüğe işaret eder, Sulam'da (Zohar'a Merdiven yorumu, Nuh, s.88, madde 249) yazıldığı gibi "Bilmelisin ki, kişi tam anlamıyla bütün olduğunda, evde yaşıyor kabul edilir. 'Ev 'sözcüğü, Mohin de Gar'da aydınlatan Nukva de ZA anlamına gelir, yazıldığı gibi 'Bir ev, bilgelikle inşa edilecek. ' Bu nedenle ondan alanlar, o evde yaşıyor kabul edilir. Ancak, tam olmadığı için ıslaha ihtiyaç duyduğunda, dışarıdakiler onu yakalayıp günah işletmesin diye kişinin korunması gerekir. Bu nedenle kişi, evden çıkmalıdır çünkü dışsal olanların, ondan emeceği korkusuyla bu yüksek Mohin'i alması yasaklanmıştır. Kişi, Yaradan'ın yoluna yani ihtiyacı olan ıslahları alma yoluna girmelidir. O zaman onlar, Hohma'da kıyafetlenen, Ohr Hasadim olduğu ve dışsal olanlar, onlardan ememeyeceği için ZA ve Leah'ın Zivug'undan Mohin'i almasına izin verilir. Bu Mohin'e pansiyon denir çünkü gezginlere yöneliktir. Bu nedenle Nuh, erdemli ve samimi olmasına rağmen onu gezgin bir misafirle karşılaştırıyor."

Dolayısıyla çalışma düzeninde iki şeyi ayırt etmemiz gerektiğini görüyoruz: 1) "ev" denen koşul 2) "gezgin misafir" denen koşul. Kişi, henüz tam ve tamam olmadığında, çıkmalı ve bununla bütünlüğü edineceği ıslahları almak için, Yaradan'ın yolu olan gezgin misafir koşulunda olmalıdır. Bu nedenle bu insanlara, "gezgin misafirler" denir çünkü halen yolun ortasındadırlar ve ulaşmaları gereken hedefe ulaşamamışlardır.

Onlar, erdemli ve samimi olan Nuh gibi, erdemli olmalarına rağmen halen eksiktirler çünkü yalnızca "manevi kaplar" denen, ihsan etme kaplarını düzeltmişlerdir. Yukarıda bahsedildiği gibi buna "yaratılışın ıslahı" denir zira kişi, hâlihazırda Lişma olarak adlandırılan, ihsan etmek için ihsan edebiliyordur.

Bununla Hanu-Koh (Hanuka) mumunun ne anlama geldiğini anlarız – o, savaşın sonu değil yalnızca ara vermedir. Bu nedenle Hanuka mumunun ışığının kullanılması yasaklanmıştır çünkü mucize, yalnızca manevi kaplardaydı ve ihsan etme kapları, ışıktan haz almak için kullanılamaz. Bu nedenle onlar sadece görülmelidir.

Ama Şabat mumu – Şabat'ın, bir sonraki dünyanın benzeri olan "cennetin ve yeryüzünün amacı" olarak kabul edildiği- O'nun yarattıklarına iyilik yapmak olan, onların haz ve memnuniyeti alacağı "yaratılış amacı" olarak adlandırılır. Dolayısıyla bu ışık, "ihsan etmek için almak" denen, alma kaplarına alınır. Yani onlar alma kaplarını kullanırlar.

Buna, Malhut'un, "İsrail meclisi" denen, ruhların kökü olduğu ve ruhlar için bolluk aldığı "ev" denir, "Bir ev, bilgelikle inşa edilir" ifadesinde olduğu gibi. Aşağıda olanlar, Ohr Hohma'yı (Bilgelik Işığı) almaya uygun olduklarında buna, Mohin (ışık/haz) de Şabat yani Mohin de Hohma denir ve Mohin de Hohma, yaratılış amacının ışığıdır. Dolayısıyla Hanuka mumu ve Şabat mumu birbirinden farklı iki anlayış anlamına gelir.

Şimdi, iç barış ve bilgelerimizin Hanuka mumundan önce geldiğini söylediği, Şabat arasındaki bağlantıyla ilgili sorduğumuz soruyu açıklayacağız. Yesod Sefira'sına (Sefirot'un tekili), Malhut'a ihsan ettiği için "iç barış" denir zira Malhut ruhların köküdür. Malhut, bir nokta olduğunda yani yalnızca küçücük bir nokta olarak aydınlattığında, ruhlar ihtiyaçları olan bolluğa sahip olamazlar. Buna, "Şehina

(Kutsallık) sürgünde" denir. O zaman Klipot (kabuklar) hükmeder ve kutsallık meselesini kontrol etmek isterler ve orada, aşağıda olan için pek çok çalışma vardır. Bu, Keduşa (kutsallık) ve Tuma'a (kirlilik) arasında bölünme yaratır.

Yesod de Gadlut'un (yetişkinlik/yücelik) gelmesi üzerine, Malhut'a üst bolluğu yani ona Hohma ışığını verir. O zaman iç barış yapılır, şöyle yazıldığı gibi "İnsanın yolu, Yaradan'ı memnun ettiğinde, O, kişinin düşmanlarını bile onunla barışa getirir." Bu nedenle Yesod'a "barış" denir zira Klipa'nın güçleri iptal edildiğinde iç barış olur, yazıldığı gibi "Şabat başladığında eşsiz olur ve Sitra Ahra'dan ayrılır ve herkes yeni bir ruhla taçlandırılır" (Şabat arefesindeki Kegavna (dua)).

Dolayısıyla Malhut olan "ev", Şabat bolluğunu aldığında, barış yapılır ve o zaman tüm yargılar ondan uzaklaşır. Bu nedenle Hanuka mumu, çalışmayı sürdürmek ve tamamlayabilmek için, çalışmanın ortasında edinilen ışığa işaret ederken Şabat mumu, ıslahın sonundaki bolluğu ifade eder. Bu nedenle Şabat mumuna, Yesod de Malhut'tan bolluk geldikten sonra "iç barış" denir.

Duaya Dair

Makale No. 10, Tav-Şin-Mem-Vav, 1986

Bilgelerimiz Masehet Tanit'te (s. 2) şöyle dediler: '"Efendiniz Tanrınızı sevmek ve ona hizmet etmek, dua budur.' 'Dua budur 'diyorsunuz, yoksa bu sadece çalışma mıdır? 'Tüm kalbinizle 'demeliydik. Kalpteki çalışma hangisidir? Duadır."

Duanın neden çalışma olarak kabul edildiğini anlamalıyız. İsteklerimizi ve taleplerimizi vermesi için Yaradan'a dua etmek çalışma mıdır? O halde bilgelerimiz öyle olduğunu söylediklerinde, duanın özel bir anlamı olduğunu, bunun basit bir dua değil çalışma olduğunu kastediyorlar. Öyleyse, bilgelerimiz neyi ima ediyor?

Gerçekten de eğer arzusu yoksa kişinin dua ettiği ve bir şeylerin verilmesini istediği söylenemez. Kişi, yalnızca bir şeylerin eksikliğini hissettiği zaman gider ve bunu doldurabilecek olandan, bu eksikliğe dair dolum ister zira kişi sadece ihtiyacı olana, sahip olandan ister ve başkalarına vermek ve iyilik yapmak istediğini de bilir.

Buna göre, kişi duaya geldiği ve Yaradan'dan ihtiyacını gidermesini istediğinde, duası açık ve net olmalıdır. Başka bir deyişle neye ihtiyaç duyduğunu net olarak bilmelidir. Bu demektir ki, Yaradan'dan istemek için geldiğinde, Kral'la konuştuğunu ve Kral'ın evinde hiçbir şey eksik olmadığı için, Kral'ın onu dünyanın en mutlu insanı yapabileceğini tasavvur etmelidir. Bu nedenle duadan önce kişi, öncelikle dikkatlice incelemelidir ki böylece gerçekten neye ihtiyacı olduğunu bilsin. Kişi, Kral onun eksikliğini doldurduğunda, daha fazla bir şeye ihtiyaç duymayacak ve dünyadaki en tam ve bütün insan olacaktır.

Öğrendiklerimize göre -yaratılış amacı, O'nun yarattıklarına iyilik yapmaktır- Yaradan tarafında, yarattıklarına haz ve memnuniyet ihsan etmede hiçbir engel yoktur. Bu demektir ki, Yaradan'ın yarattıklarında "alma arzusu" denen bir eksiklik yaratmasının sebebi, bu eksikliği gidermektir. Açıkladığımız gibi kişi ihtiyaçlarını gideremediğinde eksikliğe, eziyet ve ıstırap denir.

Bu nedenle yaratılan tüm eksiklik, bunun aracılığıyla haz alma niyeti idi zira eksiklik, iyilik yapma niyetine dâhildir. Bunu, bir şeylere duyulan özlem, onu elde etmenin hazzını verir kuralı izler. Bilinir ki, birine krallara layık bir yemek verdiğiniz zaman bile kişinin yemek için arzusu yoksa bundan haz alamaz.

Bu yüzden kişi, bir eksiklik hissettiği ve bunu gideremediği zaman, Yaradan'dan dileğini yerine getirmesini ister. Genel olarak kişi, yalnızca haz ve memnuniyet ister. Öğrendiğimiz gibi Yaradan tarafında, kişinin, ona haz ve memnuniyet vermesi için dua etmesine gerek yoktur çünkü O'nun isteği, yarattıklarına iyilik yapmaktır. Bu nedenle eğer Veren vermek istiyorsa hiç kimse hiçbir şey istememelidir.

Dolayısıyla kişi, dileklerini yerine getirmesini Yaradan'dan istemeye gitmeden önce, öncelikle neye ihtiyacı olduğunu incelemelidir. Yaradan'dan istemesi gereken şey budur. Yaradan sanki kişiye, o kişi istemeden vermiyormuş gibi görünüyor. Bu demektir ki istemek, yarattıklarına iyilik yapmak olan yaratılış amacına dâhil olmadığından ve yaratılanlarda sonradan oluştuğundan, yaratılan, Yaradan'dan vermesini istemelidir. Ama bizler, bu O'nun dileği olduğu için, Yaradan'ın bize haz ve memnuniyet vermesini istememeliyiz, yukarıda O'nun dileğinin aşağıda olanlara haz ve memnuniyet vermek olduğunun söylendiği gibi.

Ancak, "yaratılış ıslahı" denen, Tzimtzum (kısıtlama) meselesi olduğu için Yaradan'ın armağanının hoşnutsuzluk yaratmayacağının bilindiğini, bilmeliyiz. Ve bu ıslahı, "üst ışığı alan Kli (kap)" olan ve Malhut de Ein Sof denen, aşağıda olana atfettiğimizden bu alıcı, bolluğu aldığında form eşitliği için bir özlem uyandırılır. Bu yüzden Tzimtzum'u yapmıştır.

On Sefirot Çalışması'nda ("İçsel Yansıma", s.9) şöyle der: "Üst ışık, yaratılanları aydınlatmayı bir an bile bırakmaz ve tüm Tzimtzum meselesi ve burada bahsi geçen ışığın Histalkut'u (ayrılması), yalnızca Kli'nin yani orta noktanın izlenimi ve kabulüyle ilişkilidir. Bu demektir ki, üst ışık aydınlatmayı bırakmasa da Kli, onun aydınlatmasından hiçbir şey almaz çünkü kendisini küçültmüştür."

Yukarıda belirtildiği gibi almak için almamak, yaratılış amacıyla ilgili değildir. Aksine yaratılışın ıslahına atfedilir. Bu, form eşitliği için çaba sarf eden aşağıda olanın eylemidir. Dolayısıyla aşağıda olanlar, üstteki, ihsan etme kaplarına ihtiyaçları olduğu için vermek istemesine rağmen, haz ve memnuniyeti alamazlar ve bu, verenle değil alanla ilgilidir, Malhut de Ein Sof denen, aşağı olanın Tzimtzum yaptığını söylediğimiz gibi. Bu nedenle bu Kli, aşağıda olanla ilgilidir yani aşağıda olan eğer ihsan etmeyi amaçlayabiliyorsa almak isteyecektir.

Bu nedenle kişi, ihtiyacı olanı vermesi için Yaradan'a dua ettiğinde, kişinin gerçekten yaratılış amacından gelmeyen bir şeylere ihtiyacı olduğunu söylemeliyiz. Daha ziyade ihtiyaç duyduğu şey, aşağıda olandan gelen bir şeydir. Başka bir deyişle "aşağıda olan" olarak adlandırılan Malhut, üst olandan aldığı için, yalnızca "ihsan etme kapları" denen, bu Kli'ye bolluğu almak için yeni bir Kli yapmıştır. Bu nedenle dua etmesi gereken tek şey, Yaradan'ın ona bu Kli'yi vermesidir çünkü ihtiyaç duyduğu tek şey budur.

Ancak burada derinlemesine inceleme yapmak için bir yer vardır. Eğer aşağıda olan, bu Kli'yi, aşağıda olanla ilgili olduğu için yapmak zorundaysa, yukarıda bunu Malhut'un yaptığını söylediğimizde olduğu gibi, kişi, kendi başına bu Kli'yi neden yapmaz da Yaradan'ın ona bu Kli'yi vermesini ister? Üstelik bu Kli'yle ilgili olarak, aşağıda olanın yapması gerektiğini söylüyoruz.

Bu mesele, şunları söyleyen bilgelerimizin sözlerinde (Berachot 33b) netleşir "Rabbi Hanina dedi ki, 'Yaradan korkusu dışında her şey Yaradan'ın elindedir 'Ve şimdi İsrail, Efendiniz Tanrınız korkudan başka sizden ne ister? 'ifadesinde olduğu gibi."

RAŞİ, "Her şey Yaradan'ın elindedir" ifadesini şöyle yorumlar: "Erdemli ve günahkâr cennetle gelmez. O, insana bunu vermiş ve onun önüne iki yol yerleştirmiştir ve o cennet korkusunu seçmelidir."

Korku meselesi, Sulam'da (Zohar'a Sulam yorumu) ("Zohar Kitabına Giriş", madde 203) şöyle açıklanmıştır: "Gerçekten de hem ilk korku hem de ikinci korku kişinin kendi menfaati için değil yalnızca Yaradan'a memnuniyet vermeyi azaltacağı korkusundan kaynaklanır." Yukarıdakilere göre bu demektir ki korku, kişinin yaptığı her şeyin Yaradan'a memnuniyet ihsan etmek için olmasını hedeflemek zorunda olmasıdır.

Şöyle sorduk; eğer öyleyse ve ihsan etmek insanın yapması gereken bir şeyse "Yaradan korkusu dışında her şey Yaradan'ın elindedir" dendiği için, neden kişinin bunu Yaradan'dan istemesi gerekir diyoruz? Bilmeliyiz ki insan yaratıldığı doğasına karşı gelemez. Yaradan, insanı almayı isteme doğasında yarattığı için, söylediğimiz gibi haz için arzu olmadan hazdan sevinç duyması imkânsızdır ve öğrendik ki "yokluktan varlık" olarak kabul edilen yaratılışın özü, alma arzusudur. bu nedenle kişi ihsan etmek adına bir şeyler yapmak istediğinde, doğasına karşı gittiği düşünülür. Bu nedenle doğamızı değiştiremeyiz. Buna göre, insan doğasını değiştiremiyorsa bilgelerimiz neden "Yaradan korkusu dışında her şey Yaradan'ın elindedir" demiştir? Bu, insanın bunu değiştirme gücünün olmadığı anlamına gelir.

Burada iki şey vardır şeklinde yorumlayabiliriz: 1) yalnızca potansiyel olarak kabul edilen bir arzu, kişinin ihsan etmek istemesi 2) kişinin düşüncelerini fiili olarak yerine getirme yeteneğine de sahip olması.

Bu nedenle insandan ihsan etme yolunda yürümeyi seçmesine dair talebi yorumlamalıyız. Kişi, bunun yaratılış amacını -haz ve memnuniyet almak- elde etmek için Kli olduğunu bilmelidir ve bu Kli'ye sahip değilse ışık olmaksızın karanlıkta kalacaktır. Kişi, bunu tam bir kesinlikte bildiği ve ihsan etme eylemlerini gerçekleştirmeye niyet etmeye başladığı zaman görür ki doğasına karşı gelemiyor.

Daha önce değil, tam burada dua zamanı gelir zira acil yardım isteme gibi bir şey yoktur – kişinin yaşamı alabileceği ve onsuz ölü kabul edileceği Kelim olan, ihsan etme kaplarını istemesi- bilgelerimizin "günahkârlara yaşamlarında ö'lü' denir" sözlerinde olduğu gibi. İnsan doğası gereği yalnızca istediği şeyi, kendi başına elde edemediği zaman yardım ister zira bundan önce utanç meselesi vardır, bilgelerimizin ayetle ilgili söylediği gibi, "İnsanın oğulları için krom geçitler." Kişi, insanlara ihtiyaç duyduğunda, yüzü krom gibi değişir. Krom nedir? Deniz kenarındaki şehirlerde bir kuş vardır, adı Krom'dur. Güneş onun üzerinde parladığında, birkaç renge dönüşür' (Berahot, s. 6)

Bilinir ki bize verilen maddesel doğa öyledir ki bununla manevi konuları öğreniriz. Bu nedenle kişi, ihsan etme kaplarını kendi başına elde edemeyeceğini öğrenmeden önce, Yaradan'dan onları vermesini istemez. Dolayısıyla kişinin, Yaradan'ın onun duasını yanıtlaması için gerçek bir arzusu yoktur.

Bu nedenle kişi, kendi başına ihsan etme kaplarını elde etmeye çalışmalıdır ve elde etmeksizin ortaya koyduğu tüm çalışmasından sonra kalbin derinliklerinden gelen gerçek bir dua başlar. O zaman yukarıdan yardım alabilir, bilgelerimizin şöyle söylediği gibi "Arınmaya gelene yardım edilir."

Ama bu dua, doğamıza zıt olduğundan ve insan kendine-sevgi denen alma arzusuyla yaratıldığından, bütün organları bu arzuya karşı çıkarken ihsan etme gücünü ona vermesi için Yaradan'a nasıl dua edebilir? Bu nedenle bu çalışmaya "dua" denir yani kişi, ona ihsan etme gücünü vermesi ve insanın alma gücünü iptal etmesi için, Yaradan'a dua edebilmek için büyük bir çaba sarf etmelidir.

Bu nedenle bilgelerimiz şöyle demişler; "'Çalışacaksın, 'bu duadır, bu kalpteki çalışmadır." Böylece onların duayı neden "kalpteki çalışma" olarak adlandırdıklarını anlayacağız. Bunun nedeni, kişinin kendine-sevgisini iptal etmek için ve ihsan etme kaplarını edinme çalışmasını üstlenmek için çok fazla çalışmak zorunda olmasıdır. Dolayısıyla ihsan etme kaplarını edinme arzusu üzerinde, kişi, dua etmeyi istemek ve ihsan etme gücünün ona verilmesi için, kendisiyle çalışmalıdır.

Gerçek Dua Gerçek Bir Eksiklik Üzerinedir

Makale No. 11, Tav-Şin-Mem-Vav, 1985-86

Metinlerde şöyle yazar, "Bunlar, Mısır'a gelen İsrail oğullarının isimleridir. ...Ve Yusuf'u tanımayan Mısır'ın üzerine yeni bir kral doğdu. ...Ve Mısırlılar, İsrail oğullarını katı bir biçimde çalışmaya zorladı... Ve İsrail oğullarının bu çalışmadan dolayı iç çektikleri anlaşıldı ve haykırdılar ve çalışma nedeniyle haykırışları Tanrı'ya ulaştı... ve Tanrı onların inlemelerini duydu."

Neden "ve çalışma nedeniyle haykırışları Tanrı'ya ulaştı." diye yazıldığını anlamalıyız. Onlar Mısır'da daha çok işkence görmediler mi? Burada onların haykırışları yani azapları yalnızca çalışmadan kaynaklanıyor gibi görünüyor. Ayrıca şöyle yazılmıştır "Ve Tanrı inlemelerini duydu" yani duanın duyulması, yalnızca çalışmayla ilgili inlemeler üzerine idi.

Bunu, bizim yolumuza göre yorumlamalıyız. Bilinir ki, ihsan etme çalışmasına başlamadan önce, kutsal Zohar'da ("Zohar Kitabı'na Giriş", madde 190-191) yazılmış sebeplerden dolayı, bu dünyanın hazlarını almak için Tora ve Mitzvot'a iki sebeple bağlanıldığı yazılmıştır. 1) Bu dünyanın hazlarını elde etmek için. Eğer kişi Tora ve Mitzvot'u yerine getirmezse, Yaradan'ın onu cezalandıracağından korkar. 2) Bir sonraki dünyadaki hazları elde etmek için. Kişinin korkusu, Tora ve Mitzvot'u yerine getirmesinin gerekçelerinin ona verilmemesidir.

Tora ve Mitzvot'u yerine getirmeye onu zorlayan sebep, kişinin kendi menfaati olduğunda, beden o kadar da direnmez çünkü ödül ve cezaya inandığı ölçüde çalışabilir ve her gün daha fazla eklediğini hisseder. Ve bu doğrudur, Mitzvot'u yerine getirdiği ve Tora'ya başladığı her gün, bir önceki güne katılır ve böylece Tora ve Mitzvot'u yerine getirmenin servetine servet ekler.

Bunun nedeni, kişinin niyetinin öncelikle ödül olmasıdır ve niyet yani amacın ihsan etmek olması hakkında düşünmez. Aksine, ödül ve cezaya ve yaptıkları için ödül alacağına inanır. Bu nedenle amacı, doğru eylemleri tüm detaylarıyla yerine getirmektir. Aksi taktirde eylemler doğru değilse çalışmasının kabul edilmeyeceği ve onlar için ödül alamayacağı kesindir. Çalışmasının iyi olduğunu gördüğünde ise endişe edecek bir şey kalmaz.

Bu nedenle kişinin endişesi, yalnız nicelikte yani daha fazla eylem yapmaya çalışmakla ilgilidir. Eğer bilge bir öğrenciyse o zaman bilir ki öğrenimini daha derinden incelemeli ve yerine getirdiği Mitzvot'ta, onları, yasaya, herkesin görüşüne göre tutmak için çok daha dikkatli olmalıdır. Kişi, her zaman daha kaygısızca yaklaşılan yargılarla ilgili titiz, dikkatli olmaya çalışır ve başka bir endişesi yoktur.

Öyle anlaşılıyor ki, Tora ve Mitzvot'u izleme ve cennet krallığının yükünü üstlenme sebebi, bu dünyada ve bir sonraki dünyada ödüllendirilmek olan insanlar, Tora ve Mitzvot'a bağlanma gücüne sahip olmak için Yaradan'a ihtiyaç duymazlar zira beden, ödül ve cezaya inançları ölçüsünde her birinin kendi derecesine göre yerine getirmesine izin verir.

Bu, kutsal çalışmayı ödül olmaksızın ihsan etmek için yapmak ve Tora ve Mitzvot'u, Yaradan'ın yüceliği nedeniyle izlemek isteyen insanlar söz konusu olduğunda böyle değildir. Onlar için Kral'a hizmet etmelerine izin verilmesi büyük bir ayrıcalıktır, yukarıda bahsi geçen kutsal Zohar'da şöyle yazıldığı gibi: "İlki olan korku, kişinin Efendisinden, O yüce ve yöneten, öz ve kök olduğu için korkmaktır."

Sulam'da (Zohar'a Merdiven Yorumu), üç tarz Yaradan korkusu olduğunu açıklar: 1) Bu dünyada cezalandırılma korkusu 2) Cehennem cezalarından da korkmak. Bu ikisi gerçek korku değildir çünkü kişi, Yaradan'ın emri olduğu için korkuyu yerine getirmiyor, kendi menfaati için yerine getiriyordur. Dolayısıyla kişinin kendi menfaati köktür ve korku daldır ve kendi menfaatinin sonucudur. Ancak asıl korku şudur; kişinin, Yaradan'dan, O yüce ve her şeyi yöneten olduğu için korkması gerekir.

Dolayısıyla Yaradan'ın yüceliği, kişiyi Tora ve Mitzvot'u izlemeye zorlayan sebeptir. Bu, yalnızca Yaradan'a ihsan etme arzusu olarak kabul edilir, buna "kendi menfaati için değil, onu Yapana memnuniyet ihsan etmek" denir.

Burada sürgün başlar yani çalışmasını ödül almamak üzere hedeflemesine izin verilmez zira bu doğasına zıttır. Bedeni razı olmasa dahi kişi kendisini zorlayabilir, tıpkı kişinin doğasına karşıt olmasına rağmen kendini belli eylemleri yapmaktan kaçınması gibi. Şöyle ki "bedenin arzusuna karşı" olarak mantık ötesinde giderek kişi, bedeninin arzusuna karşı olan şeyler yapacaktır.

Ancak kişi hislerine ve aklına karşı çıkamaz yani hissettiğinin dışında başka bir şey hissettiğini söyleyemez. Örneğin, kişi üşümüş ya da terlemişse hislerinin doğru olmadığını söyleyemez ve kendisini, aklının anladığından başka türlü anladığını ya da hissettiğinden başka türlü hissettiğini söylemeye zorlayamaz. Tek seçeneği, gördüğünü söylemektir.

Dolayısıyla kişi, Yaradan'a ihsan etmek için Tora ve Mitzvot'u yerine getirmek istediği zaman, bedenin doğası, ödüle sahip olacağını görmeden hareket etmemektir. Bu nedenle kendi menfaati için değil de Yaradan için çalışmanın bir yolu yoktur.

Burada sürgün yani çalıştığı kadar ilerlemediğini görme işkencesi başlar. Örneğin, kişi eğer yirmi yaşındaysa diyebilir ki Tora ve Mitzvot'a bağlanmada, yirmi yıllık servet elde etmiştir. Öte yandan Tora ve Mitzvot'u yirmi yıldır yerine getirdiğini ancak ihsan etmek için hiçbir şey yapma yeteneğine sahip olmadığını, tam tersine her şeyin kendini-sevme temeli üzerine inşa edildiğini söyleyebilir.

Dolayısıyla çektiği tüm ıstırap ve acı, Yaradan için çalışamadığı içindir. İhsan etmek için çalışmak ister ama bedeni Klipot'un (kabuklar) kölesidir ve bu amaca sahip olmasına izin vermez. O zaman Yaradan'a, ona yardım etmesi için haykırır çünkü Klipot'un arasında sürgünde olduğunu, onların kendisini yönettiğini görmüştür ve onların kontrolünden çıkabileceğine dair bir yol görmez.

O zaman duası, bu sürgünden çıkamadığı için gerçek bir dua olarak kabul edilir, şöyle yazıldığı gibi "Ve O, merhameti sonsuza dek olduğu için İsrail'i onların ortasından çıkardı." Bu, doğasına zıt olduğundan yalnızca Yaradan, İsrail'i sürgünden çıkarabilir. Ama Kli (kap) olmadan ışık olmayacağı yani bir eksiklik olmadan bir dolumun olmayacağı bilindiğinden ve eksiklik, dolum alan Kli olduğundan, bu sebeple kişi sürgüne girmeden önce yani kendi başına sürgünden çıkamayacağını görmediğinde, çıkarılması gerektiği söylenemez. Bu böyledir çünkü "İçinde olduğum durumdan çıkar" diye haykırmasına rağmen, bu gerçek bir dua değildir çünkü kendi başına çıkamayacağını nereden bilebilir?

Tam tersine, bu, kişi, tam olarak sürgünde olduğunu yani kalbinin derinliklerinden dua edeceğini hissettiğinde söylenebilir. Kalbin derinliklerinden dua edebilmenin iki koşulu vardır: 1) Kişinin çalışması, doğasına karşı olmalıdır. Şöyle ki kişi, her şeyi ihsan etmek için yapmak ve kendine-sevgiden çıkmak ister. O zaman bir eksikliğe sahip olduğu söylenebilir. 2) Kişi, kendi başına kendine-sevgiden çıkmaya başlar ve onun içinde çalışır ama kendi durumundan 1 cm bile ilerleyemez. O zaman Yaradan'ın yardımına muhtaç olur ve duası gerçektir çünkü kendi başına hiçbir şey yapamayacağını görür. Daha sonra ona yardım etmesi için Yaradan'a haykırdığında, bunun çalışmadan olduğunu bilir, şöyle yazıldığı gibi "Ve İsrail oğulları çalışma yüzünden iç çektiler." Bu demektir ki, çalışmak ve Yaradan'a ihsan edebilme derecesini edinmek istemekle kendi doğalarından çıkamadıklarını gördüler, böylece kalplerinin derinliklerinden dua ettiler.

Böylece "ve çalışmaları yüzünden haykırışları Yaradan'a ulaştı" ayetiyle ilgili sorduğumuz soruyu anlayacağız. Bu demektir ki, bütün haykırışlarının üzerindeki en kötü işkence, başka şeyler yüzünden değil çalışma yüzündendi. Bunun anlamı şudur; kendi durumları için, kendine-sevgiden çıkamadıkları ve Yaradan için çalışamadıkları için ağlıyorlar. Onlara işkence eden sürgün buydu – onların kontrolü altında olduklarını görmeleri.

Dolayısıyla Mısır'daki sürgünde, Kelim'i yani bu sürgünden çıkmalarına Yaradan'ın yardım edeceğine dair arzuyu edindiler, yukarıda, Kli olmadan ışığın olmayacağının söylendiği gibi, çünkü yalnızca gerçek bir dua için dua ettiğimiz, kurtarılamayacağımızı ve yalnız Yaradan'ın bize yardım edebileceğini gördüğümüz zaman bu, gerçek bir dua kabul edilir.

Kişinin Dua Etmesi Gereken Temel Eksiklik Nedir?

Makale No. 12, Tav-Şin-Mem-Vav, 1985-86

Yaratılışa "eksiklik "dendiği biliniyor. Bu yüzden yaratılış, "yokluktan varoluş" olarak adlandırılır.

İnsan eksikliklerle dolu olarak yaratıldı. Bu nedenle kişi, eksikliklerini gidereceği çalışmada başarılı olabilmek için öncelikle bütün eksikliklerinin üzerinde öncelik vermesi gereken temel eksikliğin ne olduğunu bilmelidir. Hem manevî eksiklikler hem de maddesel eksiklikler var olduğu için öncelikle hangisini "manevî" olarak tanımladığımızı ve hangisini "maddesel "olarak tanımladığımızı netleştirmeliyiz.

"Kabala İlmi'ne Giriş" (madde 11) Makalesi'nde şöyle yazılmıştır: "Şimdi maneviyat ve maddesellik arasındaki gerçek farkı anlayabilirsiniz: Tüm Behinot'unda (anlayışlar), Behina Dalet'te almak için tam bir arzu içeren her şey "maddesel "olarak kabul edilir. Bu dünyada önümüzde duran realitenin bütün elementlerinde var olan şey budur. Diğer taraftan alma arzusunun bu büyük ölçüsü üzerindeki her şey "maneviyat "olarak kabul edilir. Dolayısıyla maddesellik alma arzumuzu tatmin etmekle ilgili olan anlamına gelir. Bu nedenle kişinin kendi menfaati için yaptığı her şey "maddesellik "ve Yaradan için yaptığı her şey "maneviyat "olarak adlandırılır.

Bu sebeple maddesellik için, yani kendine haz sağlamak için, almak için alan bir Kli (kap) yaratmaya ihtiyaç olmadığı açıktır. Zira Yaradan yaratılışın başlangıcında bizlere bu tür Kelim (kaplar) vermiştir, Bunlar, "O'nun yarattıklarına iyilik yapma arzusu " olarak adlandırılan yaratılış düşüncesinin, alma arzusunu yokluktan varoluş olarak yarattığının, haz ve memnuniyet almak için özlem duymayı istememiz gerektiğinin bilinmesi gibi şeylerdir.

Ayrıca Yaradan bu Kli'yi istediği gibi hoşnut eder. Bu nedenle alma kapları için istememize gerek yoktur. Bu yüzden maddesellik için ettiğimiz dua yalnızca dolum, yani ihtiyacımız olduğunu hissettiğimiz her şeyi Yaradan'ın karşılaması içindir. Zira eksiklik hissiyatı bize acı veren şeydir ve hissettiğimiz bu acı, her şeyi isteklerimizi karşılayabilmek adına yapmamızın sebebidir.

Ama maneviyat için Yaradan'ın eksikliklerimizi karşılamasına dair dua etmemiz gerektiğinde bu böyle değildir. Zira maneviyat için eksiklik, Yaradan'ın isteklerimizi yerine getirmesine dair duanın sebebidir; çünkü eksikliğimiz doyum almadığı için ve henüz bu eksiklik, yani maneviyat ve maddesellik arasındaki fark olan "ihsan etme kabı" denen Kli'yi doyuracak eksiklik içimizde doğmadığı için acı çekeriz.

Maddesel Kli "alma kabı" olarak adlandırılır ve öz-doyumun karşılanmasını ister. Manevî bir Kli'ye kendi menfaatine karşı olan, Yaradan'ın yararı için hoşnut etmek isteyen bir Kli denir. Bu Kli yaratılışın doğasında bulunmaz. Zira insan doğası gereği yalnızca kendisi için haz alma Kli'si ile doğmuştur. Bedenimize Yaradan adına çalışmamız gerektiğini söylememizin sebebi kendisine ne söylendiğini anlamamasıdır; çünkü beden kendi menfaatini göz önünde bulundurmamayı ve bütün gün Yaradan'a fayda sağlamayı düşünmeyi anlayamaz. Bu, özellikle Yaradan'a fayda sağlamak için kendine olan sevgiyle ilgili hazlardan vazgeçmemiz gerektiğini duyduğu zaman böyledir. Bu durum bedene tamamıyla yabancıdır. Beden kişinin derhal akıllı hale geldiği, ihsan etmek için çalışması gerektiğini duyduğu zaman kurnazca şöyle sorar: "Senin de onların yaptığını yapmak istediğin, bu çizgide yürüyen başka insanlar görüp görmediğini bilmek istiyorum? Doğru, seninle aynı fikirdeyim; ama kendin gör, yaşamdaki her düşüncesi kendininkini değil de yalnızca Yaradan'ın faydasını gözetmek olan kaç insan gördün? Bu çizgide yürüyen insanlar olduğunu bildiğini varsayarsak, onlar her şeyi yalnızca ihsan etmek için yapabilme yeteneğine sahip olmak için ne kadar zaman ve çaba harcadılar? Özellikle bu ne kadar zaman aldı? Bir ay, iki ay, bir yıl, iki yıl...? "Daha sonra çok daha kurnaz bir hâle gelir ve şöyle sorar: "Bu zaman ve çaba sarf edenlerin hepsi de tüm çalışmalarını ihsan etme üzere olduğu kademeye eriştiler mi? "Bu sözlerle onlar kişiyi ihsan etme yoluna ilişkin çalışmadan çevirebilirler.

Dolayısıyla kişinin, "onu yapana memnuniyet getirmek "olarak adlandırılan maneviyata dair böyle bir eksikliği yoktur. Aksine kişi eğer hiçbir ödül almadan Yaradan'a ihsan etmek için bir şeyler yapmamız gerektiğine dair bir düşünce alırsa, bedenin tüm düşünceleri ve arzuları derhal karşı çıkar ve şöyle haykırır: "Kişiyi çalışmaya zorlayan sebebin, kendi çıkarı olduğunu bilen çoğunluğa karşı çıkan bir aptal ve bir istisna olma!"

Yalnızca bu güçle kişi Tora ve Mitzvot'a (emirler) bağlanabilir. Lişma'ya (O'nun adına) bağlanması gerektiğini bilmesine rağmen bunun için genel bir cevap vardır ve bilgelerimizin şu söylediklerini yerine getiriyordur: "Kişi her zaman Tora ve Mitzvot'a Lo Lişma'da (O'nun adına değil) bağlanmalıdır. Çünkü Lo Lişma'dan Lişma ile ödüllendirilecektir. "Ancak bununla, yani Lişma'ya gerçekten de yaklaşıp yaklaşmadığını test etmekle ilgilenmemelidir. Tersine iyiliğin mutlaka geleceğini, yani Lişma'yı kesinlikle edineceğini bilmelidir. Öyleyse Lişma'nın anlamıyla ilgili düşünmesine gerek yoktur; çünkü yapmaması gereken şeylerin detaylarını incelemesine gerek yoktur. Aksine çoğunluk gibi yaşar.

Bu nedenle maddesellik için dua edenin duasıyla, maneviyat için dua edenin duası arasında büyük bir fark vardır. Maneviyat için kişi öncelikle Kli, yani bir eksiklik, 'arzu ' olarak adlandırılan bu Kli'ye sahip olamamanın üzüntüsü ve acısını hissetmek için, yani onu yapana memnuniyet getirmeye özlem duymak için dua etmelidir.

Öyle anlaşılıyor ki kişinin maddesellikte bir ihtiyacı olduğu ve bu ihtiyacın giderilmesini istediğinde olduğu gibi bu eksikliği gidermek için dua etmesine gerek yoktur. Zira henüz maneviyatın Kli'sine sahip değildir. Bu nedenle kişi maneviyat için dua etmeye geldiğinde Kli, Yaradan'ın ona Yaradan'a ihsan etmeyi istemenin Kli'sini vermesi için dua etmelidir. Daha sonra maneviyatla ilgili bir Kli'ye sahip olduğunda manevî Kli'ye bolluğun girmesi için dua edebilir.

Dolayısıyla kişinin Yaradan'a dua etmesi gereken asıl eksikliğin Kli olduğu ortaya çıkar. Bu, "Kli olmadan ışık yoktur. "kuralını takip eder. Kişi yoksun olduğu gerçek eksiklik için dua ederse, duası kabul olur, Yaradan ona yeni bir Kli verir. Şöyle yazıldığı gibi: ..."ve etinizden taştan kalbi çıkaracağım ve size etten bir kalp vereceğim."

Bu eksikliği, öğretmeni Pursov'un ADMOR'u adına "Harun'a Emir "(Leviticus, 6:2) ayeti hakkında konuşan Baal HaSulam'dan duydum: "Raşi, 'emir 'ifadesini: 'Derhal acele etmek ve gelecek nesiller için "...diye yorumlar. Rabbi Şimon şöyle der: 'Yazı öncelikle ceplerin boş olduğu yerde acele etmeli.' 'Cep 'ifadesini para koymak için bir Kli anlamında yorumlar. Bizler genellikle para kazanmakla ilgili çaba gösterir ve endişe duyarız ve şöyle der: 'Kişi en çok cepler boş olduğu, yani Kli olmadığında endişe etmelidir."

Bu, maneviyatta kişinin Yaradan'ın ona bolluk ve ışıkları vermesi için dua etmesine gerek olmadığını açıkladığımız gibidir. Aksine kişi, öncelikle bir Kli'ye, yani Yaradan'a ihsan etmek için bir arzuya ve özleme sahip olduğunu görmelidir. Zira doğası gereği vermeyi değil, yalnızca almayı ister. Dolayısıyla kişi kutsal çalışmaya girdiği ve tamamlanmaya ulaşmak istediği zaman tüm gücüyle onu yapana memnuniyet getirmeyi isteme arzusunu edinmek için çaba sarf etmelidir. Burası kişinin Yaradan'ın ona yardım edeceği ve yeni bir Kli vereceğine dair tüm dualarını odaklaması gereken yerdir. Kişi, O'nun önünde şöyle demelidir: "Dünyanın Efendisi, bu dünyaya ilk geldiğimde bana yalnızca kendim için alma Kli'sini verdiğin gibi, şimdi bana Sana memnuniyet ihsan etme arzusuna sahip olmak için yeni bir Kli vermeni istiyorum.'

Şöyle sorabiliriz: 'Kişi, O'ndan yoksun olduğunu hissetmediği için bu Kli'ye ihtiyacı olmadığını söylediğimize göre "ihsan etme arzusu "olarak adlandırılan bir Kli'nin verilmesi için nasıl dua edebilir? Dolayısıyla kişi ihtiyaç duymadığı bir şeyi nasıl isteyebilir?

Kişinin "ihsan etme arzusu "denen Kli'ye sahip olmaması, sahip olmadığı her şeye ihtiyaç duyması anlamına gelmez. Üst Sefirot hakkında Sefira (Sefirot'un tekili) Bina'nın, Tzimtzum Bet (ikinci kısıtlama) aracılığıyla Roş de AA'den (Arih Anpin) ayrıldığını öğrenmemize rağmen merhameti arzuladığı yazılmıştır. Yine de sanki ayrılmamış gibi kabul edilir; çünkü Hohma'ya sahip olmasa da buna ihtiyaç duymadığı için bu bir eksiklik olarak kabul edilmez.

Görüyoruz ki kişinin sahip olmadığı şeyler tam olarak ona ihtiyaç duyduğunda eksiklik olarak kabul edilir. Üstelik kişi sahip olmadığında acı hissetmelidir. Şöyle ki ihtiyaç duyduğunu hissettiği halde ona sahip olmadığı için acı çekmediği zaman bu hâlâ bir eksiklik olarak kabul edilmez. O halde kişi ihtiyaç duymadığı bir şey için nasıl dua edebilir?

Bu nedenle kişi, O'nun yarattıklarına iyilik yapmak olduğunu bildiğimiz yaratılış amacı hakkında düşünmelidir. Kişi, yaratılanlar arasındaki iyiliği, yani Yaradan'ın onlara bu dünyada vermek istediği haz ve memnuniyetten aldıkları hazzı sorgulamaya başladığında bunu yine de yaratılanlar arasında bulamaz. Bu, onun haz ve memnuniyetin yaratılanlardan mahrum edilmesinin ve üst bolluğun ifşa olmamasının ve yaratılış amacının tamamlanamamasının bir sebebi olması gerektiğini fark etmesini sağlar.

Kişi kendisine baktığında gördüğü her şeyin yaratılanların bolluğu almamasının, kendisinin Kral'ın emirlerini izlemesi gerektiği gibi Tora ve Mitzvot'u izlememesi yüzünden olduğunu söyler. Bilgelerimizin söylediği gibi: "Yaradan İsrail'i ödüllendirmek istedi. Bu nedenle onlara bolca Tora ve Mitzvot (emirler) verdi. "Bu demektir ki Tora ve Mitzvot aracılığıyla haz ve memnuniyetle ödüllendirilebiliriz.

Ancak soru şudur: "Tora ve Mitzvot'u neden Kral'a hizmet etmeye uygun olarak yerine getirmiyoruz?" Çünkü Tora ve Mitzvot'un öneminin hissiyatıyla Tora ve Mitzvot'u yerine getirmemizi emreden komutanın öneminden yoksunuz. "der. O zaman kişi yalnızca Yaradan'ın bunu düzeltebileceği kararına varır. Şöyle ki: O, eğer bizlere içlerindeki hazzı hissedebilelim diye Tora ve Mitzvot'un ışığını biraz olsun ifşa ederse, tüm kalbimiz ve tüm ruhumuzla Kral'ın önemini hissedenlerde olması gerektiği gibi Kral'a kesinlikle hizmet edebileceğiz. O halde Yaradan'a ne için dua etmeliyiz? Üst bolluğu biraz olsun vermesi için dua etmeliyiz. O zaman herkes Tora ve Mitzvot'a hiçbir ihmal olmadan uygun bir şekilde bağlanacaktır.

Ancak ARİ'nin söylediklerinde orada Nukva'nın uygun olmadığını ve bu yüzden kırılma olduğunu görüyoruz. Ohr Pinimi ('İçsel Yansıma/Işık', On Sefirot Çalışması'nın içindeki yorum), ARİ'nin sözlerini yorumlar: Üst bolluğun, Kli'ye bolluğu ihsan etmek için almak üzere gelmesi gerektiğinden ve ışık Kli'den daha büyük olduğundan almaya hazırdır. Yani Kli, ışığı tam olarak ihsan etmeyi hedefleyebilme kabiliyetine göre almalıdır ve böylesine büyük bir ışıkla ihsan etmeyi amaçlayamamıştır, yani ışık, arzusu almak için olan Kelim'e (kaplar) girmek zorunda kalmıştır. Buna Klipa (kabuk) denir. Dolayısıyla Kelim kırılır. Bu nedenle bu Kelim'e gelmesi gereken bolluk dışsal olanlara, yani Klipot'a (Klipa'nın çoğulu) gidecektir. Bu, Kli'nin kırıldığını ve böylece hepsi dışarıya döküleceğinden onun içine hiçbir şey yerleştirmediğimizi söylememize benzer.

Bu nedenle kişi yukarıdan bolluk verilmesi için dua etmemelidir. Zira tümü dışsal olanlara gidecektir. Bunun yerine Yaradan'ın ona bir Kli, Yaradan'a ihsan etmek için bir arzu ve özlem vermesi için dua etmelidir. Bu Kli'ye sahip olduğunda üst bolluk insana görünecek ve O'nun yarattıklarına iyilik yapmak olan yaratılış düşüncesinde bulunan haz ve memnuniyeti hissedecektir. Bu nedenle Yaradan'dan asıl ihtiyacımız olanı, yani ihsan etme kabını istemeliyiz ve başka bir şey için dua etmemize gerek yoktur.

Firavun'a Doğru Gel -2

Makale No. 13, Tav-Şin-Mem-Vav, 1985-86

Zohar şöyle sorar, '"Firavun'a doğru gel, 'diye yazılmıştır, fakat 'Firavun'a doğru git, 'demeliydi. Yaradan, Musa'nın korktuğunu ve diğer görevlendirilmiş temsilcilerin ona yaklaşamadığını gördüğü için şöyle dedi, 'Bakın, Firavun, Mısır'ın kralı, Nil'in ortasında yatan büyük canavar, Ben size karşıyım. 'Başka hiç kimse değil ama Yaradan, ona karşı savaş açmak zorundaydı, yazıldığı gibi, 'Ben bir elçi değilim ' 'Ben Yaradan'ım.'" Buraya kadar onun sözleridir (Bo (gel) bölümünün başında).

"Gel" ve "git" arasındaki fark, "gel", sözcüğünün, dostuna "gel" diyen bir kişi gibi birlikte yürümeliyiz anlamına gelmesidir.

Bunu anlamalıyız çünkü Zohar, Yaradan'ın neden Musa ile gitmesi gerektiğini sorar. Çünkü Musa, onunla tek başına savaşamaz. Başka hiç kimse değil fakat Yaradan'ın kendisi savaşabilir. Dolayısıyla, o neden Musa'nın Yaradan ile gitmesine gerek duydu? Nihayetinde, der ki: "Ben; bir elçi değilim." Bu nedenle, Yaradan'ın Musa ile "büyük canavar" denen Firavun'a gitmesindeki maksat nedir? Firavun'a Musa olmadan da gidebilirdi.

Atalarımızın şu dediğini (Kiduşin (Evlilik) 30b) anlamalıyız, "Riş Lakiş şöyle dedi, 'İnsanın eğilimi onu her gün yener ve onu öldürmeye çalışır, şöyle söylendiği gibi, 'Günahkâr, erdemli olanı gözler, 've eğer Yaradan ona yardım etmezse, onu yenemez, tıpkı şöyle dendiği gibi, 'Efendi, kişiyi onun eline bırakmayacak.'"

Burada da şu soru ortaya çıkar, "Eğer kişi kendi başına galip gelemiyor ve Yaradan'ın yardımına ihtiyaç duyuyorsa, bu ikilem neden?" Diğer bir deyişle, ya Yaradan kişiye tek başına yenme gücünü verir ya da her şeyi Yaradan yapar. Neden burada bu iki güce, insanın gücüne ve akabinde Yaradan'ın gücüne gerek varmış gibi görüyor? Sanki, tek güç yetersizmiş ve sadece ikisi, kötü eğilimi yenebilirmiş gibi.

Bilinir ki insanın mükemmeliyeti şudur; kişi, yaratılışın amacına ulaşmalıdır, "O'nun yarattıklarına iyilik yapmak" diye söylenen amacı elde etmelidir ki dünya, bu amaç için yaratılmıştır. Diğer bir deyişle, yaratılanlar, Yaradan'ın onları mutlu etmek için tasarladığı sevinç ve hazzı almalıdırlar.

Bunun öncesinde, yaratılış, halen Yaradan'a yakışan bir yaratılış olarak kabul edilmez, çünkü bilinir ki mükemmel Operatörden mükemmel operasyonlar çıkmalıdır. Bu demektir ki herkes yaratılışın güzelliğini hissetmelidir ve O'nun yarattığı yaratılış için Yaradan'ı övmeli ve O'nu yüceltebilmeli ve şöyle diyebilmelidir, "'Bırakın dünya olsun, 'diyen O, kutsaldır." Diğer bir deyişle, herkes Yaradan'ı kutsamalıdır çünkü O, hazla dolu iyi bir dünya yaratmıştır ve orada herkes neşelidir, dünyada tecrübe ettikleri tüm zevklerden hissettikleri memnuniyetten dolayı herkes mutludur.

Ancak, kişi, yaşamında gerçekten tatmin olup olmadığını ve kendisinden ve çevresinden gerçekten ne kadar memnun kaldığını incelemeye başladığı zaman, tam tersini görür -herkes acı ve azap içindedir ve her insan farklı şekilde acı çeker. Fakat kişi şöyle demelidir, "'Bırakın dünya olsun, 'diyen O, kutsaldır." Böylece kişi, bunu sadece yüzeysel olarak söylediğini görür.

Ancak, bilinir ki dünya, ihsan etme Kelim'ine (kaplarına) sahip olmadan önce, dünyada haz ve sevinç beliremez, çünkü alma kaplarımız hâlâ kendisi için alma koşuluyla kirlenmiştir, bu koşul ağır şekilde kendi boyutlarına kısıtlanmıştır ve bizi Yaradan'dan ayırır (yani alma kapları üzerinde ilk kısıtlama vardır, böylece bolluk orada parlamaz, 'Zohar Kitabına Giriş' s 138'e bakınız).

İhsan etme kaplarını elde etmek, tartışmaların ve savaşların başladığı yerdir, çünkü bu bizim doğamıza aykırıdır. Ve bu nedenle ihsan etme seviyesini elde etmek için bizlere Tora ve Mitzvot verildi, atalarımızın dediği gibi, "Kötü eğilimi ben yarattım; şifası için de Tora'yı yarattım."

Ayrıca bize, "dostunu kendin gibi sev" Mitzva'sı (emir/iyi iş) verildi, Kabalist Akiva şöyle der: "Bu, Tora'nın yüce kuralıdır" (Bereşit Rabba, Paraşa 24). Diğer bir deyişle, kişi dost sevgisini çalışmakla, kendini, kendini sevmeyi bırakmaya alıştırır ve dost sevgisini elde eder.

Ancak, önümüzde gördüğümüzü anlamalıyız, yani dost sevgisinde çaba gösteren ve Yaradan sevgisine bağlı olarak Tora ve Mitzvot çalışabilmek üzere hâlâ Yaradan'a bir cm kadar yaklaşamayan insanlar vardır. Bu demektir ki onlar aslında dost sevgisinde bir parça ilerlediklerini söylerler, fakat Yaradan sevgisinde hiçbir ilerleme görmezler. Ancak, bilmeliyiz ki dost sevgisinde de seviyeler vardır, yani dost sevgisine olan zorunluluk üzerine düşünmeliyiz.

Bunu, giriş katı olan iki katlı bir binaya da benzetebiliriz. Kral ikinci kattadır ve tek amacı Kral ile yüz yüze görüşmek ve Kral'a gitmek olan kişiye, önce birinci kata çıkması gerektiği söylenir, çünkü birinci kata çıkmadan, ikinci kata çıkmak mümkün değildir.

Elbette herkes bunun böyle olduğunu anlar. Ancak, öncelikle 'ıslahlar 'olarak adlandırılan birinci kata çıkmalarının bir nedeni vardır. Diğer bir deyişle, birinci kata çıkmakla, kişi Kral'la yüz yüze konuşmayı öğrenebilir ve Kral'a arzusunu sorabilir.

Önce birinci kata ve ardından ikinci kata çıkması gerektiğini duyan kişi, bunu çok iyi anlar. Fakat tek dileği Kral'ın yüzünü görmek olduğu ve başka hiçbir şeyi önemsemediği için, bu durum ona söylenen birinci kata çıkması gerektiği koşulunu, kendi için bir yük ve bir iş haline sokar.

Ancak, kişinin hiçbir seçeneği yoktur, dolayısıyla birinci kata çıkar. Orada ne olduğunu görmekle ilgilenmez, gerçi kişinin, Kral ile nasıl konuşacağını birinci katta öğrendiğini duymuştur. Fakat buna hiç ilgi göstermez, çünkü amacı bu değildir. Amacı Kraldır, birinci katta ne öğrenebileceği değildir. Amacı çalışmanın kendisi değil, Kral'ın yüzünü görmektir. Neden zamanını ıvır zıvırla boşa harcasın ki? Zira Kral'a kıyasla her şey bir hiçtir. Dolayısıyla, neden birinci katta öğretilen şeyle ilgilensin ki?

Nitekim birinci kata çıktığında, orada kalmak için hiç arzusu yoktur. Bunun yerine, bir an önce ikinci kata, Kral'ın kendisine çıkmak ister, çünkü tek istediği budur. Ancak, ona şöyle denmiştir, "Birinci katta devam eden kuralları bilmemekle, Kral'ın onurunu kesinlikle lekelersin. Bu yüzden, birinci katta öğrenilmesi gereken her şeyi öğrenmeden önce, ikinci kata çıkabilmeyi umut edemezsin."

Benzer şekilde, dost sevgisinde de kişinin dost sevgisiyle ödüllendirilmeden önce Yaradan sevgisiyle ödüllendirilmesinin mümkün olmadığını duyduk, Kabalist Akiva'nın dediği gibi, "Dostunu kendin gibi sev, Tora'nın en yüce kuralıdır." Dolayısıyla, kişi, dost sevgisiyle uğraşırken, dost sevgisini değerli olarak değil gereksiz olarak görür.

Kişi, bir seçimi olmadığı için bunu devam ettirir fakat sürekli olarak şunu söyleyeceği zamanı bekler, "Yaradan sevgisiyle ödüllendirileceğim ve kendimi dost sevgisinden özgürleştirebileceğim. Bu çalışma benim için külfetli çünkü dostlarıma neredeyse dayanamıyorum, çünkü görüyorum ki hepsi benden farklı özelliklere sahipler ve onlarla hiçbir ortak yanım yok. Fakat başka seçeneğim de yok, çünkü bana dost sevgisi olmadan Yaradan sevgisini elde edemeyeceğim söylendi. Dolayısıyla, arzuma karşı olmasına rağmen, onlarla otururum.

Ancak, kendime şöyle sorabilirim, 'Dostlardan ne elde ediyorum? 'Sadece tek bir şey: Onlarla oturarak ve onların sevmediğim ve doğama aykırı olan konuşmalarına tahammül ederek, kendime eziyet etme aracılığıyla kendimi düzeltiyorum. Fakat ne yapabilirim? Bana bu dünyada acı çekmem gerektiği söylendi, ben de öyle yapıyorum: Oturuyorum ve onlardan kaçabileceğim ve onlarda gördüğüm bayağılığı görmekten kurtulacağım zamanı bekliyorum."

Öyle anlaşılıyor ki, kişi "başkalarını sevme" denen ilacı, dost sevgisi için değil, başka bir seçeneği olmadığı, aksi takdirde Yaradan sevgisini elde edemeyeceği için alıyor. Bu yüzden dost sevgisiyle uğraşır ve dostların ona üstlenmesi için verdiği tüm sorumlulukları yerine getirir. Fakat onlardan öğrenmesi gereken şey, kişiden kilometrelerce uzaktadır.

Bu demektir ki kişi, kendini sevme koşulundan çıkamıyor ve dost sevgisine ulaşamıyor. Dost sevgisini sevgiden değil, korkudan yerine getiriyor, çünkü kişi dost sevgisine girmeden önce, Yaradan sevgisine girmesine izin verilmez. Sonuç olarak, kişi dost sevgisini yerine getirmemekten korkar aksi takdirde Yaradan sevgisine girmesine izin verilmeyecektir.

Bu, kişinin birinci kata çıkmadan, Kral'ın oturduğu ikinci kata çıkmasına izin verilmeyişi ile ilgili alegoriye benzer. Fikir şudur, kişi Kral'ın onurunu nasıl koruyacağıyla ilgili kuralları öğrenecek ve bunu öğrendiği için birinci kata çıkmaktan dolayı mutlu olacaktır.

Bu, kişinin faydasına olacaktır çünkü sonrasında, Kral'ın sarayına girdiği zaman, Kral'ın onurunu lekelemeyecektir. Ve dolayısıyla, birinci katta iken, orada uygulanan tüm kurallara ve onlara alışmaya dikkat eder, çünkü Kral'a gitmek, Kral'a ihsan etmek ister ve kesinlikle Kral'ın onurunu küçültmek istemez.

Bu, sadece Kral'ın önüne, O'na memnuniyet vermek için gelmeyi dileyen kişiyle ilgilidir. Fakat Kral'ın önüne, kendisi için almak için gelmeyi dileyen kişi, birinci katta bulunmayı gereksiz görür. Bu, onu hiç ilgilendirmez. Birinci kata sadece korktuğu için çıkar, çünkü bilir ki birinci kata çıkmadan, ikinci kata çıkmasına izin verilmeyecektir. Orada öğretilen Kral'ın onurunu lekelemekten nasıl kaçınacağına dair kanunları çalışmak için hiçbir gereksinim duymaz, çünkü Kral'ın önüne çıkmak istemesinin tek nedeni, kendini sevmek amacıyladır.

Dolayısıyla, bilmeliyiz ki dost sevgisi bize Kral'ın onurunu lekelemekten nasıl kaçınacağımızı öğrenmemiz için verildi. Diğer bir deyişle, eğer kişinin Kral'a memnuniyet vermek dışında başka bir arzusu varsa Kral'ın onurunu mutlaka lekeleyecektir, buna "Keduşa'yı (kutsallığı) dışarıda olanlara aktarmak" denir. Bu nedenle, dost sevgisi çalışmasının önemini hafife almamalıyız, çünkü bu sayede kişi, kendini sevme koşulundan çıkarak başkalarını sevme yoluna nasıl gireceğini öğrenecektir. Ve kişi, dost sevgisi çalışmasını tamamladığı zaman, Yaradan sevgisiyle ödüllendirilebilecektir.

Bilmeliyiz ki dost sevgisinde bir erdem vardır: Kişi kendini aldatamaz ve eğer aslında dostlarını sevmiyorsa, onları sevdiğini söyleyemez. Burada kişi, gerçekten de dost sevgisine sahip olup olmadığını inceleyebilir. Fakat Yaradan sevgisinde, kişi, niyetinin Yaradan sevgisi olup olmadığını yani Yaradan'a ihsan etmek isteyip istemediğini ya da arzusunun, almak için almak olup olmadığını sorgulayamaz.

Fakat bilmeliyiz ki Yaradan'ın yardımı olmadan yapması için ona verilen tüm ıslahlardan sonra, kişiye ihsan etme çalışmasında hiçbir ilerleme verilmeyecektir. Bize şu sorulur, "O zaman kişi neden Yaradan'ın yardımıyla ödüllendirilmek için bunları yapmak zorunda kalır? Nihayetinde, Yaradan aşağıda olanın çalışması olmasa da yardım eder ve bu durumda ilerlemek için kişinin çalışması zaten işe yaramaz."

Ancak, kişi eğer çalışmaya başlamazsa, kötü eğilim üzerinde başarılı olamayacağını bilmez. Fakat kişi Yaradan'ın çalışmasında yürümeye başladığı ve yapabildiği her şeyi yaptığı zaman, o zaman Yaradan'ın ona yardım etmesi için gerçek bir dua sunabilir.

Fakat Yaradan neden onun gerçek bir dua sunmasını istesin ki? Yaradan, et ve kanla, insanın içten bir talepte bulunmasını ister, çünkü kişi, dostundan içten bir talepte bulunduğunda, dostu ona minnettar olur. Onur peşinde koşan et ve kanın duyduğu minnet ile sanki önünde, kendini küçük düşürüyormuş gibidir ve bu onun hoşuna gider

Fakat söz konusu Yaradan ise, insanların saygısına gereksinim duyar mı? Dolayısıyla, neden Yaradan kişinin kalpten bir dua yapmasını istesin ki?

Mesele şu ki, Kli olmadan ışık olmadığı biliniyor. Kişinin çok önemli bir şeyi vermesi mümkün değildir ve eğer kişinin bir şeye dair hiç arzusu yoksa, onu önemsemeyecek ve gözden çıkaracaktır. O önemini yitirecektir çünkü bir şeye duyulan gereksinim, kişinin ihtiyacıyla eşleştiğinde önemli hale gelir. Önemin boyutuna göre, kişi hediyenin kaybolmasını önler, çünkü aksi takdirde her şey Klipot'a gider.

Buna, "Klipot'u beslemek" denir, yani her şey alma kaplarına gider. Bu kaplar, kişinin Keduşa konusunda önemsemediği her şeyi kendi yetkisine alır. Bundan kişinin neden çalışmaya başlaması gerektiğini biliriz. Fakat neden Yaradan, kişiye O'nun yardımı olmaksızın, çalışmayı tek başına tamamlama gücünü vermez?

Bilinir ki atalarımızın söylediklerine ilişkin olarak Zohar şu yorumu yapar, "Arınmaya gelene yardım edilir." O sorar, "Ne ile?" Ve o der ki: "Kutsal ruh ile" yani kişi yukarıdan, Neşama (ruh) olarak adlandırılan aydınlanma alır, buna, "Kutsallığı edinmek" denir, yani kişi, O'nun yarattıklarına iyilik yapmak olan yaratılış düşüncesine dâhil edilir.

Dolayısıyla kişi, bir Kli'ye ve ihsan etme kapları için bir arzuya sahip olmakla, Neşama denen ışığı alır. Bu yüzden, ikisi de gereklidir. Diğer bir deyişle, kişi başlamalıdır ve bu sayede bir Kli alır. Fakat bitiremediğinde, yardım için Yaradan'a haykırır ve o zaman ışığı alır.

Şimdi şu yazılanları anlayabiliriz, "Firavun'a doğru gel, çünkü onun kalbini ve onun hizmetkârlarının kalplerini katılaştırdım, böylece Benim bu işaretlerimi onların ortasında gösterebilirim."

Bir soru ortaya çıkar, "Neden Yaradan Firavun'un kalbini katılaştırdı?" Metin şöyle cevaplar, "Böylece Benim bu işaretlerimi onların ortasında gösterebilirim." Ve yorum şöyledir, "Neden Yaradan insanın kalbini sertleştirdi ve kişi kötü eğilime karşı savaşını kendi başına kazanamaz?"

Cevap şudur, böylece insan Yaradan'a haykıracak ve bu sayede Kli'ye (arzuya) sahip olacaktır. Ve sonra Yaradan, Tora'nın harflerini onun, Kli'nin içine yerleştirebilecektir. Bu, Yaradan'ın kişiye yardım olarak verdiği ruhtur.

Bu, "Tora ve Yaradan birdir," diye kabul edilir. "Benim işaretlerim", Yaradan'ın isimlerinde olduğu gibi, Tora'nın harflerine işaret eder. Bu, "O'nun yarattıklarına iyilik yapmak" tır ki yaratılış düşüncesi, O'nun yarattıklarına iyilik yapmaktır. Bu, kişiye özellikle bir Kli'ye sahip olduğu zaman gelir ve bu Kli, kalbin katılaşması aracılığıyla gelir, çünkü o zaman kişinin yardım için Yaradan'a haykıracağı bir yer olur ve O, kişiye kutsal ruh ile yardım eder.

Şimdi "Firavun'a doğru gel" yani ikimiz, birlikte konusunu görebiliriz. Diğer bir deyişle, kişi başlamalı ve sonra onu yenemediğini görmelidir. Musa'nın ona yaklaşmaktan korkmasıyla ima edilen budur. Ve sonra Yaradan şöyle der, "Bakın, Firavun, Ben sana karşıyım," yani sonra Yaradan'dan yardım gelir. Ve ne ile? Zohar'da yazıldığı üzere, kutsal ruh ile.

Bundan çıkan sonuç şudur, "Çünkü onun kalbini katılaştırdım" sözlerindeki kalbin katılaşması, dua için bir yer açmak içindir. Ve bu dua, ona saygı gösterilsin diye saygı isteyen etten ve kandan birine benzemez. Aksine, duanın amacı, kişinin bir Kli'ye, Yaradan'ın yardımı için bir gereksinime sahip olması içindir, çünkü Kli olmadan ışık yoktur. Ve kişi kendisine hiçbir şekilde yardım edemediğini gördüğünde, o zaman Yaradan'ın yardımına ihtiyaç duyar.

Atalarımızın sözlerinin anlamı budur, "Yaradan, erdemlinin duasını arzular." Burada bir soru ortaya çıkar, "Fakat Yaradan insanın teslimiyetine, onun O'ndan istemesine ihtiyaç duyar mı?" Ancak, O'nun arzusu O'nun yarattıklarına fayda sağlamak olduğu ama Kli olmadan ışık olmadığı için, O, erdemlinin duasını arzular, çünkü bu sayede, O'nun içini doldurabileceği Kelim'i (kapları) ifşa ederler. Dolayısıyla kişi, içindeki kötü eğilimi yenemediğini gördüğü zaman, gerçekten de Yaradan'ın yardımını isteme zamanıdır.

Şimdi Yaradan'ın dediğini (Mısır'dan Çıkış 6) anlayabiliriz 'Ve sizi kendi halkım yapacağım ve Tanrınız olacağım ve sizi Mısırlıların boyunduruğundan çıkaran Efendiniz, Tanrınızın Ben olduğumu göreceksiniz.'

Masechet Berachot'ta, (38a) atalarımız buna dair şöyle yazmıştır: '"Sizi Mısırlıların boyunduruğundan kim çıkardı? 'Atalarımız... Dolayısıyla Yaradan İsrail'e şöyle dedi: 'Sizi çıkardığım zaman, sizi Mısır'dan çıkaranın Ben olduğumu size göstermek için, sizin için bir şey yapacağım, yazıldığı üzere, 'Sizi çıkaran Efendiniz Tanrınız Benim.'

Bu demektir ki Yaradan'ın İsrail halkını Mısır'dan çıkarması, onları çektikleri işkenceden kurtarması yeterli değildir. Yaradan'ın işinden bahsederken, bir soru ortaya çıkar, "Bu yeterli değil miydi?" Firavun'un hükmü nedeniyle Yaradan'a hizmet edememiş olmalarından sonra şimdi onlar, sürgünün esaretinden kurtarılmışlardı ve kendileri için inşa ettikleri her şey, çalışmadaki pozisyon ne olursa olsun kaybolup gitmişti, atalarımızın dediği gibi (Sutah s 11), "Pithom ve Ramses. Kabalist ve Shmuel, biri onun adının Pithom olduğunu söyledi. Ve neden onun adı Ramses idi? Çünkü onun başı Mitroses (kıymıklar) ilkti." RAŞİ şöyle yorumlar, "Onların inşa ettikleri, parçalara ayrılır ve düşer. Onlar tekrar inşa eder ve o tekrar düşer. Ve biri dedi ki, 'Onun adı Ramses. Ve neden onun adı Pithom idi? Çünkü ilk olan ilktir, o, Pi Tehom (uçurum ağzı) tarafından yutuldu.'"

Dolayısıyla gerçekler açısından Kabalist ve Shmuel arasında hiçbir ihtilafın olmadığını sadece yorum açısından ihtilaf olduğunu görürüz. Onların inşa ettiği her şeyin düşeceği gerçektir. Bu demektir ki çalışmada, kendileri için bir yapı inşa ettikleri her seferinde, Mısırlılar, yani Mısırlıların yabancı düşünceleri geldi ve onların bütün çalışmalarını harap etti. Diğer bir deyişle, üstesinden gelmek ve kutsallık çalışmasına hizmet etmek için yaptıkları bütün işler, yer altında kaldı.

Dolayısıyla, her gün tekrar başlamaları gerekti ve bu, onlara sanki hiç kutsallık çalışmasıyla uğraşmamışlar gibi geldi. Daha da ötesi, ileri doğru hareket etmeyi düşündükleri her seferinde, yeni bir "kim" ve "ne" soruları zihinlerinde yüzeye çıktığından, bırakın ilerlemeyi, gerilediklerini bile gördüler.

Buna göre anlamalıyız ki, Mısır'dan çıkış, yabancı düşünceler olmadan, Yaradan'a hizmet etme becerisine sonunda sahip olmalarıydı. Dolayısıyla, "Ve siz bileceksiniz" sözlerindeki, bilmek, bize ne söyler? Onları Mısır topraklarından çıkaranın Yaradan olduğunu bilmemiz gerektiğini. Ve hakkında düşünmemiz gereken daha fazla şey var, çünkü incelemeye, Mısır'daki esaretten başladık, o dönemde onlar ağır işlerde çalıştırılıyorlardı ve bundan kurtarılmışlardı, öyleyse başka ne istiyorlardı?

Ağır iş nedir? Atalarımız, "onların üzerine yıktıkları tüm işler" (Sutah 11b) ayetini açıklar. "Kabalist Şumuel Bar Nahmani dedi ki, 'Kabalist Yonatan şöyle dedi, 'Onlar erkeklerin işini, kadınların işiyle ve kadınların işini de erkeklerin işiyle değiştirdiler. Ve Mısırlılar, İsrail halkını Ba-Pareh (sertlikle) hizmet ettirdiler. 'Kabalist Elazar der ki: Be Peh Rach (yumuşak bir dille)."

Ayrıca, kutsallık çalışmasındaki ağır iş meselesini de anlamalıyız. İki muhakeme yapmalıyız:

Ortada olan bir şeyle ilgili bunda bir yanlışlık var denemeyeceğinden, kişinin görebildiği ve hata yaptığını ya da kendisini aldattığını söyleyemediği eyleme "ifşa olmuş kısım" denir. Bu böyledir çünkü Mitzvot eylemi ve Tora çalışması ile kişi görür ve başkaları da onun Tora ve Mitzvot eylemlerini yerine getirip getirmediğini görebilir.

Niyet. Başkaları kişinin eylemlerinin arkasındaki niyeti göremediğinden, buna "gizli kısım" denir. Niyet hakkında yanılmak ve kendini yanıltmak mümkün olduğundan, kişi eylemdeki niyeti göremez, çünkü sadece "ifşa olmuş kısım" denen görünür şeylerde herkes gerçeği görebilir. Fakat kalpteki niyet ya da zihindeki düşünceler söz konusu olduğunda, kişi kendine güvenemez. Dolayısıyla bu kendisinden de başkalarından da gizlenmiştir.

Şimdi "erkeklerin işini kadınların işiyle değiştirmek" denen ağır işin ne demek olduğunu yorumlayabiliriz. "Erkeklerin işi" demek kişi, zaten bir Gever'dir (erkek), kötü eğilimini yenebilir (LeHitgaber) ve eylem dahilinde Tora ve Mitzvot ile uğraşabilir demektir. Dolayısıyla, kişi, zaten "erkek" diye, yani kötü eğilimiyle savaşabilen savaş adamı diye adlandırıldığında ne yapmalıdır? Şimdi ikinci muhakemedeki, yani amaç olan gizlilikteki çalışmasına başlama zamanıdır. Diğer bir deyişle, bundan sonra, kişi tüm eylemlerini kendi çıkarı için değil, Yaradan'a memnuniyet vermek üzere yönlendirmeye çalışmalıdır.

Ve Mısırlılar onun, yönetimlerinden çıkabilen ve kutsallığa girebilen bir erkek olduğunu gördükleri zaman ne yaptılar? Onların işlerini değiş tokuş yaptılar ve onlara kadınların işini verdiler. Bu demektir ki tüm çalışmaları kadınların işindeydi, yani Mısırlılar onları şöyle düşünür hale getirdi, "Kimin niyete ihtiyacı var ki? Geçerli olan eylemdir ve sen burada, eylemde başarılı olacaksın, görebildiğin gibi –sen bir erkeksin, içindeki kötü eğilimi yenebilir, Tora ve Mitzvot ile her ayrıntıda ve hassasiyette uğraşabilirsin ve tüm çabanı Tora ve Mitzvot konusunda daha titiz olmak için gösterebilirsin.

"Ancak, niyetler ile uğraşmamalısın! Bu çalışma senin için değil, sadece seçilmiş birkaç kişi içindir. Eğer ihsan etme çalışmasına başlarsan, yani her şeyi ihsan etmek üzere amaçlaman gerektiğini fark edersen, ne yaptığını gördüğün için kendini aldatamayacağın görünür eylemde, çok fazla titiz olmak için enerjin olmayacak. Dolayısıyla, eylemlerinde her ayrıntıda ve hassasiyette genişleyebileceğin yer orasıdır.

Fakat niyetler açısından, gerçek bir teste sahip değilsin. Bu yüzden, kendi iyiliğin için sana tavsiyede bulunuyoruz ve Tanrı korusun, seni kutsallık çalışmasından uzaklaştırmak istediğimizi düşünme. Aksine, senin kutsallık seviyelerinde yükselmeni istiyoruz."

Buna, "erkeklerin işini kadınların işiyle değiştirmek" denir. Erkeklere ait olan işi yapmaları gereken yerde, onlar İsrail halkına kadınların işini, yani kadınlara ait olan işi yapmanın en iyisi olacağını söylediler.

"Ve kadınların işini erkeklerin işi ile" demek, bu insanların üstesinden gelme gücü yok demektir. Daha ziyade, "Onlar kadınlar kadar güçsüzler," yani onlar Tora ve Mitzvot'u yerine getirmekte güçsüzdüler ve "sadece eylemde" denen ifşa olmuş formda bile Mitzvot'u izleyecek ve yerine getirecek güçleri yoktur. Ve üstesinden gelme çalışmasının tümü, niyette değil, sadece eylemdedir.

Mısırlılar onlara geldiler ve onların şöyle düşünmelerini sağladılar, "Sizin kutsal çalışmanızı kesmek istemiyoruz. Aksine, sizin Yaradan'ın gerçek hizmetkârları olmanızı istiyoruz. Diğer bir deyişle, kutsallık çalışmasında hizmet etmeyi dilediğinizi görüyoruz, dolayısıyla en önemli şeyin eylem olmadığını, niyet olduğunu size tavsiye ediyoruz. Bu nedenle, eylem içinde üstesinden gelmek için çabalamak yerine, kendinizi bedeninizin üstesinden gelmeye alıştırın. Bir saat daha çalışmak ya da bir yarım saat daha dua etmek, 'O kutlu olsun', 'O'nun adı kutlu olsun 've 'Amin 'diyerek cevaplamaya çalışmak. Kimin buna ihtiyacı var ki?

"Esas amaç Yaradan içindir. Tüm çabalarınızı odaklamanız gereken yer orasıdır. Neden gücünüzü ıvır zıvır şeyler için boşa harcayasınız ki? Aslında, Halaha (dini kanun) der ki tüm o küçük şeyleri yerine getirmelisiniz, fakat bu iş sizin için değildir; bu kadınların işidir. Siz erkeklerin işiyle uğraşmalısınız. Sadece eylem ile uğraşmak istiyor olmanız sizin için uygun değildir. Öncelikle niyet üzerine odaklanmalısınız, yani sahip olduğunuz tüm enerjiyi, her şeyin Yaradan için olması için kullanın. Ancak, bir dakika için bile, Tanrı korusun, Yaradan için çalışmanızı kesmek istediğimizi düşünmeyin. Tam tersini istiyoruz –kutsallık merdiveninde yükselmenizi ve mükemmeliyeti elde etmenizi, yani tüm eylemlerinizde sadece Yaradan'a memnuniyet vermenizi istiyoruz."

Ve onlar "kadınlar" denen seviyede oldukları ve henüz eylem dahilinde bile üstesinden gelme güçleri olmadığı ve kadınlar kadar güçsüz oldukları düşünüldüğü için, Mısırlılar onların Lişma'yı (O'nun adına) amaçlamanın önemli olduğunu görmesini sağladı. Bu sayede, Mısırlılar kutsallık çalışmasına devam edecek ve kötü eğilimin üstesinden gelecek güce sahip olmayacaklarından emin oldu.

Maimonides'in yazdığı gibi (Hilchot Teshuva (Tövbe Kanunları), Parasha no. 10), "Atalarımız dedi ki, 'Kişi her zaman Lo Lişma'da (O'nun adına değil) bile Tora'ya bağlanmalıdır, çünkü Lo Lişma'dan Lişma'ya (O'nun adına) gelecektir. 'Dolayısıyla, küçüklere, kadınlara, genel olarak cahillere öğretirken, onlara korkudan ve ödül almak için çalışmaları öğretilmelidir. Bilgi kazandıkları ve daha fazla bilgelik edindikleri zaman, onlara bu sır azar azar gösterilmeli ve onu edinene, O'nu bilene ve sevgiden dolayı O'na hizmet edene dek kolayca alıştırılmalılar.'

Mısırlılar, kadınlar muhakemesi içinde olanlara Maimonides'in sözlerini takip etmemelerini tavsiye ettiler. Aksine, onlar kadınlar ve küçükler seviyesinde olsalar bile, onların hemen Lişma'yı amaçlayarak çalışmaya başlamaları gerektiğini anlamalarını sağladılar. Bu sayede, Mısırlılar, onların Keduşa (kutsallık) dışında, kendi alanlarında kalacaklarından emin oldular.

Dolayısıyla, buna "ağır iş" denir, Kabalist Shmuel Bar Nahmani'nin yorumladığı gibi "Ba-Pareh (zor iş ile), BePricha (kırılgan/parçalanır) demektir." Ve RAŞİ şöyle yorumladı, "Bedenin ve belin parçalanmasında ve kırılmasında." Nedeni şu ki erkeklerin işi kadınların işiyle değiştirildiğinde, kadınların işi de erkeklerin işiyle değiştirildiğinde, bizim açıkladığımız gibi olacaktır, çünkü erkeklerin işi yenmek, ilerlemek ve Lişma niyetini amaçlamaktı, fakat bu çalışmada onları güçsüzleştirdiler çünkü Mısırlılar bu çalışmaya direndiler. Bu yüzden, ihsan etmeyi amaçlayabilmek için kötü eğilimin üstesinden gelme çalışmasının yanı sıra daha fazla işleri oldu, şöyle ki Mısırlılar onların, tüm bu çalışmanın geçersiz olduğunu, ihsan etme çalışmasının onlarla ilgisi olmadığını fakat sadece seçilmiş birkaç kişiyi ilgilendirdiğini düşünmelerini sağladılar.

Buna, "iki katı çalışma" denir: 1) ihsan etmeyi amaçlamak için gayret etmek ve 2) onlarla savaşmak ve bunun doğru olmadığını, Lişma'yı elde edebileceklerini ve Mısırlıların söylediği gibi kadınların işini yapmalarının gerekmediğini söylemek. Ve Mısırlıların tüm niyeti buydu; onların ihsan etme çalışmasına yaklaşmasını engellemek.

Ayrıca, dediğimiz gibi, erkeklerin işini kadınların işiyle değiştirmeleri değersizdir çünkü bu sadece eylemde Tora ve Mitzvot'u yerine getirmektir. Bu demektir ki onların kötü eğilim karşısındaki tüm savaşı, sadece eylem üzerinedir ve Maimonides'in dediği gibi, kadınların çalışması sadece çalışmayı yapmak olmalıdır ve onlara Lişma'ya niyet etmeleri gerektiği öğretilmemelidir.

Dolayısıyla, Mısırlılar gelip onlara erkeklerin işini yapmaları gerektiğini, yani ihsan etmeye yönlenmeleri gerektiğini söyledikleri zaman, bu onlar için ağır bir çalışmaydı: 1) Lişma ile ilgili olarak, bunu yerine getirmekten tamamen acizsin. 2) Mısırlıların yabancı düşünceleri gelmeden ve niyet olmadan yapılan Mitzvot eyleminin tamamen değersiz olduğunu düşünmelerini sağlamadan ve Lo Lişma'daki Tora ve Mitzvot'un önemini azaltmadan önce, bedeni yenmek ve pratik Mitzvot'u yerine getirmek onlar için daha zordu. Bu nedenle, şimdi, Mısırlılar aracılığıyla, kadınlar formundaki çalışma, indirgenmişti ve bu onlar için ağır işe neden oldu, tıpkı bu bedenin ve belin kırılmasıdır dendiği gibi.

Yukarıda bahsedilenlerden çıkan sonuç şudur, Pereh (zor/ ağır çalışma) kelimesinin üç anlamı vardır, ancak bir yorumla diğer yorum arasında hiçbir ihtilaf yoktur. Aksine, üçü de açıktı ve herkes kendine göre yorumladı:

Pareh'in ilk yorumunda, Kabalist Elazar der ki o "Peh Rach (yumuşak dil)" içinde.

Kabalist Shmuel Bar Nahmani der ki o kırılma anlamındaki "Pericha içinde."

Kabalist Shmuel Bar Nahmani, "Kabalist Yonatan der ki: 'Onlar erkeklerin işini kadınların işiyle ve kadınların işini de erkeklerin işiyle değiştirdiler.'"

Ancak, ağır işi hepsi Pericha (kırılgan) yani bedenin kırılması olarak yorumlar. "Bedeni ve beli kıran iş" diye adlandırdıkları kadar ağır iş olmasının nedeni, erkeklerin işini kadınların işiyle ve kadınların işini de erkeklerin işiyle değiştirmeleriydi. Bu, onlar için ağır bir işe neden oldu.

Ve yine de neden Mısırlıların görüşlerini dinlediler? Çünkü onlar İsrail'e, Peh Rach (yumuşak dil) ile konuştular, yani Mısırlıların düşünceleri, İsrail'e yumuşak bir dille geldi. Yani, onlara söyledikleri her şey, Tanrı korusun, onları Yaradan'a hizmet etmekten döndürmek için değildi. Aksine, Yaradan'ın yollarında başarıyla yürümeleri için onlara rehberlik etmek istediler, böylece beyhude yere zaman harcamayacaklardı, yani kutsallık çalışmasında hiçbir ilerleme görmeyeceklerdi. Ve onlarla yumuşak bir dille konuşulduğu için, onların bu düşüncelerin üstesinden gelmeleri zordu.

Bu şu anlama gelir; onlar erkeklerin işini kadınların işiyle değiştirdiler, dediği zaman, onların Mısırlıları neden dinlediğini de açıklar. Cevabı şudur: Perech yüzünden

–onlar İsrail'e Peh Rach (yumuşak dil) ile konuştular. Dolayısıyla, yukarıdaki iki neden yüzünden onlar ağır işte çalışmaya geldiler, Kabalist Shmuel Bar Nahmani'nin dediği gibi, Perech, Pericha'nın (kırılma) çalışması demektir, yani bedeni kıran çalışmadır.

Bundan dolayı, Yaradan'ın, İsrail halkını Mısır'dan, esaretten çıkarmasının neden yeterli olmadığını anlamalıyız. Böylece her biri kendi edinimine göre Tora ve Mitzvot ile uğraşabilecekti ve Mısır'ın Klipa'sı onların çalışmasına direnecek güce sahip değildi.

Gerçekten de bu ne büyük bir mucizedir ve konunun önemini kim takdir edebilir? Bu ancak kişi, Mısır Kralının esareti altında sürgündeyken hissettiği ızdırabın ve eziyetin miktarını ve Pithom ve Ramses'in inşa ettiği karanlığın boyutunu düşündüğü zaman gerçekleşir. Ve şimdi, Mısır'ın Klipa'sının kapıları onların önünde bir seferde açıldı ve kendi otoriteleri altına girdiler. Bu demektir ki şimdi istedikleri gibi, hiçbir kesinti olmadan, Tora ve Mitzvot ile uğraşmakta özgürlerdi. Kişi karanlık zamanı, aydınlatan zamanla kıyasladığında, bu ona ne kadar sevinç ve mutluluk verir. Şöyle söylendiği gibi, "Karanlık ve ışık arasında ayırım yapan kişi."

Yukarıda bahsedilene göre, onları Mısırlıların boyunduruğundan sadece Yaradan'ın kurtardığını bilmemiz gerektiğini anlamalıyız, atalarımızın dediği gibi, "Sizi çıkardığım zaman, sizi Mısır'dan çıkaranın Ben olduğumu göstermek için, sizin için bir şey yapacağım, şöyle yazıldığı gibi, 'Mısırlıların boyunduruğundan sizi çıkaran Efendiniz, Tanrınız Benim.'"

Mesele şu ki ulaşmamız gereken amacı her zaman hatırlamalıyız. Ve yaratılış amacı, O'nun yarattıklarına iyilik yapmak olduğu için, O'nun bizim adımıza tasarlamış olduğu sevinç ve hazzı almak bizim amacımızdır. Fakat form eşitliği olan Dvekut dediğimiz ıslahın amacı için ihsan etme kaplarını edinmeye çalışmalıyız.

Ancak, bu sadece yaratılışın ıslahıdır; bütünlük değildir. Bütünlük, Yaradan'ı bilmek, "Yaradan'ın isimleri" denen Tora'yı edinmek ve bilmek demektir.

Buna göre, Tora ve Mitzvot'u hiç kesinti olmaksızın yerine getirme gücüne sahip olmamız yeterli değildir, çünkü bu sadece ıslahtır, amacın tamamı değildir. Tam amaç, Tora'nın bilgeliğini edinmektir, "Tora, İsrail ve Yaradan birdir," sözlerinde olduğu gibi. Bu nedenle atalarımız der ki: "Yaradan'ın İsrail'e söylediği şuydu, 'Ve sen bileceksin ki, Ben bir elçi değil, Efendin, Tanrınım.'" Bu, herkes Yaradan'ı bilmeli demektir ve buna, Yaradan'ın adları, "Tora" denir.

Mısırlılardan Kelim Ödünç Alma İhtiyacı Nedir?

Makale No. 14, Tav-Şin-Mem-Vav, 1985-86

Şöyle yazılmıştır (Mısır'dan Çıkış 11): Şimdi halkın kulağına de ki; her erkek komşusundan ödünç alacak ve her kadın komşusundan gümüş ve altın kaplar ödünç alacak. Ve Efendi, Mısırlıların gözü önünde bu halka ayrıcalık verdi.'

Bilgelerimiz şöyle dedi (Berahot, 9b): 'Rabbi Yanai'nin öğrencileri şöyle dedi, 'Yapmanın anlamı, istemektir. Yaradan, Musa'ya, 'Lütfen git ve onlara, İsrail'e, altın kapları ve gümüş kapları Mısırlılardan ödünç olarak istemelerini söyle ki böylece, erdemliler 'O, sözünü tuttu 'Ve onları köle yaptılar ve eziyet ettiler 've sonra, O, sözünü tutmadı. Ve bir sürü mal ve mülkle ortaya çıkacaklar 'demesinler.

Bu kafa karıştırıcıdır. Yaradan 'Ve daha sonra bir sürü mal mülkle çıkacaklar' şeklinde yazıldığı gibi, İbrahim'e verdiği sözü tutmak istediyse, Mısırlılardan kaplarını ödünç almadan da İsrail halkını zengin edemez miydi? Bu dolandırıcılık gibi görünüyor, çünkü görünüşe bakılırsa, başlangıçta hile ile yani geri verme niyeti olmadan ödünç aldılar.

Yaradan'ın Musa'ya İsrail'e Mısırlıların kaplarını ödünç almaları için yalvarmasını neden söylediğini anlamalıyız, yukarıda söylendiği üzere, 'yapmak 'istemek demektir. Ayrıca bu yalvarmak da nedir? Öyle görünüyor ki Yaradan, buna itiraz edeceklerini bildiğini kastediyor. Bu yüzden Musa'dan, İsrail'le konuşmasını istiyor. Bu nedenle de İsrail'in itiraz etme sebebini anlamalıyız.

Ayrıca, 'Ve Efendi, Mısırlıların gözünde bu halka lütfetti, ayrıcalık verdi 'sözlerini de anlamalıyız. Tamamen çelişkili olan böyle bir şeyi nasıl anlayabiliriz? Yaradan'ın perspektifinden her şey mümkün olsa da gerçekçi perspektiften bunu anlamak zordur, yazıldığı gibi (Mısır'dan çıkış, 1:12), 'Ve onlara ne kadar eziyet ettilerse, o kadar çoğaldılar ve o kadar yayıldılar ve onlar İsrail oğullarından nefret ettiler'. Bilgelerimiz şöyle dedi, 'Öyle görünüyor ki, onların gözünde, dikenler gibiydiler '(Sutah, 11).

Akabinde, Mısırlılar, dikenlerden, yani İsrail halkına dayanamamaktan ve onları diken olarak görmekten, şimdi tamamen döndüler ve İsrail halkını sevdiler.

Yaradan'ın, İbrahim'e verdiği 'Ve daha sonra, bir sürü mal mülkle ortaya çıkacaklar 'sözünde, orada bulunan tüm meseleyi anlamalıyız, (Yaratılış, 15:6) 'Ve O dedi ki, 'Sizi bu toprakları miras almanız için, Keldanilerin Ur'undan çıkaran Efendiniz, benim!'. Ve İbrahim, 'Efendimiz, Tanrımız, miras alacağımı nerden bileyim? 'dedi. Ve O, İbrahim'e, 'Oğulların onların olmayan bir toprakta yabancı olacaklarını, dört yüz yıl boyunca köleleştirilip, ezilecekler ve daha sonra pek çok mal mülkle ortaya çıkacaklar, bunu kesin olarak bil! 'dedi.

Burada da İbrahim'in, 'Miras alacağımı nerden bileyim? 'sorusuna aldığı cevabı anlamalıyız. Zira Yaradan'ın bu soruya cevabı, yazıldığı gibi şuydu: 'Ve O, İbrahim'e, 'Oğulların onların olmayan bir toprakta yabancı olacaklar, dört yüz yıl boyunca köleleştirilip, ezilecekler ve daha sonra pek çok mal mülkle ortaya çıkacaklar, bunu kesin olarak bil!'. Dolayısıyla soru mirasın garantilenmesi hakkındaydı ve güvence olarak verilen cevap, İsrail halkının sürgünde olacağıydı. Ama toprağı miras olarak almak için, sürgün garanti midir?

Baal HaSulam, bu sorunun ne anlama geldiğini şöyle açıklar: Kli (kap) olmadan ışık olmadığı bilinir. Şöyle ki, eksiklik yoksa dolumun olması mümkün değildir. Eksikliğe, Kli denir ve İbrahim, Yaradan'ın oğullarına vermek istediğini gördüğünde, 'Oğullarımın, toprakların manevi mirasına ihtiyaç duyacağını görmüyorum 'dedi. Ve şöyle devam etti: 'Eğer oğullarım küçük bir aydınlatma alırlarsa, bununla yetinecektir. Çünkü maneviyatın en küçük derecesi, dünyadaki bütün maddesel hazlardan daha fazla haz verir. Buna göre, küçük bir aydınlatmayı biraz olsun aldıklarında, bu edindiklerinden daha büyük bir derecenin olmadığını düşünebilirler ve bundan dolayı daha fazlasını istemeye gerek duymazlar.'

Ve bu sebeple, İbrahim'in Yaradan'a sorduğu soru, 'Manevi toprakları miras almaya ihtiyaç duyacaklarını nerden bileceğim? 'idi. Dolayısıyla, Yaradan'dan, kendisine Kli olmadan ışığa kavuşmalarının nasıl mümkün olacağını anlatmasını istedi. İbrahim, Yaradan'ın ışığı verdiğini, Kelim'in, daha önce aldıklarından daha büyük ışıklar için bir arzu anlamına geldiğini anlamıştı. Onların, şu an hissettiklerinden daha büyük bir yükselişi elde etmeye ihtiyaçları olduğunu görmelerini kim sağlar ki?

Maneviyatta, kişiye gelen, manevi bir şeyin, kişiyi önüne geçilemeyecek şekilde bütün hissettirdiği kuralı vardır. Zira manevi olan herhangi bir şey, eksikliği olmayan, tam bir hissiyattır. Aksi takdirde, 'manevi 'olarak kabul edilmez, zira yalnız maddesel meselelerde haz aldığımız halde, gene de daha çok haz olabileceğini hissederiz. Maneviyatta ise bu böyle değildir.

Dolayısıyla, İbrahim 'bu ülkenin mirası' olarak adlandırılan, daha büyük dereceleri, Yaradan'dan onlara vermesini istemelerine, neyle ve nasıl ihtiyaç duyacaklarını düşündü ve merak etti. Yaradan'ın kendisine verdiği, 'Oğulların kendilerine ait olmayan topraklarda, yabancı olacaklar, bunu kesin olarak bil, 'cevabının, buradan, yani Mısır'daki sürgünden, her seferinde daha büyük güç vermesini Yaradan'dan istemek için, bir eksiklik alacakları anlamına geldiğini söyledi.

Bunun sebebi, Yaradan çalışmasında ilerlemeye başladığında ve bütün eylemlerinin ihsan etmek için olmasını istediğinde, kişinin galip gelemeyeceğini görmesidir. O zaman, bilgelerimizin 'Arınmaya gelene yardım edilir 've Kutsal Zohar'ın, 'Nasıl yardım edilir? Kutsal ruh ile 'sözlerinde olduğu gibi, kişi, Yaradan'dan kendisine yardım etmesini ister.

Aslında, çalışmada üstesinden geldikleri her şey, onların Pithom ve Ramses'in inşasıyla ilgili söyledikleri gibi, yere battı. Yani, inşa ettikleri her şey, uçuruma düştüğünden ve kendilerini çalışmaya hiç başlamamış gibi gördüklerinden, her gün çalışmalarına yeniden başlamak zorunda kaldılar. Çünkü çalışmayla ilgili olarak, Tora'nın hiçbir sözünü hatırlamıyorlardı ve her daim kendileriyle ilgili, 'Çalışmamız, çalışmada sarf ettiğimiz çaba nerede? Nereye gitti? 'diye düşünüyorlardı.

Firavun'un Klipa'sının, şu noktaya kadar, öyle ki sanki amaçları bütünlüğe erişmek değilmiş gibi sanki, Yaradan'ın hizmetine sanki hiç girmemiş gibi hissettirene kadar tüm çalışmalarını yuttuğunu anlamaları daha da zordu. Ve onlar ne istediklerini biliyorlardı. Birdenbire, her şeyi unuttukları bir safhaya geldiler ve çalışmalarından onlara hiç Reşimot (hatıra) kalmadı.

Bütün bunlar kasıtlıydı. Yaradan bu amaç için, onları sürekli başlangıç safhasında tutacak şekilde bir Klipa hazırladı. Bütün başlangıçların zor olduğu bilinmektedir, böylece yukarıda söylendiği gibi, 'Arınmaya gelene yardım edilir 've Kutsal Zohar'ın, her seferinde 'kutsal bir ruh 'aldıklarını yani her seferinde ruhlarına ek aldıklarını söylediği gibi, Yaradan'ın onlara yardım etmesini istemek zorunda kalırlar. Bu büyük bir miktarda birikir, bilindiği gibi, 'Cennet'ten verilen şey, geri alınmaz '(Hulin 60).

Ancak yukarıdan alınan her aydınlatma, o an için ayrılmış olsa da sonunda, kişinin harcaması gereken çabanın miktarı tamamladığında, 'Yapabilmek için gücünün yettiği her şeyi, yap 'ifadesinde olduğu gibi, her şeyi aynı anda ve her şeyi birer birer alır. Kişi, hepsinin Klipot'a gittiğini ancak daha sonra her şeyi geri alacağını düşünür.

Yukarıdakilere göre, Mısır'daki sürgün meselesinin tamamı, Kelim (kap) almak ve 'bu ülkenin mirası' denen, büyük ışıklar için bir ihtiyaç oluşturmak içindir. İbrahim'in şaşırması ve oğullarının bu büyük ışıklar için, bir ihtiyaç duyduğunu görmediğini söylemesi bununla ilgilidir. Ve Kli olmadan ışık olamayacağından, vermek için bir arzu olsa bile, almak için Kelim'lerinin olmadığı ortaya çıkar.

Bu sebeple, onlara Mısır'daki sürgün verildi. Burada Mısırlıların soru ve iddialarıyla sürekli olarak, edindikleri küçük Keduşa'dan boşaltıldılar, çünkü onlardan besleniyorlar, emiyorlardı. Bundan dolayı, ileri gidebilmeleri için, Yaradan'dan her zaman yollarını aydınlatmasını istemek zorunda kalacaklardı. Ancak onlar, geriye doğru gittiklerini söylerler. Bu nedenle ARİ şöyle yazdı, 'Mısır'dan çıkış zamanında, Kralların Kral'ı görünüp, onları kurtarıncaya kadar, İsrail halkı, Tuma'a'nın (kirliliğin) kırk dokuz kapısındaydı.'

Bu, mantığa aykırı görünüyor. Zira Musa ve Aron'un Mısır'a gelip, İsrail oğullarıyla, Yaradan'ın onları Mısır'dan çıkarmak istemesiyle ilgili konuştukları bilinir. Mısır'daki bütün belirtileri gerçekleştirdiler ve Mısırlıların acı çektiği on felaketi gördüler. Ve bu İsrail'i, Keduşa'ya yaklaştırmalıydı, tersine, Tuma'a'nın (kirlilik) daha derin bir kapısından, Mısır'dan çıkma zamanının geldiği noktaya kadar, düşmeye devam ettikleri yöne değil. Yani, kurtuluş ışığını almak için, en iyi hazırlığa sahip olmak zorunda kaldıklarında, Tuma'a'nın kırk dokuz kapısında olduklarını görüyoruz. Bu mümkün müdür?

Baal HaSulam'ın açıkladığı gibi, Mısır'daki sürgün, Mısırlıların Kelim'ini edinmek ama yalnızca ödünç almak ve sonra onlara geri vermek içindi. Baal HaSulam, Yaradan'ın İbrahim'e söylediği 'Oğulların onların olmayan bir toprakta yabancı olacaklar 'meselesini, mirasın garantisi olarak yorumladı. Bu, Mısırlılara köle olmaktan çıkmak istemeleri, bu yalnızca kutsal ruhun yardımıyla gerçekleşebileceğinden, Yaradan'dan bolluğu almaları gerektiğini işaret eder. Daha sonra, her seferinde Yaradan'ın yardımına ihtiyaç duyacaklar ve bu yüzden, daha yüksek dereceleri çekmeye ihtiyaç duyacaklardı.

Şimdi, Mısır'daki sürgünü ve Mısırlılardan Kelimlerini ödünç almanın ne demek olduğunu açıklayacağız. Musa ve Aron'un İsrail oğullarına geldiklerini görüyoruz, yazıldığı gibi (Mısır'dan Çıkış, 4:29): 'Ve Musa ve Aaron gittiler ve İsrail oğullarının ileri gelenlerinin hepsini topladılar. Aaron, Yaradan'ın, Musa'ya söylemiş olduğu her şeyi, her kelimeyi onlara anlattı ve halkın gözü önünde, belirtileri gerçekleştirdi, halk inandı ve duydu.'

Bundan, Musa ve Aron İsrail oğullarına gelir gelmez, onların, Yaradan'ın Musa'ya söylemiş olduğu her şeyi, her kelimeyi mantık ötesi inançla kabul ettiklerini görüyoruz.

Ve İsrail'in inancıyla ilgili bütün sorular ve şüphelerle, İsrail'in inancı hakkındaki tüm bu soruları ve şüpheleriyle Mısırlıların onların anlamasını sağladığı hiçbir şey hesaba katılmaz, çünkü onlar mantık ötesi giderler. Bu sebeple, tüm bu zamanı, sürgünde geçirmeleri gerçeği, onları hiç etkilemedi.

Şöyledir ki, Musa ve Aron İsrail'e, Yaradan'ın onları sürgünden çıkarma arzusuyla geldikleri zaman, onlar derhal bunu üstlendiler. Bundan sonra onlara Mısır Kralı Firavun adına gelen Mısırlıların – kendi yönetimlerinde kalmanın daha iyi olduğunu, Mısırlıların yolunun doğru yol olduğunu ve Musa ve Aron'un söylediklerini dinlememelerini söyleyen- itirazlarını dinlememeyi üstlendiler. "Hadi gidelim ve Tanrımıza kurban edelim 'diye bağırdığınızı görüyoruz. Bu, Mısır'ı terk etmeniz ve onları izlemeniz gerektiğini düşündürüyor size. Ve onların size söylediği her şeyi, gözünüz kapalı dinlemek istemenizi anlıyoruz. Ancak biz bu kadar mantıklıyken, bu olabilir mi? Bize verecek hiçbir cevabınız yok, yine de Musa ve Aron'un sözlerine göre, bütün bu yolu gitmeye istekli olduğunuz konusunda ısrar ediyorsunuz."

Bundan, Musa ve Aron'un kurtuluşun haberi ile geldiklerini görürüz; onlar artık kutsal çalışmayı yapamadıkları kölelik durumundan çıkmaktadırlar, bu haberden mutludurlar, Tora ve Mitzvot'un tatlarını abartmaya hiç ihtiyaç duymazlar. Daha doğrusu, tam olarak bununla, yani sadece Tora ve Mitzvot'u yerine getirmekten mutluydular. Bu onlara tam bir doyum verdi ve Efendilerinin isteğini yerine getirmekten memnundular, yazıldığı gibi, 'Bundan dolayı, 'Hadi gidelim ve Tanrımıza kurban edelim 'diye haykırdılar '(Mısır'dan çıkış, 5:8)

Bunu, şimdi, 'Ve insanlar inandı ve duydu' şeklinde yazıldığı gibi, hiçbir şeye gerek duymayan Kelim'le, Mısır'dan çıkmaları takip eder. Ve 'Kesin olarak bilin ki... ve daha sonra pek çok mal-mülkle çıkacaklar' şeklinde yazıldığı gibi, Yaradan'ın İbrahim'e söz verdiği, toprağın mirasına ihtiyaçları kalmaz. Bu demektir ki, sürgün, Yaradan'ın oğullarına vermeyi amaçladığı toprağın mirası olan, haz ve memnuniyeti alma ihtiyacına sahip olmalarının bir güvencesidir. Ancak, henüz bunun için Kelim'e sahip değildirler ve aza razıdırlar.

Bu yüzden, 'Efendi Musa'ya dedi ki; 'Şimdi halkın kulağına de ki; her erkek komşusundan ödünç alacak ve her kadın komşusundan gümüş ve altın kaplar ödünç alsınlar. "Baal HaSulam'a göre bunu şöyle yorumlamalı ve demeliyiz ki: Mısırlıların sahip oldukları altın kapları ve gümüş kapları, yani onların arzularını ve özlemlerini, başka bir deyişle onların, İsrail halkının yoluyla ilgili sahip oldukları bütün şüpheleri ve endişeleri alacaklardır.

Mısırlılar, yaptığınız her şeyin her zaman mantık ve idrak içinde olması gerektiğini, kendini-sevmekten çıkmaya çalışmak ve 'Yaradan iyi ve iyilik yapan 'olduğundan, her şeyi ihsan etmek için yapmak gerektiğinin yanlış yol olduğunu iddia ederler. O, dünyayı yarattığı zaman, bunu kesinlikle yaratılanların fayda sağlaması yani biz, yaratılanların haz ve memnuniyet duyması için yarattı. Ama şimdi doğru yolu terk ediyorsunuz ve yaratılış amacının tam tersi olan bir yola giriyorsunuz. Sen bize, kendini-sevmek için hiçbir şeye ihtiyaç duymadığını, ancak seni yapanı memnun etmek için her şeyi ihsan etmek adına, bu yolun, doğru yol olduğunu söylüyorsun.

Ancak İsrail Halkı, Mısırlıların ihsan etme yoluyla ilgili iftiralarını ne zaman duysalar, onlardan kaçarlar, yani onlar, İsrail oğullarının kafalarını karıştırmaya ve görüşlerini İsrail oğullarının kalbine aşılamaya geldiklerinde, bu düşüncelerden kaçarlar.

Bu sebeple, Yaradan, onların, Mısırlıların 'kim 've 'ne 'sorularını ve şüphelerini duymak istemediklerini biliyordu. Ancak Kli olmadan ışık olmadığından, pek çok mal-mülkü yerleştirecekleri bir Kelim'e sahip değillerdi. Yani, kişiye arzusu olmadığında hiçbir şey verilemez. Bundan dolayı, eğer O, İsrail oğullarına, 'Size ne vermemi istersiniz? 'diye sorsaydı, derlerdi ki, 'Senden bir şey istemiyoruz. Tam tersine, tek arzumuz sana vermektir, senin bize vermen değil. 'Bu nedenle, O'nun vermek istediği Nefeş, Ruah, Neşama ve Yehida olarak düşünülen, 'pek çok mal-mülk 'adı verilen, haz ve memnuniyeti nasıl alabilirler? Buna ihtiyaçları yok ki!

Yaradan'ın onlardan, Mısırlıların Kelim'ini yani, Mısırlıların Kelim'i olan, sorularını ve şüphelerini ve de onların bütün arzularını almalarını istemesinin sebebi budur. Ancak bu Kelim'i, gerçekten almazlar, sadece ödünç alırlar. Şöyle ki, yalnızca bu eksiklikleri gidermeye ihtiyaç duymak için, Mısırlıların Kelim'ini alırlar, ama bu Kelim'i, Kelim yüzünden, yani bu düşünceler ve arzular İsrail oğullarına ait olmadığından, aslında bu Kelim'i tutmazlar. Bu yalnızca geçici olarak, sonra onlara geri vermek üzere, ödünç almadır.

Şöyle ki, daha sonra, yani onlar bu sorulara ait olan dolumu alır almaz, tam olarak bu vesileyle, onlara dolum ihsan etmek mümkün olacaktır. Bu, 'almak için alma kapları' denen, onların Kelim'ine ait olan ışıkları almaya benzer. Ancak, Kelim'lerini derhal atarlar ve her şeyi onları Yapan'ı memnun etmek için aldıklarından, Kelim'lerine ait olan ışıkları kullanırlar.

Bu, Baal HaSulam'ın, Haman ve Mordehay'la ilgili olarak yaptığı yoruma benzer. Ahasuerus'un, Mordehay'ı yüceltmek istediğini gördüğümüzü söyler, yazıldığı gibi (Esther 6:3), 'Ve kral şöyle dedi: 'Bunun için Mordehay'a nasıl bir onur ve itibar verildi? Ve Kral ona, 'Kral'ın onurlandırmak istediği adam için ne yapılmalıdır? 'dedi … Haman, Kral'a ' …kraliyet kıyafetlerini getirmelerine izin verin 'dedi.'

Buna göre, şöyle sordu, 'Nasıl böyle bir şey olabilir? Kral, Mordehay'ı onurlandırmak isterse, Haman'a 'Kral'ın onurlandırmak istediği adam için ne yapılmalıdır? 'diye sorar. O, aşağıdakine bolluğu vermeyi işaret ettiği şeklinde cevap verir. Yaradan erdemliye, erdemli olan Mordehay'a, kesinlikle onur ve büyüklük vermek ister. Ama erdemliye, 'Sana ne vermemi istersin? 'diye sorsaydı, erdemli hiçbir şey almak istemediğini, tam tersine bütün istediğinin, Kral'a ihsan etmek olduğunu söylerdi.

Bu yüzden, almanın iyi olduğunu düşünen, içindeki Haman'a sormak zorunda kaldı ve sonra dedi ki, 'Öyleyse Yahudi Mordehay için yap'. Yani, onur ve büyüklüğü, 'almak için almak 'denen, Haman'ın Kelim'inde almayacak, ihsan etmek için alacaktır.

Benzer şekilde, Yaradan, Musa'ya, İsrail'den, Mısırlıların Kelim'lerini ödünç almalarını istemesini söylediği zaman, Mısırlılardan Kelim'lerini ödünç almakla ilgili açıklama yapmalıyız. Şöyle sorduk: 'Yaradan, İsrail'den neden böyle bir şey istiyor? İsrail halkı neden bu Kelim'i ödünç almak istemiyor? 'Yanıt, Musa ve Aron'un, Yaradan'ın temsilcileri olarak İsrail halkını sürgünden çıkarmak için gelmeleridir, yazıldığı gibi, 'Ve insanlar duydu ve inandı' yani mantık ötesi inançla. Hiçbir şeye ihtiyaçları ve yüksek dereceler için hiçbir arzuları yoktu. Mısırlılardan hiçbir rahatsızlık duymadan, Tora ve Mitzvot'a bağlanabilmiş olmaktan memnundular.

Bu, Kral'ın, erdemli Mordehay'a, 'Sana nasıl bir onur ve yüceltme vermemi istersin,' şeklinde anlattığı, yukarıdaki söylediklerimize benziyor. Yanıtı, Kral'dan herhangi bir şey istemediği, tam tersine Kral'a vermek istediği şeklinde olurdu. Bu yüzden Kral, onurlandırmak istediği adamla ne yapacağını Haman'a sordu. Haman, ne isteyeceğini biliyordu. Dedi ki, 'Kral'ın giydiği kraliyet kıyafetlerini ve Kral'ın bindiği atı getirsinler ve de başının üzerine kraliyet tacı yerleştirilmiş olsun. 'Kral'ın Haman'ın Kelim'ine, yani kişinin Kral'dan alması gerektiğini anlayan Haman'a, ihtiyaç duymasının sebebi budur.

Bu sebeple, Musa'ya İsrail'den, Mısırlılardan Kelim'lerini ödünç olarak almalarını, yani geçici olarak, bir iyilik yapmalarını istemesini söylemek zorundaydı. Böylece, onlar, Mısırlıların karşılamak istedikleri, bütün eksiklikleri gidermek için bir arzuya ve özleme sahip olurlar. Sormak zorundaydı, çünkü İsrail halkı sahip olduklarıyla yetiniyor ve kendi düşüncelerinden ve arzularından daima kaçıyordu, ama şimdi Mısırlıların sorularını ve şüphelerini duydular.

Ve Yaradan, İbrahim'e, daha sonra pek çok mal-mülkle çıkacaklarının sözünü verdiğinden, Mısırlıların Kelim'lerini, sadece ödünç olarak almaları ve daha sonra geri vermeleri gerekliydi. Yani onların istekleriyle bir ilgileri yoktu ve aldıklarını sadece geçici olarak Yaradan'ın, İbrahim'e söz verdiği 'ülkenin mirası' denen, ışıkları alabilmek için aldılar.

Şimdi meselenin bir uçtan diğerine nasıl döndüğüyle ilgili sorduğumuz soruyu anlayabiliriz, zira yazılanların anlattığı gibi, 'Ve İsrail oğullarından iğrendiler, nefret ettiler', yani dikenler gibiydiler ve daha sonra, 'Ve Efendi, Mısırlıların gözünde, bu halka lütfetti'. Onların sorularını duymak istemeleri, onlar kendi yollarında gittiklerini düşündükleri için, onların 'iyiliği 'için bunu yaptı. Onlardan bu Kelim'leri ödünç almalarını söyleyerek 'Ve Efendi bu halkın iyiliği için bunu yaptı', zira Mısırlıların istediği de buydu.

Çoğunluğun Duası

Makale No. 15, Tav-Şin-Mem-Vav, 1985-86

Zohar'da (Beşalah (Firavun gönderildiği zaman) ve Sulam Yorumun, madde 11) şöyle yazılmıştır, "Ve dedi ki, 'Kendi halkım arasında yaşarım. 'O sorar, 'Bu ne demektir?' Şöyle cevaplar, 'Din dünyada olduğu zaman, kişi kolektiften ayrılmamalı ve yalnız kalmamalıdır çünkü dünyada Din olduğunda, yalnız olduğu fark edilen ve bilinenler, erdemli olsalar bile ilk olarak yakalanırlar. Bu yüzden, kişi asla insanlardan ayrılmamalıdır çünkü Yaradan'ın merhameti her zaman, birlikte olan tüm insanlar üzerinedir. Bu yüzden şöyle dedi, 'Kendi halkım arasında yaşarım ve onlardan ayrılmak istemem.'"

"Dünyada Din olduğu zaman" sözleri, kendini sevmek demek olan alma arzusuna işaret eder. Yaradan'ın O'nun yarattıklarına iyilik yapma isteği nedeniyle, insanların içine doğdukları doğa budur. Ve utanç ekmeği olmasın diye form eşitliği için bir arzu olduğundan, kişinin, ihsan etmek için almaya yönelebileceğini bildiği zamanların dışında, alma kaplarını kullanmasını yasaklayan bir hüküm (Din) verildi. Ancak o zaman, kişiye alma kaplarını kullanması için izin verilir.

Buna göre, "Dünyada Din olduğu zaman" sözlerinin anlamı şudur; tüm dünya kendini sevme koşuluna battığı zaman, dünyada karanlık vardır çünkü ışığı alan insanlar ile ışık arasında form eşitsizliği olduğu için, yaratılanların çekeceği ışık için yer yoktur. Bu form eşitsizliği üzerine, üst bolluk insanlara verilmeyecek diye hüküm verilmiştir.

Dolayısıyla, kişi uyandığı ve Yaradan'ın onu yakınlaştırmasını istediği, yani Yaradan, "yakınlaştırmak" denen ihsan etme kaplarını ona verdiği zaman, Yaradan'ın ona yardım etmesini ister. Ancak, bilinir ki Yaradan'dan gelen yardıma Neşama, "ruh" olarak adlandırılan "üst bolluk" denir. Zohar'ın şöyle dediği gibi, yukarıdan alınan yardım, kutsal ruh içindedir.

Bu nedenle, Yaradan'dan onu yakınlaştırmasını istemek için geldiği zaman, kişi eğer yalnız görünürse, bu demektir ki kişi, Yaradan onu kişisel olarak yakınlaştırmalıdır diye anlamaktadır. Peki, kişi neden toplumun mevcut durumda kalıp, Yaradan'ın sadece kendisine farklı şekilde davranması gerektiğini düşünmektedir?

Çünkü kişi başkalarının sahip olmadığı erdemlere sahip olduğunu anlar. Ve Yaradan'a yakınlaşmayı başkalarından daha çok hak ettiklerini anladıkları ve kendilerini erdemli saydıkları için, kolektife ait olmayan bireyler olmalarına rağmen, yine de ilk olarak onlar yakalanırlar. Diğer bir deyişle, kendisi için almak olan Din, başkalarından daha çok onlarda mevcuttur ve kendini sevme niteliklerine başkalarından daha kötü batmışlardır.

Bu böyledir, çünkü kişi kendisinin başkalarından daha fazla hak ettiğini düşünür. Diğer bir deyişle, diğer insanların sahip oldukları şeylerin onlar için yeterli olduğunu, fakat kendisini göz önünde bulundurduğu zaman, diğer insanlardan daha fazlasını hak ettiğini düşünür. Bu düşünce, gerçek alma olarak kabul edilir, yani 100% kendini sevmektir. Öyle anlaşılıyor ki, kendini sevme durumu, o kişide diğerlerinden daha fazla gelişmiştir.

Dolayısıyla, kişi sürekli olarak kendini sevme koşulunda çalışmaktadır. Ancak, kendi gözlerine erdemliymiş gibi görünür, çünkü veren olarak çalışmayı arzular. Kendisine Yaradan'dan onu yakınlaştırmasını talep etmesinin doğru olduğunu söyler, nihayetinde istediği şey nedir ki? Yaradan'ın ona Tora ve Mitzvot'u, ihsan etmek üzere yerine getirecek gücü vermesini. Ve Yaradan'a hizmet etmeyi arzulamakta ne gibi bir hata olabilir ki?

Bununla, Zohar'ın sözlerini yorumlayabiliriz. Bu sözler, Tanrı için çalışmakta herhangi bir ilerleme görmedikleri ve şu sözlere, "Efendin Tanrını sevmek, O'nun sesini dinlemek ve O'na tutunmak için; çünkü bu senin hayatın ve günlerinin uzunluğudur" (Deuteronomy 30:20) inanmadıkları için, içinde bulundukları durumu kabul etmeyen, içsel talepleri olan insanlara tavsiye niteliğindedir. Sevginin ve Dvekut'un (bütünleşmek) eksikliğini görüp, Tora'da hayatı hissetmezler ya da metnin bize söylediği şeyleri kendi organlarında hissedebilmek için ruhlarının nasıl huzur bulacağını bilmezler.

Tavsiye, tüm kolektif için istemektir. Diğer bir deyişle, eksikliğini hissettiği ve yerine getirilmesini istediği her şey için, kişi kendisinin bir istisna olduğunu ya da kolektifin sahip olduğundan daha fazlasını hak ettiğini söylememelidir. Aksine, "Kendi halkım arasında yaşarım," yani kolektifin tamamı için isterim, çünkü kendim için hiçbir şey istemediğim fakat sadece Yaradan'ın memnun olmasını istediğim bir koşula gelmeyi arzularım. Dolayısıyla, Yaradan'ın benden hoşnut olması ya da başkalarından hoşnut olması benim için hiç fark etmez.

Diğer bir deyişle, kişi Yaradan'dan "tamamen Yaradan için" denen bir anlayış vermesini ister. Bu demektir ki kişi, kişi bu şekilde Yaradan'a ihsan etmek istediğinden, belki de gerçekten sadece kendini sevmeyi düşündüğünden, sevinç ve haz alacak diye kendisini aldatıp aldatmadığından emin olacaktır.

Dolayısıyla, kişi kolektif için dua eder. Bu demektir ki eğer kolektif içinde, Yaradan ile Dvekut amacına ulaşabilen birkaç kişi varsa ve bu Yaradan'a, kendisinin Yaradan'a yakınlaşmakla ödüllendirilmesinden daha fazla memnuniyet verecekse, kişi kendisini hariç tutar. Bunun yerine, Yaradan'ın onlara yardım etmesini arzular çünkü bu, yukarıya kendi çalışmasından daha fazla memnuniyet verecektir. Bu nedenle, kişi kolektif için, Yaradan tüm kolektife yardım etsin, Yaradan'a ihsan edebildikleri ve O'na memnuniyet verebildikleri için, Yaradan onlara tatmin olma duygusunu versin diye dua eder.

Ve her şey aşağıdan bir uyanışa gerek duyduğu için, kişi uyanışı aşağıdan verir ve diğerleri uyanışı yukarıdan alır; Yaradan'ın O'nun için daha fazla faydalı olacağını bildiği her kim ise, o kişi alacaktır.

Bundan çıkan sonuç şudur, eğer kişi, böyle bir duayı isteyecek güce sahip ise -eğer böyle bir dua ile hemfikir olur ise- o zaman kesinlikle gerçek bir test ile yüz yüze gelecektir. Ancak, eğer kişi söylediği şeyin sözde kaldığını bilip, alma belirtisi olmaksızın sadece ihsan etmeyi isteyen böyle bir duayla bedenin hemfikir olmadığını gördüğü zaman, ne yapabilir?

Burada sadece şu meşhur tavsiye vardır –Yaradan'a dua etmek ve Yaradan'ın ona ve tüm kolektife yardım edebileceğine dair mantık ötesi inanmak. Kişi, zaten birçok kere dua etmiş ve duasının cevaplanmamış olduğunu görse bile bundan etkilenmemelidir. Bu, kişiyi çaresizliğe götürür ve beden onunla dalga geçer ve ona der ki: "Hiçbir şey yapamadığını göremiyor musun? Ve sanki tamamen umutsuzmuşsun gibi, şimdi mantıklı insanlar için kabul edilemez olan şeyleri, Yaradan'ın sana bağışlamasını istiyorsun."

O anda, beden itiraz eder, "Söyle bana, dindar ve gerçekçi insanlar arasında, kim Yaradan'ın onlara tamamen mantıksız bir şeyi vermesini diler? Daha da ötesi, kendi adına görebilirsin ki Yaradan'dan sana yardım etmesini istediğin halde, şu an sana yardım etmesi için yaptığın talepten daha küçük olan şeyler bile sana bağışlanmamıştır. Ve şimdi Yaradan'ın sana büyük bir şey bağışlamasını istiyorsun." Bu gerçekten de çok önemli bir şey çünkü dünyada, çalışman sayesinde tüm toplum sevinç ve haz ile ödüllendirilsin diye kolektif için işler yapacak gücü onlara vermesini Yaradan'dan isteyen çok fazla dua yoktur. Buna, "kendini sevmeye dair bir iz olmaksızın, saf ve temiz ihsan ediş" denir.

"Ve küçük şeyler için duanın cevaplanmadığını, fakat büyük ve önemli şeylerin kesinlikle paha biçilmez olduğunu düşünüyorsun." Örneğin, bu tür değerli eşyaları aramak için tüm dünyayı araştırmak zorunda olduğunuz, değerli eşyalara sahip olan belirli bir insana gitmenin değerli olduğunu söyleyebiliriz. Ve evinde çok az değerli eşyaya sahip orta sınıftan bir kişi gelip de seçilmiş çok az kişide olan bu eşyaları kendisinin de toplaması gerektiğini söylediğinde, elbette, bunu duyan herkes ona güler.

Bizim için de aynısıdır. Kişi eğitimli olmadığı, fakat ortalamanın altında olduğu zaman, yine de Yaradan'dan dünyada birkaç seçilmiş kişide bulunan Kelim'i (kapları) istemeyi diler, burada bedenin kendisi onunla dalga geçer. Ona şöyle der: "Seni aptal, eğitimli insanların bile sahip olmadığı bir şeyi Yaradan'dan istemeyi nasıl düşünebilirsin? Böyle bir saçmalık üzerine çalışman için sana nasıl güç verebilirim?"

Ve burada gerçek çalışma başlar, çünkü insanın bu dünyadaki işi, "almak üzere almak" denen kötü eğilimin hâkimiyetinden çıkmaktır. Ve kişi şimdi, kendini sevmeye dair bir iz olmaksızın, saf ve temiz ihsan ediş yolunda yürümesi için Yaradan'ın ona yardım etmesini arzular.

Öyle anlaşılıyor ki, bu çalışma, gerçekten de kötü eğilime karşıdır zira kişi sahip olduklarını bırakmak istemez. Daha ziyade, çalışmasının bundan böyle alma arzusu için olmamasını ister. Daha önce onun için çalıştığı ve hatta alma arzusunun alanına kaydedilmiş olan şeyin, tüm bunların kendi otoritesinden, Yaradan'ın otoritesine geçmesini Yaradan'dan ister.

Öyle görünüyor ki, şimdi kişi, pişmanlık gücü vermesi için Yaradan'a dua eder. Yani, Yaradan ona hem geçmişin hem de geleceğin, alma arzusu için yaptığı çalışmaların, Yaradan'ın hâkimiyetine girmesi için güç verecektir. Maimonides'in söylediği gibi (Tövbe Yasaları, bölüm 2), "Pişmanlık aynı zamanda geçmiş için de olmalıdır."

Şöyle sorar, "Pişmanlık nedir? Pişmanlık, günahkârın günahını bırakması ve onu kafasından çıkarması ve onu bir daha asla yapmamaya kalben karar vermesi içindir, yazıldığı gibi, 'Bırakın günahkâr yolunu terk etsin. 'Ve kişi, geçmişten de pişmanlık duymalıdır, şöyle söylendiği gibi, 'Çünkü geri döndükten sonra, pişman oldum, 've tüm sırları bilen O, kişinin asla bu günaha geri dönmeyeceğini doğrulayacaktır.'"

Şimdi çoğunluğun duasının önemini anlayabiliriz, yazıldığı üzere, "Kendi halkım arasında yaşarım." Zohar şöyle der: "Kişi asla insanlardan ayrılmamalıdır çünkü

Yaradan'ın merhameti her zaman, birlikte olan tüm insanlar üzerinedir." Bu demektir ki eğer kişi Yaradan'dan ihsan etme kaplarını ona vermesini isterse, atalarımızın dediği gibi, "O merhametli olduğu için, sen de merhametli ol," kişi, tüm kolektif için dua etmelidir. Bu böyledir çünkü o zaman kişinin amacının, Yaradan'ın ona saf ihsan etme kaplarını vermesi olduğu açıktır, yazıldığı üzere, "Yaradan'ın merhameti her zaman, birlikte olan tüm insanlar üzerinedir." Bilinir ki yukarıdan yarım bir şey verilmez. Bu demektir ki bolluk yukarıdan aşağıya verildiği zaman, tüm kolektif için verilir.

Bu nedenle, kişi tüm toplum için istemelidir, çünkü yukarıdan gelen her bolluk, daima insanların tümü için gelir. Bu yüzden şöyle der: "Yaradan'ın merhameti her zaman insanların tamamı üzerinedir." Dolayısıyla, bunun iki anlamı vardır, çünkü saf ihsan edişe sahip olmak için, kendinin yanı sıra sadece bir kişi için dua etmesi yeterli olacaktır. Fakat burada başka bir mesele vardır, kişi tam, bütün bir şeyi istemelidir çünkü gelen şeyin, daima tam, bütün olması maneviyatta bir kuraldır ve tüm gözlem, sadece alıcılardadır. Bu nedenle, kişi tüm kolektif için istemelidir.

Ve bolluk, tüm kolektife geldiği ve Kli (kap) olmadan ışık olmadığı için, yani eğer dolumun girebileceği bir boşluk yoksa, doyum elde etmek imkânsızdır, dolayısıyla kişinin toplum için yaptığı dua cevaplanır. Atalarımızın dediği gibi (Baba Kama, 92), "Dostu için merhamet isteyen kişinin duası önce cevaplanır, zira o da aynı şeye ihtiyaç duyar." Bu demektir ki bolluk kolektife gelmesine rağmen, kolektif Kelim'den yoksundur.

Diğer bir deyişle, yukarıdan gelen bolluk, tüm insanlar için yeterlidir, fakat toplum, Kelim -boşluklarını doldurabilecekleri eksiklikler- olmadan, yukarıdan gelen bolluğu elde edemez. Aksine, eksikliğe sahip olan kişi, önce cevaplanır.

Efendi, Yakup'u Kendisi İçin Seçti

Makale No. 16, Tav-Şin-Mem-Vav, 1985-86

Zohar Teruma'da (madde 1), Rabbi Hiya, "Efendi, Yakup'u Kendisi İçin Seçti" ayetini yorumlar. Bunlar onun sözleridir: "Rabbi Hiya şöyle başladı; 'Çünkü Efendi, Yakup'u kendisi için, İsrail'i O'nun erdemi için seçti.' İsrail oğulları, Yaradan tarafından nasıl da sevilir, onları arzu eder ve onlarla birleşmeyi ve bağlanmayı ister ve onları bu dünyada eşsiz bir ulus haline getirir, şöyle yazıldığı gibi 'Ve dünyadaki tek bir ulus, Senin halkın İsrail gibidir 've onlar, O'nu arzu ettiler ve O'na bağlandılar. Bunun hakkında 'Efendi, Yakup'u kendisi için seçti 've 'Çünkü Efendi'nin payı, O'nun halkıdır 'yazılmıştır. Ve İsrail'i kendi payı için alırken ulusların geri kalanının üzerine bakanlar ve hükümdarlar atadı."

Rabbi Hiya'nın yukarıdaki sözleriyle ilgili olarak aşağıdakileri anlamalıyız:

1) "Ve Efendi, Yakup'u kendisi için seçti" ifadesini yorumlamaya başlar. Bu demektir ki Yaradan, Yakup'u seçmiştir çünkü onları istediğini ve onlarla birleşmek ve bağ kurmak istediğini söylemiştir. Sonrasında tam tersini yorumlar ve şöyle der; "Onlar, O'nu arzu ettiler ve O'na bağlandılar", şöyle yazıldığı gibi "Çünkü Yakup, Efendi'yi kendisi için seçti."

2) "Ve onları dünyada eşsiz bir ulus yaptı" demesi ne anlama gelir, şöyle yazıldığı gibi "Ve dünyadaki tek bir ulus, Senin halkın İsrail'e benzer"? Sonuçta onlar, dünyanın yetmiş ulusu arasındaki bir ulustur öyleyse "bir ulus" ne anlama gelir? Öyle anlaşılıyor ki, O, onları bir ulus haline getirdi.

3) "Çünkü Efendi'nin payı, O'nun insanlarıdır" ifadesini, O, geri kalan ulusların üzerine bakanlar ve hükümdarlar atadı ve İsrail'i kendi kısmına aldı, anlamına geldiği

şeklinde yorumlar. Ulusların geri kalanına bakanlar ve hükümdarlar atadı ama İsrail halkını kendi kısmına aldı, ifadesinin ne anlama geldiğini yorumlamalıyız.

İki tür rehberlik olduğu biliniyor. Birincisine "İlahi Yönetim" ve ikincisine "ödül ve ceza aracılığıyla rehberlik" denir. Onlar birbirine zıttır ve Baal HaSulam, kişinin bunu dışsal akılla edinemeyeceği ancak içsel derecesinde bütünlüğü elde ettiği zaman edinebileceği şeklinde değerlendirmiştir.

İnsanın çalışma düzeni, bizlere Yaradan çalışmasının ödül ve ceza aracılığıyla rehberlik ile verilmesidir. Bu nedenle kişi şöyle dememelidir; "Yaradan'ın bana Tora ve Mitzvot'a bağlanma arzusu ve özlemi vermesini bekliyorum ve O, benim iyi bir hissiyat içinde olduğumu hissettiğinde Tora ve Mitzvot'u yerine getireceğim." Bizlerin, "çömlekçinin elindeki kil" olduğumuz için Yaradan'ın ellerinde olduğumuzu söylememiz yasaktır. Üstesinden gelmemiz, bedenin görüşüne karşı çalışmamıza nasıl yardım eder? Bize, onun isteklerini yerine getirmemizi talep eden bedenimize bakmamamız gerektiği söylendi. Daha doğrusu bedenlerimizi alıştırmalı ve hemfikir olsunlar ya da olmasınlar Tora'nın kurallarını izlemeye ikna etmeliyiz.

Ödül ve cezaya, her şeyin eylemlerimize, bedenlerimizi Tora'nın yasalarını izlemeye ikna etme ölçümüze bağlı olduğuna inanmalıyız. Bilgelerimiz, 'Ödül, çabaya göredir, (Avot, bölüm 5) 'demiştir. Ben He He şöyle der; 'Ödül, çabaya göredir.'

Baal HaSulam, yukarıdaki iki rehberlik türünü şu şekilde izlememiz gerektiğini söylemiştir: Eylemden önce yani hazırlık sırasında kişi, Tora ve Mitzvot'u yerine getirmek üzereyken ödül ve cezanın yönetimine inanmalıdır. O zaman, "Elinizden gelebilecek, yapabileceğiniz her şey." Şöyle ki, her şey kişinin çalışmasına bağlıdır: Kişinin Tora ve Mitzvot'ta üstesinde gelme gücünün derecesine ki böylece ödüllendirilsin.

Ama çalışmadan sonra kişi, İlahi Yönetime inandığını söylemelidir. Dolayısıyla kişinin sarf ettiği tüm çabadan sonra bunu söylemesi zor olduğu için, nasıl olur da bunun İlahi Yönetim olduğunu söyleyebilir? Sonrasında yine ödül ve cezada çalışır. Şöyle ki, bunun İlahi Yönetim olduğuna inanmaya çalışırsa bunun için ödüllendirilecektir. Eğer İlahi Yönetime inanamazsa bunu İlahi Yönetime inanmak istemediği için cezalandırılması izler.

Bu nedenle İlahi Yönetime ve bunun ona bağlı olmadığına ama Yaradan'ın onunla bağ kurmayı seçtiğine inanmakla kendisini seçtiği için Yaradan'ı övmeli ve teşekkür etmelidir. Bu her bir anlayış, muhakeme için geçerlidir. Şöyle ki, maneviyatta yapmakla ödüllendirildiği en küçük eylem için bile bunu yapabilmek için bir arzu ve düşünce verdiği için, Yaradan'a teşekkür etmelidir.

Kişi bu çalışmaya kendisini alıştırmalıdır. Şafaktan önce kalktığında ister kendisi uyansın ister bir dostu onu uyandırsın, inanmalıdır ki büyük bir çaba ile tembelliğinin üstesinden gelmesine ve yataktan kalkmasına rağmen, bu kadar büyük bir çaba harcadığı için kesinlikle minnettarlığı ve büyük bir ödülü hak eder – halen Yaradan'ın ona yataktan kalkarken sahip olduğu düşüncelerin üstesinden gelme arzusunu verdiğine inanmalıdır.

Öyle görünüyor ki bu, kişinin, ona bu düşüncelerin ve arzuların üstesinden gelme gücü ve arzusu verdiği için Yaradan'ın minnettarlığı hak ettiğini düşündüğü şeyin tam tersidir. Bir taraftan onu Yaradan seçmiştir ve buna "İlahi Yönetim" denir. Diğer taraftan Yakup, Yaradan'ı seçmiştir ve bu ödül ve cezanın anlamıdır.

Şimdi sorduğumuz şu soruyu açıklayacağız "'Ve onları dünyada eşsiz bir ulus haline getirdi 'dediğinde bu ne anlama gelir?" Sonuçta dünyada yetmiş ulus var ve ayet şöyle der; "Ve Dünyadaki tek bir ulus, Senin halkın İsrail gibidir."

Maneviyatta tekil ve çoğulun, form eşitsizliği ve form eşitliği olarak yorumlandığı biliniyor, şöyle yazıldığı gibi (Mısır'dan çıkış, 19:2); "Ve İsrail orada, dağın önünde kamp kurdu." RAŞİ, "Tek adam, tek kalp" olarak yorumladı. Bu nedenle tekil formda (İbranice) "kamp kurdu" olarak yazılmıştır. Ancak, duraklamaların geri kalanı, şikâyetler ve anlaşmazlıklar iledir, bu nedenle çoğul formda (İbranice) "kamp kurdular" olarak yazılmıştır. Dolayısıyla tekil, form eşitliğine işaret eder.

Yukarıda söylenenlerle Yaradan'ın, İsrail halkını yaptığını yorumlamalıyız. "Yüzleri bir diğerine benzemediği gibi, görüşleri de bir diğerine benzemez" (Berachot, 58) ifadesinde olduğu gibi her ne kadar çok olsalar da. Yine de onları dünyada eşsiz bir halk yaptı ki bu büyük bir yeniliktir. Şöyle ki, onlar bir ulus yani çoğul olsalar da halen form eşitliği vasıtasıyla tekil forma sahiptirler. Tora'nın verildiği zamanda olduğu gibi, İsrail halkının bütünlüğü olmalı yani bir olmalıdır.

"Arvut (Karşılıklı Garanti)" makalesinde (madde 23) belirtilmiştir. Bu nedenle metin onlara tekil formda gönderme yapar, bilgelerimizin 'tek kalpte tek adam 'olarak yorumladığı 've İsrail orada, dağın önünde kamp kurdu' şeklinde yazıldığı gibi. Bunun nedeni, ulustaki her bireyin tümüyle kendine-sevgiden çıkmasıdır... Ulustaki her bireyin, bir araya geldiği ve tek bir kalp, tek bir adam olduğu ortaya çıkıyor çünkü yalnızca o zaman Tora'yı almaya nitelikli hale geldiler.

Böylece, onların hepsine form eşitliği için güç vererek, İsrail halkı bütünlüğe erişebilsin ve onu Yapanı memnun etmesi için, Yaradan'ın bunu böyle yaptığını görürüz.

Üçüncü soruyu da açıklamalıyız. O'nun, İsrail'i kendisi, kendi kısmı için alırken geri kalan uluslara bakanlar ve hükümdarlar atamasıyla ilgili sormuştuk. Bunu, çalışmada tek bir kişinin içinde yani tek bir bedende yorumlamalıyız. Kişi dünyada olan her şeyi, her eylemi yapan ve yapacak olan Yaradan'a atfettiğinde, Yaradan'ın bir parçası kabul edilir çünkü dünyada başka bir otorite yoktur. O zaman, kişinin Yaradan'ın bir parçası olduğu düşünülür. Kişi, dünyada olan her şeyi Yaradan'a atfetmediğinde ve onların Keduşa (kutsallık) olmayan başka güçler olduğunu söylediğinde, "dünyanın ulusları" koşulundadır yani atananlara ve bakanlara sahiptir. Ancak bu, kişi "dünyanın geri kalan ulusları" koşulunda olduğu zamandır.

Toplantının Gündemi

Makale No. 17, Tav-Şin-Mem-Vav, 1985-86

Atalarımız Masehet Berahot'ta (s 32) şöyle yazmıştır, "Kabalist Şamlay dedi ki, 'Kişi her zaman Yaradan'ı övmeli ve sonra dua etmelidir. 'Bunu nereden biliyoruz? Musa'dan biliyoruz, şöyle yazdığı gibi 'Ve yalvardım.'" Baal HaSulam bunu şöyle yorumlar: Kişi, bir başkasından iyilik istediği zaman, bilmelidir ki a) O kişi, ondan istediği şeye sahip mi? Çünkü eğer sahip değilse ondan istemenin bir anlamı yok b) O kişi iyi kalpli mi? Bu böyledir çünkü ondan istediği şeye sahip olabilir ancak onu verecek kalbe sahip olmayabilir.

Bu yüzden, kişi önce Yaradan'ı övmelidir, yani Yaradan'ın kişinin istediği her şeye sahip olduğuna, merhametli olduğuna ve herkese dilediği şeyi, en iyi olacak şekilde bağışladığına inanmalıdır.

Öyle anlaşılıyor ki, dostlar bir yerde toplandığı zaman, toplantı kesinlikle bir amaç içindir, çünkü kişi, kendi ihtiyaçları için kullanacağı zamanının bir kısmını ayırdığında ve kendi uğraşlarından vazgeçerek toplantıya katıldığında, bir şey elde etmek ister. Dolayısıyla, her dostun eve gittiğinde şunu yapmaya çalışması önemlidir; toplantıya ne ile geldiğini ve şimdi eve gittiğine göre, ne elde ettiğini görmelidir.

Bazen dostların toplantısı sırasında, herkes toplantı süresince kendini iyi hisseder. O anda, eve hangi kazanım ile gideceklerini yani bu topluluğa gelmeden önce neye sahip olmadıklarını ve dostların toplantısında ne elde ettiklerini düşünmek akıllarına gelmez. Ve sonra kişi görür ki hiçbir şeye sahip değildir.

Bu, şu cümlede yazılmış olana (Deuteronoy 23:25) benzer, "Dostunun bağına geldiğin zaman, ruhunu doyurana kadar üzüm yiyebilirsin, fakat kaplarına hiçbir şey koyma." Bunu şöyle yorumlamalıyız; dostlar toplandığı zaman, buna "Dostun bağı" denir. Beden, oturup birlikte yiyip içtiğiniz ve ondan bundan sohbet ettiğinizde eylem sırasında keyif alır. Bu, "Ruhunu doyurana kadar üzüm yiyebilirsin" durumuna benzer.

Fakat eve gittiğin ve Kelim'inde (kaplar) ne olduğunu görmek, eve bir parça canlılık götürmek, toplantıdan sonra kaplarında ne olduğunu incelemek istediğin zaman, görürsün ki, "Kaplarına hiçbir şey koyamamışsın." Diğer bir deyişle, Kelim'de toplantıdan sonra ruhu canlandıracak hiçbir şey yoktur.

Ancak, kişi çaba gösterdiği zaman, bu çabanın ödülsüz olmadığından emin olmalıdır. Bu, duada söylediğimiz gibidir, "Ve Zion'a geldi," "Boşu boşuna dokunmayalım diye." Daha ziyade, kişi bir toplantıya gittiğinde, oradan besin elde etmelidir ki eve döndüğünde kaplarına bir şeyler koyup koyamadığına bakabil'sin. Ancak o zaman bir sonraki toplantıya kadar kendisini besleyecek besine sahip olacaktır. Ve o zamana kadar, hazırlanmış olandan yani dostların toplantısı sırasında elde ettiklerinden alacaktır.

Dolayısıyla, kişi önce toplantının önemini övmeli ve daha sonra o aktiviteden ne elde edeceğini görmelidir. Atalarımızın dediği gibi, "Kişi her zaman Yaradan'ı övmeli ve sonra dua etmelidir." Diğer bir deyişle, toplantının başlangıcı, yani konuşmaların başlangıcı, topluluğu övmekle ilgili olmalıdır. Herkes, topluluğun erdemi ve önemi için bir sebep bulmaya çalışmalıdır. Hiçbir şey hakkında değil, fakat sadece topluluğu övmekle ilgili konuşmalıdırlar.

En sonunda, topluluğun önemi tüm dostlar tarafından ortaya konmalıdır. Sonra, "Şimdi dostların toplantısının birinci aşamasını bitirdik, bundan sonra ikinci aşama başlar" demelidirler. Sonra herkes, her bir dostun, dost sevgisini edinebilmesi için yapabileceği eylemlerle ilgili düşüncesini, topluluktaki her bir dost için kalbinde sevgi edinmek için neler yapabileceğini ifade eder.

Ve ikinci aşama, topluluğun iyiliği için yapılabileceklerle ilgili tavsiyeler tamamlanınca, üçüncü aşama başlar. Bu aşama, dostların ne yapılması gerektiğiyle ilgili kararlarını yerine getirmekle ilgilidir.

Ve topluluğun önemine ilişkin, Matan Tora'da (Tora'nın Verilmesi s 137), dost sevgisi konusunu, kişinin, dostlarla birleşerek Yaradan'ın yüceliğini elde edebileceği anlatılır. Tüm dünya, kendini sevme koşuluna batmıştır ve kişi ihsan etmenin yolundan gitmek ister. Fakat bu genel görüşe aykırıdır çünkü söylendiği gibi, "O'nun yarattıklarına iyilik yapma arzusu" olan yaratılış amacı nedeniyle, doğamız budur.

Ve yalnızca kendimiz için almayı değil tam tersine vermeyi istediğimiz, tüm eylemlerimizin yalnızca Yaradan'a ihsan etmek için olarak kabul edildiği, aksi şekilde hareket etmek için buna karşı koyacağımız gücümüzün tamamı, ihsan etmenin doğası dahilindedir, yani kişi önemli bir kişiye verdiği zaman bundan zevk alır. Öyle anlaşılıyor ki, kişi haz olmadan hiçbir şey yapamaz çünkü bu doğaya aykırıdır.

Ancak, hazzın yerine başka bir şey koyabiliriz. Bu demektir ki almakla ilgili bir eylemden zevk almak yerine, ihsan etmeye dair bir eylemden zevk almayı isteyeceğiz. Buna, "form eşitliği" denir. Yaradan'ın yaratılanlara vermekten zevk alması gibi, biz de Yaradan'a vermekten zevk almalıyız.

Aksi takdirde, yani Yaradan'a verirken eğer hiçbir zevk almıyorsak, sevinmiyorsak, form eşitliğine leke süreriz. Atalarımızın dediği gibi, "O'nun önünde cennetin ve yeryüzünün yaratıldığı gündeki sevinç gibi bir sevinç yoktu." Dünyanın yaratıldığı günden beri, O'nun erdemlilerle birlikte gelecekte sevinmeye yazgılı olduğu sevinç gibi bir sevinç, Yaradan'ın önünde olmamıştı (Zohar, 1, 115)

Dolayısıyla, eğer kişi Yaradan'ın emirlerini yerine getirirken sevinç duymuyor ve sonrasında ihsan etmeyi amaçlıyorsa bu form eşitliği olarak düşünülmez çünkü kişi, yalnızca hazzın olduğu yerde hoşnut olabilir. Bundan çıkan sonuç şudur, eğer kişi, Yaradan'a vermekten hiçbir zevk almıyorsa, bu, henüz kişinin üst bolluğu almak için yerinin olduğu, form eşitliği olarak görülmez, çünkü kişi, Yaradan'ın yaratılanlara verirken aldığı hazzın eksikliğini hâlâ hissetmektedir.

Dolayısıyla, almamıza izin verilen haz ve memnuniyetin dayandığı tek temel, ihsan etme eyleminden keyif almaktır. Bu yüzden, üzerinde çalışmamız gereken tek bir nokta vardır: maneviyatın takdir edilmesi. Bu, kime döndüğüm, kiminle konuştuğum, kimin emirlerini yerine getirdiğim ve kimin yasalarını öğrendiğime dikkat etmekte yani bolluğu vereni, ışığı vereni nasıl takdir edeceğime dair tavsiye aramakta ifade bulur.

Ve kişi, kendi başına yukarıdan bir miktar aydınlanma elde etmeden önce, Yaradan ile herhangi bir şekilde iletişim kurmanın önemini ne olursa olsun arttırmak isteyen benzer düşüncelere sahip insanları aramalıdır. Ve birçok insan bunu desteklediği zaman, herkes dostundan yardım alabilir.

Bilmeliyiz ki, "En az çoğunluk ikidir." Bu demektir ki eğer iki dost birlikte oturur ve Yaradan'ın önemini nasıl artıracaklarını düşünürlerse, aşağıdan uyanış şeklinde Yaradan'ın yüceliğini artıracak güce zaten sahip olurlar. Ve bu eylem sayesinde, yukarıdan uyanış gelir ve onlar Yaradan'ın yüceliğine dair bir hisse sahip olmaya başlarlar.

"Kral'ın ihtişamı insanların çokluğundadır," bu yazılana göre kolektifin sayısı arttıkça, kolektifin gücü daha etkili olur. Diğer bir deyişle, Yaradan'ın önemine ve yüceliğine dair daha güçlü bir ortam oluştururlar. O anda, her birinin bedeni, kutsallık için yapmayı dilediği her şeyi yani Yaradan'a ihsan etmeyi, büyük bir kısmet olarak kabul ettiğini, Kral'a hizmet etmekle ödüllendirilmiş insanlar arasında olma ayrıcalığına sahip olduğunu hisseder. O anda, kişinin yaptığı her küçük şey, onu, şimdi Kral'a hizmet edecek bir şeylere sahip olmanın neşe ve zevkiyle doldurur.

Toplantı sırasında topluluk, Yaradan'ın yüceliğini düşüncelerinde önemsediği ölçüde, her biri kendi seviyesine göre Yaradan'ın önemini kendi içinde oluşturur. Dolayısıyla, kişi gün boyunca memnuniyet ve neşe içinde dolaşabilir, yani Yaradan'ın çalışmasına (manevi çalışma) ilişkin yaptığı her küçük şeyden keyif alır. Bu böyledir çünkü kişi bir dakika için bile olsa maneviyatı düşünmesi gerektiğini hatırlarsa, Yaradan'ın onu çağırdığına ve onunla konuşmak istediğine inandığından, hemen şöyle der: "Şimdiden minnettarım, Yaradan'ı övüyor ve yüceltiyorum."

Ve kişi, Kral'ın onu çağırdığını ve onunla oynamak istediğini söylediğini hayal ettiğinde, o zaman nasıl bir sevinç yaşayacak ve nasıl keyiflenecektir? Elbette, o sevinçli durumda, kişi önemsiz düşünceleri düşünmeyecektir. Sadece, Kral'ın kanunlarını ve davranış biçimlerini, Kral onunla konuştuğunda nasıl davranacağını bilmediği için biraz utanç duyacaktır.

Ancak kişi, Kral için ne yapacağını bilmeyi büyük bir servet sayar, zira gençken okulda öğrendiği Kral'ın emirlerini yerine getirme konusunda bazı kuralları bilir. Ve şimdi büyümüştür ve Kral'a hizmet etmek ister, Kral'ın yasalarının bilgisini kesinlikle özleyecektir.

Bundan anlaşılıyor ki kişiyi ilgilendiren şey, neyin, hangi eylemin ya da hangi niyetin Kral'a daha fazla memnuniyet verdiğini bilmemesidir. Ve kaldı ki, kişi her şeyin iyi olduğu bir dünyada yaşar. Toplantı için bir araya geldiklerinde topluluğun düşünmesi ve konuşması gereken şey bu topluluğun yüceliğidir ve şöyle yazdığı gibi: "Kişi her zaman Yaradan'ı övmeli ve sonra dua etmeli."

Toplulukla da aynı şey söz konusudur. Toplumdan bir şey talep etmek istediğimizde ve buna "dua etmek" dendiğinde, önce onun erdemini ortaya koymalı ve sonra "dua etmeliyiz", yani onlardan istediğimiz şeyi bize vermesini talep etmeliyiz.

Dolayısıyla, önce topluluğun neye sahip olduğunu, onlarla bağ kurarak onlardan alabileceklerimizi görmemiz gerekir. Belki de toplumun sahip olduklarına ihtiyacımız yoktur, üstelik ondan mümkün olduğunca uzağa kaçarız.

Buna göre, kişi dostların toplantısına geldiği zaman, dostların onun arzuladığı amaca sahip olup olmadığını, amaçta idrak olup olmadığını görmelidir. Ve kişi, herkesin bir amaç için bağ kurması sayesinde, her birinin hem tüm toplumun payına hem de kendi payına sahip olacağını düşünür. Dolayısıyla toplumun her bir üyesi, tüm toplumun gücüne sahip olacaktır.

Her biri toplantının amacını ciddi şekilde düşünmelidir yani toplantı ortaya bir his çıkarmalıdır, dostların toplantısını takiben, her birinin elinde kendi kaplarına koyabileceği bir şeyler olmalıdır ve kişi, "Fakat kaplarına hiçbir şey koyma," formunda olmamalıdır. Toplantı sırasında özellikle özen göstererek oturmazsa, sadece kendisini değil, aynı zamanda tüm topluluğu da bozacağını bilmelidir.

Bu Midraş'da (Vayikra Rabbah, bölüm 4) yazılı olana benzer: "İki kişi bir tekneye bindi. İçlerinden birisi kendi oturduğu yerin altında, teknede bir delik açmaya başladı. Ona şöyle dedi, 'Neden delik açıyorsun? 'Ve o şöyle cevapladı, 'Neden senin umurunda olsun ki; kendi altımda delik açıyorum, senin altında değil? 'Diğeri cevap verdi, 'Seni aptal! Tekneyle birlikte ikimiz de boğulacağız!'"

Ve topluluğun öneminden ve gerekliliğinden bahsettikten sonra, ıslah düzeni başlar –tek birlik haline gelmek için toplumu nasıl ve ne ile güçlendirebiliriz, tıpkı "tek kalpte tek adam olarak" "Ve orada dağın önünde halk kamp kurdu," (Mısır'dan çıkış 19) yazıldığı gibi. Düzen şöyle olmalıdır; eğer birisinin dost sevgisini geliştirebilecek bir önerisi varsa, bu konuşulmalıdır, fakat bu tüm dostlar tarafından kabul edilmelidir, böylece burada hiçbir zorlama söz konusu olmaz.

Buraya kadar insan ve insan arasındaki bağı konuştuk ki bu bağ bizi Yaradan ve insan arasındaki bağa getirir, Matan Tora'da (Tora'nın Verilmesi, s 137)) yazıldığı gibi. Öyle anlaşılıyor ki onlar dost sevgisinden ve bizi Yaradan sevgisine yönelttiği için bu sevginin önemli oluşundan bahsederlerken, aynı zamanda dost sevgisinin bizi Yaradan sevgisine getirmesi gerektiğini de düşünmeliler.

Kim Duaya Neden Olur?

Makale No. 18, Tav-Şin-Mem-Vav, 1985-86

Atalarımız şöyle yazdı (Mesekhet Berakhot 32), "Kişi, her zaman Yaradan'ı övmeli ve sonra dua etmeli." Bu bize kişinin, Yaradan için çalışmasında kendi hatasını hissettiği bir duruma geldiğinde, bu duruma inanması gerektiğini gösterir. İnancının olması gerektiği gibi olmadığını, yani Yaradan'ın iyiliksever olduğuna inanamadığını ve bu duyguyla, Yaradan'a teşekkür edemediğini ve tüm kalbiyle, '"Bırakın dünya olsun, 'diyen O kutsaldır," diyemediğini gördüğü zaman, şükran duyması zordur. Çünkü bunu diyebilmesi için dünyadan haz alması gerekir, fakat haz ve sevinç hissetmiyorsa, Yaradan'a teşekkür etmesi zordur. Ve Yaradan'ın yarattığı dünya için O'nu övememek ve tüm kalbiyle, '"Bırakın dünya olsun, 'diyen O kutsaldır,'" diyememek, kişiye acı verir.

Ve bu eksiklik, ona acı verir, yani bu hissin, Yaradan'dan uzak olduğu, kendini sevme koşuluna battığı için ona gelmiş olduğunu söyler. Bu, onun Yaradan'dan ayrılmasına neden olur, yani Yaradan'ın yüceliğini hissetmez çünkü Yaradan ondan gizlenmiştir.

Ve dolayısıyla, kişi gerçeği göremez, şöyle yazdığı gibi: "Çünkü bu senin hayatın ve senin günlerinin uzunluğudur." Ve ayrıca, kişi Tora'nın önemini hissedemez, şöyle yazdığı gibi: "Çünkü milletlerin gözünde bu senin bilgeliğin ve senin anlayışın. Onlar tüm bu kanunları duyacaklar ve diyecekler ki, 'Elbette bu yüce millet, bilge ve anlayışlıdır.'"

Kişi iç gözlem yaptığı zaman şöyle düşünür, "Milletlerin bizim hakkımızda, 'Elbette bu yüce millet, bilge ve anlayışlıdır, 'demesinin heyecanı nerede? Tora yüzünden böyle diyorlar, çünkü biz, 'İzle ve onları yap; çünkü milletlerin gözünde bu senin bilgeliğin ve anlayışın, 'diye yazılı olanı yerine getiriyoruz. Öyleyse neden Tora ve Mitzvot'un önemini hissetmiyorum?"

Bu derin düşünce durumunda, kişi Yaradan'ın çalışmasına saygı göstermekten ne kadar uzak olduğunu hissettiği zaman, uyanmaya başlar ve "Bir şey yapılmalı. Yaşamımın geri kalan kısmında bu aşağılık durumda kalamam," diye düşünür. Elbette bu, O'na yakınlaştırsın ve ona yukarıdan yardım etsin diye kişinin Yaradan'a dua etmeye başladığı zamandır, atalarımızın dediği gibi, "Arınmak için gelene yardım edilir."

Diğer bir deyişle, O, Keduşa'nın (kutsallık) yüceliğine ve önemine dair gizliliği kişiden kaldırmalıdır, böylece kendini sevme koşulundan gelen tüm bayağı düşünceleri ve arzuları aşabilir ve tüm kaygısı sadece Keduşa için nasıl bir şeyler yapabileceğiyle ilgili olur. Buna, "Yaradan'a memnuniyet vermek için" denir. Ve elbette, bu ancak kişi Yaradan'ın yüceliğine ve önemine inandığı ölçüde olabilir.

Dolayısıyla, kişi Yaradan'ın yüceliğini ve önemini görmek için Yaradan'dan onun gözlerini açmasını ister, şöyle yazdığı gibi (Mezmurlar 88), "Efendim, neden benim ruhumu reddediyorsun? Neden yüzünü benden saklıyorsun?" Ve o zaman dua, canıgönülden bir dua olur. Öyle ki o anda, kişi Yaradan'ın onun kalbini iyileştirmesini ister, şöyle yazdığı gibi (Mezmurlar 147), "O, kırık kalplileri iyileştirir ve yaralarını sarar."

Ve sonra kişi, Yaradan'ın kendisini O'na yaklaştıracağı dua için uyanışın kendisinden geldiğini düşünür ve Yaradan'ın kurtarışını bekler, Yaradan onun duasını yerine getirerek ona yardım edecektir. Öyle ki, Yaradan onu şimdi dua ettiği için kendisine yaklaştıracaktır çünkü şimdi daha önce hissetmediği O'nun eksikliğini hissetmektedir.

Dolayısıyla, kişi Yaradan'ın ona vermesi gerektiğini düşündüğü şeyi Yaradan'dan almadığı zaman, Yaradan onun duasını yerine getirmiyor diye kızar. Diğer insanlar söz konusu olduğunda da onların maneviyat için arzuları yok diye O'nun onları yakınlaştırmadığını düşünür. Fakat o, Yaradan'a ilgisi olmayan, dolayısıyla da Yaradan'ın onları yakınlaştırmaya gerek duymadığı diğer insanlar gibi değildir.

Ama, Yaradan'ın kendisini O'na yaklaştırmasına yardımcı olması için dua eden bu insan söz konusu olduğunda, Yaradan'ın kendisi onun diğer insanlar gibi olmadığını görebilir. Daha doğrusu, o kişi halktan daha yüksektedir; dünyayı ve onun amacını anlar, yaratılma amacını ve başarması gereken şeyi düşünür. Fakat diğer insanlara baktığı zaman, onların alçaklığını görür, onların tüm düşünceleri ve eylemleri kendi çıkarları içindir, fakat kendi aklı ve niteliklerinin diğer insanlarınkinden daha erdemli ve değerli olduğunu düşündüğünü hisseder.

Dahası, bazen grubundaki insanlardan bile daha erdemli olduğunu görür. Onların maneviyatı ara sıra düşündüğünü görür, oysa onun her düşüncesi ve arzusu sadece maneviyatla ilgilidir. Kendini sevme koşulundan daima çıkmak ister ve Yaradan'dan bütün istediği sadece onu bu alçaklıktan kurtarmasıdır. Ve dostlarının da aynı ölçüde ciddi olduklarını, sadece maneviyat hakkında düşündüklerini görmez.

Bu nedenle, Yaradan onun duasını yerine getirmediği, dostlarının geri kalanı gibi onu mevcut seviyesinde bıraktığı ve onunla yani duasıyla ilgilenmediği için hayal kırıklığına uğrar, oysa gerçekten canıgönülden dua etmişti. Dolayısıyla, kişi duanın yerine getirilmesiyle ilgili olarak yukarıda bir hata bulur.

Ve kendine şöyle sorar, "Fakat yazılıdır ki, 'Çünkü sen her ağzın duasını duyarsın ' ve 'her ağız', ağzın tümü dua etmelidir demektir, yani kişinin tüm bedeni, Yaradan'ın ona yardım etmesini talep etmelidir. Fakat diğer insanlara gelince, onların duası yerine getirilmez çünkü onların ki 'her ağız 'ile değildir."

Bunun hakkında Baal HaSulam der ki: "Şöyle yazılmıştır, 'Ve öyle olacak ki onlar çağırmadan önce, Ben cevap vereceğim ve onlar henüz konuşurken, Ben duyacağım.'" Bunu şöyle yorumlar: Kişi hatasını hissettiği ve Yaradan'dan ona yardım etmesi için dua ettiği zaman, bunun sebebi kişinin hatasını hissettiği için dua etmesi için bir nedeni olması değildir. Daha doğrusu, bunun sebebi, kişinin Yaradan tarafından tercih edilmesi ve Yaradan'ın onu yakına getirmeyi istemesidir.

O anda, Yaradan kişiye kendi hatasının hissiyatını gönderir ve O'na katılması için onu çağırır. Diğer bir deyişle, ona Yaradan'a dönme ve Yaradan'la konuşma arzusunu vererek onu yakınına getiren Yaradan'dır. Bundan şu sonuç çıkar, kişi dua etmeden önce bile, dua çoktan yerine getirilmiştir. Yani, Yaradan kişinin O'nla konuşmasını sağlayarak onu yakınlaştırmıştır. Buna, "Onlar çağırmadan önce, Ben cevap vereceğim," denir. Yani, Yaradan'a dua etme düşüncesi insanın zihninde belirmeden önce, Yaradan o kişiyi O'nun yakınına getirmiştir.

Fakat neden Yaradan onu seçti ve O'na gelmesi ve dua etmesi için çağrı yaptı? Bunun için hiçbir cevabımız yok. Bunun yerine, bunun böyle olduğuna mantık ötesi inanmalıyız. "İlahi Takdirin Rehberliği" dediğimiz şey budur. Kişi, "Yaradan'ın bana yukarıdan bir uyanış vermesini bekliyorum ve sonra kutsallığın çalışmasında çalışabileceğim," dememelidir. Baal HaSulam şöyle der, gelecek açısından, kişi ödül ve cezaya inanmalıdır, yani kişi demelidir ki, "Eğer ben kendim için değilsem, kim benim için ve ben kendim için olduğumda, ben neyim ve eğer şimdi değilse, ne zaman?" (Avot, bölüm 1).

Bu yüzden, kişi bir dakika daha beklememelidir. Bunun yerine, "Eğer şimdi değilse, ne zaman?" demelidir. Ve daha iyi bir zaman için beklememeli, "Daha sonra kalkacağım ve kutsallığın çalışmasını yapacağım" dememelidir. Tam tersine, atalarımızın dediği gibi, '"Zamanım olduğunda çalışacağım 'deme, belki de zamanın olmayacak" (Avot, bölüm 2)

Fakat bu durumdan sonra, Baal HaSulam, kişinin İlahi Takdir'e inanması gerektiğini söyler yani Yaradan'ı çağıran kişi değildir, fakat kişiyi çağıran ve ona, "Benimle konuşmanı istiyorum," diyen Yaradan'dır. Dolayısıyla, yakınlaşma düşüncesi, kişiden değil Yaradan'dan gelmiştir. Bu nedenle, kişi Yaradan duayı duymadı diye düşünmemelidir. Aksine, kişi Yaradan'a, yakına getirmesi için dönmeden önce bile Yaradan onu yakınlaştırmıştır.

Buna, "Onlar çağırmadan önce, Ben cevap vereceğim," denir. Yukarıda bahsedilenden çıkan sonuç şudur, eğer kişi alçak durumunu hissetmek için uyanmışsa, bu, kişiden kaynaklanmaz. Aksine, ona bu hissi, daha yakına getirmesini istesin diye Yaradan gönderir. Dolayısıyla, kişi Yaradan'dan uzak olduğuna dair bir düşünceye sahip olduğunda ve onu yakınlaştırması için Yaradan'a dua etmek istediğinde, Yaradan onu yakınlaştırmak üzere çağırdığı için önce Yaradan'a minnet duyana kadar dua etmemelidir.

Yaradan, insanın O'na dua etmesini ister. Ve kişi neden aniden maneviyat olduğunu hatırladığını ve maneviyatta bir şeyler elde etmek için çalışması gerektiğiyle ilgili kendini analiz ettiğinde, bu düşünceyi ona Yaradan'ın yolladığını söyleyebiliyorsa o zaman dua edebilir.

Atalarımızın söylediği şeyin anlamı budur, "Kişi her zaman Yaradan'ı övmeli." Diğer bir deyişle, kişi maneviyata dair durumunu düşünmeye başlar başlamaz, ona bu düşünceyi ve maneviyat için arzu verdiği için hemen Yaradan'ı övmeli ve O'na teşekkür etmeli. Daha sonra, Yaradan'ın onu çağırdığını bildiğinde, onu yakınlaştırdığı için hemen teşekkür etmeye ve Kral'ı övmeye başlar. Bu, kişinin durumu için dua edebildiği zamandır, çünkü Tora'nın eksik olduğunu ve gerçek ile yalan arasındaki ayrımı bilmediğini görür ve Yaradan ona gerçeğin yolunu göstersin diye dua eder.

Atalarımızın şu söylediklerini anlayabiliriz (Midraş Rabba, Toldot, 63, Mark 5) '"Ve Yaradan ona cevap verdi. 'Kabalist Levi şöyle dedi, 'Babasından yarım kilo altın almak için çaba gösteren prens hakkında bir alegori vardır. Arapçada 'çaba göstermek', 'istemek 'anlamına geldiğinden hem içinden hem dışından çaba gösteriyordu. Orada rahipliğin armağanlarını yorumlar, 'Yarım kilo almak 'demek, babası da ona vermeyi istiyor ve onun alışını hızlandırmak için onun karşısında çaba gösteriyor demektir.'"

Açıkladığımız şeye göre, kişinin yakınlaşmayı istemesinin nedeni Yaradan'dan gelir. Yaradan kişinin uyanması için beklemez, kişiyi uyandırır. Daha sonra, kişi Yaradan onu yakınlaştırsın diye dua eder. Bunu şu ayet hakkında verdiği alegoriyle anlayabiliriz "Ve... onu cevapladı," ki bu, İsak Yaradan'a dua etti demektir.

Ve bunun hakkında bir alegori verir, babası, yani Yaradan plan yapar, yani babası, O'na dua etmesi için, ona bir düşünce ve arzu verir ve daha sonra prens plan yapar. Diğer bir deyişle, İsrail halkı prenstir ve Kral'ın sarayının dışında durup, Yaradan'a yakınlaşmayı, yani Kral'ın sarayına girmeyi diler. Bu, cennetteki babasının önce başladığı anlamına gelir.

Sevince Dair

Makale No. 19, Tav-Şin-Mem-Vav, 1985-86

Mişnah diyor ki (Taanit, 26) "Av'ın başlangıcından itibaren sevinci azaltıyoruz. Adar'ın başlangıcından itibaren ise sevinci artırıyoruz. Eğer o putperestlere danışıyorsa, Adar'da onu yargılayın." Artan sevincin ve azalan sevincin anlamını anlamalıyız. Nihayetinde sevinç, sevince neden olan bir nedenin sonucudur ve biz sadece nedenleri azaltabilir veya artırabiliriz. Bu nedenle, hangi koşulun bizi sevinmeye getireceğini bilmeliyiz.

Sevgimizi arttırmamızı söyleyen bilgelerimiz, Keduşa'nın [kutsallık] sevincine atıfta bulunmuştur. Buna göre, bize bahsettikleri hangi koşulun bizi Keduşa'nın mutluluğuna getirdiğini değerlendirmeliyiz. Aynı zamanda şunu da anlamalıyız, "Eğer o putperestlere danışıyorsa, Adar'da onu yargılayın." Ne de olsa İsrail topraklarındayız ve burada Yahudi olmayan tek bir kişi bile bulundurmayan birçok kasaba var. Ve kasabada Yahudi olmayan tek bir kişi bulsak bile, onunla ne görüşebiliriz ki?

Görünüşe göre, Adar'da putperestleri yargılamak, tesadüfi bir mesele değil, sürekli bir gelenektir. Yani, İsrail'in bir putperest ile müzakere ettiği nadir bir durum varsa, o gidecek ve Adar ayında yargılanacaktır. Bu nedenle, onların görüştükleri hangi putpereste atıfta bulunduklarını anlamalıyız.

Dualarımızda iki yol olduğunu görüyoruz: 1) şarkılar ve Yaradan'a övgüler 2) dualar ve ayinler. Ayrıca bu ikisinin de zıt olduğunu da görüyoruz. Bu, doğal olarak, birinin arkadaşından kendisine bir şey vermesini istediğinde, talebinin ölçüsü ona olan ihtiyacı ölçüsüne bağlıdır. Eğer arkadaşından rica ettiği şey kalbine dokunan ve onun için gerekli bir şey ise, bu ihtiyacı ölçüsünde, istediğini elde etmek için elinden gelen her şeyi yapmaya çalışır.

Buna göre, Yaratan'a dileklerini yerine getirmesi için dua ederken, kişi duasının kalbinin derinliklerinden geldiğini, yani eksiklik hissettiğini görmelidir. Hisleri kadar duası da daha içten olabilir. Böylece, duası yalnız sözden ibaret değil, kalbin derinliğinden olacaktır.

Onun eksikliğini hissetmek için gerçeği görmelidir, büyük bir eksikliğe sahip olduğunu ve Keduşa'nın meseleleriyle ilgili olarak boş bir Kli'ye [kap] sahip olduğunu görmelidir. Kişi dünyadaki en kötü kişi olduğunu hissettiğinde, duasının dürüst olduğunu söyleyebilir, çünkü kendi eksikliğinin dünyadaki en büyük eksiklik olduğunu ve onun gibi başka kimse olmadığını hisseder.

Bunun tersi ise, dua etmekteki ikinci anlayıştır, yani ilahiler, şarkılar ve övgüler. Genellikle, birisinin bir diğerine duyduğu minnettarlığın, onun arkadaşından edindiği fayda kadar olduğunu görürüz. Örneğin, kişi bir başkasına ihtiyaç duyduğu küçük bir şeyi elde etmekte yardımcı olduğunda, minnettarlık da küçüktür.

Ancak, iş bulmanın zor olduğu bir zamanda kişi birisine iş verdiğinde, o kişinin aylarca işsiz olduğunu, bakkala borçlu ve bakkal sahibinin kendisine yiyecek satmayacağını söylediğini görüyoruz. Bu kişi ihtiyaçlarını karşılamak için kredi arayışında çaresiz kaldığında, birdenbire kendisine iyi şartlarda iş verebilecek birisi ile karşılaşır ve bu kişi, "Neden kredi arıyorsun? Sana bir iş vereceğim. Güvenilir olduğunu duydum, birçok işçim olmasına rağmen güvenebileceğim birisi yok. Borçlarını hızlı bir şekilde ödeyebilmen için sana gerekli ödemeyi yapacağım, benden bir kredi almaya neden ihtiyacın olsun ki?" der.

Bu kişinin duyduğu minnettarlığı resmedebiliriz. "Tüm kemiklerim söyleyecek" sözündeki gibi, tüm vücudu ona teşekkür ettiğinden ona sözlü olarak teşekkür etmesine gerek yoktur. Ömür boyu hapis cezasına çarptırılmış bir hükümlüyü resmedersek ve birisi gelip onu özgürlüğüne kavuşturursa, bütün organları kurtarıcısına nasıl bir minnettarlık verir?

Şöyle ki, kişi Yaradan'a yüce bir övgü yapmak isterse, o zaman, "Tüm kemiklerim söyler; 'Efendim, kim senin gibidir? Eziyet çekenleri, güçlülerin elinden kim kurtarır? diyen kişi haline gelir. Eğer kişi Yaradan'a büyük övgü vermek isterse, kendisini dünyanın en mutlu insanı olarak resmetmeli. Aksi takdirde, hala bir şeylerin eksik olduğunu ve Yaradan'ın kendisine yardım etmesini istediğini hissederse, Yaradan'a duyduğu minnettarlık "Tüm kemiklerim söyleyecek" şeklinde olmayacaktır.

Bu nedenle, duamızda iki tam zıtlık görüyoruz, bu da "Kişi, onların birbirinden çok uzak olduğunu gördüğü zaman ne yapabilir?" sorusunu gündeme getiriyor. Normalde, birçok şeyde zıtlığı görüyoruz. Buna bir örnek de Kelim'i [kap] aydınlatan ışıkların sırasıdır. Kelim ve ışıklar arasında ters bir ilişki olduğu bilinmektedir. Kelim'de büyük ve saf olan Kelim ilk olarak görünür. Yani, önce Keter görünür ve Sefira Malhut en son görünür. Işıklarda tam tersidir: küçük olanlar önce gelir: ilk Malhut ve son olarak Keter. Kelim'in bakış açısıyla konuştuğumuz zaman, sıranın KHB ZON olduğunu ve ışık perspektifinden konuştuğumuz zaman, sıranın NRNHY olduğunu söyleriz.

Bir başka örnek de Baal HaSulam'ın, kişinin çalışmasında karşıtlığı görebildiğimizi söylemiştir. Bir yandan, bilgelerimiz (Avot, Bölüm 4), "Çok, ama çok alçakgönüllü ol." dediler. Diğer taraftan da "Ve yüreği, Kralın yolunda yüksekteydi," dediler. Şöyle ki kişi gerçekten de herkesin önünde alçakgönüllü olursa, onun Yaradan'ın yolunda yürüyüşüyle alay edenlerin üstesinden gelemez, çünkü kendini herkesin önünde eğer. O zaman, bunun yerine, "Yüreğini, Kralın yollunda yükseltti" demelidir. Yani, ona şunu söyleyenlerden etkilenmemelidir. "Üzerine aldığın bu iş, yetenekli ve engelleri aşmaya alışkın olan iyi yetiştirilmiş insanlara uygundur. Yani onlar küçüklükten beri, Yaradan'ın çalışmasına öncelikle önem vermeye alışkındırlar. Ama sen öyle değilsin. Sen önemli bir ev sahibi olmaya razı olmalısın, yani çocuklarının Tora öğrendiğini ve Yaradan çalışmasında olduğunu gör ve böylece sen önemli bir ev sahibi olacaksın ve kızların Tora öğrencileri ile evlenecekler. Orta yaşlı bir insanın, Torah Lişma [O'nun hatırı için] yolunda ve tamamen kendi yararına olmayan bir işin yolunda yürümeye başlaması, uygun değildir. Bu yoldan çekil ve seviyenin ötesindeki meselelerin derdine düşme."

O zaman, kişinin bunlardan etkilenmemek ve bilgelerimizin, "O, alayların önünde utanç duyma," sözlerini tutmak için hiçbir seçeneği kalmaz. Böylece, gururun yolundan gitmek zorunda kalır. Fakat öte yandan, "Çok ama çok alçakgönüllü ol" sözünü tutmalıdır. Ancak, şu kurala göre, "Bir taşıyıcıda iki zıtlık yok", her ikisi birden nasıl bir kişi olabilir? Yaratan çalışmasında iki karşıtlığın birçok başka örneği vardır, ancak, tek bir taşıyıcıda iki zıtlık, iki ayrı zamanda vardır, yani her defasında yalnız biri vardır.

Bu meselenin esası, "Zohar Kitabına Giriş" (madde: 10-11) makalesinde yazıldığı gibidir; "Kirliliğin ve Klipot'un (kabuk) arabası, kutsallığının aksi uçtadır, öyleyse nasıl olur da bunlar, Kutsal olandan ortaya çıkarlar?"

Orada şöyle diyor: "Ruhların özü, yaratılışları gereği, alma arzusudur, Tuma [kirlilik] ve Klipot'tur. Bu nedenle form eşitsizliği onları Yaradan'dan ayıracaktır. Ruhların Kli'si [kabı] üzerinde yer alan bu ayrılığı onarmak için tüm dünyaları yarattı ve onları iki sisteme ayırdı, bunlar Keduşa'nın dört ABYA dünyası ve bunların karşıtı olan Tuma'nın dört ABYA dünyasıdır. Keduşa'nın ABYA sistemine ihsan etme arzusunu damgalamış, onlardan kendileri için alma arzusunu kaldırmış ve Tuma'a ait ABYA sistemine yerleştirmiştir."

Ayrıca şöyle der: "Birbirinden zıt olan iki şey nasıl düzeltilecek? Bunun için, bu maddesel dünyanın, yani bir bedenin ve bir ruhun var olduğu, bir bozulmuşluk zamanı ve bir düzeltilme zamanının var olduğu bir gerçeklik yaratıldı. Kendisi için alma arzusu demek olan beden, Yaratılış düşüncesindeki kökünden, Tuma dünyaları sistemi aracılığıyla genişler ve ilk on üç yılda o sistemin hükmü altında kalır. Bu bozulmuşluk zamanıdır. On üç yıl sonra düzeltme zamanı başlar. Torah ve Mitzvot [emir ve iyi eylem] yoluyla, memnuniyet ihsan etmek için Yaradan'a tutunduğunda, içine damgalanmış olan alma arzusunu yavaş yavaş arındırmaya ve ihsan etmeye çevirmeye başlar."

Yaratılan yaratılır yaratılmaz, iki zıtlıktan oluşur, 1) alma kapları, 2) ihsan etme kapları. Bundan daha büyük bir zıtlık yoktur. Bu iki zıtlık her seferinde bir tanesi olmak üzere, tek bir taşıyıcıda gelir ve sanki her ikisini de içeren bir orta çizgi vardır: 1) alma arzusu 2) ihsan etme arzusu.

Ortadaki çizgi her ikisini de içerir. İhsan etme arzusuna alma arzusu dâhil olduğunda buna "ihsan etmek için almak" denir. Böylece bu iki güç alma ve ihsan etme arzusu olarak, orta çizgiye birlikte dahil olurlar.

Buna göre, "Kişinin tam bir bütünlük içinde çalışması ile eksik ve tam bir aşağılık içinde olması nasıl aynı taşıyıcıda olabilir?" sorusunun cevabı; bunun iki defada olabileceğidir. Yani, kişinin çalışmasını iki çizgiye ayırmak gerekiyor: Birinci yol "sağ" diye adlandırılan "bütünlük," yoludur. Çünkü kişi dönmeye başladığında önce "bütünlük," denen sağa ve sonra sola dönmelidir. Bunun nedeni şudur, çünkü insan yalnız iki bacak üzerinde yürüyebilir, tek bir bacakla yürümekten söz edilemez.

"Sağ çizgi", bütünlük anlamına gelir, çünkü kişi Yaradan'ın çalışmasını üstlenmeye geldiğinde, cennet krallığının yükünü "öküze yükü çektiği eşeğin yükü yüklendiği" gibi üstlenmesi emredilir. "Öküz", akıl anlamına gelir, ayetteki, "öküz sahibini tanısın," sözü mantık ötesi inancı ima eder.

"Eşek," kalp anlamına gelir, "eşek, efendisinin ahırı," ifadesindeki gibi, kendini-sevmeye işaret eder. Bu nedenle, kişi "onu, Yaratan'a memnuniyet vermek için çalışmayı" bir yük olarak görür ve bunu her zaman omuzlarından atmak ister. Kişi her zaman çalışması karşılığı ne yiyeceğini, yani kendi bu çalışmadan kendi mutluluğu için ne yarar sağlayacağını araştırır.

Kişi bu çalışmayı üstlendiği zaman, şunu der: Bunları kendim göreceğim, yani her zaman doğru yolda olup olmadığım hakkında kendimi aldatıyor muyum aldatmıyor muyum? Uygun olan yani başka bir nedenle değil, ama yalnız Yaradan'ın emri olduğu için Tora ve Mitzvot'u yerine getirmek bu mudur? Bununla birlikte, bilgelerimizin sözlerinde olduğu gibi, "Kişi daima Tora ve Mitzvot'a tutmalı, hatta Lo Lişma [O'nun adına değil] da olsa bile, zira Lo Lişma'dan Lişma'ya [O'nun için] gelecektir." Böylece, eğer her şey Yaratan için ise, neden Tora ve Mitzvot'u tam bir niyetle yerine getirip getirmediğimi düşüneyim ki?

"Ancak, Yaradan bana, Tora ve Mitzvot'ta bir şeyler yerine getirme arzusu ve düşüncesi verdiği için büyük bir ayrıcalığım var. Kurallara göre, önemli bir şeyi niceliği ile değil niteliği ile dikkate alırız. Hatta küçük bir miktar bile olsa, eğer bu nitelik önemli ise, yüksek nitelikteki küçük bir şey çok önemlidir. Bu sebepten dolayı, Yaratan bize Musa'dan beri Tora ve Mitzvot'u yerine getirmeyi emrettiği için, ne kadar tutabildiğime aldırış etmem. Aksine, en kötü ve en bozuk niyetle bile olsa, eylemde vücudumun izin verdiği kadarını yerine getiririm.

"Bedenimin arzularının üstesinden gelemememe rağmen, en azından, Yaradan'ın emirlerini bir şekilde tutabileceğime inanıyorum, çünkü her şeyin İlahi Takdirden geldiğine inanıyorum. Yaradan bana Tora ve Mitzvot'u yerine getirme arzusu ve gücü vermiş ve ben herkese Yaradan'ın Mitzvot'unu yerine getirme ayrıcalığı vermediğinden dolayı, O'na teşekkür ediyorum." Kişi, niyet olmadan bile Yaradan'ın emirlerini yerine getirmenin büyüklüğünün ve öneminin değerini bilemeyeceğini söylemelidir.

Bunu, yemek istemeyen, yemekten zevk almayan bir çocuğu, ebeveynlerin yemeğe zorlaması ile karşılaştırabiliriz. Zorlamayla bile sonunda çocuk bundan hiç memnun olmasa da çocuğa yardımcı olurlar ve böylece o büyüyebilir, yaşayabilir. Ancak, çocuğun kendi başına yemek istemesi, yani yemeğin tadını çıkarması daha iyi olurdu. Fakat hala zevk almadan ve tamamen zorlayarak bile, çocuğa yarar sağlanır.

Yaratan'a hizmet etmede de aynı şekilde söyleyebiliriz. Tora ve Mitzvot'u zorla tutmak, kendimizi zorlamak anlamına geliyor ve bedenlerimiz Keduşa'nın [kutsallık] olan her şeye direnir. Yine de yaptığı eylemler etkisini gösterir ve bunlarla kişi bunları yerine getirmek için bir arzuya sahip olduğu bir duruma gelebilir. O zaman, yaptığı hiçbir şey boşuna değildir. Aksine, yaptığı her şey Keduşa'ya girer.

Bunu, bilgelerimizin bu ayet hakkında söylediği ile yorumlayabiliriz, "Kendi arzusuna göre Efendiye, kurban verecek." (Arachin, 21). "Bilgimiz, "Kurban verecek", sözü kişinin zorlandığını gösterir. Ama yazıldığı üzere bu, "kendi arzusuna göre." Bu nasıl oluyor? Kişi, "Ben istiyorum" diyene kadar zorlanır.

Bunun anlamı şudur; "Kendi arzusuna göre Efendiye," sözleri bilgelerimizi hayrete düşürür. Şöyle ki, eğer Yaradan için çalışmıyor ise, kişinin kendini Yaradan'a yakınlaştırmak için yaptığı bir şey Yaradan tarafından "Tanrı'nın isteğine göre," yapılmış bir eylem olarak kabul edilmez. Aksine bu kişi hala Yaradan yararına bir şey yapmaktan acizdir, yani sanki hiçbir şey yapmamış gibi, yaptığı işlerin bir değeri yoktur, çünkü bunlar hala Yaradan'ın istediğine göre değildir.

Ancak, "O kurban verecektir" diye yazılmıştır. Bu, zorla, hatta zorlanmış anlamına gelir. Yani, Yaradan için çalışmak istemediği zaman, hala "kurban" olarak adlandırılır. Fakat bu şaşırtıcıdır, çünkü Yaradan'a olan adağını feda etmek istemediğinden, ayetin başlangıcı kendi sonuyla çelişir.

Bu konuda şöyle demişler: "Ben istiyorum diyene kadar zorlandı." Bu, bilgelerimizin söylediği şu kuralı takip eder: "Kişi daima, Lo Lişma'da bile olsa, Lo Lişma'dan Lişma'ya gelene kadar, Tora ve Mitzvot'a tutunmalıdır. Lişma'ya" (Pesahim 50b). Bunun anlamı şudur; her seferinde, kendisi için bir haz görmediği yerde çalışamadığından, bedeni Yaradan için çalışmaya razı olmasa bile kişi boyun eğer.

Yine de bedeninin şikâyetlerini dikkate almaz ve bedenine şöyle der: "Zorla bile olsa, Yaradan'ın emirlerini yerine getiriyorsun. Bu işe direnmenin sana bir yararı olmayacaktır. Pratik Mitzvot'un kişiyi Lişma'ya getirme gücüne sahip olduğu söylenir. Bunun anlamı şudur; "O zorlandı" anlamına gelir, yani kendini zorlar ve bedenin ona açıklamaya çalıştığı herhangi bir mantığı ve gerekçeyi dinlemez ve "Sonunda Lişma'ya ulaşır". 'Ben istiyorum" sözünün anlamı budur." Yani, Lo Lişma'dan "Ben istiyorum" denilen Lişma'ya gelir.

Bu nedenle, Keduşa'nın eylemlerini yaptığını hatırladığında, her defasında, Yaradan'ın ona emrettiği şeyleri yapmakla ilişki kurmakla ödüllendirildiği için kişinin içinde derhal büyük bir sevinç uyanır. Kişi hala yaptığı her şeyin Lo Lişma'da olduğunu bilmesine rağmen, bilgelerimizin, Lo Lişma'dan Lişma'ya geleceğimize dair verdiği söz yüzünden çok mutludur.

Hatta daha da mutludur, çünkü bilgelerimiz şöyle der: "Sevgiden tövbe eden için günahlar ödül olur ve korkudan tövbe eden için günahlar hatalar haline gelir." Böylece, Lişma'da çalışmak ile ödüllendirildiğinde, Lo Lişma'da yaptığı bütün Mitzvot, Keduşa'ya girecek ve sanki onları Lişma'da yapmış kadar önemli olacak.

Böylece, hala Lo Lişma da çalışırken bile, bu kişi için Lişma'da çalışmak kadar önemlidir. Yani, yaptığı her şeyin günahlardan daha önemli olduğunu ve iyi olmak üzere düzeltileceğini düşünür ve yaptığı en küçük şeyi bile büyük bir Mitzva [emir] gibi önemser. Bu bilgelerimizin dediği gibidir (Avot, Bölüm 2); "Emirlerin ödülünü bilmediğin için küçük bir emre de büyük bir emirmiş gibi önem ver."

Bu nedenle, yaptığı işleri, kimin Mitzvot'unu yerine getirdiğini, Tora'nın sözlerini söylerken hesaplarken, kendine şöyle der; "Kimin Tora'sını öğreniyorum?" Ve daha önce olduğu gibi içmekten veya yemekten zevk için şükrettiğinde "Şimdi kiminle konuşuyorum?" diye düşünür.

O zaman tam bir bütünlük içinde olduğu ve bütünlüğün sevinç yarattığı, iyi ve iyilik yapan Yaradan'ıyla konuştuğunu varsaydığı Yaradan'ına bağlıdır. Elbette, kişi kökten sevinç alır çünkü tüm yaratılışın kökü "İyilik yapan iyi" olarak adlandırılan Yaradan'dır.

Bilgelerimiz söyle demiştir; "Ona karşı iyi ve başkalarına iyilik yapar." Bunun anlamı şudur; bu durumda, kişi Yaradan'ın ona ve herkese iyi davrandığına inanmaktadır. Böylece dışsal aklı ile bütünüyle iyilik olduğu sonucuna varmasa bile mantık ötesinde böyle olduğuna inanır.

Ama şimdi, Tora ve Mitzvot çalışmalarıyla yaptığı hesaplamalar yoluyla, Yaradan'a bir dereceye bağlı kaldığı zaman kişi mantık ötesi inanma gücüne sahip olur. Elbette, "doğru olan, kendi yolunu gösterecektir." Şu anda Yaradan ile konuşuyor olduğunu düşünmesi, kişiye büyük uyanış ve sevinç verir. Yazıldığı üzere; "O'nun huzurundaki yücelik ve ihtişam, O'nun yerindeki güç ve sevinç."

O'nun yerindeki sevinç olduğunu söyleyenle ilişkili olanı anlamalıyız. Onun hanesinde haz olduğunu söyleyen kişi ile ilişkisini anlamalıyız. Kuşkusuz bahsettiğimiz tüm isimler yaratılanların gözünden yaratılanların görüş açısındandır, yani yaratılanların algısına göredir. Bununla birlikte, Yaradan'ın kendisinde, bilgelerimizin dediği gibi "Burada O'nun içinde hiçbir düşünce ya da algı yoktur." Daha doğrusu, bu söylenenlerin hepsi yalnızca yaratılmış olanların bakış açısındandır.

Bu nedenle, bunun anlamı şudur; O'nun huzurunda durmakta olduklarını hissedenler onun yüceliğini ve ihtişamını hissederler, bunun yanı sıra, bu "yer," "form eşitliği," anlamına geldiği için de O'nun yerinde olduklarını düşünürler.

Ancak, Baal Ha Sulam'dan duyduğum üzere, bunun başka bir anlamı da vardır ve bu bir yansımayla ilgilidir, şöyle ki bu yerde bulunan kişi tek ve bir olduğunu düşünür. Böylece eğer kişi Kral ile ayakta durduğunu ve konuştuğunu düşünürse, o zaman Kral'ın bulunduğu yerdedir ve böylece yazıldığı gibi kişi "O'nun yerinde güç ve sevinç," hisseder.

Bu sayede bilgelerimizin şu söylediği; "Adar'ın başlangıcından itibaren sevinci arttırırız," sözünü anlayabilir ve bunun hakkında şu soruyu sorabiliriz; "Neden sevinç arttırılıyor?" Sevinç bir nedenin sonucudur, bu yüzden bizde, bize sevinç getirmeyi uyandıran sebep nedir?

Yukarıdakilere göre, bu, "bütünlük" olarak adlandırılan, sağ çizgide ilerlemeyi arttırmakla ilgilidir. Kişi bütünlük halinde olduğunda, buna "form eşitliği" denir. Yani bu bütünlük, adamdır ve şimdi o bütüne bağlıdır, "Kutsanmış olanlar kutsananlara bağlıdır ve lanetli olanlar kutsananlara bağlı değildir." diye yazılmıştır. Bu nedenle, eğer kişi "sol çizgi" olarak adlandırılan bir eleştiri durumundaysa, o "lanetli" durumdadır ve bütünden ayrılmıştır. Bu sebepten ötürü ışığı değil, karanlığı hissedebilir, çünkü sadece ışık sevinç getirir.

Bununla birlikte, özellikle neden Adar ayında hazzı artırması gerektiğini ve neden tüm yıl boyunca sağ çizgide olamadığımızı anlamalıyız? Bunu şöyle cevaplayabiliriz; çünkü ıslahın sonundaki ışığının aydınlattığı Purim mucizesi, Adar ayındaydı. Niyetler Kapısı'nda (On Sefirot'un Çalışması, Bölüm 16, madde 220) yazıldığı üzere; "Bu nedenle gelecekte, Purim hariç tüm bayramlar iptal olacak." Bunun nedeni şudur; hiçbir zaman bu kadar büyük bir mucize olmamıştır ne Şabat'ta ne de başka bir iyi günde.

Bu nedenle, bu yüce ışığa hazırlık yapmak sevinç içinde olmalıdır, bu yüce ve çok değerli bir misafire hazırlanmaktır, bu ıslahın sonundaki ışıktır. Böylece artan bir neşeyle hazırlık yapmakla "ziyafet ve mutluluk günleri," diye adlandırılan bu ışığı genişletiriz.

Bunu takiben, kutsal Zohar'da şu kural yazılıdır; "Aşağıdaki eylem, yukarıdaki eylemi uyandırır." Yani, aşağıda olanın çalışmasına göre, yukarıdaki çalışmalar uyanır. Bu demektir ki, aşağı olanlar sevince bağlandığında, aynı şekilde sevinç ışığı da aşağıya doğru genişler, uzanır. Yazıldığı üzere (Esther, 9:21), "Ve Mordehai, Yahudilerin düşmanlarından kurtulduğu günlerde onların zorunlu olduğunu yazdı ve bu ay onlar için üzüntünün mutluğa ve yasın bayrama döndüğü bir ay oldu, onlar için bu günlerin ziyafet ve mutluluk günleri olması gerekiyordu," böylece onları aydınlatan ıslahın sonundaki ışığı genişlettiler.

Sevincin genişlemesi ile ilgili olanı sorgulayıp anlamalıyız. Bunun sebebi, kişinin Yaradan'a onu daha da yakınlaştırdığı için teşekkür etmesidir, demiştik. Şöyle ki, kişi şükrettiğinde, ihsan etme için çaba içindedir, çünkü kişi Yaradan'a maneviyat ile az da olsa temas kurması için bir düşünce ve arzu verdiği için teşekkür etmekte ve övgüde bulunmaktadır.

Ama şimdi kişi Yaradan'ın ona bir şey vermesini istememektedir. Bu nedenle kişi şimdi Yaradan'dan hiçbir şey istememekte ve tek amacı Yaradan'a teşekkür etmektir. Böylece Yaradan'a ihsan etme durumu olan Dvekut halindedir. Böylelikle, Dvekut'tan ona haz ve bütünlük çekilir, çünkü şimdi kişi tek ve bütün olana bağlı kalmıştır. Artan hazzın anlamı budur.

Dua etmeye gelmesi, yoksunluklarla dolu kalbinin derinliklerinden gelen bir dua yüzünden değildir, zira duası eksikliğinin ölçüsü kadar derindir. Kişi bundan sonra mutlu olamaz. Çünkü mutluluğa neden olan kişinin övgü ve şükranla meşgul olmasıdır, eksikliklerini incelemekle meşgul olması değildir.

Yukarıda anlatılana göre, bilgelerimizin söylediklerini yorumlayabiliriz: "Eğer putperestlere danışıyorsa, onu Adar'da yargılayın." bunun anlamı şudur, her ne kadar İsrail'in yabancılara danışması gelenekten olsa bile, bu yabancılara danışıyor demektir. Bu, başka bir çalışmaya ve başka bir alışverişe dâhil olmayıp da Tora ve bu çalışmaya bağlı olan insanlara mı aittir?

Çalışmada bunu şöyle yorumlamalıyız, bu putperestlerin tüm İsrail'de, yani tek bir bedende var olduğuna işaret eder. Yaradan'ın yolunda yürümek isteyenlerin bedenleri onlara direnir. Atalarımızın şu ayette dediği gibi "İçinizde yabancı bir Tanrı olmayacak", "İnsan bedenindeki yabancı Tanrı nedir? Bu kötü eğilimdir." Bu, İsrail'e karşı direniş gösterdiği için "putperestler" olarak adlandırılır. Bu ona danışılıyor diye kabul edilir. Ve sonra, Adar ayında, mucize ile ödüllendirildiklerinde ve onlar Yahudilerden korktukları için Yahudiler sevinç ve neşe duyuyorlardı, Yahudiler düşmanlarını yönetiyorlardı, bu nedenle kişi içindeki yabancıyı bu ay içinde cezalandırabilir ve bu ay kesinlikle bunda başarılı olur, çünkü "tersine döndü", "ve Yahudiler düşmanlarını yönettiler," diye yazılmıştır.

Kişinin putperestlere danıştığını unutmamalıyız, çünkü her biri "hepsi benimdir," diye iddia eder. İsrail şunu savunur; beden yalnız İsrail olmak ve kendini-sevmek için değil, Yaradan'ın hizmetinde olmak için yaratılmıştır, kişinin içindeki yabancılar ise "hepsi benimdir," diye itiraz ederler, yani tüm beden alma arzusu için yaratılmıştır, zira beden yalnız kendi alma arzusunu dikkate almalıdır. Neden ihsan etmek istesin ki? Bunun doğru olduğuna dair kanıtlar gösterir, zira herkesin yaptığı şey budur.

Yani, ona "Git ve herkes ne yapıyor, gör. Kendi ihtiyaçların karşılanmazken başkalarıyla ilgilenen biri var mı? Tüm ihtiyaçları tamamen karşılanmış olan ancak bir avuç insan vardır ki onlar başkalarının refahını gözetmeye başlarlar. Ancak, başkaları için olan bu endişelerine karşı dikkatli davranırlar, Tanrı korusun, kendini-sevmeye bir leke sürülmesin diye. Ancak sen, "hepsi benimdir", yani kendini sevmeyi düşünmekten tamamen kaçın diyorsun. Daha doğrusu, sen tüm enerjini başkalarına hizmet için kullanmak istiyorsun ve bunun için "başkalarını-sevmeyi," gerekçe gösteriyorsun, bunun son olmadığını ve başkalarını sevmeye bağlanarak Yaradan sevgisine erişilebileceğini, bana söylüyorsun. Böylece sen Yaradan'ın önünde tamamen iptal olmak istiyorsun. Eğer sen tüm bedenini Yaradan'a vermek ve O'nun önünde tamamen eğilmek istiyorsan, peki ama o zaman bedene ne olacak? Söyle bana, buna nasıl razı olurum? Bunu anlamak çok zor ve bu yüzden ben, "hepsi benimdir," demek ve senin bir adım daha ileri gitmene izin vermemek zorundayım."

Bu durumda, herkes kendisinin haklı olduğunu söylediğinden büyük bir mücadele olur. Kişinin içindeki İsrail, şöyle iddia eder; Yaradan bizi O'nun iradesinin Yaradan'ın yararına olduğu niyeti ile yarattığından, yaratılanlar için neyin iyi olduğunu kesinlikle biliyordur. Şöyle ki, her şeyi yalnız Yaradan'a ihsan etmek için yaparak, içsel akıl ve kalpteki içsel hissi giyinen "Tanrısallığın ifşası," denen en yüksek seviyeye erişecek güçleri olacaktır. Böylelikle, yalnızca bu şekilde Yaradan'ın yaratılanlara vermek istediği tüm zevk ve hazları alabileceklerdir.

Alma kapları ile aldıkları takdirde bu böyle olmayacaktır. Bu ayrılığa neden olduğu gibi, daha az memnun olma meselesi de vardır. Zohar'da yazılana inanmalıyız ki onların varlığını sürdürmek için, Klipot'a (kabuklara) yalnız soluk bir ışık parlar. Yani, maddesel dünyadaki tüm zevkler, Keduşa'da [kutsallık] bulunan zevk ve hazla karşılaştırıldığında soluk bir ışıktır.

Başka bir deyişle, Nefeş-de-Assiya gibi küçük bir derecedeki Keduşa bile, tüm dünyevi zevklerden daha fazla zevk içerir. Eğer kişi kendi yararına alma arzusu içinde bolluk alacak olsaydı, buna razı olurdu ve daha yüksek derecelere ulaşamazdı, çünkü kendi hazzı için, Nefesh-de-Assiya'nın ışığı tatmin ediciydi ve keyif aldığı zevklere hiçbir şey eklemeye gerek kalmayacaktı.

Bununla birlikte, kişiye Yaradan'a ihsan edebilmek için çalışma öğretildiği zaman, "bana bağışlanmış olana razı olurum," diyemez, çünkü aldığı her şey Yaradan'a fayda sağlamak içindir. Bu yüzden kişi şöyle diyemez; "Biraz üst ışık alarak Yaradan'ı memnun ettiğim için yeterli olana sahibim ve bu Yaradan'ı memnun ettiği için artık daha fazla almak istemiyorum."

"Bu küçük aydınlatmayı O'ndan aldığım için ve onu memnun ettiğim için yeterince aldım" demek yasaktır. Bunun yerine kişi, Yaradan'a her seferinde daha fazla ihsan etmek için çalışmalıdır. Yaratılışın amacı O'nun yarattıklarına iyilik yapmak olduğu için, yukarıdaki her bir haz gerçekte aşağıya ulaşır ve yukarıyı bu memnun eder. Bu yüzden Adar ayında, mucize zamanı uyandığı zaman, yazıldığı üzere, "Tersine döndü ve Yahudiler düşmanlarını yönettiler," bu kişinin içindeki yabancıyı uyandırma zamanı gelmişti. Bilgelerimizin dediği gibi (Berachot 5), "Kişi her zaman iyi eğilimi kötü eğilime karşı kızdırmalıdır," söylendiği üzere, "Kızgın ol ama günah işleme". RASHİ, "iyi eğilimi kızdırmalı," sözünü kötü eğilimle mücadele etmek olarak yorumlar.

Bu, Adar ayında kötü eğilimini yenebileceği anlamına gelir, o zamandan beri, yukarıdan gelen mucize olduğunda, bilgelerimizin dediği gibi (Şabat 88), "Yerine getirdiler ve aldılar." RASHİ şöyle yorumluyor: "Rabba'nın dediği gibi, neslin Ahasuerus günlerinde aldığı şey, kendilerine yapılan mucizenin sevgisinden dolayı oldu."

Ama Av ayında, Tapınağın yıkılış zamanında, yasını tutmamız gerekir, o zaman bilgelerimizin dediği "hazzı azaltmak," Adar ayında ortaya çıkan mucizeyi uyandırmak için sağda, yani Adar ayında yürüdüğümüz yol budur. Bilgelerimizin dediği gibi, "Bu mucizenin aşkına, yerine getirdiler ve edindiler."

Fakat Av ayında, Tapınağın yıkılışının yasını tutmamız gerektiğinde, sol çizgide çalışmalıyız, bu demektir ki, eylemlerimizi, ihsan etmek için olan Keduşa'nın yolunda olmamız gerekirken bundan ne kadar da uzakta olduğumuzu eleştirmeliyiz.

Kişi bunu düşünürken, Keduşa'dan uzak bir konumdadır ve kendini-sevmeye odaklanmıştır zira Tora ve Mitzvot'a bağlanması tamamen alma arzusunu tatmin etme temeline dayanır.

Bu nedenle, kendi aşağılığını göz önüne aldığında Keduşa'nın yıkımının acısı herkesin içinde mevcuttur. Ve böylece, "Kudüs'ün yasını tutan herkes Kudüs'ün refahını görmekle ödüllendirilir" ayeti gerçek olur.

Kişi Günah İşlemeli ve Suçlu Olmalıdır

Makale No. 20, Tav-Şin-Mem-Vav, 1985-86

Zohar, Vayikra'da (madde 251) şöyle yazılmıştır: "Bizler, 'Kişi günah işlemeli ve şuçlu olmalıdır 'diye yazıldığını öğrendik." Neden önce "Kişi günah işlemelidir" ve sonunda "ve suçlu olmalıdır" diyor? Şöyle yanıtlar: "Kişi, günah işlemelidir", bunların "insanın tüm günahlarından" diye yazıldığı üzere, yaratılanların işledikleri günahların, suçlar anlamına geldiğini öğrendik. "Ve suçlu olmalıdır", "ve suçlu olmalıdır" olan yerde "Suç, Efendi'ye döndürülür", "ıslah edilecektir" anlamına gelir. Bu demektir ki, "Kişi günah işlemelidir," eğer kişi çalışmasını ıslah eder ve çaldığını geri verirse anlamına gelir. Rabbi Yosi, "Bunun anlamı, 'döner 'sözcüğü, kişi kendi başına döner demektir, zira zorunlu anlamında 'dönecek 'yazılmamıştır, tam olarak kendi başına anlamında 'döner 'yazılmıştır" dedi.

Neden "Kişi günah işlemelidir" dediğini anlamalıyız. "İnsanın tüm günahlarından" yazıldığı yerde, hangi suçlara "günah" denir? Bunu anlamalıyız, zira günah sayılmayan bir suç var mıdır? Buna bir kanıt getirir; şöyle yazıldığı gibi, "insanın tüm günahlarından." Daha sonra, özellikle insan ile insan arasında geçerli olan "hırsızlık hakkında" ayetini yorumlar.

Peki ya insan ile Yaradan arasındaki Mitzvot (emirler)? Bunu çalışmada açıklayacağız. Bilinir ki, bütün günahlar, "O'nun yarattıklarına iyilik yapmak" olan yaratılış düşüncesiyle yaratılanlara işlenmiş olan alma arzusundan gelir. "Utanç ekmeği"nden kaçınmak için yapılan Tzimtzum'un (kısıtlamanın) ıslahı olan, almak için almak üzerinde alma yasağı vardı, bu ıslah nedeniyle kademeli olarak Klipot (kabuklar) dünyası oluştu.

Ardından Adam HaRişon'un bilgi ağacı ile işlediği günahla, "Tanrı birini diğerinin zıttı olacak şekilde yarattı" ifadesinde olduğu gibi, iki sistem ortaya çıktı. Bu yüzden, Keduşa'nın (kutsallığın) ABYA'sı ve onun zıttı olan Tuma'a'nın (kirliliğin) ABYA'sı vardır.

Bütün günahlar, sadece almak için almayı istemekten gelir. Bu demektir ki, insan kendini-sevme doğasıyla yaratılmıştır yani yalnızca kendi çıkarını gözetir. Yalnızca Tora ve Mitzvot'un Segula'sı (şifası/erdemi) ile kişi ihsan etmek için çalışmak üzere ıslah edilebilir. Kişi, "ihsan etmek için" denen bu ıslahı almadan önce her şeyi kendi alanında zaptetmek yani her şeyi Yaradan'ın alanından alarak insanın alanına getirmek ister.

Bundan dünyamıza şu üç anlayış uzanır: 1) Yasaklanan şeyler ve izin verilen şeyler. 2) İzin verilen şeylerde şu iki ayrımı yaparız: zorunlu ya da isteğe bağlı. 3) Niyet yani onları yapmamak için, yasaklanan şeylerle de amaçlamalıyız ki ihsan etme amacıyla olsun. İster zorunlu olsun ister isteğe bağlı olsun izin verilen şeylerde niyet, kendi çıkarımız için değil, ihsan etmek için olmalıdır. Ancak kişi Tora ve Mitzvot'u, Yaradan'ın emirleri olduğu için tutar çünkü Yaradan'ın bizlere emrettiği şeyleri yerine getirmenin O'nu hoşnut edeceğine inanır. Kişinin yaptığı her şeydeki, olumlu Mitzvot'taki (bir şeyleri yapma emirleri), olumsuz Mitzvot'taki (bir şeyleri yapmama emirleri) ve isteğe bağlı konulardaki tek niyeti bu olmalıdır. Kişi bunlarla meşgul olurken her şeyi Yaradan'a için hedefleme çalışmalıdır.

Sonuç olarak eğer bir kişi, hazzı kendi otoritesine alırsa, günahı, Yaradan'ın otoritesinden çıkıp kendi otoritesine girmektir, zira her şey Yaradan'ın alanına girmeli, insan yalnız Yaradan'ın hizmetkârı olmalı ve kendi otoritesi olmamalıdır. Daha doğrusu, her şey Efendisinin alanında olmalı, hizmetkârın kendi otoritesi olmamalıdır.

Ancak, kişi dünyada var olan hazları kendi alanına aldığında, iki alan varmış gibi görünür. Bu, Yaradan'ın alanından, O'nun olan dünyadan çekmek ve kendi alanına almak olarak kabul edilir.

Kişinin, dostunun alanından çıkarıp, kendi alanına alması konusunda şu iki tavrı ayırt etmeliyiz: 1) Dostu, kişinin dostunun alanından çektiğini ve kendi alanına aldığını görmez. Buna "hırsız" denir. Bu demektir ki, eğer dostu görmüyorsa, kişi, dostunun sahip olduklarını kendi alanına alma cesaretine sahiptir. Ancak eğer dostu, kişinin bazı şeyler aldığını ve kendi alanına çektiğini görüyorsa o zaman çalmaz.

2) Kişi, bazen dostunun sahip olduklarını dostu dirense bile alır. Buna "soygun" denir. Kişi, dostu görse bile onu soyar ancak dostunun bunun bir soygun olduğunu haykırması onu korkutmaz ve buna izin vermez. Israr eder yani dostunun sahip olduklarına karşı duyduğu tutkunun üstesinden gelecek gücü yoktur ve soymak

zorunda kalır. Alırken karşısındakinin ona bakmasından etkilenmemesinin nedeni, alma arzusunun halihazırda tümüyle gelişmiş olmasıdır.

Baal HaSulam, bir hırsızla bir soyguncu arasındaki farkın, soyguncunun hırsızdan daha büyük bir alma arzusuna sahip olması olduğunu söyler. Bu nedenle, bir hırsız, sahibinin iş başında onu göreceğini bilir, bu utanç, üstesinden gelmesi ve hırsızlıktan vazgeçmesi için ona güç verir. Ancak bir soyguncunun alma arzusu çok daha güçlüdür, hiçbir şey onu planını uygulamaktan alıkoyamaz. Arzusu ve tutkusu o kadar büyüktür ki, hiçbir şeyi dikkate almaz ve planını uygular.

Şimdi, "insanın tüm günahlarından" diye yazıldığı üzere, yukarıda sorduğumuz "kişi günah işlemelidir" ifadesinin ima ettiği şeyin ne olduğunu yani bunlardan hangisine "günah" dendiğini açıklayabiliriz. "İnsanın bütün günahlarından" ayetinden kanıt getirdikten sonra "Günah denilen günahlardan" demesini yorumlamalıyız. "Bütün" ne demektir? Bunu, bütün günahların geldiği kökü yani dünyadaki bütün eylemlerin onunla başladığı ve bütün işlerin onunla sonlandığı alma arzusunu ima ettiği şeklinde yorumlamalıyız. Bu demektir ki, bu arzu bizlere ıslah etmemiz için verilmiştir ki böylece ihsan etmek için çalışsın. Genel alma arzusu, ihsan etmek üzere ıslah edildiğinde, buna "ıslahın sonu" denecektir.

Bu demektir ki, Tora ve Mitzvot'ta uygulamamız gereken tüm ıslahlar, alma arzusunun, ihsan etmek üzere çalışması içindir ve ancak o zaman Dvekut'la (bütünleşme) ödüllendirilecek ve O'nun yarattıklarına iyilik yapmak olan yaratılış amacına ulaşabileceğiz.

Dolayısıyla ıslahın sonunda, her şey ıslah edildiğinde ve ıslah edilecek bir şey kalmadığında, her şey Keduşa'ya girmelidir. Bu demektir ki, günahlar bile Keduşa'ya girmelidir yoksa alma arzusunun bir kısmı eksik olacak, ıslah olmadan dışarıda kalacaktır. "İnsanın bütün günahlarından" ayetinin, bu kökten uzanan her şeyi ima ettiğini söylemiştik. Bu demektir ki, bütün günahların, bunun tüm yaratılanların kökü olduğunu bildiğimiz ilkel alma arzusundan uzandığını bilmeliyiz. Bu nedenle, kökten, alma arzusundan uzandığı için bir günah bile kalırsa, o da ihsan etmek üzere ıslah edilmelidir yoksa bu eksiklik kökte yani O'nun yarattıklarına iyilik yapmak olan yaratılış düşüncesinde var olan her şeyi, ihsan etmek üzere çalışmak için ıslah edilmiş Kelim'de (kaplar) alabilelim diye ilkel alma arzusu üzerinde yapılmış olan Tzimtzum Alef'te (birinci kısıtlama) görünür.

Bunu bir tasvir yoluyla anlayabiliriz. Farz edelim ki, O'nun yarattıklarına iyilik yapmak olan arzusu, yüz kilo haz için olsun. Doğal olarak, yüz kiloluk eksikliği olan bir Kli (kap) yaratmak zorundaydı. Aksi taktirde bu yüz kiloluk hazzı koyacak yer olmaz çünkü yalnızca eksikliğin olduğu yerde doyum vardır. Dolayısıyla bu Kelim'i (kapları) yani eksiklikleri doldurursak ve Kelim'i dışarıda bırakırsak (bu demektir ki, yüz kiloluk eksikliğe ait olan Kelim'in bir kısmı kirli ve onlara ait bollukla dolmaya uygun değil), O'nun vermek istediği yüz kiloluk bolluk, O'nun arzusu giderilmez çünkü bolluğun bir kısmına ait olan Kelim'in bir bölümü halen onlara ait olanı alamaz.

Dolayısıyla yaratılış zamanında ortaya çıkan Kelim'in tamamı, Keduşa'ya (kutsallığa) girmelidir. Böylelikle kutsal Zohar'ın dediği "Ölüm meleği kutsal bir melek olmaya yazgılıdır" ifadesini anlayacağız. Bu, yukarıda söylendiği gibidir; bütün kötülük, Yaradan'ın yarattığı alma arzusundan gelir ve sonra kısıtlanır, buna "ıslah" denir, O'nun yarattığı yüz kiloluk alma arzusunun tamamı, "ihsan etmek için almak" denen ıslah aracılığıyla alınmalıdır. Islahın sonundan önce ıslah edemeyeceğimiz bu algılara, Klipot (kabuklar), Tuma'a (kirlilik) ve Sitra Ahra (diğer taraf) denir, ancak ıslahın sonunda Kelim'in tamamı yukarıda bahsedilen sebep nedeniyle Keduşa'ya girmelidir. Aksi taktirde, bollukta eksiklik olacaktır, zira Kelim'in tamamı payına düşen bolluğu almalıdır.

Artık "insanın bütün günahlarından" ifadesini anlayabiliriz. Bu, "alma arzusu" denen günahların kökü ile ilgilidir. Bu nedenle, "Kişi günah işlemeli ve suçlu olmalıdır" şeklinde yazılmıştır. "İnsanın bütün günahlarından" ayetinin anlamı, sonrasında "ve suçlu olmalıdır" ayeti hakkında yorumlandığı üzere, özellikle insan ve insan arasındaki günahlar değildir. Bu, "suç, Efendiye döndürülür" dediğiniz üzere, "ve suçlu olmalıdır" demek, kişi işlerini ıslah edecek ve çaldığını geri verecek demektir, bu da özellikle insan ve insan arasında anlamına gelir.

Ancak, bütün günahların kökünün, almak için alma arzusu olduğunu, kişinin Yaradan'dan yani O'nun alanından aldığı şey olduğunu ve her şeyi "hırsızlık" olarak adlandırılan kendi alanına aldığını yorumlamalıyız. Kişi, Tora çığlık atıp kişinin kendi alanına almasının yasak olduğunu ya da iki alana sahip olmak olarak kabul edildiğini söylese de, Yaradan'ın etki alanından çeker ve Yaradan'ın etki alanından hazları kendi alanına alır. Dolayısıyla kişi hırsız olarak değil ama soyguncu olarak kabul edilir çünkü Yaradan onun aldığını görse de kişinin alma arzusu o kadar güçlüdür ki, buna karşı koyamaz, bu yüzden hırsız değil, soyguncu olarak kabul edilir.

Ve onun ıslahı nedir? Çaldığını iade eder yani tövbe eder ve ıslah eder ki böylece işlerinin tamamı Keduşa'ya girsin. Bu demektir ki, bütün işlerinin ihsan etmek üzere olacağı arzuyu büyütür. Bu nedenle "Kişi günah işlemeli ve suçlu olmalıdır" ifadesini "ve suçlu olmalıdır" yani ıslah anlamında yorumlar.

Rabbi Yosi ekler ve şöyle der: "Bu, 've döner' şeklinde yazılan, kendi başına dönmek anlamına gelir, zira 've döner 'zorunlu olarak yazılmaz tam tersine 'döner 'tam olarak kendi başına döner demektir. Yani günahlar, kişi için hatalar olduğunda ve bu hırsızlıktan dönmüş kabul edilmesine rağmen, 'korkudan tövbe 'vardır." Ancak bu yine de gönüllü olarak kabul edilmez. Aksine halen korkusu olduğu için hırsızlığı iade eder. Ancak bu "kendi başına" yani kendi iradesiyle olarak kabul edilmez, dolayısıyla diyebiliriz ki, kişi hırsızlığı iade etmekten mutludur. Daha doğrusu sanki başka seçeneği yokmuş gibidir.

Korkudan tövbe, yine de günahı ıslah etmez, zira korkudan tövbe ile sadece hatalar haline gelir. Bundan dolayı halen Keduşa'nın dışında olan Kelim vardır yani üst bolluk onlarda kıyafetlenemez. Bu yüzden O'nun yarattıklarına iyilik yapmak, aşağıdakilere ihsan etme arzusu hiçbir yerde kıyafetlenmez. Amaçta bir eksiklik varmış gibidir.

Bu yüzden, bizlere "sevgiden tövbe" denen bir ıslah verilmiştir. O zaman günahlar kişi için erdemlere dönüşür. "Günahlar" olan, yaratılış amacının perspektifinden üst bolluğa ait alma arzuları olan Kelim, bolluğu almaya uygun değildir. Ancak bu Kelim'den erdemler yapıldığında, üst bolluğun kıyafetlenmesi için uygun olurlar ve o zaman O'nun yarattıklarına fayda sağlamak olan amacın tamamlanması, O'nun vermek istediği bolluk ölçüsünde gerçekleşir. Artık birkaç parçaya bölünmüş (çünkü küçük parçaları ıslah etmek daha kolaydır) genel alma arzusuna ait olan Kelim'in tamamı girmiştir.

Bu, Baal HaSulam'ın bilgi ağacının ıslahı hakkındaki söylediği (Panim Masbirot s. 56) alegori gibidir; oğluna denizaşırı altın göndermek isteyen bir kralla ilgilidir, ancak köylülerin tümü hırsızdır. Bu yüzden altınları, madeni paralara değiştirir, kuruşlar büyük bir meblağda toplanır ve böylece her şey ıslah edilir.

Mantık Ötesine Dair

Makale No. 21, Tav-Şin-Mem-Vav, 1985-86

Mantık ötesiyle ilgili olarak, bu aracı hem dostlar arasında hem de birey ve Yaradan arasında kullanmalıyız. Ancak, aralarında bir fark vardır. Bu yöntem, birey ve Yaradan arasında sonsuza kadar kalmalıdır. Diğer bir deyişle, kişi asla "mantık ötesi inanç" olarak adlandırılan bu yöntemi hafife almamalıdır. Ama dostlar arasında, eğer kişi dostunun erdemini mantık dâhilinde görebilirse, bu çok daha iyidir.

Ve yine de bedenin doğası tam tersidir, dostunun erdemini değil, daima hatalarını görür. Bu nedenle atalarımız şöyle der: "Her insanı olumlu şekilde yargıla." Diğer bir deyişle, mantık dahilinde dostunun hatalı olduğunu görsen bile, yine de onu olumlu olarak yargılamaya çalışmalısın. Ve bu ancak mantık ötesi olabilir. Öyle ki kişi mantığıyla dostunu haklı çıkaramasa da onu her şeye rağmen mantık ötesi olarak haklı görebilir.

Ancak, dostunu mantık dahilinde haklı görürse, bu kesinlikle daha iyidir. Örneğin kişi dostlarının kendisinden daha yüksek bir seviyede olduğunu görürse, dostlarıyla karşılaştırıldığında kendisinin ne kadar aşağıda olduğunu mantık dahilinde görürse, tüm dostlarının derse gelme zamanına uyduğunu, dostlar arasında olan her şeye daha fazla ilgi gösterdiklerini, her şekilde herkese edebildikleri kadar yardım ettiklerini ve çalışmada hocalarından öğrendikleri her tavsiyeyi derhal hayata geçirdiklerini görürse, bu onu kesinlikle etkiler ve hem şafaktan önce uyanması, hem de uyanması gerektiğinde tembelliğinin üstesinden gelebilmesi için ona güç verir.

Ayrıca ders sırasında beden derslerle daha ilgilidir, zira aksi taktirde dostlarının gerisinde kalır. Ayrıca Keduşa (kutsallık) ile ilgili her şeyi çok daha ciddiye almalıdır çünkü beden aşağıda olma durumuna tahammül edemez. Dahası, dostlarına baktığında, mantık dahilinde, hepsinin Yaradan için çalıştığını görür ve o zaman kendi bedeni de bu çalışmaya izin verir.

Bedenin kişiyi ihsan etmek için yönlendirmek istemesinin sebebi, daha önce belirttiğimiz gibi, aşağıda olmaya tahammülsüz olmasıdır. Gururdan dolayı kişi dostunun ondan daha yüce olduğu bir durumu kabullenmeye isteksizdir. Bu nedenle, dostlarının ondan daha yüksek seviyede olduğunu gördüğünde, bu onun her koşulda yükselmesine sebep olur.

Atalarımızın şöyle söylemesinin anlamı budur, "Karşılıklı kıskançlık, ilmi yükseltir." Diğer bir deyişle, dostlar toplumu hem düşüncede hem de eylemde yüksek bir seviyede gördüklerinde, her birinin, kendi bedeninin nitelikleri aracılığıyla, sahip olduğu seviyeden daha yüksek bir seviyeye yükselmek zorunda kalması doğaldır.

Bu, kişinin doğası gereği büyük arzular için bir özlemi olmadığı, onur onu yoğun bir biçimde cezbetmediği halde yine de kıskançlık sayesinde, doğasında olmayan güçleri elde edebileceği anlamına gelir. İçindeki kıskançlık niteliğinin gücü, onda, toplumda var olan yeni güçleri yaratır. Ve bunlar vasıtasıyla, yeni nitelikler, yani atalarından ona geçmeyen güçleri edinir. Bu şekilde toplumun onun içinde yarattığı yeni niteliklere sahip olur.

Kişinin ebeveynlerinden miras aldığı niteliklere ve toplumdan elde ettiği yeni niteliklere sahip olduğu ortaya çıkıyor. Ve bu ancak toplumla bağ kurarak ve dostlarının ondan daha iyi niteliklere sahip olduğunu gördüğünde, onlara karşı hissettiği kıskançlıkla gelir. Bu durum, sahip olmadığı ve kıskandığı iyi nitelikleri edinmesi için onu motive eder.

Dolayısıyla, kişi topluma imrenerek ve onların kendisinden daha yüksek bir derecede olduklarını görerek benimsediği yeni nitelikler edinir. O anda bir topluma sahip olmadığı zamanlardan daha yüce olabilmesinin sebebi budur, zira toplum aracılığıyla yeni güçler edinmiştir.

Ancak bu, dostlarının ondan daha yüksek derecede olduğunu gerçekten gördüğünde söylenebilir. Ama aynı zamanda kötü eğilim ona toplumun alçaklığını gösterip, şöyle düşünmesine neden olur, "Aksine, bağlanmak istediğin topluluk sana uygun değil. Onların dereceleri senden düşük. Dolayısıyla böyle bir topluluktan yalnızca hiçbir şey elde etmemekle kalmayacaksın çünkü sahip olduğun doğuştan gelen en küçük güçlerin bile onlarınkinden daha büyük."

"Bu yüzden aslında onlardan uzak durmalısın. Eğer onlarla gerçekten bağ kurmak istersen en azından hepsinin sana itaat ettiğini yani, bir araya geldiklerinde nasıl oturulacağı, nasıl çalışılacağı ve nasıl dua edileceğine dair toplumun nasıl davranması gerektiğiyle ilgili senin anlayışını takip ettiklerini gör. Başka bir deyişle, hepsi ciddi mi yoksa Tanrı korusun gülüp, dünyasal meseleleri, nasıl para kazandıklarını, mutlu oldukları bir işte çalışıp çalışmadıklarını, zorluk çıkaran patronlarını ya da basit bir insan oldukları için iş arkadaşları tarafından alaya alınmalarını mı konuşuyorlar."

Bütün bu meseleler önemsizdir ve sadece dünyasal meseleler olduklarından bunları düşünmek boşa vakit kaybıdır. Diğer yandan kişi Yaradan'ın gerçek hizmetkârı olmak olan yüce bir amaç için İsrail meclisinde yer almak ister.

Maddesellikle ile ilgili şeyleri unutmak istediğinde -aslında maddesellik onu derinden etkilediğinde, ondan kurtulmak ve unutmak ister- dostlar bir araya gelir ve dostlarının maddeselliklerini tartışmaya başlarlar. Kişi, o an maneviyatı istediğinden dostunun maddeselliğiyle ilgilenmez, "Öyleyse dostlar şimdi artık beni hiç ilgilendirmeyen saçma şeylerle neden kafamı karıştırıyor? Dostların maddeselliği hakkında düşünmeye zaman ayırmak için mi kendi maddeselliğimi unutmak istiyorum, bu olabilir mi? Nitekim beden ona şöyle der: "Sen beni dinlesen ve onlardan uzak dursan iyi olur. Kesinlikle daha başarılı olursun. Neden böyle saçmalıklarla kafanı karıştırıyorsun?"

Dolayısıyla, beden dostların değersizliğini ona gösterdiğinde, erdemli olanın itirazları ile geldiğinde bedene ne cevap verebilir? Diğer bir deyişle, beden ona toplumdan uzak durmasını tavsiye etmez çünkü beden onun kötü olduğunu öne sürer. Daha ziyade, beden ona şöyle der: "Toplumdan uzak durarak, erdemli olur ve sadece kendi maneviyatını ve gerektiğinde de maddeselliğini düşünürsün."

Dolayısıyla eğer kişi toplum olmadan ilerlemenin ve Yaradan sevgisini edinmenin imkânsız olduğuna inanırsa ki bu kendini-sevmekten çıkmanın ve Yaradan sevgisine girmenin atlama tahtasıdır, mantık ötesi gitmekten başka çaresi yoktur. Kişi, bedenine şöyle söylemelidir, "Benim bedenim olarak, onların gerçek anlamda Yaradan sevgisini senin gibi edinme özlemi içerisinde olmadıklarını gördüğün ve Yaradan'ın hizmetkârı olmayı arzuladığın için, senin diğer tüm dostların bedeninden daha kutsal olduğunu görüyorum.

"Dostlarımı terk etmemi tavsiye ediyorsun çünkü onların bedeni bayağılıklarını açığa çıkarıyor ve ayrıca seçkin niteliklere sahip olduklarını düşünüp, başkalarının saygısını kazanmak adına normalde içlerindeki kötülüğü sakladıklarından, bu yanlış nitelikleri perdeleme güçleri de yok. Fakat kötülükleri o kadar büyüktür ki, kötülüğün üstesinden gelemez ve diğerlerinin onu görmemesi için saklarlar. Bu nedenle benim açımdan, kesinlikle alçaktırlar.

"Ancak, tüm iyi niteliklerime rağmen bir toplum olmadan hiçbir şey elde edemem. Bu nedenle mantık ötesi, atalarımızın söylediklerini (Avot, bölüm 4) yerine getireceğim, 'Çok ama çok alçakgönüllü ol. 'Diğer bir deyişle, mantık ötesi gitmeli ve onların benden daha yüksek derecede olduklarına inanmalıyım. Ve o zaman, inancım ölçüsünde, toplumdan güç, cesaret ve onların bana verebileceklerini alabilirim."

Öyle görünüyor ki, dost sevgisini mantık ötesi kabul etme sebebi, gereklilikten, başka seçenek olmadığı içindir, oysa kişi, mantık dahilinde haklı olduğunu görür.

Ancak, özelikle burada yani dostlarla ilgili olarak, mantık dahilinde olma derecesi, mantık ötesi olma derecesinden daha önemlidir. Bu böyledir çünkü gerçekte kişi, kendini Yaradan'la Dvekut'a (bütünleşme) yaklaştırmayı istediğinde, sadece ihsan etmek için yapmak istediği çalışma vasıtasıyla, içinde kötülük görünmeye başlar. Ve kötülüğün farkındalığı meselesi, entelektüel bir mesele değildir. Daha ziyade kalpteki bir histir.

Bu demektir ki kişi kendini tüm dünyadan daha aşağıda ve daha kötü hissetmelidir. Eğer bu hisse gelmez ve ondan daha kötülerin olduğunu düşünürse, o zaman muhtemelen kötülüğün farkındalığına gelmemiştir. Diğer bir deyişle kötülük halen kalbinde gizlidir ve henüz ifşa olmamıştır.

Bu böyledir çünkü kişinin, kötülüğü yalnızca biraz iyiliğe sahip olduğu zaman görmesi mümkündür. Örneğin, eğer karanlıksa evdeki kiri fark etmek mümkün değildir. Ama ışık açıldığında oradaki kiri görebilirsin.

Ayrıca, eğer kişi, iyi eylemler yerine getirmez, Tora'ya ve duaya bağlanmaz ve Yaradan'a yaklaşmayı istemezse, kalbini aydınlatacak ve kalbindeki kötülüğü görmesini sağlayacak ışığa sahip olamaz. Kalbinde tüm dostlarından daha fazla kötülüğü taşıdığını görememesinin nedeni, daha çok iyiliğe ihtiyacı olduğundandır. Bu sebeple dostlarından daha erdemli olduğunu düşünür.

Görünen o ki, dostlarının kendisinden daha kötü olduğunu görmesi, onun için parlayacak ve böylece içindeki kötülüğü göreceği ışığın eksikliğinden gelir. Dolayısıyla insandaki bütün kötülük meselesi, kötülüğü bulmakta değildir, zira herkes 'almak için almak arzusu 'olarak adlandırılan bu kötülüğe, kendini-sevmeye sahiptir. Önemli olan kötülüğün tamamen açığa çıkmasıdır. Diğer bir deyişle, kişi alma arzusunu hoşnut ettiğinde kendine bir zarar geleceğini düşünmediğinden, herkes kendini-sevmenin kötü ve zararlı olduğunu görmez ve hissetmez.

Oysa gerçeğin yolunda kutsal çalışmayı yapmaya başladığında yani tüm eylemleri Yaradan için olsun diye Yaradan'la Dvekut (bütünleşme) arzusu taşıdığında, bununla her seferinde onun için parlayan ışığı daha çok alır ve o zaman kendini-sevmeyi kötü bir şey olarak hissetmeye başlar.

Bu aşamalı bir süreçtir. Her seferinde Yaradan'la Dvekut elde etmekten onu neyin alıkoyduğunu, Kral Süleyman'ın kötü eğilimi "düşman" olarak adlandırması gibi, alma arzusunun onun nasıl gerçek düşmanı olduğunu daha net görmeye başlar. Bununla ilgili şöyle yazılmıştır: "Eğer düşmanın açsa, onu ekmekle besle, çünkü onun başının üstüne yanan kömür yığacaksın."

Dolayısıyla, kişi başkalarından daha kötü olduğunu hissetmelidir çünkü bu gerçekten de doğrudur. Ve ayrıca atalarımızın şu sözlerini iyi anlamalıyız, "Zıtların kıskançlığı, bilgeliği arttırır." Bu kesinlikle mantık dahilindedir. Fakat mantık ötesinde, dostun erdemi, dostunu kıskandığını söylemeye yetecek kadar açık değildir ki böylece kıskançlık nedeniyle dostu onu zorladığı için onun çalışmasına ve çaba göstermesine sebep olsun.

Baal HaSulam Kabalist Yohanan'ın şu ifadesini yorumlamıştır, "Yaradan erdemlilerin çok az olduğunu gördü. Durdu ve her bir nesle onlardan ekti," şöyle söylendiği gibi, "Yeryüzünün temelleri Efendi'nin olduğu için, O dünyayı onların üzerinde kurdu." Raşi şöyle yorumlar: "Onları nesillere yaydı," bir temel, devamlılık ve dünyanın var olması için bir dayanak olmaları için (Yoma 78b). "Az" demek, onlar gittikçe azalıyor demektir. Öyleyse O ne yaptı? "Durdu ve her bir nesle onlardan ekti." Bu şekilde onları her bir nesle ekerek, onları çoğalttı.

Eğer O, her nesle erdemlileri ekerse, nasıl çoğalacaklarını anlamalıyız. Tek bir nesilde erdemli olmakla, tüm nesillere yayılmış bir erdemli olmak arasındaki farkı anlamalıyız, tıpkı Raşi'nin yorumundaki, nesillere yaymakla erdemlilerin artacağı ifadesinden anlaşıldığı gibi.

Baal HaSulam şöyle der: "Her nesil erdemlilere sahip olduğunda, Yaradan'la Dvekut'u elde etmek için doğuştan gelen niteliklere sahip olmayanlar için bir yer açılmış olur. Bununla birlikte, her nesilde var olan erdemlilere bağlanmak ve onlarla bütünleşmek aracılığıyla onların eylemlerinden öğrenecekler ve her nesildeki erdemliler aracılığıyla yeni nitelikler edinilebileceklerdir. Bu yüzden, böylece erdemliler artsın diye erdemlileri her nesle yaydı."

Ve söylendiği gibi, Yaradan'la Dvekut'a ulaşmak için yeterli olacak yeni nitelikler, dostların bütünleşmesiyle elde edilir. Ve tüm bunlar kişi dostlarının erdemlerini gördüğünde söylenebilir. O zaman onların eylemlerinden öğrenmesi gerektiğini söylemek uygun olacaktır. Fakat kişi kendinin onlardan daha nitelikli olduğunu gördüğünde, dostlarından alacağı bir şey yoktur.

Bu sebeple derler ki, kötü eğilim gelip kişiye dostlarının değersizliğini gösterdiğinde, kişi, mantık ötesi gitmelidir. Fakat mantık dahilinde, dostlarının ondan daha yüksek derecede olduğunu görebilirse bu kesinlikle daha iyi ve başarılı olur. Bununla Kabalist Elimeleh'in bizim için yazdığı şu duayı anlayabiliriz, "Bırak kalbimiz dostların yanlışlarını değil, erdemlerini görsün."

Ancak birey ve Yaradan arasındaki ilişki, tamamen başka bir konudur. Diğer bir deyişle, mantık ötesi daha iyidir. Bu şu demektir, eğer kişi mantık ötesi inancı üzerine alırsa, çalışması doğru yönde olacaktır. Kişinin aklı bunu başka şekilde kavrasa bile, mantık dahilinde bu böyle değildir. Diğer bir deyişle, her insan bilir ve anlar ki, inanmasa bile, O'nun İlahi Takdiri tüm dünya üzerine yani tüm yaratılanlara ifşa olsaydı, tüm dünya kesinlikle Tora ve Mitzvot ile ilgilenir, inançsız insanlara yer kalmazdı. Tam tersine herkes titizlikle çalışırdı.

Ancak, O'nun İlahi takdiri, aşağıdakilere aşikâr değildir. Bunun yerine inanmaları gereklidir. Oysa, Yaradan her şeyi kendi gözlerimize göre görmemiz için bize akıl ve mantık verdiğinden, inanmak zor bir şeydir. İnsan ilişkileri ile ilgili olan her şeyi kendi muhakememize göre değerlendiririz, aklımızın dışında bize farkındalık verecek başka bir şey yoktur, atalarımızın dediği gibi (Baba Batra 131), "Hâkim yalnızca gözlerinin gördüğüne sahiptir." Dolayısıyla bizler tüm meselelerimizi mantık ötesinde değil, mantık dahilinde değerlendiririz.

Ve bu sebeple, kişi Yaradan çalışmasına başladığında ve mantık ötesi inancı üstlenmesi gerektiği söylendiğinde, şöyle düşünmeye başlar: "Fakat görüyorum ki, Yaradan her şeyi aklımıza göre yani zihnimizin algıladığı şekilde anlamamız için bize mantık verdi. Öyleyse akla karşı olan bir şeyi üzerime nasıl alabilirim?" Bedenin kutsallık çalışmasını mantık ötesinde yapmanın kendi çıkarlarına uygun olduğunu anlayabilmesi çok zordur.

Mantık ötesi hem akıl hem kalp için geçerlidir. Herkesin mantık ötesi dediğimiz ihsan etme formundaki kutsallık çalışmasına girememesinin sebebi budur. Dolayısıyla, Yaradan'ın çalışmasını, dünyanın geri kalanına öğretmeye çalışırken, düzen şöyledir, Maimonides'in söylediği gibi, bilgi kazanıp, ilmi edinene kadar Lo Lişma'da (O'nun adına değil) başlanır ve "Yaradan için çalışmak" denilen ihsan etme çalışmasının özü daha sonra öğretilir.

Ancak, mantık ötesinin neden daha iyi olduğunu anlamalıyız. Tersi daha anlamlı gibi görünüyor, eğer Yaradan'a hizmet etmek, mantık dahilinde kıyafetlenseydi, daha çok insan gelir ve Yaradan'ın hizmetkarı olmak isterdi. Baal HaSulam bununla ilgili olarak, Yaradan Kendi çalışmasını mantık ötesi formunda verdiğinde, kişi bunun aşağı bir derece olduğunu düşünmemelidir, demiştir. Tam tersine, bunun çok yüksek bir derece olduğuna inanmalıyız, çünkü kişi sadece bu şekilde ihsan etmek için çalışabilme şansına sahip olabilir. Aksi takdirde, alma arzusuna düşmek zorunda kalırdı.

Dolayısıyla, çalışma mantık dahilinde olsaydı daha fazla insan hizmet edecek olsa da ihsan etmek için yapılan çalışmaya, Yaradan'la Dvekut'a asla ulaşamazlardı. Bu nedenle sayısal olarak bir artış söz konusu olsa da nitelik açısından Yaradan'ın yarattıklarına iyilik yapma arzusu nedeniyle onlara vermek istediği haz ve mutluluğu almak onlar için imkânsız olurdu.

Dolayısıyla yaratılanların alacakları haz ve memnuniyetin kusursuz olması yani utanç ekmeğinden kaçınmaları için üst bolluğun, form eşitliği olmadıkça parlamayacağı Tzimtzum (kısıtlama) ıslahı vardır. Bu, yaratılanların bolluğu ihsan etme kaplarında alması olarak kabul edilir. Ve yaratılanlarda ihsan etme kapları olmadığı zaman 'ilim olmadan ölecekler 'olarak adlandırılan karanlıkta kalırlar

Ancak, bilmeliyiz ki, Lo Lişma'da da Tora'nın ışığı olmasına rağmen, atalarımızın dediği gibi, "Kişi Tora ve Mitzvot'a daima Lo Lişma'da bağlanmalıdır, içindeki ışık ıslah ettiğinden Lo Lişma'dan, Lişma'ya gelir," kişi Lişma'ya daha sonra ulaşmalıdır. Diğer bir deyişle aklen ve kalben mantık ötesi çalışmaya gelmelidir.

Fakat insan ve dostu arasında, eğer kişi dost sevgisinde mantık dahilinde çalışıyorsa yani eğer dostlarını kutsallıkta kendinden daha yüksek derecede görmeye çalışıyorsa, bu kesinlikle daha iyidir. Diğer bir deyişle, eğer kişi, dostlarının Yaradan'la Dvekut'a kendinden daha yakın olduğunu mantık dahilinde görüyorsa, bu, mantık ötesi inanmak zorunda kalmasından kesinlikle daha iyidir.

Bu nedenle, aslında, dostlarından daha yüksek derecede olduğunu görür. Dostlarını mantık dahilinde daima aşağıda görür. Ancak, bu bir Mitzva (emir/iyi iş) olduğundan, bu durumun göründüğü gibi olmadığına inanması gerektiğini söylemek zorunda olduğuna mantık ötesi inanır. Ama eğer mantık dahilinde dostlarının kutsallık derecesinde olduğunu görebilirse, bu kesinlikle çok daha iyidir.

Benzer şekilde şu ayeti de (Samuel, 16:7) yorumlayabiliriz, "Ama Efendi, Samuel'e şöyle dedi, 'Görünüşüne ya da boyuna posuna bakma, çünkü Ben onu reddettim; çünkü insanın gördüğü gibi değildir, zira insan gözlere, Efendi kalbe bakar.'"

Dolayısıyla, Yaradan'ın Samuel'i, Yişai'nin (Jesse) oğullarından birini kutsaması için gönderdiği zaman, Samuel'in gözleriyle gördüğüne inanarak Yişai'nin oğlu Eliav'ın Kral Saul'un yerine halkın kralı olmak için uygun olduğunu anladığını, fakat Yaradan'ın onun düşüncesine katılmadığını görüyoruz. Nihayetinde, sürüye çobanlık yapan Davut'u getirdiler ve Davut'un açık renk gözleri, kızıl saçlarıyla güzel bir görünümü vardı "Ve Efendi şöyle dedi, 'Kalk, onu kutsa, çünkü bu odur.'"

Bu bize ne öğretir? Burada gördüğümüz iki şey vardır:

1) Samuel açısından baktığımızda, Eliav'ın erdemlerini -kendi aklına göre- İsrail'e kral olmaya uygun olduğunu anlıyor. Fakat Yaradan ona şöyle der: "Hayır, kendi mantığını kullanma," çünkü Yaradan açısından mantık değersizdir. Yaradan bir kralı tahta çıkarmak istediğinden, buna "birey ve Yaradan arasında" denir ki burada mantığa yer yoktur, "Ne Benim düşüncelerim, senin düşüncelerindir, ne de Benim yolum, senin yolundur." Burada Yaradan ona ne söyler? "İnsanın gördüğü gibi değildir, çünkü insan gözlere, Efendi kalbe bakar."

Yukarıdakilere göre, "Çünkü insan gözlere bakar" ifadesinin, kişi ile dostu arasında iyi olduğunu söyleyebiliriz. Bu durumda kişinin mantık dahilinde hareket etmesi yani mantığının gördüğüyle uyum içinde olması iyidir.

Fakat "Ve Efendi kalbe bakar" ifadesinde bu böyle değildir. Diğer bir deyişle, Yaradan'la ilgili meseleler mantık ötesidir ve kişi kendi gözlerine göre değil, mantık ötesi olarak bakmalıdır. Bu nedenle burada iki muhakeme yapılmalıdır: 1) İnsan ve Yaradan arasında, mantık ötesi daha iyidir 2) kişi ve dostu arasında mantık dahilinde daha iyidir.

Bu sebeple kişiyle dostu arasında gözlerin gördüğünü izlemek iyi olduğundan, Yaradan ona şöyle der: "Görünüşüne bakma." Eğer dostunun erdemlerini mantık dahilinde görürse, bu çok daha iyidir. Fakat burada onu kral olarak taçlandırmak söz konusu olduğu için, öyle değildir. Bu operasyon Bana aittir. Kral olarak onu Ben istiyorum. Buna "Yaradan ve birey arasında" denir. Özellikle bu yolla ihsan etmek için almak mümkün olduğundan, buradaki doğru çalışma, mantık ötesidir. Aksi taktirde kişi almak için almanın içine düşer ki bu ayrılığa ve Keduşa'dan (kutsallık) uzaklığa sebep olur.

Ancak, burada bir soru gündeme gelir, kişi mantık ötesi gitmeye karar verdikten sonra, bedenin sormaya başladığı soruları dikkate almaz. Kişi, mantık ötesi inanç ve ihsan etme yolunda çalışmaya başladığı, engellerin -bedenin dünyadan getirdiği sorular- üstesinden geldiği, gözlerini kapatıp akla ve kalbe ters olan hiçbir şeye bakmak istemediği ve sadece mantık ötesi gitmeye karar verdiği zaman, bu karardan sonra, bazen kişi aniden bedenin kabul etmek zorunda kaldığı büyük mazeretler getirir.

Böylece artık mantık dahilinde gittiğini görür. Fakat şimdi yukarıdan aldığı mazeretler yoluyla, kendisine 'Şimdi mantık ötesi çalışabileceğim bir yerim olmadığı için ne yapabilirim? İhsan etmek için yaptığım her şeyin, nasıl olması gerektiğini şimdi anladım 'dediğini gördüğü zaman ne yapabilir?

Böylece kişinin Yaradan'a hizmet ile ilgili olarak onu mantık ötesinde çalışmaya zorlayan bir sorusu kalmamış olur. Fakat çalışma öncelikle mantık ötesi olduğundan, böyle bir durumda olduğunda ne yapmalıdır?

Baal HaSulam, şöyle demiştir, kişi yukarıdan bir parça ifşayla ödüllendirildiği ve Yaradan'ın hizmetkârı olmanın, her şeye bedel olduğunu hissettiğinde, bunu şu izler; bu zamana kadar mantık ötesi çalışmıştır: beden bu çalışmaya karşı çıkmış ve o sürekli olarak bunun üstesinden gelmeye çalışarak, Yaradan'ın ona güç vermesine ihtiyaç duymuştur. Fakat şimdi yapısını inşa etmek için temele sahip olduğunu hissettiğinden, artık Yaradan'ın yardımına ihtiyaç duymaz. Diğer bir deyişle, artık sırtını dayayacağı bir desteğe sahiptir.

Bu nedenle daha önce tutunduğu inancı şimdi lekeler zira artık şunu söyleyebilir, 'Şükürler olsun Tanrım, bana yük olan, inancın yükünden kurtuldum.' Şimdi artık mantık dahilinde bir temele sahibim çünkü bedenin Tora ve Mitzvot'u yerine getirmenin değerli olduğunu kabul etsin diye yukarıdan bir miktar uyanış aldım." Anlaşılan o ki, bu şekilde inancını lekeliyor.

Bununla ilgili Baal HaSulam şöyle demiştir, kişi o zaman şunu söylemelidir, "Şimdi görüyorum ki gerçek yol mantık ötesi gitmektir. Ve bunun delili ise yukarıdan bir aydınlanmayla ödüllendirilmemdir, sadece bu sebepten mantık ötesi gitmeyi üzerime almalıyım. Bu sebeple Yaradan'ın, beni O'na biraz daha yaklaştırması ve yukarıdan bir miktar uyanış vermesiyle ödüllendirildim."

Şimdi aldığı bu aydınlanma tüm sorularına cevap verir. Öyle görünüyor ki bu mantık ötesini doğruluyor. Bu nedenle, mantık ötesine devam etmek için ne yapmalıyım? Şimdi kişi, yalnız, bunu pekiştirmenin ve çalışmayı mantık ötesinde kıyafetlendirmenin yollarını aramaya başlamalıdır.

Öyle anlaşılıyor ki böylece yukarıdan bir aydınlanma ile ödüllendirilmeden önce bu yolda yürüdüğü için, inancını bozmaz, zira şimdi bile aydınlanmayı, çalışmasının yapısını oluşturacak bir temel olarak almaz. Tam tersine aydınlanmayı, doğru yönde gittiğinin ve mantık ötesi inançta olduğunun bir kanıtı olarak görür. Yaradan, sadece bu çalışma formunda kişiyi O'na yaklaştırır ve O'na yaklaşmayı çekmek için bir yer açar zira bu yakınlaşma, Yaradan kişinin yalnızca mantık ötesi gitmeye çalıştığını gördüğü için kişinin 'mantık dahilinde 'olarak adlandırılan alma kaplarına düşmesine izin vermez.

Böylece yukarıda söylenenlerden, kişi ve Yaradan ile kişi ve dostu arasında fark olduğu anlaşılıyor. Kişi ve dostu arasında, eğer kişi, dostunun erdemini mantık dahilinde görüyorsa, bu iyidir. Fakat eğer mantık dahilinde dostunun sadece hatalarını görüyorsa, mantık ötesi gitmekten ve şunu söylemekten başka şansı yoktur, "Gördüğüm, duyduğum ve hissettiğim her şey yanlış ve doğru değil. Bağ kurmak için seçtiğim dostlarımla ilgili yanılıyor yani yanlış değerlendirme yapıyor olmam imkânsız.

"Yani benim sahip olmadıklarıma sahip olduklarından onların vasıtasıyla maneviyatta zenginleşeceğimi düşündüm. Bu yüzden, eğer onlarla bağ kurarsam, düşündüğümden daha yüksek derecelere ulaşabilirdim. Fakat şimdi görüyorum ki aslında tersini düşünmüşüm. Baal HaSulam'ın şunu söylediğini de duydum, kişinin kendini-sevmekten çıkmasına ve Yaradan'ın sevgisiyle ödüllendirilmesine yardım edecek olan tek şey, dost sevgisidir. Dolayısıyla, bana göre onlardan uzak durmak ve bağ kurmaktan kaçınmak daha iyi olsa da onlarla bağ kurmaktan başka çarem yok.

"Ancak başka çarem yok ve tüm dostlarımın yüksek bir derecede olduklarına fakat onların erdemini kendi gözlerimle göremediğime mantık ötesi olarak inanmak zorundayım." Bu, kişinin neden mantık ötesi inanması gerektiğinin göstergesidir. Fakat kişi, dostlarının erdemini mantık dahilinde gördüğünde, dostlarından kesinlikle büyük faydalar elde edebilir. Fakat ne yapabilir? Başka seçeneği yok.

Ancak, kişi ve Yaradan arasında başka bir düzen vardır. Kişinin mantık ötesi gidebileceği bir yer olursa bu iyidir. Dolayısıyla, kişi mantık dahilinde desteklenip, yukarıdan gelen aydınlanma ile ödüllendirilmiş olduğunda, şunu söyleyebilir, "Şimdi görüyorum ki, Yaradan'ın hizmetkârı olmak çok değerli çünkü çalışmadan iyi bir tat alıyorum."

Öyle görünüyor ki, bu hisleri -çalışmada anlam bulmak- Yahudiliğini inşa etmede bir temel, altyapı olarak görüyor. Ve şimdi Tora ve Mitzvot'u tutmanın ne kadar değerli olduğunu ve tüm temelin, bu koşulda inşa edildiğini kendi mantığı ile anlar. Bu demektir ki, çalışmada anlam bulduğu zaman Yaradan'ın sesine itaat etmelidir. Eğer çalışmada anlam bulamazsa, Yaradan'ın Mitzvot'unu yerine getiremez.

Bilinir ki, cennetin krallığını yüklenmek "Tüm kalbinle ve tüm ruhunla" olmalıdır. Diğer bir deyişle, Yaradan kişinin ruhunu ondan alsa, yani hiç yaşamı, Nefeş'i olmasa bile, Yaradan'ın hizmetkârı olmaya kendini adamış ve O'na "Eğer ihtiyacım olduğunu düşündüğüm yani eksiklik hissettiğim şeyle ilgili dileğimi yerine getirirsen, Sen'in hizmetkârın olacağıma söz veriyorum. Fakat ihtiyacım olduğunu düşündüğüm dileklerimi yerine getirmezsen, Musa aracılığıyla bana emrettiğin hiçbir şeyi üzerime almayacağım," diyerek, koşul öne sürmemeye kararlıdır.

Ancak, kişi cennetin krallığının yükünü hiçbir koşul öne sürmeden hatta mantık ötesi kabullenmelidir. Dahası, şunu söylemelidir, "Mantık ötesi çalışmamızın sebebi, Yaradan bize bir gerekçe veremediği için değildir." Tam tersine, hepsinin bizim yararımıza olduğuna inanmalıyız. Öyle anlaşılıyor ki, kişi ve Yaradan arasında mantık ötesini korumaya çalışmalı ve kişi, bir engel alırsa yukarıda bahsedildiği gibi davranmalıdır.

Bir Kadın Döllenirse

Makale No. 22, Tav-Şhin-Mem-Vav, 1985-86

Kutsal Zohar (Tazria, madde 9) sorar: 'Öğrendik ki, 'İlk kez döllenen bir kadın, erkek çocuk doğurur'. Rabbi Aha şöyle dedi: 'Biz, bir damlanın, erkek mi dişi mi olacağının, Yaradan'ın hükmü olduğunu öğrendik ve sen, 'İlk kez döllenen bir kadın, erkek çocuk doğurur 'diyorsun. Öyleyse, Yaradan'ın hüküm vermesine ihtiyacımız yok'. Rabbi Yosi şöyle dedi: 'Elbette erkek damla ile dişi damlayı Yaradan ayırt eder. Ve bunu ayırt ettiğinden, damlanın erkek mi, dişi mi olacağına, O karar verir.'

Sulam'da (Merdiven yorumu) şöyle yorumlar: 'Bir adamın içinde üç ortak vardır: Yaradan, babası ve annesi. Babası, ona içindeki beyazı, annesi, içindeki kırmızıyı ve Yaradan da ona ruhunu verir. Eğer bu damla erkek ise, Yaradan ona erkeğin ruhunu verir. Eğer dişi ise, Yaradan ona dişinin ruhunu verir. Yaradan'ın damlada ayırt ettiği bu muhakeme, -bunun bir erkek ruhu için mi, yoksa dişi ruhu için mi uygun olduğu- Yaradan'ın hükmü olarak kabul edilir. Eğer ayırt etmez ve bir erkeğin ruhunu göndermezse, damla, erkek olmazdı. Bu nedenle, bu iki ifade birbiriyle çelişmez. Rabbi Aha dedi ki, 'Bir erkek çocuk doğurur', ama kadın döllendiği için doğurmaz mı? Bu gebe kalmaya bağlı! Bu ayet şunu demiş olmalı, 'Gebe kalan kadın, bir erkek çocuk doğurur'. Rabbi Yosi, 'Döllendiği ve gebe kaldığı günden, doğurduğu güne kadar bir kadının ağzında, çocuğun bir erkek olup olmayacağından başka bir söz yoktur. 'der.

Yukarıdaki meseleyi anlamalıyız. İlk kez döllenen bir kadından haberdar olmak bize ne verir? Ve ayrıca, o bize, bir erkeğin damlasıyla bir dişinin damlasının nasıl ayırt edileceğini bilmesinin, Yaradan'ın büyüklüğü olduğunu anlatıyor. Bu, kişinin ilham alması gereken bir büyüklük müdür? Ve bu büyüklük, kişinin Yaradan'ın hizmetkârı olmayı kendi üstüne almasını sağlar mı? Rabbi Aha'nın sorusunu da anlamalıyız, 'Döllenen ve gebe kalan bir kadın'; 'Erkek 'demiş olmalıydı. Rabbi Yosi şöyle açıklar: 'Döllendiği ve gebe kaldığı günden, doğurduğu güne kadar bir kadının ağzında, çocuğun bir erkek olup olmayacağından başka bir söz yoktur. 'Yani, kadın, çocuğunun erkek olmasıyla ilgili endişelidir. Kadının ağzındakini bilmek bize ne verir? Bir kadının çocuğunun erkek olmasıyla ilgili bu endişesini bilirsek ne olur?

Bütün bunları anlamak için, 'Kabala Bilgeliği'ne Giriş' (madde 57) başlıklı makalede yazılanları açıklayacağız: 'Behina Dalet'te ortaya çıkan Tzimtzum'un bütün amacı bunu düzeltmekti. Böylece üst ışığı aldığı için, içinde form eşitsizliği olmayacaktı. Başka bir deyişle, Behina Dalet'ten insan bedenini yaratmak için... Kişinin, yaratıcısına mutluluk vermek için Tora ve Mitzvot'a bağlanmasıyla, Behina Dalet'teki alma gücü, ihsan etmek için işleyen güce dönüşür. Bununla, alma formunu, tam ve eksiksiz ihsan etme formuna eşitler ve o zaman ıslah sona erer. Çünkü bu Behina Dalet'i, herhangi bir form eşitsizliği olmadan, ışıkla tam Dvekut halindeyken, tekrar üst ışık için alma kabı haline getirir. Yine de bu Behina Dalet'in üstündeki üst Behinot'a, kişinin dahil olmasını gerektirir ki böylece iyi işler yapmaya muktedir olsun... Bunun sebebi, insan vücudunun kökü olması gereken Behina Dalet'in, tamamıyla boş ve açık alan formunda, ışıktan yoksun ve üst ışıktan zıt bir formda olmasıdır. Bu nedenle, ayrı ve ölü olarak kabul edilir. İnsan ondan yaratılmış olsaydı, herhangi bir şekilde eylemlerini düzeltemezdi, zira içinde hiçbir ihsan etme kıvılcımı olmazdı.

Islah, yargı niteliğiyle merhamet niteliğinin birlikteliği meselesidir. Zira yargı niteliği olmadan, dünya var olamaz. 'Dünyanın var olmadığını gördü' (madde 58) diye yazıldığı gibi. Bunun anlamı, Behina Dalet'ten yaratılan insanın, içindeki arzunun miktarına göre, dünyanın ıslah edilmesi aracılığıyla, ihsan etme eylemini edinmesi için, bu yolun imkânsız olmasıdır. Bu birliktelik sayesinde, yargı niteliği olan Behina Dalet, Bina'nın Kli'sindeki (kap) ihsan etme kıvılcımıyla birleşir. Bununla Behina Dalet'ten doğan insan bedeni, ihsan etme niteliğiyle birleşir ve de onu yapanı memnun etmek için, içindeki alma niteliğini, tamamıyla ihsan etme niteliğine dönüştürünceye dek, iyi işler yapabilir. Böylelikle dünya, dünyanın yaratılmasından istenen, arzulanan ıslahı başaracaktır.

Sulam'da (Tazria, madde 95), yargı niteliğiyle merhamet niteliğinin birlikteliğini şöyle yorumlar: 'Malhut'ta iki nokta olduğunu zaten biliyorsunuz. Bunlardan ilki, Malhut de Tzimtzum Alef'tir (birinci kısıtlama). Bu kısıtlama merhamet niteliği olan Bina'da hafiflememiş, kalkmamıştır ve Masah'ın (perde, ekran) ve Tzimtzum'un (kısıtlama) gücü onun üzerinde olduğundan, ışığı almak için uygun değildir. İkinci nokta, Bina'yla, merhamet niteliğiyle azaltılmış, hafifletilmiş olan Malhut noktasıdır. Malhut, aldığı bütün ışığı bu ikinci noktadan alır. Bundan dolayı, birinci nokta, içinde gizlidir; yalnızca ikinci nokta ifşa olur ve hüküm sürer ki böylece üst ışıkları almaya uygun olur. Bu nedenle, Malhut'a 'İyinin ve kötünün bilgisinin ağacı' denir. Çünkü kişi ödüllendirilirse, birinci nokta gizlenip, yalnızca ikinci nokta hüküm süreceğinden, bu iyidir. O zaman Malhut'ta bolluk olur ve aşağıdaki ondan bu bolluğu alır. Eğer kişi, günahkâr olduğu için ödüllendirilmemişse, Bina'da yer almayan, Malhut'taki birinci noktada, yılandaki güç ifşa olur ve o zaman, o kötüdür.'

Şimdi Kutsal Zohar'ın, 'Eğer bir kadın döllenir ve bir erkek çocuk dünyaya getirirse 'sözlerini yorumlayabiliriz. Şöyle sorduk: "İlk kez döllenen bir kadın, bir erkek çocuk dünyaya getirirse 'ifadesi bize ne öğretir? 'Kutsal Zohar'ın sözlerine göre, içimizde iki güç vardır: 1) Dişi olarak kabul edilen ve Malhut denen, yargı niteliği 2) Erkek, yani erkek güç olarak kabul edilen merhamet niteliği, yani ihsan etme niteliği. Bilgelerimizin söylediği gibi, 'O merhametli olduğu için sen merhametlisin.'

Bu iki güç insanı yönetir. Ancak bazen yargı niteliği gizlidir ve merhamet niteliği hükmeder ve bazen de merhamet niteliği gizlidir ve yargı niteliği hükmeder. 'Döllenme 'ifadesinin, toprağa buğday ekmeye benzediğini bilmeliyiz. Tohumlar çürür ve yemek için uygun olan buğday büyümeye başlar. Ayrıca buğdayın yenecek kadar büyümesi için toprağı gübrelemeye çalışırız.

Bu sayede, 'Bir kadın döllenirse 'ayetini açıklayabiliriz. Eğer kişi, Yaradan'la Dvekut'u (tutunma) başarmak için çalışmaya başlamak ister ve 'hayvan yiyeceğinden ' değil 'de, 'insan yiyeceğinden 'haz almayı arzu ederse, çalışma sırası, kendi içine 'alma arzusu 'denen, 'kadını' ekmek olmalıdır.

Şöyle ki, kişi alma kaplarını toprağa yerleştirmeli ve kendine-almayı toprakta çürümeye bırakmalıdır. Kişi daha çok gübrelerse, yani anlamaya çalışır ve kendine-sevgisinin gübre gibi iğrenç olduğunu hissederse, daha çok kendine-sevgisinin alçaklığını görmeye çalışır ve kendine-sevgisinin çürümesini ister. Buna içindeki dişi, alma kapları anlamında; 'Bir kadın döllenirse 'denir. Kişi bunu toprağa gömer, yani kendine-sevgisinin çürümesini ister ve sonra ihsan etme kapları anlamında 'bir erkek çocuk dünyaya getirir'. Alma kaplarını yani kendini-sevmeyi iptal etmeye çalışmasıyla, ihsan etme kaplarıyla ödüllendirilir.

Bu, çürümesi için buğdayı toprağa gömmeye benzer ve bununla insan yiyeceği olmak için uygun olan buğdaya sahip olur. 'Yiyecek', zevk almak anlamına gelir. Şöyle ki, kişi gerçeğin yolunda çalışmaya başlamadan önce, yalnızca kendini-sevme kaplarına girenden zevk alıyordu. Ancak şimdi hayvansal hazlar için olan 'hayvan için yiyecekten 'değil, 'insan için yiyecek 'demek olan, ihsan etme kaplarına giren şeylerden zevk alır. Buna, 'Kişi ödüllendirilirse, yargı niteliği gizlenir 'denir. Yani, alma arzusu gizlenir ve hükmetmez ve yalnızca 'merhamet niteliği 'denen, ihsan etme arzusu hükmeder.

'Ödüllendirilmek', kişinin saf, arı olmayı, yani ihsan etmeyi istemesi anlamına gelir. 'Kalın', almayı arzulamak demektir. Kişi merhamet niteliğini edinmek istediği için, alma kaplarının ortadan kalkmasıyla ödüllendirilir. Şöyle ki, alma kapları, kişiyi yönetmez ancak 'erkek 'ya da 'ihsan etme 'denen merhamet niteliği yönetir. Buna, 'Bir erkek çocuk dünyaya getirmek, doğurmak 'denir. Çocuk kadının döllenmesiyle, yani toprağa alma arzusunun gömülmesiyle, kişinin bütün hazları ihsan etme kaplarına almak istemesiyle doğar.

İlk kez erkek döllendiğinde, eğer kişinin başlangıçtaki çalışması, ıslahın kökünden oluşan, ihsan etme kapları ise bu böyle değildir. Yargı niteliği ve merhamet niteliğinin bu birlikteliğiyle, kişi, 'erkek 'denen, ihsan etme kaplarını gömmeyi arzular ve o zaman 'bir dişi dünyaya getirir'. Bu demektir ki, o zaman 'erkek 'denen, merhamet niteliği kaybolup, kişi, ihsan etme kaplarıyla bir şey yapamayacak kadar güçsüz kaldığında, kişide yargı niteliği ifşa olur.

O zaman kişi yalnızca hayvan yiyeceği yer ve hayvanlar gibi yalnızca kendini-sevmeye yerleşir. Şöyle ki, kişi, 'dişi 'denen, alma kaplarını toprağa gömerse, sonra insan için yemek, yani ihsan etme gücü ortaya çıkar. Fakat kişi, ihsan etme gücünü toprağa gömerse, o zaman 'bir kız dünyaya getirir 've bütün yiyeceği, bir dişi doğurmak olarak kabul edilen alma kaplarındadır. Bununla, Rabbi Yosi'nin, Rabbi Aha'nın, 'Bir damlanın erkek mi dişi mi olacağına, Yaradan karar verir ve O hükmü verdiğinden damlayı, erkek ya da dişi olmaya mahkûm eder' şeklindeki sorusunu nasıl yanıtladığını anlayacağız.

'Bu bize ne öğretir? 'diye sorduk. Bilgelerimiz dedi ki, 'Arınmaya gelene yardım edilir 've Kutsal Zohar, 'Kutsal bir ruh ile 'der. Akabinde, kadın ilk kez döllendiğinde, yani çalışmanın başlangıcı ekmek olduğunda, içindeki kadını, yani kendisi için alma arzusunu, toprağa gömdüğünde, bütün düşünceleri kendini-sevmekten nasıl kurtulacağı olduğunda ve Yaradan'dan istediği bu olduğunda, o zaman Yaradan damlanın bir erkeğin damlası olup olmayacağına hüküm verir. Yani kişi Yaradan'ın ihsan etme kaplarını vermesini ister. O zaman, Yaradan kişiye bir erkeğin ruhunu verir. Şöyle ki, yukarıdan kişiye bir verici olmasını sağlayacak 'Kutsal ruh 'denen gücü verir. Yaradan kişinin Tora ve Mitzvot çalışmasındaki niyetinin kendisini arındırmak olduğunu, kişinin kendine-sevginin Tuma'a'sından (saf olmayan) çıkmak istediğini görürse, kişiye bir erkeğin ruhunu verir.

Şayet Yaradan damlanın bir kadın olacağına hükmederse, bu erkeğin ilk kez döllendiği anlamına gelir. Bir başka deyişle, kişinin çalışmasının başlangıcı, kökü, alma kaplarını büyütmek içindir. Buna 'yargı niteliğiyle, merhamet niteliğinin birlikteliği ' denir. Ancak kişi eylemleri aracığıyla, yalnızca daha büyük bir ödülü almaya niyet ederse, Kutsal Zohar'da yazıldığı gibi 'Onlar ulur, havlar, köpekler gibi 'Bu dünyanın servetini bize ver ve gelecek dünyanın servetini bize ver 'derler'. Dolayısıyla, kişinin hedefinin yalnızca kendi-sevgisine ait olan mal ve mülkünü büyütmek olduğu ortaya çıkar.

Bunu, ekimle, yani merhamet niteliğiyle sahip olduğu karışımı gömmesiyle, kişinin, ihsan etme gücü olan merhamet niteliğinin gizlenmesine sebep olması izler. Buğdayı toprağa yerleştirip, sakladığımızda buğday toprakta gizlenmiş hale gelir. Buna, 'ekim ' denir. Bu, ihsan etme gücünün gizlenmesi ve alma gücünün ifşa olması demektir. Buna, 'Bir kız çocuğu dünyaya getirmek 'denir.

Dolayısıyla, Rabbi Yosi'nin, 'Yaradan bir damlanın erkek mi dişi mi olacağına hükmeder 'ifadesi, bize kişinin şöyle söylememesi gerektiğini öğretir: 'Uzun süredir Tora ve Mitzvot'la uğraşıyorum ve önemli ya da önemsiz her şeyi yerine getirdim. Ancak yukarıdan bana Yaradan'ın yardım ettiğini görmüyorum ki böylece kutsallığın derecelerinde yükselebileyim'. Şöyle sorar: 'Bilgelerin bahsettiği 'Arınmak için gelene yardım edilir 'koşulundaki yukarıdan gelen yardım nerede?'

Rabbi Yosi gelir ve bu konu hakkında şunları söyler: 'Yaradan, damlanın ne olacağına hükmeder. İhsan etme çalışmasını istiyorsanız damla erkektir; bir dişinin çalışmasını istiyorsanız, yani bütün çalışmanız 'vermek 'denen, ödül kazanmak içinse ki bu almak içindir, damla dişidir. 'Bundan dolayı, kişi, Yaradan'ın, onun duasını duymadığını söyleyemez. Tam tersine, Yaradan, kişinin ne için dua ettiğini, kişinin kendine-sevgisini toprağa hiçbir şekilde gömmek istemediğini duyar ve bilir. Hal böyleyken, Yaradan, kişiye istemediği bir şeyi nasıl verebilir?

Kli olmadan ışık olmayacağı biliniyor. Kli'ye, 'eksiklik 'denir ve 'ışık', bu eksikliği doldurur. Kişi, ihsan etme arzusunun olmadığını hissedecek bir eksikliğe sahip değilse, bu insanın aşağıda oluşunun, alçaklığının özüdür. Çünkü Keduşa'dan (kutsallık) çıkarılmıştır ve Yaradan'la Dvekut (tutunma) ile ödüllendirilemez. Bu, doldurulmak için bir Kli'ye sahip olmadığı anlamına gelir. Bu yüzden, Rabbi Yosi, damlanın ne olacağına Yaradan'ın karar verdiğini söyler. Yani, kişi, Yaradan'ın oraya yerleştirmesini ister. Bu ruhtur, yani ihsan etme kaplarında kıyafetlenen ışıktır. Bir başka deyişle, Yaradan ona ışık verir ki böylece kişi ya ihsan etmenin gücüne ya da almanın gücüne sahip olsun. Bu nedenle, Yaradan'a şikâyet etmemelidir, çünkü Yaradan kişi ne isterse onu verir.

Bilgelerimizin söylediği budur, 'Tövbe etmek nasıl olur? 'Tüm sırları bilen O, kişinin tekrar aptallığa dönmeyeceğine şahitlik ettiğinde olur. 'Bu, bir erkeğin ruhu, yani ışık, ihsan etme gücüne sahip olması için kişiye, Yaradan tarafından verildi demektir. Bununla, Yaradan 'Kişinin tekrar aptallığa dönmeyeceğine tanıklık 'ettiğinde, ona ruhu verdiği için, Yaradan'ın tanıklığı ortaya çıkar. Böylece kişi, bundan sonra, kendine-sevgisi için çalışmayacağından, yalnızca ihsan etmek için çalışacağından emin olur.

Kutsal Zohar'ın, 'Arınmaya gelene yardım edilir 'sözleriyle, bu benzer şekilde yazılmıştır. Rabbi Yosi'nin, bir damlanın erkek mi dişi mi olacağına Yaradan'ın karar verdiği konusunda söylediği şey de budur. Yaradan buna karar verdiği için, damlanın erkek mi dişi mi olacağına dair hükmünü verir. Bu, 'O, tüm sırları bilen bu kişinin tekrar budalalığa dönmeyeceğine tanıklık edecek," diye kabul edilir. Ancak insan nasıl olur da Kli denen kendi-sevgisini gömmeye razı olur ki? Yaradan ona bu Kli içinde ışığı yani ruhu verecektir, yani 'eğer bir kadın döllenirse 'denen alma arzusunun gömülmesiyle gelen Kli'deki erkeğin ruhunu verecektir.

Kişi için bir kez yaratıldığında yargı niteliğini açığa çıkmış, merhamet niteliğini de gizlenmiş halde tutmak çok zordur. İnsan, yaratılışın başlangıcında, 'İnsan vahşi bir sıpa olarak doğar' şeklindedir ve içindeki merhamet niteliği parlamayan, siyah bir noktadır. Bu sebeple, kişinin içinde ihsan etme kaplarına ihtiyacı olduğuna dair bir düşüncenin ortaya çıkmasına sebep olacak bir ihtiyacı ya da bir eksikliği yoktur. Daha ziyade, tek kaygısı, kendini-sevmenin talep ettiği her şeyi tatmin etmek üzerinedir. Eğer Yaradan kişinin alma arzusunu tamamen doyurursa, kişi yeryüzündeki en mutlu insan olduğunu hisseder; başka neye ihtiyacı olabilir ki?

Dolayısıyla ona, 'ihsan etme arzusu 'denen bir eksikliğe ihtiyacı olduğunu kim söyleyebilir? Yeni bir şey duyar, ona bir eksikliğe ihtiyacı olduğu söylenir. Şöyle ki, 'eksiklik 'olarak adlandırılan Kli, şimdi kişinin ihtiyacı olan şey olur. Yani bir eksikliğe ihtiyacı vardır ve memnuniyeti eksikliği alıyor olacaktır. Bu nedenle, Kli ve Ohr (ışık) adları, yalnızca bu eksikliği ifade eder.

Bunu anlamak için, bilgelerimizin, dua 'kalpteki çalışma 'olarak adlandırılır ifadesiyle başlamalıyız. Neden duaya, 'kalpteki çalışma 'denir? Ne de olsa dua yalnızca ağız içindir. Duaya 'eksiklik 'denmesini yorumlamalıyız; kişi dilediklerinin ona ihsan edilmesini istediğinde, yani bir eksiklik edindiğinde, burada ihsan etmeyi istemek için bir ihtiyaç duymaz, tüm istekleri kendi sevgisi içindir. Fakat kişi, ona 'İhtiyacınız olan tek şey budur 'denildiği halde, ihtiyaç duymadığı bir şeyi nasıl talep edebilir? Ama kişi böyle hissetmiyorsa, eksik, yetersiz olduğunu hissetmek için ne yapmalıdır?

Bilgelerimiz bize, 'dua 'olarak adlandırılan kalpteki çalışmayla ilgili bir tavsiye vermiştir. Şöyle ki, kişi sözel olarak ihsan etme arzusundan yoksun olduğunu söyler. Kalbi de, kişiye bütün ihtiyacının, kendine-sevginin taleplerini karşılamak ve eksiklikleri değil, dolumu düşünmek olduğunu söyler. Bu sebeple, kişinin kalbinin, yaratılanın özü olan alma arzusunun tam tersi olan eksikliği istemesi için çok çalışması gerekir. Zaman zaman kalp ve bazen de ağız galip gelir. Dolayısıyla, bu durumda kişinin ağzı ve kalbi aynı olmaz. Çünkü nihayetinde insanı ağzının değil, kalbinin yönettiğini bilmemiz gerekir.

Bu yüzden eksikliği istemeyi kabul etmek için, kişinin kalbiyle çalışması, yani Yaradan'ın, kişinin eksikliğini gidermesi, burada dolumun 'eksiklik 'olarak adlandırılması gerektiği söylenir. 'Yaradan eksikliğini giderir 'ifadesinin anlamı budur; yani eksiklik, dolum olarak kabul edilir.

Şimdi, ihsan etme arzusundan yoksun olduğumuzu, bu eksikliği edinmenin tek yolunun, eksiklikle insan arasındaki 'geçiş alanın 'dua olduğunu anlayabiliriz. Yani, kişi Yaradan'dan kendisinde olmayan, eksikliğini hissetmediği bir şeyi ona vermesi için dua eder. Dolayısıyla, 'eksiklik 'olarak adlandırılan Kli, duygusal açıdan bir eksikliktir; yani kişi, bunun eksikliğini duymaz ve dua Yaradan'ın onun eksiğini doldurması demek olan, ışığı vermesi içindir. Bundan dolayı, dolum bir eksikliktir. Böylece kişinin, Yaradan'ın ona bir eksiklik vermesi için dua etmekten başka bir seçeneği yoktur. Kli'yi, ışığa bağlayan şey de budur.

Baal HaSulam'ın, Rabbi Şimon'un söyledikleri hakkında dediği gibi: 'Yazılan, öncelikle ceplerin boş olduğu yere gitmeli, taşmalıdır'. 'Cep', kişinin parayı koyduğu yer olan Kli anlamına gelir; 'cep 'eksiklik, 'para 'eksikliğin dolumu demektir. Bu nedenle, kişinin cebi, yani bir eksikliği yoksa, bu dolum olmamasından bile daha kötüdür, zira bu bilinçsizlik olarak kabul edilir. Bu, kişinin ihsan etme arzusunun Kli'sine sahip olmadığının eksikliğinin hissiyatına sahip olmadığı durumda, acele etmesi gerektiğini ifade eder. Ne ile? Işıkla Kli arasındaki ve eksiklikle, dolum arasında geçiş alanı olan, dua ile ki burada kişi, ihsan etmek için çalışamadığını, bu eksikliği zaten hisseder.

Şimdi, Rabbi Yosi'nin, Rabbi Aha'nın sorusuna verdiği cevapla ilgili sorumuza açıklık getireceğiz. Rabbi Aha neden 'Bir kadın döllendiğinde, bir erkek çocuk doğurur' şeklinde yazıldığını sorar. Zira mesele gebeliğe bağlıdır ve ifade 'Eğer bir kadın döllenir ve bir erkek çocuğa gebe kalırsa' şeklinde olmalıydı. Rabbi Yosi şöyle yanıtlar: 'Kadının döllendiği ve gebe kaldığı günden itibaren ağzında çocuğunun erkek olup olmayacağından başka bir söz yoktur.' Şöyle sorduk, 'Bu bize ne öğretir, kadın ne söyler?'

Çalışmanın sırasıyla ilgili yaptığımız açıklamaya göre, 'Bir kadın döllenirse ' ifadesini, kişinin kendine-sevgisini toprağa gömmesi anlamına geldiği şeklinde yorumlamalıyız. Böylece bir erkek doğacaktır, yani ihsan etme arzusuyla ödüllendirilecektir. Bunu, kişinin ihsan etme arzusunu edinme çalışmasına başlar başlamaz, 'Bir kadın döllendiğinde 'denilen yönde çalışmaya başlaması izler ve kişi, 'Keşke bir erkek çocuk doğursam, dünyaya getirsem 'der.

Yani, kendine-sevgisinden nefret etme ve kendine-sevgisinde bulunan kötülüğün ölçüsünü hissetme sürecinden geçmeliyiz. Kişinin yürümeye alışkın olduğu bu yoldan gitmemeye ve alışkanlıklarını değiştirmek istediğine karar vermesi yeterli değildir. Daha ziyade, kendine-sevgisinin sebep olduğu zararın ölçüsü, kişiye ifşa olmalıdır. Çünkü insan, yolun yarısında pişman olmayacağından yalnızca ne kaybettiğini gördüğünde emin olur.

Bu, dönüşmek için gelmiş olan bir yabancıyla ilgili olarak söylenen şu cümleye benzer: (Yevamot, 47a) 'Bilgelerimiz der ki, 'Dönmek (inanç değiştirmek) için gelen bir yabancıya 'ne gördünüz de dönmeye geldiniz denir? 'Bu günlerde, İsrail'in saldırıya uğradığını, itildiğini, hor görüldüğünü, delirtildiğini ve işkence edildiğini bilmiyor musunuz? 'Eğer kişi 'Biliyorum ve değerli değilim 'derse, hemen kabul edilir. Mitzvot'un büyük kitabında şöyle yazar: 'Sebep, daha sonra 'Bilseydim, dönmezdim ' demeyecek olmasıdır '(Yoreh De'ah, madde 268).'

Kendini-sevmekten çıkmayı ve ihsan etme çalışmasına başlamayı istemek, kişinin daha önce yaşadığı tüm safhalardan ayrılması, her şeyi bırakması ve hiç girmediği bir bölgeye girmesi gibidir. Bu nedenle, kişinin doğumundan itibaren aldığı ruha yabancı olan yeni nitelikler kazanana kadar, gebelikten ve aylar süren hamilelikten geçmesi gerekir. Kişinin, içinde büyüdüğü ve onu kendi bakış açıları ve düşünceleriyle yetiştiren çevreden aldığı her şey, tamamen kendini-sevme temelindedir. Kişi, her zaman başkalarını kontrol etmeyi düşünmüş ve kontrol edebileceğini düşündüğü yerde bunun çaba harcamaya değer olduğunu fark etmiştir. Çünkü alma arzusuna haz veriyor ve çoğunluk da onu destekliyordu. Bu, kişinin toplumdan gelen istekleri için güç kazanması olarak kabul edilir. Yani, herkesin bu şekilde davrandığını görür. Böylece beden, güç, saygı ya da para kazanmaya çalışmanın değerli olduğunu bilir. Herkes 'Kli'sini tatmin etme arzusu', 'kendini-sevgi 'adı verilen tek bir çizgiye odaklanır.

Ancak şimdi dönmeye gelmiştir yani başkalarını kontrol etmeyi düşündüğü kendini-sevmekten çıkmaya geldi. Şimdi ona başkalarını kontrol etmekten sakınması ve bütün çabasını kendini kontrol etmek için göstermesi gerektiği söylendi. Ve her gün, o gün, kendini-sevmeyi çantasına koyarak ne kadar kazandığını düşündü. Şimdi ise ona başkalarını sevmeyi çantasına koyarak ne kadar kazanç sağlayacağını düşünmesi gerektiği söyleniyor.

Buna göre, dönmeye gelen kişiye söylenenleri yorumlamalıyız. Bu, kişinin şimdiye kadar inançsız biri olduğu anlamına gelir. Şöyle yazıldığı gibi, 'Ve diğer uluslarla karıştılar ve onların işlerinden öğrendiler'. Kutsal Zohar şöyle söyler, 'Herkesin içinde küçük bir dünya vardır ve her bireyin kendisi küçük bir dünyadır'. Bir başka deyişle, her biri on taneden oluşan, yedi niteliğe karşılık gelen, yetmiş ulustan meydana gelir.

Bu yüzden, onlara 'yetmiş ulus 'adı verilir ve içindeki İsrail, diğer ulusların egemenliği altında sürgündedir.'

Bundan dolayı, kişi Cennet Krallığı'nın yükünü kendi üstüne aldığında, teslim olduğu sürgünden çıktığında ve bugüne kadar dinlediği kişiden kaçtığında -yani, onların istediğini yapmak zorundaydı ve böyle olması gerektiğini düşünüyordu. Ama şimdi kalpteki nokta onu uyandırdı ve şimdi Yaradan için çalışmaya başladı. Ona denir ki 'Şimdiye kadar diğer uluslar sizin içinizdeki İsrail'i aşağılamadılar. Bu, bedenin henüz direnmediği anlamına gelir. Ama şimdi, halen onların yönetiminden çıkmamışken, onlar içinizdeki 'İsrail'i' aşağılıyorken, 'İsrail 'olmak istiyorsunuz. Zira beden, ihsan etmede çalışmaya izin vermeyecektir. Bundan dolayı öncelikle bu muazzam çalışmayı kendi üstünüze almak istiyorsanız iyice düşünmeniz gerekir'.

Fakat daha sonra dünyanın ulusları da yani beden de teslim olur. Ancak, kişi çalışmasını bitirmeden önce, aylar süren hamilelik sürecinden geçmelidir. Bu nedenle, kişiye kendine-sevgisinin iptalinin gerçek anlamı söylenmez. Daha ziyade, kişi bu bilgiyi azar azar almalıdır; buna 'hamilelik ayları' denir. Bunun anlamı, 'Bir kadın döllenir ve bir erkek çocuk dünyaya getirirse' şeklinde söylense de gerçek Rabbi Aha'nın söylediği gibidir: Döllenir döllenmez, yani alma arzusunu gömmeye karar verir vermez 'erkek bir çocuk dünyaya getirmek 'koşulu insanların düşündüğü gibi değildir. Bu daha ziyade hamileliğe bağlı bir meseledir. Bunun anlamı şudur; kişi alma arzusunu gömmeye karar verse bile, henüz kendini-sevmeyi iptal etmenin gerçek manasını bilmiyordur.

Daha doğrusu, alma arzusunun gerçek doğasını bilmek, bir anda hissedilebilecek bir şey değildir. Zira alma arzusu sınırlanmak ve hazırlanmak zorundadır, böylece eğer her defasında daha büyük bir kendini-sevme üzerinde çalışma alışkanlığı edinir ise ölümsüz hazlar olan gerçek hazlardan vaz geçmek için gücü olur. Şöyle ki, kişi ihsan etme çalışmasına başladığında, yukarıdan kişiye, maddesel şeylerde bile sürekli daha büyük hazlar verilir. Böylelikle kişi hazlardan vazgeçmeye ve bu hazları, yalnızca ihsan etmek için almaya kendini alıştırabilir.

Şimdi, bilgelerimizin şu sözlerini anlayabiliriz; 'Günahkâra, kötü eğilim saç teli gibi ve erdemliye yüksek bir dağ gibi görünür'. Şöyle sorduk: 'Gerçekte bir fark var mı? ' Ancak kişi ihsan etmek için ebedi hazları alma becerisine sahip olmaya hazır olduğundan, ona her şeyde 'alma arzusu 'olarak adlandırılan, alma kaplarını nasıl kullanacağını öğrenmesi için bir alıştırma olarak ve ihsan etmek üzere alabilmesi için, sürekli daha çok haz verilir. Aksi takdirde, kişi bu büyük hazlardan vazgeçecektir.

Dolayısıyla, kişi 'ihsan etme arzusu 'adı verilen, edindiği güç ile dokuz aylık hamilelik sürecini geçirmelidir. Şayet, ihsan etme arzusunu bir şeyin bozduğunu görüyorsa, bunu itme, reddetme gücüne sahiptir ve o zaman kişiye, 'bir erkek çocuk dünyaya getirir 'denir. Yani, kişi çalışmanın ortasında değil de 'gebelik ayları' sürecine girer girmez, çalışmaya başlar başlamaz, edindiği ihsan etme gücünü görmek ister. Aksi takdirde, öfkelenir ve der ki 'Ekim işine çoktan başladım, öyleyse elde etmem gereken meyveler nerede? 'Rabbi Yosi bununla ilgili şu açıklamayı yapar: 'Bir kadının ağzında, gebe kaldığı günden doğurduğu güne kadar, çocuğunun erkek olup olmayacağından başka bir söz yoktur. 'Bu, onun henüz doğurmamış olmasına rağmen, bekleyemediği ve hemen doğurmak istediği anlamına gelir.

Korku ve Sevince Dair

Makale No. 23, Tav-Şin-Mem-Vav, 1985-86

Kutsal Zohar sorar; 'Rabbi Yitzhak başladı, 'Şöyle yazılmıştır, 'Efendi'ye korku ile hizmet edin ve sevinçten titreyin. 'Ayrıca şöyle de yazılmıştır, 'Efendi'ye sevinçle hizmet edin, şarkı söyleyerek O'nun huzuruna çıkın'. Bu ayetler, birbiriyle çelişiyor. Ancak biz şunu öğrendik, 'Efendi'ye korkuyla hizmet edin', zira Efendi'sine herhangi bir işle hizmet etmek isteyen kişiye önce korku, O'ndan korkması gerektir. Ve Efendi'den korktuğu için, kişi daha sonra, Tora'nın Mitzvot'unu sevinç içinde uygulamakla ödüllendirilir. Bu yüzden şöyle yazılmıştır: 'Efendiniz, Tanrı'nız, korkudan başka sizden ne ister? 've bununla kişi her şeyle ödüllendirilir.'

Korkunun ne olduğunu anlamalıyız. Korku ve sevincin birbirinin zıddı olduğunu görüyoruz ve nasıl olur da sevincin sebebi, şu sözlerde olduğu gibi korku olabilir? 'Efendisine duyduğu korku yüzünden, kişi daha sonra, Tora'nın Mitzvot'unu sevinç içinde uygulamakla ödüllendirilir', zira bunlar birbirleriyle çelişir.

Ayrıca Yaradan'ın, neden O'ndan korkulmasını istediğini anlamalıyız. Bu, O'na ne verir? Bu, kümese yürüyen bir kişinin onlara şöyle demesine benzer, 'Benden korkmayı üstlenirseniz, size yiyecek ve su vereceğim. Benden korkmanız karşılığında size her şeyi vereceğim. 'Tavukların ona saygı duyup duymamasının, adam için bir önemi olabilir mi?

Bu, yaratılanlarda, Yaradan'a karşı, daha da çok böyledir, Yaradan'ın, O'ndan korkan yaratılanlara, nasıl değer ve önem verdiğini söyleyebiliriz. O kadar ki, bilgelerimiz bir kişinin korkuya bağlanmaktan başka hiçbir şey yapması gerekmediğini söylerler. Yazıldığı gibi, 'Efendiniz, Tanrınız, korkudan başka sizden ne ister? 'Ayrıca şöyle yazılmıştır (Ecclesiastes, 3), 'Tanrı öyle yaptı ki, insanlar O'ndan koksunlar, 'bu, Yaradan'ın yaptığı her şeyi, O'ndan korkulması için yaptığı anlamına gelir.

Yukarıdakileri anlamak için, yaratılışın amacını, yani Yaradan'ın, yaratılanları yaratma amacını hatırlamalıyız. Bilinir ki, O'nun arzusu, yarattıklarına iyilik yapmaktır. Ancak, O'nun işlerinin mükemmelliğinin ışığını getirmekte, 'utanç ekmeği 'olmasın diye, 'Tzimtzum (kısıtlama) ve gizlilik 'denen ıslahı yarattı. Kişinin, ihsan etme kabı olmadan önce, O'nun varlığını hissetmesi ya da O'nu görmesi imkânsızdır, buna 'Yaradan'ın tanınması' denir.

Bunun anlamı, her gün duada 'yeryüzünün tümü, O'nun ihtişamıyla doludur, ' dememize rağmen, halen bunun hissine sahip olmamamızdır. Ancak, bunun böyle olduğuna, mantık ötesi inanmalıyız. Bunun nedeni, ışıkta hiçbir değişiklik olmasa da, 'maneviyatta yokluk olmadığı' halde Kelim'in (kap) bir kısmında yine de değişiklik vardır ve ışığı Kelim sınırlamaktadır. Bu böyledir, çünkü bolluğun büyüklüğünü, bolluğun izlenimini Kelim'de ayırt ederiz. Kişinin, ışığı kıyafetlendirebileceği bir Kelim'i yoksa o zaman gerçekte, 'Kli olmadan, ışık yoktur 'kuralına göre, hiç ışık görülmez. Şöyle ki, bir şeyi bilmek zorundayız: Bizler, duyularımızda edindiğimiz şeyden söz edebiliriz.

Baal HaSulam, Tzimtzum hakkındaki bir allegoride dedi ki: Bu, kimse onu bulamasın diye kendisini örten, saklayan birine benzer. Başkaları göremesin diye kendisini saklayan bir kişinin, bu yüzden kendisini göremediği söylenebilir mi? Benzer şekilde, Yaradan Tzimtzum'u ve gizliliği yarattı ki böylece almak için almak olan, form eşitsizliğine ve verici olan Yaradan'dan, alıcı olan yaratılanların ayrılmasına sebep olan, kendi-sevgisine batmış olan aşağıdakiler, O'nu göremesinler diye.

Ve kökümüz olan Yaradan'da, almak olmadığından, kişi aldığında, 'utanç ekmeği ' denen, hoşnutsuzluğu hisseder. Bu yüzden aşağıda olanlarda bir düzeltme yapıldı, Tzimtzum'u aşağıdakilere atfederiz. Şöyle ki, aşağıdakilerin, Tzimtzum'a ve gizliliğe ihtiyacı vardır, zira tam olarak, bu ıslah vasıtasıyla almayı, ihsan etmeyi amaçlayacak şekilde düzeltebilirler. Ama üsttekinin perspektifinden, hiçbir değişiklik yoktur. Değişikliğin tamamı, ihsan etmek için alabildiğimiz kadar, yalnızca bizim Kelim'mizin niteliğindedir.

Buna göre, haz ve memnuniyet, ayrılığın yerinde aydınlatmadığı için, kişi, alma arzusunu düzeltmeden önce, tam inancı edinemez. Şöyle yazar: ('Zohar Kitabına Giriş', madde 138), 'Yaratılan O'ndan, ifşa olmuş bir kötülük alamaz diye bir kanun vardır, çünkü yaratılanın O'nu kötülük yapan olarak algılaması, O'nun ihtişamında bir kusurdur, bu, eksiksiz ve tam olan Operatöre yakışmaz. Bundan dolayı, kişi kötü hissettiği zaman, Yaradan'ın kendi üzerindeki rehberliğini, aynı ölçüde inkâr eder ve üst Operatör, ondan gizlidir.'

Bundan, ihsan etmek için ıslahın gerekli olduğunu görüyoruz: Hem bizim için hazırlanan haz ve memnuniyeti almak imkânsızdır, hem de bizi, O'na inanmaktan alıkoyan şeyler vardır ki bu en kötüsüdür!

Şimdi korkunun ne demek olduğunu anlayabiliriz. 'Yaradan'ın, bizim O'ndan korkmamıza ihtiyacı var mı? 'diye sorduk. Açıklamamıza göre, Sulam'da (Zohar'a merdiven yorumu) yazılmış olduğu gibi, korku, insanın, belki olması gerektiği gibi üstesinden gelememekten ve ihsan etmek için değil, almak için almaktan korkmasıdır. Bu da onda ayrılığa neden olur, haz ve memnuniyeti, alamayacağından değil de inancını inkâr durumuna geleceğinden korkar. Akabinde, kişi gerçekten de Sitra Ahra'ya (öteki taraf) gelebilir.

Bu, 'Tanrı onu yarattı ki insanlar O'ndan korksunlar 'ayetinin anlamıdır. Bu korku sayesinde, ıslah iki kat daha büyük olacaktır: 1) Yaradan'a inançları olacaktır, 2) Yaradan'ın onlara vermek istediği haz ve memnuniyeti almaya, muktedir olacaklardır.

Dolayısıyla, Yaradan, korkmamızı ister, böylece haz ve memnuniyeti alacağımız Kelim'i edinelim. Bununla, O'na inancımız olacak, Sulam'da yazılmış olduğu gibi, 'Korku, Yaradan'a olan inancımızdan ayrılmamamızı garanti altına alır'.

Buradan, yazılmış olanları anlayacağız, 'Efendiniz, Tanrı'nız, ondan korkmanızdan başka sizden ne ister? 'Bu, Yaradan'ın, bize bolluk vermek istediği anlamına gelir, ancak ışık, alma kabında kıyafetlenemez, form eşitsizliği bunu engeller. Bundan dolayı, kişi korktuğu ve her daim niyetini ihsan etmekte tutmaya dikkat ettiği zaman, Yaradan ihsanını, ona bütünlük içinde, 'utanç ekmeği 'denen, herhangi bir hoşnutsuzluk olmadan verebilir.

Bununla, 'Nasıl olur da korku, sevincin sebebi olabilir? 'sorusunu, anlayabiliriz. Yukarıda söylenenlere göre, bu basittir: korkuya sahip olarak, yani her daim ihsan etme kaplarını kullanmaya özen göstererek, kişi ihsan etme kaplarına sahip olduğu için, Yaradan, kişiye haz ve memnuniyet verir. Ve o zaman kişi, kesinlikle, ihsan etmek için aldığı bolluktan, sevinç duyacaktır. Böylece, korku, sevince sebep olur ve korkusu olmayan, her şeyden uzaklaştırılır.

Sadaka ve Hediye Arasındaki Fark

Makale No: 24, Tav-Şin-Mem-Vav, 1985-86

Şöyle yazılmıştır (Atasözleri, 15:27): 'Hediyelerden nefret eden kişi, yaşayacaktır'. Bu, yaşamın tam tersi olduğu için, hediye almak yasaklanmıştır anlamına gelir. Öyleyse, insanlar birbirlerinden nasıl hediye alır? Ayrıca Yaradan'ın, Musa'ya şu söylediklerini de sorgulamalıyız: 'Hazinemde iyi bir hediye var ve onun adı Şabat'tır. Bunu İsrail'e vermek istiyorum, git ve onlara bildir '(Beitza, s 16).

Bir kişinin, diğer birinden sadaka istemesinin alışılagelmiş olduğunu görürüz, ancak bir kişinin, diğer birinden hediye istediğini hiç görmedik. Mesela, Pessah'tan önce, bazen bir kişi, Pessah için, Matzot (Pessah mayasız ekmeği) ve şarap vb. hazırlamak zorunda olduğunda, sadakaları toplayıp dağıtan birine ya da varlıklı birine giderek, ondan Pessah yemeğini hazırlayabilmek için kendisine malzeme yardımı yapmasını ister. Ona sıkıntıda olduğunu, zor durumda olduğunu anlatır ve talep ettiğini, alır.

Oysa arkadaşına gidip, ondan hediye isteyen birini, hiç görmedik. Mesela, şimdi birisinin karısı ondan, Pessah'tan önce, kendisine, en az 200 dolar değerinde, elmas bir yüzük satın almasını istiyor olsun. Bu kişi, arkadaşına, finansal zorluk içinde olduğunu ve karısının istediği yüzüğü satın alamayacağını anlatıyor ve Pessah'ta karısına bu yüzüğü hediye alabilmek için, kendisine para vermesini istiyor olsun.

Ayrıca, hiçbir şehirde, hediyeleri toplayan birisi olduğunu, yani, şehirde sadaka toplayıp dağıtan olmasının yanı sıra, hediye toplayıp dağıtan birisi olduğunu da hiç duymadık. Tersine, alışılmış yol, hediyelerin talep edilmesi değil, verilmesidir. Şöyle ki, birisi, bir diğerini sevdiği zaman, içinde onu memnun etme arzusu uyanır ve bu yüzden ona hediye verir. Hediye istemekten ya da şehirde hediyelerin verildiği özel bir yer olduğundan bahsetmek imkânsızdır.

Ancak sadaka isteyebilirken, hediye isteyememememizin gerçek sebebini anlamamız gerekir. Her şehirde, ihtiyaç sahiplerine yardım etmek için bir düzenleme vardır ki böylece yiyecekleri olsun ve bu dünyada var olabilsinler. Ayrıca, bugün her ülkede, ihtiyacı olanlara yönelik bir yardım kuruluşu vardır.

Sebebi çok basittir: Gereklilik ve lüks arasında bir fark vardır. Gereklilik, var olabilmek için kişinin almak zorunda olduğudur. Aksi takdirde, gereken yardımı almazsa, bu dünyada var olamaz. Bilgelerimiz bunun hakkında şöyle demiştir (Sanhedrin 37): 'İsrail'den bir ruhun var olmasına destek olan, bütün dünyayı desteklemiş gibi olur. 'Bu, kişinin varlığını, bunlar olmazsa sürdüremeyeceği, elzem olanla ilgilidir. Kişinin bundan vazgeçmesi ve yardım talep etmemesi imkânsızdır ve 'kişinin tek sahip olduğu, hayatta kalması içindir.'

Bu yüzden insanlar sadaka isterken utanmaz, çünkü bu öyle ya da böyle bir ölüm-kalım meselesidir. Diğer kişi, yani veren de kişinin ondan talep ettiğini vermesi gerektiğini bilir. Alıcı, ölüm-kalım meselesine ne kadar yakınsa, o denli açık talepte bulunur ve veren de alanın durumuyla o denli ilgilenir. Aynı şekilde, eğer durum, ölüm-kalım meselesi olmaktan ne kadar uzaksa, veren de alanın durumuyla ilgili olarak o denli soğuk davranır. Bununla birlikte, her şey zaruret yolunu takip eder.

Bu, lüksle ilgili böyle değildir. Lüks isteyen kişi, bunu istemekten utanır. Ve veren de lüks isteyen birini dinlemez. Bu sebeple, sadaka ve hediye arasındaki farkı anlamalıyız. Sadakayla, alanın talebine cevap gelir. Şöyle ki, eğer sadakayı alacak olan talep ederse ona verilir.

Dolayısıyla sadaka, aşağıdakinin, yoksunluğunu hissettiği için, uyandırması vasıtasıyla gelir. Şöyle ki, verenin yardımı olmaksızın kişi, dünyada varlığını sürdüremeyeceğini gördüğünde, alan utanmaz, ancak gider ve verenin önünde kendini küçültür, aşağı çeker, zira başka bir seçeneği yoktur.

Ama hediye tamamen verenden gelir. Yani, eğer veren, bir şeyler yapmak, sevdiği kişiye sevgisini ifşa etmek için uyanırsa, ona bir hediye gönderir. Dolayısıyla, hediye, üsttekinin ihsan etmeye uyanışıyla gelir, ancak sadaka, alanın uyanışıyla gelir.

Sadakayı alan, verene gitmelidir ve istediği sadakaya olan ihtiyacını onun görmesini sağlamalıdır. Alan, yardım için olan ihtiyacını açıkça gösterebildiği ölçüde ve verenin, bunun zorunlu bir ihtiyaç görmesini sağlayabildiği ölçüde verenden istediğini alır.

Ancak, asıl sebep, öğrendiğimiz gibi, kökümüzde olmayan bir şeyi kullanmamız gerektiğinde, bu konuda hoşnutsuzluk, rahatsızlık hissetmemizdir, (On Sefirot'un Çalışması, Histaklut Pnimit'te (İçsel Yansıma, madde 19), şöyle der: 'Her dalın doğasının, köküne eşit olduğu bilinmektedir. Bundan dolayı, kökte olan her davranış, arzu edilir, sevilir ve kök tarafından da gıpta edilir, özlenir ve dal da kökünde olmayan herhangi bir meseleyi kendisinden uzaklaştırır, onlara tahammülü yoktur ve onlardan nefret eder.'

Bu, kökümüzde almak yoktur, demektir. Bundan dolayı, kişi almak zorunda olduğunda hoş olmayan bir utanç hisseder, çünkü bu kökümüzde yoktur. Bu sebeple, kişinin, arkadaşının yardımına ihtiyacı olduğu zaman, eğer buna zorunlu kalırsa, başka seçeneğinin olmadığında ister; zira hiçbir şey, kişinin hayatını kurtarmasından daha önemli değildir.

Ancak, yaşam riskiyle ilgili birçok anlayış vardır. Bundan dolayı, gerekli olan her şey için, utançtan dolayı acı çekiyoruz ve yardım istiyoruz. Ama zorunluluk herkes için aynı değildir. Her insanın farklı bir ölçüsü vardır. Şöyle ki, birisi için lüks olanı, diğeri zorunluluk olarak kabul edebilir.

Bu nedenle, neyin lüks olarak kabul edildiğinin ve neyin zaruri olarak kabul edildiğinin sınırlarını belirlemek zordur. Gerçi, kişi istediği bir şey olmadan da yaşayabildiğinde bunun lüks olduğunu, eğer kişi onsuz yaşayamıyorsa, bunun zaruri olduğunu söyleyebiliriz. Ama bu da, yüzde yüz kesin ölçü, gösterge olamaz.

Örneğin, bilgelerimiz şöyle yazmıştır (Ketubot, s 67b): 'Bir adam, Rabbi Nehemiah'a geldi ve ona 'Ne yiyorsunuz? 'diye sordu. Rabbi Nehemiah, 'Kırmızı et ve yıllanmış şarap. Benimle birlikte mercimek yemek ister misin? Mercimek yedi ve öldü, 'diye cevapladı. Bu hikâyede görüyoruz ki, kırmızı et ve yıllanmış şarabın lüks olduğuna herkes hemfikir olsa da bunlar, o adam için öyle zaruriydi ki bu yüzden öldü.

Ayrıca bilgelerimizin şu sözlerinde görürüz: 'Bilgelerimiz şöyle öğretti, 'İhtiyacı için yeterli, her neye ihtiyacı varsa '(Deuteronomy, 15). 'İhtiyacı için yeterli': Onu hayatta tutmamı emrediyorsun, onu zenginleştirmemi değil. 'Her neye ihtiyacı varsa': Hatta binmek için bir at ve ondan önce koşması için bir hizmetçi. Yaşlı Hillel hakkında, bir zamanlar varlıklı bir yaşam sürmüş fakir bir adamın binmesi için bir at ve ondan önce koşması için bir hizmetçi aldığı söylenir. Bir keresinde, fakir adamın önünde koşması için hizmetçi bulamamış, bu yüzden kendisi, onun önünde üç mil koşmuştur.'

Dolayısıyla bilgelerimizin 'her neye ihtiyacı varsa', ayetine göre hatta binmek için bir atın ve önünde koşması için bir hizmetçinin bile, lüks kategorisine değil, gereklilik kategorisine girdiğini görüyoruz. Zira burada, Gemara'nın, Hillel'in zengin olarak yetişen fakir bir adam hakkında yazdığı gibi, fakir bir adamdan bahsediyoruz. Ve gereklilik anlamında fakire verdiğimize, kesinlikle 'sadaka 'denir. Bu, binmek için bir at ve ondan önce koşması için bir hizmetçi olduğunda bile, hala gereklilik olarak kabul edilir. Bu yüzden 'gerekliliğin 'nerede bittiği ve 'lüksün 'nerede başladığıyla ilgili bir kısıtlama getiremiyoruz.

Bundan dolayı, fakir adam, başkalarının lüks olarak kabul ettiğinin, sadaka olarak verilmesini isteyebilir. Bu demek oluyor ki, fakir bir adam, sadaka isterken utanç hissetmez, çünkü ona göre bu sadaka, gerekliliktir. Bu nedenle, sadaka ile lüks olarak kabul edilen hediye arasında ayrım yapamıyoruz. Daha doğrusu bu kişinin doğasına bağlıdır.

Her insanın, gerekliliğini ve o olmadan da yaşayabileceği, kendisi için lüks olanı belirlemekte, kendi ölçüsü vardır. Fakir bir adam, başkasından istemeye cesaret edemediğinde, bu, ona yalnız verenin uyanışı olarak gelen hediye tanımına girer.

Bu durumda, birisinin, arkadaşından istediğinin sadaka ya da hediye kategorisinden hangisine girdiğini kim belirleyebilir? Kişinin ölçüsünü yalnızca Yaradan bilir, şimdiye kadar gereklilik olarak görülmüştür ve bundan sonra lüks olarak kabul edilir.

Şimdi, çalışma konusunun şartlarını konuşacağız. Kişi Yaradan'dan yardım istediği zaman şunu sorgulamalıdır; sadaka mı, yani zaruri olanı mı istiyor: Eğer bu olmazsa hayatının bir anlamı olmadığını, Tora ve Mitzvot (emirler) olmadan çıplak ve muhtaç hissettiğini, Yaradan'a söyler. Kişi, kendi içinde gerçeğin kıvılcımının olmadığını ve bütün eylemlerinin ikiyüzlülük ve yalan üzerine kurulu olduğunu hisseder. Şöyle ki, kişinin inşa ettiği Keduşa'nın yapısının bütün temeli, kendini-sevme koşulundandır.

Kişi, her geçen gün ilerlemesi gerekirken, gerilediğini hisseder. Ancak tam tersini görür, kutsallık çalışmasına başladığında, Tora'nın ve çalışmanın önemini daha çok hissediyordu. Tora ve çalışmayı kendi üstüne almasının sebebi buydu, zira bu dünyanın gösterişinden, kibrinden çekilmek, uzaklaşmak ve Tora ve Mitzvot'a sarılmak, ona mutluluk ve yaşamına anlam getireceği için değerliydi ve çok heyecanlıydı.

Ama şimdi o gücü nereden aldığını bilemez. Şöyle ki, şimdi biri ona, 'Hepsini bırak, bu dünyanın tüm gösterişinden uzaklaş ve kutsallık çalışmasında çalışmaya başla, ' deseydi hem entelektüel olarak hem de duygusal olarak, mevcut haliyle, hiç şüphesiz onu dinlemezdi.

İnanca ve güvene sahip olduğunu kendisine kesinlikle söylemelidir, ama şimdi bütün bunlardan uzaktır. Öyle görünüyor ki, çalışmaya bağlandığı tüm zaman boyunca, gerçeğe, özlemini çektiği Yaradan'la Dvekut'a (bir olmaya) yaklaşmak içindi. Ancak şimdi on derece geri çekildi, yani şimdi Tora için ve Tora'nın önemi için hevesi kalmadı.

Bu, duada daha da böyledir: Dua için hiç arzusu yoktur, çünkü bedeni ona der ki, 'Dua ile ne kazanacaksın? Daha fazla çalışmak istediğinde, daha fazla aşağıda olduğunu kendin görebiliyorsun, öyleyse bu çalışmaya neden ihtiyacın var? 'Bu durumda, kişi, bir adım bile ileriye gidemediğini gördüğünde nasıl çalışabilir?

İnsan dinlenmekten hoşlanır ve daha fazla zevk alacağını ya da daha fazlasına ihtiyacı olduğunu, bilmediği sürece, dinlenmekten vazgeçemez. Bir ödül olmadan değil, ama ancak o zaman dinlenmeyi bırakmak için bir sebep vardır. Bundan dolayı, kişi çalışmasının ona kazandıracağını düşündüğü hiçbir şeyi kazandırmadığını gördüğünde, çalışma gücünü kaybeder ve güçsüz kalır.

Kişi kendisine bakar ve der ki, birisi ona gelse ve şunları dese: 'Bil ki, kısa bir süre, birkaç ay ya da yıl içinde umutsuzluk durumuna geleceksin, yani ilerlemeyeceksin aksine her geçen yıl, şimdi hissettiğinden daha aşağıda olacaksın. Şimdilik aşağıdasın, bundan dolayı yaratılmış olduğun, gerçek hedefe ulaşmak için doğru çalışmaya, başlamak istiyorsun. Bu nedenle, çabanı boşa harcadığını söylüyorum, zira senin gibi düşünen, gerçek çalışmada biraz ilerlemek için küçük bir çaba gösterirsem, hemen sonuçları göreceğim diyen pek çok insan tanıdım.

Ona şöyle cevap verirdim: 'Sen, İsrail topraklarına iftira eden, ajanlara aitsin. Tıpkı Kutsal Zohar'ın yorumladığı gibi (Şlah, madde 63), 'Ve toprakları gezdikten sonra döndüler.' 'Döndüler 'kelimesinin anlamı, hakikat yolundan döndüler, kötü tarafa döndüler demektir. Dediler ki, 'Şimdiye kadar elimize ne geçti? Şimdiye kadar dünyada iyilik görmeliydik. Tora'da emek sarf ettik ama ev boş, o dünya ile kim ödüllendirilecek ve içerisine girecek? Bu kadar çaba göstermeseydik daha iyi olurdu. Onlar böyle söylediler ve o dedi ki, 'Bize tavsiye ettiğiniz gibi o dünyanın bir parçasını tanımak için çaba sarf ettik ve çok çalıştık. Orada süt ve bal da akıyordur. Tora'dan bildiğimiz gibi, o üst dünya iyidir, ancak onunla kim ödüllendirilebilir ki?'

Yani, şimdi biraz çalıştıktan sonra, eğer 'alışkanlıkla gitmek 'denen, sıradan durumdan çıkmayı ve Yaradan'ın gerçek bir hizmetkârı olmayı üstlendiğinde, çalışmanın başında ona bu düşünceler gelmiş olsaydı, bu düşüncelere derdi ki: 'Sizler ajanların elçilerisiniz. Bu yüzden bana geldiniz, 'kutsal çalışma 'denen, Keduşa'nın topraklarına girmeme engel olmak için'. Kişi, onları dinlemezdi. Ancak şimdi görüyor ki, ajanların iddialarını hisseden, bizzat kendisidir ve şimdi ona öyle geliyor ki bunlar ajanların iddiaları değil, bizzat kendisinin iddialarıdır, yani bu hissettiği her şeyin gerçek olduğunu hissetmektedir.

Yukarıda bahsettiğimiz gibi uyandıran soru şudur: 'Gerçek nedir?' Çalışmanın başında, şimdi, birkaç yıllık çalışma ve emek sonrasında, olduğundan, daha yüksek bir derecede miydi? Eğer öyleyse, böyle bir durum hakkında ne söylenebilir? Bütün çalışması boşuna idi. Ve sadece boşuna değildir, zira boşuna olsaydı, hiçbir şey kazanamazdı ve ihsan etmek için girdiği kutsal çalışmadan önceki haliyle aynı halde kalırdı.

Ama burada öyle değildir. Tersine, kaybolmuş ve önceki durumundan düşmüştür. Şöyle ki, Tora ve Mitzvot için önem ve hevesi yoktur, daha önce sahip olduğu enerji ve güveni kalmamıştır. Bugün kendisine baktığında, 'Beni hiç mi hiç ilgilendirmiyor ' durumundadır. Bu yüzden, öyle görünüyor ki çalışmasına başladığında, ona birisi önceki durumundan düşeceğini söylemeliydi.

Ama gerçekte bu böyle değildir. Kli (kap) olmadan, ışığın olmayacağına dair bir kural vardır. Bu, kişi, gerçek bir ihtiyaca sahip değilse, Yaradan, aşağıdakinin ihtiyacını karşılamaz demektir.

İhtiyaç, kişinin bir şeyleri olmadığı anlamına gelmez. Bu, bir ülkede başkan seçmek için yapılan seçim hakkında yazdığım alegoride (Makale no. 6, Tav-Shin-Mem-Vav) olduğu gibidir. Başkanlık için iki aday ve desteklediği başkanın seçilmesini isteyen bazı lobiciler vardır. Sonunda birisi seçilir ve şimdi eksiklikle ilgili bir hesaplama vardır. Bunlardan birisi kendisinin başkan olmadığını hisseder, zira sonunda yalnızca bir başkan vardır.

Ülkedeki bütün insanların bir eksikliği olduğunu söylemeliyiz, zira hiçbirinin başkan olmadığını söylemek zorundayız. Ancak, başkan olmadıklarında hissettikleri acının miktarını ayırt etmeliyiz. Başkan olmamalarına rağmen, sıradan insanların, bununla ilgili hiçbir eksiklik hissetmediğini de söylemeliyiz.

Birisini başkan yapmaya girişmiş olanlar, başka biri başkan olarak seçildiğinde, çalıştıkları kişi başkan olmadığı için, bu eksiklik yüzünden acı içindedirler. Ancak gerçekten acı çeken, başkan olacağını düşünen, seçimleri kazanmak için yarışan, ülke halkının, onu seçmesini sağlamaya çalışan, ancak sonunda rakibinin seçildiğini gören kişidir. O, gerçek acıyı hisseder. Onunla ilgili, başkan olmanın gerçek bir ihtiyaç olduğunu söyleyebiliriz, zira bunun için uğraşmıştır ve gösterdiği çaba ölçüsünde acı çeker.

Yaradan çalışmasının başlangıcında kişinin enerjisi, kendine güveni vardır, Tora'ya büyük bir önem verir ve dua eder, çünkü o zaman onda kutsallığın nuru vardır ve Yaradan'a hizmet etmenin önemini hisseder. Ancak, bu henüz Yaradan'ın tatmin edeceği bir 'eksiklik', Yaradan'la bir olmak için duyulan bir eksiklik olarak kabul görmez, zira Yaradan ile Dvekut'u olmadığı için henüz içinde bir acı hissetmemektedir, çünkü henüz bunun için çaba harcamamıştır, çalışmasına yeni başlamıştır.

Uzun bir süre boyunca çaba gösterip eksikliğinde bir tatmin görmemek, kişinin içine azap ve acı verir, çünkü çaba göstermiş ama ilerleme görememiştir. O zaman aklına birer birer düşünceler gelmeye başlar. Bazen bu bir çaresizlik kıvılcımıdır, bazen kişi güçlenir, ama kişi, bir kere daha bu durumundan düşer, bu böyle tekrarlanır. Nihayet gerçek eksiklik, kişinin içinde biçimlenir, bunu çıkış ve inişlerdeki çabası ile edinir. Bu çıkış ve inişler, Yaradan ile Dvekut bahşedilmediği için her defasında ona acı verir. Nihayet çabanın kabı yeteri kadar dolduğu zaman, buna Kli denir. Sonra, bunun dolumu Yaradan'dan gelir, zira şimdi bu gerçek bir Kli'dir.

Böylece şimdi kişi, senelerce çalışmasından sonra, geri çekildiğini görür, bu kasten böyle olur ki böylece Yaradan ile Dvekut'ta olmadığı için canı yanmasın. Ortaya çıkan şudur, her defasında, "gerçek eksiklik" denen Kli'yi oluşturmaya yakınlaştığını görmelidir. Şöyle ki, Katnut'unun (küçüklüğünün) ölçüsü ve Gadlut'unun (yetişkinlik) eksikliği, yalnız Yaradan'a memnuniyet vermek olan, Yaradan ile Dvekut denen dolumu almadığı için hissettiği acı ölçüsündedir. Eksiklik tamamlanmadan önce, tamamen dolu olmak için doldurulmak imkânsızdır. Bilindiği gibi, yukarıdan gelen her zaman eksiksizdir, tamdır. Böylece eksikliğin tamamen doldurulması gerekir, yani kişi hiçbir şeye sahip değilken, acı ve eksiklik hissedecektir. Şöyle ki, kişi, Tora'sı olmadığını, çalışmasının olmadığını ve Cennet korkusuna sahip olmadığını hissetmelidir.

Uygulamada Mitzvot'u tutuyor, Tora'yı öğreniyor, şafaktan önce kalkıyor ve hafif ya da ciddi şeylerde dikkatli oluyor; başka insanlar onun yaptığını yapsalar, kendilerini tam inançlı olarak kabul ederlerdi; ama bunlara rağmen kişi kendisini tamamen boş hisseder durumdadır. Bu böyledir, çünkü kişi, Yaradan'la Dvekut'la ödüllendirilmek ister ve bunun için, tek bir düşünceye sahip olmalıdır, yani kişinin tüm çalışması ihsan etmek için olmalıdır ve görür ki bundan çok uzaktır.

Bundan dolayı, kendisine şöyle söyler, 'Tora ve Mitzvot'u tutmakla ne kazanıyorum? Benim tüm hesabım, bunun vasıtasıyla Yaradan'la Dvekut'u başarmaktır. Oysa bir nebze olsun yaklaştığımı görmedim. Tam tersine! 'Böylece bu kişinin, biraz maneviyatla ruhunu canlandırmak için bir şeyler yapmak istemesi, lüks değil, gerekliliktir, böylelikle kendini sevmeye batmayacaktır.

Böylece, kişinin maneviyattan tamamen mahrum kaldığını hissettiği ortaya çıkar. Ancak, diğer insanlar, maneviyattan uzak oldukları hissine sahip değildirler. Tersine, insanların geriye kalanının, eğer her gün Minyan'da (bir duada en az on katılımcı) dua edebilseler, kendilerini eksiksiz, tam hissedeceklerini görüyoruz. İşten sonra, günlük çalışmalarını yapmak için gelen insanlar için bu daha çok böyledir. Kendilerini tam, bütün hissederler ve Yaradan'ın yolunda yürümek için, Yaradan'ın kendilerine güç vererek, yardım etmesi için hiçbir talepleri yoktur. Tersine, rutinlerini devam ettirebilmelerinde Yaradan'ın onlara yardım etmesi için dua ederler. Bu yüzden, onlar yaşamlarından zaten memnundurlar.

'İşi Tora olanlar 'için bu daha da çok böyledir, onlar kendilerini tam hissederler ve onlara akıl verdiği ve çalışmayanların, aylakların arasında oturma arzusu vermediği için, Yaradan'ı daima överler. Var olduğunu duymuş oldukları Lişma (O'nun adına) meselesinde, onlara yardım etmesi için, Yaradan'a dua etseler de bunu lüks olarak görürler. Tora ve Mitzvot'un özünü izlerler, ancak Lişma'da çalışma meselesine sahip değillerdir. Kişinin Lişma'ya bağlanması gerektiği doğrudur, ancak bu sadece seçilmiş birkaç kişiye mahsustur.

Bundan dolayı, Yaradan'a, Tora Lişma öğrenmelerine izin vermesi için dua ettikleri zaman bile, bunu zorunluluk değil, lüks olarak kabul ederler. Çünkü Tanrı'ya şükür, ulusun seçilmişleri arasında olduklarını, 'Tora gururunun ışığında 'olduklarını ve 'Tora'larının onların zanaatı' olduğunu düşünürler.

Böylece, vermesi için Yaradan'dan talep eden bu iki insanın aynı olduğu ortaya çıkıyor. Onları, dualarına göre değil de dua etme sebeplerine göre muhakeme etmeliyiz: birisi, ruhu lüksü arzuladığı için ister, öyleyse hediye istiyordur. Ancak hediye istemek kabalıktır. Bundan dolayı, talebi yerine getirilmez, zira kişi hediye isteyemez, bu yalnızca verenden gelir, yani alana hediye vermek için, veren uyanır. Bu sebeple Yaradan duasını duymadı diye, aşağıdakinin şikâyetlerle dolu olduğu ortaya çıkar, zira her gün hediye için dua ediyor, ancak duyulmuyordur. Bu sebeple, Tanrı affetsin, yukarıda olanla ilgili bir şeylerin yanlış olduğunu iddia eder.

Ama yukarıdaki aşağıdakinin hatalı olduğunu iddia eder, çünkü aşağıdaki hediye almak için ağlamakta, haykırmaktadır. İhtiyacı olduğunu düşündüğü şeyler, onun için yalnızca lükstür. Bundan dolayı, kendisini düzeltir ve gerçeği görürse, yani sadaka demek olan, gereklilik için talep ederse, o zaman fakir olanın istemesinin geleneksel olduğu gibi, sadaka aşağıdakinin uyandırması vasıtasıyla verilir. Ve gereklilik ne kadar talep edilirse, o kadar kabul edilir.

Bize yukarıda açıklanan (Ketubot, s 67b) budur, et ve şarap her insan için lükstür, ancak Rabbi Nehemiah'a gelen adam için gerekliydi. Bunun kanıtı, yemesi için mercimek verildiğinde onun ölmesidir.

Bu vesileyle, bir zamanlar Yaradan'la Dvekut'u başarmak için büyük çaba gösteren birinin, sonunda kendini düzeltmek için yaptığı kutsal çalışmaya başladığı zamandan daha kötü duruma geldiğini görme sebebini anlayacağız. Yaptığı düzeltmeler sanki boşunadır, faydasızdır, ancak bunun tam tersidir.

Cevap şudur ki, kişi gerçekte çok ilerlemiştir, ancak ışığa doğru ilerlemekle, Kli'ye doğru ilerlemek arasındaki farkı anlamalıyız. İnsan doğası, ışığa doğru ilerlemeyi dikkate alır, zira bütün insanlar, ışık ister. Dolayısıyla aydınlatmayan şeyler, eğer kişinin büyük bir eksikliği varsa, verecek bir şey olmadığında, kişinin ilgisini hiç çekmez. İnsanın onu mutlu edecek şeyleri istemesiyle ilgili bir kural vardır, bu nedenle kişi, ilerleyip ilerlemediğini bilmek istediğinde, ışığa ne kadar yakın olduğunu inceler.

Ama gerçek, Kli olmadan ışığın olmadığıdır. Bundan dolayı, kişi öncelikle Kli'ye doğru ilerlemelidir. Şöyle ki, eksiklikte ilerlemek diye bir şey vardır. Çalışmasının başlangıcında eksikliği kişiye ifşa olmaz ve kişi ışığa hasrettir, bir eksikliği olmasına rağmen, ışığa sahip değildir.

Ancak bu, insanların yaptıklarına benzer: Bazen kişi işindeki günlük kazancına göre, bir saatlik çalışmasına değer önemli bir nesneyi kaybeder. Mesela, eğer günde sekiz dolar kazanıyorsa, saati bir dolardan daha azı için çalışmayacaktır. Daha doğrusu, dinlenmek, kişi için daha önemli olacaktır. Ancak bir dolar değerindeki bir nesneyi kaybederse, iki saat boyunca onu bulana kadar arayacaktır. Bu şu soruyu getirir. 'Neden yarım dolar kazanmak için, sadece bir saat çalıştı?'

Bunun cevabı, kazancı inkâr etmekle, anaparadan kaybetmek arasında bir fark olmasındadır. Kişinin sahip olduğu ve sonra kaybettiği, küçük bir şey bile olsa, onun için önemlidir, zira önceden buna sahipti ama sonradan kaybetti. Bu, kişinin elde etmediği şey için böyle değildir. Ancak büyük bir şey, onun için çalışmaya değer, aksi takdirde kişi için dinlenmek daha önemlidir.

Aynı kural bizim için de geçerlidir. Kişi, Yaradan'la Dvekut'a erişmek için bir arzuya sahip olduğunda, bu eksikliğe, 'kazancın önlenmesi 'denir. Şöyle ki, kişi muhtemelen ettiği kar yetersiz olduğu için işine gider. Ama bu halen, üstteki bolluğun kıyafetlenmesi için uygun olan, gerçek bir eksiklik olarak görülmez.

Ancak kişi, işine zaten birkaç yıllık çalışması boyunca yatırım yapmışsa, bu ana paradan kaybediyor gibidir. Şöyle ki, hiçbir şey kazanmadan, işinde birkaç yıl kaybetmiştir. O zaman bu eksiklik olarak kabul edilir, çünkü bu eksiklik, onda azap ve acı yaratır.

Bundan dolayı görürüz ki, yakında Yaradan'ın ona yardım edeceğini ve O'nunla Dvekut'la ödüllendirileceğini düşünerek kişi büyük çaba gösterir, böylece gösterdiği büyük çaba nedeniyle, Dvekut'a olan arzusu konusunda ilerler. Gösterdiği büyük çaba nedeniyle, ne kadar çok çaba gösterirse o kadar zıt olduğunu, bedenin ihsan etme meselesine o kadar direnç gösterdiğini görür.

O zaman, kişinin içinde, O'nun yardımına ihtiyacı olduğu anlayışı, biçimlenir. Bu yüzden, lüks istemez, yalnızca O'na, Kutsal olana, adı 'İyi ve iyiliksever 'olan Yaradan'a inanan, basit bir Yahudi olmak ister. Yaradan'ı övmek ve O'na şöyle demek ister: 'Kutsal olan 'Ve dünyalar olsun! 'dedi ve sadece bu yüzden, Tora ve Mitzvot'ta büyük bir başarıya erişmeden, niyetle ve çok sade bir şekilde Yaradan'ı övmek ve yarattığı için O'na şükran duyabilmek için.

O zamandan beri, iki sebeple, Tora ve çalışmaya başladığı zamanki kadar bile çalışmak için arzusu olmadığını görür: 1) Tora ve Mitzvot'un yükünü üstlenmeye başlamasının sebebi, alma kaplarını inşa etmekti. Başlangıçta, beden haz ve memnuniyet duymak için can atıyordu, çünkü maneviyattan yaşamında aldığından daha fazla doyum alacağını hissediyordu, yani alma arzusu alması gerekeni alıyordu, zira maddesel hazlar, kişiye yaşamında doyum vermiyordu. Ama şimdi, ihsan etme çalışmasına başlamıştır ve bedeni buna direnir.

Beden, kazanabileceği yerde, emek sarf etmeye razı olur. Ama şimdi kişi, şöyle söyler: 'Tora ve Mitzvot'u uygula ve bununla, yani Tora ve Mitzvot'u uygulamakla, bedene hiçbir haz ya da çalışman için ödül vermemiş olacaksın. 'Böylece, beden, kendisi için bir ödül olacağını, ancak ödülünün, bedene çalışması için herhangi bir ödül vermeme gücüne sahip olmak olduğunu duyar. Bu nedenle, şimdi kişinin çalışmak için hiç gücü kalmaz; daha önce ihsan etmek için çalışmaya başladığı, bendenin maddesel hazlardan aldığından çok daha fazlasını umduğu zamandaki gibi gücü yoktur. Şöyleydi, kişinin yakıtı vardı ve bedenin hiçbir engeli ile karşılaşmamıştı, çünkü beden, daha fazla hazza ulaşmak için bir arzu beklentisindeydi.

Ancak bilmeliyiz ki beden, kutsal çalışmayı yapmak isteyeceği, başka hiçbir dile sahip değildir. Bilgelerimiz bunun hakkında şöyle söyler: 'Kişi, Tora ve Mitzvot'a, daima Lo Lişma'da (O'nun adına değil) bağlanmalıdır, bu sayede Lişma'ya (O'nun adına) gelecektir. 'Bu, kişinin çalışmaya girişinin başlangıcının, doğru olduğunu gösterir. Şöyle ki bedene, alma arzusuna kusur bulmanın yasak olduğu sözünü vermeliyiz. Tam tersine, hayatta, Tora ve Mitzvot'u tutarak, alma arzusu, gerçek doyuma sahip olacaktır ve bütün dünyada bunu hissedecek, neslinin en mutlu adamı olacaktır.

Ama kişi çalışmaya başladıktan sonra ve asıl şeyin, 'her şeyi ihsan etmek için yapmak 'denen, Yaradan'la Dvekut'a erişmek olduğunu anlamaya başladıktan sonra; beden bu çalışmaya direnmeye başlar. Ancak bununla, kişi büyük bir eksiklik geliştireceğinden, bedenin bu direncinin, büyük faydası vardır, yani kişi, Yaradan'la Dvekut'tan uzak olduğu için, acı çeker. O zaman, kişi ne kadar pişman olursa, Yaradan'ın yardımına o kadar ihtiyaç duyar, çünkü o zaman kişi kendini-sevme koşulundan, kendi başına çıkamayacağını, ancak Yaradan'ın kendisinin, ona yardım edebileceğini görür. Bu, bir anlayış meselesi değil ama hissetme meselesidir. Şöyle yazılmıştır (İlahiler, 127): 'Şayet Efendi bu evi inşa etmezse, onu inşa edenler, boşuna çaba sarf ederler'.

Akabinde, kişi, bütün çarpıklık ve dönüşlerin, onu şu anki durumuna getirdiğine inanmalıdır, böylece kalbinin derinliğinden dürüst bir dua oluşturma yeteneğine sahip olabilir. Ancak, kötü eğilim, kişiyi karşıt görüşlere getirir, böylece kişi, kalbinin derinliklerinden, Yaradan'dan talepte bulunabilir. Yani akıl ve kalp, ona sadece Yaradan'ın yardım edebileceği kararına vardığında, şimdi kişi gerçek bir duaya gelebileceği için, kötü eğilim gelir ve onu ajanların öne sürdüğü iddialarla umutsuzluğa sürükler. Bunun hakkında şöyle diyebiliriz: 'Efendinin yolu düzdür, inançlı olan orada yürür ve günahkâr olan düşer.'

Yukarıda açıklananlarla birlikte, 'Hediyelerden nefret eden, yaşayacaktır 'ayeti hakkında söyleneni anlarız. Bu, kişinin hediye almaması gerektiği anlamına gelmiyor. Ancak, ihsan etmek için çalışmak istediği için, hediyelerden nefret ederse, böylece, alıcı olmaktan da nefret eder, çünkü Yaradan bunu ister. Buna 'ihsan etmek için almak ' denir, zira Yaradan'ı ona lüks olanı vermesi için uyandırmamıştır. Tersine, zorunlu olan için Yaradan'dan talepte bulunur. Ve başka birinin lüks olarak kabul edip etmemesinin bir önemi yoktur, çünkü herkes kendi hislerine göre çalışır ve arkadaşının neye sahip olduğuna bakmaz. Eğer sonra Yaradan, ona hediye verirse, bunu ihsan etmek için alır.

Böylece eğer, kişi Yaradan'dan ihsan etme kaplarını vermesini isterse, bu onun karakterine bağlıdır. Şöyle ki, birisi için lüks olanın, diğeri için zaruri olduğunu söyleyebiliriz.

Mitzvot'u Uygulamanın Ölçüsü

Makale No. 25, Tav-Şin-Mem-Vav, 1985-86

Bize, uygulamak için, 613 Mitzvot (emirler) verildi. Eğer kişi, şimdi Yaradan'ın bize emrettiği Mitzvot'lardan birini, niyet etmeden bile, yapmaya gayret ederse, eğer bir niyet hakkında düşünmeden, doğrudan bu Mitzva'yı yerine getirmeye razı olsa bile, görevini yapmış demektir.

Ancak, Mitzvot'un hepsini, her bir Mitzva'nın kendi koşuluna göre tutmalıyız. Mesela, bir kişi, Tzitzit (püskül-bir ucuna tutturulmuş, iplerden, kordonlardan oluşan süsleme) Mitzva'sını tutabilir, yazıldığı gibi, 'Giysilerinin köşelerine, kendilerine püsküller yapacaklar. 'Ancak, Talit'in (Yahudi dinsel töreninde, sabah saatlerinde giyilen, her köşesinde bir Tzitzit olan şal), yapıldığı materyalin yanı sıra, uzunluğu ve genişliği ile ilgili de belirli nitelikleri vardır. Tzitzit'in de kendine dair, püsküllerin sayısı, uzunluğu ile ilgili, yapıldığı malzeme – yün, keten vb.- ile ilgili belirli nitelikleri vardır.

Tzitzit Mitzva'sındaki bu şartlar, kesinlikle uygulanmalıdır. Aksi takdirde bu, Mitza'nın eksik bir uygulaması, eylemin eksik olarak yapılması diye kabul edilir. Ayrıca Mitzvot'un uygulanmasında süslemeler vardır, ayette bilgelerimizin söylediği gibi, 'Bu, benim Tanrı'mdır ve ben O'nu öveceğim, 'hassasiyetle yapılacak pek çok başka şey vardır.

Bunlar ister Tora'dan gelen Mitzvot ister bilgelerimizden gelen Mitzvot ya da gelenek olduğu için yerine getirdiğimiz Mitzvot olsun, bu husus Mitzvot'un her yerine getirilmesinde geçerlidir. Bilgelerimizin söylediği gibi, 'İsrail'in gelenekleri, Tora'dır ve atalarımızın gelenekleri Tora'dır.'

Kesinliğin derecesi, yani Mitzva'nın ne kadar titizlikle yerine getirilmesi gerektiği, bize Pesah'ta mayalı ekmek yememe Mitzva'sında verilmiştir. Ne kadar titiz olmamız gerektiğine bir örnek: Mayalı hamur, kötü eğilim anlamına geldiği için bu bize Pesah'ta verilmiştir. Bu nedenle, pek çok kısıtlama ve kesinlik var. Bu bize, Yaradan korusun, gerçekten günah işlememek için, ne kadar dikkatli olmamız gerektiğiyle ilgili bir örnek olarak verilmiştir. Bundan dolayı, Mitzva'nın kendisini tutmanın yanı sıra, günahın kendisinden uzak tutacak kesin şeyler de verilmiştir.

Ancak, Baal Şem Tov şöyle dedi, 'Bırakın, çok titiz, çok dikkatli olmasın. 'Yani, kişi bütün duyularını ve zamanını kesinlikler için adamamalıdır. Tersine, kişi, Mitzvot'u, aşırıya kaçmadan, yapabildiğince bütün detayları ve kesinliğiyle tutmaya çalışmalıdır. Tüm Mitzvot'u, Pesah'ta olduğu gibi aynı katılık ve titizlikle uygulamamamızın sebebi, muhtemelen bu eylemlerde, niyetlerimiz için de enerjiye ihtiyacımız olmasındandır. Aksi takdirde, niyet için fazla zamanımız olmayacak, kalmayacaktır.

Bu, niyet hakkında da düşünmemiz gerektiği anlamına gelir, yazıldığı gibi, 'Kötü eğilimi yarattım, Tora'yı da şifa olarak yarattım. 'Bu nedenle, zamanımızı ve çabamızı, niyet için de ayırmalı, yani Tora ve Mitzvot vasıtasıyla, kötü eğilimin ne derece düzeldiğini görmeliyiz. Şöyle ki, alma arzusunu kullanmaktan daha uzak olup olmadığımızı, ondan uzaklaşıp uzaklaşmadığımızı ve ihsan etme çalışmasına ne kadar girdiğimizi görmek için, 'alma arzusu 'denen arzumuzu, inceleyip eleştirmemiz gerekir. Yani, sürekli olarak kendimizi kontrol etmemiz gerekir ki böylece alma kaplarımızdan nefret etmek için edindiğimiz nefretin ve de ihsan etme kaplarına olan özlemimizin ölçüsünü, kesin olarak bilelim.

Bu nedenle, kişi Mitzvayla uğraştığında, Mitzva'yı doğrudan yerine getirdiğinde, önce şunu anlamalıdır; şimdi başka bir şey değil, yalnız yapmakta olduğu Mitzva'yı düşünmektedir, yani Yaradan'ın emrini izlediğini ve Yaradan'ın, emirlerini tutmamızı, Musa vasıtasıyla emrettiğine inanıyor. O'nun bize verdiği 613 Mitzvot'u, bunun yanı sıra bilgelerimizin Mitzvot'unu ve Tora da denen, İsrail'in geleneklerini yerine getirirken kişi her şeyi Yaradan'ı memnun etmek niyetiyle yapmalıdır. Yaradan'la konuşabilmesi için ona, yukarıdan, büyük bir ayrıcalık verilmiştir. Bu yüzden, kutsadığında hem aldığı hazzı hem de Mitzvot'u kutsar, kime şükranlarını sunduğunu ve kimi kutsadığını biraz düşünmeli ve bilmelidir.

Kişi, herkesin ona yaklaşmasına izni olmayan, kasabadaki en önemli adamı görmesine izin verildiğini gözünde canlandırmalı; huzuruna çıkıp, onunla konuştuğunda ne kadar sevinç duyardı? Ya da ülkedeki en önemli adamın huzuruna çıkmasına izin verilseydi, nasıl mutlu olurdu! Ve ayrıca sadece seçilmiş birkaç kişiyle konuşan, dünyadaki en önemli kişiyle konuşmasına izin verildiğini hayal etse, başkalarının sahip olmadığı bu büyük ayrıcalık, kendisine verildiği için, nasıl mutlu ve sevinçli olurdu? Bu dünyada, bunun bize tatmin ve memnuniyet verdiğini görürüz.

Buna göre, soru şudur, 'Maddesel dünyada önemli olan birisi ile konuştuğumuzda yaptığımız bu hesaplamayı ve önemlilik tanımını neden maneviyatta Yaradan ile konuştuğunuzda yapamıyoruz, neden O'nunla konuşurken bu hissiyat ve algımız yok ki böylece kendimize şöyle diyebilelim, 'Bak, dünyada, dünyanın Kralı ile konuşma ayrıcalığına sahip olmayan kaç kişi var? Ama Yaradan bize, gidip O'nunla konuşmak için bir düşünce ve arzu verdi.'

Ancak, kişi bilgelerimizin söylediğine inanmalıdır, 'Yaradan ona yardım etmezse, üstesinden gelemez'. (Kidushin, 30) Bu nedenle, şimdi Yaradan'ın bize yaklaştığını ve yardım ettiğini söylemeliyiz, öyleyse neden Yaradan'dan ilham almıyoruz ve kalplerimiz neşe içinde değil?

Oysa kişi, Tora'nın sözlerini söylediğinde, Yaradan'a dua ettiğinde, ya da kutsandığında, saygıdeğer biriyle, dünyanın Kralı'yla konuştuğunu hayal etmelidir ve O'nun kendisine yardım etmesini dilemelidir. Yani, bütün bu betimlemelerden sonra, bu hâlâ maddesellikte saygıdeğer birisiyle konuşmakla ve o zaman hissettiğiyle, hiç çaba harcamadan hissettiği önemle aynı şey değildir. Ama maneviyatta, Yaradan'la konuşmanın önemini, biraz olsun hissedene kadar, çeşitli betimlemelerle uğraşmalıdır.

Oysa mesele çok basittir: Maddesellikte, insanların ona saygı duyduğunu görür. Bundan dolayı, birey, halkın verdiği bu önemden etkilenir ve o kişiyle ilgili halkın verdiği önem sebebiyle, ona hizmet etmeyi kabul eder.

Ama Yaradan'la ilgili olarak, kişi insanların Yaradan'ı taktir etmesinin, minnettarlığının gerçek ölçüsünü göremez. Tersine, her şey inanç üzerine inşa edilmiştir. Kişinin inanması gereken yer, emeğin, çalışmanın başladığı yerdir, sonra şüpheler başlar ve evet mi, hayır mı diye karar vermelidir.

Maneviyatta, Yaradan'ı takdir etmesi gerektiğinde, kişinin birçok çalışması vardır. Bunun için, bedenin hoşlandığı bazı şeylerden vazgeçmelidir. Hazları bıraktığı zaman da acı hisseder. Hepsi, Yaradan'ın onayını kazanabilmek ve yanına gidip, O'nunla konuşabilmek içindir. Böylece, O, kiminle konuştuğunu hissetmesine izin verecektir, yani Yaradan ona ifşa olacak ve bu kadar gizli olmayacaktır.

Ama eğer Yaradan'ın önemini, maddesellikte olduğu gibi diğer insanlardan alabilseydi, çalışması gerekmeyecekti. Ancak, 'Şehina (Kutsallık) sürgünde 'ya da 'Şehina tozun içinde 'olarak adlandırılan, Keduşa (Kutsallık) ile ilgili özel bir şey vardır. Bu bize, önemin tam tersi olan önemsizliği gösterir.

Doğal olarak, kişi güvenip, verilen önemle yürüyebileceği, bu sayede kendi menfaati için değil de ihsan edebilmek, Yaradan'a hizmet etmeyi üstüne alabilmek, 'fiziksel yaşam 'denen, dünyasal yaşamını bırakabilmekte destek almak için, bu önemi halktan alamaz, çünkü halkın maneviyata hiçbir saygısının olmadığını ve maneviyatı takdir etmediğini görürüz.

Bu böyledir, çünkü kişi, başkalarının, kendi-sevgisinden vaz geçmeye değecek kadar maneviyatı takdir ettiğini görmez. Bu böyledir, çünkü Tora'yı öğrenen ve Mitzvot'u izleyen diğer kişilere baktığında, onların, ihsan etmek için çalışacak kadar buna önem verdiklerini görmez. Doğal olarak, halktan, maneviyatın önemini alamaz, maddeselliğin önemini aldığı gibi.

Maddesellikte, halkın birisini takdir ettiğini görür. Takdir ettiklerinin kim olduğu ya da neyi takdir ettikleri önemli değildir, kişi onlardan etkilenir. Ama maneviyatta, hiç kimsenin, bireylerin bile, maneviyatı takdir ettiğini görmez. Öyleyse ihsan etme çalışmasına onu değerli hale getirecek önemi kazandırmak için ne yapabilir?

Bundan dolayı, kişi, biraz bile olsa bunun önemini edinebilmek için çok çalışıp çabalamak zorundadır ki böylece büyük niyetler taşımadan, son derece basit bir şekilde O'nun Mitzvot'unu tutmakla ve Yaradan'a hizmet etmekle ödüllendirilmiş olmanın, büyük bir ayrıcalık olduğunu anlayabilsin. Daha doğrusu, sadece Yaradan'ın bize emrettiklerini tutarak, kişi mutluluk ve canlılık hissedebilsin.

Yani, şimdi, Kral'ın iradesini yerine getirdiğini ve O'nun arzusunu yerine getirmesinden, Kral'ın hoşnut olduğunu düşünmelidir. Kişi, Mitzvot'u izlemesine sebep olan düşüncelerini ve arzularını Yaradan'ın gönderdiğine, bunun yukarıdan bir uyandırılış olarak ona geldiğine, mantık ötesi inanmalıdır. Yani şimdi Yaradan onu çağırıyor: 'Bana gel; sarayımda sana bir görev vermek istiyorum 'demektedir. Kişi bunu düşündüğünde, kalbi kutsanır, mutlu olur, sevinçle dolar ve yüksek ruhlu hisseder.

Dolayısıyla, ne yaptığının bir önemi yoktur. Hepsi aynıdır, yazdığı gibi, 'Mitzvot'un ödülünü bilmediğin için, hafif bir Mitzva'ya da ciddi olan kadar önem ver! 'denebilir ki, kişinin tek düşüncesi, Yaradan'ı memnun etmek olduğu için, kişinin Yaradan'ın hangi Mitzva'sını yerine getirmekte olduğunun bir önemi yoktur.

Bu nedenle, temel olan, Mitzva'nın büyüklüğü değil, Mitzva'yı verenin ne denli önemli olduğudur, kişi küçük eylemlerden, büyük sevinç duyabilir. Yani bu, Kral'ı ne kadar takdir ettiğine bağlıdır.

Kişi bunun üzerinde düşündüğünde, arzuyu tatmin etmesi ve yerine getirmesi gerektiğini görür. Ancak, kendi arzularını, kalbinin taleplerini, tatmin etmek için çalışanlar vardır. Buna, 'ihtiras 'denir. Ya da bunun tersine başkalarının arzularını tatmin etmeleri gerekenler vardır, belli şekilde giyinmek, belli bir evde yaşamak vb. gibi, bu itibar kategorisine girer. Ve Yaradan'ın arzusunu, Tora ve Mitzvot'u yerine getirerek O'nun taleplerini yerine getirenler vardır.

Dolayısıyla kişi kendine şöyle sormalıdır: 'Yaradan'a hizmet etmek benim için bu kadar önemli mi, buna bu kadar büyük bir önem veriyor muyum? 'Eğer öyleyse, bunca hesap kitap yaptıktan sonra neden her şeyi unutup, Keduşa ile ilgili her şeyi durdurup, maddesel dünyaya giriyorum ve Yaradan'ı değil de başkalarının arzularını yerine getirmeyi üstleniyorum, her ne kadar Yaradan'ın arzusu çok önemli, kendi arzularımı tatmin etmekten çok daha önemli demiş olmama rağmen?'

'Ben, kendi arzumu tatmin için endişelendiğimde, bu, ihtiras kategorisine girer. Başkalarının arzularını tatmin etmeye çalıştığımda, bu, itibar kategorisine girer. Bunların her ikisini de kendi-sevgisi yüzünden tatmin etmek isterim. Ancak Kral'ın arzusunu yerine getirmek istediğimde ki bu çok önemli bir koşuldur, çünkü o zaman, 'hayvan 'denen kendini-sevme koşulundan çıkarım ve 'adam 'kategorisine girerim; bilgelerimizin söylediği gibi, 'Dünya uluslarına değil, sana 'adam 'denir.'

Böylece, Tora ve dua etme seviyesine gelir gelmez, kişi Keduşa'da yaptığı en küçük şeyin bile, kendisi için çok önemli olduğunu, Keduşa'nın alanına girmekle ödüllendirilmiş olmanın, kendisini çok mutlu ettiğini söyler. Ve 'Hangi budala, bu duygusal tatmin ve sevinç durumundan çıkmak ister ki? 'diye sorar. Dünyadaki en mutlu adam olduğunu düşünür, hisseder, çünkü bütün bu zaman boyunca içinde olduğu hayvanlıktan çıkma ayrıcalığına sahiptir.

Aniden, kişi Kral'ın huzuruna çıkmak ve O'nunla konuşmak için çağrılır. O zaman, kişi kendine bakar, tüm diğer hayvanlar gibi, dünyasal ihtiraslara nasıl da dalmıştır. Fakat şimdi, gerçek bir adam olduğunu görür. Çevresine karşı çok eleştirel olur, ne kadar da aşağıdadırlar, o kadar ki onların yanında zorla durabilmekte ve onlarla zorla konuşabilmektedir. Çünkü onlarla konuşmaya tenezzül edemez, Keduşa'nın ruhundan mahrum olan bu insanlar, onlarla konuşmak için çok aşağılıktırlar, kendi-sevgisine batmıştırlar, onların yanında durmaya zorla tahammül eder.

Bütün bunlardan sonra, bir süre sonra, hatta bir dakika sonra, çevresine bütün bu eleştirileri yaptıktan sonra, içinde bulunduğu maneviyatı tamamen unutur ve bütün hayvansal arzularıyla maddesel dünyaya girer. Kişi manevi koşuldan çıkıp maddesel koşula girdiği an, ne zaman dışarı çıktığını bile hatırlamaz.

O zaman soru şudur, 'Manevi koşuldayken ve bu durumundan hoşnutken, bu bir yalan mıydı? Sadece bir rüya mıydı? Ya da tam tersine önceki koşulu, gerçek hali miydi? Yoksa şimdi hayvansal arzulara battığını hissetmesi bir rüya mı?

Gerçek şu ki, kişi, Yaradan kendisine birazcık göründüğünde, Kral'ın önemini hissetmeye ve O'na doğru çekilmeye başladığına ve meşalenin önündeki mum gibi iptal olduğuna inanmalıdır. Yukarıdan duyduğu haberciyi takdir etmeye devam ederse, bu takdiri ölçüsünde maneviyata olan özlemi de büyür. Ve maddesel dünyadan çıkıp yalnız iyilik olan bir dünyaya girdiğini hissetmeye başlar.

Ancak eğer bu çağrıyı, gelip Kral'la konuşması ve bundan sevinç duyması ve duyduğu bu sevinci alma kaplarına damıtmaya başlaması için çağrıldığını takdir etmeyi unutursa ve Yaradan'a kendisini daha yakına getirdiği için teşekkür edip, övmeye özen göstermez ise, derhal geri çevrilir ve Kral'ın sarayından çıkarılır.

Bu o kadar hızlı olur ki, kişinin çıkarıldığını farkına varmaya zamanı olmaz. Sadece bir süre sonra, gelir ve dışarı atılmış olduğunu görür. Ancak Kral'ın sarayından çıkarıldığında bilinçsizdir, bu yüzden çıkarılma anını hissedemez.

Maddesellikte de eğer bir kişi yüksek bir kattan, zemine düşerse, ona nasıl düştüğünü sorarsanız, hiçbir şey hatırlamadığı bilinir. Bütün bildiği, şimdi hastanede olduğudur, ancak hiçbir şey hatırlamaz: onu kimin kaldırdığını, hastaneye kimin getirdiğini hatırlamaz, her şeyi unutmuştur.

Bu, maneviyatta da aynıdır. Kral'ın sarayından çıkarıldığında, kişi kendisini kimin çıkardığını, yani mutlak tamlıkta olduğu, sevinç dolduğu bu durumdan düşmesine neyin sebep olduğunu hatırlamaz. Ayrıca kendi yüksek koşulundan zemine ne zaman düştüğünü de hatırlamaz, şöyle söylendiği gibi, 'Bu noktaya kadar iyiydim ve o anda düşmüşüm. 'Kişi, kendi koşulundan düştüğü anı hatırlayamaz. Ancak bir süre sonra gözleri açılır ve şimdi maddesel dünyada olduğunu görür.

Bu iyileşme -şimdi sarayın dışında olduğunu gördüğünde, yeniden kazandığı bu bilinç- bir kaç saat sonra, hatta bir kaç gün sonra gerçekleşebilir. Aniden, dünyasal, kötü arzulara battığını ve bir zamanlar yükseliş koşulunda olduğunu görür.

Şimdi başladığımız konuya, yani Mitzvot uygulamanın kalitesinin, niteliğinin büyüklüğü, Tora'nın sözleri ve Tora'yı öğrenmekten başka, hiçbir niyet olmadan mutlak sadelik içindeki dua meselesine geri dönelim. Zira Tora'nın tamamı, Yaradan'ın isimleridir ve kişi bununla bağlantısını anlasa da anlamasa da bunu öğrenmektedir, yani kişiyi öğrenmektedir.

Yani, kişi, 'Bu bize ne öğretir ki? 'dememelidir. Tersine, öğrendiği her kelime, kendi ruhu için mükemmel bir şeydir. Ve bunu anlamasa bile, bize öğreten bilgelere inanmalıdır.

Duada da aynı şekildedir. Kişi bilmeli ve inanmalıdır ki, bilgelerimizin bizim için düzenlediği her bir kelime, kutsal ruhla söylenmiştir. Bu nedenle, her bir kelimeye saygı göstermeliyiz, yani kişiye O'nun emirlerini izlemek için düşünce ve arzu verilerek, kişi bir ayrıcalığa sahip olmuştur ve bu nedenle Yaradan'a şükretmelidir. Kişi maneviyatta yaptığı her şeyi Yaradan, bunu hak etmeyen başka birilerini değil, ama onu seçtiği için yaptığına inanmalıdır.

Kişi, Kral'ın onu çağırması ve en azından O'nun emirlerini tutması için, ona biraz olsun farkındalık vermesi üzerine düşünmelidir, böylece Yaradan'la biraz temasa geçecektir. Aynı şekilde, kişi yapabildiği kadar Kral'ın önemini gözünde canlandırmalı ve bundan sevinç ve mutluluk bulmalıdır. Gerçeğin yolu budur.

Yani, kişi Yaradan'ın yüceliğine inanmalıdır, beden hala etten ve kemikten bir krala hizmet etmekten etkilendiği ölçüde bundan etkilenmese bile. Zira orada halk, Kral'ı kutsar, önünde saygıyla eğilir ve birey de halktan etkilenir. Ancak maneviyatta kişi, halkın, Kral'ın önünde saygıyla eğildiğini göremez ve O'nun önünde, kendini iptal etmenin değeri, kendisinden gizlidir. Ancak, bunun böyle olduğuna inanmak zorundayız. Buna, herhangi bir niyet olmadan anlamında, 'sağ çizgi 'denir. Kişi, en küçük farkına varışla çalışıyor olsa bile, sanki büyük bir hizmet veriyor olduğunu düşünmelidir.

Bilgelerimiz şöyle demiştir (Avot, Bölüm 2, Mişna 1), 'Mitzvot'un ödülünü bilmediğin için, hafif bir Mitzva'ya da ciddi olan kadar önem ver.' Şöyle ki, Kral'a hangi hizmeti verdiğimizin, hangi hizmet ile Kral'ı memnun ettiğimizin bir önemi yoktur. Tersine, tek bir düşüncemiz vardır: Yaradan yaptığımdan mutlu olacaktır.

Dolayısıyla, bu işin önemli olup olmamasının bir önemi yoktur, çünkü kendimi düşünmem. Bu, pek çok insanın istemeyeceği, önemsiz bir iş olabilir, bundan dolayı, bunu yapmak isterim, çünkü bu, pek çok insanın yapmak istediği önemli bir işten daha çok gereklidir.

Ancak, soru şudur, 'Kişi çalışmaya başlar başlamaz, Tora ve Mitzvot'ta parlayan ışığı neden hissedemez? 'Bunun yerine, kişi, göremediği, gizli bir ışığın orada var olduğuna inanmalıdır. Bunun öneminin herkese açıklanması kesinlikle daha iyi olurdu, çünkü o zaman herkes, Tora ve Mitzvot'u izleyebilirdi.

Peki öyleyse neden Tora ve Mitzvot gizlidir, öyle ki herkes emek vermek ve çaba göstermek zorundadır, Tora ve Mitzvot'a kıyasla, maddesel dünyanın tümünün değersiz olduğunu söyleyebilmek için çok çalışmak zorundadır. Bilgelerimiz şöyle demiştir (Avot, Bölüm 4, 22), 'Bu dünyada, bir saatlik tövbe ve iyi işler, sonraki dünyadaki yaşamın tamamından daha iyidir ve sonraki dünyadaki bir saatlik memnuniyet, bu dünyadaki yaşamın tamamından daha iyidir.'

Ancak, bize bu gizlilik verilmiştir, böylece seçim için bir yerimiz olsun, yani Yaradan için Tora ve Mitzvot'ta çalışmaya, ihsan etmeye muktedir olalım. Aksi takdirde, Tora ve Mitzvot'ta gizli olan ışık ifşa olsaydı, kişi, sadece kendini sevme koşulunda çalışırdı. Ancak o zaman, kendisini eleştiremez ve hedefinin ihsan etmek için mi, kendi menfaati için mi olduğunu göremezdi.

Gizlilik süresince yerine getirmemiz için bize Tora ve Mitzvot'un verilmesinin sebebi, bunları mutlak bir sadelikle tutmak ve şöyle demektir, 'Eğer hedefim ihsan etmekse, hangi tadı hissettiğimi neden umursayayım? 'Bundan dolayı eğer kişi, ödüllendirilmek istiyorsa, Tora ve Mitzvot'u tutmayı mutlak bir sadelikle üstlenmelidir.

Yakın Bir Yol ve Uzak bir Yol

Makale No. 26, Tav-Şin-Mem-Vav, 1985-86

Beşalah Peraşa'sında metnin bize şunu söylediğini görürüz, 'Tanrı, yakın olduğu için değil, savaşı gördüklerinde fikirlerini değiştirip, Mısır'a geri dönmesinler diye onları Filistin topraklarından götürmedi. 'Bu, yakın bir yolun, iyi olmadığı anlamına gelir. İkinci Pesah bayramıyla ilgili olarak şunu görürüz; 'İsrail oğullarına konuştu ve şöyle dedi; 'Ruhu saf olmayan ya da senden uzak bir yolda olanlar, Efendi için Pesah bayramını, ikinci ayda yapmalıdır." Bu, kişi eğer uzak bir yolda ise Pesah bayramını zamanında yapamaz demektir.

Beşalah Peraşa'sı bize yakın bir yolun iyi olmadığını söyler, yazıldığı üzere, 'Yaradan onları, yakın olduğu için değil, uzak yol daha iyi olduğu için oradan götürdü'. Behaalotha Peraşa'sında, uzakta olanın, ikinci bir Pesah bayramı için ertelendiği yazar. Bu, uzak yolun, yakın bir yoldan daha kötü olduğunu ima eder.

Öncelikle, Tora'nın, uzak bir yol ve yakın bir yol olarak söz ettiği bu yolların hedefe varmakla ilgili olduğunu kesinlikle anlamalıyız. Dolayısıyla yakın yolun iyi olmadığının nasıl söylenebileceğini anlamak zordur. Şöyle ki, bunun için Tora'nın bize verdiği sebep, onların savaşı görüp, Mısır'a geri döneceklerdir. Ancak yakının anlamı, Yaradan'a yakın olmaktır. Eğer kişi Yaradan'a yakınsa, pişman olacağı ve Mısır'a geri döneceği nasıl söylenebilir ki? Tam tersini anlıyoruz; eğer insanlar Yaradan'dan uzak olan bir yolda pişman olurlarsa, o zaman, 'İnsanlar savaşı gördüğünde fikirlerini değiştirip, Mısır'a geri dönmesinler diye, 'denilebilir.

Re'eh Paraşa'sında söyle yazar, 'Mesafe sizin için çok büyükse onu taşıyamazsınız; çünkü Efendiniz, Tanrı'nızın O'nun adını koymayı seçtiği yer, sizden çok uzaktır. 'Baal HaSulam bununla ilgili bir açıklama yapmış ve sormuştur, 'Metnin bize 'Mesafe sizin için çok büyükse taşıyamazsınız 'demesinin sebebi nedir?' Şöyle cevaplar; 'İnsan Cennet Krallığı'nın yükünü üstlenmek ve 'zahmet altındaki öküz gibi, yük altındaki eşek gibi 'olmayı üstlenmek zorunda olduğunda bunu taşıyamaz, yani bu yüke dayanmak onun için zordur. 'Bunu taşıyamaz, 'sözünün anlamı şudur; bu yüzden, yol size uzak gelecektir.

Cennet Krallığı'nın yükünü üstlenen biri için, bu öyle değildir. O, her şeyin yakında olduğunu görecektir. Yani, kişi 'Efendiniz, Tanrı'nızın O'nun adını koymak için seçtiği yeri 'görür, bu, Tanrı'nın adını koymak için seçtiği yer, ondan uzaktır, demektir. Yazıldığı üzere; 'Bırakın bana bir tapınak yapsınlar ve ben onlarla yaşayacağım. 'Bu yer, kişiden uzaktır, yani Şehina'nın (Kutsallık) damıtılması için, kalbinde bir yer açabilmesinden uzaktır. Kişinin kalbine Şehina'yı yerleştirmek için yer açmaya gücü yoktur, böyle bir şeyi anlamaktan uzaktır. Bu böyledir, çünkü onu taşıyamayacaktır, yani 'zahmet altındaki öküz gibi, yük altındaki eşek gibi 'olmayı kabul etmeyi üstlenmek istemeyecektir.

Dolayısıyla, kişinin tüm enerjisini yalnızca bunun için kullanması gerekir. Yani, daima, yukarıda söz edilen yükü nasıl üstleneceğiyle ilgili, tavsiye aramalıdır. Çalışmasının tümüne odaklanmalıdır, yani Tora ve Mitzvot için yaptığı her şeyde, kişi bu çalışmaların ona, ödüllendirilmeyi beklemeden Cennet Krallığı'nın yükünü üstlenebilmeyi, getirmesini arzu etmelidir ve bu, 'Efendi, Tanrı'nızın adını koyduğu yerdir.'

Bilindiği gibi, O'nun adı Şehina olarak bilinen, Malhut'tur. Bu, Kutsal Zohar'da yazdığı gibi; 'O (erkek), Şohen'dir (oturandır); O (kadın), Şehina'dır (Kutsallık/ O'nun (erkek) oturduğu yerdir). 'Baal HaSulam'ın dediği gibi, Yaradan'ın ifşa olduğu yere Şehina denir ve Yaradan'a Şohen denir. Ama O'na ne zaman Şohen denir ki? Şohen'e ulaşan biri olduğu zaman. O zaman der ki, Şohen ve Şehina iki şey değil, tek ve birdir. Yani, Şohen, 'Kli'si (kap) olmayan ışık'tır ve Şehina, Yaradan'ın ifşa olduğu yerdir. Bunun ardından, Yaradan'ın ifşa olduğu yerdeki her şeyin tamamı Yaradan'dır, başka bir şey değil. Yalnız ışık ve kap vardır, yani ışığı edinen bir Kli vardır.

Dolayısıyla Yaradan'ın adını koymayı seçtiği yer, öğrendiğimiz gibi, Yaradan'ı memnun etmek için, alma kaplarımızı düzeltmemiz gereken yerdir. Form eşitliğinin anlamı budur. Sonra, o yerde Yaradan'ın adı belirir.

Öyleyse, yakın yolla ilgili olarak, nasıl 'Ve Tanrı yakın olduğu için onları götürmedi, 'denebilir? Nihayetinde, ikinci Pesah bayramı ile ilgili olarak yazıldığı gibi, uzak bir yol, uzak yolda olan kişi, ikinci Pesah bayramı için ertelenmiş demektir. Bu, Re'eh Paraşa'sında yazıldığı üzere: 'Eğer mesafe sizin için çok büyükse taşıyamazsınız. ' Baal HaSulam'ın yorumuna göre mesafenin uzaklığı, taşımaya, yani Cennet Krallığı'nın yüküne dayanmaya muktedir olamamaktan kaynaklanır. Buna göre, nasıl olur da uzak yol, yakın bir yoldan daha iyidir ki?

Masehet Iruvin'de, Rabbi Yehoşua Ben Hananiah adına şöyle yazılmıştır; "Bir keresinde yol boyunca yürüyordum ve kavşakta oturan bir çocuk gördüm. Ona dedim ki, 'Oğlum, şehre giden yol hangisidir? 'Bana dedi ki, 'Bu (yol) uzun ve kısadır ve bu (yol) kısa ve uzundur. 'Ben kısa ve uzun olanı izledim. Şehre ulaştığımda, bahçeler ve meyve bahçeleriyle çevriliydi. Geri döndüm ve ona dedim ki, 'Oğlum, sen bana kısa olan budur, dememiş miydin?' 'Rav'ım ben 'Kısa ve uzun 'demedim mi? 'diye cevap verdi." Bu, yakın, uzak ve uzak, yakın meselesi olduğu anlamına gelir.

Nitzavim Paraşa'sında şöyle yazılmıştır: 'Size bugün emrettiğim bu emir, ne sizin ötenizde, sizi aşan bir şeydir, ne de uzağınızdadır. Bu konu size çok yakındır; ağzınızdadır ve yapmanız için kalbinizdedir.' 'Yakın 'sözcüğünün anlamı, iyi bir yerdir, yazıldığı gibi, 'Ağzınızda ve yapmanız için kalbinizdedir', Beşalah bölümünde olduğu gibi değil.

Yukarıdakileri anlamak için, bunu çalışmanın başlangıcına göre yorumlamalıyız. Çalışma meselesi vardı ve niyet üzerinde çalışma meselesi vardır. Yani, kişi niyet üzerinde de çalışmalıdır. Bu, Mitzvot'u yerine getirip izlerken, kişinin iyi bir niyete sahip olması gerektiği anlamına gelir, bu Mitzvot'u hangi niyetle yerine getirdiği, yani Mitzvot'a uymasına sebep olan neden demektir.

Ödül almak için yapılmayan eylemleri hedeflememiz gerekir, ancak insan, alma kaplarıyla doğduğundan, kişinin çalışmasında, ödül almadan bir şey yapması imkânsızdır. Çünkü doğamız gereği, daha fazla zevk alacağımız bir şeyin, değerli olduğunu, uğraşmaya değer olduğunu görmeden, rahatımızdan feragat ederek harekete geçemeyiz.

Yani, hazzı bırakarak, başka bir şey yapmadan önce, şu an sahip olduğumuz hazdan daha fazlasını almak için, bulunduğumuz durumdan feragat ederiz. Bu nedenle, yeni bir eylemi gerçekleştirmek suretiyle daha fazla memnuniyet almak, kesinlikle önemlidir.

Böylece kişinin Tora ve Mitzvot'u yapması ve tutması gerekir, Yaradan bunları tutmamızı bizden istediği için değil de O'na itaat etmemizden memnun olacağı için, O'nun arzusunu yerine getirmek istiyoruz. Daha doğrusu, O'nu dinlediğimiz için, bize büyük bir ödül vaat ettiğinden, O'nun bizden istediklerini yerine getirmeye çalışıyoruz.

Bu, bir fabrikada, fabrikanın sahibi için çalışan insanların durumuna benzer. Normal bir iş günü, sekiz saat sürer. Onun için çalışan işçiler sayesinde mal sahibi, para kazanır. Bu yüzden, mal sahibi, arzusunu yerine getiren işçilere sahip olmaktan hoşlanır.

İşçilerden bazıları fabrika sahibine gelirler ve bir alıcıya belirli bir tarihe kadar, ürünleri teslim edeceğine söz vermesi yüzünden sıkıntılı olduğunu gördüklerini söylerler. Ancak işçilerin, sekiz saat içinde ürettikleri işin hızına göre, fabrika sahibi sözleşmenin şartlarını yerine getiremeyecek ve tüm malları zamanında temin edemeyecektir. Bu yüzden, onun için fazla mesai yapmaya razı olurlar. Sekiz saatlik iş gününden hemen sonra evde olsalar da bakmaları gereken çocukları olduğundan ve bazılarının biraz hasta eşleri olduğundan, işten hemen sonra eve dönmeye çalışırlar. Ancak mal sahibinin sıkıntısını gördüklerinden, onun için fazla mesai yapmaya isteklidirler.

Doğal olarak, mal sahibi, çalışanlarının kendisine olan bağlılıklarını, üzüntüsüne dayanamadıklarını ve bu yüzden fazla mesai yapmayı kabul ettiklerini, yoksa alıcıya belirli bir tarihe kadar belirlenmiş miktarda malın temini sözünü verdiği sözleşmeye uyması gerektiği ama sekiz saatlik çalışma hızına göre sözünü tutamamış olacağı için sıkıntılı olduğunu gördüklerini anlar.

Bundan dolayı, işverenlerine karşı kalplerinde hissettikleri, onların mal sahibi için bir şeyler yapmadan dinlenmelerine izin vermez, bu yüzden yapabileceklerinden daha fazla çalışmayı kabul ederler. Yani, mesai saatleri geçmesine, birçok çocuklu aileleri olmasına, onlardan birinin biraz hasta bir karısı olduğundan, işçinin ev işlerini de yapması gerekmesine rağmen, vicdanları, mal sahibini sıkıntı içindeyken terk etmelerine izin vermez.

Bu yüzden, ona yaklaşırlar ve 'Sizin için fazla mesai yapmaya karar verdik 'derler. Fabrika sahibi işçilerinin bağlılığını duyduğunda, yeni bir şey görür: İşçilerin ona gelip sıkıntısı için sempatilerini göstermelerinden önce, bütün işçilerinin duygusuz ve vicdansız olduğunu düşünürdü. Başkaları yerine, onun için çalışmalarının tek sebebi, onun için çalışsınlar diye diğerlerinden daha fazla ödemesiydi. Fakat şimdi, başka türlü görür; işçiler hakkında yanılmış olduğunu görür.

Ama daha sonra, işçiler ona şöyle der: 'Ancak bilmelisiniz ki fazla mesai için gece de çalışmamız lazım, bize normal saatlerimiz için ödediğinizin iki katını, fazla mesai için ödemenizi istiyoruz. 'Bundan sonra fabrika sahibi tekrar düşünmeye başlar: 'Fazla mesai yapmak istemelerinin nedeni gerçekten de bana söyledikleri gibi zor durumumda bana yardım etmek mi? Ya da tam tersi mi? Benim sıkıntıda olduğumu görüyorlar ve bu yüzden fazla mesai için daha fazla para talep ediyorlar, çünkü biliyorlar ki başka bir seçeneğim yok? İstediklerini vermem gerektiğini görmemi sağlamak için bana bu zor durumumdan bahsediyorlar, böylece durumumu bildiklerini bileyim diye. Bu yüzden de fazla mesai için istedikleri parayı ödemem için bana baskı yapmak istiyorlar.

Bundan, Tora ve Mitzvot'u tutma çalışmamızda eylem ve niyet arasındaki farkı anlamak bakımından örnek alabiliriz. Eylem kişinin, O'nun Musa vasıtasıyla bize emrettiği Tora ve Miztvot'u tüm detaylarıyla tutmaya niyet etmek demektir ve böylece bizden Tora ve Mitzvot'u tutmamızı isteyen O'nun arzusunu yerine getirmek için Mitzva'yı yerine getirmeyi amaçlarız.

Böylece, kişinin niyet ettiği amaç, yaptığımız eylemlerde O'nun bize emrettiğini yerine getirmeyi hedef almaktır. Bu, O'nun bize Musa aracılığıyla söylediği gibi, bu eylemin iyi olması için niyet etmek demektir. Bu Şofar'ı (boynuzdan yapılmış borazan) üflemeyle ilgili karar gibidir, 'Şofar'ı Mitzva amacıyla değil de öğrenmek ya da şarkı söylemek için çalarsa, bu görevini yerine getirmedi demektir.'

Dolayısıyla Mitzvot niyet gerektirir dediğimizde bu, gerçekleştirmesi gereken hareketin, Yaradan'ın emirlerini tutmak istediği için olacağını hedeflemesi gerektiği anlamındadır. Şüphesiz, bu eylem, bilgelerimizin ölçüsünü belirlediği Tora ve Mitzvot'un yasalarına göre yapılmalıdır; Mitzvot'un pratikte uygulanması gerektiği şekilde ve yolda.

Örneğin Sukka'nın (Çadır Tapınak) şekil bakımından bazı kuralları vardır. Aksi takdirde çalışma yetersiz ve eksiktir. Aynı şey, Tora ve negatif Mitzvot (belli eylemlerden sakınma emirleri) çalışmak için de geçerlidir. Bunlarla ilgili birçok kural vardır. Eğer kişi, bunlarla ilgili yasalara uymazsa, Mitzvot çalışması eksiklik olur. Her şeyi, yasaya göre yapsa bile, kişi yine de Yaradan'ın Musa vasıtasıyla bize emrettiği Mitzvot'u, O'nun arzusunu, iradesini yerine getirmek için, Yaradan emrettiği için yapmaya, niyet etmelidir.

Bütün bunlar niyet olarak değil, yalnızca 'Mitzvot'un uygulaması' olarak kabul edilir. Bu böyledir, çünkü kişi yapmayı düşündüğü her eylemi Yaradan bize emrettiği için yapar ve Tora ve Mitzvot çalışmasındaki tüm emeği, dünyada ödül almak için çalışıp emek sarf eden tüm diğer insanlarınkinden farklı bir şey değildir.

Ayrıca burada, daha fazla dikkat etmeye ihtiyacımız vardır, çünkü tüm çalışmanın, Mitzvot'u uygulamak için olduğunu söylediğimizde, bunun anlamı, emeğin uygulamada olduğudur ve burada çalışmanın ödül için olduğu söylenemez. Tersine, emeği karşılığında ödül kazanma koşulunda, kişinin ödül almak için çabaya ihtiyaç duyduğunu görmeyiz. Zira emek sarf etmemizin ve birçok şeyden vazgeçmemizin tek sebebi, ödülü hesaba katmamızdır. Çalışmanın kalitesini ya da çalışmanın zamanını göz ardı etmeden sıkı çalışmaya, bizi yalnızca ödül zorlar, çünkü her şeyi ödül belirler.

Bu nedenle, niyet üzerinde, yani ödül üzerinde çalışmak gerektiğini neden söylediğimizi anlamalıyız. Sonuçta, burada çalışmaktan nasıl söz edebiliriz? Ancak, mesele şu ki, kişi Tora ve Mitzvot'la uğraştığı ve Yaradan'ın ona vereceği ödülün, ödül almayı değil, bu çalışmayı aklına koymak ve arzu etmek olmasını istediği zaman bedeni böyle bir ödüle razı olmaz, çünkü normalde çalışma için ödül alırız. Şöyle ki, çalışma ihtiyaçlarının karşılanmasından alacağı keyif için verilen bir tavizdir, karşılığında verdiği tavizden daha büyük bir keyif alacaktır. Mesela dinlenmekten, bazen de uykudan vb. vazgeçer ve karşılığında daha büyük ve daha çok ihtiyacı olan bir keyfi alır.

Zorla hazdan vazgeçtiğinde bu böyle olmaz, beden buna razı olmaz ve her türlü hazdan vaz geçmeye razı olmak için ödül ister. Böylece çalışma, ihsan etme eylemleridir ve ödül de, hiçbir ödül olmaksızın yalnız ihsan etme niyetinde olmaktır. Bu niyet, yani bu ödül için, kişi çok çalışmalıdır.

Kişinin niyet ve ödül için, iki ayrı zamanda iki ayrı şeye ihtiyacı olmamasına rağmen, bu uygulamada daha da zordur. Daha doğrusu, aynı işi yapması, aynı zaman süresince çalışması onun için yeterlidir ve başka eylemlere değil ama başka düşünce ve niyete ihtiyacı vardır. Bu niyet nedir? Aklındaki ve arzusu eylemi gibi olmalıdır.

Şöyle ki, Yaradan ona emrettiği için çalışmasını yapar, bu yüzden de niyeti yalnız Yaradan için, yalnız Yaradan'ın emrettiği emirleri yerine getirmek içindir, ödül için değildir.

Gerçek şu ki, insandan beklenen tek şey, eylemi uygularken, -Yaradan'ın iradesini yerine getirirken, Mitzva'yı uygularken, -ödülü hedeflememesidir, ödülü hesaba katmadan gece gündüz kendini çalışmaya zorlamasıdır. Bu şöyledir, şu yazılanı yerine getirir: "Ve siz, O'nu gece ve gündüz düşüneceksiniz' ödülünü hesaba kattığı için değil, bu söz için onun bu gece ve gündüz çalışmasını sağladığı için. Daha doğrusu Yaradan'ı memnun etme arzusu, kişinin bu çalışmada gayret göstermesine neden olur.

Bu, gece fazla mesai yapmayı kabul eden, ancak normal saatleri boyunca aldıklarının iki katı ödemeyi talep eden işçiler hakkında, yukarıda bahsedilen alegoriye benzer. Ödül almak için çalışmakla, ödül almadan çalışmak arasındaki farkı görüyoruz. Hiç kimse, işçilerin fabrika sahibine sadık olduğunu ve bu yüzden gece gündüz çalışmayı kabul ettiklerini söyleyemez. Bilakis, onlar hakkında tam tersini söylerler zira fabrika sahibinin onların emeğine ihtiyacı olduğunda, onu kullanıp, ödemelerini iki katına çıkarmasını istemekteler.

Bu, aynı çalışmadır. Lo Lişma (O'nun adına değil) bir çalışma olsa ve eylemler açısından ekleyecek bir şey olmasa da burada niyet meselesi vardır, yani çalışanların bu çalışmadaki niyetleri; bu çalışma, kendi yararları için mi yoksa Yaradan'ın yararı için midir?

Bedenin, Yaradan için çalışmayı kabul etmesi, çok zorlu bir çalışma gerektirir: Bunun anlamı şudur; bedeni bu çalışmaya zorlayarak Yaradan'dan almayı umduğum ödülün, her şeyi ihsan etmek için yapmak istediğimde, onun (bedenin) beni engelleyememesi olduğunu, bedene söylemektir.

Doğal olarak, beden yüksek sesle bağırır ve kontrolünü kaybetmemek için yapabileceği her şeyi yapar. Bundan dolayı, kişinin en basit şeyleri bile yapmasına izin vermez, çünkü eylemleri ile onun, tamamıyla Yaradan için olan ve kendi-sevgisine hiç yer bırakmayan Lişma'ya erişeceğinden korkar.

Bundan dolayı, ihsan etmek için Tora ve Mitzvot'u tutmak isteyenler için her bir küçük şeyin çok zor olduğunu görürüz. Çünkü beden onun yaptığı her eylemden, yaptığı bu çalışma yoluyla, kişi belki Lişma'ya erişir ve alma arzusunun kişi üzerindeki kontrolü tamamen kalkar diye korkar. Bu da ödül üzerinde çalışmak olarak kabul edilir. Bunun anlamı şudur; Tora ve Mitzvot çalışması için istediği ödülü seçmek için çalışması gerekir: bu ödül, kendi-sevgisi ile mi ilgili olacak yoksa 'yalnız Yaradan için 'mi olacak? Ve kendi-sevgisine çalışmasından hiç pay vermeyecek. Daima şunu düşünür: 'Ne zaman yalnız Yaradan'a memnuniyet ihsan etmek için bir arzu edinmekle ödülleneceğim?'

Şimdi sorduğumuz soruyu anlayabiliriz, 'Nasıl yakın bir yol kötü olabilir? ' Yazıldığı gibi: 'Ve Tanrı, yakın olduğu için onları yönlendirmedi. 'Rabbi Yehoşua Ben Hananiah'a küçük çocuğun 'Uzun ve kısa yol var ve kısa ve uzun bir yol var 'derken, ne söylediğini anlayabiliriz. Bunun anlamı, yakın olmasına rağmen, hedeften uzak olmasıdır.

Maimonides'in, Lişma meselesini ifşa etmememiz gerektiğini söylediği bilinir, Hilhot Teşuva'da yazdığı gibi, 'Bilgeler şöyle dedi, 'Kişi Lo Lişma'da bile, daima Tora'ya bağlanmalıdır, çünkü Lo Lişma'dan, Lişma'ya gelecektir." Bundan dolayı, küçük olanlara, kadınlara ve sıradan insanlara öğretirken, onlara yalnız korku yüzünden ve ödül kazanmak için çalışmaları öğretildi. Ta ki daha fazla bilgi kazanana ve daha fazla bilgelik edinene kadar, onlara sırlar azar azar verildi ve O'na ulaşana ve sevgi yüzünden hizmet edinceye dek, onları usulca alıştırdılar.'

Bu Maimonidas'ın sözlerini ima eder; yakın bir yol var, yani insanın kalbine yakın olan, yani ödül almak için olan bir yol var. Buna 'yakın 'denir, çünkü insanın kalbine yakındır. Ancak 'yakın yol'un başka bir yorumu daha vardır, kişi her defasında hedefe yaklaştığını görür, onun için hedef, ö'dül'dür. Belli bir miktar Tora ve Mitzvot'a sahip olduğunda, çalışması için derhal ödül alacağını umar; bilindiği gibi, işe alınan bir işçiye, sadece iş bitiminde ödeme yapılır.

Bundan dolayı, bu dünyadaki çalışmasını bitirdiğinde, sonraki dünyada ödülünü alacağına inanır, üstelik bu dünyada da ödülü olan Mitzvot'a sahiptir, yazıldığı gibi, 'İnsanın yediği bu şeyler, onların meyveleri bu dünyadadır, büyük olanı ise onu bir sonraki dünyada bekler.'

Dolayısıyla, her gün elinde bir şey olduğunu, yani o günün çalışmasının ödülü hisseder ve her gün yıla ve yıl, yıllara eklenir. Örneğin, Mitzvot'u izlemeye, Mitzvot'un zorunlu olduğu zaman olan 13 yaşında başlamış biri, yirmi yaşına kadar, Yaradan'a şükür, mutludur, hesabına çoktan 7 yıllık bir çalışma yazılmıştır. 30 yaşına geldiğinde son derece mutludur, çünkü kitapta yazılı olan çalışmanın 17 yılını doldurmuştur. Akabinde, her çalıştığında günden güne ödülü arttığından mutlu olabilir. Bu çalışmaya 'kalbine yakın 'denir, çünkü ödüle doğru ilerlediğinden emindir.

Bu yola, 'yakın yol 'denir, çünkü kişi, yolunda ilerlediğini gördüğünden, bu kalbe hoş ve makul gelir, bu yol kalbe iyi gelir, çünkü araştırıp incelediğini alır. Yaptığı işte görür ki her gün, belli miktar Tora ve Mitzvot çalışmak vardır ve her şey kitapta yazılıdır. Yazıldığı üzere; (Avot, 3. Bölüm) 'Der ki, 'Her şey bir hesapta birikir ve bir kale yaşamın her tarafını kuşatır. Dükkân açıktır ve dükkân sahibi vadeli satış yapar; defter açıktır ve el yazar." Bu nedenle, günden güne ve yıldan yıla yaptığı çalışmasıyla birikmiş olan, büyük bir ödül varlığına sahip olduğundan emindir. Bu sebeple, bu yola, 'yakın yol 'denir. Buna, yukarıdaki sebeplerden dolayı 'kısa bir yol 'da denir, çünkü bu yol kalbine yakın olduğundan, kişinin bu yolun yürümeye değer olduğunu anlaması için, uzun bir zamana ihtiyacı yoktur. Bu yüzden bu kısa bir yoldur.

Ancak, Tora ve Mitzvot'un kişiyi sadece ihsan etme niyetine getirmesi yoluyla gerçeğe ulaşmak uzun bir yoldur. Çok uzaktır, çünkü bu yol, tamamen ihsan eden Yaradan ile Dvekut'un (tutunma) yolunun, tam tersidir. Burada kişi niyetinin sadece ödül kazanmak olacağı bir yolda yürümeye başlar. Ancak Tora ve Mitzvotta sarf ettiği emek vasıtasıyla, kişinin ulaşması gereken hedef, ihsan etme çalışmasına ulaşmaktır; bilgelerimizin şu sözlerinde olduğu gibi, 'Kötü eğilimi yarattım, Tora'yı da şifa olarak yarattım. 'Kişinin Tora ve Mitzvot aracılığıyla içindeki 'almak için almak 'denen kötülüğün düzeltileceğini ve her şeyi kendisi için değil, Yaradan hatırı için yapabileceğini görmesi gerekir. Kendi menfaati ile ilgili olarak, bu, bilgelerimizin şu ayette söylediği gibidir; 'Eğer bir adam, çadırda ölürse', şöyle ki Tora, yalnız onun uğruna ölüme razı alan için mevcuttur, kimsenin kendi menfaati için değildir.

Buna, 'yakın ve uzak 'denir. Yukarıdaki iki sebepten dolayı kalbine yakındır, ancak gerçekten uzaktır, Maimonides'in sözlerinde olduğu gibi (Hilhot Teşuva), 'Sevgiden, aşktan dolayı çalışan kişi, Tora ve Mitzvot'a bağlanır ve bilgelik yolunda yürür. Bu dünyadaki başka bir şey yüzünden değil, kötülüğün korkusundan değil ve bolluğu miras almak için değil, gerçek olduğu için doğruyu yapar.'

Maimonides'in sözlerine göre, bu yakın yol, gerçekten uzaktır. Buna göre, 'Tanrı, yakın olduğu için değil, savaşı gördüklerinde fikirlerini değiştirip Mısır'a geri dönmesinler diye onları Filistin topraklarından götürmedi, 'sözlerini yorumlayabiliriz. 'Savaşı gördüklerinde 'meselesi, Lo Lişma'yla uğraşmak olarak yorumlanmalıdır, bu yolda kişi aydınlığı parlatarak Lişma'ya erişmelidir. Ve çalışmanın başlangıcı Lo Lişma'da olduğundan, kişi bu eğilimiyle savaşa gitmek istemeyecektir, çünkü Tora ve Mitzvot'a bağlanmış olduğu derecesini kaybetmekten korkacaktır.

Bu, uzak yoldur. Yaradan, hemen onlarla birlikte Sina Dağı'na gitmek ve onlara Tora'yı vermek istedi. Bu yüzden, onlara hemen uzak yolla gitmeleri gerektiğini söyledi. Şöyle ki, bu yol kalpten uzak olmasına rağmen, gerçeğe yakındır ve bununla, Sina Dağı'nın eteğinde, Tora'yı almaya uygun olacaklardır.

Bu nedenle, 'uzun ve kısa yol 'sözünü kısa ve yakın anlamında yorumlayabiliriz. Bu durumda, anlamı, 'kalpten uzak 'olacaktır, yani kalbin gerçeği görmesi uzun zaman gerektirir, ta ki kalp doğru amaç için, çalışmanın yani Tora ve Mitva'yı gerçekten yerine getirmenin değerli olduğunu anlayana kadar. Zira Yaradan bize Tora ve Mitvot'u tutmamızı emretmiştir ve biz, bunu, O'nu hoşnut edeceği için yerine getiririz.

Bu nedenle, O'nun emirlerini tutmasının sebebi, kişinin kendisi değil de Yaradan'dır. Bunun anlamı şudur; Yaradan'ın önemi, kişiye, O'na hizmet etmek, O'nu memnun etmek, bir arzu ve özlem verir ve buna zorlar. Buna kalpten uzak, ama gerçeğe yakın olduğu için, 'uzak bir yol 'denir; orada gerçek gösterildiğinden, kişi gerçeğe dokunmaya yakındır.

Ancak, 'yakın ve uzak', 'kısa ve uzun 'anlamına gelir. Bu 'kalbe yakın 'demektir, çünkü beden keyif almaya özlem duyar ve Tora ve kişi Mitzvot'a sarf ettiği emek sayesinde, ödül alacağına dair bedene söz verir; bu nedenle Tora ve Mitzvot'u tutmasının sebebi, bedendir. Şöyle ki, eğer başka bir yerde daha fazla keyif alabilseydi, maaşın düşük olduğu bir yerde neden çalışsın? Bu nedenle, buna 'yakın ve kısa 'denir, çünkü bedenin, Tora ve Mitzvot'un yükünü üstlenmesi gerektiğini anlamasını sağlamak için, çok fazla zaman gerekmez.

Sulam'da (Zohar'ın Merdiven yorumu; 'Zohar Kitabına Giriş, 'madde 191) söylediği gibi: '1) Yaradan korkusu ve O'nun Mitzvot'unu tutamakla ki böylece oğulları yaşayabilsin ve bedensel cezalardan ya da parasal cezalardan korunsun. Bu korku, bu dünyadaki cezalardan korkmaktır. 2) Cehennem cezasından korktuğunda da bu ikisi gerçek korku değildir, çünkü korkuyu, Yaradan'ın emirleri yüzünden tutmaz, kendi faydası için tutar. Kendi menfaati köktür ve korku kendi menfaatinden çıkan bir daldır. 'Buna, Beşalah bölümünde 'Yakın olduğu için, Tanrı onları Filistin topraklarından götürmedi 'diye yazdığı için, buna 'uzun ve kısa, uzak ve yakın 'denir.

Ancak, Behaalotcha bölümünde, ikinci Pesah bayramıyla ilgili olarak şöyle yazılmıştır, 'ya da uzak yoldaki kişi, ikinci Pesah bayramı için ertelenir.' Şöyle sorduk, 'Bunun anlamı, uzak yol iyi olmadığı için mi ikinci Pesah bayramı için ertelendi demek? 'Bunu yorumlamalıyız; kişi kalbine yakın olan, yakın yolda yürüdüğü zaman, Keduşa'ya, uzak yolda yürüyen diğerlerinden daha yakın hisseder, zira her gün yerine getirdiği Tora ve Mitzvot'un biriktiğini ve arttığını hisseder.

Bu nedenle, kendisinde, kendi içinde Keduşa'ya daha yakın olmak için düzeltilecek hiçbir şeyi yoktur, çünkü kendi gözleriyle görebilir ve kutsallığın derecelerinde yükselmekte olduğunu görmek için mantık ötesi inanca ihtiyacı yoktur. Sonuçta, ayrınlılarıyla Tora ve Mitzvot'u yerine getirmekte ve böylece doğal olarak Keduşa'sı her geçen gün büyümektedir. Tam bir erdemli olduğunu düşünür, hisseder ve bilgelerimizin 'Çok ama çok alçakgönüllü ol 'sözlerini nasıl tutacağını merak eder.

Bunun sonucunda, böyle bir kişinin, içinde bulunduğu bu durumla pratik olarak, Yaradan için bir fedakârlık yapabilmesi, yani O'nunla form eşitliğine yaklaşması asla mümkün değildir, çünkü kendini tatmin etme durumuna battığını hissetmez.

Ancak, Yaradan'dan uzak olduğunu hissederse, yani kendini tatmin etme koşuluna battığını görürse ve Yaradan'a onu kendi-yararına durumundan çıkarıp Yaradan-yararına koşuluna getirmesi için haykırırsa, o zaman ıslah olabilir, yani ikinci Pesah bayramı için ertelenir ve sonra fedakârlık yapabilir, yani Yaradan'a yakınlaşabilir.

Yaradan'a hizmet etmekte iki tür farkındalık vardır: Birinci tür, hala Lo Lişma'ya ait olanları içerir. İkinci tür, halen Lişma'ya ait olanlardır. Onlar da iki türdür ve biri, diğerini anlayamaz. Buna 'uzun ve kısa, uzak ve yakın 'denir.'

Yaradan ve İsrail Sürgüne Gitti

Makale No. 27, Tav-Şin-Mem-Vav, 1985-86

Zohar, BeHukotay, 49. Maddede 'Ve ben de günahlarınız için, size yedi kez azap vereceğim, 'dizesi hakkında şöyle yazılmıştır: "Gelin ve görün, Yaradan'ın İsrail'e olan yüce sevgisi, biricik oğlu huzurunda günah işleyen bir kralın sevgisi gibidir. Bir gün, o, kralın huzurunda günah işledi. Kral, 'Bütün zaman boyunca hep sana hatırlatıyordum, ama sen duymadın. Bundan sonra sana neler yapacağım gör. Eğer seni ülkeden çıkarırsam, kırda bayırda ayılar sana hücum edebilir, vahşi kurtlar ya da katiller seni yeryüzünden silip, yok edebilir. Ne yapmalıyım? Bunun yerine, sen ve ben bu topraklardan çıkacağız. 'Böylece, ben de, yani sen ve ben, bu toprakları terk edeceğiz ve sürgüne gideceğiz. Yazıldığı gibi 'Ve seni cezalandıracağım', sürgüne gitmekle. Ve sen, seni terk ediyorum desen de, ben seninleyim.

İsrail halkının kendi ülkesinden, yabancı ülkelere çıkışını anlamalıyız ki buna 'diğer milletlerin arasında sürgün 'olmak denir. Çalışmamızda bu ne anlama gelir? Yani, 'ülke 'olarak kabul edilen ve 'bu ülkeden çıkış' olarak kabul edilen nedir? Ayrıca, günah işleyen birinin, diğer milletlerin arasına, sürgün edilerek cezalandırılması ne demektir? Bu, nasıl yardım eder ve çalışmaya nasıl bir fayda sağlar? Dünya milletlerinin egemenliği altında olmak için sürgüne gitmekteki ıslah nedir?

Şunu da anlamalıyız; Yaradan'ın da ülkeyi terk edip İsrail halkı ile sürgüne gittiği nasıl söylenebilir ki, zira 'Tüm yeryüzü, O'nun ihtişamıyla doludur 've 'O'nun Krallığı hepsine hükmeder, 'diye yazılmıştır. Klipot'u (kabuklar) bile muhafaza eder, peki öyleyse, O'nun sanki yeryüzünde değilmiş gibi, İsrail halkıyla birlikte sürgüne gittiği nasıl söylenebilir?

Yukarıda yazılanları, çalışmada anlamak için, öncelikle İsrail ülkesinin ne olduğunu, yabancı ülkelerin ne olduğunu ve neden kendi ülkesinden, yabancı ülkelere çıkmasının, diğer milletlerin arasında sürgün olmak diye kabul edildiğini bilmemiz gerekir. Sürgünün, günahların ıslahı olduğunu da anlamalıyız. Yani, sürgünden dolayı acı çekerek, sürgünün azabı, onları tövbeye getirecek ve daha sonra onları ülkeye geri getirmek mümkün olacaktır. Ancak yazılmıştır ki 'Ve diğer milletlerle karıştılar ve onların işlerini öğrendiler,' öyleyse hissettikleri sürgün azabı nedir, tövbe etmelerine ve ülkelerine geri dönmelerine ne sebep olabilir? Şöyle ki, İsrail ülkesinde iyi olan ve İsrail'in o kadar özlem duyduğu şey nedir acaba, bunu nasıl anlayabiliriz? Böylece bu ülke onu, memleket sevgisi yüzünden tövbe etmeye mecbur etsin.

Toprağa, Malhut, 'Kutsal Şehina (Kutsallık) ve tüm ruhların dâhil olduğu 'İsrail meclisi 'dendiği bilinmektedir. Bu onun, yarattıklarına iyilik yapmak olan yaratılış düşüncesindeki haz ve memnuniyeti alması gerektiği anlamına gelir, yani tüm ruhlar, haz ve memnuniyet alacaktır.

Akışın düzeni, Eyn Sof (sonsuzluk) dünyasından Tzimtzum (kısıtlama) dünyasına doğrudur ve sonra beş AK'ın Partzufim'inin kıyafetlendiği çizgiye doğrudur, daha sonra da Atzilut'un beş Partzufim'ine doğrudur. Bundan sonra, Malhut-de-Atzilut üç dünyayı, BYA'ı oluşturur. Sonra Adam Harişon yaratılır ve onun bedeninin dışsallığı var olan maddesel bedene benzer, Bina-de-Malhut-de-Assiya'dan yapılmıştır. On Sefirot'un Çalışması'nda (Bölüm 16) yazıldığı gibi, 'Sonra BYA'dan NRN'ı ve daha sonra Atzilut'tan NRN'ı vardı.'

Bundan dolayı, Eretz'e (ülke/toprak) Malhut-de-Atzilut denir ve Atzilut dünyası hakkında şöyle yazılmıştır: 'Kötülük, seninle barınmayacak, 'bunun anlamı şudur, orada hiçbir kötülük yoktur, kötü ve iyi anlayışı, yalnız BYA içinde vardır. Aksine, orada, O'nun ruhların ifşası için vermeyi tasarladığı haz ve memnuniyet vardır. 'Başlangıçta Yaradan yarattı, 'dizesi ile ilgili bilgelerimizin söylediği gibi: 'İsrail'den başka başlangıç yoktur, her şey İsrail içindir, yani İsrail'in ruhları içindir.'

Adam Harişon, bilgi ağacı günahını işledikten sonra, Atzilut'tan çıkarıldı ve BYA'ya indirildi. Sonra tövbe etmeye ve işlediği günahı düzeltmeye başladı. Böylece, Cennet Bahçesi'ne yani Atzilut'a tekrar girdi. Islah onun Cennet Bahçesi'nden çıkarılmasıydı, yazıldığı gibi (Yaratılış, 3:22), 'Ve Efendi dedi ki 'Ve şimdi, ellerini uzatıp, yaşam ağacından da alıp yiyebilir ve sonsuza dek yaşayabilir. 'Ve Efendi onu Cennet bahçesinden çıkardı, geldiği yere, toprağa indirdi.

Baal HaSulam, onun Cennet Bahçesi'nden çıkarılmasına neden olan korkuyu açıkladı, yazıldığı gibi: 'Ve şimdi, ellerini uzatıp, yaşam ağacından da alıp yiyebilir ve sonsuza dek yaşayabilir. 'Ve o dedi ki, insan bilgi ağacı günahını işlediği için, eğer cezalandırılırsa, yani verilen ceza yüzünden acı çekerse, bu onun pişman olmasına ve bu kusurunu düzeltmesine neden olacaktır.

Ama eğer cezalandırılmaz ve işlediği günah yüzünden acı çekmezse, bunun için tövbe etmesi gerektiğini kesinlikle anlamayacaktır. Zohar'da yazıldığı gibi ('Zohar Kitabına Giriş', madde 192), 'Rabbi Şimon gözyaşı döktü ve dedi ki, 'Söylersem eyvahlar olsun, söylemezsem eyvahlar olsun! Eğer söylersem, günahkâr, efendisine nasıl hizmet edeceğini bilecek.'

Sulam'da (Zohar'a yorum) şöyle yorumluyor, 'Bununla, inançsızlara zarar vermemek için sözlerini burada tam olarak ifşa edemeyeceğini ima ediyor. Çünkü burada, yaşam ağacına nasıl tutunulur, ölüm ağacına nasıl asla dokunulmaz, bunları ifşa etme noktasına gelmiştir ve ancak halen iyi ve kötü algısını ıslah etmiş olanlar buna layıktır. Ama henüz iyi ve kötü bilgi ağacı günahını ıslah etmemiş olan günahkârlar, bunu bilmemelidir, zira onlar bilgi ağacının günahını düzeltene kadar, öncelikle bütün çalışmalarında buna emek sarf etmelidirler. Bunu şu ayette de (Yaratılış 3) bulacaksınız, 'Elini uzatıp, yaşam ağacından da alıp yiyerek, sonsuza kadar yaşamasın diye.' Âdem, bilgi ağacı günahını işledikten sonra, hayat ağacına sarılır ve sonsuza kadar yaşar ve bilgi ağacında neden olduğu kusur, sonsuza kadar düzeltilmemiş olarak kalır korkusu yüzünden, Cennet Bahçesi'nden çıkarıldı.

Bundan dolayı, kişi ülkesinden, yani Cennet Krallığı'ndan çıkarıldığı zaman, Cennet Krallığı'ndan çıkarılmadan önce sahip olduğu maneviyatın önemini hissedemediğinden sürgüne gider. Yazıldığı gibi 'Ve onlar, diğer milletlerle karıştılar ve onların işlerini öğrendiler, 'bu putlara kulluk edenlerin köleliği altına düşmek olarak kabul edilir. Yani, dünya milletlerinde olan tüm nefse düşkünlük, sürgündeki İsrail'i yönetir. O sırada, alışkanlık yüzünden sürdürdükleri dışında, maneviyatla hiçbir bağlantıları yoktur. Gözettikleri budur, ancak bunun ötesinde ıslah edecek bir şey olduğunun farkında değildirler.

Bunun ardından sürgünle ilgili iki şeyin farkına varmalıyız: 1) Onlar, diğer milletlerin yönetiminin altına sürgüne gönderildiler. Ülkelerinde, Cennet Krallığında iken sahip oldukları idrak ve anlayış, bütün gün kendi-sevgisinden nasıl çıkacakları ve Yaradan sevgisine nasıl ulaşacaklarını düşünmekti. Sürgüne gönderildiklerinde, bunu kişinin bireysel çalışmasında yorumlayabiliriz, bilindiği gibi genel ve özel aynıdır. Bunun anlamı, kişi ülkesindeyken günah işlerse, yani yukarıdan biraz aydınlanma alır ve bunu kendi menfaati için kullanırsa, der ki 'Şimdi Tora ve Mitzvot'ta (emir) bazı lezzetlere sahip olduğuma göre, mantık ötesi inanca ihtiyacım yok. 'Buna 'günah 'denir, çünkü mantık ötesi inancı lekelemiştir.

Bu nedenle, ülkesinden çıkarılır ve dünya milletlerinin arzuları ve nefse düşkün yönetimi altına düşer. Sürgünde olduğu zaman, derhal unutkanlığa yakalanır ve 'Cennet Krallığı' seviyesinde ülkesinde olduğunu ve yalnızca Yaradan'la Dvekut'u (tutunma) nasıl başaracağını düşündüğü zamanları hiç hatırlamaz. Bütün hayatı boyunca bu şekilde devam etmek ister, yani yalnızca kendi menfaati için bedenin talep ettiği ihtiyaçların karşılanmasını umursar ve başka hiçbir şeyi umursamaz.

Sonra, herkesin O'nunla farklı bir hesabı vardır, yani kişi yukarıda yargılandığında, herkesin, ne kadar süre yukarıdan bir uyandırılış alıp uyanana kadar sürgünde kalacağına dair kendi hesabı vardır. Ve yukarıdan bir uyandırılış alır, sürgünde olduğunu hissetmeye başlar ve yüksek bir çatıdan, derin bir çukura düştüğünü kendine hatırlatmaya başlar.

Yani, kendi ülkesindeyken bütün dünyaya gereksiz diye baktığını ve daima 'Yaradan dünyada kötülüğü neden yarattı? Bu kötülük Yaradan'a ne gibi bir sevinç ve fayda getirebilir? 'diye düşündüğünü hatırlar. Bunun yerine şimdi kendine bakar, sürgündedir ve Yaradan'a ne verebilir ki yukarıya memnuniyet versin? İnsan seviyesinden hayvan seviyesine düşmenin acısını hissetmeye başlar, yani şimdi ülkesinden çıkarılmadan önce sahip olmadığı şiddetli hayvansal arzuları olduğunu görür.

Şimdi Yaradan'a, onu daha yakına getirmesi, ülkesine tekrar kabul etmesi, hayvansal arzularından kurtarması ve hayvanlar için olandan değil de insana uygun besinlerden, yani ihsan etmekten haz vermesi için yalvarmaya başlar. Bu bilgelerimizin söylediği (Pesahim, 118) gibi; 'Yaradan, Adam Harişon'a dedi ki, 'senin için dikenli bitkiler, devedikenleri yetişip büyüyecek 've Adam Harişon'un gözleri yaşardı. Ve dedi ki, 'Ben eşeğim ile aynı yemlikten mi yiyeceğim? 'Yaradan ona 'ekmeğini alnının teriyle yiyeceksin, 'dedikten sonra o hemen rahatladı.

Yaradan, 'senin için dikenli bitkiler ve devedikenleri yetişip büyüyecek 'dediğinde, sanki ona bu bilgiyi vermiş gibidir. Yaradan bunu söylemeden önce, yalnız hayvanlar için besin olan dikenli bitkiler ve devedikenlerinin, onun tek besini olduğunu görmüyordu. Bunu şöyle yorumlayabiliriz; yukarıdan ona uyandırma geldi ve ona günah islemeden önce neye sahip olduğunu, hangi yüksek derecede olduğunu ve Cennet bahçesinden çıkışı ile bunların hepsini unutmuş olduğunu ona hatırlattı.

Bu Yaradan onunla konuşuyor diye kabul edilir, yani yukarıdan Yaradan'dan bir uyandırılış almıştır ve böylece neye sahip olmuş olduğunu hatırlar. O zaman, Cennet Bahçesi'nden çıkarılmış olmanın acısını hissetmeye ve bir hayvanla aynı derecede olduğu için ağlamaya başlar. Yani, onun gıdası yalnızca, 'hayvan yemi 'denen, kendi-sevgisine uygun olan besindir. 'Gözleri yaşardı. Ve dedi ki, 'Ben eşeğim ile aynı yemlikten mi yiyeceğim? "sözlerinin anlamı şudur. Şöyle ki; yemesi, yani beslenmesi, hayvanınkine benzer, yani yanız kendi-sevgisine ilişkin meselelerden keyif alabilir.

Bununla beraber, ona 'Ekmeğini alnının teriyle yiyeceksin 'dediğinde, hemen sakinleşti. Raşi 'Alnının teriyle 'sözlerini, çok fazla emek sarf ettikten sonra, olarak yorumlar. 'Emek sarf etmek 'sözlerinin anlamını yorumlamalıyız. Öğrendiğimize göre, kişi çoktan hayvanla aynı seviyede olduğu hissiyatına gelmişse, bu hissiyat ona acı verecek ölçüde olmalıdır ki böylece, bu aşağılık ve fakir durumu için gözyaşı döksün, bilgelerimizin söylediği gibi, 'Gözleri yaşardı.'

Bundan dolayı, hayvana benzer olduğunu hissetmenin acısı, ona hayvan olarak kabul edilen, kendi-sevgisinden çıkmak için harcaması gereken büyük gücü verir ve insanın yiyeceğiyle ödüllendirilir. Yani, şimdi ihsan etme eylemlerinin tadını çıkarabilir.

Dolayısıyla yukarıdaki sürgünle ilgili, iki muhakeme yapmamız gerekiyor:

1) Sürgündedir, ancak sürgünde olduğunu bilmez. Ama olduğu haliyle mutludur. Bunun yerine, nicelik arar, yani daha fazla para, daha fazla saygı vs. Bir zamanlar Cennet Krallığı olan ve 'ülke 'denen, insan derecesinde olduğunu çoktan unutmuştur. Beslenmesini değiştirmesi gerektiği aklına bile gelmez. Daha doğrusu, 'hayvan yemi ' denen kendi-sevgisi kabı içinde aldığı besinin değiştirilmesi gerektiği, yani verme düşüncesi aklından bile geçmez.

Dolayısıyla, yalnızca kendi-sevgisi kabına gelenle beslenmesini sağlayan tedarik kaynağını değiştirmek istemez. Aksine, kendi-sevgisi kaplarına gelen meseleleri değiştirmek ister. Mesela dairesini değiştirmek ister, zira içinde yaşadığı daireden artık hoşlanmadığı için başka bir daire ister. Ayrıca mobilyaları değiştirir zira sahip olduklarından keyif alamıyordur. Yeni mobilyalara sahip olarak, alma arzusu, keyif alabileceği bir şeye sahip olacaktır.

2) Bununla beraber, tedarik kaynağını da değiştirmek istemez, yani besinim yalnız ihsan etmek kaplarına veren bir kaynaktan gelsin demez. Tanrı korusun, düşünmez, çünkü bilindiği üzere, alan, vererek nasıl besleneceğini anlayamaz. Veren için bu tam tersinedir. Aldığını gördüğü zaman, aşağılık bir şey yaptığını düşündüğü için kendinden utanç duyar. Fakat gerçekte, beslenme kaynağımızı değiştirmek zorundayız. Kendi-sevgisi kaplarını dolduran besin, Klipot'tan (kabuklar) gelir; ihsan etme kaplarına gelen besin ise Keduşa (kutsallık) dünyalarından gelir.

Bundan dolayı sürgünde, yukarıdaki iki izlenime göre soru şudur: 'Kişinin, kendini sürgünde hissetmesine kim neden olur? Kişi bu yüzden acı çeker ve sürgünden çıkmak ister. Mısır sürgünü ile söylendiği gibi: 'Ve İsrail'in çocukları, çabalayarak iç çektiler ve haykırdılar ve haykırışları, bu çabadan Tanrı'ya kadar yükseldi. 'Bu uyanışın onlara

Yaradan'dan geldiğini söylemeliyiz, sürgünde, unutuş ve kayıtsızlık içinde kalmasınlar diye, Yaradan onlara uyanış gönderir.

Böylece onlar maneviyat hissederler, ama maneviyat aşağı bir durumdadır ve Şehina'nın sürgünde olması ve maneviyatın toz tadında olması gerçeği yüzünden kalpleri sızlar. Şöyle ki, ihsan etmek için çalışmak istediklerinde, bu çalışmanın kıymetini gerektiği gibi hissedemezler, bunun hayvanlara benzeyenlerinki gibi değil de insanların çalışması olduğunu bilemezler.

Ancak, mesele bunun tersidir: İnsan menfaati için çalıştığında, bu çalışmadan iyi bir tat alır. Fakat Yaradan için çalıştığında hiçbir tat almaz. Yani yaptığı aynı şeyden, eğer alma arzusunun bir şey elde edeceğini görürse, bu ödül çalışması boyunca ona parlar ve bu nedenle de iyi bir tat alır. Eğer çalışması sırasında niyetini değiştirirse ve bu işi ödül almak için yapmadığını söylerse derhal kendini güçsüz hisseder, hiçbir çaba gösteremez ve çalışması derhal yavaşlar.

Yukarıdakilere göre, sanki Yaradan gelip ona şöyle söyler; 'İçinde bulunduğun aşağılık duruma bir bak. Tıpkı bir hayvan gibisin. 'Böylece kişi, insan olmaya dair hiçbir hissiyatının olmaması yüzünden ıstırap çekmeye başlar. Bu acı verir ve dünya uluslarının egemenliği altında, sürgünde olmanın ıstırabını ve acısını hisseder. Yani, şimdi yetmiş ulus için uygun olan kötü tutkulara sahip olduğunu hisseder.

Ancak bu, ona ifşa olmadan, kendi aşağılık durumunu hissetmeden önce, her şeyin iyi olduğu bir dünyada yaşıyordu, yani bu, onun, aşağılık bir durumda olmaktan dolayı yoksunluk duymasına sebep olmuyordu. Bunun aşağılık olduğunu hissetmiyordu, daha ziyade arzu ve emeli sadece ihtiras, hatırı sayılmak ve para olan diğer herkes gibi davranıyordu. Ama şimdi Yaradan bir insan gibi değil de bir hayvan gibi olduğunu ve eğer sürgünden çıkabilirse mutlu olacağını, bu yüzden acı çektiğini ifşa etti.

Fakat kişi, sürgünde olduğu için, sürgünden çıkmanın bir yolunu göremediğini anlar. Ve bu azaplar onun istikrarsız olmasına sebep olmaktadır; yani, ne yapacağını bilememektedir. Bir yandan şimdi gerçeği hissettiğini, yani hangi tür insanlara ait olduğunu görür, zira hayvansal insanlar vardır ve insansal insanlar vardır. Ve daha açık olmak istersek, üç tür ayırt etmeliyiz: 1) Yahudilikle ilgisi olmayan insanlar, 2) Torah ve Mitzvot'la ödül kazanmak için uğraşan insanlar, 3) Ödül kazanmak için çalışmayan insanlar.

Böylece öte yandan, gerçeği, ne tür insanlarla birlikte olduğunu ve hangi dereceyi kazanmak için uğraşması gerektiğini gördüğü için şimdi çok mutlu olabilir. Ama aynı zamanda Yaradan'la Dvekut (tutunma) koşulundan ne kadar uzak olduğunu gördüğünden, acı ve ızdırap hisseder. Yani Yaradan için hiçbir şey yapamadığını ve yaptığı her şeyin, eylemleriyle ödül kazanmak istediği için olduğunu anlar, ancak tüm bunlardan, kendi başına çıkıp ihsan etmeye gelemeyeceğini görür.

Akabinde ikinci türe ait olduğu, ödül onu aydınlattığı için çalışmaya gücü olduğu ve zihninde Yaradan'a yakın olduğu duruma özlem duyar. Daima Yaradan'la konuşur ve çalışması için onu ödüllendirmesini isterdi. Tamamlanmış hissederdi ve Yaradan'ın emirlerini yerine getirdiğinden, ödülden emin olduğu için tek bir şeye bile ihtiyaç duymazdı. Ve Yaradan emirlerini yerine getirmeyi pek fazla insanın arzulamadığını kesinlikle görürdü, fakat o, O'nun emirlerini yerine getirmeye çalışır, böylece Yaradan ona kesinlikle iyilik yapacaktı ve bunun için ona büyük bir ödül verecekti.

Doğal olarak, böyle bir hesaplamadan sonra, kişi gökyüzünde, bulutların arasında, yükseklerde olduğunu ve tüm dünyaya baktığını hisseder, hiç şüphesiz dünya onların Tora'sı vasıtasıyla varlığını sürdürür, bilgelerimizin dedikleri gibi: 'Dünya, Torah olmadan ayakta duramaz. '(Midraş Tanhumay, Ki Tavo) Böylece, o, gerçekten de dünyadaki en mutlu insanların arasındaydı.

Fakat şimdi ikinci durumdan çıktı, Yaradan onun için gerçeği aydınlattı, Yaradan çalışması öncelikle Yaradan'ı memnun etmek, ihsan etmek içindir, kişinin kendi menfaati için değildir. Kişi, gerçekten ne kadar uzak olduğunu görür ve tam tersini hisseder. Şöyle ki; Lo Lişma yerine, Yaradan'la aramda iyi bir hissiyat var, yani mümkün olduğunca O'na itaat etmeye çalışıyorum, kendimi 'Yaradan'ın hizmetkârı' olarak görüyorum. Ve Yaradan'ın bize söz verdiği tüm ödüller, eminim ki benim için hazır, peki öyleyse başka neye ihtiyacım olsun ki?

İhsan etmek için ilerlemeye başladığımda bu daha da böyle olacak. Derhal yükselmiş olacağım. Ancak bu böyle olmaz. Aksine, şimdi Tanrı'ya şükür ki temel olanın Yaradan'ın lütfu için çalışmak olduğu, bundan mutlu olması gerektiği ve Yaradan'a yaklaşmasını sağlayan doğru yolda olduğu gerçeğini hissetmeye başlar. Bu yüzden daima kıvançlı olmalı ve demeli ki, 'Şükürler olsun Tanrım, Yaradan'ın merhametinin üzerimde olduğunu ve çalışmamın boşa gitmesine izin vermediğini görüyorum. Aksine tüm çabam, şimdi 'Yaradan'la Dvekut 'denen hedefi başarmak olacak.

Ancak durumunun bunun tam tersi olduğunu hisseder, yani ödül kazanmak için çalışırken, daha önce sahip olduğu sevinci taşımıyordur. Çünkü artık bedenin desteğinin olmadığını görür, bedenine şöyle der, 'Bil ki bugünden sonra çalışmada sana hiçbir kazanç, fayda sağlamayacağım, şimdiden sonra kendi menfaatim için çalışmıyorum. Aksine, sadece Yaradan'a fayda sağlamak için çalışmak istiyorum. 'O zaman beden çalışmada ona güç vermeye razı olmaz. Bu nedenle şimdi aşağılık bir durumdadır.

Hâlbuki gerçek ona ifşa olmadan önce, daima yükseliyordu, her geçen gün başarısına eklediğini görüyordu ve ödül garanti edilmişti. Ancak şimdi, Yaradan'a onu sürgünden çıkarması için içten, hilesiz bir dua etmenin tam, gerçek zamanıdır, zira yukarıdan ifşa almadan önce, 'almak için alma arzusu 'denen dünya uluslarının kontrolünde, sürgündeydi. O durumda, onu sürgünden çıkarmak için, Yaradan'ın doldurabileceği bir eksikliği yoktu. Bundan dolayı Yaradan, ona Kli (kap) yani eksiklik verdi ve sonra ışığı verdi, Kli ve ışık, her ikisi de yukarıdan geldi.

Bu şekilde, Kutsal Zohar'ın, günah işlediklerinde İsrail'e söyledikleri hakkındaki sorumuzu yorumlayabiliriz, 'Yaradan dedi ki: 'Ve seni cezalandıracağım', sürgüne gitmekle. Ve sen, seni terk ediyorum desen de, ben seninleyim. 'Biz şunu sormuştuk; Yaradan'ın da ülkeyi terk edip İsrail halkı ile sürgüne gittiği nasıl söylenebilir ki? Zira 'Tüm yeryüzü O'nun ihtişamıyla doludur.' Şunu da sormuştuk; 'Sürgüne gönderilmekle cezalandırılmak, bize ne sağlar, Zira Yaradan yaptığı her şeyi, yalnızca insanın iyiliği için yapar, öyleyse dünya uluslarının egemenliği altında sürgüne giderek insan ne kazanır?'

Yukarıda açıkladıklarımıza göre, 'Tüm dünya O'nun ihtişamıyla doludur 'sözleri, Yaradan'ın bakış açısından dünyada bir değişiklik olmadığını bize öğretmeye başlar. Daha doğrusu, yazıldığı gibi, 'Sen, dünya yaratılmadan öncesin ve Sen dünya yaratıldıktan sonrasın 'Bu nedenle, bütün değişiklikler, alanların bakış açılarının niteliğine bağlıdır. Yani, ihsan etme çalışmalarını Yaradan'a atfettikleri ölçüde, Tzimtzum (kısıtlama) kaldırılır ve aşağıdakinden gizli olan ışık ifşa olur ve bu sayede aşağıda olanlar, haz ve memnuniyet alırlar.

Yaradan'ın İsrail toprağı olduğunu hissettiğimizde, bu, İsrail halkı ülkesindedir diye kabul edilir. Yani, İsrail halkı, İsrail topraklarında olduğu için, Yaradan, yarattıklarına kendini vermesi eylemi ile adlandırılır ki böylece buna uygun ve hazır olduklarında, O'nu tanırlar ve bilirler. Eğer günah işlerler ve lekelenirlerse, yani üstteki bolluğu alır ve bunu kendi-sevgisi olan Klipot'ta, kendi-sevgisine geçirirlerse, o zaman Yaradan İsrail topraklarından çıkarılmalıdır, yani Tzimtzum bir kez daha yükselir ve ışık terk eder.

Bu durum, Cennet Krallığı'nın yeri olan, Şehina denen toprakları terk etmek ve dünya uluslarının egemenliği altında sürgüne gitmek olarak kabul edilir.

Sürgüne gitmenin ıslahı 1) İlk olarak bolluğu bozmayacaklardır. 2) Sürgünde olmaları yüzünden, Yaradan onları terk etmez, yukarıda açıkladığımız gibi, bazen kişi sürgündedir ancak bunun sürgün olduğunu, yani bulunduğu bu koşuldan kaçması gerektiğini bilmez; bu yere 'kendi-sevgisi 'denir. Tersine, dünya uluslarının ondan istediklerini karşılayamadığından acı çeker, zira onu kontrol ederler, yani kendi-sevgisi ile ilgili hiçbir şeyi tatmin edemez.

Bu yüzden Kutsal Zohar şöyle der, 'Eğer seni ülkeden çıkarırsam, kırda bayırda ayılar sana hücum edebilir, vahşi kurtlar ya da katiller seni yeryüzünden silip, yok edebilir. 'Yani, onlar seni manevi dünyadan tamamen çıkaracak ve sen sadece 'kendi-sevgisi 'denen, maddesel dünyada kalacaksın.

Bundan dolayı, sürgünde kaybolmamaları için, Yaradan da onlarla birlikte sürgüne gider. Şöyle ki, Yaradan, sürgün formunda onlara görünür. Yaradan yaptığı işe göre 'ad 'alır. Şimdi onlara sürgünü verdiği için, yani kendilerini sürgünde hissettikleri için, bu, Yaradan da onlarla birlikte sürgünde diye kabul edilir. Onlara sürgünde oldukları hissini verir ki böylece sürgün sırasında topraklarından çıkarıldıklarını ve şimdi dünya uluslarının egemenliği altında olduklarını hissetmedikleri için tamamen kaybolmasınlar diye.

Şimdi sorduğumuzu anlayacağız, 'Ülkeden atılmanın ıslahı nedir? '1) Elde ettikleri şeyleri ziyan etmeyeceklerdir. Bu Efendisini bilmek ve isyan etmeye niyetlenmek olarak kabul edilir. Bu, onun Efendisini bildiği ama yalnızca ihsan etme koşulunda olamadığı anlamına gelir. 2) Sürgünde kalarak yalnız ihsan etme koşulunda olmaları gerektiğini hissedecekler ve bu sayede Yaradan'la Dvekut'la ödüllendirileceklerdir. Böylece, sürgünde acı çekmeleri, onları ıslah edecektir. Sormuş olduğumuz, 'Yaradan'ın sürgüne gitmesi ne anlama gelir? 'sorusunu şöyle açıklayabiliriz; Yaradan onlara sürgünün tadını vermekte olduğu için ve bu onların yararına olduğu için Yaradan da iyi ve hoş olan bu ülkeden çıkmıştır.

Topluluk On Kişiden Az Olmaz

Makale No. 28, Tav-Shin-Mem-Vav, 1985-86

Zohar, Nasso'da (madde 105) yazılmıştır: "Rabbi Elazar, 'Geldim ama neden hiç adam yok? 'diye başladı. İsrail, Yaradan tarafından, nasıl da sevilir; nerede olurlarsa olsunlar, Yaradan, onların arasındadır. 'Ve bırakın bana bir tapınak yapsınlar ve Ben onların arasında yaşayacağım. 'Dünyadaki tüm sinagoglara, 'Tapınak 'denir. 'Ve ben onların arasında yaşayacağım', çünkü ilk olarak sinagoga Şehina (Kutsallık) gelir. Sinagogta ilk olanların arasında olanlara ne mutlu, çünkü tamamlanması gereken, yani on kişiden az olmayan topluluk, onlarla tamamlanır. Ayrıca, onlu hep birden Sinagogda olmalıdır, birer birer gelmemelidir, zira tüm onlu, içinde Şehina'nın ikamet ettiği bir bedenin organları gibidir, Yaradan'ın insanı bir kerede yaratıp, tüm organlarını bir araya getirdiği gibi. Yazıldığı üzere, 'O sizi yaptı ve yarattı.'"

Yukarıdaki sözleri anlamalıyız:

1) Neden 'İsrail nerede olursa olsun, Yaradan onların arasındadır 'diyor? Bu, özel bir yere ihtiyaç olmadığı anlamına gelir. Daha sonra özellikle sinagog anlamında der ki 'Ve bırakın bana bir tapınak yapsınlar ve ben onların arasında yaşayacağım.'

2) 'Ve bırakın bana bir tapınak yapsınlar ve ben onların arasında yaşayacağım ' sözleri, öncelikle bazı hazırlıklar yapılması gerektiği anlamına gelir; yani 'Tapınağı yapmak 've sonra 'Yaşayacağım, 'başka türlü değil.

3) 'Geldim ama neden hiç adam yok? 'diye sorduğu soru nedir? Şayet ilk olarak Şehina'nın sinagoga geldiğini söylüyorsanız, elbette orada henüz kimse olmayacaktır.

4) Şu dediğini anlamak zordur, 'Onlu, hep birden sinagogda olmalıdır ve birer birer gelmemelidir. 'Sinagoga gelen herkesin, on adam toplanana kadar dışarıda bekleyip,

sonra hepsinin bir anda içeri gireceği söylenebilir mi? Böyle bir şeyi hiç görmedik. Öyleyse, 'birer birer gelmemeliler 'sözleri ne anlama geliyor?

Yukarıdakileri anlamak için, ö'dül kazanmak için değil 'denen ihsan etme koşulundaki çalışma düzeninin, nasıl olacağını açıklayacağız. Öncelikle, 'veren 've 'alan 'olan, iki şeyi hatırlamalıyız. Bu, O'nun, yarattıklarına iyilik yapma arzusundan gelir, bu nedenle, O, vermek istediği haz ve memnuniyeti almaları için yaratılanları yarattı. Yaradan'ın yarattığı, Kli adı verilen bu alıcıya, 'haz ve keyif alma arzusu 'denir. Bundan, duyduğu arzunun ölçüsünde haz alabilir. Yani, keyif aldığımız Kli'ye, 'arzu, özlem 'denir.

Bu Kelim'i, Yaradan'a atfederiz. Yani, başlangıçta Yaradan'dan aldığımız bu Kli'ye, Malhut ya da Behina Dalet denir; bu, haz ve keyif almak için duyulan özlemdir. Buna, Ohr Yaşar'ın (Direkt ışık) Kli'si denir. Bu, Tzimtzum'dan (kısıtlama) önce kullanılan Kli'dir ve buna Malhut-de- Eyn-Sof denir.

Daha sonra utanç ekmeğini önlemek için ıslah vardır; çünkü Yaradan'ın yarattığı bu doğada bir kural vardır; dal köküne benzemek ister. Neden böyle bir doğa var? Yaradan'la ilgili soru sormamız yasaktır, çünkü Kutsal Zohar şöyle der; 'O'nunla ilgili hiçbir düşünce ve algımız yoktur. 'Bu, aşağıdakilerin Yaradan'ın düşüncesine erişemeyeceği anlamına gelir.

Söylediğimiz her şey, sadece 'Seni, eylemlerinizden biliriz' şeklindedir, yani sadece bize görünen olaylar hakkında konuşabiliriz, zira bize görünmeyeni değil, ama yalnız bize görüneni açıklayabiliriz. Bu sebeple, konuşmamıza, Yaradan ve yaratılanlar arasındaki ilk bağlantıdan söz etmekle başlarız; 'O'nun arzusu yarattıklarına iyilik yapmaktır. 'Bunun öncesine ait konuşamayız, çünkü O'na dair, hiçbir edinimimiz yoktur. Dolayısıyla biz yalnız, doğada dalın, köküne benzemek istediğini görürüz.

Alan, köküyle form eşitliğine gelmek ister ve eğer alırsa, hoşnutsuzluk hisseder, bunu düzeltmek için, 'almak için almak istememek 've yalnız ihsan etmek için alabiliyor ise almayı kabul etmek denen, Tzimtzum oluşur. Bu bizim 'alma arzusu 'denen Kli ile değil de 'Ohr Hozer (Yansıyan Işık) denen yeni bir Kli ile bolluğu alabilmemize yol açar. Yani Ohr Yaşar Yaradan'ın aşağıdakilere vermek istediği bolluktur ve Ohr Hozer de, bunun tersine, aşağıdakilerin Yaradan'a verme arzusudur.

Bu sebeple, Ohr Yaşar'a, 'yukarıdan aşağıya doğru 'denir, yani yukarıda olan, veren, yani Yaradan, aşağıdakilere verir. Diğer taraftan, Ohr Hozer'e, 'aşağıdan yukarıya doğru 'denir, yani alan, aşağıdaki, Yaradan'a ihsan etmek ister. Bu Kli'yi, yukarıdakine 'ihsan etmek için 'olarak nitelendiririz, çünkü aşağıdaki, köküne benzemek istediğinden, kendisini ıslah etmek amacıyla bunu yapar. Öğrendiğimiz gibi,

Eyn Sof dünyasında, Malhut'un Kli'si, ışığı Ohr Yaşar'ın Kli'sine, yani yukarıdan gelen Kli'ye alır. Ancak, Ohr Hozer'in Kli'si, aşağıdakinin inşa etmesi gereken bir Kli'dir.

Islah sonrasında, yalnız Oh Hozer'in Kelim'ine almak sağlandı, tüm dünyalar ve birçok derece ondan uzandı. Çünkü bu Kli, aşağıdakilerden uzanır, bir kerede tamamlanamayıp, aşağıdakilerin gücüne göre, azar azar tamamlanır. Dolayısıyla, pek çok Kelim inşa olduğundan, ışıklar da birçok dereceye bölünür. Yaradan'a atfettiğimiz 'almak için almak' Kli'si içinde aydınlandığı zaman, bu böyle değildir. Yaradan bu Kli'yi bir kerede, dolu olarak yarattı, bu yüzden doğal olarak bu, derecelerin ayrımı olmayan yalın bir ışıktı.

Yaşam Ağacı kitabında yazdığı gibi: 'Bilin ki oluşacaklar oluşmadan ve yaratılanlar yaratılmadan önce, üstteki, yalın ışık, tüm realiteyi doldurmuştu. Bununla birlikte, her şey tamamıyla eşit, tek bir yalın ışıktı ve ona 'Eyn Sof' ışığı deniyordu. 'Bunun nedeni, bu Kli'yi Yaradan'a atfettiğimiz için, bir bütün olarak tamamlanmasıdır ve hiçbir derece ayrımı olmaksızın, bir tek ışık alır.

Ancak aşağıdakilere atfettiğimiz bu Kli, bir kerede tamamlanamaz. Aksine, çaba göstermemiz gereken tek bir çalışma vardır; Ohr Hozer denen Kli'yi yapmak. Bu şu demektir; aşağıdaki yalnızca Yaradan'a ihsan etmek istediği için, Yaradan'dan haz ve keyif almak ister. Ve buna Ohr Hozer (Yansıyan ışık) denir. Aşağıdaki, kendisi için alma arzusuna sahip olmadığını, Yaradan'ı memnun etmek istediğini fark ettiğinde, Yaradan'ın hoşuna gidecek ne verebileceğini hesaplar.

O zaman Yaradan'ı memnun edecek, yalnızca tek bir şey verebileceğini görür. Yaratılışın amacı, yarattıklarına iyilik yapmak olduğundan ve Yaradan, yarattıklarına haz ve memnuniyet vermek istediğinden, 'Yaradan'ı memnun etmek istediğim için, bu haz ve memnuniyeti almak istiyorum 'der. Ve eğer daha çok bolluk alabilirse, – yani aldığı bolluktan çok büyük bir haz hissederse- Yaradan kesinlikle bundan memnun olacaktır.

Bu, önemli bir kişiyi davet eden birinin durumuna benzer. Bu adam ve ev halkı, önemli misafir yemeğin tadını çıkarsın diye, tüm gün ve tüm gece uğraşmıştır. Ona büyük bir çabaya mal olan ve misafirini memnun etmek için her şeyi yaptığı yemek bittiğinde, misafire sorar; 'Yemeğimizi nasıl buldunuz? Hiç böyle bir yemek tatmış mıydınız?'

Misafir, 'Gerçeği söylemek gerekirse, ne yediğime aldırmadım. Yemekten alabileceğim hazzı, hesaba katmadım, bu yüzden daha basit bir yemek hazırlasaydınız da aldırmazdım, zira sizden buna büyük bir emek harcadığınızı duydum. 'Ev sahibi bunu duyduğunda, ona büyük bir yemek verdiği için, nasıl memnuniyet hissedebilir ki?

Buradan çıkan ders şudur; eğer kişi, Yaradan'ı memnun etmek için -Yaradan'ın yarattıklarına haz verme isteğini- gerçekleştirmekte O'na yardım etmek için, Yaradan'dan haz ve keyif alıyorsa; fakat Yaradan'dan aldığı bu haz ve mutluluktan herhangi bir keyif almadığını, O'nun hazzının ve keyfinin tadını hiç hissetmediğini ve ona göre her şeyin aynı olduğunu söyler ise Yaradan'a ne gibi bir memnuniyet verebilir ki.

Dolayısıyla, kişi sürekli olarak Yaradan'dan aldığını arttırmaya ve Kral'ın armağanını takdir etmeye çalıştığında, bunun bir nedeni vardır: Yaradan'a diyebilir ki, 'Senden büyük bir memnuniyet alıyorum, çünkü biliyorum ki sadece bununla sana memnuniyet verebilirim ve bu yüzden bol bol memnuniyet almak istiyorum.'

Ancak, hatırlamalıyız ki Adam Harişon'un işlediği, bilgi ağacının günahından sonra, almak için alarak, insan toz gibi oldu. Bu ABYA-de-Tumaa (saf olmayan) dünyalarından uzanır. Zohar Kitabı'na Giriş, madde 25 de yazdığı gibi; 'Tora ve Mitzvot'un faziletiyle, yukarıdan güç alması, insanın yükümlüğüdür, böylece ihsan edebilir ve buna Yaşar-El (Yaradan'a doğru) anlamında 'İsrail 'denir. Bu, tüm düşünce ve arzularının yalnızca Yaradan'ı memnun etmek için olduğu anlamına gelir. Ancak kişinin halen bu arzusu yoksa bu kişiye, -'almak için almak 'denen, kendi-sevgisi için çalışmak üzere onu köleleştiren- dünya milletlerinin arasında sürgündedir denir. Bu, Keduşa (Kutsallık) ile ilgili değil, Klipot (kabuklar) ile ilgilidir, 'Ben kutsal olduğum için, sen de kutsal olacaksın, 'sözlerinde yazıldığı gibi. Bunun anlamı şudur; Yaradan yalnızca ihsanla ilgilidir, sizin niyetiniz de yalnızca ihsan etmekle ilgili olacaktır.'

Ancak bunun tersi olduğunda, yani, niyeti ihsan etmek olmadığında, bu İsrail'in tersi olarak kabul edilir. Daha doğrusu arzusu, yalnızca ihsan etmek olan Yaradan'ın formuna zıt olduklarından, buna 'dünya milletlerine doğru 'denir. Ama eğer bu yerde, kişinin Yaradan'la form eşitliği içinde olduğu Yaşar-El varsa, yani orada başka hiçbir otorite yoksa orada, Şehina damıtılır. Yazıldığı üzere; 'Adımın anıldığı yerde sana geleceğim ve seni kutsayacağım. 'Bunun anlamı şudur, Yaradan der ki, 'Eğer bir yerde yalnız benim adımın olduğunu söyleyebilirsem ve aşağıdaki yalnız Yaradan'a ihsan etmek istediği için yaratılanların otoritesi onun üzerinde değilse, o zaman 'Sana geleceğim ve seni kutsayacağım, 'yani oraya Şehina'mı damlatacağım.'

Bununla, Kutsal Zohar'ın, 'her nerede olurlarsa olsunlar, Yaradan aralarındadır, ' sözleri hakkındaki sorumuzu anlarız, bu bize özel bir yere ihtiyaç olmadığını ima etmektedir. Daha sonra, yazıldığı gibi 'Ve bırakın bana bir tapınak yapsınlar ve ben aralarında yaşayacağım, 'der, yani muhakkak bir tapınakta ve herhangi bir yerde değil.

Onun, 'Her nerede olurlarsa olsunlar, 'sözünü yorumlamalıyız, bu 'onlar, 'yani Yaşar-El nerede ise demektir, yani Yaradan ile form eşitliğinde olan, Yaşar-El Yaradan'a doğru olanlar demektir. Yani, Yaradan merhamet verdiği için, onlar da yalnızca Yaradan'a ihsan etmek isterler. Ve form eşitliği olduğu ölçüde Tzimtzum kaldırılır. Dolayısıyla bu yerde Şehina vardır.

Buna 've bırakın Bana bir tapınak yapsınlar, 'denir, 'Ben, Efendiniz kutsal olduğum için siz de kutsal olacaksınız, 'diye yazıldığı gibi. Bundan dolayı, 'İsrail 've 'bırakın bana bir tapınak yapsınlar, 'tek bir şeydir. Yani 've bırakın Bana bir tapınak yapsınlar, ' demek, hazırlık yapmak ve bu arzuya bir yer açmak için yapılan büyük bir çalışmadır, Baal HaSulam'ın dediği gibi, 'yer 'maneviyatta arzu anlamına gelir, yani Yaradan'a memnuniyet ihsan etmek için Keduşa'nın arzusudur. Buna 'İsrail', Yaşar-El denir.

Şimdi sorduğu ikinci soruyu açıklayacağız, 'Geldim ama neden hiç adam yok?' Şüphesiz ki, eğer Şehina'nın sinagoga ilk önce geldiğini söylüyorsa, elbette henüz orada kimse olmaz, öyleyse neden 'Geldim ama neden hiç adam yok? 'diye soruyor?

Dolayısıyla öncelikle 'adam 'ne anlama gelir, bunu anlamamız gerekir. 'Adam ' sözünü, şu yazılandaki anlamına göre yorumlamalıyız, 'Günahkârın tavsiyesiyle yürümeyen adama ne mutlu. 'Yani, 'adam 'var ve 'hayvan 'var. 'Hayvan 'kelimesi, kendi-sevgisine batmış ve hayvanların yaptığını yapıyor anlamına gelir. 'Geldim ama neden, 'sözlerinin anlamı, sizden önce geldim demektir. Bununla birlikte, bu da açıklama gerektirir: 'Bütün dünya, O'nun ihtişamıyla dolu 'ise, sinagoga ilk olarak Yaradan'ın geldiğini nasıl söyleyebiliriz ki? O halde, Yaradan sinagoga, dua eden insanlardan önce gelir ne demektir?

Bunu, Baal HaSulam'ın 'Onlar seslenmeden önce, ben cevap vereceğim, 'ayetini yorumladığı gibi yorumlamalıyız. Bunun anlamı şudur; kişi dua etmeye gidiyor ise, bu, ben ona adam olmak için sinagoga gelme düşüncesini ve arzusunu verdiğim içindir. Sonunda, onu sinagogda bir hayvan gibi, kendi-sevgisi için dua ederken bulurum. Bunun ardından, 'Geldim ama neden, 'diye sorduğunda, bunun anlamı şudur; 'Neden ben ona sinagoga gitmesi için bir arzu verdim? Böylece Keduşa'ya yani sonunda İsrail haline gelecek olan Tapınağa dua etmesi için. Ama sonunda 'hiç adam yok. 'Aksine görüyorum ki herkes kendi hayvansal ihtiyaçları için dua etmekte.'

Şimdi, sinagogda aynı anda on adam olması ve birer birer gelmemeleri gerektiği ile ilgili sorduklarımızı açıklayacağız. 'Toplanıp on adam oluncaya kadar dışarıda bekleyip sonra hepsi birlikte mi girmeli? Böyle bir şeyi hiç görmüş müydük? 'sorularını sormuştuk. Bunun kanıtı, Yaradan'dan gelir; 'Yaradan adamı bir kerede yaratmıştır. ' Ancak bu kanıtın kendisini de anlamalıyız.

Bunu yorumlamak için, öncelikle neden sinagogda, özellikle on kişiye ihtiyacımız olduğunu, yoksa Şehina'nın orada olamayacağını anlamalıyız. Bu bize, 'Bir topluluk (grup) on kişiden az olmaz, 'sözlerinin nedenini verir. Neden daha az ya da çok değil, özellikle on, sözlerini de anlamalıyız. Yani, eğer orada dokuz adam varsa, bu bir topluluk, olarak kabul edilmez; ya da on bir adam varsa açıklamada (Shavuot, s 42) söylendiği gibi; 'İkisi, 100 gibi ve 100 iki gibidir', bu da hiçbir şey eklemez. Ama özellikle ondur; bilgelerimizin söylediği gibi (Sanhedrin, 39); 'Her onluda, Şehina vardır.'

Malhut'a 'onuncu 'dendiği bilinir. Yukarıdan bolluğu alan, onuncu Sefira olan, alıcı Kli'ye de 'Sefira Malhut 'dendiği bilinir. Ona 'alma arzusu 'denir ve tüm yaratılmışlar ondan uzanır. Bu sebeple, bir topluluk on kişiden az olmaz, çünkü maddesel dallar, üst köklerden uzanır. Bu nedenle, 'On Sefirot'u olmayan ışık yoktur 'kuralına göre, maddesellikte de üst derecelerdeki gibi, orada on adam olmadığı sürece, bir topluluk önemli sayılmaz.

Şimdi Yaradan 'Geldim ama neden hiç adam yok? 'diye sorduğunda onlunun ne anlama geldiğini anlayabiliriz. Bu 'hayvan 'ile değil, 'adam 'ile ilgilidir, cennetin krallığına, yani onuncu Sefira'ya işaret eder; yani, kutsal Zohar'ın 'Tozun içindeki Şehina 'dediği sürgündeki Şehina için dua etmeliyiz. Böylece, Yaradan'ın orada on adam bulamamasının anlamı şudur; 'Önce ben geldim ve size, 'on 'diye anılan Şehina'nın sürgünden dönmesi için dua etmeniz için bir uyanış ve arzu verdim, ama onlu için dua eden hiç kimse bulamadım. Bunun yerine herkesi, insanla ilgili değil de hayvanla ilgili şeyler için dua ederken buldum.'

Benzer şekilde, şu söyleneni de yorumlamalıyız, 'birer birer değil, hep birden orada olmalıdır. 'Bunu şöyle yorumlamalıyız; cennetin krallığını edinmek bir kerede olur ve şöyle söyleyemeyiz; 'Bugün, sadece sinagogdayken, Cennet'in Krallığının yükünü biraz üstlenmek istiyorum. Daha sonra, eve gittiğimde, kendi-sevgisinden haz almak istiyorum.'

Yani kişi, bazı zamanlarda ihsan etmek için çalışmaya razı olduğunu, ama zamanın hepsini yalnız Cennet'in ihtişamı için vermeyeceğini söyler. Aslında, kişi Cennet Krallığının yükünü üstlenmesi halinde, bunun sadece sinagogdayken değil, bunun sonsuza kadar sürmesini Yaradan'dan dilemelidir. Sinagogda onlunun aynı anda bulunması ve birer birer gelmemesi zorunluluğunu şöyle yorumlayabiliriz; 'Şimdilik Cennet Krallığını azıcık üstleneceğim, sonra biraz daha 'diyemezler. Aksine, Cennet'in Krallığının yükünü kabul ediş bir kerede, yani tüm hayatı boyunca olmalıdır, bugün biraz, yarın biraz daha şeklinde değil, bir kerede olmalıdır.

Bundan dolayı, Cennet'in Krallığının yükünü tam olarak üstlendiğini varsayarsak, kişi daha sonra derecesinden düşse bile, tam olarak kabul etmiş olduğundan, buna 'bir kerede on 'denir. Buradaki 'bir kerede 'sözü, tüm hayatı boyunca kuruş kuruşa büyük miktara eklenir ve kişi inançla yani Cennet'in Krallığıyla ödüllenir demektir.

Ancak Cennet'in Krallığını, sadece kısmen üstlendiğinde, yani Cennet Krallığını sadece şu an için ve geçici olarak kabul ettiğinde durum böyle değildir. O zaman, bu tamamlanmamış demektir, öyleyse kalıcı inançla ödüllendirilene kadar, nasıl onları büyük miktara ekleyebilir ki? Bundan dolayı, birisi Cennet'in Krallığının yükünü kendi üzerine aldığında, bunun tam, eksiksiz bir şey olduğunu görmelidir. Bu yüzden, sinagogda bir kerede, yani bir kerede ve hepsi birden bulunmaları gerekir diyor. Şöyle ki Cennet'in Krallığının sonsuza dek kabul edilmesini istiyor.

Lişma ve Lo Lişma

Makale No. 29, Tav-Şin-Mem-Vav, 1985-86

Tora ve Mitzvot'u (emirler), izleyenler arasında dört tür buluruz:

Birinci tür: Bazen kişi Şabat'ı, işvereni onu zorladığı için izler. Yani, prensipte, birisinin, Şabat'ı kutsal saymayan bir çalışanı varsa, çalışana, 'Şabat'a saygı göstermezsen seni kovacağım 'demesidir. Durum şudur ki, Şabat'ı izleyeceğini, uyacağını söylemelidir, yoksa işine son verilir. Ve başka iş bulmadığı zaman, kişi Şabat'a uyacağına dair işverenine söz verir. Bu durumda kişi işvereni onu zorladığı için Şabat'a uyar.

Bu şu soruyu getiriyor: 'Onun izlediği, uyduğu kimin Şabat'ıdır? Yaradan'ın uymasını, izlemesini emrettiği Şabat mıdır? 'Buna göre, Yaradan'ın Mitzvot'unu mu tutuyor, yoksa işvereni ona Şabat'a uymasını emrettiği ve hiçbir yedek parası olmadığı için mi, işverenin Mitzvot'unu tutuyor? Yine de Halaha'ya göre (Yahudi yasası), 'Şabat'a uyuyor 'olarak kabul edilir.

Aynı kural, geri kalan tüm Mitzvot'lara da uygulanır. Bunu farklı bir şekilde ortaya koyabiliriz: Baba oğluna, Tora ve Mitzvot'a uyması gerektiğini, yoksa onu desteklemeyeceğini söylemesi gerektiğini bilir, zira baba eğer desteklemezse onun kendine bakacak parası olmadığını bilir. Ve Halaha'ya göre babanın, oğlunun Tora ve Mitzvot'a uyduğuna dikkat etmesi gerektiğinden, burada bir soru vardır, 'Kimin Tora ve Miztvot'unu izliyor? 'Bize, Tora ve Mitzvot'u izlememizi emreden Yaradan'ınkini mi, yoksa babasının Tora ve Mitzvot'unu mu izliyor?"

Durum ne olursa olsun, o, Tora ve Mitzvot'u izleyen insanlara aittir. Bunlar Maimonides'in sözleridir (Hilhot De'ot, Bölüm 6): 'arkadaşına uyarıda bulunan, öncelikle ona sert konuşmamalıdır 'Bu neyle ilgilidir? Bu, insan ve insan arasındaki meselelerle ilgilidir. Bununla birlikte, Tanrısal konularda gizlice tövbe etmezse, halktan utanır, günahı bilinir hale gelir, yüzüne karşı kötülenir ve ıslah olana dek lanetlenir.

Burada da soru şudur. 'O, kimin Mitzvot'unu izliyor?', Yaradan'ınkileri mi yoksa onu lanetleyen insanlarınkini mi? 'Oysa burada da günün sonunda, onun 'Tora ve Mitzvot'a uyan 'olarak addedildiğini görürüz. Yani, gerçekleştirdiği eylemi dikkate aldığımızda, eyleme eklenecek bir şey olmadığını görürüz. Tek soru, niyetle ilgili olan, yani onu Tora ve Mitzvot'u izlemek zorunda bırakan sebeptir. Tora ve Mityzvot'u izlemenin ilk türü budur.

İkinci tür: Kişi dindar bir çevreye doğmuştur, yetiştirilmesi nedeniyle Tora ve Mitzvot'u izler ya da dindar bir çevreye doğmadığı halde sonradan böyle bir çevreye girmiştir ve bu onu, Tora ve Mitzvot'a uymak üzere etkilemiştir. Tora ve Mitzvot'u izlemesinin sebebi hem bu dünyanın hem de gelecek dünyanın yaşamına sahip olacağının ona söylenmiş olmasıdır. Daha sonra, Tora ve Mitzvot konusunda özenli olan insanlara saygı duyulduğunu ve onların takdir edildiklerini görür. Ve insanların, daha büyük bir coşkuyla dua eden ve Tora çalışmaya daha fazla zaman ayıranlarla nasıl konuştuklarını görür. Gördükleri saygı ona güven verir; bu onun için yakıttır ve o da daha büyük bir coşkuyla dua etmeye başlar ve her Mitzvot'ta ve her tavrında daha titizdir. Böylece, Tora çalışmaya daha fazla zaman ayırmak için güce sahip olur.

Bu, halen Tora ve Mitzvot'u izlemenin ikinci türüdür; başka seçeneği olmadığından Tora ve Mitzvot'u izlemek ister, zira emirlerini tuttuğu için, Yaradan'ın onu ödüllendireceğini anlamıştır

Her halükârda, Tora ve Mitzvot'u izlemeye kendini adama sebebine, başka bir isim daha ekler. Yani, Tora ve Mitzvot'u izleyenlerin gördüğü saygı, diğerlerinin gördüğü saygıdan daha büyüktür. Ve saygı dışında, toplum Tora ve Miztvot konusunda özenli olanlara, bu çalışmaya kendilerini adamaları için başka şeyler de sağlar. Bu para ya da başka herhangi bir şey olabilir ve Tora ve Mitzvot'u izlemesini gerektiren başka bir nedeni vardır.

Sonuçta, bir yanıyla, birinci türden daha yüksektedir, çünkü kişi burada Yaradan'a inandığı için, Yaradan'ın Tora ve Mitzvot'unu izlemektedir. Bu kişi, Yaradan'a inanmayan ama ceza alacağını –işvereninin onu kovacağını- bildiği için Tora ve Mitzot'u izlemeyi üstlenen birinci türdekine benzemez.

Oysa ikinci tür kişi, Yaradan'a inanmak, Tora ve Mitzvot'u, Yaradan bize emrettiği için izlemek üzere eğitilmiştir. Ödül ve ceza bilgisi dâhilinde değildir. Bilakis, bilgelerimizin söylediği gibi (Avot, Bölüm 2, 21); 'Çalışman için sana ödeme yapan efendine güvenebilir ve erdemli olanın ödülünün gelecekte olduğunu bilirsin', ödülünü verecek olan Yaradan olduğu için ödül ve cezaya inanmalıdır.

Bu nedenle, ödül ve cezaya inanmalıdır. Birinci türde bu böyle değildir. Onlar ödül ve cezaya inanmak zorunda değildir. Bunun yerine, ödül ve ceza ifşa olur. Bunun anlamı, işverenine itaat etmez ve Tora ve Mitzvot'u izlemezse, kovulacağı ve işsiz kalacağıdır.

Ayrıca, yukarıda bahsi geçen Maimonides'in sözlerine göre, küçük düşmek vb. zorunda kalır, burada da ödül ve cezaya inanmasına ihtiyaç yoktur, çünkü Tora ve Mitzvot'a uymayı üstlemekten ayrılmanın acısını duyar. Bu başka bir şeydir; zira gerçekte işvereninin emrini izliyor, Yaradan'ın emrini değil. Bu yüzden, bu, Yaradan'ın çalışmasının, birinci türü olarak kabul edilir.

İkinci türde, Yaradan'ın emirlerini izler ama buna başka bir şey ekler. Bunun anlamı, Tora ve Mitzvot'u izlemek için, yakıt almak üzere, -onur, para ya da diğer şeyler gibi- bir diğer sebep daha eklemesidir. Yani, Tora ve Mitzvot'u izlemek için başka sebepleri vardır. Bilgelerimizin sözlerinde (Sukkah 45b), buna "Yaradan'ın hizmetine, başka bir şeyle katılan herkes, 'Yalnız Efendi için 'sözlerinde olduğu gibi, bu dünyadan koparılıp atılır."

Yaradan'ı, başka bir şeyle bir araya getirmenin anlamını yorumlamalıyız. Bizim yolumuza göre bunu, kişiyi, Tora ve Mitzvot'u izlemeye zorlayan başka bir sebebi olması olarak yorumlayabiliriz. Bu durum bu dünyadan koparılıp atılmak olarak kabul edilir, zira Tora ve Mitvot'u izlemesine neden olan sebep 'Yalnız Efendi için 'olmalıdır, yani, Tora ve Mitzvot'u, başka ek bir sebep olmadan, yalnız Yaradan'ın emri olduğu için izler.

Bu eylemin esas kusuru, Lişma'yı lekelemesidir; çünkü Mitzvot'un izlenmesi, kişinin Yaradan'ın emirlerini izlemesi ve çalışması için olmalıdır. Ve Yaradan'a hizmet ediyor ve çalışıyor olduğu için daha sonra Yaradan'dan çalışması için, onu ödüllendirmesini istemeye gelir. O zaman, ona söylenen şudur: 'Ama sen, diğerleri için de çalıştın, bu durumda seni onlar için çalışmaya seni zorlayan, başkaları vardı. Onlara git, onlar için yaptığın çalışma için, ödülü sana onlar versinler.'

Bu, DAN (bir otobüs şirketi) için çalışan birinin, EGED'den (başka bir otobüs şirketi) maaş istemesine benzer. Maaşını ödemek istemezler; çünkü onlar için çalışmıyordur. Aynı şekilde, kişi, çalışması için Yaradan'dan ödül talep ettiğinde, ona denir ki: 'İnsanlar için çalıştın, öyleyse onlar sana onur ya da para versinler. Git, onlar sana ödesinler. 'Ve gerçekten de onlar çalışmasına göre, ona ödeme yaparlar; bu yüzden ona saygı duyulur, itibarlıdır.

Ortaya çıkan şudur ki insanlar – çalışmaya kendilerini adayabilmek için-Yaradan'ı başka bir şeyle kombine ederek, Lişma'yı kirletirler. Bu yüzden, bu sırf ikinci tür olarak kabul edilir ve çalışması henüz tamamlanmamıştır; mükemmel ve temiz değildir.

Üçüncü tür: Sadece Yaradan için çalışır; insanlar için çalışmaz. Alçakgönüllükle çalışır ve hiç kimse onun ne kadar dua ettiğini ve ne kadar öğrendiğini bilmez. Bu yüzden çalışması için ona bir şeyler versinler diye insanlar için yaptığını söyleyemeyiz. Aksine, yalnızca Yaradan için çalışır. Bu da Tora ve Mitzvot'u izlemeye onu zorlayan tek sebep, kişinin Yaradan'ın arzusunu yerine getirmek istemesidir, anlamına gelir.

Hâlbuki ödül için çalışır. Bu Maimonides'in, 'Öyleyse ona hiçbir felaket gelmeyecek ve bu dünyada ödülünü alacaktır 'sözlerinin, Yaradan'ın ona sağlık, geçimini karşılama ve çocuklarından memnuniyet vb ya da gelecek dünyayı vereceği anlamına gelir. Bunun nedeni, kutsal çalışmayı yapabilmesi için, ona yakıt vermektir. Bu yüzden, Tora ve Mitzvot'u izlemesine neden olan sebebin, yalnızca Yaradan için olması nedeniyle, bu çalışma, Lişma olarak kabul edilir. Bunun anlamı, yalnızca Yaradan için çalışması ve buna diğer şeyleri eklememesidir.

Yani, Tora ve Mitzvot'u izlemesine neden olan başka bir sebebi yoktur. Bu üçüncü tür olarak kabul edilir, çünkü kişinin başka hiç kimse için çalışma arzusu yoktur, yalnızca Yaradan için çalışma arzusu vardır. Ancak Yaradan'ın emirlerini izlemeye onu mecbur eden sebep, ceza korkusu ya da ödül sevgisidir.

Bu, Sulam'da (Zohar hakkında yorum) ('Zohar kitabına giriş', madde 190) yazıldığı gibidir: 'Yaradan'dan, oğulları yaşasın, ölmesin diye ya da bedensel veya parasal ceza almasın diye korkan insanlar vardır; bundan dolayı, daima O'ndan korkarlar. Buradan çıkan şudur ki kişi korkusunu, bu korkunun kökünü Yaradan'a dayandırmamaktadır. Kendi çıkarları köktür, korku ise onun sonucudur. Ve burada, Yaradan'dan, bu dünyanın ve cehennemin cezası yüzünden korkan biri vardır. Bu iki tür korku, -bu dünyada cezalandırılma korkusu ve gelecek dünyada cezalandırılma korkusu-korkunun ve onun kökünün özü değildir.'

Bu yüzden, bu korkular, öncelikle cennet korkusu olmadığı için, bunu, üçüncü tür olarak görüyoruz. Başkalarına değil de Yaradan'a hizmet ettiği için, bu çalışmaya Lişma denir. Bu şudur; başka hiç kimseyi, böylece ona saygı göstersinler diye dikkate almaz. Daha doğrusu, Yaradan'a, şikâyetleriyle gelir: 'Yalnızca Senin için çalışıyorum ve alçakgönüllülükle çalıştığım için hiç kimse Tora ve Mitzvot'u izlerken ne yaptığımı bilmiyor, bu yüzden çalışmam için beni senin ödüllendirmen en doğrusu olur.'

Bu şekilde, bilgelerimizin söylediklerini yorumlamalıyız, 'Oğullarının yaşaması için, sadaka olarak bir taş parçası veren kişi, tam inançlıdır. 'Bunun sebebi, Yaradan'ın emirlerine uyması, bu emirleri izlemesidir. Yaradan bize sadaka vermemizi emrettiğinden, biz de veririz. Burada ortaya çıkan şudur; burada vermek için bir eksiklik yoktur, zira kişi Lişma, yani Yaradan rızası için, Mitzva'yı yerine getirmektedir ve onu sadaka vermeye zorlayan başka hiç kimse yoktur.

Daha doğrusu, Yaradan'dan ödül istemektedir, O, Mitzva'yı yerine getirdiği için kişiye ödeme yapacaktır ve O, başka hiç kimse için değil, yalnız Yaradan için emek verdiği için ödeyecektir. Bu ikinci türdeki gibi değildir, başka birisi ile yani, kişinin Tora ve Mitzvot'a titizlikle uymasını sağlayan dışarıdan insanlarla kombine edilmez.

Dedikleri gibi (Pesahim, 8a), 'Ve Tania der ki; 'Bu taş parçası sadaka içindir; böylece oğulları yaşayacak veya bir sonraki dünyaya geçeceğim 'diyen kişi tam inançlıdır. ' Rashi, 'O tam inançlıdır,' şeklinde yorumlar. Kişinin, Lo Lişma'da (O'nun adına değil) çalıştığını söylemiyorlar, ama kendi memnuniyeti, niyeti ile bile olsa, sadaka vermesini emreden Yaradan'ın emrini yerine getirdiği için, bir sonraki dünya ya da oğullarının yaşaması ile ödüllendirilir.

Bunun anlamı, Mitzva'yı izlediği için ödül istediği halde, bu Mitzva için oğulları yaşasın diye ya da bir sonraki dünyanın ödülünü istediği halde gene de erdemlidir. Bir sonraki dünyayı istemesi durumu, oğullarının yaşamasını istemesi durumu gibi, ödül istemek olarak kabul edilir. Bu, Kutsal Zohar'ın yukarıdaki sözleri gibidir: 'Mitzvot karşılığında, bu dünyada ya da bir sonraki dünyada ödül istemesi, esas korku olarak kabul edilmez.' Çünkü Mitzva'yı izlemesinin nedeni, Yaradan değil, kendi menfaatidir. Buna rağmen bilgelerimiz, 'O, tam inançlıdır 'dediler. Bu, RASHİ'nin yorumuyla aynıdır: 'Çünkü ona sadaka vermesini emreden Yaradan'ın Mitzvot'unu izliyor, ama kendi memnuniyetini de düşünüyor; bundan dolayı ona 'tam inançlı' denir.

Bu, açıkladığımız gibidir; kişi Yaradan ona, Tora ve Mitzvot'u izlemesini emrettiği için çalışıyor ve onu Tora ve Mitzvot'u izlemeye zorlayan başka hiç kimse yok; RASHİ'nin yukarıda yorumladığı gibi, buna Lişma denir. Bu, yukarıda bahsi geçen alegori gibidir. Röven için çalışır, ancak maaşını Şimon'dan ister. Aynı zamanda başkaları için de çalışıyor olduğundan, buna kesinlikle Lo Lişma denir; Lo Lişma da ikinci türdür.

(Duydum ki, bilgelerimizi açıklamaya çalışanlar var, '"Bu taş, sadaka için, böylece oğullarım yaşayacaktır 'diyen tam inançlıdır." Fakat Mitzva'yı izlemeyi şart koşuyor, böylece baş harfleriyle yazıldığını söylemeye çalışıyorlar, 'O bir Tzadi-Gimel (CR) 'dir. Daha sonra, açık kelimelerle yazdıklarında, bunu Tzadi-Gimel'i, Tzadik Gamur'a (Tam İnançlı) çevirdiler. Ancak, baş harfleri yorumlamada Tzadi-Gimel'in anlamı Tzedakah Gedolah (Büyük Sadaka) olduğundan, ama Tzadik Gamur olmadığından, yanılıyorlardı. Bununla beraber, bu muhtemelen geçerli değildir; zira bununla 'Veya bir sonraki dünyaya sahip olacağım, 'yazan diğer ayeti açıklayamazlar. Çünkü 'bir sonraki dünya 'ile ayrıca kendini memnun etmeyi hedeflerler. 'Böylece, oğullarım yaşayacak', Kutsal Zohar'ın yukarıdaki sözleriyle aynıdır.)

Ancak, üçüncü tür, Yaradan'ın, Tora ve Mitzvot'u izlememiz için Musa aracılığıyla bize emrettiği gibi, kişinin Yaradan için çalıştığı, anlamına gelir. Ve başka hiçbir sebep yüzünden değil, ama Yaradan'ın emri olduğu için, yalnızca O'nun için çalıştığımızdan, O'ndan ödül isteriz. Bu yüzden, buna Lişma denir. Ancak, bu sadece üçüncü türdür.

Dördüncü tür, Tora ve Mitzvot'u ödül almak için izlemez. Bilgelerimizin söylediği gibi (Avot, Bölüm 1,3), 'Antiganos, Soho'nun Adamı, erdemli Şimon'dan edindi. Derdi ki, 'Efendi'ye ödül almak için hizmet eden, hizmetçilerden olma, Efendi'ye ödül almadan, hizmet eden, hizmetçilerden ol ve bırak Cennet'in korkusu üzerinde olsun.'

Bunun anlamı, özellikle ödül almak için değil, 'Yaradan için 'olarak kabul edilir. Sonuç olarak, diyor ki 'Ve bırak, Cennet korkusu, üzerinde olsun. 'Bu, Cennet'in gerçek korkusunun, hiçbir ödül olmadan, özelikle Lişma'da (O'nun adına) olduğu anlamına gelir. Yani, kendini tatmin etme niyetinde olmayıp, tek niyeti, Yaradan'a memnuniyet vermektir. Bu, kendini tatmin etmenin hiç karışmadığı, 'temiz Lişma 'olarak kabul edilir. Buna, 'dördüncü tür 'denir.

Ancak, soruyu biliyoruz: 'Yaradan eksik midir ki, yarattıklarının, kendileri için hiçbir tatmin duymadan, yalnızca Yaradan için, yalnız O'nun için çalışmasına, ihtiyaç duysun? Ve eğer çalışmalarında, haz almayı istiyorlarsa, bu çalışma, yukarıda, Kral tarafından kabul edilmeye layık bir Mitzva olarak kabul edilmez mi, yetersiz midir? Yaradan, neden insanın da bu çalışmadan haz almasına aldırış etsin ki?

Bunun cevabı şudur; utanç ekmeğinin olmaması için, form eşitliğinin olması gerekir. Kural şudur ki, dallar, köküne benzemek ister ve Yaradan, verici olduğundan, kişinin, başka birinden alması gerektiğinde, bu ona hoş gelmez. Bunu, alma kaplarımızın üzerindeki gizlilik ve kısıtlama izler ki böylece ödül almak için çalışmamak, bizim yararımız içindir.

Aksi takdirde, bir seçime sahip olmamız mümkün olmazdı. Yani, insan Tora ve Mitzvot'tan aldığı hazzın üstesinden gelemeyeceğinden, asla, ihsan etmek için Tora ve Mitzvot'u yapamayacak ve tutamayacaktı. Bu kısıtlama ve gizlilik için değildir. Zira bilinir ki haz ne kadar büyük olursa, ondan vazgeçmek o kadar zordur.

Bu nedenle, bize kapların kırılması sırasında, Klipot'a (kabuklar) düşen, kutsal Zohar'da 'zayıf ışık 'denen, yalnızca çok zayıf bir ışığın olduğu maddesel hazlar verilmiştir. Bunlara bir de Adam Harişon bilgi ağacı günahını işledikten sonra, kutsal kıvılcımlar eklenmiştir. Bunlar, tüm yaratılmış olanların, peşinden koştukları hazlardır.

Dünyada var olan tüm savaşların, cinayetlerin, hırsızlıkların v.b. sebebi, herkesin, haz alma peşinde olmasındandır.

Tüm bu hazların üstesinden gelmeye ve her şeyi, Yaradan için almaya yazgılıyız. Ancak kişi, kendini sevmekten çıkmanın ve küçük hazları bırakmanın ne kadar zor olduğunu görür. Bu yüzden, Tzimtzum'dan (kısıtlamadan) olmasaydı da Tora ve Mitzvot'ta var olan gerçek haz ortaya çıksaydı, hiç şüphe yok ki, kişi bu hazlardan vazgeçmeyi ve Yaradan'a memnuniyet getirmek için Tora ve Mitzvot'u izlemek istediğini söylemeyi başaramazdı.

Ancak, insan, doğası gereği, Kli (kap) denen, 'haz ve memnuniyet alma arzusu 'ile doğduğundan, hiç haz almadan, Tora ve Mitzvot'u izlemeye razı olamaz. Öyleyse, hiçbir ödül olmadan nasıl çalışabiliriz ki?

Bununla birlikte, bize ödül olmadan çalışabileceğimiz tek bir yer verildi. Yani, Tzimtzum yüzünden, Tora ve Mitzvot'un tadına halen sahip olmasak bile, Yaradan'ın yüceliği ve Kral'a hizmet etmenin ayrıcalığı için hizmet etmemiz tavsiye edilir.

Küçük olanın, büyük olanın önünde iptal olması, bu, bizim doğamızda var. Neslimizin, dünyanın en önemli ve en kutsal olarak kabul ettiği yüce olan için çalışmak adına gücümüz ve motivasyonumuz vardır. Onun önemi ölçüsünde, ona hizmet etmekten hoşlanırız. Bu hazzı almaya izin verilmiştir, zira vermekten hoşlanmak, almak için ihsan etmek olarak görülmez. Almak için ihsan etmek demek, O'na hizmet ettiğinde, özellikle bir ödül arzuluyor anlamındadır.

Diğer taraftan, bir fabrikada çalışıyorsa, mal sahibinin, üretken olan herkesten hoşlandığını bilir ve alışılmıştan daha fazla üreten herkes, mal sahibine büyük sevinç verir. Dolayısıyla, kişi mal sahibini memnun etmek için, diğer işçilerden daha fazla üretmeye çalışır. Ancak, daha sonra memnun etmeye çalıştığı için, mal sahibinin onu ödüllendirmesini ister. Bu, bir yandan verirken, diğer taraftan ödül istemesi olarak kabul edilir. Buna, ö'dül almak için ihsan etmek 'denir.

Bir kişi Kral'a hizmet ediyorsa, bu pek öyle değildir. Ve Kral'a şöyle der, 'Hizmetimin karşılığında hiçbir şey istemiyorum, çünkü hizmet etmekten zaten hoşlanıyorum ve bana senin için yaptığım bu hizmet için vereceğin herhangi bir şey, hizmetimi lekeleyeceğinden, hiçbir ödüle ihtiyacım yok. Tek istediğim, hizmet etmektir. Bana hiçbir ödül verme, bu benim için zevktir, zira Kral'a hizmet etmekle ödüllendirilmiş olmak, benim için büyük onurdur.'

Karşılığında hiçbir şey almak istemediğinden, elbette ki almak için ihsan ettiğini söyleyemez. Peki, neden istemiyor? Çünkü Kral'a hizmet etmekten büyük bir zevk alıyor. Böylece bu, ö'nemli birine, ihsan etmek için, ihsan etmek 'olarak kabul edilir.

Kişi, Kral'ın önemini, Kral'a hizmet etmekten aldığı hazzın büyüklüğü ile ölçer. Kral ne kadar önemli ise o kadar çok haz alır, zira şehrin en büyüğüne hizmet eden, ülkenin en büyüğüne hizmet eden ya da dünyanın en büyüğüne hizmet eden gibi değildir.

Bu, gerçek ihsan etme olarak kabul edilir. Şöyle ki kişi vermenin kendisinden hoşlanır zira ihsan etmenin ana noktası, form eşitliği amacıyla yapılmasıdır. Yani, Yaradan, verici olduğundan, yaratılanlar da verici olmak isterler ve Yaradan'ın, veriyor olmaktan hoşlandığını kesinlikle söyleyebiliriz.

Böylece, eğer yaratılanlar Yaradan'a ihsan ederlerse ve Yaradan bundan haz almazsa, burada halen form eşitliği yoktur, zira Yaradan aşağıdakilere vermek ister. Bunun anlamı, sevincin, ihsan etme eyleminden kaynaklanmasıdır ve eğer bu eylemin karşılığında, bir şeyler almamız gerekirse, o zaman, eylemi kirletiriz ve eylemde hiçbir bütünlüğün olmadığını söyleriz. Aksine, bütünlüğe sahip olmak için, bir şey eklemeliyiz; yani, eylemin kendisi çok önemli olmadığı halde, bu eylem karşılığında bir şey almalıyız.

Gerçekte, eğer Yaradan'a ihsan etme eylemi gerçekleştirmek istiyorsak, bundan keyif almalıyız. Çünkü ihsan etme eyleminin hazzı, eylem olarak kabul edilir; zira kişi, yapmak istediği ve kendisi için önemi olan her bir şeye, ilk olarak onu yapmak için öncelik verir. Kişinin en önemli olanı seçerken kullandığı ölçek, en çok sevdiğini seçmesidir.

Dolayısıyla, kişi, Yaradan için yaptığı çalışmaya değer vermek isterse, yalnızca aldığı büyük hazza göre değer verebilir. Yani, kişi büyük bir haz almaya çalışıyorsa, böylece bilir ki, şimdi O'nun emirlerini yerine getirerek Yaradan'a ihsan ederek, O'na büyük bir memnuniyet veriyordur.

Şöyle ki, bir insan, Yaradan'a memnuniyet vermeyi arzular, ancak Yaradan'ı hoşnut etmek için, ne verebileceğini bilmez. Bu sebeple, O'nun bize Tora ve Mitzvot'u vermiş olduğunu anladığımızda ve eğer bunları yerine getirirsek, O, bundan hoşnut kalır ve biz de O'nun için ne yapacağımızı bildiğimizden, kesinlikle mutlu oluruz. Böylece, Tora ve Mitzvot'u yerine getirirken bize kutsamalar verildiğini görürüz ve 'Sen Efendim, Tora'yı veren, kutsalsın, 'deriz.

Mitzvot'ta, bize verdikleri için O'na şükrettiğimiz yazılmıştır. Örneğin, Sukka Mitzvası. O'nu hoşnut etmek için yapacaklarımızı, bize öğrettiğinden, mutluyuz ve O'nu hoşnut edecek şeyleri aramak zorunda değiliz. Ancak soru şu: 'Mitzvot'u gerçekleştirirken hazzımızı nasıl arttırabiliriz?'

Cevap: Tek bir yolu var; Yaradan'ın büyüklüğünü edinmeye çalışmak. Yani, Tora ve Mitzvot'ta yaptıklarımızın tamamında, ödülümüzün, Yaradan'ın büyüklüğü hissiyatı olmasını isteriz ve tüm dualarımız, 'Şehina'yı (Kutsallık) tozdan yükseltmek ' için olmalıdır. Çünkü Yaradan gerçekleşen Tzimtzum'dan dolayı, bizden gizlidir, O'nun önemini ve büyüklüğünü takdir edemeyiz.

Bu yüzden, Yaradan'ın gizliliğini bizden kaldırması ve Tora'nın ihtişamını yükseltmesi için dua ederiz. Roş Haşana'nın (yeni yıl ayini), 18. duasında 'Gerçekten, ihtişamı insanlarına ver 'diyoruz. Yani, 'Efendi'nin ihtişamını, insanlarına ver', böylece Kral'ın ihtişamını hissetsinler.

Bu sebeple, kişi Tora çalışırken, amacı hatırlamaya çalışmalıdır ki böylece bu çalışmadan ne almak istediği, daima gözlerinin önünde olsun, yani bu çalışma Yaradan'ın önemini ve büyüklüğünü bahşetsin. Ayrıca, Mitzvot'u yerine getirirken niyeti de unutmadan, Mitzvot'u izlemenin şükranı ile Yaradan, kişiden maneviyatın gizliliğini kaldıracak ve ona Yaradan'ın büyüklüğü hissiyatını verecektir.

Bununla birlikte, Tora ve Mitzvot'u, böylece Yaradan'a yaklaşmakla ödüllendirilmek, Yaradan'ın büyüklüğünü elde etmek için izlemek, zor bir iştir. Bu yüzden, Yaradan'ın önemi sayesinde, O'na memnuniyet verebilecek; bu, ona ödül olacak ve çalışması için, başka bir ödüle arzu duymayacak. Bedeni, bu niyetle çalışmasına razı olmayacaktır.

Kutsal Zohar'da (Nasso, madde 102-104), şöyle yazar: 'Güçlü adamlar, şehirden şehre dolaşırlar ve bağışlanmazlar. Karma topluluk, onları aralarından atar ve birçok yerde onlara sadece tayın verilir. Böylece, düşüşlerinde bir anlık bile yükseliş olmaz. Ve günahtan korkan tüm bilgeler ve güçlü adamlar dertli, sıkıntılı ve acı içindedir. Onlar köpek olarak kabul edilir, çocuklar saf altınla tartılır, caddeler üzerindeki kil kavanozları gibidirler. Bu karma topluluk, zengin, huzurlu, neşeli, üzüntüsü ya da kederi olmayan, soyguncular ve rüşvetçilerdir, yargıçlar onlardır, topluluğun başıdırlar.'

Zohar'ın bu sözleriyle, günahtan korkan bilgeler ve güçlü adamlar ile karma topluluk olarak kabul edilen yargıçlar ve topluluğun başı olanları birbirinden ayırdığını görürüz. Der ki, yargıçlar ve topluluğun başları zengin, huzurlu, neşeli iken, günahtan korkan bilgeler ve güçlü adamlar, kederli ve sıkıntılıdır. Neden? Çünkü onlar, karma topluluktur.

Karma topluluğun ne anlama geldiğini anlamalıyız. Çünkü karma topluluk, sevince ve barışa sahiptir. Yakup'un, Esau ile yaptığı tartışmada, Esau'nun, Yakup'a şöyle dediğini görürüz: 'Yeterince sahibim, 'Yakup ise şöyle yanıtlar: 'Her şeye sahibim'. Yeterince ile her şeye arasındaki farkı anlamalıyız.

Bilindiği üzere, Sefira Yesod'a 'her şey 'denir ve Yesod Tzadik (erdemli, inançlı) olarak kabul edilir, dualarımızda söylediğimiz gibi, 'Sen ey Efendi, yücesin, güçlüsün, muazzamsın, ölümsüzsün, ihtişamlısın." Bu böyledir, zira 'her şey 'Yesod'dur ve erdemliye Yesod denir; o sadece verir. Bilinir ki Kutsal Zohar'da yazıldığı gibi, Sefira Yesod, Malhut'a verir. Bunun anlamı şudur; tüm çalışması ihsan etmek için olan, kendisi için hiçbir şey almayan Yesod'un derecesi Tzadik'tir.

Şüphesiz, kişi, inançlı olmak için çalışmaya başladığında, yani, kendisi için hiçbir ödül almadan ve sadece Yaradan'ını memnun etmek için çalıştığında, beden buna razı olmaz ve ona engel olur. Çalışmasına engel olabilmek için, her şeyi yapar. O zaman, kişi, sürekli acı çeker ve içinde bulunduğu durumda huzur bulamaz. Çünkü görür ki, Yaradan'a veren olma durumuna henüz gelmemiştir. Aksine, yaptığı hiçbir şeyi ihsan etmek için yapmaya yöneltemez.

'Şehina sürgünde 'denen, Şehina'nın üzüntüsü yüzünden, daima sıkıntıdadır. Yalnız kendi-sevgisi için çalışacak gücü olduğu için acı içindedir ve alma arzusunun hiçbir şeye sahip olamayacağını gördüğünde, bu çalışmaya boş verir.

Çalışmasında bir süre çaba harcadıktan sonra ve Yaradan'a biraz olsun yakınlaştığını görmek istediğinde, her seferinde, Yaradan'la Dvekut'ta (tutunma) olmaktan uzak olduğu gerçeğini biraz daha hisseder. Yani, form eşitliğiyle ilgili, 'O, merhametli olduğundan, sen de merhametlisin 'denir, kişi ise bunun tam tersidir. Önceden, Yaradan'a memnuniyet vermek istediğini ve bunun biraz da olsa haz vereceğini düşünüyordu. Çalışmasıyla, bu dünyanın ve de sonraki dünyanın ödülünü kazanacağını umuyordu. Fakat şimdi görüyor ki, Yaradan için çalışmakta güçsüzdür; hepsi kendisi için almak içindir, hiçte ihsan etmek için değildir.

Şimdi gördüğü, çalışmaya başladığı zamandan daha da kötü olduğudur. Üçüncü türde çalışmaya başladığı zaman, sevinci ve huzuru vardı. Çünkü iyi işler yaptığı her gün için, her Mitzva'nın ödülü, hesabına kaydedildiğinden, sahip olduklarının büyük miktarda biriktiğini biliyor ve inanıyordu. Bu inanç, sevinç ve huzurunun kaynağıydı, çünkü çalışmasında ilerlediğini görüyordu, yani, sahip oldukları, günbegün artıyordu.

Fakat şimdi, üçüncü türden ayrıldı ve ödül almak için olmayan, dördüncü türde çalışmaya geçti. Sıkıntı ve baskı altındadır, zira şimdi kendisini ihsan etme kaplarında inceliyor, bu Kli'yi ne kadar edindiği hakkında kendini sorguluyor.

O zaman, çaba gösterdiği ve Yaradan'a yakın olmak, yani ihsan etmek için bir arzuya sahip olmak istediği her gün, tam tersini görür; her gün mesafenin daha da büyüdüğü gerçeğini görür. Baal HaSulam şöyle söyler; her gün iyi işler yaptığına göre ve bu işlerin onu daha yakınlaştırması gerektiğine göre kişi neden daha da uzaklaştığını görür?

Bilgelerimiz, 'Kötü eğilimi yarattım, Tora'yı da şifa olarak yarattım, 'demişler. Öyleyse, ihsan etmek için çalışmaya başlayan biri, neden, her gün daha kötüye gittiğini görüyor? O, böyle olmadığını, gerçekte, kişinin düşündüğü gibi her gün gerilemediğini söyler. Bilakis, her geçen gün, ilerler. Kendinin daha kötüleştiğini görmesinin sebebi, kişinin önce yanlışı ve kötülüğü görmesi gerekmesidir ki böylece daha sonra bunları düzeltmesi mümkün olsun.

Ancak kişi, sadece binadaki, bir deliği ya da çatlağı kapatmak istediğinde ve deliğin ya da çatlağın 20 cm uzunlukta olduğunu ve çalışmasının ve çabasının işe yaradığını düşünürken, sonradan, kapatılacak, 20 cm daha olduğunu görür. Gerçek eksikliği görmediği sürece, boşuna çalışıyordur, yani, hiçbir şeyi düzeltmiyordur.

Ders şudur; kişi, mesela 1 kg kötülüğe sahip olduğunu düşünüp onu düzeltmek ister. Düzeltmeye başlar, ancak görür ki, bir kg daha kötülük vardır. Demek ki hiçbir şeyi düzeltmemiştir. Ama eğer içindeki kötülüğün tam ölçüsünü görür ve sonra düzeltirse, buna 'tam ıslah 'denir.

Bu yüzden Baal HaSulam, çalışmasına, ihsan etmek için bağlandığı her gün, kişinin, içindeki kötülüğün miktarını görmek anlamında, gerçeğe daha yakınlaştığını söyledi. Karanlık bir evde, oradaki kiri ve çöpü görmek imkânsızdır. Ancak, içeriye biraz ışık getirirseniz, orada kir ve çöpün olduğunu görebilirsiniz.

Benzer olarak, kişi, ihsan etmek için Tora ve Mitzvot'la uğraştığında, Tora ve Mitzvot her seferinde içindeki kötülüğün ölçüsü hakkındaki gerçeği görmesi için, onu aydınlatır. Bu yüzden, her geçen gün, içindeki tüm kötülüğe ulaşıncaya dek, kişi ilerliyordur. Daha sonra, bunları ıslaha başladığında, tamamen ıslah olur. Böylece, daha sonra, Yaradan'ın, yarattıklarına vermeyi tasarladığı, haz ve memnuniyeti Kelim'ine (kap) alabilir. Yazıldığı gibi, yaratılışın amacı, O'nun yarattıklarına, iyilik yapmaktır.

Bu meseleyi, Mısır'dan çıkışta buluruz. Kutsal ARİ, Mısır'dan çıkış zamanında, Kralların Kralı, onlara görünüp, onları kurtarıncaya dek, İsrail'in, Tumaa'nın (kirlilik) 49 kapısında olduğunu söylemiştir. Herkes bunun hakkında sorar: Mısır sürgününden kurtarmak için gönderdiği, Musa ve Aron'dan, Yaradan'ın amacını duyan, İsrail halkı olabilir mi? Kutsal ARİ'nin yorumladığı gibi, Mısır sürgününün anlamı şudur; Keduşa'nın (Kutsallık) görüşü sürgündedir. Musa ve Aron, İsrail halkına, onları sürgünden çıkacaklarına ve Keduşa'ya sokacaklarına dair söz verdiler. Bu, Şema (Duymak) okumalarında söylediğimiz gibidir: 'Ben sizin Tanrınız olmak için, sizi Mısır topraklarından çıkaran Tanrınız, Efendinizim.'

Bunun nedeni, her gün, özellikle, Mısır'da meydana gelen on felaketi gördükleri için, Keduşa'da dereceden dereceye yükselmiş olmalarıdır. Yine de Kutsal ARİ, Mısır'dan çıkış, zamanında, İsrail halkının, Tumaa'nın 49 kapısında olduğunu söyler.

Bununla birlikte, her geçen gün, gerçeğin basamaklarında yükselmişler ve alma kabında sahip oldukları, kötülüğün ölçüsünü görmeye daha da yaklaşmışlardır. Yani, Musa ve Aron'un gelip onlara, Keduşa'dan beslenen Klipa (kabuk) olan, Mısır sürgününden çıkmaları gerektiğini söylemeden önce, Kutsal ARİ, İsrail halkının onlardan uzaklaşmaya başladığını söyler. O zaman, Mısır'ın Klipa'sı, kuvvetli, etkili güçlerle, onlarla savaşmaya başlamıştır.

Şöyle ki, Mısır'ın Klipa'sı, kendileri için almaktan çıkmanın buna değmeyeceğini, İsrail halkına gösterdi. Ve ihsan etme çalışmasıyla ilgili, bunun zor olduğunu ve özel güçler gerektirdiğini gösterdi, nasıl olsa ödüllenecek olduklarından, boş yere çalışmaya değmeyecektir. Ve İsrail halkı, Musa ve Aron'dan güç alana kadar, Mısır Klipa'sı gelip, onları zayıflattı.

O kadardı ki, her seferinde, zihinlerine giren Mısırlıların itirazlarının üstesinden geldiler, böylece, bunun Mısır'ın itirazları olmadığını, İsrail'in insanları bunun kendi düşünceleri olduğunu düşündüler. Buna, 'Dostundan daha büyük olanın, arzusu ondan daha büyüktür, 'denir.

Bunun anlamı şudur; Keduşa'da güçlendikleri ölçüde ona karşı olan Klipot'ta da güçlendiler. Kaçma arzusunun gücü arttıkça, diğer taraf da kaçamasın diye daha çok güç göstermek zorundadır.

Aslında, İsrail halkı her geçen gün, Keduşa'ya yaklaştı ve bunun kanıtı, eğer onların Tumaa'nın 49 kapısında oldukları söylenirse, bunun nedeni, onların zaten Keduşa'nın 49 kapısını yükseltmiş olmalarıdır. Dolayısıyla, Keduşa'nın tersi olan Tuma'nın 49 kapısı olmalıydı.

Bununla birlikte, kişi çalışmasını tamamlamadan ve Klipot'un alanından çıkmadan önce, Keduşa'ya girişinin ölçüsünü göremez. Tüm gördüğü, her zaman daha uzakta olduğudur. Çünkü Keduşa'nın zıddı, kişinin içindeki kötülüğü ifşa eder. Keduşa'nın ışığından önce, kişi, kendisindeki kötülüğün gerçek formunu göremez. Yukarıda söylendiği gibi, evin içinde, ışığın olduğu yerdeki kiri tam olarak görebiliriz.

Dolayısıyla, kişi, neyi iyi bir koşul olarak kabul edeceğini bilemez. Şöyle ki kişi, kendinin düşüşte olduğunu hissedebilir, yani Tora ve Mitzvot'a karşı hiçbir arzusunun olmadığını görebilir. Şimdi görür ki, kendini sevmeye karşı dünden daha fazla tutkusu var. Bu nedenle dün dünyevi olanakları iyi olan, alma arzularını tatmin eden insanlara saygı duyacak bir durumdayken, şimdi kişi muhtemelen onlardan uzak durur, kendilerini böyle aşağı bir seviyeye alçaltan insanlara bakmaya tahammül edemeyeceğini söyler.

Ama şimdi kendisinin de onlardan biri olduğunu görür ve bu aşağılık hali için hiç utancı yoktur. Aksine, bu onun için sıradan bir şeydir; maneviyat hakkında hiç düşünmemiş gibidir. Bunu daha iyi anlamak için, şafaktan önce kalkması gereken kişiyi, örnek olarak alalım. Çalar saat veya birisi tarafından uyandırıldığı zaman, Yaradan'a hizmet etmek için kalkması gerektiğini hisseder. Meselenin önemini hissetmeye başlar ve bundan dolayı hızlıca kalkar; çünkü Yaradan'a hizmet etmenin önemini hissetmesi, hızlıca kalkması için ona güç verir.

Şüphesiz, o zaman yükselme koşulundadır. Yani, çalışmak için ona güç veren, maddesellik değildir. Maneviyata, Yaradan'la şimdi temasa geçeceğini hissetmesi, nasıl olursa olsun, çalışma için ona güç vermeye yeterlidir ve Yaradan'dan başka hiçbir şeyi düşünmez. Şimdi yaşıyor olduğunu ve maneviyat olmadan ölü olacağını hisseder. Doğal olarak, yükseliş koşulunda olduğunu hisseder.

Gerçekte, kişi uzak olduğunu hissettiğinde, kendi durumunu belirleyemez. Yani, ihsan etme yolunda yürümek isteyen birisi, şunu anlamalıdır; yukarıdan ona özel bir muamele yapılmıştır, önceki durumundan aşağı indirilmiştir ki böylece amacını, yani insandan isteneni, Yaradan'ın insana vermek istediğini gerçekleştirsin. Ancak yükseliş durumunda olduğunda, Tora ve Mitzvot'a karşı arzusu olduğunda, maneviyat hakkında endişe etmesine gerek yoktur. Bunun yerine, böyle mutlu olduğu için, tüm yaşamı boyunca bu halde kalacağını görür.

Anlaşılacağı üzere, aldığı iniş, kişinin kendi iyiliği içindir; yani, biraz bütünlüğe sahip olduğunu düşündüğü içinde, bulunduğu bu durumdan aşağıya indirilerek, özel bir muamele görmüştür. Bu, onun içinde bulunduğu bu durumda tüm yaşamı boyunca kalmaya razı olmasından da açıkça bellidir.

Fakat şimdi, maneviyattan uzak olduğunu görür ve şöyle düşünmeye başlar: 'Gerçekte benden istenen nedir? 'Ne yapmalıyım? Erişmem gereken amaç nedir?' Çalışmak için gücü olmadığını görür ve kendini 'Cennetle, yeryüzü arasında 'bir durumda bulur. Öyle ki insanın güçlenmesine, yalnızca Yaradan yardım edebilir; kişi kendi başına, ölüme mahkûmdur.

Bunun hakkında şöyle söylenmiştir (Isaiah, 4:31): 'Sadece Efendi'ye ümit bağlayan, yeniden güç kazanacaktır'. Bu, Yaradan'a ümit bağlayanlar anlamındadır. Yani dünyada, her seferinde, onlara yeniden güç kazandırarak yardım edecek, başka kimsenin olmadığını görenler demektir. Bunu takiben, bu iniş aslında yükseliştir, yani hissettikleri bu iniş, onların bir sonraki dereceye yükselmelerini sağlar, zira 'Kli olmadan, ışık olmaz.'

Yükseliş durumunda olduğunu düşündüğünde, Kli dolu olduğu ve içine bir şey koymak için bir yer olmadığı için, kişinin Yaradan'ın onun içine bir şey koyması için bir arzusu yoktur. Ama şimdi, iniş durumunda olduğunu hissetmektedir ve eksikliklerini ve Yaradan'la Dvekut'a erişmesini engelleyen temel sebepleri görmeye başlar. O zaman, Yaradandan ne yardım isteyeceğini anlar, çünkü gerçeği, gerçek engelleri görür.

Yukarıdakine göre, kişi, Yaradan'ın, onu Yaradan'ın çalışmasından uzaklaştırdığını söyleyemez. Kişinin kanıtı, düşüş durumunda olması yani, Yaradan, onu çalışmadan atmıştır ve O'nun için çalışmasını istemiyordur. Ancak bu öyle değildir. Tam tersine, Yaradan onu yaklaştırmak ister, zira kişi kendini yükselişte hissettiğinde, Kelim'i olmadığından, Yaradan onu daha yakınına getiremez.

Yaradan, ona Kelim vermek için onu bulunduğu durumundan çıkarmak ve onu kendini eksik hissettiği bir duruma getirmek zorundadır. Daha sonra, Yaradan, yukarıdan ona yardım edebilir; bilgelerimizin sözlerinde olduğu gibi, 'Arınmak için gelene yardım. 'Kutsal Zohar sorar, 'Ne ile?'. Ve cevap verir, 'Kutsal ruh ile'. Yani, kişi ruhun, yukarıda Yaradan'ın bir parçası olduğunu hissetmek için yaratılmıştır ve böylece Keduşa'ya girer. O zaman kişi, gerekli düzeltmelerle ruhunun ıslahını tamamlayana dek dereceden dereceye gidebilir.

Özetle, birinci türde, Tora ve Mitzvot'u izlenmesindeki sebep, dışarıdaki insanlardır. İkinci türde, Yaradan, dışarıdaki insanlarla birlikte, kişinin kendini Tora ve Mitzvot'a vermesine neden olur. Üçüncü türde, yalnızca Yaradan, kişinin Tora ve Mitzvot'a kendini vermesine neden olur. Dışarıdaki insanlar değil, ama yalnız kendisi Tora ve Mitzvot'u izlemesine sebep olur.

Dördüncü türde, Tora ve Mitzvot'un izlenmesinin sebebi, yalnızca Yaradan'dır ve Tora ve Mitzvot'a kendini teslim etmesinde etkisi olan başka bir ortak yoktur. Buna, 'Yalnızca Efendi için 've diğerlerine 'Keduşa içindeki karma topluluk 'denir.

Meyveden Önce Gelen Klipa

Makale no: 30, Tav-Şin-Mem-Vav, 1985-86

Balak ayetinde (madde 15) Zohar şöyle yazar: 'Eğer Yaradan, İsrail'e doğum hakkı vermek için böyle diledi derseniz bu uygun olmaz. Gelin ve görün: Esav bir Klipa (kabuk) ve Sitra Ahra'ydı. Bilinir ki; Klipa özden önce gelir, bundan dolayı önce o ortaya çıktı. Klipa ortaya çıkıp ve kaldırıldıktan sonra, öz meydana geldi. İlk sünnet derisi, yani Esav dışarısıdır. Bunun için ilk önce ortaya çıktı. Antlaşma, yani en kıymetli olan, yani Yakup bundan sonra belirdi. Bu sebeple, Esav'ın erken ortaya çıkışı, ona doğum hakkı vermez, çünkü o bir Klipa ve sünnet derisidir, öz ve anlaşma ile karşılaştırıldığında tamamen değersizdir. Esav sadece, Klipa meyveden önce geldiği için ilk olarak ortaya çıkmıştır.

Neden cevaplanması gerektiğini anlamalıyız. Sonuçta, bilgelerimiz bu soruyu zaten yanıtlamıştır, (RASHİ tarafından ayetin başında anlatılmıştır, Bereşit [başta]): "Rabbi Yitzhak dedi ki: "Tora, 'Bu ay size...' sözüyle başlamalıydı; İsrail'e emredilen ilk Mitzva'dan (emir). Bereşit ile başlamasının nedeni nedir? Bunun nedeni, 'Kendi insanlarına, ulusların mirasını vermek için O'nun eserlerinin gücünü tanıttı' ki böylece, eğer dünya ulusları İsrail'e, 'Siz hırsızsınız, çünkü yedi ulusun ülkesini fethettiniz ' derlerse onlar da desinler ki, 'Bütün dünya Yaradan'ın. O yarattı ve O seçtiği kişiye verdi. Kendi iradesi ile onlara verir, kendi iradesi ile onlardan alır ve O, bize verdi.'

Aynısı doğum hakkı için de geçerlidir. İlk önce Esav'a verdi, sonra Esav'dan aldı ve Yakup'a verdi. Doğum hakkının topraklarla aynı olduğunu söyleyemeyiz; çünkü bir toprak satılabilir, verilebilir, oysa doğum hakkı gerçekte olup bitenle ilgilidir, yani ilk doğana 'ilk evlat 'denir ve bu değiştirilemezdir. Ama yine de doğum hakkının satılabileceğini görüyoruz ve bu yüzden birinden alınıp diğerine verilir diyebiliriz. Yoksa nasıl 've o doğum hakkını Yakup'a sattı, 'diye yazılabilir ve Yakup Esav'dan doğum hakkını nasıl satın alabilirdi ki?

Buradan doğum hakkının verilebilen bir toprağa benzediğini görürüz. O zaman, burada verilen bu cevap bize neyi ima eder, Klipa meyveden önce geldiği için önce doğmak, doğum hakkı olarak sayılmaz mı?

Durumu anlamak için önce Klipa'nın ne olduğunu bilmek zorundayız; öz nedir ve sünnet derisi nedir, çünkü o, Esav'ı 'sünnet derisi 'olarak adlandırıyor ve anlaşma ne demektir? Çünkü o Yakup'u 'anlaşma 'olarak adlandırıyor. Önce yaradılışın amacını belirtmeliyiz. Daha sonra, birincil nedir ve ne ikincil değildir açıklayabiliriz ki böylece meyve ve meyveden önce gelmek zorunda olan Klipa meselesini anlayabiliriz. Başka türlü olamayacağı belirtilen, bu zorunluluk nedendir?

Yaratılış amacının, yaratılana iyilik yapmak olduğu bilinmektedir. Bu nedenle O, yoktan var olan bir yaratık yarattı ki böylece bu yaratılan, ona vermek istediği haz ve memnuniyeti alabilsin. Bu yaratılana "almak için alma arzusu" denir. Yani; yalnızca almak için arzusu olan bir şeyden bahsedebiliriz, yoksa o, üzerinde konuşabileceğimiz bir varlık olarak kabul edilemezdi. Yaratılan Kli (kap) olarak adlandırılır ve Kli olmadan ışık yoktur. Bunun anlamı, yalnız Kli ile kıyafetlerdirildiği zaman ışıktan söz edebilir.

Ancak, utanç ekmeğini yememek için "form eşitliği" denen ıslah, yapıldığı zaman, "haz ve memnuniyet alma arzusu" ya da "alma" olarak adlandırılan bu Kli artık yok olur. Kişi bir şeyi almak zorunda olduğunda, orada utanç olduğu bilinmektedir, bilgelerimizin 'Erkeklerin oğulları için krom boğazlar 'ayeti ile ilgili söylediği gibi. Kişi insandan almaya mecbur kaldığında, yüzü değişir ve krom gibi olur. Bu nedenle 'Tzimtzum '(kısıtlama) denilen ıslah ve gizlenme vardır, sadece ihsan etme niyetiyle haz almak için.

Bu iki şeyi idrak etmeliyiz demektir: 1) En önemlisi Kli denilen 'haz ve memnuniyet edinme arzusudur. Bu arzu olmadan konuşacak hiçbir şey yoktur. Bununla birlikte, Sitra Ahra ve Klipot (Klipa'nın çoğulu) bu anlayıştan uzanır. Birbirinden açılıp gelen dünyalar bize bu kökten gelir, yani tüm kötülükler, bu noktadan açılıp uzanır. Bu ARİ'nin söylediği gibidir; Tzimtzum yargının köküdür, yani burada yalnız almak için alan değil, ihsan etmek için alan bir Tzimtzum da vardır. Bunun düzeni On Sefirot Çalışması, 1. Bölümde açıklandığı gibidir; başlangıçta Tzimtzum ihtiyariydi, yani hala alma üzerinde yasak yoktu. Daha sonra alma yasağı geldi, ancak hali hazırda almak için almak isteyen kimse yoktu. Yani, Tzimtzum'un yasağını ihlal etmek isteyen hiç kimse yoktu. Ancak Tzimtzum Bet [İkinci kısıtlama] yoluyla, almak için almak isteyen yeni bir varlık doğdu, ama hala Klipot yoktu.

Klipot, Nekudim dünyasında meydana gelen kapların kırılmasından sonra doğdu, ama onların hala bir yapısı yoktu. Daha ziyade, Klipot'a "Vav ve nokta" deniyordu ve halen içinde dünyaların yapısı yoktu. Ancak Adam Harişon'un ruhu ve bilgi ağacıdan sonra, Levuşim (kıyafetlenme) Klipot'a düştüğünde, Klipot, Keduşa (kutsallık) gibi dört dünyanın yapısını edindi ve buna 'Tuma'nın (saf olmayan) 4 ABYA Dünyası' denildi. "Zohar Kitabına Giriş," 29. maddede sunulan mesele budur: "Yetmiş yıllık çalışmalarımızın dörde bölündüğünü bilin:

Birinci bölüm kısıtlanmamış aşırı bir alma arzusunu, dört saf ve temiz olmayan ABYA dünyalarının hükmü altındaki bozukluğu tam ölçüde edinmek içindir. Eğer bozuk alma arzusuna sahip değilsek, onu düzeltemeyiz. Zira doğuştan bedene damgalanmış olan alma arzusu yetersizdir. Bu nedenle, beden, on üç yıldan daha az olmamak üzere saf olmayan Klipot için bir araç olmalıdır. Yani, Klipot ona hükmetmeli ve kendi ışığını ona vermelidir, çünkü onun ışığı kişinin alma arzusunu arttırır, zira Klipot'un alma arzusuna sağladığı tatmin, alma arzusunun taleplerini daha da genişletir ve geliştirir. Eğer Tora ve Mitzvot vasıtasıyla kişi bunun üstesinden gelmez ve alma arzusunu ihsan etme arzusuna dönüştürüp arıtmaz ise, kişinin alma arzusu hayatı boyunca büyür.

İkinci bölüm bu on üç yıldan sonrasıdır. Bu noktada Keduşa'nın (kutsallık) Nefeş'inin arka yüzü olan kalpteki noktaya güç verilir. Doğuştan alma arzusu ile kıyafetlenmiş olmasına rağmen, on üç yıl sonra uyanmaya başlar ve sonra kişi, Tora ve Mitzvot'la meşgul olduğu ölçüde, Keduşa dünyalarının sistemine girmeye başlar. O zamanın temel amacı, manevi alma arzusunu edinmek ve yoğunlaştırmaktır. Dolayısıyla, on üç yıldan sonra gelen bu derece, kutsal sayılır. Bu, hanımefendisi kutsal Şehina'ya hizmet eden kutsal hizmetçi olarak kabul edilir, zira bu hizmetçi, kişiyi Lişma'ya getirir ve o Şehina'nın damıtılması ile ödüllendirilir. Ve bu bölümdeki son derece, kişinin tutkuyla Yaradan'ın aşkına düşmesidir, şairin söylediği gibi "O'nu hatırladığımda; O uyumama izin vermez."

Şimdi Kedusha nedir ve Klipa nedir anlayabiliriz. Keduşa Kodeş Lehaşem (Yaradan'a adanmıştır) sözcüklerinden gelir. Bu, bize ve bizim alanımıza ait olmadığı anlamına gelir ve biz bunu Yaradan'a ithaf ederiz. Yani, bu kişiyi sıradan insanların alanından çıkarır ve Keduşa'nın alanına alır. Eğer daha önce kendi alanında değilse, Keduşa'nın alanına kabul edeceği söylenemez ve ancak kişiyi kendi alnından alıp Keduşa'nın alanına kabul ettiği söylenebilir.

Bu nedenle, on üç yaşına kadar kişi önce Klipa'nın alanında olmalıdır, zira "Zohar Kitabına Giri' "şde yazılı olduğu gibi, "alma arzusu," diye adlandırılan Klipa nedeniyle kendi otoritesine sahip olduğunu hissettiği zaman, Yaradan'la olan "form eşitsizliği" nedeniyle Yaradan'dan ayrıdır. On üç yaşına kadar Klipa'nın alanının altında iken edindiği bu alma kapları meselesi kişinin kendisini ev sahibi gibi hissetmesine izin verir, yani o, canı ne isterse yapabilir zira kendi otoritesi dışında hiçbir otoriteyi hissetmemektedir.

Bu yüzden on üç yaşından sonra ona, "şimdi kendi otoriteni iptal etmen gerekli, yalnız Yaradan'ın otoritesi olduğunu söylemelisin," dendiği zaman, kişi şöyle düşünmeye başlar; "Neden otoritemi iptal etmem ve sadece Yaradan ev sahibidir demem gerekiyor ki ben onun kuluyum, benim hiçbir mülküm yok. Ancak bilgelerimizin söylediğine göre 'Kul satın alan, efendisini de satın alır.' Öyle ise, Yaradan'ı memnun etmek amacıyla O'na hizmet etmem lazım."

O zaman, insanın alma arzusu denen bedeni güçlü bir tartışma üretir: "Önce, Yaradan ve yaratılanlar arasında bir bağ olduğuna inanmalıyım ve sonra Yaradan'ın mülk sahibi oluşunun inanmaya değer olduğunu görmeliyim. Ancak bunun için de kendi otoritemi iptal etmeliyim ve yalnızca Yaradan'ın memnun olduğunu görmeliyim. Peki, ama benim kazancım nedir?" Ancak kişi anlar ki, Yaradan ve yaratılanlar arsında bir bağ olduğuna yani O'nun tek istediğinin yarattıklarına iyilik yapmak olduğuna inandığı zaman, bu durumda, şimdi tek yapması gereken şey, Yaradan'ın ona nasıl hizmet ettiğini görmektir. Yani, Yaradan köle, adam da sahiptir. İnsan sahiptir ve Yaradan insana hizmet etmelidir; çünkü insan efendidir ve Yaradan köledir.

Bununla birlikte, kişiye, Yaradan'ın ev sahibi olduğu ve yarattığı bizlerin, bu dünyada hiçbir söz sahibi olmadığını ve bizim üzerimizde olan krallığını kabul etsek de onun krallığını kabul etmek istemeyen inançsızlardan da olsak, bunun bize hiçbir yardımı olmaz.

O ne isterse onu yapmak ve yaratılanların arzularına karşı da olsa, O'nun emirlerine uymak zorundadırlar; bilgelerimizin söylediği gibi (Avot; Bölüm 3;20) "İstese de istemese de adamın borcu tahsil edilir."

Buradan, kendine söylenilenle hem fikir olmasa bile gerçek şu ki kişi inanmak istemese de gerçeği değiştiremez sonucu çıkar; yani Yaradan mülk sahibidir ve ne isterse onu yapar. Ancak, kişi bu gerçeği göremez ve işte bu yüzden de inanmak istemeyiz.

Fakat kişi buna inanmazsa, Yaradan'ın hizmetkârı olmayı üstlenemez; yani Yaradan'ın Efendi olduğuna ve bizim onun kulları olduğumuza inanamaz. Aksine bu, özellikle inançlı olanlara özgüdür.

Ancak, bu gerçek bir inanç değildir. Yaradan'ın Efendi olduğuna, "yarattıklarına iyilik yapmak" amacıyla bu dünyayı yarattığına inanan bazı insanlar vardır. Ayrıca, Yaradan'ın Musa aracılığıyla bizlere verilen Tora ve Mitzvot'a uymamızı emrettiğine de inanırlar, fakat tüm bunlar bir kazanç elde etmek için olduğunda, yani Yaradan'ın bize

Tora ve Mitzvot'u yerine getirme çalışmasındaki çabalarımız için ödeme yapacağına inanırlar. Onların bel bağladığı şey, bilgelerimizin dediği gibi; (Avot; Bölüm 2; 16) "Eğer Tora'yı çok öğrenirsen; sana büyük bir ödül verilir. Mülk sahibine, çalışmanın karşılığını sana ödeyeceğine dair güvenebilirsin ve bil ki erdemlinin ödülü gelecektedir (ıslahın sonu kast ediliyor)."

Bu nedenle Yaradan'a ve onun kurallarına inanmakla ilgili bir mesele olduğunu görüyoruz ve hafif ya da ciddi her bir Mitzva'ya uyuyoruz. Ancak bunların hepsi, ödül almak amacı olan, Lo Lişma (onun hatırı için olmayan) denilen karlılıkla ölçülüyor, bununla birlikte, bilgelerimizin "Lo Lişma'dan Lişma'ya geliriz," dediğini hatırlamalıyız. Bu nedenle bu, şimdiden Keduşa'nın bir derecesi olarak kabul edilir. Ama on üç yıl sonra kişiye; şimdi otoriteni iptal etmek ve dünyada başka otorite yok demek zorunda olduğun zamandır ve sen ödül almak için hizmet eden bir köleden başka bir şey değilsin denildiğinde; beden buna karşı koyar. İşte o zaman asıl çalışma başlar, çünkü bu doğaya aykırıdır.

Yani, kişi mutlaka mantık ötesi inanmalıdır ve bedenine şöyle söylemelidir: "Bilmelisin ki, alma arzusu doğasında doğduğun için Yaradan'a memnuniyet ihsan etmek için bunun karşılığında bir ödül olmadan çalışamazsın. Ve bu doğa, sana gereklidir, çünkü yaratılışın tümü yalnız bundan ibarettir, bilindiği üzere bu, yalnız alma arzusudur, haz ve keyif almaya özlem duyar ve buna "yoktan var olan" denir.

Dolayısıyla bizler, tamamen yaratılış denilen alma arzusuna ait olan, "yaratılanlar" olarak adlandırılırız. Bu arzu, Keduşa'nın bütün derecelerinde ve dünyalarında bulunur. Ancak, Keduşa'da, bu alma arzusu ihsan etme niyetinin düzeltilmesi ile ıslah edilmiştir ve Keduşa ile Tuma'a arasındaki fark ve yaşam ile ölüm arasındaki fark, sadece bu niyettedir.

Yani eğer almak, ihsan etme amacı ile ise; form eşitliğinden dolayı Keduşa olarak adlandırılır. Form eşitliğine Dvekut denir, bilgelerimizin "Ve Ona bağlanmak için," mısrası ile ilgili söylediği üzere. Bunu şöyle yorumladılar, "onun niteliklerine bağlan: o merhametlidir, bu nedenle sen de merhametlisin," bu sebepten ötürü o, hayatların hayatına bağlıdır. Yani, hayat ona yukarıdan uzatılır.

Ancak eğer kişi eylemlerine ihsan etme niyetini koymazsa, o zaman Yaradan'dan farklı formda olur, çünkü Yaradan verendir ve yaratılanlar almak ister. Bu sebeple onlar, hayatların hayatından ayrıdırlar ve doğal olarak onlar için sadece ölüm vardır. Yaradılışın temelinden gelmesine rağmen, bu, Klipa olarak adlandırılır. Aksi halde, eğer alma arzusu olmasaydı, sözü edilecek birisi de olmazdı. Ve henüz onun üzerinde ihsan etmenin ıslahı yoksa buna Klipa, Sitra Ahra, ö'lüm meleği 'vs. denir.

Islahın sıralamasına göre; öncesinde haz almak için arzu ve özlem olması gerekiyor ki sonrasında kendi-sevgisi niyetiyle almamamız gerektiğini anladığımızı söyleyebilelim. Ve haz almak için büyük bir arzu olmasına rağmen, bu aşırı arzunun üstesinden gelmeliyim ve kendi üzerimde şöyle çalışırım, eğer bana sunulan bu hazzı alma arzumu sadece Yaradan haz almamı istiyor diye almaya yöneltebilirsem, o zaman Yaradan'ı memnun etmek istediğim için alırım.

Kişi kendi otoritesini zaten iptal eder, yani kendini sevme denilen Kli'nin içine hiçbir şey almak istemez. Ama Yaradan almasını istediği için, 'şimdi haz ve memnuniyet almak istiyorum, çünkü Yaradan bunu istiyor ve ben Yaradan'ın arzusunu yerine getirmek istiyorum. 'der. Bu yüzden; şimdi haz ve memnuniyet alır.

Ancak kişinin ulaşması gereken bu derece, "Onun tek arzusu Yaradan'a memnuniyet ihsan etmek," olarak kabul edilir ve burada gerçek çalışma başlar, bu çalışmanın içeriği hakkında iki muhakeme vardır:

1) Eylem. Hazzın çeşidi ne olursa olsun, hazlardan vaz geçmek bizim için zordur. Örnek olarak; dinlenmenin hazzını alalım. Kişi ancak maaş almak için işe gitmek zorunda olduğu zaman, bir inşaatta ya da bir fabrikada çalışır, yani dinlenmenin hazzını bırakmak kesinlikle çok zordur. Ama yiyecek bir şeyi olmadığında daha fazla sıkıntı çekeceğinden, dinlenmeyi bırakır ve işe koyulur, zira böylece daha sonra daha büyük haz alacaktır.

Bunda önemli olan nedir? Kişi iki şey kazanır: yiyecek bir şeyi olmamasından sıkıntı çekmeyecektir ya da giyecek bir şeyi olmadığından utanç duymayacaktır. Ayrıca; Yemek yemenin hazzına ve güzel kıyafetlerinin olmasının keyfine varacaktır. Bu; dinlenmenin hazzından vaz geçtiği için değildir, ama dinlenmemekten sıkıntı çekmemesindendir. Hâlbuki uykunun hazzından vaz geçtiği zaman uykusuzluktan sıkıntı çekeceğini söyleyebiliriz. Oysa kişi çalıştığı zaman, dinlenmenin zevkinden vaz geçmesinin yanı sıra, hareket etmekten de sıkıntı çekiyor diyebiliriz. Bu özellikle fiziksel bir iş yaptığında daha da böyledir, çalışması sırasında sıkıntı da çeker.

Ancak, bu sıkıntı çekme hali; birisinin aç olduğu zaman çektiği sıkıntıya ya da insanlarla olduğu bir yerde, Brit (sünnet töreni) gibi bir kutlamada ya da düğündeyken giyecek hiçbir şeyi olmadığındakine benzemez. Herkesin dinlenmeyi bırakıp ve işe gidiyor olduğunu görmesi, kişinin dinlenmekten vazgeçmesini ve çalışmanın sıkıntılarını üstlenmesini kolaylaştırır. Nitekim sahip olmamaktan duyduğu ızdırap daha fazladır.

Aynı şey, bir kişiye "Geri kalanı bırakın ve Tora ve Mitzvot'ta çalışmaya başlayın" dediğinde de geçerlidir. Fiziksellikteki gibi, kişi derhal sorar: "Dinlenmekten vazgeçtiğim için ödülüm ne olacak? Kazancımı görmek istiyorum" Maimonides bu konuda (Hilhot Teşuva'nın sonu), "Ödülünüz bu dünyada ve sonraki dünyada olacak ve belalardan ve her türlü talihsizlikten kurtarılacaksınız." Kişi; o zaman kendisine söylenene inanabilir ve Tora'yı ve Mitzvot'u Yaradan için uygulamaya devam edebilir. Yani, Tora ve Mitzvot'u yerine getirerek Yaradan'ın bize Musa aracılığıyla emrettiği şeyi hedef alır ve karşılığında, Tora'ın bize yasaklamış olduğu birçok zevkten vazgeçme çabamız için ödül alırız. Karşılığında tıpkı bir fabrikada veya inşaatta çalışanların aldığı ödeme gibi ödül alırız.

Aynı şey maneviyat için de geçerlidir. Yani; efendi için çalışırız. O birkaç fabrikanın sahibi olduğu için değildir bu. Doğrusu, O'nun tüm dünyanın efendisi olduğuna inanırız ve onun için çalışırız. Bize "sana çok az ödeyen bu küçük şirketteki işini bırak ve dünyanın sahibi olan büyük patron için çalış" denildi.

Ancak bu, "Neden herkes dünyanın sahibi için çalışmıyor?" sorusunu gündeme getirir. Cevap basittir: Çünkü onlar kısa zamanda bir ödül görmezler. Aksine, iş tamamlandığında alınacak bir ödüle inanmak zorundadırlar. Bu yüzden, herkes ödüle inanamaz. Dolayısıyla, ödül şüpheli olduğu için ve sonunda bize ödenecek olduğuna inanmamız gerektiği için çoğu insan onu istemez. Çünkü normalde; insanlar garantili ödül için çalışırlar, kuşkulu olan için değil, dünyevilik ve maneviyat arasında büyük bir fark vardır. Ancak bilmeliyiz ki; burada maneviyatta tek fark, ödül hemen alınmaz ama ona inanmalıyız. Tek fark budur.

Ancak görüyoruz ki; gelene kadarki tüm sürede laik olmalarına rağmen insanlar gelir ve Tora ve Mitzvot'a uymak isterler ve tövbe etmek istediklerini söylerler. Neden gittikleri yolu değiştirmek istedikleri sorulduğunda artık yaşamda; kendi-sevgisinde bir anlam bulamadıklarını söylerler. Çünkü kişinin alacak ve kendi-sevgisinin arzularına ekleyecek hiçbir şeyi kalmamıştır, kendi-sevginin arzularına verecek hiçbir şeyi olmadığı için Tora ve Mitzvot'a uymak ister.

Bu kişi insanın Tora ve Mitzvot'tan haz alabildiğini duymuştur ve böylece alma arzusunu memnun edecek bir şeyi olacaktır. Yani, fiziki zevklerle alma arzusunu besleyebildiğini gördüğü sürece, yolunu değiştirmeye hiç ihtiyacı yoktur. Ancak, kişi ortada bir inanç meselesi olduğunu ve dünyaya yol gösteren bir ustanın var olduğunu ve O'nun bu dünyayı sebepsiz değil, "yarattıklarına iyilik yapmak" amacıyla yarattığını duyar. Bunu duyduğunda, eğer dünyevi hazlarda, hayatın anlamını bulamıyor, onlardan yaşamaya ve acı çekmeye değecek bir tatmin almıyor ise ve herkes kendi derecesine göre acı çektiği için kişi hayatta bir şeyleri aydınlatan bir yer olduğunu duyduğunda fiziksel arzulardan çıkabilir. Bu yukarıda, kişinin fiziksel hazlarda inanç duymaya ihtiyacı yoktur, dememize rağmen böyledir. Ancak maneviyatta; kişi şüphededir ve mutlaka sonunda zaferin geleceğine inanmalıdır, yani sonunda ödül alacaktır. Ancak fiziksel arzularında tatmin bulamadığından Keduşa'nın tarafına dönüp Tora ve Mitzvot'a uyabilir.

Ancak kişi; fiziksel arzuları içine dalmışsa ve geçici dahi olsa onlardan haz alıyorsa ve daha sonra tatmin olmadığını görürse, o çoktan puta tapanlar tarafından ele geçirilen bir bebek gibidir ve onların kontrolünden çıkmak için gücü yoktur.

Bununla birlikte, bu gibi insanlar, Tora ve Mitzvot'un yükünü kendileri üstlendikten sonra bile, bazen fiziksel şehvet içlerinde uyanır ve o zaman bu çalışma onlar için zor olur. Bununla birlikte; gerçeği bilmeliyiz ki, fiziksel şehvet içlerinde uyanır, yani daha önce tatmadıkları tatları hissetmeye başlarlar. Tora ve Mitzvot'a çocukluklarından beri uyuyor olan dini terbiye ile büyümüş olanlar da bile, ihsan etme çalışmasına başladıklarında, içlerinde fiziksellik için daha büyük bir tat uyanır, ihsan etme çalışmasıyla ilk meşgul olmaya başladıklarından hemen sonra. Bilgelerimizin söylediği gibi (Sanhedrin, s.75b), "Rabbi Yitzhak, dedi ki,' Tapınağın yıkıldığı günden beri, cinsel birleşmenin tadı ortadan kaldırıldı ve günahkârlara verildi.'"

"Tapınağın yıkıldığı günden beri," sözünü insanın kalbinde Keduşa'nın yıkılması olarak yorumlamalıyız. "Cinsel ilişkinin tadı ortadan kaldırıldı": "Cinsellik" terimi tüm zevkleri içerir. "Ve günahkârlara verildi'": Bu kafa karıştırıcıdır. Neden günahkârlar fiziksel şeylerde haz hissetmeyi günahkâr olmayanlardan daha fazla hak ediyorlar? Sanki günah işledikleri için başkalarından daha fazla zevk alma ödülünü hak ediyorlarmış gibi.

Bunu anlamak için, dünyada adet olanın ne olduğunu görmek lazım. Eğer insan, birisini düşük maaşla işe alabilirse, ona daha fazla para ödemeyecektir. Gerçekten de her insan kendisi için çalışacak ve az ödeme yaptığı halde istediği her şeyi yapacak işçiler bulmaya çalışır. İşverenin işçinin istediğinden fazlasını ona ödeyeceğini söylemek yersiz olur. Bu demektir ki, Yaradan'a hizmet etmekten bahsedecek olursak, kötü eğilim kişiye gelip, ona "Tora ve Mitzvot'u ihlal et" dediğinde, kişi, "sen bana ne vereceksin," der ve sonra kötü eğilim ona, "bana itaat etmenin karşılığında, sana örneğin 200 gr haz vereceğim," der. O zaman kişi ona "200 gr haz için Yaradan'ın emirlerini ihlal etmek istemiyorum," der. Böylece kötü eğilim, kişi daha fazla böyle bir hazza karşı koyamayana ve ona uymak zorunda kalana kadar bir 100 gr daha üzerine eklemek zorunda kalır.

Yani bu demektir ki; kişinin günahını anladığı ölçüde Mitzva'yı çiğnemesi zorlaşır. Yaradan'ın emirlerini çiğnemek güçleştiği için ve zor iş için daha iyi ödeme olmalı diye bir kural olduğundan, kişi için günah işlemek de o derece zorlaşır ve kötü eğilim o ölçüde büyük bir ödül, yani günahların karşılığında büyük bir haz vermelidir. Ama

Yaradan'ın emirlerini çiğnemek o kadar da zor olmadığı zaman, kötü eğilimin de kişiye o kadar büyük bir ödül vermesi gerekmez.

Bu nedenle, Tora'ya ve Mitzvot'a hiç uymayan laik insanlar, günah işliyor olduklarını hissetmezler, bilgelerimizin dediği gibi, (Yoma, 86b) "Eğer kişi bir günah işlerse ve onu tekrarlarsa, buna izni varmış gibi zanneder." Kötü eğilimin onlara günah işlemenin tadını vermesine gerek yoktur, çünkü onların günah işlemesi zor olmadığı için Mitzvot'u çiğnemeleri için bir ödeme yapılmasına ihtiyaç yoktur. Bu nedenle günah işlemekten büyük bir haz almazlar, zira her zaman kendileri için çalışacak işçiler bulurlar, bu nedenle onlara büyük hazlar vererek ödeme yapılması gerekmez.

Bu, günah işlemek istemeyen, eylemleri sırasında günah işleyeceklerini hisseden ve yapmakta zorlanan insanlar için öyle değildir. Bu nedenle, kötü eğilim onların günah işlemekten büyük bir tat almalarını sağlamak zorundadır, aksi halde onu dinlemeyecek ve Mitzvot'ları yerine getirmeye devam edeceklerdir. Dolayısıyla, onlara büyük hazlar ile ödeme yapmalıdır.

Bu sayede, "Tapınak yıkıldığından beri," sözcüklerini yorumlayabiliriz. Yani, Keduşa'nın insan kalbinde hiçbir çalışması kalmadığında, "tadı ortadan kaldırıldı", yani "cinsel birleşme" denilen hazların genel tadı ortadan kaldırıldı ve günahkârlara verildi; yani kişi günah işliyor olduğunu hissettiği sürece, tat hisseder. Buna karşın 'Eğer bir kişi bir günah işler ve onu tekrar ederse; bu ona izin verilmiş gibi gelir. Bu nedenle kötü eğilim ona artık haz vermez, günah işlerken hiçbir ağırlık hissetmediği için ödül olmadan çalışmaktadır.

Bu yüzden, dindarların, laiklerin fiziksel hazlardan keyif aldıklarını düşünmeleri büyük bir yanılgıdır. Çünkü onlar kötü eğilime, herhangi bir ödül olmaksızın hizmet ederler, zira tüm yaşama güçlerini dine karşı gelmekten alırlar ve onlar dindarların zannettiği gibi hazlara sahip değildirler, zira kötü eğilim karşılıksız ödül vermez.

Dolayısıyla; eğer bir kişi ihsan etme çalışmasına başladığında fiziksel arzulardan daha fazla haz aldığını görürse buna şaşırmayın. Bu düşüş yaşadığı için değildir. Aksine, şimdi almak için almayı değil, sadece ihsan etmek için almayı ister. Kötü eğilim onu ihsan etme çalışmasından alıkoymak için geldiğinde, ona fiziksel arzular için büyük bir tat verir ki böylece kişi onu dinlesin ve alma arzusunun üstesinden gelemesin diye.

Ancak o ihsan etme çalışmasına başlamadan önce; fiziksel zevklerle meşgul olurken onlardan pek fazla haz almadığı için fiziksel zevklere böyle büyük bir arzusu yoktur. Ama şimdi ihsan etme çalışmasına başladı ve eğer büyük bir haz hissetmezse, kötü eğilim hiçbir şey yapamayacak, çünkü kişi onu dinlemeyecek. Buradan, kişi kendi sevgisinden uzaklaştığı ölçüde fiziksel zevklerden o kadar büyük tat hissetmeye başladığı sonucu çıkar, zira aksi takdirde kötü eğilime hiç itaat etmeyecektir.

Dolayısıyla, daha önce böyle arzuları olmamasına rağmen kişi eğer çalışmanın ortasında fiziksel arzular için tutkular duyuyorsa telaşlanmasına gerek yoktur. Ama şimdi; alma kaplarını daima ıslah etmesi gerektiğinden, bu, haz ne kadar büyürse arzusu da o kadar büyür demektir. Arzularını ıslah ettiğinde, yani üstesinden geldiğinde, her seferinde Kli denilen arzuyu seçip ayırır, onu Klipot'un dışına çıkarır ve Keduşa'nın içine alır. Bu sebeple; her seferinde ona daha büyük bir arzu verilir.

Ancak, kişi her seferinde "arzu" denilen bu Kli'nin üstesinden gelmek amacıyla yukarıdan güç verilmesi için dua etmelidir. Bu, "ruhunun kökünde Kelim'in ıslahı" olarak adlandırılır. Kişinin düzeltmesi gereken bu Kelim; fizikselliği alma arzusu olan Kelim'den başlar ve sonra nihayet manevi şeyleri alma arzusu olan Kelim'in ıslahına gelir. Ve kişi mutlaka her şeyin ötesinde, Yaradan'dan ona Masah'ın (perde) gücünü vermesini istemelidir; yani bilgelerimizin, "arındırmak için gelene yardım edilir," dediği gibi, yukarıdan gelen yardımı istemelidir.

Şimdi ne sorduğumuza açıklık getirelim:

1) Kutsal Zohar, Esav'ın önce doğmasına rağmen doğum hakkını Yakup'a verdiği hakkındaki açıklaması şöyledir: Esev Klipa olduğu için önce o gelir ve sonra Yakup ortaya çıkar. Bu yüzden sıralamada Klipa meyveden önce gelir şeklindedir. Sorduk, ama bunun basit bir cevabı var; RASHİ ayetin başında, Bereşit (başlangıçta) ayetinin başında bunu ortaya koyar; yazıldığı üzere, "'Kendi halkına eserlerinin gücünü bilinir kıldı' ki böylece eğer uluslar onlara, 'Siz hırsızsınız 'derlerse, onlara şöyle desinler, 'tüm dünya Yaradan'ındır. Onu yarattı ve seçtiği kişiye verdi. Kendi iradesiyle onlara verdi ve kendi iradesi ile onlardan aldı ve bize verdi.'" Böylece; buraya başka bir sebep daha ekler.

2) Neden Klipa meyveden önce gelmelidir? Yukarıda söylendiği gibi bu basittir; zira Yaradan dünyayı yarattı ve yaratılan sadece bir Kli'dir, Işık; yaradılış olarak değil, aksine "varoluştan varoluş" olarak bilinir. Bu yüzden Yaradan; ıslah edilecek hiçbir şey olmadan önce yaratılanlar için bir ıslah yaratmalıydı denilemez. Yani; önce "alma arzusu 'denilen Kli'yi yarattı ve daha sonra Kli üzerinde "Tzimtzum [kısıtlama] ve gizleme" adı verilen bir ıslah ortaya çıktı. Ardından, "dünya ulusları" anlayışı aşağıdakilere kadar genişledi ki onlar almak için alma arzusu yani ıslah olmamış bir Kli'dir. Islah olmamış bir Kli'ye Klipa denir.

Bu nedenle, başka bir yol olamaz; çünkü henüz bu dünyada doğmamış bir şeyi düzeltmek imkânsızdır. Yani "O bunu yarattı," demek, dünyayı uygulanan düzene göre yarattı anlamındadır; yani ilk önce bir eksiklik ortaya çıkar ve sonra bu eksikliği düzeltmek mümkün olur. Bu nedenle, kök ve dal yasasına göre, almak için alan, ilk önce ortaya çıkmalıdır, bu Yaradan'ın zıddıdır, Yaradan'la form eşitsizliğindedir ve ona "dünya ulusları" denir, yaptıkları her iyi şeyi yalnız kendileri için yaparlar. Buna "Meyveden önce gelen Klipa" denir; Klipa, yemek için uygun olmayan olarak kabul edilir, çünkü bereket Tzimtzum'un ıslahından sonra alma kaplarına girer.

Ancak daha sonra 'ihsan etme amacıyla 'denilen ve Yakup olarak kabul edilen ıslah gelir. Bu, meyve olarak adlandırılır, çünkü şimdi alma arzusu üzerinde bir ıslah vardır, o Yaradan'a memnuniyet ihsan etmek içindir. Şimdi meyveleri yemek mümkündür zira burada Işık ile Kli arasında form eşitliği vardır ve böylece Kli meyvelerle ödüllendirilir. Ancak Sitra Ahra ile ilgili olarak kutsal Zohar "Diğer Tanrı kısırdır, meyve vermez" der. Bu yüzden, Yakup'a "antlaşma" dendiğini söyler, burada antlaşma yapmak, aralarında bir eşdeğerlik olduğu anlamına gelir. Yazılmış olduğu gibi: "Çünkü bu benim ile İsrail oğulları arasında sonsuza dek var olan bir antlaşmanın simgesidir; bu sonsuza kadar süren bir simgedir."

Buradan şu sonuç çıkar ki; Rabbi Yitzhak'ın verdiği, çünkü o 'çalışmalarının gücüdür 'cevabı ile -O, Klipa meyveden önce gelir düzenine göre yarattı- cevabıyla aynı cevaptır. Dal ve kök ortaya çıkar, yani önce Klipa ortaya çıkmalıdır ki bu almak için almaktır ve sonra ıslah ortaya çıkmalıdır. Ki bu İsrail ya da Yakup'tur. Yani "O, bunu onlardan aldı ve bize verdi" dediği zaman bu ıslah amacıyla ve düzene göre böyledir.

Yenika ve İbur Hakkında

Madde 31, Tav-Şin-Mem-Vav, 1985-86

İbur (döllenme / ana rahmine düşme), Yenika (süt bebekliği), Mohin (yetişkinlik / büyüklük) üç derecedir. Kişi Keduşa'ya (kutsallık) girmekle ödüllendirildiğinde onlara erişmeye başlar. Bunlara, İbur'da Nefeş, Yenika'da Ruah ve Mohin'de Neşama denir.

Bununla birlikte, çalışma hazırlığı sırasında, henüz Keduşa'ya kalıcı olarak kabul edilmeden önce bile bu konular geçerlidir. İbur, kişinin geçici olarak kendi bencilliğinden çıkması ve "Şimdi kendi çıkarlarımı düşünmek istemiyorum, ayrıca, benim için en önemli şey olmasına rağmen, aklımı da kullanmak istemiyorum," demesidir. Yani bu, anlamadığım bir şeyi yapamam -her şeyi yapabilirim, ama bunun bana faydasını anlamak zorundayım– anlamına gelir. Ancak yine de şöyle der: "Şimdi, geçici olarak şunu söyleyebilirim; aklımı kullanmamayı üstleniyorum, buna kararlıyım. Aksine, mantık ötesinde, bilgelere inanıyorum, dünyadaki herkesi İlahi Takdir ile gözeten bir yönetici olduğuna inanıyorum" der.

Ama neden O'na inanmalıyım ki? Bunun böyle olduğunu hissedemiyorum... Yaradan'ın varlığını hissettiysem, kesinlikle O'nun için çalışabilirdim ve O'na hizmet etmek arzusunda olmam bir anlam ifade ederdi. Peki, bu gizlilik neden? Yaradan yarattıklarından kendisini saklayarak ne kazanmaktadır? Ayrıca, bu konuda herhangi bir cevap da vermiyor; bunun yerine, bu sorunun cevabını da soru ile cevaplıyor. Kişi mantık ötesinde gider ve "eğer Yaradan gizliliğin yarattıkları için daha iyi olacağını bilmeseydi, gizliliği yaratmazdı," der.

Böylece kişi zihninde ortaya çıkan tüm sorulara, şu anda mantık ötesinde ve gözü kapalı, yalnızca inançla gidiyorum der. Baal HaSulam'ın şu ayet (Mezmurlar, 68:32) hakkında söylediği üzere: "Kaş ellerini Tanrı'ya doğru uzatmak için koşar." Eğer kişi "Kuş" derse bu onun Kuşiot'unun (soruları) olduğu, ancak cevaplanmaya ihtiyacı olmadığı anlamına gelir. Yalnız sorunun kendisi ona cevap verir. Yani, şimdi bir sorum var ve mantık ötesinde gidebilirim der. O zaman, "Ellerini Tanrı'ya doğru," bunun anlamı; elleri, alma kaplarıdır ve söylenene göre, "el edinecektir" ve böylece kişi Tanrı ile bütünleşmiş kabul edilir.

Yaradan'ın hizmetine giriş, İbur (ana rahmine düşme) hâlidir; burada kişi kendi özünü iptal eder ve yazılmış olduğu gibi annesinin rahmine girer: "Oğlum, babanın talimatını dinle ve annenin öğretisini terk etme". Bu, "Bina'ya anne diyeceksin" sözünden kaynaklanır. Yani, kişi Malhut adı verilen, "kendini sevme" olan ilk durumunu iptal eder ve kabı Bina adı verilen ihsan etme koşuluna girer.

Kişi doğmadan önce, yani ruh bedenine inmeden önce bu ruhun Yaradan'a bağlanmış olduğuna inanmalıdır ve şimdi geri dönmeye ve inmeden önce olduğu gibi O'na bağlanmaya can atar ve buna İbur denir, yani kişi özünü tamamen iptal eder. Bununla birlikte, kalbi kendisine yalnızca şimdi iptali kabul ettiğini, ancak daha sonra pişman olacağını söylerse de bunun hakkında "Yarın için endişelenme" diyebiliriz.

Ayrıca yarın, ertesi gün olmayabilir. Aksine, yarın bugün veya gelecek olabilir. Zaman farkı bir saat sonra bile olabilir.

Bilgelerimizin söylediği gibi, "Bugün yiyecek yemeği olan, 'yarın ne yiyeceğiz? ' der," bu inanç eksikliğidir içindir (Sütah, 48). Bunu şöyle yorumlamalıyız; eğer bugün ne yemesi gerekiyorsa onu yiyen yani, mantık ötesinde inanmaya istekli olan kişi yalnızca "Daha sonra ne olacak" diye düşünüyor demektir. Yani, hâlihazırda, sonsuza dek yükselme hâlini sürdüreceğini zannettiği durumlara ait Reşimot'a (hatıralara) sahip olduğu anlamına gelir, ancak bir kez daha çöpün olduğu bir yere, yani atıkların atıldığı yere alçalır.

Yani, yükseliş sırasında kendini sevme meselesinin sadece çöpe atılması gereken atık olduğunu düşünüyordu. Yani, alma arzusunun çöp olduğunu düşünüyordu. Fakat şimdi iniş esnasında, oradan beslenmek için kendisi çöp yerine iner, kendini beslemek için bir şey bulmak için çöpü eşeleyen kediler gibidir. Bu durumda, iniş esnasında bir kedi gibidir, her zaman ne yemeleri ve ne yememeleri gerektiğini seçen şımarık insanlar gibi değildir.

Bu, Hallel'de (Övgü) söylediklerimizin anlamıdır: "O yoksulları tozdan yükseltir, yoksulları çöpten kaldırır." Buna göre, kişi kısa bir süre için kendisini iptal edebildiğinde ve o zaman "şimdi Keduşa'nın (kutsallığın) önünde kendimi iptal etmek istiyorum," der. Yani şu anda kendini sevmeyi değil, Yaradan'ı memnun etmeyi düşünmek ister. Henüz hiçbir şey hissetmese bile, mantık ötesinde inanır ki, Yaradan her ağzın duasını duyar, O'na göre küçük ya da büyük eşittir, büyüklerin en büyüğüne yardım edebildiği gibi aynen küçüklerin en küçüğüne de yardım edebilir.

Buna İbur durumu denir. Kişi kendi yönünden Yaradan'ın tarafına yöneldiği anlamına gelir. Ancak geçici olarak değil, yani gerçekten sonsuza dek kendisini sıfırlamak, iptal etmek istemektedir, ancak şimdi sonsuza kadar sıfırlamanın olabileceğine inanamaz, geçmişte pek çok kez olabileceğini düşünmüş ama sonra bu seviyesinden tekrar çöplüğe düşmüştür.

Ancak kişi "yarın ne yiyeceğiz" konusunda endişelenmemeli, yani derecesinden düşeceğinden emin olmamalı, çünkü bu bir inanç eksikliğidir. Bunun yerine, "Rabbin kurtarışı göz açıp kapayana kadar" sözüne inanmamız gerekir. Biri kendisini geçici olarak geçersiz kılar, ancak sonsuza dek sıfırlanmış kalmak isterse, kişinin 'ana rahmi'ne girdiği düşünülür.

Bununla birlikte, gerçekte kişinin kendi özünü iptal ederek Yaradan'ın hizmetine girme arzusunun kendi aklı ve hikmeti içinde olmayıp yukarıdan bir çağrı olduğuna inanması gerekir. Bunun kanıtı şudur; bu çağrı sırasında ve yukarıdan çağrılmadan önce var olan tüm soruları. Ki pek çok sorusu vardı ve her defasında ihsan etmek için bir şey yapmak istediğinde bedeni direnç gösterirdi ve o dünyada Yaradan'ın önünde kendini iptal edebilen ve kendi menfaati için endişe duymayan birisi var mıdır acaba bunu bilemezdi.

Fakat şimdi tüm bu düşüncelerin ve şüphelerin tamamen yandığını görür ve kendisini Yaradan'ın önünde iptal edebildiğinde büyük bir mutluluk hisseder. Daha önce, dünyadaki hiç kimsenin onu Yaradan'ın önünde kendini iptal etmeye ikna edemeyeceğini düşünüyor olsa da, bu akıl yürütmesinin tamamen değersiz olduğunu görür ve bunun, sadece kişinin içine girebileceği zor bir çalışma olduğunu söyler. Ancak şimdi, Yaradan'la bir olmasına ve O'nun önünde kendini iptal etmesine engel hiçbir şey olmadığını görür. Aksine, yukarıda belirtildiği gibi, bu yukarıdan bir aydınlatma olduğu için, casusların itirazlarını ona getiren ve ona engel olan tüm engelleyiciler teslim olur ve ortadan kaybolur.

Şöyle yazılmıştır; (Mezmurlar, 103: 16) "Rüzgâr onun üstünden geçti ve artık o yok ve onun yeri artık onu tanıyamayacak." Yazılmış olduğu üzere, "Rüzgâr, bir kişi Ruah'tan (ruh/rüzgâr) üstünden geçtiğinde", tüm engelleyiciler kaybolur ve hatta onun yeri bile belirgin değildir. Yani yükseliş sırasında, yukarıdan ruh aldığı zaman, kötülerin münakaşa ederek bir şeyler yapabileceği bir yerin var olabileceğini anlayamaz.

Bu İbur sırasında, düşük zamanı olduğunu gördüğümüzde, bunun anlamı şudur; İbur'un ıslahı tamamlanmadan önce fetüs doğarsa, döllenmedeki bazı zayıflıklar düşüğe neden olduğu için fetüs erken doğar, var olamaz ve ölür, maneviyatta da aynıdır. Bir zayıflık varsa bir kişi İbur'dan çıkar ve bu dünyanın havasına girer ve bu dünyada var olan tüm düşünceler aklına düşer ve bu dünyanın tüm arzuları ona yapışır kalır. Bu durumda, İbur'un öldüğü düşünülür.

On Sefirot Çalışması, Bölüm 9, Madde 83'te, ARİ şöyle yazar: "Kadın'ın içinde kapılar olmalı, bunlar kapatılmalı ve fetüs içeride tutulmalıdır ki tamamen şekillenmeden dışarıya çıkmasın. Ayrıca onun içinde fetüsü biçimlendirecek bir güç de olmalıdır."

"İçsel Işık" da İbur'da iki kuvvet bulunduğunu açıklar: Biçimlendirici güç, fetüsün Katnut'unu (bebeklik / küçüklük) edinmek içindir ve bir düzeni vardır zira Katnut'un biçimlendirilmesi Gadlut (yetişkinlik / büyüklük) için hazırlıktır ve Katnut olmadan hiçbir Gadlut derecesi yoktur. Ve Katnut'ta olduğu sürece hâlâ eksiktir. Ve Keduşa'da bir eksiklik var ise, Sitra Ahra'ya bir tutunma vardır ki, bu onu bozar ve İbur tamamlanamaz. Böylece düşük olur yani İbur durumu tamamlanmadan doğar.

Öyleyse, İbur'da yirmi beş Partzufim (Partzuf'un çoğulluğu), yani NRNHY ve bunların her birinde de NRNHY vardır. Bu nedenle, bir muhafaza kuvveti olmalıdır, yani Katnut'ta dahi bütünlük olmalıdır. Fetüsün ihsan etmek için Gadlut'ta edineceği kendisine ait Kelim'i olmamasına rağmen bunu annesi yoluyla edinir. Yine de annenin önünde kendisini iptal ederek annesinin Kelim'den Gadlut alabilir. Bu, "Embriyo, annesinin uyluğudur; annesi ne yerse onu yer," koşuludur.

Yani, kendisine ait bir seçimi olmadığından, annesinin yediğini yer, yani annesinin bildiği şeyin yemesine izin verildiği için o da yer, bunun anlamı kendisi için neyin iyi ve neyin kötü olduğu seçimini annesine aktarmıştır. Bunun hepsi anneye atfedilir. Buna "annesinin uyluğu" denir, yani kendisinin bir ad hak etmediği anlamına gelir

Orada üstteki ışıklardan söz edilir, ancak aynı şey hazırlık aşamasında, Kral'ın sarayına girmek istendiğinde de geçerlidir; aynı düzenleme de geçerlidir. Birçok fark edişler vardır ve İbur bir kerede tamamlanmadığı için yirmi beş Partzufim elde edilinceye kadar dokuz aylık hamilelik olduğu söylenir, hazırlık aşamasında da çok sayıda ayırdına varışlar vardır. İbur hazırlık sırasında. Bu nedenle, birçok inişler ve çıkışlar vardır ve bazen İbur "düşük" olarak da adlandırılan bozulur ve işin düzenini yeniden başlatmamız gerekir.

Hazırlık döneminde var olan, tasvir eden gücü açıklayalım. İbur'un tasviri Katnut'tır; bu, sadece ihsan kaplarında, Tora ile iştigal ederken, her şeyi ihsan etmek için yapmayı amaçlıyor demektir.

Yani şimdi, Yaradan'a ve O'nun yüceliğine inandığı için Tora ve Mitzvot ile meşgul olur. Bundan sonra tüm zevki Kral'a hizmet etmeyi üstlenmektir ve bunu büyük bir servet edinmek olarak kabul eder, sanki tüm dünya ona bakıyor ve onu kıskanıyormuş gibidir, sanki en yüksek dereceye yükselmiş ve hiç kimsenin almadığı bir ödülle ödüllenmiş gibidir. Doğal olarak, mutlu olur ve dünyada kötü hiçbir şey hissetmez; aksine tamamen iyi bir dünyada yaşar.

Bununla birlikte, verdiği şey, bunun bütün önemi ve sevinci O'na vermesindedir, yani Yaradan'a vermek istemektedir. Gün boyunca tek bir düşüncesi vardır: "Yaradan'ı memnun etmek için ne yapmalıyım?" Bir taraftan bir kişinin ödülü almak için değil, yalnızca Yaradan için çalışması gerektiğini söylüyoruz. Öte yandan, keyfini çıkarabilmesi ve nasıl keyfini çıkaracağını zihninde resmedebilmesi gerektiğini söylüyoruz.

Bunun anlamı, etten kemikten krallarından veya dünya liderlerinin büyüklüğü, önemini, onları nasıl takdir ettiğimizi zihnimizde canlandırmalıyız ve halkın onları nasıl takdir ettiğini görmeliyiz. Daha sonra bu dünyada, dünya liderlerine hizmet etmekten nasıl keyif alacağımızı öğreniriz ve bunu Yaradan'ın büyüklüğü için kullanır, Yaradan'a hizmet ederken de dünya liderlerine hizmet etmekten duyduğumuz aynı keyfi alırız.

Aksi takdirde, kişi Tora ve Mitzvot'la uğraşmaktan büyük bir keyif almıyorsa bu, zevk ve memnuniyetle hizmet ettiği dünya liderlerini takdir ettiği gibi, Yaradan'ı takdir etmediğini gösteren bir işarettir.

Bu nedenle, kişi Yaradan'a seslendiğimde, öncelikle konuşmakta olduğu kişinin kudretini ve önemini fark etmek zorundadır. Yani, nasıl bir tavırla, nasıl bir saygıyla, O'na seslendiğimi dinler ve O'na seslenince bana bakar.

Örneğin, kişi pasta ya da meyve yediğinde, Yaradan'ın tüm bunları yarattığına inanması gerektiğini biliyoruz ve şimdi tadını çıkarmamız için hazırlanmış olan bu şeyin tadını çıkarıyoruz. Bunun için O'na dönüp şükrediyoruz ve diyoruz ki "Bu nimetler için sana şükreder seni yüceltiriz ve 'Ağacın meyvesini yaratan, sen kutsal Efendimizsin, 'deriz."

O zaman bir kişi Yaradan'a ne söylediğini, O'na seslenirken ne kadar hürmet duyduğunu ve O'nunla konuştuktan sonra ne hissettiğini izleyebilir; yani bunun onun içinde ne gibi bir izlenim, coşku bıraktığını. Eğer gerçekten de Kral ile konuştuğuna inanıyor ise heyecanı ve sevinci nerede? Bu konuda şöyle yazılmıştır: "Ben eğer babaysam, onurum nerede? Ben eğer efendiysem, benden korku nerede?"

Daha yakından bakarsak, bu eylemde iki farkındalık tespit edebiliriz: Birincisi yediği meyveden hoşlanır. Meyveden aldığı bu keyif, hayvansal alma arzusu ile ilgilidir. Yani, hayvanlar da yeme ve içmenin tadını çıkarırlar. Böyle bir zevki almak için bir insana ihtiyaç yoktur ve bu yüzden bu zevk "hayvansal zevk" olarak adlandırılır.

Ancak Yaradan'a verdiği kutsama ve şükran, bunun için birkaç anlayış oluşturmalıyız. Yukarıdaki eylemdeki ikinci farkındalık yani, Yaradan'a şükretmenin etmenin sevinci, bu özellikle insana aittir ve hayvanlarda bulunmamaktadır. Burada birkaç farkındalık vardır, çünkü bu eylem insanoğluna aittir, ayırt etmede birçok derece vardır.

Örneğin, insanda inancının ölçüsünü –tüm zevk ve keyfi ona Yaradan'ın verdiğine ne kadar inandığını- ayırt etmeliyiz. Daha sonra, Yaradan'la yaptığı konuşmada hangi ölçüde Yaradan'la konuştuğuna inandığını ayırt etmeliyiz. Daha sonra, Yaradan'ın yüceliğine ve önemi ne ölçüde inandığını ayırt etmeliyiz. Bunda, her insanın farklı olduğu kesindir. Ve bunu kişinin halen içinde olduğu durumuna göre ayırt etmeliyiz, zira bir kişi yürüdüğü için yükselişte ya da inişte olabilir. Bu nedenle, aynı kişi farklı durumlarda olabilir, yazıldığı üzere "Ve ben size şu duranların arasından hareket vereceğim."

Genel bir zevk olduğu için, hayvansala ait alma arzusunda farkındalık edinilecek hiçbir şey yoktur. Bu, insanla ilgili zevklerde böyle değildir; orada pek çok farkındalık olmalı. Bu şu ki, insana ait olan sevincin temeli, alma kaplarına atfedilmemektedir. Aksine, ihsan etmek ile ilgilidir çünkü tüm keyfi sevinci Yaradan'a dayanmaktadır. Diğer bir deyişle, Kelim'in hizmet etmek için tüm yakıtı, aldığı keyfe değil, Yaradan'ın yüceliğine dayanır. Bu zevkin ölçüsü, Yaradan`ın büyüklüğünü ne ölçüde üstlendiğine bağlıdır.

Buna "kişiye dolaylı olarak gelen zevk" denir. Kişi bunu doğrudan Kral'a ve Kral'n yüceliğine atfettiği ettiği ölçüde, yüce Kral mutlu olduğu ölçüde mutlu olmak ister. Bundan dolaylı zevk alır. Zevke ancak bu şekilde izin verilir, çünkü Kral'a hizmet ederken kendine zevk vermeyi düşünmez, ancak Kral'ın önemi onun Kral'a hizmet etmesini taahhüt eder.

Anlaşıldığı üzere, kişinin Kral'ı memnun etme niyeti, Kral'ı memnun eder ve doğal olarak da bunu kişinin mutluluğu izler. Böyle bir zevke izin verilir, çünkü bu zevki aldığında, "utanç ekmeği" olarak adlandırılan utanç söz konusu olmaz, zira bu zevk doğrudan Yaratan'dan aldığı bir şeyden dolayı değildir, vermekten dolayıdır.

Yaradan'ın ona verdiği bir şeyden hoşlandığında, bu doğrudan vericiden gelen zevk olarak kabul edilir, ışık gibi. Buna, doğrudan alıcıya gelen Ohr Hohma (Bilgelik Işığı) denir. Yani, alıcı almaktan keyif alır ve bu da "ihsan etmeyi amaçlamak" denilen bir ıslahı gerektirir. Ancak kişinin aldığı keyif Yaradan'a vermekten ise ve O'na hizmet etmeyi seviyorsa, bu zevk dolaylı olarak geliyor diye kabul edilir çünkü niyeti Kral'ı mutlu etmektir, kendi keyif alsın diye değildir.

Bu konuda şöyle denir: "Efendiye sevinçle hizmet et." Yani, kişiye Yaradan'a hizmet etmenin sevinci gelmelidir. Zira sevinç duymadan hizmet ediyorsa, bu, Kralın yüceliği ve önemi hakkında inancı eksik olması yüzündendir. Aksi takdirde, herhangi bir hazırlık olmaksızın sevinç ve coşku olması gerekir, yani işten keyif almayı görmeye gerek duymaz. Ancak kendisini, kime hizmet etmeye ve O'nun ne kadar yüce olduğunu anlamaya hazırladığını görmesi gerekir. Bu sevinçle sonuçlanır. Dolayısıyla, yaptığı işte hiç sevinç duymazsa, bu, Yaradan'ın önemi hakkında hiçbir fikri olmadığı ve inanç meselesinde kendini ıslah etmesi gerektiğinin bir işaretidir.

Dolayısıyla, Yaradan'a hizmet etmekten hoşnutluk duymaya çalışmasına gerek yoktur. Bunun yerine, Yaradan'ın önemini ve büyüklüğünü elde etmek için çaba harcaması gerekir. Yani, yaptığı her şeyde, Mitzvot'u öğrenir ve buna çaba gösterir; bu emeği için ödül almak ister, Yaradan'ın yüceliği ve önemi ile ödüllendirilir. Yaradan'ın önemini aldığı ölçüde doğal olarak O'nun önünde kendini iptal etmek ve O'na hizmet etmeye özlem duyacaktır.

Şimdiye dek söylediğimiz her şey İbur olarak kabul edilir, çünkü kişinin her şeyin Yardan'dan geldiğine inanması gerekir; bu kişiye O'nun önünde kendini iptal etme düşüncesini ve arzusunu verir. O zaman, bunu tasvir edebileceği bir alan bulmalı, yani bu uyanıştan nasıl ilham alıyor ve eleştirel olmalıdır; orada düzeltmek için kesinlikle eksiklikler bulacaktır. Ancak orada eksik olanı gördüğünde mutlu olamaz çünkü her eksiklik ona acı çektirir, o halde nasıl mutlu olabilir? Öte yandan, bu kadar eksik olmak iyi değildir zira Keduşa'da (kutsallık) eksiklik ve Klipot'un (kabuklar) hükmü olmaması bir kuraldır. Kişi derecesinden düşebilir ve çalışmasında bu zayıflığı alabilir.

Bu nedenle, bir kişi kendisini bütünlük içinde görmelidir, hiçbir eksikliği yoktur. Kendini hayatından mutlu görür, kendisi gibi hayattan mutlu olan insanların pek olmadığını görür ve eğer onlar da hayattan kendisi kadar keyif alsalardı kendisine imreniyor olacaklarını düşünerek mutlu olur

Örneğin, mahkûmlar var ve onların hapishaneden dışarı çıkmasına ve açık hava almasına izin verilmez. Ancak bir adam hapishane müdürünün himayesini kazanır ve kimse bunu bilmese de günde bir saat serbest kalması sağlanır. Ziyarete evine gidip cezaevine geri döner. Bu adam ne kadar mutlu olur? 1) Evini ziyaret ettiği için mutludur. 2) Bu özgürlüğe kavuşamayan tutsakların geri kalanına baktığında, dışarıdaki ışığı hiç görmeden cezaevinde oturan diğerlerine bakmaktan muazzam zevk alır.

Bu, kendi zevki, yani kendi aldığı zevk yanında, kendi dışındaki şeylerden de zevk alabileceği anlamına gelir. Sahip olduğu ve diğerlerinin sahip olmadığı şeyleri görmekten hoşlanır. Şöyle ki bu zevk dışarıdan gelir, izne çıkışından hoşlanırken, dışarıya çıkış izni olmayanların nasıl acı çektiğini görmekten de hoşlanır.

Buradan çıkan şu ki bu iki keyfin ayırdına varmalıyız: 1) aldığı zevkin keyfi, 2) başkalarının sahip olmadığı şeylerden aldığı zevk ki buna "dışarıdan keyif duymak" denir. Buradan çıkan ders şu ki hapiste olduğumuz için -Kaparot'ta (kefaret) Yom Kipur'da (kefaret günü)- söylediğimiz üzere "Karanlığın sakinleri ve ölümün gölgesi, yoksulluğa ve demir parmaklığa mahkûm olanlar, O sizleri karanlıktan ve ölümün gölgesinden kurtaracak."

Günah işledik ve hapishaneye yerleştirildik, kralın huzurunda günah işlemiş tutukluların hepsi buraya, ömür boyu hiç ışığı görmedikleri bu yere yerleştirilir, yani onlara ömür boyu hapis cezası verilir. "Bu dünyanın efendisi" olarak anılan anne-babadan ayrılırlar, bilginlerin söylediği gibi (Tana de Bei Eliyahu Rabah, Bölüm 25), "Eylemlerim ne zaman atalarımın eylemlerine erişecek?"

Yani, atalarıyla bağlantı kurduğu zaman, atalarının iyi işlerini bilir ve şunu sorduğu söylenebilir; "Eylemlerim ne zaman atalarımın eylemlerine erişecek?"

Bu şudur ki, o da ataları gibi iyi işler yapabilecektir. Ama günah yüzünden –dendiği üzere, "günahlarımız yüzünden topraklarından sürüldük"- cezaevine yerleştirildik, atalarımızdan tamamen koptuk, yani Yaradan'a bağlı, O'nunla bir olmuş atalarımız olduğunu bilmiyoruz. Ve Yaradan'la bir olmak için bir şeyler yapmak istediğimiz manevi bir meseleden söz etmenin bizim için de geçerli olduğuna dair hiçbir fikrimiz yok.

Ömür boyu hapis cezasına çarptırılan insanların tüm yaşamları boyunca ışığı görmedikleri ve bu durumlarını kabul ettikleri görülür. Sadece hapishane müdürünün beslenmeleri için onlara vermesi gerektiğini düşündüklerinin tadını almaya alışkındırlar ve alışkanlıkları, bir zamanlar sahip oldukları şeyleri unutmalarına neden olur; cezaevinin dışında bir hayatı, kendileri için seçtikleri bir hayattan zevk aldıklarını ve hapishane şartlarına göre beslenmeyi kabullenmediklerini. Ancak onlar her şeyi unutmuşlardır.

Çıkan ders şudur ki, kişi müdürün onu sevmesi ve böylece her gün kendisine hapishaneden çıkıp dolaşmak için özgürlük vermesine ve masum insanların keyfini çıkardığı şeylerin keyfini çıkarmaktan mutlu olacaktır, sanki hiçbir zaman Krala karşı günah işlememiş gibi. Evine yürür, ailesindeki herkesle, arkadaşlarını ve sevdikleri ile birlikte zaman geçirir, ama gene hapse geri dönmek zorundadır

Bu her gün olur. Yani, kişiye bir arzu gelir; sinagoga girip dua etmesi ve bir miktar öğrenmesi ve manevi bir hayat olduğu birazcık hissetmesi nihayet buna inanması yani inanç edinmesi için. Buna "Keduşa'daki her şey hakkındaki küçücük hisler," denir, uzaktan bir aydınlanma alır. Yani, form eşitliğinden hala uzaktadır, çünkü "form eşitsizliği" denilen, kendi-sevgisi ile günah işlemiştir. Ve ona cezaevinde ömür boyu hapis cezası verilmiştir. Hapishane, manevi bir hayatın olmadığı fakat krala karşı günah işlemiş olan kötülerin bulunduğu yerdir.

Ama ona insan hayatından zevk alma düşüncesini ve arzusunu veren hapishane müdürü tarafından himaye edilir. "Sana insan denir, dünya milletlerine insan denmez," sözündeki gibi. Çünkü onlar insan yemeği denilen "manevi hayatı severler, kralların kralına bağlandıklarında, geçici olarak Kral ile konuştuklarını hissederler.

Bir kişi, kendisine geçici izin veren müdür tarafından himaye edildiğinde, her ne kadar daha sonra ineceğini ve hapishaneye geri döneceğini bilse de ve hatta hapishanede olduğunda bile gene de mutlu olabilir; çünkü geçmiş tecrübelerden dolayı iniş ve çıkışlar olduğunu bilir. Dolayısıyla hapishaneye geri döndüğünde dahi, kendisine bazen geçici bir izin daha verecek olan müdür tarafından himaye edildiğini bilir ve bu kısa sürede arkadaşlarıyla görüşecek ve tamamen serbest bırakılması için istirhamda bulunabilecektir.

Bu, iniş sırasında bile bazen, kendi sevgisine kapılmış günahkârların düşüncelerini ve arzularını defetmeye alışkın olduğu düşünceleri vardır. Daha sonra iniş esnasında sahip olduğu düşünce ve arzulara inandığı için yukarıdan bir çağrı geldiğinde kendini sevmekten asla vazgeçemeyeceğini hisseder çünkü bedenin buna direncini görür. Direniş her seferinde farklı biçimler alır ve her argüman diğerinden farklıdır ancak gerçekte hepsi de bunun ne kadar zor olduğunu ve kişinin bundan çıkabilmesinin gerçekçi olmadığını göstermesi bakımından aynıdırlar.

Yine de yukarıdan bir uyanış geldiğinde, kişi tüm bu argümanlarını unutur ve hepsi sanki hiç var olmayanmış gibi yanıp yok olur. Şimdi o tek bir şey ister; Yaradan'ın önünde kendini iptal etmek ve şimdi özellikle bunun keyfini hisseder.

Bundan dolayı, azıcık bile olsa kişi maneviyata biraz tutunduğunda, iki nedenden ötürü kendini hâlen mutlu ve bütün hissedebilir: 1) Kendisine çıkış için izin verildi. Geçici olarak cezaevinin dışında olmaktan mutlu olur, yani Torah ve Mitzvot'ta olmaktan. 2) Diğer herkesin hapishanede olduğunu görmekten hoşnuttur. Onlara acıyarak bakar ve bazen onlar için merhamet diler ki böylece Yaradan onların da cezaevinden çıkasına müsaade etsin.

İbur sırasında tasvir etme gücü yalnızca Katnut olduğunda, Tora ve Mitzvot'u niyeti ile zorlukla gözetebildiğinde, kişinin Yaradan'ın kendisine dünyadaki geri kalan -Yaradan'a doğru olanlarla hiçbir bağlantısı olmayan ve amaçları yalnızca hayvansal hazlarla kıyafetlenen, yani hayvanı besleyip ve bakmakla yetinen – diğer insanların olduğu yerden ayrı bir yer vermesinin çok önemli olduğuna inanması gerektiğini şimdi anlayabiliriz. Onlar, maneviyatla ilgili olarak, -manevi bir hayat meselesi olduğunu söyleyen– inanç sahibi gibi aptal olmamakla gurur duyarlar, Aksine, haklı oldukları yönünde güçlü ve açık bir anlayışa sahipler. Kendilerine şunu söylerler: "Maneviyata inanmamamız nedeniyle nesildeki en akıllınız biziz ve hayatımızın amacı sadece maddi hayat."

Kesin olarak, bu dünyada hiç maneviyat olmadığından emindirler; öyle ki, inanç sahibi olanların da sağduyunun dayattığı üzere bu dünyada – hayvanlarınki gibi –bir maddesel hayattan başka bir şey olmadığını anlamalarını isterler. Hatta daha da büyük bilgiçlik taslayanları vardır ki onlar, – hayvanlar gibi yaşadıkları için– hayvanları yememek gerektiği sonucuna varmışlardır zira onlara göre konuşanın (insan seviyesinin) daha yüksek bir amacı yoktur, o zaman hayvanlarla aynı derecede isek ve aynı amaç içinde isek neden onları yiyelim ki?

Bir taraftan, kişi herhangi bir anlama ya da akıl olmadan, mantık ötesinde, basit şeyler yapmak düşüncesini ve arzusunu takdir etmeli ve Tora ve Mitzvot'u gözlemlemedeki küçücük bir arzuyu bile Yaradan tarafından kendisine verildiğine ve himaye edildiğine inanıyor olmalıdır. Bununla birlikte, hapishane alegorisinde olduğu gibi, kişi, Yaradan'ın maddi hayatta bıraktığı diğer insanlara göre ne gibi bir üstünlüğü olduğunu ve neden Yaradan'ın onu tüm insanlar arasından seçtiğini bilemez. Bu konu kendisine sevinç ve bütünlük getirmeli ve bütünlük hissettiğinden Yaradan'a teşekkür etmelidir. Baal HaSulam'ın dediği gibi, "Kişi, onu biraz daha kendine yaklaştırdığı için Yaradan'a teşekkür ettiğinde, o ölçüde her zaman yukarıdan yardım alır."

Bunu şöyle yorumlayabiliriz, kişi Yaradan'a teşekkür etmesi gerektiğini anladığı takdirde, bu Yaradan'a etten ve kandan olana yaptığı gibi teşekkür etmesi gerektiği anlamına gelmez. Aksine, soru şudur: O'na şükran duyması gerektiğini anlamasının ölçüsü nedir. O zaman kişi, O'na ne kadar şükran duymam gerekiyor diye düşünmeye başlar.

Kural şudur ki şükranın derecesi verilmenin derecesi kadardır. Mesela, hayatını kazanmak için işi olmayan birisine yardım ederse, bu kişi, onun için gidip zahmete giren ve iş bulan birine doğal olarak derin bir şükran duyar.

Ama örneğin bir kişi hükümete karşı suç işlemiş ve yargıç onu yirmi yıl hapis cezasına çarptırmıştır ve bu kişi ailesinden ayrılmak zorunda kalmıştır ve hâlen evlendirmesi gereken oğulları ve kızları vardır ve yüz işçilik yeni bir iş kurmuştur, ama henüz yalnızca elli işçisi vardır. Ve şimdi yakalandığı suça göre yirmi yıl hapse atılmıştır, planlarının sonucu hakkında, ailesi hakkında endişelenir, bütün dünyadan ayrı kalmıştır. Bu kişi şimdi cezaevinde yaşamaktan ve her şey için endişelenmektense ölmeyi tercih ettiğini söylemektedir.

Ve bir adam çıkagelir ve ona tüm suçlamalardan beraatı için ipuçları verir ve o özgürlüğüne kavuşur. Sonrasında bu kişi kesinlikle hayatını kurtaran bu adama ne verebileceğini düşünmeye başlar. Kuşkusuz şimdi bu kişinin tek bir endişesi var: "Bu adamı kalbimi nasıl gösterebilirim, her kemiğim ona teşekkür edip onu övüyor." Yazılmış olduğu gibi "Tüm kemiklerim söyleyecek," deyip şarkılar söyler ve bu adamı över.

Ona teşekkür ettikçe, ona nasıl şükredeceğini bilebilsin diye onun kendisine verdiği kurtuluşun ölçüsünü düşünmeye başlar. Bu nedenle, kişi Yaradan'a şükrettiğinde, bu, Yaradan'ın onu, bir süreliğine, Keduşa dünyasının havasından biraz daha nefes alması için cezaevinden çıkarmasının önemini takdir edişine bağlıdır.

Bu nedenle de kişi inişten acı çeker, Yaradan'ın yakınan çekilmesini takdir etmemiştir ve takdir onu etmemesi kaybetmesine neden olur. Bilginlerin söylediği gibi, "Kim aptaldır? Verilenleri kaybeden." Bu, kişinin Tevrat'a ve Mitzvot'a yaklaşmanın ölçüsünü takdir edecek akla sahip olmadığı anlamına gelir, yani kişi Tora ve Mitzvot'taki en küçük şeyin bile çok önemli olduğuna inanmalıdır, onun önemini henüz hissetmese bile.

Demek ki inanç, insanın henüz hissetmediği veya edinmediği şeylerdedir. O zaman bilgelerimize inanmalıyız, bilgelerimizin öyle olduğunu söylediği şeyler, öyledir, bizim hissettiğimiz gibi değil. Bunun nedeni şudur; içimizdeki duygular henüz, Kral'la konuştuğumuzu anlayacak kadar gelişmemiştir. Bu basittir: Eğer birisi kralla konuştuğunu biliyorsa, kendisinin Kral'la konuşmanın önemini hissetmeye hazırlanmasına gerek yoktur; doğal bir şeydir ve gereksiz yere üzerinde çalışmaya gerek yoktur.

O zaman, kişinin Yaradan'ın Tora'sı olduğuna inandığı şükran sözlerini ve Tora'nın sözlerini söylerken heyecan duymamasının nedeni nedir? Bunun nedeni, inancının hala tam bir inanç olmamasıdır; yani inancı açık ve net bir anlayış değildir, inancı halen eksiktir.

Bunun yüzden, önemli bir Kral'la konuştuğuna inanmak için çalışmak zorundadır ve his, çalışmaksızın gelen bir şeydir çünkü his, kişiye ilham veren yeni bir şeyin sonucudur. Asıl iş, büyük bir kral olduğuna inanmak için yapılan, inanç üzerindeki çalışmadır.

Kutsal Zohar'ın çeşitli yerlerinde sunulan husus, Şehina'nın (Kutsallık) sürgünü veya başka bir deyişle "sürgündeki Şehina" ya da "Tozun içindeki Şehina" üzerine kişinin dua etmesi gerektiğidir. Bu şudur; dua etmek ya da konuşmak istediğimiz kişinin önem vermiyoruz ve bize verdiği zevklere ve Mitzvot'a, her ikisine de şükretmiyoruz. Ayrıca, yerine getirdiğimiz Mitzvot'un değerini de düşünmüyoruz. Bütün bunlara "sürgündeki Şehina" denir.

Doğal olarak, Torah ve Mitzvot'u yerine getirmek için bir his duyamayız, çünkü - kişi bir şeyden ne kadar ilham alırsa, onun için o kadar heyecan duyar- kuralı vardır.

Dolayısıyla, kişinin Yaradan'a memnuniyetle hizmet etmesi gerektiğini anlamalıdır; yani, her halükârda, düşük seviyedeki bir durumda olsa bile. Ve Tora ve Mitzvot'la uğraşırken, şimdi kendisini mantık ötesinde, Mitzva'yı yerine getiriyor diye görmelidir. Yani vücut ona ne kadar alçak olduğunu gösterse de yine de kendisini güçlendirebilir ve "Tora'yı ve Mitzvot'u niyetsiz yerine getirmem çok önemli" der çünkü gerçekte her şeyi uygulayarak yerine getirmektedir ama amacı eksiktir. Yani, eğer doğru niyeti varsa, beden de tatmin olacaktı ve tam bir insan gibi hissedecekti.

Ancak şimdi vücut, Torah ve Mitzvot'tan hoşlanamıyor, bu yüzden burada eksik olan şey vücudun zevkidir. Ancak kişi Yaradan için çalışmak istediği için, özellikle şu anda, vücut bir zevk olmadığında, ihsan etmek için daha çok çalışabilir. Eğer mantık ötesinde buna inanırsa, bu üstesinden gelmeye "aşağıdan uyanış" denir. Sonra kişi, şimdi gerçekten Yaradan'a bağlı olduğu ve karşılığında hiçbir şeye almadan Yaradan'a hizmet etmek istediği için rızkını almalıdır.

Bununla birlikte, mantık ötesinde gidemezse, iki görevli ona gelir ve Kral'a karşı tüm günahkârlarla birlikte onu hapishaneye koyar. Bu iki görevli "zihin" ve "kalptir". O zaman cezalandırılacağı süre kadar cezalandırılıyor ve ardından davranışlarını incelemek için kısa bir izin verilir. Bu, yukarıdan merhamet edilene ve hapishaneden çıkarılana kadar devam eder.

Bu durumda iki şeye ihtiyacımız var: Birincisi Katnut olan tasvir gücü, ikincisi ise, İbur'u ziyan olmaması için, düşüğü engelleyen alıkoyma gücü. Tasvir gücüne ihtiyacımız var, -çünkü Kli olmadan bir ışık olmadığı, yani eksiklik olmadan doluş olmayacağı- kuralı var, bu nedenle Katnut yoksa asla Gadlut olmayacaktır.

Bununla birlikte, eksiklik hissimizi tutmaya devam etmek zorundayız, çünkü eksiklik, kişinin hala tamam olmadığı için acı duyması anlamındadır. Acıya dayanmanın zor olduğu bilinir. Eğer kişi bu acının bir sonu olmadığını görürse bu mücadeleden kaçar. Dolayısıyla ona bütünlük kazandırmalıyız ve böylece tutunabilir ve (kötü) eğilimle savaşından kaçmaz. Bununla birlikte, kendisine kandırmak ve ona bütün olduğunu söyleyerek yalan konuşmamalıyız, zira yazıldığı üzere, "Yalan konuşan benim huzuruma çıkamaz."

Bu nedenle, bir kişiye, "Herkesin hapsolduğunu görmektesin," dediğimiz zaman, yukarıdaki alegoride olduğu gibi "Ve onlar ebeveynleri ve arkadaşları olduğunu unuturlar", çünkü onlar, Torah ve Mitzvot ile uğraşanlarla ruhları ile dost olurlar. Ve onlar her şeyi unuturlar ve bu dünyada olan herkesin hapsolmuş insanlar olduklarını ve onların hapishane müdürü tarafından kontrol ettiğini düşünürler; yani kötü eğilimin hükmü altındadırlar ve görüşlerine karşı çıkan birinin deli olduğunu zannetmektedirler. Cezaevinden hoşnut olan bedensel hayattan vazgeçerek mantık ötesi bir şey ararlar, yani bedensel yaşamın sevincinden daha büyük bir keyif olduğuna inanırlar.

Yaradan tarafından himaye edildiği için çok ayrıcalıklı olduğunu ve O'nun kendisini Keduşa'nın havasını soluması için geçici bir süre bile olsa bedensel hayattan kurtardığını hesaplar. Kendini onlarla karşılaştırdığı zaman çok mutlu olmalıdır. Şüphesiz, bu bütünlük gerçek bütünlük olarak kabul edilir, çünkü maddesellikte, yukarıdaki hapishane alegorisinden anlarız ki geçici bir izin, hapishane müdürü tarafından himaye edildiğini, diğer mahkûmların hiçbirinin böyle bir ayrıcalığı olmadığını gördüğü için kişiye çok büyük bir sevinç verir.

Aynı zamanda bu bütünlük gerçek olduğu için kişi bunu takdir etmek için büyük çaba sarf etmelidir; zira bu çalışma, maneviyatta küçük bir hizmeti takdir ederek çalışmanın önemini yükseltir. Bu yolla daha sonra, Krala hizmet etmenin önemini Yaradan'a hizmet etmeyi takdir edebilmenin bir yolunun olmadığını söyleyebileceğimiz bir noktaya kadar yükseltmekle ödülleniriz. Buna İbur denir.

İbur, uyanışın yukarıdakinden geldiği anlamına gelir. Ancak, hazırlık sırasında, İbur'un NRNHY'ın Nefeş'i ile ödüllendirildiği yerde olan Kralın sarayına kabul edilmekle ödüllenene kadar birçok inişler ve çıkışlar var. Ancak, bu tamamen İbur'a girer çünkü her şey yukarıdakinin uyanışından gelir.

Hazırlığın bakış açısından, Yenika, kendi kendine uyanır, yazarlar ve kitaplar yoluyla Keduşa'dan bir şeyler emmek ister anlamına gelir, böylece ruhunu manevi bir hayatla diriltebilir. Bu nedenle, Tora ve Mitzvot'la uğraştığında, Tora'nın ıslah eden ışığını çekmeye özlem duyar. Bilgelerin de dediği gibi; "Kötü eğilimi yarattım; Tora'yı da şifa olarak yarattım."

Bununla birlikte, Tora'nın ışığını ortaya çıkarmak için, Zohar Kitabına Giriş'te yazıldığı üzere inanca sahip olmalıyız. Bunun nedeni; kişi Yaradan'a ve O'nun Tora'sına inandığı için ve O'na bağlanmak ve O'nunla bir olmak ister, ancak görürü ki içindeki günahkâr yüzünden, alma arzusu yüzünden bunu yapamaz ve bu yapısı onu Yaradan'dan uzaklaştırır. Bu nedenle Sulam'da (Zohar hakkında yorum) yazılmış olduğu gibi, inancı da tutarsızdır; inancı kişide kalıcı olamaz, çünkü korkusu olmadığı sürece -yani sürekli olarak ihsan etmeye niyet edemeyeceği ama form eşitsizliği olan almak için almaya özlem duyacağından korkmadığı sürece- ki inancın ışığı kalıcı olamaz.

Bu nedenle "form eşitliği" olarak adlandırılan Dvekut (birleşme, bir olma) yoksa daimi bir inanç da olamaz. Peki, ama form eşitsizliği olan kendi doğasının üstesinden gelebilmek için kişi bu gücü nasıl alır? Bunun hakkında şu söylenmiştir; "Kişi daima Tora ve Mitzvot'la, uğraşmalıdır,

Lo Lişma'da (onun hatırı için olmasa) olsa bile. Lo Lişma'dan Lişma'ya (onun hatırı için) gelir çünkü onun içindeki ışık kişiyi ıslah eder" (Pesahim, 50). Şöyle ki Tora'daki ışık onu ıslah eden şeydir, ancak bu özellikle, Tora'daki ışığı onu ıslah etmesi için istediğinde söz konusu olur, yani tüm eylemlerini Yaradan'ına ıhsan etmeye yönelttiğinde olur.

Sonra, ıslah olur, yani bu Dvekut'u olduğu anlamına gelir, o zaman kalıcı inançla ödüllendirilir. Ancak yalnızca kısmen inanç edinmekle ilgilenmeyen ve Tora'nın, yalnız alma kaplarına giren zevkini çıkaran ve ihsan etme kapları ile ilgilenmeyen birisinin ıslah eden şifayı veren Tora'nın ışığına ihtiyacı yoktur. Yani, çalışmasını ıslah etmek için kişiye güç vermesi için ve böylece Dvekut olarak adlandırılan duruma yani kişinin yalnız Yaradan'a memnuniyet vermeye ve böylece sürekli inanç ile ödüllendirilmeye gelmesi için.

Eğer kalıcı inanca ihtiyaç duymuyorsa, Dvekut'a ihtiyaç duymuyorsa ama Tora'nın içindeki ışık yukarıdan geliyor, bu ışığın içinde zevk ve keyif var diye bu ışığı bekliyor ise bu böyle değildir. Bu, kişinin bu ışığa, alma kaplarını ihsan etme kaplarına dönüştürmesine yardımcı olması için özlem duymadığı anlamına gelir. Aksine, o ışığın yapmak istediği şeyin tam tersini yapmak istemektedir.

Işığın amacı onu ıslah etmektir. Yazıldığı üzere o "iyidir." "Kalbimden iyi bir şey taşıyor; diyorum ki, 'Benim hizmetim Kral için hizmettir." (Mezmurlar, 45). Yani, "iyi", kişiyi ihsan etme kapları ile ödüllendiren anlamına gelir. Ancak o ışığın tadını çıkarmak istiyorsa, bu da ışığın onun alma kaplarını artıracağı anlamına gelir. Bu ışığın vermesi gerekenin tam tersidir. O ışıktan almak istiyor ve bu nedenle ona ışık gelmez.

On Sefirot'un Çalışmasına Giriş, 15. maddede şöyle yazılmıştır: "Kişi Lo Lişma'da Tora ve Mitzvot'la uğraşmanın –eğer kişi kalbinde Yaradan'a ve Tora'ya tam bir inanç ile ödüllendirildiğini bilmiyorsa- onu Lişma'ya getireceğini beklememelidir." Çünkü ancak o zaman Tora'nın içindeki ışık onu ıslah eder ve Efendi'nin gün ışığıyla ödüllendirilir zira bu inancın Keduşa'sı insanın gözlerini arındırır, böylece, O'nun ışığının keyfine varır ve Tora'nın içindeki ışık onu ıslah eder. Benzer şekilde, inançsızların gözleri, Yaradan'ın ışığına karşı kördür.

Dediğini, "inanç ışığı inananlar görünür" sözleriyle anlatılanı yorumlamalıyız. Açıkladığımıza göre, kalıcı inançla ödüllenenlerin zaten bolluk içindedirler. Bununla birlikte, Baal HaSulam'ın bu yazılan hakkında şöyle dedi: "Arzusu bilgeye bilgelik getirir." İnsanlar sordular: "Bu, ahmaklara bilgelik getirir denmeliydi." Ve o, Kli olmadan ışık olmadığını aptallara bilgelik verilemeyeceğini çünkü hiçbir şeye ihtiyaçları olmadığını söyledi. Buna göre, "Arzusu bilgeye bilgelik getirir," ne demektir? Bu, akıllı olmayı arzulayan birisi, Kli'ye sahiptir demektir. Eksiği olduğu için doldurulabilir, zira eksiği olmayan doldurulmaz.

Bu nedenle de inanç konusunu da bu şekilde yorumlamalıyız. Yani, yukarıda belirtildiği gibi yalnız kısmi bir inanca sahip olduğunu gören kişinin inanca ihtiyacı vardır ve "sadık" denen inancı tamam biri olmak için arzu ve`özlem duyar. Bunun anlamı şudur; kişinin inanç ışığına arzusu ve ihtiyacı vardır. İnanç arayan insanlara, Tora'nın ışığı görünür. Bu nedenle, İnancın Keduşa'sı insanın gözlerini arındırdığı ve böylece Torah'ın ışığı ıslah edene kadar O'nun ışığından hoşnut oldukları yazılmıştır.

Bu nedenle İbur, kişinin aldığı yukarıdan bir uyanış aldığı anlamına gelir. Bedensel İbur'un ebeveynlerine bağlı olması gibi burada da yukarıdan gelen çağrıya bağlıdır. Kişi tövbe etmeye çağırdığında başka şeyler düşünmeye başlar. Daha sonra, yukarıdan aldığı çağrıdan önce sahip olduğu tüm arzuları yakılır ve bir isme layık görülmez.

Öte yandan Yenika, kitap veya yazardan alacağı Yenika (süt emme) yoluyla kişinin kendi kendine araştırmaya başladığı anlamına gelir. Yaradan'a tutunabilmek ve tam bir inançla ödüllenebilmek için onlardan Tora'nın ışığını emmek ister.

Dua Boyunca Bacakları Düzeltmenin ve Başı Örtmenin Sebebi

Makale No. 32, Tav-Şin-Mem-Vav, 1985-86

Zohar'da (Vaethanan, madde 10) şöyle yazılmıştır: "Gel ve gör, dua boyunca ayakta duran kişi, Kral'ın önünde duran biri gibi, bacaklarını düzeltmeli, başını örtmeli ve Şehina'ya (Kutsallık) bakmamak için gözlerini kapatmalıdır." O, Zohar'da (Vaethanan, madde 11) şöyle sorar: "Diyorsun ki 'Dua ederken, Şehina'ya bakan biri. 'Fakat Şehina'ya nasıl bakabilir? 'Bu, dua sırasında Şehina'nın onun önünde durduğunu, doğrulamak içindir. Bu yüzden gözlerini açmamalıdır.'"

Ayakları düzeltmek meselesinin, ne ima ettiğini anlamalıyız. Çünkü duada bir şartmış gibi görünüyor. Yani, önemli bir meseleyi kastediyor. Peki, öyleyse nedir? Ayrıca dua boyunca, başımızı neden örtmemiz gerektiğini anlamalıyız. Bunun başımızı, dua boyunca, Talit (dua örtüsü, şalı) ile örtmemiz gerektiği anlamına geleceği söylenemez, zira bu, sadece sabah duasıyla alakalıdır. Ancak Talit olmadan dua ettiğimiz, öğleden sonra ve akşam dualarında, başı örtmekten bahsedebilir miyiz ki? Öyleyse, bu ne demektir?

Ayrıca, gözleri kapatmanın anlamı nedir? Biz, gözlerimizi Şema okuması yaparken kapatırız. Ama burada diyor ki, dua boyunca, gözlerimizi de kapatmalıyız. Öyleyse, bununla ne kastedildiğini bilmeliyiz. Ayrıca Kutsal Zohar'ın şu soruya cevabını da anlamalıyız: 'Kişi, Şehina'ya nasıl bakabilir?'

Bu, Şehina'nın, duası boyunca, onun önünde duruyor olduğunu doğrulamaktır, diye açıklar. Fakat cevap net değildir. Gözleri kapatmakla, Şehina'nın, onun önünde durması arasındaki bağlantı nedir? Yukarıdakileri anlamak için, yaratılış meselesinin tamamına geri dönmeliyiz. Bunun sebebi nedir? Yaratılışın ulaşması gereken aşamalar nelerdir?

Yaratılışın amacının, yarattıklarına iyilik yapmak olduğu bilinir. Böylece meşhur soru gelir: 'Öyleyse, yaratılanların her birine, haz ve memnuniyetin, açık olmamasının sebebi nedir? Aksine, bunun tam tersini görüyoruz. Tüm dünya, biraz haz ve zevk elde etmeden önce, acı çekiyor, işkence görüyor. Çoğunlukla, bir insan, iç gözlem yaptığı zaman, bilgelerimizin söylediğini söyler ve der ki: 'Doğmaktansa, doğmamak daha iyi olurdu. '(Iruvin, 13) Onların sözleriyle, 'İnsan, doğmamış olmayı, doğmuş olmaya tercih ederdi'

Bilinen cevap şudur ki 'Utanç ekmeği 'denen utanca, sahip olmamak için, bize, 'form eşitliği 'denen düzeltme verildi. Bunun anlamı, kişinin aldığı her zevk ve memnuniyet, ihsan etme niyeti ile olmalıdır. İhsan etmek için haz almaya, alışabilmesi için, Tzimtzum (kısıtlama) ve gizlilik olmalıydı ki böylece Mitzvot (emirler) ve Tora'da kıyafetlenmiş büyük hazzı hemen göremeyelim.

Kutsal Zohar'da, 'ince ışık', yani 'çok soluk ışık 'denen, sadece küçük hazların olduğu maddesel meselelerle, ihsan etmek için çalışmanın düzenini öğrenebiliriz. Yani, kutsal kıvılcımlar, var olabilmek için Klipot'a (kabuk) düştüler. Maddesel hazlarda bulunan bu ışıkla, ihsan etmek için, onları nasıl alacağımızı öğrenebiliriz. Çünkü küçük hazlarda, ihsan etmek için almaya alışmak, daha kolaydır. Yani, şunu söylemek daha kolaydır: 'Şayet ihsan etmek için çalışamıyorsam, vazgeçerim ve bu hazları almak istemem. Çünkü onlar yüzünden, Yaradan'dan ayrı düşerim.'

Bilinir ki O, sadece ihsan etmek için çalışır ve aşağıda olan, özellikle almak ister. Bu nedenle, burada form eşitliği yoktur. Bu yüzden, kişi Yaradan'a tutunmak, bağlanmak istediğinde, alma eylemi onu, Yaradan algısından, Tzimtzum ve gizlilik vasıtasıyla ayırır ki böylece kendisi bir şeyler yapabilsin ve bu yaptıklarını ihsan etmeye yönlendirmeyi alışkanlık edinebilsin. Fakat İlahi Takdir ifşa olmuş olsaydı, haz ve memnuniyet ifşa olmuş olur ve insan alma kabının üstesinden gelemezdi.

Bundan, bilgelerimizin, dua boyunca bir insan bacaklarını düzeltmelidir derken, ne demek istediklerini anlayacağız. Raglaim (bacaklar), Meraglim (ajanlar) sözcüğünden gelir. Yani kişiye ajanların itirazları gelir. Onlar görür ki, İsrail'in toprağı olan, kutsal toprağa ulaşmak için başlanan bu çalışma, iki nedenden dolayı uğraşmaya değmez:

1) Eğer, sadece Kral'a giden yolda yürürse, alma arzusu ne kazanacak? Yani, Yaradan için yaptığı çalışmayla zahmete girer ve alma arzusu fayda sağlamaz, kaybedecek ve ihsan etme arzusu kazanacak. Peki, yaratılmış olanın özü olan alma arzusu bundan ne elde edecek?

2) Kral'a hizmet etmenin, uğraşmaya değer olduğunu söylersek, bu bile insana, büyük memnuniyet verir; her insan bunun için uygun değildir. Bu şu özel koşulları gerektirir; Keduşa'ya (Kutsallık) yaklaşmak istediğinde, kişi karşılaşacağı tüm engellerin üstesinden gelebilecek, büyük bir yetenek ve cesaretle doğmuş olmalıdır.

Öte yandan, bizim için, tüm İsrail'le aynı seviyede olmak yeterlidir. Neden, genel halktan daha yüksek dereceleri aramalıyız ki? Bir istisna olmaya ihtiyacım yok ve başka hiçbir niyetim olmadan, sadece Tora ve Mitzvot'a, uymaktan memnunum. Bu şekilde çalışma, alma kabımıza daha yakın olduğundan kesinlikle daha kolaydır.

Bir avuç insanın, en önemli olan şey, Yaradan için çalışmaktır demelerine neden aldırayım ki? Tabi ki tüm halk, Yaradan için çalışıyor; öyleyse ben de onlardan biri gibi olacağım. Buna 'ajanlar 'denir.

Dua boyunca, bacaklarını düzeltmesi gerektiği söylendi. Bunun anlamı, kişi, ona ajanların gösterdiğini – yalnız bir avuç insanın biz bu yolda yürümeliyiz dediği- bu yolun, başka bir yol değil ama yalnız bu yolun doğru yol olduğunu söylemelidir.

Bu, bilgelerimizin söylediği gibidir: 'Kişi, daima Tora ve Mitzvot'la, Lo Lişma'da (O'nun adına değil) uğraşmalıdır ki, Lo Lişma'dan, Lişma'ya (O'nun adına) gelsin. ' Bilgelerimizin söylediği doğru olmalı ki yürümeyi denediğimiz bu yol, doğrudan 'tam gerçek 'denen Yaradan'a götürür. Bunun anlamı şudur; ajanlar, yaptığının yanlış olduğunu söylediğinde kişi şöyle karşılık vermelidir. 'Şimdi, seçtiğim bu yolda yürümek için Yaradan'dan bana yardım etmesini isteyeceğim, bu yol dosdoğru bir yoldur.'

Dua boyunca, bacakları düzeltmenin gerekli olmasının anlamı budur. Akabinde, Yaradan'a edeceği dua, bir eksiklik vermesi içindir, zira bir eksikliği, dua edip isteyeceği bir şeyi yoktur. Ve eksikliğim nedir? Ajanların beni rahat bırakmayacağını görmem ve onların yolunda yürümek istemememdir. Buna rağmen, görüyorum ki tüm düşüncelerim ve tüm arzularım, sadece benim yararım içindir. Ve görüyorum ki Yaradan için hiçbir şey yapamıyorum.

Bu nedenle, şimdi tek ihtiyacım olan ve Yaradan'dan istemem gereken, O'nun bana 'arzu 'denen bir Kli (kap) vermesidir. Yani, ben eksikliğin eksikliğindeyim. Yani, Kral'a hizmet etmek isteyen bir arzu; bu benim tüm dileğim ve özlemimdir. Ve Yaradan'a hizmet etmekle ilgisi olmayan şeyler hakkında endişe etmem.

Ancak, kişinin Kral'a hizmet etmek için özlem duymamasının gerçek sebebi, Kral'a hizmet etmek istememesi değildir. Bilakis Baal HaSulam dedi ki, gerçek sebep, kişinin Kral'ın huzurunda durduğuna inanmamasıdır. Fakat kişi, Kral'ın önünde durduğunu hissettiğinde, seçimi iptal olur ve Kral'ın önünde, meşalenin önündeki mum gibi, iptal olur.

Bu nedenle, çaba göstermesi gereken ana şey, inançla ödüllendirilmek olmalıdır. Yani, Yaradan'ın varlığını hissetmektir. Bilgelerimizin söylediği gibi (Pirkey Avot), üzerimizde gizlilik olduğundan, 'Göz, görür ve kulak duyar'. Fakat kendini sevmeden çıkmadan önce, halen Tzimtzum altındayız. Öyleyse almanın yeri, karanlık, ışıksız olacaktır. Buna, 'Üst ışığın olmadığı alan 'denir.

Bundan dolayı, Yaradan'dan gözlerini açmasını ister ki, Yaradan'ın önünde durduğunu hissedebilsin. Buna ihtiyaç duymasının sebebi, Yaradan'ın önünde durmaktan, haz almayı istemesi değildir. Aksine, Yaradan'a ihsan etmek ister ve hiçbir şey yapamaz. Çünkü henüz Yaradan'ın önemini hissetmez. Ona göre Şehina, sürgündedir. Yani, kendi yararını düşünmeden, Yaradan için bir şeyler yapmak durumunda olduğunda, içindeki karanlık büyür. Ona öyle gelir ki, dünyadan göçüp gitmiş ve ölmüştür.

Yani, tüm varlığının iptal olduğunu ve artık bir unvanı hak etmediğini hissetmeye başlar. Bu sebeple, bu seviyeye girişinin hemen başlangıcında, buradan kaçmak ister. Çünkü o zaman bu durumun onda yarattığı hoşnutsuzluğu hisseder ve bu yolda yürümeye devam edemez. 'Sadece Yaradan için 'olan yolda yürümeye başlarsa, yaşamı ve mutluluğu hissedebileceğini bilir. Ama aniden bunun tam tersini görür.

Bu şu soruyu getirir: 'Neden böyle? 'Bu durumda cevap, böyle hissettiğinde, 'tozun içindeki Şehina 'sözünün anlamını hissedebileceğidir. Yani, o kadar aşağı düştü ki yerle bir oldu. 'Tozun içindeki Şehina'nın ne olduğunu anladıktan sonra, iyi işler yaparak, Yaradan'a dua eder ki Yaradan, Şehina'yı tozdan yükseltsin.

Yani, Cennet'in Krallığının yükünü üstlendiğini hissettiği yer, yani yalnız Yaradan için çalıştığı yer toz tadındadır. Yaradan'dan, gizliliği kaldırmasını ister ki böylece Şehina'ya 'yaşayanların toprağı' dendiğini görmekle ödüllensin. Her şeyi kendi yararı için değil de tamamen Yaradan için yapmayı istemesiyle, tam bu noktada, kişi gerçek yaşamla ödüllendirilir. 'Yaşayanların toprağı' sözünün anlamı budur. O toprak ki, yaşam her şeye ondan yayılır. Diğer taraftan, Sitra Ahra'nın (diğer taraf) toprağına, 'orada ikamet edenleri tüketen toprak 'denir.

Bilinir ki alma meselesi, Keduşa'dan ayrılmaya sebep olur. Bu nedenle, yaşarken günahkâr olanlara ö'lü' denir. İhsan etmeye Dvekut denir; şöyle yazıldığı gibi: 'Ve siz, Efendi'ye tutunanlar, bugün sizin Tanrınız, her birinizin içinde yaşıyor. 'Bu, kişinin, Yaradan'dan gözlerini açmasını ve onu inançla ödüllendirmesini yani, O'nun varlığını hissetmeyi istemesi anlamına gelir. Bu, kişinin Kral'ın huzurunda durma hissinin, hazzına özlem duyduğu anlamına gelmez. Aksine, Yaradan sevgisi emrine uymak istemeyen bir günahkâr olmamaya özlem duyar. Ve haz olmadan, sevgi olamayacağından, kişinin doğrudan ya da dolaylı olarak çekilerek bunu istemesi meselesi vardır.

Örneğin, bundan keyif duyduğu için, kişinin çocuklarını sevmek için bir arzusu vardır. Hâlbuki kişi acı çektiğinde, sevgiden söz edilmez ve bu konuyu sevdiği ve bununla ilgili memnuniyet hissettiği söylenemez. Sadece bazen, bir şeyler kazanabileceğimiz için, acı çekmekten, mutlu olduğumuzu söyleriz. Bu, hastanede ameliyat geçiren kişinin durumu gibidir. Doktora, bir sürü para öder ve bundan hoşlandığı söylenemez. Fakat mutludur, çünkü yaşamsal önemi olan bir şey kazanacaktır.

Bu nedenle, çocuklarını sever ve onlar için çalışır ve bundan keyif alır, diyemeyiz. Aksine, daha doğrusu sevmek ister, bu sevgi ona doğal olarak gelir ve keyif almakla bir alakası yoktur. Fakat onlara olan sevgisi, ona sevinç verir. Bunun ardından, çocuklarına olan sevgisinden gelen mutluluk, dolaylı olarak artar.

Bu, bir kişinin, Yaradan'ın varlığını hissetmek için, Yaradan'dan onu daha yakınına getirmesini ve inancın ışığını vermesini istemesiyle aynıdır. Doğal olarak, o zaman, Yaradan'ın önünde kendini iptal eder ve kesinlikle sevinç duyar. Buna rağmen, kastettiği, bu değildir. Aksine, niyeti, Yaradan'ın onu daha yakına getirmesini istemektir, zira kötü olduğunu ve kendine fayda sağlamak dışında, hiçbir şey yapamadığını görür. Böylece, kendini sevmekten çıkmayı, gerçekten ister.

Akabinde, niyeti kendini sevmekten çıkmaktır, daha büyük hazlar almak değildir. Yani, dünyevi hazlardan pek keyif almadığı için alma arzusuna daha büyük keyifler almak istiyor, amacı bu mudur, yani kendi alma arzusu için daha çok haz almak mı istiyor. Kesinlikle hayır! Tam tersine, kendini sevmekten tamamen çıkmak istiyor.

Kendini sevmekten çıkması ve Yaradan'dan, inancın ışığını vermesini istemesine sebep olan, sadece onun Yahudi olması ve Tora ve Mitzvot'a uymak zorunda olmasındandır. Çünkü Yaradan, bize O'nun arzusunu yerine getirmemizi emretti. Ancak kişi Yaradan'a ihsan etmek için yapacağı hiçbir şey olmadığını görür. Aksine, tüm endişeleri, tıpkı inançsızlarda olduğu gibi, sadece kendini sevmektir. Bu, Yahudi olabilmek ve dünya uluslarına ait olan inançsızlardan olmamak için, gidip bir şeyler istemeye onu motive eder.

Buna rağmen, haz ve sevinç hissetmeden, Yaradan'ın varlığını hissetmenin imkânsız olduğunu hatırlamalıyız. Ve yine de bu haz dolaylı olarak geldiğinde, bu böyledir. Yani kişi buna niyet etmez, bu kişiye kendiliğinden doğal olarak gelir, Kral'ın huzurunda duruyor olduğumuzu ve Kral'ın önemini hissettiğimizde, bu hissiyatımız ölçüsünde gelir.

Bundan dolayı, Kral'ın önünde duruyor, Kral'ın önünde kendini iptal etme isteği hissediyor ve aynı zamanda iptal etmeyi istemesi sebebiyle memnuniyetsizlik hissediyor denemez. Bu yüzden, kişi ihsan etmek için çalışmaya başladığı ve Yaradan'ın önünde kendini iptal ettiğini hissettiği zaman, eğer memnuniyetsizlik hissettiğini görür ise bunun Kral'ın formu olmadığını, 'tozun içindeki Şehina 'ya da 'sürgündeki Şehina ' sözünün anlamını bilmesi için, ona böyle bir duygu verildiğini söylemelidir.

Böylece, Yaradan'a onu yakınlaştırması için dua etmenin zamanı olgunlaşmıştır. Zira kendi başına, Keduşa'ya girebilmesinin başka bir yolu olmadığını görür. Çünkü bedenindeki tüm organların Kral'a hizmet etmeye ve tüm varlığını iptal edip tüm özleminin sadece Kral'a hizmet etme olmasına direndiğini hisseder. O zaman, tüm dünyada, Yaradan'ın kendisinden başka, ona yardım edecek kimse kalmadığında, ona 'eksik 'denir.

Buna rağmen, eksiklik konusunda, Yaradan'a ona yardım etmesi için dua ettiğinde, bu duanın kabul edilmeye uygun olması için bazı şeyleri ayırt etmeliyiz:

1) Kişi ihtiyaç duyduğuna sahipse onun yokluğunu hissetmez. Örneğin, bir adam altı kişilik bir aileye sahiptir. Bu adamın arkadaşı da onunki kadar büyük bir aileye sahiptir ve o, iki odalı bir dairede yaşarken, arkadaşı üç odalı bir yerde yaşıyor. Adam küçüklükten memnundur ve başka bir odanın eksikliğini hissetmez. Doğal olarak, eksikliği hissetmediğinde, başka bir oda edinmek için, çaba göstermez. Böyle bir eksiklikte, duadan bahsedemeyiz. Bundan dolayı, duanın kabul edilmesi konu dışıdır. Çünkü 'eksiklik olmadan, doyum olmayacağından, Kli olmadan, ışık olmaz.'

2) Onun eksikliğini hissediyordur ve onu elde etmek için çaba göstermeye başlar. Buna rağmen, ihtiyaçlarını karşılamak için, bir süre çaba gösterdikten sonra, bunu o kadar da kolay elde edemeyeceğini görür ve umudunu yitirir. Toplum içindeki önde gelen insanlardan biri olmak zorunda olmadığını, kendine söylemeye başlar ve sahip olduğuna razı olur. Adamın tabiatı gereği, tembellik, büyük ölçüde çaba harcamadaki eksikliğini haklı göstermede ona yardım eder. Bundan dolayı, şimdi huzurlu, rahat ve kaygısızdır. Çünkü artık bir şey istemez.

Buna rağmen, umutsuzluğa düşmeden önce, istediğini elde etmek için büyük çaba harcadığından, ulaşmayı ümit etiği dolum düşüncesi aklına gelmeye devam eder. Ve onu elde etmek için harcadığı çaba ölçüsünde, sanki bu dolumun kendisi onu tekrar çalışmaya başlaması için uyandırır.

O zaman kişi, kendisinde eksiklik hissi uyandıran tüm düşünceleri ondan uzaklaştırmasını Yaradan'dan talep etme durumuna gelir. Bunun yerine, aklına hiçbir yokluk gelmesin diye dua eder. Şimdi tek istediği, eğer ulaşırsa, bu onun hiçbir eksik hissetmediği, 'iyi 'diye nitelediği bir durum olacaktır.

Bu durumda, umut ettiği dolum, eksik hissine sahip olmamaktır. Ümit ettiği tüm dolum budur. Şimdi, o yoksunluk duygusunda ve eksiklikler için dolum beklentisinde olmamanın tadını çıkarmak ister. Daha doğrusu, tüm memnuniyeti yoksunluk duygusunun olmamasındandır. Yani, şimdi bu istediği şey, hayatındaki en iyi durum olacaktır.

Bunun anlamı, arkadaşı gelip, ona sorsa: 'Bir şeye ihtiyacın var mı? Dileğini yerine getirmeye çalışacağım'; şöyle cevap verecektir: 'İnan bana, şimdi, hiçbir şeye ihtiyaç duymadığım bir durumdayım. Şimdi tek istediğim, hiçbir şeyden endişe etmeden, dinlenmektir. Utanarak söylüyorum ki, bana neşe vermek için gelmiş olsan bile, gerçeği söylemem gerekirse, seninle ne konuşacağımı düşünmeye çalışmak bile benim istirahatimi bölüyor. Öyleyse sana gerçeği söyleyeceğim; huzurla git ve bana bir iyilik yap; arkadaşlarımıza, etrafta olmadığımı gördüklerinde, bana ziyarete gelmemelerini söyle, zira hayatta iyi hissettiğim tek şey, tüm sorunlardan uzak olmak.'

Kuşkusuzdur ki, kişi böyle bir eksikliği gidermesi için Yaradan'a dua ettiğinde, çaresizlik ve tembellik temeli üzerine inşa edilmiş olan böyle bir dua kabul edilmez. Kişi Yaradan'dan tembel olmak için yardım ister ve böyle bir eksiklik doldurulmaz, çünkü böyle bir dolum bu dünyayı inşa etmez. Tüm dualar, inşa etmek için olmalıdır, tersi değil. Dünyanın ıslahı için dua etmeliyiz. Tembellikle, başıboşlukla, hiçbir şey inşa edilemez.

3) Eksikliğini ve bu yoksunluğunu gideremeyen çaresizliğin ve tembelliğin tüm düşüncelerini hisseder. Bu sebeple, istediklerini nasıl elde edeceğiyle ilgili tavsiye bulmaya çalışır. Bunu takiben, bu dünyanın inşasını istediği için bu eksikliği doldursun diye Yaradan'a dua eder. İçinde bulunduğu durumda görür ki, zaten inşa etmektedir, ancak bu küçük çocukların oyun oynaması gibidir, çocuklar oyuncak evler inşa edip onları tekrar inşa etmek için sökerler. Zevk aldıkları inşa etme, budur.

Kişi maddesel dünyaya aynı şekilde bakmaktadır. Ve bu dünya, çocuk oyunu gibi inşa olmayacaktır, maddesel hazlar bu dünyanın inşası değildir, bu dünya küçük çocuklar için değildir, bir amaç için yaratılmış olmalıdır. Peki, öyleyse kişi küçük çocukların arasında kalmayı nasıl kabul edebilir ki?

Ve çocuklar o oynamak istemediği için ve onu anlamadıkları için, onunla alay ederler ve onun muhtemelen hayatı anlamadığını, hayattan nasıl keyif alınacağını bilmediğini düşünürler, herkes gibi değildir, bu dünyadan çekilip ayrılmak ister, çöl hayvanları gibi yaşamak için çöle gitmek ister.

Ve yine de onlarla ortak bir dili olmadığı için, herhangi bir cevap veremez. Her durumda, duyduğu bu eksik yüzünden, manevi hayatla ödüllendirilmek isteği yüzünden, acı çeker. Bunu takiben, eksikliğin üçüncü farkındalığına 'dua 'denir, kişi dolum talebinde olduğu için bu talebe onun duasıdır diyebiliriz ki böylece bu dünyayı ıslah edebilsin, yaratılışın, yarattıklarına iyilik yapmak olan, amacını edinebilsin. Bu dünyada mevcut tüm gizlilik ve kısıtlamanın nedeninin tanrısal rahmeti almaya uygun olan ihsan etme kabına sahip olmamamız olduğuna inanır.

Bu sebeple, Yaradan'dan ona ihsan etme kabını vermesini ister. Bunu, Kral'ın önemini ve büyüklüğünü hissetmek suretiyle edinebiliriz. Fakat Şehina sürgündeyken ve çalışmanın tadı toz gibiyken, bu çalışmaya nasıl devam edebiliriz ki? Bu yüzden, böyle bir dua kabul edilir.

Şimdi Kutsal Zohar'ın bu sözlerini yorumlayabiliriz; Kral'ın huzurunda duruyor gibi gözlerimizi ve başımızı kapatmalıyız derken, amacımız nedir bunu sorgulayabiliriz. Başa 'adamın aklı' dendiği bilinir. Aynı şekilde, gözler de akılla ilgili diye kabul edilir, yazıldığı üzere; 'topluluğun gözleri 'sözleri topluluğun büyükleri anlamındadır.

Örtmenin ve kapatmanın anlamı, aklın söylediğine bakmamak, göz önüne almamaktır. Bunun anlamı, kişi duaya durduğunda, Kral'ın önünde durduğuna inanmalıdır. Kral'ı hissetmemesine rağmen, Yaradan'ın ona Kral'ın önünde durduğunu hissetmeye inanma gücünü vermesi için dua etmelidir. Şöyle ki, biliyor olmak gibi inanıyor olmanın gücünü talep eder, yani beden inanç yoluyla inandığı şeyden, sanki Kral'ı görmüş ve ondan etkilenmiş kadar etkilensin. Dua ettiği, inanç işte budur.

Bu yüzden, dua boyunca gözleri açmanın yasaklandığı söylenir. Çünkü Şehina'ya bakmak yasaktır. Kutsal Zohar sorar, 'Kişi Şehina'ya nasıl bakabilir ki? 'Bunu söyle cevaplar; dua boyunca Şehina'nın önünde durduğunu doğrulamak amacıyla gözlerini açması yasaktır.

'Bu cevap ne demektir? 'diye sorarız. Mesele şu ki, inanç, bir kişinin, tam olarak sanki Şehina'yı görüyor olduğuna inanmasıdır. Aksi takdirde eğer inancı bu seviyeye ulaşmazsa, bu gerçek inanç olarak görülmez. Bu kişinin onun için dua etmesi gereken türde bir inançtır ki bu inançla onun üzerinde sanki kendi gözleriyle görüyormuşçasına çalışsın.

Kişinin Ayaklarıyla Çiğnediği Emirler Nelerdir?

Makale No: 33, Tav-Şin-Mem-Vav, 1985-86

Ekev ayetinde yazılıdır: "Ve bu olacaktır, çünkü dinliyorsunuz... Tanrınız Efendiniz atalarınıza söz verdiği antlaşmayı tutacak ve merhamet edecektir." RAŞİ bunu şöyle yorumlar: "Ve bu olacaktır, çünkü dinliyorsunuz. Eğer kişinin ayaklarıyla çiğnediği bu hafife alınan Mitzvot'u (emirleri) yerine getirirseniz, dinleyeceksiniz ve Rabbiniz sözünü tutmaya devam edecek."

Yaradan'ın koşulunu anlamalıyız: "Eğer hafife alınan Mitzvot'u korursanız, atalara verdiğim sözleri tutacağım. Aksi hâlde sözümü tutamam." Elbette Yaradan'ın koyduğu şartlar, bahşedenin lehine koşullar sunan etten, kandan bir kralınkine benzemez. Şüphesiz; burada şartlar, yaratılanların lehinedir, yani aksi hâlde O'nun söz verdiği şeyleri alamazlar. Bu nedenle; bu hafife alınan Mitzvot durumunu anlamalıyız.

Durumu anlamak için, önce Yaradan'ın atalara verdiği sözü anlamalıyız. Açıktır ki; bu fiziksellikle ilgili değildir, bu söz; şüphesiz ki Yaradan'ın İsrail halkına vermiş olduğu "yarattıklarına iyilik yapmak" olarak adlandırılan yaratılışın amacı ile ödüllendirilecek, yani ruhların köklerini, NRNHY olarak adlandırılan ruhlarının beş parçasını elde edecek olmalarıdır.

Ruhların, onlara verilmek için hazırlananları almaları ve bu zevk ve hazzı alırken utanç ekmeğini hissetmemeleri için, onlara "ihsan etme çalışması" adlı görev verildi. Yani önce kişi bu çalışmayla kendini hazırlamalıdır. Seçim için yer açmak amacıyla, yani Torah ve Mitzvot'u yerine getirmek için niyet etmeyi seçebilmek için orada bir Tzimtzum (kısıtlama) ve gizleme olmalıdır, o zaman seçime yer olur.

Ancak haz ortaya çıksaydı, sonrasında almak için Torah ve Mitzvot'u gözlemlemek zorunda kalacaktır. Kendi sevgisini tatmin etmek için her şeyi yapacaktır, çünkü ihsan etmek için her şeyi yaptığı söylenemez, zira ışık ifşa olduğunda bu haz, tüm dünyevi hazlardan daha büyüktür.

Dünyevilikte bir kural görüyoruz: Haz ne kadar küçükse, hazzı terk etmek için o kadar az çaba gerekir. Ayrıca, kişi hazzı terk edemiyorsa; aldığı zevk yalnız ihsan etmek niyeti içindedir denilemez. Yani kişi, ihsan etmeyi amaçlayıp amaçlayamayacağından, hazdan vazgeçmeye istekli olup olamayacağından kesinlikle emin olmalıdır. Bu nedenle zevk ne kadar küçük olursa, vazgeçmek de o kadar kolay olur.

Bu yüzden Torah ve Mitzvot'un tadı bizden gizlendi ve dünyevi hazlar için tat verildi. Kutsal Zohar'ın sözlerine inanmalıyız, dünyevi şeylerin içinde bulunan zevk ve hazlar, sadece ince bir ışıktır, yani Torah ve Mitzvot'ta kıyafetlenen hazinenin ışığına kıyasla çok soluk bir ışıktır. Bu nedenle, kişi dünyevi zevkleri tecrübe ettiğinde ve bu zevk ve keyfi hâlen yalnız ihsan etmek için almayı seçtiğini söylediğinde Tzimtzum ve gizlilik bir ölçüde ortaya çıkarabilir.

Daha sonra, eğer kişi sınanmayı geçer ve Yaradan'ın hizmetinde küçük idrake kavuşursa; ona daha büyük derecede ihsan etmeyi niyet etme arzusu verilir. Böylece kişi, ruhunun köklerinden tüm NRNHY'yı edinene kadar dereceden dereceye geçer. Ve kişinin edindiği NRNHY Tora'nın 613 yoludur, bunlar Tora içindeki 613 Mitzvot'tur. Ve yüce bilgelerimizin yedi Mitzvot'u, Gematria'da 620 kişinin edinebileceği 620 isimdir.

Baal HaSulam'ın 17. Mektubunda şöyle yazılıdır: "Hayat Ağacı'nda yazılmıştır ki; 'Dünyalar yalnızca Yaradan'ın adlarını ifşa etmek için yaratılmıştır. 'Böylece görürüz ki; ruh, bu iğrenç maddeyi giyinmek için aşağıya indikten sonra artık köküne tutunamaz; bu dünyaya gelmeden önce kökünün içinde olmasına rağmen. Daha doğrusu, gelişimini, daha önce kökün içindeyken olduğu gibi 620 kat daha arttırmalıdır. Tam bir mükemmelliğin anlamı budur; bu Yehida'ya kadar tüm NRNHY'dır, burada Yehida'ya 620 sayısına işaret eden Keter denir."

Şimdi, Yaradan'ın atalara verdiği sözün ne olduğunu, böyle bir bütünlüğe nasıl erişilebileceğini görebiliriz. Bu soru iki bakımdan sorulur:

1) Bu büyük bütünlüğe olan ihtiyaç: Biliyoruz ki Kli (kap) olmadan ışık olmaz, yani eksiklik olmadan dolum olmaz. Bu şu soruyu gündeme getirir: "NRNHY'yı edinmemiz gerektiği hissiyatına nasıl sahip olabiliriz?" Yaptığımız açıklamaya göre; bütün dünyanın kovaladığı tüm dünyevi hazlar, Keduşa'nın (kutsallık) hazzıyla kıyaslandığında minik bir kıvılcımdan başka bir şey değildir ve kişi Keduşa'nın küçücük bir aydınlatmasıyla bile ödüllendirildiğinde bundan büyük bir tatmin duyacaktır. Peki, ama ona, Yehida ışığını edinmek zorunda olduğu noktasına henüz

erişmediğini kim anlatacak, ya da henüz bütünlüğe erişmediğini nasıl hissedecek? Bunu ona kim bildirecek?

2) Kişi böyle muazzam hazların nasıl üstesinden gelebilir ve diyelim ki eğer bu hazları Yaradan için almayı amaçlayamazsa, o zaman hazlardan vazgeçer mi? Böyle bir gücü nereden bulacak? Ne de olsa, dünyevi hazların bile -ki onlar yalnız ince bir ışıktır, klipota düşen kıvılcımlardır, - bunların bile üstesinden gelmenin ve eğer ihsan etmeyi amaçlayamıyorsak bu hazlardan vazgeçeceğimizi söylemenin zor olduğunu görürüz. Dünyevi hazlara ilişkin olarak; onların büyük hazlar ve küçükler olarak ayrıldıklarını görüyoruz, bu maneviyatta daha da çok böyledir, orada çok derece ve idrak vardır. Yani soru şudur; kişi üstesinden gelmek için böyle büyük bir gücü nereden alacak?

Yukarıdaki iki soruyu anlamak için;

1) Kişi bütünlüğe olan ihtiyacını nereden alacak?

2) Kişi bu hazlardan vazgeçmek için nereden güç alacak ki böylece aldığı hazları yalnızca Yaradan'a memnuniyet ihsan etmek için alıyor olduğundan emin olabilirsin. Bilgelerimizin sözlerinin izinden gitmeliyiz. Rabbi, Şimon Ben Levi (Kiduşin 30) dedi ki: "İnsanın eğilimi her gün onun üstesinden gelir ve onu öldürmeye çalışır," söylendiği üzere, "Kötü erdemliyi izler ve onu öldürmeye çalışır" ve eğer Yaradan yardım etmeseydi; erdemli bunun üstesinden gelemezdi. Söylenildiği gibi, "Tanrı onu kendi eline bırakmayacak."

Burada iki soru olduğundan söz ettik:

1) Eğer insana kötü eğilim verildiyse, neden üstesinden gelmekten acizdir ve yalnız Yaradan ona yardımcı olur? Sonuçta, seçim, kişinin bunun üstesinden gelebileceği anlamına gelir, ancak burada kişinin üstesinden gelmek için hiçbir seçeneğinin olmadığı, ancak yalnızca Yaradan'ın yardımıyla olacağı kast ediliyor. Kişi tek başına, üstesinden gelemez. Bu durum, "Yaradan, kişiye üstesinden gelmek için neden güç vermedi?" sorusunu gündeme getirir.

2) Eğer insan üstesinden gelemezse, neden Yaradan'ın ona yardım ettiği söyleniyor? Bu, kişinin üstesinden gelmeye başlamak zorunda olduğu ve üstesinden gelemediğinin farkına varması gerektiği anlamına gelir ve sonra Yaradan ona yardım eder. Yaradan neden kötü eğilim gelir gelmez ona yardım etmez? Kişinin işe başlaması ne katar, zira her hâlükârda başaramıyor.

Öyleyse, niçin Yaradan'ın kişi işe başlayana kadar beklemesi gerekiyor ve ardından yardım geliyor? Kişinin çalışmaya başlamasını bekleyerek, Yaradan'ın zaman kaybetmesinin faydası nedir? Bu zaman kaybından kim kazanır? Ne de olsa, Yaradan, kötü eğilim kişiye gelir gelmez yardım etmeliydi, kişi işe başlamadan önce. Yaradan neden kişinin işe başlamasını beklemeli ve sonra ona yardım etmelidir?

Önceden yazdığımız makalelerde söylediğimiz gibi, Tzimtzum ve gizleme dünyayı düzeltmek içindir. Aksi hâlde, insanın kendine olan sevgisinin üstesinden gelme çalışmasına başlaması bile hiç mümkün olmazdı, çünkü doğası gereği alma arzusu onu kontrol eder ve Yaratışın ana yapısı budur. Daha sonra gelen tek şey ıslahtır; alma arzusunun ıslah edilmesidir.

Anlaşılan o ki; alma arzusu ana konudur ve geri kalanlar yalnızca onu düzeltmek için daha sonra gelen şeylerdir. Buradan şu sonuç çıkar ki; alma arzusu kalır ama bununla birlikte ıslahlar ona eklenir. Ancak, tüm bu ıslahları geçiren kimdir? Bu alma arzusu olmalıdır.

İhsan etmeyi arzulayan bir derece var dediğimizde bile bilinir ki, bu hâlen, o derecede bulunan alma arzusunu kullanmaz anlamına gelir; bu arzusunu aşar ve ihsan etme arzusu ile meşgul olur. Buradan şu sonuç çıkar ki; kişinin yapması gereken ıslahlar sadece kendi alma kapları üzerinedir yani bunların üstüne ihsan etme niyeti koymasıdır. Ve haz ne kadar büyük olursa, hazdan vazgeçmek ve eğer ihsan etmek amacında değilse bunu almak istemediğini söylemek kadar zordur, bu yüzden iki şey burada ıslah edilmelidir.

Aviut, bu alma arzusu anlamındadır ve eğer çok büyükse aşağıdaki bunun üstesinden gelemez. Bu nedenle ona daha küçük bir arzu verilmelidir. Daha sonra; küçük bir arzunun üstesinden gelebildiğini gördüğünde, ona daha büyük bir arzu verilir. Eğer bu arzunun üstesinden de gelebildiğini görürse, ona daha da büyük bir arzu verilir vs. fakat bunu nasıl ayarlayabiliriz?

Bu yüzden; insana küçümsediği mantık ötesi inanç çalışması verildi. Bunun anlamı şudur; kişi bu çalışmaya saygı duymaz ve inançla hizmet etmesi gereken bu zamanı aşağı bir durum olarak görür. Yani kişi, bu iş kadınlar ve çocuklar içindir diye düşünür, zeki ve akıllı insanlar için değil.

Aksine; dünyada olan biten, gördükleri her şeyi anlamalılar, çünkü bu onların görüş ve tabiatına uygun olur. Ve kendi menfaatlerine olduğunu görmedikleri bir şeyi yapmaları gerektiğinde, aptallara, yani düşünce ve eylemlerini irdelemeyen insanlara uygun bir şeyi yapmaya nasıl razı olurlar ki?

Bu sebeple; onlar böylesi konulardan daima kaçınmaya gayret ederler. Eğer bazen seçenekleri olmadığı için mantık ötesi çalışmak zorunda kalırlarsa, bu mantıktan çok uzak olduğu için, durmadan böyle bir durumdan kurtulabilecekleri zamanı beklerler. Ne de olsa aklı havada yaşamak bize yakışmaz ve o zaman kişinin erişmek istediği şey için ve toplumda öne çıkanların arasında olma derecesine ulaşmak yaptığı her şeyi akıl anlamaz.

Halka baktığı zaman, onların hiç eleştirmeden Tora ve Mitzvot ile nasıl meşgul olduklarına baktığı zaman, onlar hakkında şöyle der: "Onlar her şeyi şevkle yerine getirebiliyorlar ve eleştiri algıları olmadığı için her detaya özen gösteriyorlar. İşte bu böyle olabilmelerinin nedenidir; kapalı gözler ile. Yani; eğer biraz akılları olsaydı, benim gibi olurlardı. Yani, ben Tora ve Mitzvot'a uyuyorum ama görüyorum ki, bu çalışma bana layık değil. Ancak; aksi takdirde Yahudilikle hiçbir bağlantım kalmayacağı için başka seçeneğim yok ve bu nedenle benim için her şey zorla ve isteğim dışında olacak."

Bu nedenle; mantık ötesi gittiğimi unuttuğum sürece her şeyi geri kalan insanlar gibi yapabilirim. Ama Yahudiliğimin üzerine inşa edildiği temel ile ilgili düşünceler bana geldiğinde bedenime "Dünya hiçbir şeyin üzerinde asılı değil," sözünde olduğu gibi bir cevap vermek zorundayım.

Bunun üstesinde gelemem ve derim ki Yahudilik tam da mantık ötesi inanç temelindedir. Ve özellikle şimdi inancın emirlerini yerine getirebilirim, şu andan itibaren hiçbir dayanağım olmadığını görüyorum. Ama genellikle; kişi bu soruların ağırlığının altında düşer.

Nitekim bu Mısır kralı Firavun'un sorusudur. "Sesine itaat etmem gereken bu kral da kimdir?" Bu nedenle, kişi Yaradan'ın üzerinde çalışmamız için vermiş olduğu bu inanç yolu asla başarılamaz, der. Ve eğer Yaradan beni bir dinleseydi; inanç değil de bilgi üzerinde çalışmamıza izin verirdi. Şüphesiz; birçok kişi Torah ve Mitzvot'u yerine getirmeye katılırdı. Fakat bu inancın yolunda çalışmaya başlamalarına rağmen mücadeleden kaçan birçok insan var.

Baal HaSulam, Yaradan bizim inancın yolundan yürümemiz gerektiğini seçti, bu insan daha aşağı seviyededir ve bu yüzden kişiye inancın yolu dışında başka türlü yol gösterilemez diye değildir. Bilakis, bu en başarılı yoldur; işte bu yüzden Yaradan bu yolu seçti, böylece onlar çalışmalarının düzenini üstlenecek ve "O'nun yarattıklarına iyilik yapma" amacına ulaşabilecekler ve böylece yaratılanlar haz ve memnuniyet duyacaklar, aynı zamanda tam bir Dvekut içinde yani Yaradan'la form eşitliğinde olacaklar. Yaratılanların bunu anlamamasına rağmen; hakikat budur.

Bu sebeple anlaşıldığı gibi inanç, hafif ve küçük görülen bir konu olmasına, uçarılıktan yani takdir görmemekten gelmesine rağmen hâlâ hedefe ulaşmada başarılı olmanın yoludur.

Böylece RAŞİ'nın yorumunu anlayacağız: "Eğer kişinin ayaklarıyla çiğnediği bu hafife alınan Mitzvot'u (emirler) yerine getirirseniz, bunu dinleyeceksiniz." Yani burada; onun ayaklarıyla çiğnediği inançtan bahsedilmektedir. Bunu dinleyeceksiniz ve amaca ulaşmak için kelime (kaplara) sahip olacaksınız.

RAŞİ böyle yorumladı: "Tutun; sözünü tutacaktır." Bu demektir ki O'nun koyduğu şart Yaradan hatırına değildir, yani verenin lehine şartlar koşan, et ve kandan olanın yolu gibi değildir. Fakat Yaradan tarafından yönlendirilen, hafife alınan bu Mitzvot'a uyma şartı insanın hatırı içindir, çünkü kişi bununla tam bir bütünlüğe erişebilir ve yaratılış düşüncesi tarafından kendisi için hazırlanmış olanla ödüllendirilebilir.

Şimdi sorduğumuzu açıklayabiliriz:

1) Neden Yaradan kötü eğilim kişinin üstesinden geldiğinde ona yardım etmez de ancak kişi üstesinden gelmek için çalışmaya başlayana kadar bekler ve sonra ona yardım eder. Bilgelerimizin söylediği gibi, "eğer Yaradan ona yardım etmezse..." Bu ağır bir yük taşıyan ve artık onu taşımak için gücü kalmamış olan bir insanın durumuna benzer, bu yüzden yardım ister ve insanlar gelir ve ona yardım eder. Ancak yardım istemezse, kimse yardımına gelmez. Buna, "insanla insan arasındadır" denebilir. Ancak Yaradan, onun kötü eğilimin üstesinden kendi kendine gelemeyeceğini bildiği hâlde ve ona bunun için güç vermediğine göre, kişinin işe başlamasını ve yardım etmesi için Yaradan'a haykırmasını neden beklemeli ki?

2) Yaradan'ın kişiye kendi kendine üstesinden gelme gücü vermemesinin sebebi nedir? Ancak görünüşte ona der ki, "Sana kötü eğilimin üstesinden gelmek için seçenek verdim."

Bu durumda, Yaradan'ın ona kötülüğün üstesinden gelmek için güç vermiştir demeliyiz ve aynı zamanda da kişi Yaradan'ın yardımı olmadan bunun üstesinden gelemez demeliyiz. Buradan, bu iki meselenin çeliştiği sonucu çıkar.

Bu iki soruyu; sorduğumuz iki soruyla anlayacağız:

1) Kişi maneviyatın en küçük derecesi ile ödüllendirildiğinde, bundan diğer dünyevi tüm zevklerden çok daha büyük bir haz hisseder. ARİ'nin sözlerindeki gibi, dünyevi zevklerde bulduğumuz tüm büyük hazlar ki tüm dünyanın bu zevklerin peşinde koştuğunu ve hayatlarındaki tatmini bunlardan aldığını görüyoruz, tüm dünyevi zevkler alma kaplarının kırılması ve Adam HaRişon'un bilgi ağacı günahını işlemesinden uzanır gelir ki, burada kutsal kıvılcımlar Keduşa'dan Klipot'a düşmüştür. Kutsal Zohar, Klipot'u ayakta tutmak için inen bu ışığa "İnce Işık" der. Tüm dünyevi zevkler bundan uzanır ve maneviyattaki, en küçük derece bu ışığın özünün bulunduğu

Keduşa'dır; kişi bundan tatmin olacağından emin olacak ve Gadlut'a (yetişkinlik) ihtiyaç duymayacaktır. O zaman, Gadlut'a ihtiyacı olduğunu ona kim söyleyecek ki?

2) Böylesine büyük bir gücü nereden alacak ve bu güçle, ya ihsan etmek için almanın yüce hazzına ulaşabilsin, ya da almaktan vazgeçmeye istekli olabilsin?

Bunun anlamı; Kli olmadan ışık olmayacağı için, yani eksiklik olmadan dolum olmayacağından, işte bu yüzden, kişi çalışmaya başlamalıdır. Kişi kötü eğilimin üstesinden gelmek isteyip de bunu başaramadığında, eksiklik duymaya başlar. Kişi üstesinden gelemediğini gördüğünde Yaradan'dan yardım ister. İşte o anda Yaradan ona dolum verebilir çünkü kişinin şimdi dolumu alacak Kli'si (kabı) vardır.

Yaradan'ın kişiye kendi başına üstesinden gelme gücü vermemesinin sebebi, kişinin biraz dolum aldığında bu sahip olduğu şeyle uzlaşıp kalmasıdır. Bu durumda kişi, Yaradan'ın yardımı vasıtasıyla ruhun NRNHY'yı ile ödüllendirilmeye ihtiyaç duymaz. Kutsal Zohar'da yazıldığı gibi "arınmak için gelene yardım edilir". Ve o, "ne ile yardım edilir," diye sorduğunda "kutsal bir ruhla," diye cevap verir. Kişi ödüllendirildiğinde ona Nefeş verilir. Kişi daha fazlası ile ödüllendirildiğinde ona Ruah verilir.

Buradan anlaşıldığı gibi yukarıdan yardım alıyor olması, onun NRNHY'yı genişletmesi gerekliliğine sebep olur. Yani, her zaman kötülüğünün üstesinden gelmek ister, ancak gelemez, Yaradan ona kutsal bir ruhla yardım eder. Ancak eğer kişi kendi başına üstesinden gelebilseydi; bu durumda kendisine sahip olduğundan daha büyük bir derece verilmesini istemeye ihtiyaç duyar mıydı ki?

Ama şimdi o Yaradan'dan yardım etmesini istiyor; dereceler istemiyor. Daha doğrusu, açıkça Yaradan'dan kötülüğün kontrolü altında kalmamak için talepte bulunuyor. Bu durumda kişinin Yaradan'dan güç istemesinin nedeni, ihsan etmeyi amaçlamak ve Sitra Ahra'nın (diğer taraf) hükmü altında değil, Keduşa'nın (Kutsallık) hükmü altında olmak istemesindendir. Yani onun tek dileği, Yaradan'a ihsan etmektir ve onun tek ihtiyacı budur, daha yüksek bir derece değildir. Basitçe kendine değil, Yaradan'a hizmet etmektir, işte o, Yaradan'dan bunun gücünü ister. Yaradan ona yardım ettiğinde; Kutsal Zohar buna, "kutsal ruhun yardımıyla," der. Her yardım Yaradan'ın ona verdiği bir ruh vasıtasıyladır. Böylece ruhun tamamlanmasına yani NRNHY'ya erişene kadar dereceden dereceye ilerler.

Şimdi bilgelerimizin şu söylediğini anlayalım. "İnsanın eğilimi her gün onun üstesinden gelir." Bu şu soruyu gündeme getirir, "Kişi Yaradan'dan hali hazırda yardım aldıysa ve kötü eğilimi yendiyse, neden her gün kötü eğilimin üstesinden gelmesi gerekir? Neden bunun kişiye bir kez daha gelmesi gerekir? Ve her gün o ne amaçla gelir?"

Yukarıda yazılanlardan anlarız ki; kişi Yaradan'dan yardım almak yoluyla, ruh edinir, böylece kişi her üstesinden gelme arzusu ile daha çok arınır ve bu yolla bir ruh edinir. Bu nedenle, bu üstesinden gelmeler insanın ruhunun NRNHY'yı edinmesini sağlar.

Ve ikinci soru: kişi üstesinden gelmek için gücü nereden alacak? Bu onun kendi gücüyle olmaz. Aksine; Bu Yaradan'ın verdiği yardımdır, böylece kişi bunun üstesinden gelir. Buradan da anlaşıldığı gibi bir şey aracılığıyla iki şey ıslah olur.

Hâkimler ve Görevliler

Makale No. 34, Tav-Şin-Mem-Vav, 1985-86

Yazıda "Tanrın Efendinin sana verdiği tüm kapılarda, kendine hâkim ve görevliler koyacaksın" denir. Yukarıdakini anlamak için Tora'nın sonsuzluk olduğu ve tüm nesiller için geçerli olduğu kuralına göre, yukarıdaki ayeti bizim neslimiz için de yorumlamalıyız. Bu nedenle, her kelimenin kendine özgü açıklaması gerekir: 1) "Hâkimler" nedir? 2) "Görevliler" nedir? 3) "Kendine koyacaksın" tekildir. Bu, her insanın hâkim ve görevliler yerleştirmesi gerektiği anlamına gelir. Her insan bunu yapabilir mi? 4) "Tüm kapılarda." "Kapıların" zamanımızla nasıl ilişkili olduğunu anlamalıyız. Ve ayrıca, "Tüm kapılarda" ne ima eder? Bunun anlamı, eğer bir kapı varsa, derhal oraya hâkimler ve görevliler yerleştirmeye çalışmalıyız. 5) Özellikle de "Tanrın Efendinin sana verdiği" demekle ne kastediliyor? Bunun anlamı nedir? Yaradan'ın yanı sıra İsrail halkına bahşeden başka birisi mi var?

Yukarıdakileri anlamak için ilk başta önceki makalelerde söylediğimiz şeyden söz etmeliyiz: 1) Yaradan'ın bakış açısından yaratılışın amacı. 2) Tora ve Mitzvot'u (emirler) uymaya çaba göstermekteki bizim amacımız, yani hangi dereceye kadar Torah ve Mitzvot'u gözlemleyerek ulaşabileceğimiz.

Yaratılış amacının, O'nun yarattıklarına iyilik yapması, olduğu bilinmektedir, yani yaratılanlar herhangi bir sınırlama olmaksızın O'nun kudretince O'ndan sevinç ve keyif alacaktır. Ancak O, eserlerinin tamam olmasını ister, yani utanç ekmeğine yer yoktur ve bir Tzimtzum (kısıtlama) ve gizleme vardır. Bu, almak için çalışılan Kelim'de (kaplar), ışığın ifşa olmayacağı anlamına gelir. Yalnızca, "Alma arzusu" denen Kli (kap) ihsan etmek için çalışmak üzere ıslah olduğunda, ihsan etmeyi hedefleyebildiği ölçüde bolluk ortaya çıkar. Bundan öncesinde ifşanın karşıtını – yalnız gizliliği – hisseder.

Bu nedenle burada, yani Tzimtzum'un gerçekleşmesinden sonra aşağıdakilerin çalışması başlar. Hedef, tüm düşünce ve eylemlerimizin yalnızca tek bir niyet ile olmasıdır; ihsan etmek.

Bununla birlikte, bu, "Böyle bir şey nasıl olabilir?" sorusunu gündeme getirir. Yani insan, vahşi bir eşek olarak doğduğundan, bu yaratıldığı doğasından çıkabilmek için nereden güç alacaktır?

Bu amaçla, Tora ve Mitzvot'u yerine getirme çalışması bize verildi. Yani, kişi Tora ve Mitzvot'a uymayı hedef almalıdır. Bu ona bütün tutkularını ve hırslarını -yalnızca Yaradan'ını nasıl ve ne ile memnun edeceğine- yöneltmeye karar verme gücünü verecektir.

Kişi, Tora çalışmaya başlamadan önce Torah ve Mitzvot'u yerine getirme meselesinin kendisine başarı ve bereket getireceğini ve böylece bedeninin keyif alabileceğini düşünür, yani Tora ve Mitzvot'u gözeterek bedenin bu dünyaya ve bir sonraki dünyaya sahip olacağını düşünür. Bu onun dayanağıdır, Tora ve Mitzvot'u bütün ayrıntılarıyla gözlemlemeye iten sebebin temelini oluşturur ve böylece bu ödülü almak için vücudundaki tembelliğin üstesinden gelebilme gücüne sahip olur.

Bu, maddiyatta yaşamak için çalışan insanlarınki gibidir. Vücut maddiyatta da çalışmaya direnir, çünkü vücut dinlenmeyi tercih eder, ancak bedenine yarar sağlayacak maddi ücreti gördüğü için bu ona üstesinden gelme gücünü verir. Aynı şekilde, çalışmasının ödülü, bedeninin ödülü ise, yolundaki tüm engelleri aşma gücüne sahiptir. Çünkü umduğu ödül yalnızca kendi ihtiyaçları içindir ve bedeni buna itiraz etmez.

Yani, beden dinlenmekten hoşlanıyor olmasına rağmen, ona şöyle denir ise: "Dinlenmenizi bırakın ve çalışmak yoluyla alacağınız zevk geri kalan her şeyden daha büyük olacak ya da dinlenmekten vazgeçmekle alacağınız zevk, dinlenmekten alacağınız zevkten daha gereklidir; çünkü bu zevkler aracılığıyla bu dünyada var olabilirsiniz, yoksa var olamazsınız." Beden bütün bu konuların üstesinden gelme gücüne sahiptir ve yaptığı işten daha fazla ödül almak için küçük zevklerden vazgeçer. Bu şudur; bu ödül onun bedenden talep ettiği tavizlerin bedelidir, şimdi keyiflerden vazgeçmeden önce hissettiğinden, daha çok mutlu olmak içindir.

Ancak beden kişiye "İhsan etmeye çalış," yani Torah ve Mitzvot'u yerine getirerek, Yaradan'a mutluluk vermekle ödüllendireceksin, yani bir kişiye "Kendini sevmekten vazgeç," dediği zaman, bunun ödülü ne olacak? Yaradan, kişinin Tora ve Mitzvot'u yerine getirmek için çalışmasından hoşnut kalacaktır. O zaman vücut derhal gelir ve "kim" ve "ne" itirazlarında bulunur. Yani, "Yaradan'ın benim çalışmamdan hoşnut olması ile ne kazanacağım? Ve ödül almadan nasıl çalışabilirsin ki? Bu, çalışmak istemeyen "kim" itirazıdır. Beden, "ben herkes gibi çalışmaya hazırım," der, ancak bu şartlar altında değil. Yani, kendi-sevgisini bırakıp her şeyi Yaradan'ı hoşnut etmek için yaparsam, bu işten kazancım ne olacak?"

Bir kişi bedenin tüm itirazlarını aşarsa ve zaten bedenin doğasını aşmak için güce sahip olduğunu düşünürse, yani şu anda düşüncelerini yalnızca ihsan etmek için odaklayabileceğini hissederse, aniden vücut ona yeni şikâyetlerle gelir: "Tamam, herkes gibi ödül almak için çalışmak değil de Yaradan için çalışmak istemen iyi. Ancak zaten bir süredir çaba harcadığın için eğer yukarıdan güç alabilseydin bu iyi olacaktı ki böylece ihsan etme yolunda yürüyebilesin. Ama görüyorsun, sana çok iş verildi ve sen bir adım bile hareket etmedin. Dolayısıyla, bu yolda yürüyemeyeceğini kendin görebilirsin. Boş yere çabalayıp enerji harcıyorsun. Bu yoldan çık, mücadeleden kaç."

Bir kişi bedenin tüm bu itirazlarını aşarsa, beden gelir ve kişinin onlara cevabını bulamadığı, yeni şeyler ortaya atar. Bunlarla kişiyi çalışmasından ayırmak ister. Beden ona şöyle der: "Bir ilmi öğrenmeye başlayan birisinin her zaman ilerleme kaydettiği bilinir. Eğer yetenekli ise daha hızlı ilerler; eğer az yetenekliyse, daha yavaş ilerler. Eğer kişi, bu ilimde hiçbir ilerleme kaydetmediğini görürse, "Bu bilim benim için değil" der. Bir meslek öğrenmesi gerekir; ilim öğrenmek için uygun değildir. "Geleneksel ve makul olanın bu olduğunu görürüz."

Ve burada beden itiraz eder: "Bak görüyorsun, ihsan etmek işi için yaptığın tüm bu çabalarla, bir adım bile ileriye gitmediğin gibi, aksine geri gittin." Yani, ihsan etme işine başlamadan önce o kadar da kendi-sevgisine batmış değildi. Ancak şimdi kişi, kendi-sevgisini aşmak için çaba sarf etti, daha büyük bir arzu edindi ve şu anda kendi-sevgisine daha da batmış hissetmekte.

Böylece bu çalışmada, geriye doğru gittiğini ve ilerlemediğini görür. Bunu açıkça görür ve gerçekten hisseder. Hâlbuki daha önce, kendi-sevgisinin üstesinden gelmeyi başarmaya başlamadan önce, maneviyatla ödüllendirilmek için kendi-sevgisinden vazgeçmenin oldukça kolay olduğunu düşünüyordu. Her zaman "Orada yürüyeceğim ve böylece maneviyatı edinebileceğim bir yolu nasıl bulabilirim?" diye düşündü. Ancak, kendini sevmekten çıkmak için endişe etmesi gerektiğini hiç düşünmemişti, çünkü bu düşünülmesi tavsiye edilmeyen bir şeydi. Daha ziyade, tüm kaygıları, Kral'ın sarayına girmenin doğru yolunu bulmak ve yaratılışın amacıyla ödüllenmekle ilgiliydi.

Ancak şimdi, kişi asla hayal bile edemediği bir duruma gelmiş bulunur; yani kendi-sevgisi gerçeğe ulaşmasına engel olacaktır. Her zaman gerçeğe ulaşmak için kendisini feda etmeye razı olduğunu düşünürdü, ama şimdi on derece geriye gittiğini görür, yani Keduşa uğruna kendi-sevgisinden taviz vermeye isteği yoktur.

Beden böyle itirazlarla kendisine geldiğinde, kişi "yükünün altına düşer". O zaman umutsuzluk ve avarelik durumuna gelir ve bu mücadeleden kaçmak ister, çünkü şimdi bedenin tüm itirazlarının doğru itirazlar olduğunu görmektedir.

Ancak gerçek defalarca söz edildiği gibidir. Baal HaSulam'ın dediği gibi, gerçeğe doğru ilerleme meselesi vardır. Yani, kişi ihsan etme işine başlamadan önce, gerçekten yani kendi kötülüğünün ölçüsünü hissetmekten çok uzaktır. Ancak daha sonra kendi-sevgisini aşmak için çabaladığı zaman gerçeğe doğru ilerler. Yani, her seferinde, baştan ayağa, kötülüğün içine ne kadar çok batmış olduğunu görür.

Ancak, neden bütün bunlara ihtiyacımız olduğunu anlamalıyız. Yani, niçin o, ihsan etme işine başlamadan önce bu kadar büyük ölçüde kötülük hissetmedi, ancak kötülüğün üstesinden gelmek için çaba gösterdiği zaman, kötülüğü içinde daha net olarak hissetti. Daha sonradan açığa çıkan her şey, neden hemen ortaya çıkmadı da bölük pörçük, aşamalı olarak ortaya çıktı?

Mesele şu, bu üstesinden gelme süreci kademelidir. Halter kullanan biri gibi. Diyelim ki, 50 kilo kaldırarak başlar ve kademeli olarak ekler, çünkü egzersizlerle eklemeye devam edebilir. Yaradan'a hizmet etmede de bu aynı şeydir ve bu yüzden, muhtemelen üstesinden gelemeyeceğimiz için başta bize kendi-sevgisinden çok büyük bir tat alma duygusu verilmez. Çalışmalarımıza göre kendi-sevgisinden daha fazla tat alma bize verilir. Yani, üstesinden gelebileceği görüldüğü ölçüde, kişiye daha fazla kendi-sevgisinden keyif alma verilir ki böylece üstesinden gelebilsin. Böylece, bilgelerimizin ne dediğini anlamış olacağız (Sukkah, 52), "Arkadaşından daha büyük olanın, arzusu da daha büyüktür."

Bu, "Neden bu böyle?" sorusunu gündeme getirir. Yukarıda belirtilenlere göre, bu basittir. Bu aynı zamanda fizikselliğin de düzenidir: Hafiften ağıra doğru hareket ediyoruz. Bu nedenle, kişi üstesinden gelmeye başlamadan önce üstesinden gelemeyeceği büyük bir kendi-sevgisi gücü verilmez, çünkü üstesinden gelmek için çalışmaya başlamamıştır. Bu nedenle, kendi-sevgisinden büyük bir tat almaz.

Ancak üstesinden gelmeye başladığında ona kendi-sevgisinden daha büyük zevk ve önemlilik verilir, böylece üstesinden geleceği bir şey olsun. Kendi-sevgisini belirli bir ölçüsünü aştığında, kendi-sevgisinin önemi daha büyük ölçüde arttırılır. Bu yolla zevkleri aşmaya alışmaktadır ki böylece aldığı her şeyin, sadece ihsan etmek için olduğunu söyleyebilsin.

Bunu takiben, kendini sevmenin üstesinden gelebilmek gittikçe zorlaşır, çünkü her seferinde alma arzusuna daha fazla önem verilir ki böylece üstesinden gelmeye çalışmak için bir yere sahip olsun. Bununla birlikte, bize üstesinden gelmeyi zorlaştırmak için yukarıdan neden daha fazla önem ve daha fazla haz verildiğini anlamalıyız. Maddeselliğin üstesinden gelme konusuyla ilgili olarak; eğer kendi-sevgisi için bu büyük önem bize verilmeseydi ama çalışmanın başlangıcında kendi-sevgisi için duyduğumuz önem maddeselliğin üstesinden gelmemiz için yeterli olsaydı, daha iyi olurdu, derhal manevi çalışmaya başlayabilirdik. Fakat neden maddesel meselelerdeki kendi-sevgisinin üstesinden gelme çalışmasını bedava yapayım ki? Her seferinde daha da fazla üstesinden geldiğimiz halde, neden maddesellikle ilgili olan kendi-sevgisi üzerinde çalışmamız gerekiyor?

Ancak, bu mükemmel bir ıslahtır. Manevi hazlarda bulunla karşılaştırıldığında, maddesel hazlar içinde hissettiğimiz sayısız hazzın, yalnızca' zayıf bir ışık 'olduğu bilinmektedir. Bunu takiben, kişi fiziksel hazların, -yalnız ihsan etmek için almak üzere- üstesinden gelmek sınavından geçtikten sonra bile, bu test yalnız, üstesinden gelebileceği ve ihsan etmeyi hedeflemediği durumda almayacağı küçük hazlar için geçerli olur. Ancak, büyük hazlarda böyle değildir ve almak için almak zorunda kalan birine, manevi hazlar verilmez.

Bundan dolayı, kişi öncelikle maddesel hazlardaki çalışmanın içinden geçmelidir. Çalışmaya başladığında, orada kişiye her seferinde daha büyük tatlar verilir. Çalışmaya başlamadan önce, dünyevi hazlardan, bu hazlara normalde verilen kadar, bir tat alabiliyordu. Ancak ihsan etme çalışmasına başlayan ve maneviyatla ödüllendirilmek isteyen birine, maddesel hazlarda her zamankinden daha çok tat verilir. Bu kasıtlıdır, böylece maddesel hazlardan daha büyük olan hazlara alışacaktır. Bu, maneviyatta bulunan büyük hazların üstesinden gelme çalışmasına bağışık kazanması için bir hazırlıktır.

Bu kutsal çalışmayı yapmak isteyenlere ilaveler verildiğini şimdi görebiliriz. Yani, onlara kendi-sevgisinde ilave tat verilir. İhsan etme yolunda yürümekle ilgilenmeyen insanlar için bu böyle değildir. Bu, bilgelerimizin söylediği gibidir, 'Arkadaşından büyük olanın, arzusu da daha büyüktür. 'Bu, onları, üstesinden gelme çalışmasına alıştırmak için böyledir, zira maneviyatta çeşit çeşit hazlar vardır ve kişinin maddesel hazları aşmaktaki her zamanki çalışması, bunların içindeki haz sabit olursa yeterli olmayacaktır, bu nedenle, her defasında daha fazlasının üstesinden gelmeye alışabilmesi için her defasında daha çok önem verilir.

Şimdi bu ayette yazılmış olanla ilgili sorduğumuzu anlayabiliriz; 'Bütün kapılarına, hâkimler ve görevliler yerleştireceksin. 'Hâkimler ve görevliler yerleştirmek şu anda nasıl olabilir? Şöyle ki kişi Yaradan'ın hizmetine başlamak istediğinde, iki anlayış gerekir: 1) Muhtemelen olası olan. Yani, öncelikle kendisinin ne yapması ve ne yapmaması gerektiğinin yani iyi ve kötünün incelenmesi anlamında bir plan yapar. Muhtemel olası olanı yapmaya, ne yapılmalı diyen 'hâkim 'denir. 2) Daha sonra, bu muhtemel olanı gerçekleştirmeliyiz. Bu uygulamaya 'görevli 'denir.

Bu çalışma bir kerelik bir mesele olmadığından, tercihen kişi her gün bu çalışmada çaba göstermelidir, bu nedenle metin 'hâkimler ve yargıçlar 'diyerek çoğul formu kullanıyor.

Tekil formdaki 'Kendin için (hâkimler ve görevliler) yerleştireceksin 'söylemi, bize, bu çalışmanın her bir bireye ait olduğunu anlatır.

Bu yüzden, 'tüm kapılarına 'der. Bunu, harfi harfine yorumlamalıyız, yani kapı, bir giriş yeridir. Bunun anlamı, kişi Yaradan çalışmasına başlamak istediğinde, çalışmayı iki şekilde düzenlemelidir; muhtemelen olası olanda ve gerçekte olanda, yani bunlar 'hâkimler 've 'görevlilerdir'.

Bu nedenle, 'tüm kapılarında 'sözleriyle ilgili olanı, gördüğümüze göre yorumlamalıyız; dünyamızda iki tür hayat vardır: 1) maddesel hayat 2) manevi hayat.

Buna göre de iki kapımız vardır: 1) Hapishane kapısına benzeyen bir kapı. Bu, şu yazılanlara benzer; 'Ölümün gölgesinde ve karanlığında oturanlar; demir parmaklığın ve fakirliğin mahkûmları. 'Metzudat David bunu şöyle yorumlar; 'Karanlık bir yerde oturan insanlar, demir zincirler ve azap bağlarıyla bağlıdırlar. '2) Kral'ın kapısına benzeyen kapı; yazıldığı gibi 'Ve Mordehay, Kral'ın kapısına oturdu.'

Her kapıda gardiyanlar durur, ancak bu gardiyanların her biri, ters yönde davranır. Yani, Kral'ın kapısındaki gardiyanlar, hiç kimsenin Kral'ın kapısından içeri girmemesini nezaret ederken, hapishane gardiyanları, mahkûmların hiçbirinin hapishaneden kaçmamasına nezaret eder.

Mesele şu ki, kendi-sevgisine gömülmüş olanlar ve maddesel hazlardan başka hiçbir şeyi hissetmeyen ya da anlamayanlar, hapistedir diye kabul edilirler ve gardiyanlar dışarı çıkmalarına izin vermez. Onları hangi güçle kontrol altında tutuyorlar ve dışarı çıkmalarına izin vermiyorlar? Gardiyan, onun kendi-sevgisinden çıkmak ve ihsan etme çalışmasına başlamak istediğini gördüğü an, onlara daha fazla kendi-sevgisi hazzı ekler. Böylece oradan ayrılmak istemesinler diye onları demir zincirlerle bağlarlar.

Tüm bu üstesinden gelmelerden sonra, gardiyanlar, mahkûmların kendi-sevgisinden kurtulmak ve Yaradan sevgisine gelmeye başlamak istediklerini gördükleri zaman, onlara derhal daha fazla lezzet ve daha fazla önem verirler. Hiç kimsenin daha önce kendi-sevgisinde kalmanın bu kadar değerli olduğunu düşünmediği kadar çok, onların şimdi hissettiği kadar çok lezzet ve önem verirler. Yazıldığı gibi, 'Arkadaşından büyük olanın, arzusu da ondan daha büyüktür. 'Bu sayede, gardiyanlar, kimsenin hapishaneden kaçmamasına nezaret etme gücüne sahiptirler.

Ancak Kral'ın kapısında duran gardiyanların rolü, kimsenin Kral'ın kapısından geçmesine izin vermemektir. Kral'ın sarayına girmek isteyenlerin üstesinden gelebilen bu güç nedir? 'On Sefirot'un Çalışmasına Giriş'te (madde 133) yazıldığı gibi, 'Bu, ülkesindeki tebaası içinden, en sadıklarını kendine seçmek ve çalıştırmak için onları sarayına almak, getirmek isteyen bir Kral gibidir. Ne yaptı? Genç ya da yaşlı, onun sarayında hizmet etmek için sarayına girmek isteyen herkes için bir ferman çıkardı. Diğer taraftan, saray kapısını korumak için pek çok görevli atadı ve sarayına yaklaşan herkesi, kurnazca savuşturmalarını emretti. Doğal olarak, ülkedeki tüm insanlar Kral'ın sarayına koşmaya başladı. Fakat gayretli gardiyanlar, onları kurnazca reddetti. Birçoğu onlara üstün geldi ve sarayın kapısına yaklaştı, fakat kapıdaki gardiyanlar en gayretlilerdi ve eğer birisi kapıya yaklaştıysa, kişi umutsuzluğa düşene ve geldiği gibi geri dönene kadar yönünü değiştirdiler ve büyük bir ustalıkla onu uzaklaştırdılar. Ve böylece onlar geldiler ve gittiler. Onların arasından yalnız kahraman olanlar sabırla dayandılar, gardiyanları mağlup edip kapıyı açtılar. Onlar anında, her birini sağ tarafına atayan, Kral'ın yüzünü görmekle ödüllendirildiler.'

Bu nedenle, Kral'ın sarayında duran kapılar, Kral'ın sarayına girmek, 'Sizin için değil 'türü itirazlarla yolundan saptırılır. Onların her biri, bu insanlar, nafile yere uğraşmaya değmeyeceğini anlasınlar diye gerekçeler uydururlar. Özellikle, her türlü itirazlar aracılığıyla, onları yolarından saptırma ve kutsal çalışma uğraşından onları döndürmek için güç bulurlar. 'Tüm kapılarda 'sözlerinin yani hapishane kapısı ve Kral'ın kapısının anlamı budur.

Şimdi, 'Efendiniz Tanrınızın size veriyor, 'sözü ile biten ayeti açıklayalım. 'Bu bize ne anlatıyor? 'diye sorduk. Her şeyin Yaradan'dan geldiği bilinmektedir. Bununla birlikte, yukarıda açıkladığımız gibi, gardiyanların tüm bu itirazlarından kurtulmak isteyen kişinin, yalnızca bir çaresi vardır: mantık ötesi inanç. Bunun anlamı, gardiyanların söylediği her şeyin doğru olduğudur. Ancak, Yaradan merhametli ve bağışlayıcıdır ve her ağzın duasını duyar. Tüm engellerin üstesinden gelmek için güç verir.

Bununla birlikte, kişinin dile getirmesi gereken bir kural vardır, 'Ben, kendim için değilsem, kim benim için? 'Yani, kişi üstesinden gelmek için Yaradan'dan yardım beklememelidir. Aksine, kendisi üstesinden gelmeli ve yapabileceği her şeyi yapmalıdır ve ondan sonra Yaradan'dan üstesinden gelebilmesi için yardım istemelidir. Eğer kişi, yapabileceği her şeyi yapmak için çabaladıysa, bundan sonra Yaradan'dan çabasının meyve vermesini istemelidir. Bununla birlikte, kişi Yaradan'ın kendisi için çalışacağını değil, Yaradan'ın ona, iyiyi kazanmayı başarmak için yaptığı çalışmada yardım edeceğini söylemelidir.

Bu nedenle, çalışan kişi insandır ve Yaradan yalnızca ona yardım eder. Kişi neden Yaradan'a diğerlerinden daha fazla yakın olmakla ödüllendirildiği üzerine düşünür. Bunun nedeni, diğer insanların mantık ötesi çalışmasını pek fazla yerine getirememeleri ve çalışmasına sürekli olarak engel olan bedenin itirazları ve umutsuz düşüncelerle bedenin onu başarısızlığa düşürmesi konusunda dikkatli olmamalarıdır.

Akabinde, kişi şöyle diyebilir, 'Benim gücüm ve elimin gücü, bana bu zenginlikleri kazandırdı. 'Bu konuda, ayet der ki kişi 'Tanrınız, Efendiniz size veriyor 'sözlerini bilmek zorundadır, bu yalnız Tanrı'nın bir hediyesidir. Yani, hâkimler ve görevlileri tüm kapılarınıza yerleştirme gücünüzün olması, aslında Yaradan'ın bir hediyesiydi.

Av'ın Onbeşi

Makale No: 35, Tav-Şin-Mem-Vav, 1985-86

Mişna'da şöyle yazılmıştır: "Rabbi Şimon Ben Gamliel dedi ki, 'İsrail için, hiçbir gün, Av'ın (İbrani takviminin 11. ayı) onbeşinden ve Yom Kippur'dan (Kefaret Günü) daha iyi hiçbir gün yoktur; Kudüs'ün kızı, ödünç beyaz giysilerle çıkagelirdi ki böylece bunlara sahip olmayanlar utanmasın. Kudüs'ün kızları, çıkagelirler ve üzüm bağlarında dans ederdi. Onlar, ne söylerdi? 'Genç adam, gözlerini kaldır ve kendine seçtiğini gör. Gözlerini güzelliğe dikme; aileye dik.'" (Ve sayfa 31) "Eşleri olmayanlar, oraya gitti. Bilgelerimiz bize şunu öğretti: 'Onların arasında güzel olanlar ne diyecektir?' 'Gözlerini güzelliğe çevir, bir kadın, sadece güzellik içindir.' 'Onların aralarındaki soylular, onlara ne derdi?' 'Gözlerini ailene dik, bir kadın sadece oğulları içindir. 'Yakup'un gözünde, o, ilave eder, 'Aralarındaki zengin, onlara der ki, 'Gözlerini zengine dik. 'Onların arasında çirkin olanlar, ne derdi? 'Yaradan için alacağını al, yeter ki bizi altın paralarla taçlandır.'"

İyi günler ile -üzüm bağlarında, dansa çıkan ve çöpçatanlık hakkında genç adama konuşan- Kudüs'ün kızı arasındaki bağlantıyı anlamalıyız. Buradaki tevazu nedir? İyi günler derken, İsrail'in, Kudüs'ün kızının ortaya çıkıp, üzüm bağlarında dans etmesine neden olduğu ima ediliyor. Aralarındaki bağlantıyı anlamalıyız.

Bilinir ki Malhut'a kız denir; 'Baba, kızını yarattı' sözünde olduğu gibi. Malhut'ta dört ayırt ediş vardır: Bunlar Aviut'taki 'Dört Behinot 'denen Hohma, Bina, ZA ve Malhut'tur.

İlk Behina olan Hohma'ya 'güzel gözlere sahip 'olduğu bilindiğinden, 'güzellik ' denir. İkinci Behina Bina'dır. Bina'ya 'çocukların annesi 'denir ve Bina, ZON'u yaratır. Bina'nın niteliği, verenle benzer olmak için, form eşitliğini istemektir. Bu sebeple, Bina'nın erdemini, Keter'e atfederiz. Bunun anlamı, Bina'nın veren olan Keter'e benzemek istemesidir.

Üçüncü Behina ZA'dır. Ona 'zengin 'denir; şöyle yazılmıştır: 'Zengin, daha fazlasını vermeyecek'. Zohar'da (Zohar, Ki Tissa, 4. madde) yazılmıştır: 'Zengin, daha fazlasını vermeyecek', bu orta sütundur; çok fazla Yod vermeyen ZA'dır. 'Zengin daha fazlasını vermeyecek 'orta sütundur, O'nun özündendir, sağa doğru, Hasadim'e doğru eğilir ve Hohma'ya ihtiyaç duymaz. Bundan dolayı unvanı zengindir.

Dördüncü Behina olan Malhut'a, 'yok ve yoksuldur 'denir. Şöyle yazar: 'Kocasının, ona verdiğinin dışında, hiçbir şeyi yoktur. 'Malhut'a 'inanç' dendiği bilinir. İbrahim hakkında söylendiği gibi: 'Ve o Efendi'ye inandı ve O bunun için onu erdemli olarak kabul etti.' İnanca, Tzedakah (doğruluk, hayırseverlik) denir. Birinin, fakire karşılığında hiçbir şey istemeden sadaka vermesinde olduğu gibi. Mantık ötesi inanç böyledir; karşılığında hiçbir şey istemez, sadece Yaradan içindir. Bunu şu takip eder; inanca 'sadaka 'denir; sadaka olarak verilen hiçbir şeyi iade etmeyen fakir gibi.

Yukarıda sözü geçen, İsrail'in kızlarının ortaya çıkması hakkındaki alıntıyı yorumlayabiliriz. Bilinir ki, dünyaların yükselişte olduğu zamana ve onların ifşasına, 'iyi günler 'denir. Bundan dolayı, ifşa zamanı geldiğinde, Kudüs'ün kızları görünür. Görünür sözünün anlamı, gizlilikten ifşaya gelir ve her bir Sefira kendi önemini gösterir demektir.

Or Yaşar'ın (Direkt Işık), dört Behinot'u olduğu bilinir. Bunun anlamı, Malhut'un içinde dört safha ayırt edilir: Alma arzusunda ki bu Malhut'tur ve niteliği –Ohr Yaşar'a göre- almak için almaktır. Kabala Bilgeliğine Önsöz, Madde 8'de yazıldığı gibi: "Behina Dalet'teki almanın beş izlenimi Sefirot KHB TM'nin adlarıyla anılırlar. Böyle olmasının nedeni Tsimtsum'dan önce Behina Dalet Üst Işığa dâhil olan on Sefirot için "O Bir'dir ve O'nun Adı Bir'dir" yoluyla hâlâ alma arzusu iken, zira tüm dünyalar orada dâhil olmuştur, on Sefirot'un orada kıyafetlenmesi bu beş Behinot'u izledi. İçindeki beş Behinot'un her Behina'sı Üst Işıktaki on Sefirot'a tekabül eden Behina'yı kıyafetlendirdi."

Yukarıda bahsi geçen Behinot, iyi günlerde görülür. Bunun anlamı; her bir Behina'nın kendi erdemini ifşa etmesidir. Sıra şu ki, Hohma denen, Behina Alef'e, Bakhur (evlenmemiş genç adam) denir; yani ulusun arasından Bakhur olmaya layık olan, 'seçilmiş' olan. O zaman, erdemini, içinde güzellik olduğunu ifşa eder. Şöyle ki Hohma'ya, 'gözlerin güzelliği 'denir; söylendiği üzere 'Toplumun gözüdür', ki bununla toplumun bilgeleri kast edilir. Bundan dolayı, Hohma'ya 'güzellikler 'denir. Bu yüzden onlar, 'Bir kadın, sadece güzellik içindir 'dediler. Genel olarak alma kabı-yarattıklarına iyilik yapma arzusunun, haz ve sevinç alması için yarattığı Kli- Hohma Işığı ile alakalıdır.

Genel olarak, -yarattıklarına iyi olanı yapma arzusu, haz ve sevinç alması için, bir Kli (kap) yarattı- alma kabı, Hohma Işığı'na aittir. Bu nedenle kadına yalnız Hohma'yı 'alma kabı' denir.

'Onların arasındaki soylular ne derdi? 'Soylu olmanın anlamı, yüksek bir köke sahip olmaktır. Örneğin, bu adam büyük bir adamın torunu dediğimizde, onun kökünün, çok yüksek bir kök olduğunu kastederiz. Bina diye adlandırılan Behina Bet erdemi gösterir, form eşitliği için özlem duyar ve bununla kökümüze tutunabiliriz; bu yayandır, Keter'dir. Bunu takiben Sefira Bina, köke tutunduğunu gösterir. Buna 'soy, köken 'denir. Bunun anlamı karnında taşıyacağı oğulların, köküyle form eşitliğinde olduğu için onunla aynı niteliğe sahip bir tabiata sahip olacaklarıdır. Bu yüzden şöyle yazılmıştır: 'Aralarındaki soylu, onlara ne der? Bir kadın, sadece oğulları içindir.'

Bunun anlamı, 'kadın 'denen alma kabı, oğullar doğurmaya gayret etmelidir, yani doğuracakları oğullar, önemli oğullar olacaktır. Bu yüzden, 'Gözlerini ailene dik 'dendi. Ailenin anlamı soy, kökendir. Bu şudur; Bina erdemini gösterir, 'form eşitliği 'denen köküne tutunur, Bina'nın kökü Keter'dir ki bu iyilik yapmak ve ihsan etmektir.

"Aralarındaki zenginler, onlara ne der?' 'Gözlerini zengine dik. 'ZA'ya ki bu Behina Gimel'dir, 'zengin 'denir, zira Hasadim'e sahip olan zengin olarak görülür. Çünkü payına düşenden memnundur ve Hohma'ya ihtiyacı yoktur. Aynı zamanda Hohma'nın ışığına sahip olmasına rağmen, Hasadim'e meyleder. Bu bakımdan, Keter'den, kökten yayılan, Hasadim'in kaynağı olan, Bina'ya benzer. Köküne benzemek ister ama Hohma'nın ışığına sahiptir.

Kutsal Zohar'da (Ki Tissa, madde 4) şöyle yazar: "Zengin daha fazla vermeyecek, bu orta sütun, yani ZA'dır ve çok fazla Yod vermemelidir. "Ve şöyle yazılmıştır: 'Zengin daha fazla vermeyecek 'bu orta sütundur ve O'nun özündendir, sağa Hassadim'e meyleder ve Hohma'ya ihtiyaç duymaz, bu nedenle de 'zengin 'unvanını alır. Çok fazla Yod vermemesi söylenmişti. Yani bu, çok fazla Yod verme, bunun yerine, Hohma ile aydınlanan Or Hasadim'i al anlamındadır.

Bu yüzden şöyle yazar: 'Aralarındaki zenginler', yani Behina Gimel, ki bu ZA'nın Behina'sıdır ve buna Hohma'nın aydınlatması içindeki Hasadim Işığı denir. Bunun için ZA'ya 'zengin 'denir. Malhut'taki bu Sefira, erdemini gösterir, yazıldığı üzere, 'Zengine gözünü dik.'

'Onların arasında çirkin olanlar, 'gerçek Malhut'tur ve ona Dalet'in içindeki Behina Dalet denir, onun üzerinde Tzimtzum (kısıtlama) vardır. Bundan dolayı, bu Behina'ya, 'fakir ve yetersiz 'denir. Kutsal Zohar'da yazıldığı üzere: Malhut'a, kocasının ona verdiğinden başka kendisine ait hiçbir şeyi olmadığı için ona, 'fakir ve yetersiz 'denir.

Şöyle bilinir, Cennet Krallığını, mantık ötesi üstlenmek zorundayız. Bedenin bir sürü soru, şikâyet ve taleple gelmesine rağmen, Yaradan'a inanmaya, 'inanç' denir. O zaman şöyle demeliyiz: 'Gözleri var ama görmezler; kulakları var ama duymazlar'. Bunun yerine, her şeyi algımızın ve mantığımızın üstünde kabul etmeliyiz. Dahası, bu, Tzedakah gibi olmalıdır; İbrahim hakkında söylendiği gibi: 'Ve o Yaradan'a inandı ve O bunu İbrahim'in erdemi olarak kabul etti.'

Bunun sebebi, fakire sadaka verdiğin zaman, fakirden karşılığında hiçbir şey istemezsin. Çünkü fakirin, ona verilen dışında, geri verecek bir şeyi yoktur sahip. Öyle ki, Cennet Krallığı'nın yükü karşılığında hiçbir şey beklenmeden, sadece Yaradan için üstlenilmelidir; Cennet Krallığı'nın yükünü üstlenme çabası karşılığında, sanki Yaradan'ın insana geri verecek hiçbir şeyi yokmuş gibi.

Cidden, inanç, özellikle neden böyle olmalıdır? Bilinen sebep şudur; çalışmak için bir yer olabilsin diye alma kabının üzerinde Tzimtzum (kısıtlama) vardı ki böylece Dvekut (tutunma, bağlanma) denen form eşitliğine erişilsin. Özellikle 'alma kabının iptali 'denen bu Kelim'de ihsan etme kabını ediniriz ve ihsan etmeyi hedefleyebiliriz. Bu Kelim'in içinde Yaradan'ın, yarattıklarına ihsan etmek istediği tüm haz ve memnuniyet aydınlanır.

Halbuki alma kabıyla yaratılmış olan ve mantık ötesi çalışmaları gerektiği söylenmiş olan yaratılanlar arasında, bu çalışmaya ö'nemsiz çalışma 'denir. Önemsiz addedilmesinin sebebi, mantıklı bir insana, aklının hemfikir olmadığı şeyler yapmanın, uygun gelmemesidir.

Baal HaSulam'ın, Yaradan'ın, Musa'ya konuştuğu ayet (Eksodus 4:2) hakkında söylediği üzere: "Ve Tanrı, Musa'ya, 'Elinde ne var? 'dedi. Musa, 'Asa var, 'dedi. Tanrı, 'Yere fırlat onu 'dedi ve asa, yılan oldu ve Musa ondan kaçtı. "O Musa'nın ellerine, 'inanç' denir dedi. Bu, 'çok önemsiz 'olarak addedilir. Çünkü insan sadece bilgiye özlem duyar. Elde etmek isteyeceği bir bilgi olmadığını gördüğünde, konuya erişemez. Zaten bu iş için çaba harcamış olduğunu savunur yani Yaradan için her şeyi yapmıştır ama o yerinden birazcık bile oynamamıştır. Bu nedenle, beden ona der ki: 'Bundan vazgeç ve asla ona ulaşabileceğini düşünme. Yani bu yoldan ayrıl. 'O zaman, Yaradan, ona şöyle söyler: 'Yere fırlat onu'; yani İsrail halkının önünde yapman gereken budur. Bilmeliyiz ki Firavun ve Mısır'la kastedilen şey, İsraillinin kalbinde var olan Firavun ve Mısır'dır. 'Ve asa, yılan oldu. 'Yani, 'çok önemsiz 'denen inancı terk eder etmez hemen, Klipot'un içine (kabuklar) düşeriz. Zira özellikle mantık ötesi inanç yoluyla tam bir bütünlükle ödüllenebiliriz.

Bunun ardından, bu çalışmanın çoğu, kişinin üzerine inşa edeceği zihinsel bir temeli olmadığı zaman yapılır. Ayrıca inancın zihinsel bir dayanağı yoktur. Bu sebeple, kişi, kendisine, burada ortaya çıkacak hiçbir fayda görmediğinde, hemen çalışmaya yönelik enerjisini kaybeder ve hiçbir arzusu ve gücü kalmaz, kütük gibi olur.

Ancak tam böylece, kişi gerçeği, yani mantık ötesi inanca sahip olup olmadığını görebilir. Öyle ki mantıklı iddialarla gelen bedenine hak verir. Beden ona der ki: "Yolunda ilerlemenin, imkânsız olduğu gerçeğini görüyor olman sana yetmiyor mu? Söyle bana, beni dinlemen için daha ne kadar kanıta ihtiyacın var; vazgeç ve de ki: Şimdi, fark ettim ki, bu şekilde Yaradan için çalışmak, bana göre değil. Bu kimin içindir bilmiyorum, ama bildiğim şu ki bu benim için değildir."

Bilgelerimiz der ki (Sanhedrin, sayfa 37a): 'Bundan dolayı, herkes şöyle söylemeli, 'Bu dünya, benim için yaratılmıştır. 'Ancak eğer gerçekte, bu realiteyi, her şeyi Yaradan için yapmak zorunda olduğu söyleyerek sürdüremeyeceğimi görüyorsam, ne yapabilirim ki?' İşte bu nedenle, inanç çalışması önemsiz çalışma olarak addedilir.

Yukarıda bahsedilenle, çirkin olanların ne söylediğini yorumlayabiliriz. 'Yaradan için, alacağını al; bizi altın paralarla taçlandırdığın sürece. 'Malhut'taki Behina Dalet'e 'fakir ve yetersiz 'denir. Yukarıda söylendiği gibi; kişi, çalışmasını çirkin olarak görür. Çünkü ne maneviyatın güzelliğini ne maneviyatın soyluluğunu ne de maneviyattaki zenginliği görür.

Aksine, burada elimizde olan, mantık ve aklın tahammül edemeyeceği şeylerdir. Sanki kişinin arasına mesafe koyacağı, çirkin bir nesne gibidir; yazıldığı gibi, (Hulin, 44) 'Çirkinlikten ve onun beğenilerinden uzak dur 'Seçilmiş olmak isteyen genç bir adama, ne söyleyebilirler?'; 'Yaradan için ne alacaksan al 'yani 'Kendi yararına olabilecek hiçbir şeyi sana vaat edemeyiz. Ancak ulusun içinde seçilmiş olanlardan olmak istiyorsan, alacağını sadece Yaradan için alman gerekir. Yani, bu koşulda hemfikirsen, bizi alabilirsin. Aksi takdirde, konuşacak bir şey yok.'

Ancak bu da kolay değil. Aksine, 'Senden bizi altın paralarla taçlandırmanı istiyoruz 'Raşi şöyle yorumlar: 'Altın paralarla bizi taçlandır', evlilikten sonra, bize mücevherler ve güzel giysiler vereceksin anlamındadır. Baal HaSulam dedi ki: Kişi, Yaradan rızası için pazarlık etmeyi üstlenmeyi kabullendiğinde yani o (kadın) çirkin olsa bile, adam, hiçbir şeye bakmaz ama o olduğu haliyle gelindir. Sonrasında, Tora'nın ışığını onun için çekmesini adamdan ister. Yani adam Tora'nın ve Mitzvot'un tadını elde etmek için uğraşmalıdır yoksa o (kadın), onunla uzlaşmaz. Zira 'Üstte olanın emrini bilmeyen biri, ona nasıl hizmet edecektir? 'Bu yüzden dediler ki: 'Bizi altın paralarla taçlandırdığın sürece. 'Yani, inancın şartlarına rağmen, ki bu mantık ötesidir; sonradan Tora'nın ışığını yaymalıyız.

Bundan dolayı, birbirine zıt olan iki şey görürüz: Bir taraftan, inanç, mantık ötesi olmalı, tamamen temelsiz olmalı. Diğer taraftan, Tora'nın ve Mitzvot'un tadını edinmeliyiz.

Benzer şekilde, kutsamada söylediklerimiz hakkında Baal HaSulam dedi ki: 'Onun içinde, delik üzerine delik, oyuk üzerine oyuk, vb. yaratan böyle yarattı ki onların biri açılabilsin ya da onların biri kapanabilsin; yoksa senin önünde var olmak ve durmak imkânsızdır. 'Dedi ki, kapamak inanca dairdir ve kapalı kalmalıdır. Bu, 'Onlardan biri açılabilsin 'sözünün anlamıdır. Daha doğrusu, kapalı kalmalıdır. 'Ya da onlardan birini kapanabilsin', sözü Tora ve Mitzvot'un tadını ifade eder. Daha doğrusu, inanç mantık ötesi kalacak böylece Tora ve Mitzvot'un tadı ifşa olacaktır.

Selihot (Affedilmek) İçin Hazırlık Nedir?

Makale No. 36, Tav-Şin-Mem-Vav, 1985-86

Bilinir ki, istediğimiz her şeyde, onu elde etmek için gerekli hazırlığı yapmak zorundayız. Buna göre, Selihot (affedilmek) için, kişi ne hazırlamak zorundadır? Maddesellikte görüyoruz ki, kişi, diğerine para, onur ya da bedensel yaralanmasına sebep olacak bir zarar vermediği müddetçe, 'Özür dilerim 'demez. Bu durumda, denir ki, kişi, yaptığı yanlışın affedilmesi için, diğerinden özür dilemeli.

Burada fark edilecek iki şey var:

Kişi, diğerine hiçbir şey yapmadan af dilediğinde, diğer kişi ona deliymiş gibi bakacak. Şayet sokakta yürüyen birinin, herkese 'Özür dilerim, özür dilerim 'dediğini görürsek, kesinlikle onun deli olduğunu düşünürdük. Af, sadece ağır suçla ilgilidir.

Şayet kişi, diğerinde ağır kayba sebep olur ve sanki küçük bir şeymiş gibi özür dilerse, istemiş olduğunu kesinlikle alamayacaktır. Çünkü büyük bir hata yapmasına rağmen, küçük bir şeymiş gibi özür diliyor. Diğerinin onu affetmesi tasavvur edilemez. Bu yüzden, kişi, diğerine verdiği zararın ağırlığını ölçer ve o ölçüye göre, özür diler; arkadaşının affetmesini sağlar.

Dünyevi koşullarda, insanlar arasında, insanların af dilemeye, ilişkin nasıl davrandığını, görürüz. Adamla adam arasındaki davranıştan, adamla Tanrı arasında aynı sırayı, koşulu uygulamalıyız. Yani, biri günahlarının affı için, Yaratan'dan af dilemeye geldiğinde, iki üst izlenimi de uygular:

Hiçbir şey için özür dilemiyorsun, ama sadece diğerinin canını yaktığında yoksa deli olarak algılanırsın. Ya da diğeriyle onun affını dileyerek dalga geçiyorsun.

Bağışlanma için talep, diğerine verilen zararın ölçüsüyle eşleşmelidir.

Bundan dolayı, kişi, Yaradan'a af talebiyle geldiği zaman, Yaradan'ın itibarını lekelediğinden, Yaradan'a yönelik olarak işlediği günahı düşünmek zorundadır. Bu böyledir, çünkü kişi af dileyecek kadar günah işlediğini hissetmezse, şaka yapıyor gibidir. Kişi, bağırıyor, ağlıyor ve Yaradan'ın affını istiyor; ama Kral'ın ihtişamına zarar verdiğini hissetmiyor.

Kişinin günahlarını hissetmemesinin sebebi, bilgelerimizin dediği gibi (Yoma, 86), 'Şayet biri günah işler ve bunu tekrar ederse, bu ona izin verilmiş olur 'Kişi, Yaradan'a af talebiyle geldiği zaman, günahlarını hissetmemesinin sebebi, budur.

İkinci izlenime, günahın ölçüsünün izlenimine göre, öncelikle, kişi, Kral'ın ihtişamına, zarar verdiği kusurun ölçüsünü kabul etmek zorundadır. Aksi takdirde, af dilemekten bahsedemezsiniz. Bu nedenle, kişi, mümkün olduğu kadar, günahlarının büyüklüğü ölçüsüne göre affedilmesini O'ndan talep etmeye çaba göstermeli

Ayrıca bilgelerimiz, dedi ki (Sukkah, 52): 'Günahkâra, günahlar, saç teli kadar ince; erdemli olana ise yüksek bir dağ gibi görünür.' Buradaki soru: 'Böyle görünmesinin anlamı nedir? 'Derler ki: 'Onlara göründüğü gibi', fakat gerçek nedir?

Kişi, kime karşı günah işlediğini fark etmeden, Yaradan'ın önemini ve büyüklüğünü hissetmeden önce, inançsızdır. O zaman, kişi düşünmeye başlar, 'Fakat ben de Yahudi'yim', ve şimdi Elul ayıdır ve bu ay merhamet ayı olduğu için, İsrail olarak addedilen herkes bilir ki, şimdi İsrail evinin günahları için, Yaradan'dan bağışlanma isteme zamanıdır ve bu İsrail'de nesillerdir süren bir gelenektir. Ayrıca Şofar üfleriz; böylece adamın kalbi günahları için tövbe etmeyi düşünsün. O zaman, kişi de inanır ki, günah işlemiştir ve Yaradan'dan af dilemek zorundadır.

Ancak, kişinin, Kral'ı lekelediği kusurun ölçüsü nedir? Kişi, bunu hissedemez. Daha ziyade, kişi, Yaradan'ın yüceliğinin, inancını arttırarak, günahlarıyla sebep olduğu kusurun ölçüsünü üstlenebilir. Bundan dolayı, herhangi bir hazırlık yapmadan, -ne için af diliyor, kim kimin için af diliyor- bunları bilmeden af dilemek için gelen herkes, eylemleri için gerçek vicdan azabı gerektiren korkunç şeyler yapmış olmasına rağmen, yine de önemsiz bir şey yapmış gibi af diliyor. Doğal olarak, af dilemek için yapılan bu talebin de gerçek bir değeri yoktur zira gerçek bir günah için gereken değerden, mahrumdur.

Bunun ardından, biri af dilemek için gelmeden önce, ilk olarak günahın özü üzerine düşünmek zorundadır. Daha sonra, bu günahın özünün sebep olduğu günahları dikkate alabilir. Kişi şunu bilmelidir ki, kişinin lekelendiği günahın özü, tüm günahların kaynağı, kişinin kalıcı bir inanç sahip olmak için çaba göstermemesidir. Kısmi bir inancı varsa, bununla yetinmesidir.

'On Sefirot'un Çalışılmasına Giriş'te (madde 14) yazıldığı gibi, eğer kişi kalıcı inanca sahip olsaydı, bu günah işlemesine izin vermezdi. Yani, kişi kalıcı inanç eksikliğinin sebep olduğu tüm günahların gerçek sebebini gördüğünde, Yaradan'dan af dilerdi. Bundan dolayı, kişi, Yaradan'dan ona, her zaman sarsılmaz bir inanca sahip olmaya muktedir olsun diye güç vermesini ister. Doğal olarak, kişi bu durumda, gelip günah işlemeyecek ve Yaradan'ın ihtişamını kirletmeyecektir. Ancak, Yaradan'ın büyüklüğüne dair hiçbir hisse sahip değilse, Cennet'in ihtişamını nasıl takdir edeceğini ve ona nasıl zarar vermeyeceğini bilmeyecektir.

Bundan dolayı, kişi, Yaradan'dan affedilmeyi ve Cennet'in krallığının yükünü, mantık ötesinde, kendi üzerine almak için güç vermesini diler ki Yaradan'a olan inancını güçlendirmenin üstesinden gelebilmek için güç sahibi olsun; insana ve Yaradan'a saygıyla nasıl davranılacağını bilsin.

Bunun anlamı, kişi derin düşündüğünde, tek bir şeye ihtiyacı olduğunu görür; inançsız olanla olmayan arasındaki fark üzerine düşünmek ve bunun için gün, 'Kutsal Efendi, beni inançsız olanlardan, yapmadığın için şükürler olsun, 'diyerek kutsamak. Fakat kişi, 'inançsız olanlardan, yapmadığın için 'dediğinde, ne dediğinin farkında değildir. Yani, kişi ne şekilde kendisinin İsrail olduğu ya da inançsız olanlardan olduğunu göremez. Bilmeliyiz ki, inançtaki ana ayırım şudur: 'İsrail Yaradan'a inanır ve inancı olmayanın, Yaradan'a inancı yoktur.'

Kişi, farkı bir kez bildiğinde, Yaradan'a olan inancının ölçüsünü kontrol etmeli yani 'On Sefirot'un Çalışılmasına Giriş' te yazdığı gibi, Yaradan'a inancı için ödün vermeye ne kadar istekli olduğunu kontrol etmeli. Böylece gerçeği görebilecektir; yani kendi için değil, sadece Yaradan için bir şeyler yapmaya razı mıdır; yoksa Yaradan için çalışmaya, biraz mı isteklidir? Yani, tanrı korusun, kendi-sevgisi ile lekelenmiş midir yoksa bir şeyler yapmaya muktedir midir?

Buna göre o zaman, kişinin, Yaradan'a olan inancının gerçek ölçüsünü, görebilmenin zamanıdır. Bundan, tüm günahlarının bu anlayıştan kaynaklandığın görebilir. Hazırlık yaparak ve yeterlilik edinerek Yaradan'a günahlarının affı için geldiği zaman, kusurun gerçek ölçüsünü üstlenebilir. Yani, hangi yolla Kral'ın ihtişamını kirlettiğini ve Yaradan'dan ne isteyeceğini bilecektir. Ne günah işlediğini, tekrar günah işlememek için hangi düzeltmeleri yapmak zorunda olduğunu bilecektir.

Şimdi, (Nitzavim Deuteronomy, 30:11) bölümde yazanı anlayabiliriz: 'Bugün size emrettiğim bu emir ne sizi aşan bir şeydir, ne de uzağınızdadır. Cennette değildir, denizin ötesinde değildir, size çok yakındır; ağzınızdadır, bunu yapabilmek için kalbinizdedir'

'Bu emir 'sözüyle hangi emirden bahsediyor? Ayrıca 'Sizi aşan bir şey değil 'in anlamını kavramalıyız. Mitzva'nın (emir) özündeki şey inançtır yani Yaradan'a inanmaktır. Sonradan, O'nun Mitzvot'unu (emirler) tutabiliriz. Bütün iftiracılar, bütün engeller inancın Mitzva'sından gelir. Beden, pek çok soru –bedenin kendisinin sorduğu sorular ve inançla ilgili diğer insanlardan duyduğu sorular- sormaya başlar.

Onlar, kişi, Cennet Krallığının yükünü kendi üstüne, bir öküzün ve bir eşeğin yüklendiği gibi almak istediğinde gelir; yani her şey mantık ötesidir. Aniden, beden akıllı olur, araştırmaya; 'Ne? 've 'Kim 'diye sormaya başlar. Hiçbir koşul, bizim inancın Mitva'sını üstlenmemize izin vermez. Bedenin soruları, kişinin cevap veremeyeceği kadar güçlüdür. Sonra, kişi şaşkına döner ve – kendi mantığı içinde- onun haklı iddialarının üstesinden gelmek için gücü kalmaz. Bedenin soruları gerçekten de hayret vericidir.

Yazılanlar bunun hakkında der ki: 'Bu emir için 'yani inanç emri için 'sizi aşan bir şey değil'. Yani bedenin sorularını cevaplamanıza gerek yok; o mantık içinde sorar, ancak inanç Mitzva'sı özellikle aklın ötesinde inşa edilir. İnsana verilen, dışsal akıl bunu edinemez. Bu yüzden, onun şaşkına çeviren sorularını cevaplamanız gerekmez.

Bunun yerine, kişi inanmalıdır ki, bedenin sorduğu tüm sorular, size onları cevaplamanız için gelmez. Tam tersine, bu sorular, kişiye, mantık ötesi inanç için bir yer vermek için gelir. Aksi takdirde, eğer beden kendi aklıyla, kişinin Yaradan için çalışmak istediğini anlasaydı, mantık dâhilinde olurdu ve buna 'bilmek 'denirdi kişinin aklının tam kavrayamadığı yerdeki gibi 'inanmak 'değil. Ki orada kişi, bir şey yaparsa, bunu yalnızca inanç temelinde yapar.

Akabinde, kişinin, bedenin sorularını cevaplamaya muktedir olması için, -tüm cevaplar, 'İnanç' denilen 'mantık ötesi'ndedir- çok yetenekli olmasına gerek yoktur. ' Ne cennette ne de denizin ötesinde değil 'olarak görülen muazzam taktikler gerektirir. Daha doğrusu, bu çok basittir ve şöyle denir: 'Bu yapman için, ağzında ve kalbindedir', yani, kalpte, sadece arzu varsa, o zaman üstesinden gelebiliriz.

'Mantık ötesi 'konusunu netleştirmek gerekir. Zira orada pek çok farklı anlayışlar vardır. Baal HaSulam dedi ki: 'Mantık ötesi, kişinin kendi için Tora ve Mitzvot'a nasıl uyacağını betimlemesidir. Tora ve Mitzvot'a uymanın, uğraşmaya değer olduğunu kişinin mantığı mı belirleyecek, yani, her bir Mitzva'dan tat mı alacak?

Kişi orada, yeme, içme, saygı gibi, dünyevi hazların olduğuna ve her şeyin tadının farklı olduğuna inanmalıdır. Her Mitzva'nın da özel bir tadı olduğuna inanmalıyız. Bu nedenle, Tora ve Mitzvot'la uğraşırken, eğer kişi lezzetlerin değiştiğini tadarsa, çalışması boyunca nasıl bir heyecan ve yaşama gücü hisseder? Mantık kişiyi kendisi için, bu çalışmasında -Yaradan'ın hizmetkârına uygun –bir görüntü yaratması için zorlardı. Kişi, çalışmasından onu alıkoymak isteyen her şeye, önemsiz ve dikkatini vermeye değmez diye bakardı.

Yukarıda bahsedilen, kişinin mantık dâhilinde gördüğüne göre tasvir ettiğidir, kişi mantık ötesiyle de aynı tasviri yapmalıdır. Yani, kişi, mantığın desteklediği bir şeyler olduğunu hissetmese de tamamen çok güçlü bir sebebi ve duygusu varmış gibi, çalışır. Bunu yaptığı zaman mantık ötesi çalışıyor addedilir.

Buna rağmen, kişi daha istekli ve daha tutarlı olarak Yaradan'a hizmet etmenin mantıklı olduğunu hissettiği müddetçe, halen mantık içinde çalışıyordur. Zira mantık ve mantık ötesi arasında halen bir fark vardır. Kişi için, tam olarak bu ikisi arasında hiçbir fark kalmadığında, bu, 'mantık ötesi 'olarak kabul edilir.

www.ingramcontent.com/pod-product-compliance
Lightning Source LLC
LaVergne TN
LVHW101935220826
846093LV00006B/30